Jura Übungen

Jura
Juristische Ausbildung

Übungen

herausgegeben von
Prof. Dr. Dagmar Coester-Waltjen, München
Prof. Dr. Hans-Uwe Erichsen, Münster
Prof. Dr. Klaus Geppert, Berlin
Prof. Dr. Philip Kunig, Berlin
Prof. Dr. Harro Otto, Bayreuth
Prof. Dr. Klaus Schreiber, Bochum

Walter de Gruyter · Berlin · New York

Übungen im Öffentlichen Recht II

Verwaltungsrecht und Verwaltungsprozeßrecht

von

Friedrich Schoch

Walter de Gruyter · Berlin · New York 1992

Dr. Friedrich Schoch
o. Professor für Öffentliches Recht,
insbesondere allgemeines und besonderes Verwaltungsrecht
und Verwaltungsprozeßrecht an der Universität Münster

♾ Gedruckt auf säurefreiem Papier,
das die US-ANSI-Norm über Haltbarkeit erfüllt

Die Deutsche Bibliothek – CIP-Einheitsaufnahme

Schoch, Friedrich K.:
Übungen im öffentlichen Recht II : Verwaltungsrecht und Verwaltungsprozeßrecht / von Friedrich Schoch. – Berlin ; New York : de Gruyter, 1991
(Jura : Übungen)
ISBN 3-11-013010-6

Printed in Germany
Satz und Druck: Arthur Collignon GmbH, D-1000 Berlin 30
Bindearbeiten: Lüderitz & Bauer GmbH, D-1000 Berlin 61

Vorwort

Die *Übungen im Öffentlichen Recht* wenden sich an Studierende der Rechtswissenschaft, die in der Anfängerübung und in der Fortgeschrittenen-(Vorgerückten-)Übung an einer vertieften Behandlung der Methodik der Fallbearbeitung (Technik der Fallösung) interessiert sind. Zugleich will das Buch Examenskandidaten bei ihrer Vorbereitung auf die Erste Juristische Staatsprüfung unterstützen. Der vorliegende Band, der thematisch das Verwaltungsrecht und das Verwaltungsprozeßrecht zum Hauptgegenstand hat, zielt in erster Linie auf die Fortgeschrittenenübung. Von seiner Grundanlage her handelt es sich um ein Arbeitsbuch; es will nicht nur durchgelesen, die einzelnen Teile wollen erarbeitet sein. Entsprechend sind die Ausrichtung und die Aufbereitung der drei Teile gestaltet.

Der *erste Teil* befaßt sich mit didaktischen und methodischen Grundlagen. Zunächst werden Bedeutung und Funktion der Übungen im Öffentlichen Recht in der universitären Ausbildung skizziert. Die anschließende „Methodik der Fallbearbeitung" will nicht in Konkurrenz zu entsprechenden Anleitungswerken treten, sondern – mit Blick auf die Fallösungen im dritten Teil – wesentliche Grundsätze der Fallbearbeitung zusammenfassen und auf Besonderheiten im Öffentlichen Recht aufmerksam machen.

Im *zweiten Teil* werden mit einer Einführung versehene und erläuterte Schemata zum Aufbau öffentlich-rechtlicher Fallösungen dargestellt. Die Kombination aus Aufbauschema und Erläuterung dient der Vorbereitung auf einen sinnvollen Umgang mit derartigen Aufbauhilfen.

Im *dritten Teil* sind acht Fälle mit Musterlösungen abgedruckt. Sie behandeln – unter Orientierung an den Aufbauschemata – zentrale Probleme der Pflichtfächer im Verwaltungsrecht sowie im Verwaltungsprozeßrecht. Im Vordergrund steht zum einen die Methodik der Fallösung, so daß es auf ein exemplarisches Lernen anhand der Fälle ankommt. Zum anderen wird sachliche Wissensvermittlung bzw. -wiederholung dadurch angestrebt, daß mittels Streuung der Probleme möglichst viele Fragen der genannten Rechtsgebiete, die in den Übungen im Öffentlichen Recht und im Referendarexamen relevant werden, anzusprechen sind. Thematisch sind die Fälle so gewählt, daß alle wichtigen Rechtsschutzformen des Verwaltungsprozeßrechts mit den wesentlichen Zulässigkeitsproblemen zu behandeln sind. Zum materiellen Recht werden Kernprobleme des Allgemeinen Verwaltungsrechts, des Polizei- und Ordnungsrechts, des Kommunalrechts und des Baurechts (mehrfach mit Bezügen zum Verfassungsrecht) erörtert. Hinsichtlich des Landesrechts konnte das erst im Entstehen befindliche Recht der ostdeutschen Länder noch nicht berücksichtigt werden.

Die im dritten Teil abgedruckten Fälle sind ausnahmslos Gerichtsentscheidungen nachgebildet, nehmen also die Praxis mit in den Blick. Teilweise handelt es sich um sehr komplexe Fälle, die so in Übung oder Examen nicht ausgegeben würden. Folglich könnten von Studierenden oder Examenskandidaten entsprechende Lösungen nicht erwartet werden. Es sollte jedoch die Chance genutzt werden, möglichst viele methodische und sachlichrechtliche Probleme zu behandeln. Zur Dokumentation des jeweiligen Streit- und Meinungsstandes sind alle Lösungen mit einem Anmerkungsapparat versehen. Ein Fall ist auch im übrigen in der äußeren Form einer Hausarbeit abgedruckt. Die einer jeden Musterlösung beigefügten Erläuterungen zu Aufbau und Inhalt dienen dem vertieften Verständnis der vorausgehenden Fallbearbeitung; die Rechtsprechungs- und Literaturhinweise stellen das Angebot an private Arbeitsgemeinschaften (bzw. „Einzelkämpfer") dar, eigeninitiativ zu werden und zur Verbreiterung und Vertiefung des Wissens den zusammengestellten Fundus zu nutzen. Die Fälle sind im übrigen (komplett oder auszugsweise) in universitären Übungen alle mehrfach und im Referendarexamen zum Teil „erprobt" worden, beruhen also auf einem gewissen Erfahrungsschatz.

Hinweise, Anregungen, Kritik und Verbesserungsvorschläge sind willkommen. Wer als Lehrender dem Übungsbetrieb mit Ernsthaftigkeit und Engagement verbunden ist, weiß um die Nöte der Übungsteilnehmer. Es würde mich freuen, wenn durch das vorliegende Übungsbuch auch ein Erfahrungsaustausch mit Lehrenden und Lernenden zustande käme.

Münster, im Oktober 1991 *Friedrich Schoch*

Inhalt

1. Teil: Didaktische und methodische Grundlagen

2. Teil: Schemata zum Aufbau verwaltungsrechtlicher Fallösungen

3. Teil: Fallbearbeitung

1. Teil
Didaktische und methodische Grundlagen

A. Übungen im Öffentlichen Recht in der universitären Ausbildung

I. Die Übung im Ausbildungssystem

Nach den Studienordnungen und Studienplänen der Rechtswissenschaftlichen Fakultäten bzw. Fachbereiche der Universitäten in der Bundesrepublik Deutschland werden den Studierenden unterschiedlichste Lehrveranstaltungen (Vorlesungen, Arbeitsgemeinschaften, Kolloquien, Seminare, Repetitorien, Klausurenkurse etc.) angeboten, unter denen die *Übung* in einem formalen Sinne spezifische Funktionen erfüllt. Die erfolgreiche Teilnahme an der „Übung im Öffentlichen Recht für Fortgeschrittene" (Bezeichnung z. T. „für Vorgerückte") ist Zulassungsvoraussetzung für die Erste Juristische Staatsprüfung. Die „Übung im Öffentlichen Recht für Anfänger" dient im Ausbildungssystem mehreren Funktionen. Teilweise ist die erfolgreiche Anfängerübung Voraussetzung für die Teilnahme an der Fortgeschrittenenübung, teilweise sogar Zulassungsvoraussetzung zum Referendarexamen. In aller Regel werden im Rahmen der Anfängerübung(en) die durch § 5 a Abs. 4 DRiG vorgeschriebenen „studienbegleitenden Leistungskontrollen" durchgeführt, indem bestimmte Aufsichtsarbeiten als Übungsklausur und zugleich als Leistungskontrollklausur gewertet werden.

Ausnahmsweise finden sich Übungen in Vorlesungen integriert. Dementsprechend wird den Studierenden nach der systematischen Darstellung des Lehrstoffs Gelegenheit geboten, das theoretisch Erfahrene und Erlernte am praktischen Fall zu erproben. Sind Vorlesungen und Übungen jedoch, wie zumeist, organisatorisch und personell getrennt, liefert die Stoffvermittlung in der Vorlesung regelmäßig die Voraussetzung für den erfolgreichen Besuch der daran anschließenden Übung.

Unter „Übungen" (im Öffentlichen Recht) versteht man herkömmlicherweise Veranstaltungen, in denen der Dozent in Form des Lehrgesprächs die Methodik der Rechtsanwendung vermittelt und den

Übungsteilnehmern Gelegenheit gibt, die erforderlichen Kenntnisse und Fähigkeiten zur Rechtsanwendung in Klausuren sowie Hausarbeiten nachzuweisen[1]. Eine Parallele zum Examen besteht insoweit, als dort mindestens eine (in Süddeutschland mehrere) öffentlich-rechtliche Klausur(en) zu schreiben ist (sind). In den norddeutschen Ländern kann die Examenshausarbeit aus dem Öffentlichen Recht gewählt werden. Eine weitere Verbindung zwischen Übung und Examen ergibt sich daraus, daß bei Kandidaten, die die Erste Juristische Staatsprüfung nicht bestanden haben, sog. „Auflagenscheine" verfügt werden, die nicht selten auf den erneuten Erwerb eines Übungsscheines hinauslaufen.

II. Sachliche Funktionen der Übung

Jede juristische Übung verfolgt mehrere Anliegen[2]. Sie soll den Leistungsstand kontrollieren, die Kenntnisse der Übungsteilnehmer verfestigen und vertiefen, die gutachtliche Methodik der Fallbearbeitung einüben und – selbstverständlich – dem Scheinerwerb dienen. Im Öffentlichen Recht unterscheiden sich Anfänger- und Fortgeschrittenenübung allerdings in Inhalt und Gegenstand.

1. Gegenstand der Übungen

Thematisch baut die Übung im Öffentlichen Recht für Anfänger in aller Regel auf dem Stoff der Vorlesungen Staatsrecht I, II und III auf. Die Übung im Öffentlichen Recht für Fortgeschrittene hat ihre gegenständlichen Schwerpunkte typischerweise im Allgemeinen Verwaltungsrecht, im Verwaltungsverfahrens- und Verwaltungsprozeßrecht sowie in den Pflichtfächern des Besonderen Verwaltungsrechts (insbesondere Polizei- und Ordnungsrecht, Kommunalrecht). Allerdings kommt den verfassungsrechtlichen Grundlagen angesichts der Verfassungsgeprägtheit des Verwaltungsrechts auch in der Fortgeschrittenenübung eine wesentliche Bedeutung zu. Ohne Kenntnis solch elementarer Grundprinzipien wie der Gesetzmäßigkeit der Verwaltung (Vorrang und Vorbehalt des Gesetzes), der Geltung des verfassungsrechtlichen Übermaßverbots in der Ermessenslehre, des Einflusses der Grundrechte auf die Auslegung und Anwendung des Verwaltungsrechts

---

[1] Vgl. dazu i. e. *Steimel,* Am Beginn des Studiums, in: JuS-Studienführer, 3. Aufl. 1991, S. 56 (67 f.).

[2] Vgl. dazu auch *Otto,* Übungen im Strafrecht, 3. Aufl. 1990, S. 1 ff.

etc. läßt sich die Fortgeschrittenenübung sinnvollerweise nicht absolvieren. Gewisse Grundkenntnisse des jeweiligen Vorlesungsstoffs sind unabdingbare Voraussetzung für die erfolgreiche Teilnahme an den Übungen[3].

2. Vorbereitung auf die Übung

Eine spezifische, gezielte Vorbereitung auf die Übung gibt es nicht. Wohl aber kann von einem „Vorbereitetsein im weiteren Sinne" gesprochen werden. Es stellt sich jetzt nämlich, bei der Arbeit am Fall, heraus, was an sachlichen Kenntnissen vorhanden ist. Die Methodik der Fallbearbeitung, in ihrer Funktion als juristisches Handwerkszeug besser als „Technik der Fallösung" zu bezeichnen, ist relativ schnell erlernbar. Mitunter ist in Arbeitsgemeinschaften und Propädeutika der Grund gelegt, auf dem in der Übung aufgebaut werden kann. Methodik bzw. Technik ohne Inhalt ist freilich wertlos. Sie ist nur das Instrument, mit dem das Sachwissen am Fall zur Fallösung umgesetzt wird.

Die – von der Übung vorausgesetzte – Erarbeitung und (partielle) Beherrschung des Lehrstoffs weist auf eine Problematik hin, die mit der Metapher „Elend des Jurastudiums" bzw. der juristischen Ausbildung treffend gekennzeichnet worden ist[4]. Aus der Sicht der Übung sind zu dieser komplexen Thematik zumindest zwei knappe Bemerkungen veranlaßt, die die Studierenden betreffen[5]: zu wenig intensives und

---

[3] *Tettinger*, Einführung in die juristische Arbeitstechnik, 1982, S. 5.

[4] *Großfeld*, Das Elend des Jurastudiums, JZ 1986, 357.

[5] Damit sollen keinesfalls sonstige Rahmenbedingungen, die für Übelstände verantwortlich sind, in Abrede gestellt werden. Vgl. nur etwa die erneute Diskussion um die Reform der Juristenausbildung auf dem 58. DJT in München 1990 unter dem Thema „Welche Maßnahmen empfehlen sich – auch im Hinblick auf den Wettbewerb zwischen Juristen aus den EG-Staaten – zur Verkürzung und Straffung der Juristenausbildung?" mit Gutachten von *Hassemer/Kübler*, Gutachten E; *Hensen/Kramer*, Gutachten F; ferner sog. Begleitaufsätze von *Caesar*, ZRP 1990, 346; *Rascher-Friesenhausen*, NWVBL 1990, 289; *Martinek*, JZ 1990, 796; *Hadding*, NJW 1990, 1873; *Wassermann*, NJW 1990, 1877. – Zur Diskussion um die Studiensituation vgl. ferner *Haft*, Das juristische Lernen – Mängel des gegenwärtigen Systems und Verbesserungsmöglichkeiten, JA 1989, 291, mit Erwiderungen von *Aengelheister* und *Emde*, JA 1989, Heft 12, S. III bzw. S. VI; *Kröpil*, Zur Verkürzung der Studienzeit im Rahmen des geltenden Rechts, JuS 1990, 75, mit Erwiderung *H. A. Hesse*, JuS 1990, 597; *Leo*, Reform tut not! – Überlegungen zur Änderung der juristischen Ausbildung, JuS 1990, 242; Studentischer Arbeitskreis zur Juristenausbildungsänderung der Juristischen Fakultät Heidelberg, Neue Perspektiven einer Ausbildungsreform, JuS 1990,

zu spät beginnendes Lernen sowie strukturell falsch angelegtes und unsystematisches Lernen. Der erste Punkt steht, wie unzählige Gespräche mit Teilnehmern der Fortgeschrittenenübung und erst recht mit Examenskandidaten belegen, weithin außer Zweifel. Der bloße Besuch selbst der vorbildlichsten Vorlesung genügt ohne aktives Bemühen um den Lehrstoff (unter Heranziehung z. B. einer Ausbildungszeitschrift oder eines Lern- bzw. Lehrbuchs) nicht, um gewisse Mindeststandards an Kenntnissen frühzeitig zu erwerben[6]. Zum Lernen selbst fällt zunehmend auf, daß anstelle des wegen der immer größer werdenden Stofffülle[7] notwendigen strukturellen Arbeitens und Denkens[8] versucht wird, sich umfassend Detailwissen anzueignen. Das Scheitern dieser Methode liegt angesichts der kapazitären Gedächtnisgrenzen auf der Hand. Dabei wird gerade in Ausbildungszeitschriften immer wieder dargestellt, wie systematisch und in Zusammenhängen denkend das Erkenntnisinteresse des Lernenden primär den Strukturen des jeweiligen (Teil-)Rechtsgebiets gelten sollte, um anschließend in ein festes Gerüst leichter Einzelinformationen aufnehmen und speichern zu können[9].

1. Beispiel: Zur Problematik der „drittschützenden Vorschriften" im Öffentlichen Recht sollte nicht primär der untaugliche Versuch unternommen werden, sich sehr viele einschlägige Bestimmungen zu merken, sondern zunächst müßten die Voraussetzungen des subjektiven öffentlichen Rechts beherrscht werden, um diese dann vielfach auf einzelne Vorschriften anzuwenden (vgl. dazu die Beispiele anhand der Fälle 2, 4 und 7).

2. Beispiel: Zur Qualifizierung behördlicher Maßnahmen i. S. einer bestimmten Handlungsform sollte man sich nicht Einzelbeispiele z. B. der Abgrenzungsprobleme beim Verwaltungsakt (z. B. Auskunft, Um-

---

515; *Knemeyer,* Effektivierung des Studiums und früherer Eintritt ins Berufsleben, Jura 1990, 449. – Ausführlich zur Situation der Juristenausbildung *Rinken,* Einführung in das juristische Studium, 2. Aufl. 1991, S. 1 ff., 287 ff.

6 Vgl. dazu auch *Otto,* Übungen (Fn. 2), S. 3 f.

7 Dazu muß deutlich gesagt werden, daß zuständige Gesetz- und Verordnungsgeber, aber auch Justizprüfungsämter und Fakultäten bisher darin versagt haben, die notwendige Eingrenzung des vorgeschriebenen Ausbildungs- und Prüfungsstoffs vorzunehmen.

8 Vgl. hierzu insbesondere *Haft,* Einführung in das juristische Lernen, 4. Aufl. 1988, S. 28 ff.

9 Vgl. dazu nur *Schwintowski,* Ein Lernkonzept für ein erfolgreiches juristisches Studium, JA-Übungsblätter 1989, 129; *Meurer/Rennig,* Lernen lernen, JuS 1990, L 1 und L 9. – Vgl. ferner mit Blick auf das Examen *Rollmann,* Die Examensvorbereitung, JuS 1988, 206; *Emde,* Muß ich zum Repetitor? – Gedanken zur Vermeidbarkeit eines Repetitoriums, Jura 1989, 501.

setzung eines Beamten, Verkehrsschild, Maßnahmen in der Verwaltungsvollstreckung usw.) zunächst merken wollen, vielmehr sollten zuerst die Merkmale des – unglücklich formulierten – § 35 VwVfG „verinnerlicht" sein, um von daher die jeweils in Frage stehende Maßnahme rechtlich einzuordnen (vgl. dazu Fälle 1, 3, 4).

Die Vorteile strukturellen Lernens und Denkens – letztlich: Nutzung der entlastenden Wirkung von Rechtsdogmatik – kommen gerade in der Übung zum Zuge, wenn unbekannte Rechtsfragen einer Lösung zugeführt werden müssen. Fundierte Grundlagenkenntnisse, strukturelles Denkvermögen und das Beherrschen der juristischen Arbeitstechnik bieten die Gewähr, daß auch unbekannte Fälle gelöst werden können[10].

3. *Übung als Üben*

In der modernen Massenuniversität vermag der Veranstaltungstyp „Übung" seine Funktionen oftmals nur mit Mühe und auch nur teilweise zu erfüllen. Das Abdriften der Übung zur Massenveranstaltung mit dem alleinigen Ziel des Scheinerwerbs, passives Verhalten der Übungsteilnehmer in der Anonymität der großen Masse, „Erschleichen" des Übungsscheins, aber andererseits ebenso schlechte Vorbereitung der Übungsleiter, Konzeptionslosigkeit des Dozenten und mitunter schlampige (Vor-)Korrekturen durch die Korrekturassistenten sind einige der jedem halbwegs Kundigen bekannten Probleme des heutigen Übungsalltags. Vielfache Erfahrung lehrt indes, daß es bei einiger Anstrengung (auf allen Seiten) und mit gutem Willen auch anders geht.

a) Teilnahme an der Übung

Grundlage jeder erfolgreichen Teilnahme (im materiellen Sinne!) an der Übung ist der regelmäßige Besuch der Veranstaltung. Daß die Praxis dem weithin nicht entspricht, ist allenthalben bekannt. Um so mehr besteht Anlaß, auf die Notwendigkeit einer regelmäßigen Teilnahme an der Übung hinzuweisen[11].

b) Aktive Mitarbeit in der Übung

Der regelmäßige Besuch der Veranstaltung muß mit dem Mitdenken bei der Entwicklung der Fallösung und der Mitarbeit bei der Fallbear-

---

[10] Hier erweist sich vor allem die systembildende Kraft der Allgemeinen Grundrechtslehren und des Allgemeinen Verwaltungsrechts. Sichere Kenntnis in beiden Rechtsgebieten ist nicht nur für die Anfänger- bzw. Fortgeschrittenenübung unumgänglich, sondern für das Verständnis des Öffentlichen Rechts insgesamt unerläßlich.

[11] *Schwerdtfeger,* Öffentliches Recht in der Fallbearbeitung, 8. Aufl. 1986, Rdn. 24.

beitung verbunden sein. Nur so verspricht die Übungsteilnahme Ertrag, und nur so kann bei einer späteren Wiederholung die erarbeitete Fallösung ohne weiteres nachvollzogen werden. Ständige Erfahrung mit dem Übungsbetrieb zeigt, daß auch bei einer großen Teilnehmerzahl die aktive Mitarbeit möglich ist. Die Übung bietet die seltene Möglichkeit, den rein rezeptiven Arbeitsstil zu durchbrechen und Eigenständigkeit sowie Kreativität zu praktizieren[12].

c) Übungsarbeiten

Daß die Übungsarbeiten selbständig verfaßt werden sollten, um keiner Täuschung über den eigenen Wissens- und Erkenntnisstand zu erliegen, versteht sich. Im übrigen ist das „Risiko" selbständigen Arbeitens bei mehreren angebotenen Klausuren und Hausarbeiten gering; es bestehen hinreichend Chancen auf den Scheinerwerb, der ohnehin eher als „willkommenes Nebenprodukt" abfallen sollte (vgl. dazu nachf. 4.).

Im übrigen kann nicht oft genug darauf hingewiesen werden, daß möglichst alle angebotenen Arbeiten mitgeschrieben werden sollten und nicht nur die zum Scheinerwerb notwendige Klausur und Hausarbeit[13]. Bei den Aufsichtsarbeiten sollte dies ohnehin selbstverständlich sein. Aber auch das Anfertigen einer zweiten Hausarbeit in der laufenden Übung – mit Blick auf das norddeutsche „Hausarbeit-Examen" sowieso angezeigt – kostet bei einer schon bestandenen ersten Hausarbeit viel weniger Zeit als meistens angenommen wird, wenn anstelle zeitraubender „Seminar-Diskussionen" konzentriert gearbeitet wird. Der Übungs- und Lerneffekt wird dadurch nachhaltig gesteigert[14].

d) Ablauf und Inhalt der Übung

Eine gut vorbereitete und organisierte Übung zeichnet sich zunächst dadurch aus, daß sie zeitlich und inhaltlich klar strukturiert ist. Späte-

[12] Zur Bedeutung aktiven Lernens im Universitätsstudium *Haft,* Juristisches Lernen (Fn. 8), S. 4 ff.

[13] *Tettinger,* Juristische Arbeitstechnik (Fn. 3), S. 5; *Millgramm,* Studienbeginn Rechtswissenschaft, in: Jura Extra – Studium und Examen (Hrsg. Erichsen), 2. Aufl. 1983, S. 1 (24); *Schwerdtfeger,* Öffentliches Recht (Fn. 11), Rdn. 25. – Der gegenteiligen These von *Haft,* JA 1989, 291 (292), der die Empfehlung zum „unausrottbaren Irrtum" erklärt, muß nach hiesigen Erfahrungen widersprochen werden.

[14] *Lüke,* Hinweise zur Studiengestaltung, in: JuS-Studienführer (Fn. 1), S. 69 (75), betont, daß die Hausarbeit als oftmals einzige Möglichkeit zu echter rechtswissenschaftlicher Arbeit und zum vertieften Kennenlernen der Literatur auch dort ernst genommen werden sollte, wo das Referendarexamen im schriftlichen Teil nur aus Klausuren bestehe.

stens in der ersten Übungsstunde wird den Übungsteilnehmern der Zeitplan bekanntgegeben. So kann man sich auf die einzelnen Übungsstunden einstellen und die Übung mit den anderen Veranstaltungen des laufenden Semesters koordinieren. Die Bearbeitung der Hausarbeit(en) kann dem zeitlichen Konzept eingepaßt und die Vorbereitungsphasen für die Klausuren können festgelegt werden.

Eine gute Übung weist ein inhaltlich geschlossenes Konzept auf, das zum Übungsbeginn vorgestellt wird. Thematisch werden ausbildungs- und examensrelevante Sachbereiche erfaßt, diese auf die einzelnen Fälle verteilt und diese wiederum untereinander strukturiert. Beispiel:

– *Anfängerübung* behandelt wesentliche Fragen aus dem Verfassungsprozeßrecht (Verfassungsbeschwerde, Organstreitverfahren, abstrakte und konkrete Normenkontrolle), dem Staatsorganisationsrecht (z. B. Gesetzgebungskompetenzen, Gesetzgebungsverfahren, Staatsstrukturmerkmale und -zielbestimmungen, Kompetenzen der Verfassungsorgane) und zu den Grundrechten (z. B. allgemeine Grundrechtslehren, inhaltliche Ausgestaltung des Schutzbereichs ausgewählter Grundrechte, Rechtsfragen zu den Grundrechtsschranken);
– *Fortgeschrittenenübung* befaßt sich mit Fragen aus dem Verwaltungsprozeßrecht, dem Verwaltungsverfahrensrecht, dem Allgemeinen Verwaltungsrecht und Teilen des Besonderen Verwaltungsrechts (z. B. Polizei- und Ordnungsrecht, Kommunalrecht, z. T. Baurecht und z. T. Beamtenrecht).

So erhalten die Übungsteilnehmer einen gewissen Überblick zu examensrelevanten Problemen. Von der inhaltlichen Strukturierung her sollten die Aufsichtsarbeiten auf die gemeinsam erarbeiteten Übungsfälle abgestimmt sein. Es ist nicht sinnvoll, da der Idee „Übung" zuwiderlaufend, thematisch völlig unvorbereitete Fälle für die Klausur auszugeben. Ein wesentlicher Zweck der Übung würde verfehlt. Die in den Übungsstunden praktizierte Methodik der Fallbearbeitung erfährt über die Aufsichtsarbeiten einen Gradmesser bezüglich des erzielten Lernerfolgs. Bei diesem Konzept versteht sich, daß die vor der jeweiligen Klausur liegenden Übungsstunden methodisch und inhaltlich-thematisch zur Klausur hinführen, ohne diese allerdings zu stark „vorzubereiten". – Bei den über mehrere Wochen laufenden Hausarbeiten mag dies etwas anders sein; völlig abgekoppelt sind auch sie vom Übungskonzept nicht.

In der praktischen Umsetzung sieht ein solches Konzept (am Beispiel der Fortgeschrittenenübung) so aus, daß der zur Verfügung stehende zeitliche Rahmen in drei Blöcke unterteilt wird, wobei in den Übungsstunden und in der den „Block“ abschließenden Klausur z. B. aus dem materiellen Recht behandelt werden

- 1. Block: Allgemeines Verwaltungsrecht,
- 2. Block: Polizei- und Ordnungsrecht,
- 3. Block: Kommunalrecht,

jeweils versehen mit Problemen aus dem Verwaltungsprozeßrecht und aus dem Verwaltungsverfahrensrecht. Die Hausarbeiten stehen zur Abdeckung (auch dieser und) weiterer Themenbereiche zur Verfügung.

4. Übungseffekt und Scheinerwerb

Ein derartiges oder ein ähnliches Übungskonzept sollte als Chance begriffen und angenommen werden. Zur Optimierung des Übungs- und Lerneffekts sollten Rückgabe und Besprechung der Arbeit genutzt werden. Die verbreitete Unsitte der nur formal am Scheinerwerb Interessierten, an der Klausurbesprechung nicht teilzunehmen (ähnlich bei der Rückgabe der Hausarbeit), sollte von juristisch ernsthaft interessierten Übungsteilnehmern nicht nachgeahmt werden. Die Kombination aus Korrekturanmerkungen, Klausur- bzw. Hausarbeitsbesprechung und Rückfragemöglichkeiten in der Besprechungsstunde sollte – trotz nicht zu leugnender Unzulänglichkeiten[15] – insgesamt eine tragfähige Grundlage dafür bilden, die zutreffende Einschätzung über Stärken und Schwächen der eigenen Arbeit vornehmen zu können. Viele Übungsleiter eröffnen zudem – unter Berufung auf die Besprechung durch Übungsteilnehmer, die sich ungerecht benotet fühlen – eine „Beschwerdemöglichkeit“ und korrigieren die betreffende Arbeit nochmals.

Bei einer Übung im skizzierten Sinne ist der Scheinerwerb nicht das alleinige Motiv für den Besuch der Veranstaltung. Wer das angebotene

---

[15] Dazu ist vor geraumer Zeit durch einen Leserbrief von *Thieme*, FAZ Nr. 221 vom 23. 9. 1983, S. 8 (Viele Jurastudenten sind zu schlecht), eine bemerkenswerte öffentliche Kontroverse ausgelöst worden. *E. Schneider*, FAZ Nr. 234 vom 8. 10. 1983, S. 10, attestierte den Korrekturassistenten Unberechenbarkeit, Willkür und eklatante Fehlleistungen, sprach ihnen das zur Beurteilung erforderliche Fachwissen und die Urteilskraft ab und behauptete, es müsse so benotet werden, daß eine genügend hohe Durchfallquote (die sog. „Todeslinie“) erreicht werde. Dagegen *Neu*, FAZ Nr. 246 vom 22. 10. 1983, S. 8; *Ziegler*, FAZ Nr. 253 vom 31. 10. 1983, S. 18; *Goez*, FAZ Nr. 254 vom 1. 11. 1983, S. 8; besonders vehement *Ganssmüller*, FAZ Nr. 246 vom 22. 10. 1983, S. 8: Korrekturassistenten erledigten „ihre Arbeit oft besser, als dies Professoren oder Richter bei der Korrektur von Examensklausuren tun“.

Konzept annimmt und praktiziert, erhält den Übungsschein praktisch als „Abfallprodukt“ des Übens. Diese These ist durch mannigfache Erfahrung gestützt. Diejenigen, die eine Übung in erster Linie als Veranstaltung zum „Scheinerschlagen“ begreifen, vergeben nicht nur eine Chance, sondern sind an der Rechtswissenschaft oftmals ernsthaft gar nicht interessiert. Vor einer Fehlvorstellung muß allerdings gewarnt werden: Auch diejenigen, die eine Übung mit der richtigen Grundeinstellung absolviert und damit einen wesentlichen Schritt nach vorne getan haben, dürfen nicht annehmen, das betreffende Rechtsgebiet nun schon in hinreichendem Maße für das Examen zu beherrschen[16]. Ein wichtiger Grundstein zum Examenserfolg ist gelegt – nicht mehr und nicht weniger.

B. Grundzüge der Methodik der Fallbearbeitung im Verwaltungsrecht

Zur „Methodik der Fallbearbeitung“ können die Studierenden heutzutage auf eine Reihe von Anleitungsbüchern zurückgreifen, die sich allgemein mit der juristischen Arbeitstechnik[17] oder konkret auch mit der Lösung öffentlich-rechtlicher Fälle[18] befassen. Zur weiteren

---

[16] *Lüke*, JuS-Studienführer (Fn. 14), S. 75.

[17] *Tettinger*, Juristische Arbeitstechnik (Fn. 3), S. 68 ff.; *Schmalz*, Die juristische Fallösung, 1976; *Kauther*, Probleme der Klausurentechnik und des Verwaltungsverfahrens in der Klausur, in: Pappermann/Kauther, Methodik der Fallbearbeitung II, 1982, S. 1 ff.; *Blasius/Büchner*, Verwaltungsrechtliche Methodenlehre, 2. Aufl. 1984; *Schwacke/Uhlig*, Juristische Methodik, 2. Aufl. 1985; *Brühl*, Die juristische Fallbearbeitung in Klausur, Hausarbeit und Vortrag, 1989; *Schramm*, Klausurentechnik, 8. Aufl. 1990; *Schmalz*, Methodenlehre für das juristische Studium, 2. Aufl. 1990; vgl. auch *Schwerdtfeger*, Öffentliches Recht (Fn. 11), Rdn. 1 ff. und Rdn. 900 ff.

[18] *Vogel*, Der Verwaltungsrechtsfall, 1980; *Erbel*, Öffentlich-rechtliche Klausurenlehre mit Fallrepetitorium, Band I Staatsrecht und Band II Verwaltungsrecht, 2. Aufl. 1983; *Achterberg*, Allgemeines Verwaltungsrecht (Fälle und Lösungen), 6. Aufl. 1986; *Büchner/Joerger*, Übungen zum Allgemeinen Verwaltungsrecht und zur Bescheidtechnik, 2. Aufl. 1986; *Köbler*, Die Anfängerübung mit Leistungskontrolle im bürgerlichen Recht, Strafrecht und öffentlichen Recht, 5. Aufl. 1986, S. 197 ff.; *Scholler/Birk*, Verfassungsrecht und Verfassungsgerichtsbarkeit (Fälle und Lösungen), 6. Aufl. 1988; *Schramm/Strunk*, Staatsrechtliche Klausuren und Hausarbeiten, 5. Aufl. 1989; *Stender-Vorwachs*, Prüfungstraining Staats- und Verwaltungsrecht, Band 1: Methodik der Fallbearbeitung und Band 2: Fälle mit Musterlösungen, 1990; *Teub-*

Vertiefung liegen etliche Werke zu den Grundlagen der Rechtswissenschaft vor[19]. Im folgenden geht es nur darum, zunächst einige Besonderheiten der Fallösung im Verwaltungsrecht hervorzuheben, um anschließend – der praktischen Zielsetzung dieses Buches folgend – die Technik der Fallösung in Grundzügen zu skizzieren.

I. Besonderheiten verwaltungsrechtlicher Fälle

1. *Gefahr sog. „Besinnungsaufsätze"*

Die Fallbearbeitung im Verwaltungsrecht unterscheidet sich vielfach nicht unerheblich von derjenigen im Bürgerlichen Recht und im Strafrecht. Werden dort durch den Anspruchsaufbau bzw. die Trias „Tatbestand – Rechtswidrigkeit – Schuld" gewisse Orientierungsmaßstäbe für den äußeren Aufbau und die innere Vorgehensweise geliefert, so bestehen bei der Fallbearbeitung im Verwaltungsrecht grundlegende Schwierigkeiten bereits darin, im Ansatz eine gesetzesorientierte, methodisch saubere und aufbaumäßig in sich konsistente Lösung zu entwerfen[20]. Bearbeiter bekommen den Fall häufig „nicht in den Griff" und liefern anstelle des geforderten juristischen Gutachtens einen sog. „Besinnungsaufsatz".

Bei verwaltungsrechtlichen Fällen gibt es heutzutage jedoch keinen Grund mehr, unstrukturierte Arbeiten abzuliefern. Die Methodik der Fallbearbeitung ist zu verwaltungsrechtlichen Aufgabenstellungen in einem Maße ausgeprägt, das hinter der Methodik im Bürgerlichen Recht und im Strafrecht nicht zurücksteht. Bei verwaltungsrechtlichen Fallgestaltungen liegen die Besonderheiten auf anderen Feldern.

---

ner, Die Examens- und Übungsklausur im Bürgerlichen Recht, Strafrecht und Öffentlichen Recht, einschließlich der Verfahrensrechte, 3. Aufl. 1991; *Broß/Ronellenfitsch,* Besonderes Verwaltungsrecht und Verwaltungsprozeßrecht (Fälle und Lösungen), 4. Aufl. 1991.

[19] Vgl. nur *Esser,* Vorverständnis und Methodenwahl in der Rechtsfindung, 2. Aufl. 1972; *Viehweg,* Topik und Jurisprudenz, 5. Aufl. 1974; *Wank,* Grenzen richterlicher Rechtsfortbildung, 1976; *Adomeit,* Rechtstheorie für Studenten, 1979; *Koch/Rüßmann,* Juristische Begründungslehre, 1982; *Canaris,* Die Feststellung von Lücken im Gesetz, 2. Aufl. 1983; *Zippelius,* Juristische Methodenlehre, 5. Aufl. 1990; *F. Müller,* Juristische Methodik, 4. Aufl. 1990; *Pawlowski,* Methodenlehre für Juristen, 2. Aufl. 1991; *Larenz,* Methodenlehre der Rechtswissenschaft, 6. Aufl. 1991.

[20] *Schwerdtfeger,* Öffentliches Recht (Fn. 11), Rdn. 1, spricht von einer „Scheu vor der öffentlichrechtlichen Fallbearbeitung" (selbst bei Examenskandidaten).

Zunächst ist festzustellen, daß das Allgemeine Verwaltungsrecht trotz der Kodifizierung wesentlicher Teile durch das VwVfG (des Bundes und des jeweiligen Landes) nach wie vor *ungeschriebenes Recht* aufweist. Hingewiesen sei nur auf das Recht der öffentlich-rechtlichen Ersatz- und Entschädigungsleistungen (Staatshaftungsrecht) sowie auf das Recht der öffentlichen Sachen. Es liegt auf der Hand, daß von daher für die Fallbearbeitung größere Schwierigkeiten entstehen als bei der Arbeit anhand des geschriebenen Rechts. Um so notwendiger ist die systematische Aufbereitung und Erläuterung der gesetzlich nicht geregelten Materie in Vorlesung und Lehrbuch[21].

Besondere Schwierigkeiten bereitet in der verwaltungsrechtlichen Fallbearbeitung die große *Stoffülle*. Verwaltungsrecht ist ein expandierendes Rechtsgebiet. Die große Zahl von Rechtsvorschriften des Bundes, des Landes und sonstiger Verwaltungsträger in Gesetzen, Verordnungen, Satzungen, Verwaltungsvorschriften usw. bewirkt Unübersichtlichkeit, führt zu Unsicherheiten bei der Rechtsanwendung und läßt manche einschlägige Regelung leicht übersehen. Überdies sind Verwaltungsrecht und Verfassungsrecht in der Fallbearbeitung oftmals nicht zu trennen, und auch Allgemeines und Besonderes Verwaltungsrecht sind eng miteinander verwoben[22]. Die schon abstrakt-systematisch „unübersichtlich ineinander verkeilten Stoffmassen"[23] werfen in der Fallbearbeitung zusätzliche Probleme auf[24], da die Fallösung eine klare Entscheidung fordert.

---

[21] Zum „Recht der öffentlich-rechtlichen Ersatzleistungen" (Staatshaftungsrecht) vgl. etwa *Rüfner,* in: Erichsen/Martens, Allgemeines Verwaltungsrecht, 9. Aufl. 1991, §§ 50 ff.; *Maurer,* Allgemeines Verwaltungsrecht, 7. Aufl. 1990, S. 547 ff. – Zum „Recht der öffentlichen Sachen" vgl. insbes. die gleichlautenden Werke von *Papier,* 2. Aufl. 1984 (Jura Studienbuch) und *Pappermann/Löhr/Andriske,* 1987.

[22] *W. Schmidt,* Einführung in die Probleme des Verwaltungsrechts, 1982, Rdn. 5: Allgemeines Verwaltungsrecht ohne Beispiele aus dem Besonderen Verwaltungsrecht nicht darstellbar.

[23] *W. Schmidt,* Verwaltungsrecht (Fn. 22), Vorwort, S. V.

[24] Bekanntes Beispiel: Im Recht der Gefahrenabwehr ist die Frage, wer als Verantwortlicher („Störer") in Anspruch genommen werden kann (vgl. dazu *von Mutius,* Der „Störer" im Polizei- und Ordnungsrecht, Jura 1983, 298), umfassend in den Gesetzen zum allgemeinen Polizei- und Ordnungsrecht geregelt. Spezialgesetze zur Gefahrenabwehr (z. B. VersG oder BauO) enthalten insoweit keine oder nur teilweise Regelungen. Folglich kann sich in der Fallbearbeitung die Frage stellen, ob und inwieweit auf das allgemeine Polizei- und Ordnungsrecht zurückgegriffen werden darf. – Vgl. i. e. Fall 5 und Fall 6.

Die erwähnte Stoffülle macht sich besonders unangenehm in sog. *„Exotenklausuren"* bemerkbar. Gemeint sind damit jene Sachverhalte, die aus studentischer Sicht auf entlegenen Rechtsgebieten angesiedelt und scheinbar nur mit Spezialwissen zu lösen sind. Der beim Anblick des Sachverhalts entstehende „Schock"[25] ist jedoch in der Regel unbegründet, da die entlegene Materie bei fairer Aufgabenstellung lediglich als „Aufhänger" insbesondere für Probleme des Allgemeinen Verwaltungsrechts dient[26]. Mit dem Einstieg über das Spezialgesetz werden von den Bearbeitern Auffinden und genaues Erfassen des Gesetzestextes verlangt, allgemeine methodische Fähigkeiten sind gefordert (z. B. Auslegung und Anwendung der unbekannten Norm, Würdigung des Sachverhalts, präziser Umgang mit der Rechtsfigur der Analogie), und es wird erwartet, daß Kenntnisse aus dem Allgemeinen Verwaltungsrecht zur Lösung unbekannter Rechtsprobleme fruchtbar gemacht werden[27]. Sofern im Anschluß an den Sachverhalt in einem Bearbeitervermerk Rechtsvorschriften wiedergegeben sind[28], müssen sie auch dann herangezogen werden, wenn sie in Wirklichkeit so nicht bestehen sollten[29].

2. *Bedeutung des Prozeßrechts*

Das *Prozeßrecht* spielt in den Übungen im Öffentlichen Recht eine ungleich größere Rolle als in den Übungen im Bürgerlichen Recht und im Strafrecht[30]. Entsprechendes gilt für die Aufgabenstellungen im Examen. Dieser Umstand sollte indessen als Vorteil begriffen werden.

---

[25] So *Vogel,* Verwaltungsrechtsfall (Fn. 18), S. 5; *Büchner/Joerger,* Übungen (Fn. 18), S. 21 („lähmender Schock"); *Schramm,* Klausurentechnik, S. 130.

[26] Vgl. dazu auch *Vogel,* Verwaltungsrechtsfall (Fn. 18), S. 1 und S. 4; *Schwerdtfeger,* Öffentliches Recht (Fn. 11), Rdn. 3; *Achterberg,* Fälle und Lösungen (Fn. 18), S. 3; *Schramm,* Klausurentechnik, S. 130 f.; *Broß/Ronellenfitsch,* Fälle und Lösungen (Fn. 18), S. 1 f.

[27] *Schramm,* Klausurentechnik, S. 131; ähnlich *Teubner,* Examens- und Übungsklausur (Fn. 18), S. 287. Vgl. etwa als Klausurbeispiel den Fall von *Berg,* Die störenden Legehennen, in: JuS-Studienführer (Fn. 1), S. 152 ff.

[28] Beispiel dazu bei *Schoch,* Übungsklausur Öffentliches Recht: Gestörte Nachtruhe durch lärmende Diskothekenbesucher, Jura 1982, 600. Dem steht der Sache nach gleich, wenn im Aufgabentext rechtliche Regelungen wiedergegeben sind (Beispiel: Fall 1). Vgl. i. ü. auch Fall 4.

[29] *Achterberg,* Fälle und Lösungen (Fn. 18), S. 65; *Stender-Vorwachs,* Prüfungstraining I (Fn. 18), S. 16.

[30] *Schwerdtfeger,* Öffentliches Recht (Fn. 11), Rdn. 4; *Achterberg,* Fälle und Lösungen (Fn. 18), S. 65; *Schramm,* Klausurentechnik, S. 125.

Zum einen stehen für die verwaltungsprozessuale Prüfung Aufbauschemata zur Verfügung (vgl. unten Teil 2), die neben der Prüfungssystematik auch ein Raster für wesentliche sachliche Rechtsfragen bieten. Zum anderen sind die (examens- und) übungsrelevanten prozessualen Probleme überschaubar und erlernbar[31], so daß die Studierenden für ein Mindestmaß an Sicherheit selbst sorgen können. Weitergehende Anforderungen können in der Hausarbeit bestehen; allerdings darf dort ja auch auf Hilfsmittel zurückgegriffen werden.

Hinsichtlich der umfänglichen Gewichtung des Anteils des Prozeßrechts in der Fallösung ist vor Faustregeln wie derjenigen, das Verhältnis von Zulässigkeits- und Begründetheitsstation könne im Verhältnis 1:2 bestimmt werden[32], zu warnen. Generelle Angaben sind nicht zu machen, zumal sich hinter prozeßrechtlichen „Aufhängern" oftmals materiellrechtliche Fragestellungen verbergen. ***Beispiele:***

- Verwaltungsrechtsweg: Abgrenzung Öffentliches Recht und Privatrecht.
- Beteiligungsfähigkeit: Ermittlung der Teilrechtsfähigkeit.
- Klageart: Bestimmung der Handlungsform der Verwaltung.
- Klagebefugnis: Gewinnung eines subjektiven öffentlichen Rechts.

Schwerpunkte eines Falles können durchaus auch bei der Zulässigkeit eines Rechtsbehelfs liegen (signifikantes Beispiel Fall 7), denkbar ist aber auch, daß die Zulässigkeitsstation keine größeren Probleme bereitet oder sogar ganz fehlt. Die Frage der Gewichtung zwischen Zulässigkeit und Begründetheit eines Rechtsbehelfs hängt also ganz von der Aufgabenstellung ab.

3. *Materiellrechtliche Grundprobleme*

Klausuren und Hausarbeiten aus dem Öffentlichen Recht unterscheiden sich auch in ihrem *materiellrechtlichen* Teil nicht unerheblich von bürgerlichrechtlichen[33] und strafrechtlichen Aufgabenstellungen. Eines

---

[31] Die wesentlichen prozessualen Probleme in Übung und Examen im Verwaltungsprozeßrecht werden in den Fällen im 3. Teil behandelt.

[32] So *Schramm*, Klausurentechnik, S. 125.

[33] Anders nur, wenn es um öffentlich-rechtliche Ansprüche geht. Die Parallele ist besonders deutlich bei verwandten Rechtsinstituten, z. B. öffentlich-rechtlicher Erstattungsanspruch (vgl. demgegenüber § 812 BGB) oder öffentlich-rechtlicher Unterlassungs- bzw. Beseitigungsanspruch (vgl. demgegenüber § 1004 BGB). Die Distanz wird größer, je mehr genuin verwaltungsrechtliche Elemente zu beachten sind; vgl. dazu als Beispiele die Begründetheitsprüfungen von Fall 2, Fall 4 und Fall 8.

der zentralen Probleme liegt erfahrungsgemäß beim *„Einstieg"* in die Begründetheitsprüfung.

Beim Verwaltungsrechtsfall hängt der „Einstieg" in die Begründetheitsprüfung von der als statthaft erkannten Klageart bzw. dem statthaften sonstigen Rechtsbehelf ab (vgl. das im 2. Teil abgedruckte Aufbauschema). Im folgenden seien einige zentrale Weichenstellungen und häufige Fehlerquellen erwähnt.

Bei der Prüfung der Begründetheit einer *Anfechtungsklage* (vgl. Fall 1) sollten in Aufbau und Prüfungssystematik eigentlich keine Unklarheiten bestehen. Der wohl bekannteste und häufigste Fehler wird durch das Prüfungsschema „Zuständigkeit – Verfahren und Form – materielle Rechtmäßigkeit" repräsentiert, bei dem erst im dritten Schritt nach der in Betracht kommenden Ermächtigungsgrundlage für den angefochtenen Verwaltungsakt gefragt wird[34]. So werden die formellen Rechtmäßigkeitsvoraussetzungen quasi im „luftleeren Raum" geprüft, obwohl die verwaltungsbehördliche Zuständigkeit sowie die einzuhaltenden Verfahrens- und Formvorschriften von der Anwendung einer bestimmten Rechtsgrundlage abhängen (können)[35]. In der Fallbe-

---

[34] Insoweit aufbaumäßig unzutreffend daher die Fallbearbeitungen von *Grünning/Hamann,* Grundprobleme ordnungsrechtlicher Klausuren, Verwaltungsrundschau (VR) 1985, 259 (262); *Ronellenfitsch,* Die öffentlich-rechtliche Aufsichtsarbeit in der Ersten juristischen Staatsprüfung – Der gestörte Telefonanschluß, NWVBL 1988, 283; *Weides,* Der praktische Fall – Öffentliches Recht: „Gift im Grundwasser", JuS 1988, 472 (473); *Rottnauer,* Übung im öffentlichen Recht für Vorgerückte, VBlBW 1989, 152 (154); *Vahle,* Der praktische Fall: Die überwachte Kundgebung, VR 1989, 203 (204); *ders.,* Der praktische Fall: Eine kulturelle Veranstaltung mit Folgen, VR 1989, 207 (208). – Unzutreffend auch die Aufbauempfehlungen von *Erbel,* Klausurenlehre II (Fn. 18), S. 3 und S. 9; *Schwacke/Uhlig,* Juristische Methodik, S. 119; *Stender-Vorwachs,* Prüfungstraining I (Fn. 18), S. 130.

[35] Geradezu klassische Beispiele hierfür bietet das Recht der Gefahrenabwehr. Ohne Bestimmung der für eine Maßnahme in Betracht kommenden Ermächtigungsgrundlage – Spezialermächtigung (z. B. nach VersG, BauO, StVO usw.) oder polizeiliche bzw. ordnungsbehördliche Generalklausel – können die Zuständigkeit (örtlich, sachlich, instanziell) und ggf. einzuhaltende Form- und Verfahrenvorschriften gar nicht ermittelt werden. Signifikantes praktisches Beispiel: OVG Münster, NVwZ 1987, 615; zutreffend *Schenke,* in: Steiner (Hrsg.), Besonderes Verwaltungsrecht, 3. Aufl. 1988, S. 281 Fn. 447. – Zutreffend daher auch die Fallbearbeitung von *Jung,* Die öffentlich-rechtliche Aufsichtsarbeit in der Ersten juristischen Staatsprüfung – Erkennungsdienstliche Maßnahmen, NWVBL 1990, 283 (284), zu der Frage, ob polizeirechtliche Ermächtigungsgrundlagen oder strafprozessuale Vorschriften eingreifen.

arbeitung muß also die in Betracht gezogene Ermächtigungsgrundlage an der Spitze der Begründetheitsprüfung stehen[36].

Erhebliche Probleme bereitet vielfach der Begründetheitsansatz bei der *Verpflichtungsklage* (vgl. dazu Fall 2). Aufgrund der nicht leicht verständlichen Fassung des § 113 Abs. 5 VwGO wird häufig im Stile einer Anfechtungsklage danach gefragt, ob der behördliche Ablehnungsbescheid rechtswidrig und der Kläger dadurch in seinen Rechten verletzt ist. Indes besteht die geltend gemachte Verpflichtung der Verwaltung zum Erlaß des begehrten Verwaltungsakts nur, wenn der Kläger nach materiellem Verwaltungsrecht einen Anspruch auf Erlaß dieses Verwaltungsakts hat[37]. Folglich muß eine entsprechende Anspruchsgrundlage ermittelt werden, wobei i.d.R. an das im Rahmen der Klagebefugnis (§ 42 Abs. 2 VwGO) herausgearbeitete subjektive öffentliche Recht angeknüpft werden kann[38].

Dasselbe gilt für die *allgemeine Leistungsklage,* wenn sie auf ein Tun, Dulden oder Unterlassen gerichtet ist, das nicht als Verwaltungsakt zu qualifizieren ist (vgl. Fall 4). Materiellrechtlich sind ein Anspruch mit einer entsprechenden Anspruchsgrundlage zu ermitteln[39]. Anders stellt sich die Situation nur in den seltenen Fällen einer Belastungsabwehr gegenüber Nicht-Verwaltungsakten dar, wenn die Situation strukturell der Anfechtungsklage entspricht[40].

Bei der *Fortsetzungsfeststellungsklage* (Fall 5) entspricht die Begründetheitsprüfung – je nachdem, ob es sich um einen Fall der unmittelba-

---

[36] So zutreffend die Fallbearbeitungen von *Frotscher/Scorl,* Übungsklausur Öffentliches Recht: Die „Aus Alt macht Neu-GmbH", Jura 1982, 96 (98); *Ehlers,* Examensklausur Öffentliches Recht: Rechtsschutz der Gemeinde gegen Aufsichtsmaßnahmen, Jura 1987, 480 (483); *Weides/Bertrams,* Der praktische Fall – Öffentliches Recht: Einschreiten der Polizei bei rechtswidrig parkenden Fahrzeugen, JuS 1989, 479 (480). – Zutreffend auch die Aufbauempfehlungen von *Lemke,* Einführung in die Methodik der Fallbearbeitung am Beispiel der öffentlichrechtlichen Klausur, JuS 1991, L 17 (18 mit Fn. 13); *Schwerdtfeger,* Öffentliches Recht (Fn. 11), Rdn. 68 ff.; *Büchner/Joerger,* Übungen (Fn. 18), S. 82 f.; *Schramm,* Klausurentechnik, S. 113; *Erichsen,* in: Erichsen/Martens, Allgemeines Verwaltungsrecht, 9. Aufl. 1991, § 14, Rdn. 9, Fn. 36.

[37] Zur Gedankenabfolge i. e. *Schwerdtfeger,* Öffentliches Recht (Fn. 11), Rdn. 173 ff. – Fallbeispiel bei *Ehlers,* Übungshausarbeit Öffentliches Recht – Der Kampf um einen Schulplatz, Jura 1991, 208 (211).

[38] Vgl. das Beispiel bei *Schoch,* Jura 1982, 600 (601, 602).

[39] Auch dazu Beispiel bei *Schoch,* Jura 1982, 600 (609).

[40] Fallbeispiel dazu zur Umsetzung eines Beamten bei *Erichsen,* Verwaltungsrecht und Verwaltungsgerichtsbarkeit I, 2. Aufl. 1984, S. 35 ff. (Fall 2 – Das neue Amt).

ren oder um einen der drei Fälle der (doppelt) analogen Anwendung des § 113 Abs. 1 S. 4 VwGO handelt (vgl. dazu das Aufbauschema im 2. Teil) – derjenigen bei der Anfechtungsklage oder (eher selten) derjenigen bei der Verpflichtungsklage[41].

Beträchtliche Schwierigkeiten bereitet erfahrungsgemäß der richtige Begründetheitsansatz bei der (allgemeinen) *Feststellungsklage* (vgl. dazu Fall 3). Die Ursachen liegen zumeist in einer ungenauen Erfassung des Begriffs „Rechtsverhältnis" (§ 43 Abs. 1 VwGO). Bei einer sorgfältigen Würdigung des Sachverhalts, der präzisen Bestimmung des Streits (schon bei der Ermittlung der statthaften Rechtsschutzform) und der gezielten Frage danach, ob das fragliche Rechtsverhältnis tatsächlich besteht bzw. nicht besteht, müßte jedoch auch hier der zutreffende Begründetheitseinstieg gelingen[42].

Die Begründetheitsprüfung beim *Widerspruch* (dazu Fall 6) weist aus naheliegenden Gründen (vgl. § 68 Abs. 1 S. 1 und Abs. 2 VwGO) eine weitgehende Übereinstimmung mit der Anfechtungs- bzw. Verpflichtungsklage auf. Zu beachten ist allerdings, daß zusätzlich die Zweckmäßigkeit eines Verwaltungsakts, der auf einer Ermessensvorschrift oder auf einem unbestimmten Rechtsbegriff mit behördlichem Beurteilungsspielraum beruht, zu untersuchen ist[43].

Der *vorläufige Rechtsschutz*, dessen enorme praktische Bedeutung sich zunehmend in Ausbildung und Prüfung widerspiegelt, folgt aufgrund der gegebenen Rechtslage teilweise eigenen Gesetzmäßigkeiten. Bei einer präzisen Arbeit mit dem Gesetzestext lassen sich jedoch sowohl für die *einstweilige Anordnung* (dazu Fall 8) als auch für das sog. *Aussetzungsverfahren* (dazu Fall 7) klare systematische Vorgaben für die Begründetheitsprüfung entwickeln.

4. *Konsequenzen*

Die skizzierten Besonderheiten machen auf einige Schwierigkeiten aufmerksam, die sich – im Unterschied zum Bürgerlichen Recht und zum Strafrecht – bei der Fallbearbeitung im Verwaltungsrecht ergeben (können). Gerade weil sich im Verwaltungsrecht zusätzliche Probleme stellen, ist nicht ein Weniger, sondern ein Mehr an methodischer und inhaltlicher Präzision angezeigt. Demgegenüber findet sich bei der

---

[41] Fallbeispiel dazu bei *Schoch,* Der versagte Sonderurlaub, in: Handbuch für die öffentliche Verwaltung, Bd. 1, 1984, S. 1089 ff. (Rdn. 9).

[42] Fallbeispiel dazu bei *Erichsen* (Fn. 40), S. 187 ff. (Fall 11 – Schlachthoffall).

[43] Fallbeispiel dazu bei *von Mutius,* Abrißverfügung an den Angelsportverein „Petri Heil", in: HÖV I (Fn. 41), S. 1069 ff. (Rdn. 29).

Fallbearbeitung im Verwaltungsrecht die Neigung verbreitet, unter Vernachlässigung methodischer Fertigkeiten und unter Zurückstellung des positiven Rechts durch Deduktionen aus „allgemeinen Prinzipien" und mittels Argumentationen aus „allgemeinen Grundsätzen" bestehen zu wollen.

Niemand käme auf den Gedanken, z. B. beim Schadenersatzanspruch aus unerlaubter Handlung oder beim Diebstahl losgelöst von § 823 Abs. 1 BGB bzw. § 242 StGB und unsystematisch eine Prüfung propagieren oder vornehmen zu wollen. Gerade wegen der „Tücken" verwaltungsrechtlicher Fallbearbeitungen müssen zur Vermeidung subjektiver Beliebigkeit klare Obersätze gebildet, normgebunden interpretiert, argumentiert und subsumiert werden, und es sind die rechtsnormativen Ansatzpunkte (angeblich) verfassungsrechtlicher Erwägungen kenntlich zu machen. Die strikte Einhaltung der methodengerechten Fallbearbeitung bietet das einzige Mittel, auch im Verwaltungsrecht zu rational nachprüfbaren Fallösungen zu gelangen.

II. Technik der Fallösung

1. *Vorbemerkung*

Die „Methodik der Fallbearbeitung" ist von der wesentlich umfassenderen „Juristischen Methodenlehre", deren Gegenstand u. a. Struktur und Funktion von Rechtsnormen, Fragen der Rechtserzeugung, der Geltung von Normen sowie deren Auslegung, der Lückenausfüllung, der Rechtsfortbildung, der teleologischen Reduktion usw. ist, zu unterscheiden. Im folgenden geht es lediglich um die juristische Arbeitstechnik am Fall, also um die Technik der Fallösung in der bestehenden Rechtsordnung.

Die Beschäftigung mit dem Handwerklichen in der Rechtswissenschaft wird vielfach nicht so recht ernst genommen. Derartigen Tendenzen ist indes deutlich zu widersprechen[44]; das juristische Handwerkszeug ist nämlich unabdingbare Voraussetzung dafür, Lebenssachverhalte in rational nachvollziehbarer Weise rechtlichen Lösungen zuzuführen[45]. Die Geringschätzung der juristischen Arbeitstechnik ver-

---

[44] Pointiert *Vogel*, Verwaltungsrechtsfall (Fn. 18), S. 5, mit der Bemerkung, die Verachtung des Handwerklichen an der Jurisprudenz habe schon immer einen gewissen Snob-Appeal gehabt.

[45] Vgl. *Erbel*, Klausurenlehre I (Fn. 18), S. 1.

kennt, daß Fachwissen mitunter wenig nutzt, wenn es mit Blick auf die Probleme der Lebenswirklichkeit nicht richtig umgesetzt werden kann[46].

2. *Grundschritte bei der Fallösung*

„Technik der Fallösung" ist nicht Selbstzweck, sondern hat im Rahmen der Fallbearbeitung nur eine dienende Funktion. Ausgangspunkt ist die Aufgabenstellung. In der Regel geht es darum, in der vorgegebenen Zeit die an den Sachverhalt anschließende(n) Fallfrage(n) in einem klaren gedanklichen Aufbau unter überzeugender Erörterung der relevanten Rechtsprobleme mit stringenter rechtlicher Argumentation einer zutreffenden Lösung zuzuführen[47].

Die zur Erreichung dieses Ziels einzusetzende Arbeitstechnik wird gemeinhin in *vier Grundschritte* aufgefächert[48]. Im einzelnen geht es um

- das Erfassen des Sachverhalts,
- das richtige Verständnis der Fallfrage(n),
- die Entwicklung eines Lösungskonzepts durch inhaltliche Prüfung und schriftliche Fixierung der fallrelevanten Rechtsfragen in einem falladäquaten Aufbau,
- die gutachtliche Ausarbeitung der Lösung unter Beachtung der Regeln der Rechtsanwendung (Gesetzesauslegung und Subsumtion) und unter Berücksichtigung der Anforderungen an eine gutachtliche Darstellung bei der Niederschrift der Lösung.

Diese Grundschritte gelten gleichermaßen für Klausur und Hausarbeit. Bei der Hausarbeit sind zusätzlich einige Besonderheiten (insbesondere in formaler Hinsicht) zu bedenken.

a) Erfassen des Sachverhalts

Die Fallbearbeitung beginnt mit dem richtigen und vollständigen *Erfassen des Sachverhalts.* Trotz der Selbstverständlichkeit dieser Aussage

---

[46] *Hamann,* Anfängerprobleme in juristischen Klausuren, VR 1983, 145 (149); ebenso für die Fallbearbeitung im Bürgerlichen Recht *Velte,* Methodische Hinweise zur Fallösung im Zivilrecht, in: Jura Extra – Studium und Examen (Hrsg. Erichsen), 2. Aufl. 1983, S. 97.

[47] *Tettinger,* Juristische Arbeitstechnik (Fn. 3), S. 68; krit. zur „Richtigkeit" von Rechtsentscheidungen *Haft,* Juristisches Lernen (Fn. 8), S. 62 ff.

[48] Vgl. etwa *Tettinger,* Juristische Arbeitstechnik (Fn. 3), S. 68; *Schwerdtfeger,* Öffentliches Recht (Fn. 11), Rdn. 900; *Büchner/Joerger,* Übungen (Fn. 18), S. 21; z. T. etwas abweichend *Erbel,* Klausurenlehre I (Fn. 18), S. 19; *Schwacke/Uhlig,* Juristische Methodik, S. 67; *Schramm,* Klausurentechnik, S. 8.

lehrt die Erfahrung, daß insoweit bisweilen gravierende Fehler gemacht werden[49]. Vor allem in der Klausur wird der Arbeit am Sachverhalt oftmals zu wenig Aufmerksamkeit gewidmet[50]. Dabei ist die genaue Kenntnis des Sachverhalts das Fundament einer jeden Fallbearbeitung[51]. Wer von einem unzutreffenden Sachverhalt ausgeht, erzielt keine zutreffende Lösung. Der Kardinalfehler „Thema verfehlt“ ist um so ärgerlicher, als er völlig überflüssig ist. Bei gehöriger Sorgfalt wird die gestellte Aufgabe zutreffend erfaßt.

aa) Fehlerquellen

Eine der gefährlichsten Fehlerquellen firmiert unter dem Stichwort *„Fall bekannt“*[52]. Bearbeiter meinen nach dem ersten flüchtigen Durchlesen des Sachverhalts mitunter, einen bekannten Fall (aus einer früheren Übung, als Nachbildung einer bestimmten Gerichtsentscheidung etc.) vor sich zu haben. Die Gefahr besteht darin, daß es sich nur um einen ähnlichen Fall handelt, der in Problemstellung, Lösungsaufbau und inhaltlicher Problemlösung andere Wege als der „bekannte Fall“ gehen kann. Das Ergebnis einer derartigen sog. „Sachverhaltsquetsche“ ist die Lösung eines anderen als des ausgegebenen Falles[53]. Der Gefahr, unreflektiert die „bekannte Lösung“ niederzuschreiben, kann nur dadurch entgangen werden, daß unvoreingenommen und mit derselben Präzision an den Sachverhalt herangetreten wird wie bei einer unbekannten Aufgabenstellung.

Nicht selten liegen Fehler darin, daß der ausgegebene *Sachverhalt in Frage gestellt* wird[54]. Die Zeit, die darauf verwendet wird, Aussagen im Sachverhalt als unwahrscheinlich oder gar lebensfremd bzw. unrichtig zu qualifizieren, fehlt am Ende der Bearbeitungszeit. In der Übung (und in der Ersten Juristischen Staatsprüfung) muß der vorgegebene

---

[49] Beispiele bei *Rips*, Typische Fehlerquellen bei Klausuren und Hausarbeiten, JuS 1979, 42.

[50] *Tettinger*, Juristische Arbeitstechnik (Fn. 3), S. 69; *Schwerdtfeger*, Öffentliches Recht (Fn. 11), Rdn. 902 ff.

[51] Vgl. *Hamann*, VR 1983, 145 (149): Man müsse den Sachverhalt mit eigenen Worten wiedergeben können, ohne den Aufgabentext heranziehen zu müssen.

[52] *Rips*, JuS 1979, 42; *Hub*, Anleitung zur Rechtsanwendung, APF 1983, 314; *Tettinger*, Juristische Arbeitstechnik (Fn. 3), S. 74; *H. Zuck*, Das Anfertigen von Übungsarbeiten – Praktische Hinweise für Anfänger-, Fortgeschrittenen- und Examensarbeiten, JuS 1990, 905 Fn. 2.

[53] *Schramm*, Klausurentechnik, S. 1.

[54] *Rips*, JuS 1979, 42; *Schwerdtfeger*, Öffentliches Recht (Fn. 11), Rdn. 907.

Sachverhalt als feststehend hingenommen und bearbeitet werden, und er darf auch nicht in Teilen in Frage gestellt werden[55].

Ähnlich verhält es sich mit dem – unzulässigen – *Verändern des Sachverhalts*. Dabei wird in den Sachverhalt (positiv) etwas hineingelesen, um die Basis für die Erörterung bestimmter Rechtsfragen zu legen („Wissen abladen")[56]. Indessen dürfen nur solche Rechtsfragen in der Fallbearbeitung erörtert werden, die im gegebenen Sachverhalt angelegt sind[57]. Das Verändern des Sachverhalts führt dazu, daß teilweise ein anderer Fall als der ausgegebene behandelt wird.

Als besonderes Problem werden sog. *Sachverhaltslücken* erachtet. In den Augen der Bearbeiter fehlen für die Behandlung eines im Sachverhalt angelegten Rechtsproblems bestimmte Angaben im Tatsächlichen. Zumeist handelt es sich allerdings nur um eine scheinbare Lücke. Das zeigt sich deutlich in solchen Fallgestaltungen, bei denen anläßlich der Prüfung der Rechtmäßigkeit eines Aktes öffentlicher Gewalt von der Einhaltung der einschlägigen Verfahrens- und Formvorschriften auszugehen ist[58]. Die Annahme rechtswidrigen Verhaltens ist eine unzulässige Sachverhaltsunterstellung[59]. Zuzugeben ist freilich, daß nur ein schmaler Grat zur Nichtbehandlung eines Problems besteht[60]. Eine echte Sachverhaltslücke läßt sich oftmals durch eine

---

[55] *Tettinger*, Juristische Arbeitstechnik (Fn. 3), S. 70; *Achterberg*, Fälle und Lösungen (Fn. 18), S. 24.

[56] Vgl. dazu das Beispiel von *Achterberg*, Fälle und Lösungen (Fn. 18), S. 24.

[57] *Kauther*, Klausurentechnik (Fn. 17), S. 3; *Tettinger*, Juristische Arbeitstechnik (Fn. 3), S. 71; *Erbel*, Klausurenlehre I (Fn. 18), S. 22.

[58] Beispiel aus dem Staatsrecht bei *Erbel*, Klausurenlehre I (Fn. 18), S. 21: Der Bundespräsident verweigert mit Hinweis auf Art. 12 und Art. 14 GG die Ausfertigung eines ihm zugeleiteten Gesetzes; schweigt der Sachverhalt zum Gesetzgebungsverfahren, ist vom Normalfall auszugehen, daß das Gesetz verfahrensmäßig ordnungsgemäß zustande gekommen ist.

[59] *Tettinger*, Juristische Arbeitstechnik (Fn. 3), S. 87; *Schramm*, Klausurentechnik, S. 4.

[60] Beispiel: Im Sachverhalt fehlen Angaben darüber, ob vor Erlaß eines Verwaltungsakts, der in Rechte eines Beteiligten eingreift, diesem Gelegenheit zur Stellungnahme gegeben worden ist (§ 28 Abs. 1 VwVfG). Soll man von der Ordnungsmäßigkeit des Verwaltungsverfahrens ausgehen? Oder bedeutete dies eine unzulässige Sachverhaltsunterstellung, weil von der Anhörung des Beteiligten keine Rede ist? Anders als beim Gesetzgebungsverfahren geht es beim Verwaltungsverfahren nicht nur um die Einhaltung objektiven Rechts, sondern auch um die Beachtung subjektiver Verfahrensrechte. Nach der Grundregel, derzufolge von der Einhaltung von Zuständigkeitsvorschriften, Formerfordernissen und Fristen ausgegangen werden darf (*Schwerdtfeger*,

vernünftige Sachverhaltsauslegung schließen[61]. Sie erfolgt dadurch, daß – dem Maßstab des Wahrscheinlichen folgend – der nach der allgemeinen Lebenserfahrung normale Verlauf der Dinge zugrunde gelegt wird. Außergewöhnliche Geschehensabläufe sind im Sachverhalt mitgeteilt[62]. Im Aufbau der Fallösung wird die Sachverhaltsauslegung im Rahmen der Subsumtion vorgenommen, wenn es also darum geht, den herangezogenen Rechtssatz auf einen bestimmten Sachverhalt(sabschnitt) anzuwenden. Auch bei der Sachverhaltsauslegung sollte jedoch immer die Kontrollüberlegung angestellt werden, ob es für die Lösung des Falles auf die vermißte Tatsache tatsächlich ankommt.

Führt auch die Sachverhaltsauslegung nicht weiter, kann in den seltenen Fällen einer echten Sachverhaltslücke ausnahmsweise an eine *Alternativlösung* gedacht werden[63]. Insoweit ist allerdings äußerste Zurückhaltung geboten[64], weil der Sachverhalt in der Regel die notwendigen Angaben enthält und der Aufgabensteller den Fall in der gegebenen Form gelöst haben möchte[65]. Vor einer Alternativlösung ist selbstkritisch zu prüfen, ob in Wahrheit nicht gerne erörterte Rechtsfragen dem Fall unterschoben werden sollen[66] oder ob nicht – umgekehrt – die eindeutige Stellungnahme zu bestimmten Rechtsproblemen umgangen werden soll[67]. – Streng zu unterscheiden von der Sachverhaltsalternative ist die stets unzulässige Alternativlösung in einer Rechtsfrage. Diese ist immer eindeutig und abschließend zu entscheiden[68].

Öffentliches Recht [Fn. 11], Rdn. 945), dürfte die erfolgte Anhörung nicht angenommen werden. In der Fallbearbeitung ist dann allerdings § 45 Abs. 1 Nr. 3 VwVfG zu beachten. – Klar formulierte Sachverhalte lassen das Problem erst gar nicht aufkommen (vgl. Fall 1).

61 *Hamann*, VR 1983, 145 (150); *Kauther*, Klausurentechnik (Fn. 17), S. 3.

62 *Hub*, APF 1983, 314 (317); *Tettinger*, Juristische Arbeitstechnik (Fn. 3), S. 86; *Büchner/Joerger*, Übungen (Fn. 18), S. 22; vgl. auch *Schwerdtfeger*, Öffentliches Recht (Fn. 11), Rdn. 943, 944.

63 Beispiele dazu bei *Tettinger*, Juristische Arbeitstechnik (Fn. 3), S. 88 ff.; *Schwerdtfeger*, Öffentliches Recht (Fn. 11), Rdn. 949.

64 *Kauther*, Klausurentechnik (Fn. 17), S. 3; zum Bürgerlichen Recht *Velte*, in: Jura Extra (Fn. 46), S. 101.

65 *Tettinger*, Juristische Arbeitstechnik (Fn. 3), S. 87.

66 *Erbel*, Klausurenlehre I (Fn. 18), S. 22: Zurechttrimmen des Sachverhalts, um bestimmte Kenntnisse zur Geltung bringen zu können.

67 *Kauther*, Klausurentechnik (Fn. 17), S. 3; *Velte*, in: Jura Extra (Fn. 46), S. 101.

68 *Rips*, JuS 1979, 42 (43); *Tettinger*, Juristische Arbeitstechnik (Fn. 3), S. 89.

bb) Fehlervermeidung

Fehler beim Erfassen des Sachverhalts sind vermeidbar, also überflüssig. Ein Teil der möglichen Fehlervermeidung ist im Zusammenhang mit den skizzierten Fehlerquellen bereits angesprochen worden. Im übrigen kann in erster Linie das wiederholte und konzentrierte *Lesen* des Sachverhalts Fehlvorstellungen vermeiden[69]. Der Sachverhalt sollte fest im Gedächtnis eingeprägt sein. *Sachverhaltsangaben* sind grundsätzlich weder überflüssig noch zufällig; jeder mitgeteilte Umstand ist von Bedeutung[70]. Evident ist dies bei Zeitangaben und Daten[71] (vgl. Fall 1 und Fall 6). Nicht ausgeschlossen ist damit freilich, daß der Aufgabentext – colorandi causa – ausschmückendes Beiwerk enthält[72]. Dies läßt sich zumeist auf den ersten Blick als für die Lösung unbeachtlich erkennen.

Einen anderen Stellenwert genießen die im Aufgabentext geschilderten *Rechtsansichten* von Beteiligten (vgl. z.B. Fall 2, 6, 7). Diese sind als Vorgaben für die Fallösung selbstverständlich unmaßgeblich[73]. Damit sind sie aber nicht unbeachtlich. Ihrer Tragfähigkeit sollte schon deshalb nachgegangen werden, weil mitgeteilte Rechtsauffassungen Hinweise auf lösungsrelevante Rechtsprobleme enthalten (können)[74]. Sind in diesem Zusammenhang auch Rechtsvorschriften genannt, müssen diese nachgelesen werden[75]. Alles andere wäre fahrlässig.

Beachtung verdienen bisweilen *Fallvarianten*. In erster Linie geht es um Abwandlungen des Sachverhalts (vgl. dazu Fall 1), manchmal auch um Fortentwicklungen des Ausgangsfalles (vgl. die vier Fragen bei Fall 7). In der Regel besteht eine enge Anlehnung an den Grundfall. In der Darstellung der Lösung ist insoweit zur Vermeidung von Wieder-

---

[69] *Hub*, APF 1983, 314; *Büchner/Joerger*, Übungen (Fn. 18), S. 21.

[70] *Tettinger*, Juristische Arbeitstechnik (Fn. 3), S. 79; *Erbel*, Klausurenlehre I (Fn. 18), S. 20; *Schramm*, Klausurentechnik, S. 3.

[71] *Hub*, APF 1983, 314; *H. Zuck*, JuS 1990, 905; *Tettinger*, Juristische Arbeitstechnik (Fn. 3), S. 76.

[72] *Achterberg*, Fälle und Lösungen (Fn. 18), S. 24.

[73] *Rips*, JuS 1979, 42; *Hamann*, VR 1983, 145 (150); *Tettinger*, Juristische Arbeitstechnik (Fn. 3), S. 78; *Schwerdtfeger*, Öffentliches Recht (Fn. 11), Rdn. 905.

[74] *Lemke*, JuS 1991, L 17 (18). – Nach *Schwerdtfeger*, Öffentliches Recht (Fn. 11), Rdn. 937, muß selbst auf irrige Rechtsansichten der Parteien (ganz kurz) an geeigneter Stelle eingegangen werden, weil der um Rat gebetene Jurist nicht ex cathedra zu sprechen habe, sondern die Parteien überzeugen müsse.

[75] *Hub*, APF 1983, 314 (315); *Schwerdtfeger*, Öffentliches Recht (Fn. 11), Rdn. 903.

holungen auf die Erörterungen zum Ausgangsfall zu verweisen. Im übrigen kann mit Blick auf das präzise Erfassen der Sachverhaltsvariante davon ausgegangen werden, daß im Verhältnis zum Ausgangsfall eine abweichende Lösung nicht unwahrscheinlich ist[76].

b) Verstehen der Fallfrage

Inhalt, Reichweite und Gang der Untersuchung werden entscheidend durch die *Fallfrage* geprägt[77]. Das richtige Verständnis der Fallfrage(n) kann deshalb nicht ernst genug genommen werden. Fehler an dieser Stelle präjudizieren beinahe zwangsläufig unzutreffende Lösungen.

Zunächst sollte selbstverständlich sein, daß nur die gestellte(n) Fallfrage(n) zu behandeln ist (sind)[78]. Auch noch so interessante weitergehende Ausführungen tragen zur Lösung des gestellten Falles nichts bei, sind also überflüssig und letztlich falsch[79]. Dennoch wird in Übung und Examen ständig gegen diese Grundregel verstoßen.

Inhaltlich hängt das exakte Verständnis der Fallfrage(n) davon ab, wie konkret eine Frage gestellt ist. Keine Probleme bereiten unzweideutige Fragestellungen wie z. B.[80]

- „Hat die Klage Aussicht auf Erfolg?“ oder
- „Hat der Polizeipräsident rechtmäßig gehandelt?“ oder
- „Hat A einen Anspruch auf Erlaß des beantragten Verwaltungsakts?“

Schwierigkeiten sind hingegen mit allgemeiner gehaltenen Fragestellungen verbunden, wie z. B.

- „Wie ist die Rechtslage?“ oder
- „Was kann A tun?“,

weil die Bearbeiter selbst die Fragestellung konkretisieren müssen. Richtschnur ist insoweit die sich aus der Sachverhaltsschilderung erge-

---

[76] *Tettinger,* Juristische Arbeitstechnik (Fn. 3), S. 82, 94, mit dem Hinweis, daß Divergenzen im Lösungsweg nicht notwendig zu einem anderen Ergebnis führen.

[77] *Erichsen,* Hinweise für die Übungen im Öffentlichen Recht, in: Jura Extra – Studium und Examen (Hrsg. Erichsen), 2. Aufl. 1983, S. 146 (149); *Hub,* APF 1983, 314 (315), mit Beispielen; *H. Zuck,* JuS 1990, 905, mit Beispielen.

[78] *Lemke,* JuS 1991, L 17 (18); *Kauther,* Klausurentechnik (Fn. 17), S. 4; *Erbel,* Klausurenlehre I (Fn. 18), S. 22; *Erichsen,* in: Jura Extra (Fn. 77), S. 149; *Broß/Ronellenfitsch,* Fälle und Lösungen (Fn. 18), S. 3.

[79] *Tettinger,* Juristische Arbeitstechnik (Fn. 3), S. 91; *Stender-Vorwachs,* Prüfungstraining I (Fn. 18), S. 19.

[80] Weitere Beispiele bei *Tettinger,* Juristische Arbeitstechnik (Fn. 3), S. 92; *Schwerdtfeger,* Öffentliches Recht (Fn. 11), Rdn. 910 f.; *Stender-Vorwachs,* Prüfungstraining I (Fn. 18), S. 18.

bende Interessenlage der Betroffenen[81]. Sie gibt an, welche konkreten Rechtsfragen sinnvollerweise in dem anzufertigenden Gutachten einer Klärung zugeführt werden sollen[82].

Sind mehrere Fragen gestellt, sollten diese in der vorgegebenen Reihenfolge behandelt werden. Nur ganz ausnahmsweise, bei zwingenden und allgemein einsichtigen Gründen sollte davon abgewichen werden[83]. In aller Regel sind die Fallfragen vom Aufgabensteller bewußt in die vorgegebene Reihenfolge gebracht und können auch nur so sinnvoll beantwortet werden (vgl. Fall 7).

Bei inhaltlich differenzierenden Fragestellungen (z. B. mehrere Maßnahmen der Verwaltung, mehrere Kläger) ist grundsätzlich jede (Variante der) Frage gesondert zu bearbeiten[84]. Nur inhaltlich identische Fragenkomplexe sollten zusammen erörtert werden; bei der gesonderten Prüfung wird zur Vermeidung von Wiederholungen auf einschlägige frühere Ausführungen verwiesen.

Als Besonderheit verwaltungsrechtlicher Aufgabenstellungen war erkannt worden, daß diese nur selten rein materiellrechtliche Fragestellungen beinhalten, überwiegend jedoch verwaltungsprozessuale Fragestellungen aufweisen. Beispiele (vgl. i. e. die Fälle im 3. Teil):

- Hat die Klage Aussicht auf Erfolg?
- Wie wird das Gericht entscheiden?
- Kann A gegen die Maßnahme mit Aussicht auf Erfolg vorgehen?

Bei solchen Fragestellungen ist die Zulässigkeit eines Rechtsbehelfs vor der Begründetheit zu prüfen. Bei schon erhobener Klage etc. gilt dies ausnahmslos; das die Entscheidung vorbereitende Gutachten muß beachten, daß eine gerichtliche Sachentscheidung (= Entscheidung über die Begründetheit des Rechtsbehelfs) nur in Betracht kommt, wenn die Zulässigkeit des Rechtsbehelfs feststeht[85]. Diese Prüfungsreihenfolge ist aber auch dann zu empfehlen, wenn z. B. Klage noch nicht

---

[81] *Hub*, APF 1983, 314 (315); *Lemke*, JuS 1991, L 17 (18); *Büchner/Joerger*, Übungen (Fn. 18), S. 21; *Schwerdtfeger*, Öffentliches Recht (Fn. 11), Rdn. 912 ff., mit der Empfehlung, sich in die Rolle des Rechtsanwalts zu versetzen, der seinerseits wiederum die Situation des Klienten einnehme, um mit juristischer Phantasie zu ergründen, worauf dessen Interessen konkret gerichtet seien. Erst dann könne der Anwalt genaue Fragen formulieren.

[82] *Tettinger*, Juristische Arbeitstechnik (Fn. 3), S. 92 f., mit Beispielen.

[83] *Tettinger*, Juristische Arbeitstechnik (Fn. 3), S. 91; allgemein zur Rangordnung der Fragen *Vogel*, Verwaltungsrechtsfall (Fn. 18), S. 16 ff.

[84] *Erichsen*, in: Jura Extra (Fn. 77), S. 149.

[85] *Vogel*, Verwaltungsrechtsfall (Fn. 18), S. 16; *W. Schmidt*, Verwaltungsrecht (Fn. 22), Rdn. 255; *Broß/Ronellenfitsch*, Fälle und Lösungen (Fn. 18), S. 26.

erhoben, sondern erst beabsichtigt ist[86]. Ist also (wie z. B. in Fall 2, 7, 8) gefragt, ob ein Rechtsschutzsuchender mit Aussicht auf Erfolg einen bestimmten Rechtsbehelf (z. B. Klage, Antrag auf Gewährung vorläufigen Rechtsschutzes) beim zuständigen Gericht einlegen könnte, sollte zunächst die Zulässigkeit des möglichen Rechtsbehelfs erörtert und bejahendenfalls die Erfolgsaussicht in der Sache untersucht werden. Nur bei rein materiellrechtlichen Fragestellungen sind, was manchmal übersehen wird, prozessuale Probleme (etwa nach den bekannten Aufbauschemata) nicht zu behandeln[87].

Bei (auch) verfahrensrechtlich angelegten Aufgabenstellungen bereitet der Rechtsbehelf *„Widerspruch"* erfahrungsgemäß Schwierigkeiten. Die verbreitete Scheu vor der Prüfung der Erfolgsaussichten eines Widerspruchs (vgl. dazu Fall 6) ist indes unbegründet[88]. Im wesentlichen stellen sich dieselben Fragen wie bei Anfechtungs- bzw. Verpflichtungsklage. Fehlerhaft ist die nicht selten anzutreffende „Lösung", abweichend von der Fallfrage die Erfolgsaussichten einer verwaltungsgerichtlichen Klage zu prüfen und bei der besonderen Sachentscheidungsvoraussetzung „Erfolglosigkeit des Widerspruchs" entweder zu bemerken, ein Widerspruchsverfahren müsse noch erfolglos durchgeführt werden oder zu unterstellen, dies sei geschehen[89].

Bei sämtlichen Rechtsbehelfen gilt als Selbstverständlichkeit, daß – unabhängig von einer weiteren Präzisierung der Fragestellung – im Falle der Unzulässigkeit eines Rechtsbehelfs (Beispiel in der Abwandlung von Fall 1) die Begründetheit in einem *Hilfsgutachten* erörtert wird[90]. Praktisch bedeutet das Hilfsgutachten für die weitere Prüfung, daß die Zulässigkeit des Rechtsbehelfs unterstellt wird.

---

86 A. A. insoweit *W. Schmidt*, Verwaltungsrecht (Fn. 22), Rdn. 55, der im Gegenteil meint, wenn z. B. Rechtsweg und Klageart von eingehenden materiellrechtlichen Untersuchungen abhingen, würde das Gutachten unnötig „kopflastig"; außerdem verführe der Beginn mit der Prüfung einer Verwaltungsklage dazu, im Zweifel die öffentlich-rechtliche Streitigkeit zu bejahen. – Für Wahlfreiheit des Bearbeiters *Schwerdtfeger*, Öffentliches Recht (Fn. 11), Rdn. 934, 966. – Sogar für einen Vorrang der materiellrechtlichen Prüfung vor der Zulässigkeitserörterung *H. Zuck*, JuS 1990, 905 (906).

87 *Tettinger*, Juristische Arbeitstechnik (Fn. 3), S. 95; *Schwerdtfeger*, Öffentliches Recht (Fn. 11), Rdn. 917, allerdings mit der – abzulehnenden – Ausnahme, daß „prozessuale Möglichkeiten von aktuellem Interesse" kurz zu behandeln seien.

88 *Tettinger*, Juristische Arbeitstechnik (Fn. 3), S. 96.

89 Vgl. zur Problematik auch *W. Schmidt*, Verwaltungsrecht (Fn. 22), Rdn. 256; *Tettinger*, Juristische Arbeitstechnik (Fn. 3), S. 96.

90 *Kauther*, Klausurentechnik (Fn. 17), S. 10; *W. Schmidt*, Verwaltungsrecht (Fn. 22), Rdn. 255; *Erbel*, Klausurenlehre I (Fn. 18), S. 23 f.; *Achterberg*,

c) Entwickeln der Lösung

Der dritte Grundschritt bei der Fallbearbeitung, das *Entwickeln der Lösung*, betrifft die Arbeitsphase bis zur Niederschrift des Gutachtens. Fehler, die in diesem Kernstück der gedanklichen, rechtsfragenorientierten Arbeit gemacht werden, lassen sich bei der anschließenden Niederschrift schon aus Zeitgründen kaum ausbessern[91].

aa) Aufspüren der fallrelevanten Rechtsfragen

(1) Strukturierung der rechtlichen Prüfung

Auf der Grundlage des korrekt zur Kenntnis genommenen Sachverhalts und nach Maßgabe der richtig verstandenen Fallfrage(n) sind die für die *Lösung relevanten Rechtsfragen* aufzuspüren. Auch wenn dafür neben fundierten Rechtskenntnissen sehr persönliche Voraussetzungen wie Phantasie, Erkennen von Zusammenhängen oder Gewinnen eines Überblicks wesentliche Bedingungen darzustellen vermögen, muß davor gewarnt werden, vorab eine „Lösung nach Rechtsgefühl" zu treffen[92]. Damit soll nicht das für den Praktiker mitunter nützliche „gesunde Judiz" diskreditiert werden. Im Studium stellt eine „vorläufige Entscheidung nach Rechtsgefühl" jedoch eine Gefahrenquelle dar, weil die notwendige Unbefangenheit für die Fallösung verlorengeht. Zu Beginn der Fallbearbeitung kennt der gutachtlich arbeitende Jurist – auf der Suche nach einer Lösung – das Ergebnis seiner Überlegungen naturgemäß noch nicht. Er ist ergebnisoffen. Zudem kommt es, was oftmals übersehen wird, für den Wert einer Arbeit auf das „richtige

---

Fälle und Lösungen (Fn. 18), S. 2; *Schramm*, Klausurentechnik, S. 127 f.; *Broß/Ronellenfitsch*, Fälle und Lösungen (Fn. 18), S. 26. – Wiederholt entsteht bei Bearbeitern, die schon in einem früheren Prüfungsstadium ein eindeutiges Ergebnis ermittelt haben (z. B. Rechtswidrigkeit des Verwaltungsakts wegen eines Verfahrensfehlers, etwa Verstoß gegen § 28 Abs. 1 VwVfG, vgl. dazu Fall 1), die Frage, ob dann noch weitere (Rechtmäßigkeits-)Voraussetzungen zu prüfen sind. Die Anwort ist zu bejahen, da ein Rechtsgutachten den Sachverhalt unter allen Aspekten zu beleuchten hat; ebenso z. B. *Büchner/Joerger*, Übungen (Fn. 18), S. 32.

[91] *Schwerdtfeger*, Öffentliches Recht (Fn. 11), Rdn. 900, fordert zu Recht, daß jedenfalls in der Klausur Lösung, Schwerpunktbildung und Aufbau vor Beginn der Niederschrift feststehen sollten, und er weist darauf hin, daß Abweichungen vom Plan während der Niederschrift das ganze Gefüge zerstören und zu Widersprüchen führen könnten.

[92] Vgl. hierzu *Velte*, in: Jura Extra (Fn. 46), S. 104; *Schwerdtfeger*, Öffentliches Recht (Fn. 11), Rdn. 925.

Ergebnis" allein nicht an[93]. Spontane Problemerkenntnisse und Lösungsvorstellungen sollten allerdings auf einem gesonderten Blatt notiert werden, damit beste Ideen – aufbaumäßig später an der richtigen Stelle verwertet – nicht vergessen werden[94].

Die demnach notwendige *rationale Vorgehensweise* hängt in ihrer konkreten Ausgestaltung von der Fallfrage ab. Einen relativ sicheren Halt für die Struktur der Prüfung (Prüfungsabfolge) und – bei sinnvollem Umgang (vgl. dazu 2. Teil) – das Aufspüren potentieller Rechtsprobleme bieten die Prüfungsschemata. Danach kann ohne ängstliches Festklammern an einzelnen Prüfungspunkten Schritt für Schritt der Weg zur Lösung ertastet werden. Gedanklich ist jeweils zu ergründen,

- ob rechtlich Problematisches vorliegt,
- welches im einzelnen die Rechtsprobleme sind,
- welche Rechtsvorschriften zur Problemlösung in Betracht kommen,
- wie und ggf. vor dem Hintergrund welcher Streitfragen die einschlägige Bestimmung bzw. eines ihrer (Tatbestands-)Elemente auszulegen ist,
- was dies für die Anwendung der Vorschrift auf den Sachverhalt und das damit erzielte (Teil-)Ergebnis bedeutet.

Bei der Hausarbeit kommen die Auswertung und Berücksichtigung von Rechtsprechung und Schrifttum hinzu.

Daß sich diese gedankliche Arbeit mit Erfolg nur bewältigen läßt, wenn bestimmte Grundkenntnisse aus dem (Verfassungs- und) Verwaltungsrecht sowie aus dem Verwaltungsprozeßrecht vorhanden sind, die nicht erst in der Übung vermittelt werden können, versteht sich.

(2) Inhaltliche Problemerkenntnis

Die strukturierte Stufung der Gedankenabfolge trifft noch keine inhaltlichen Aussagen. Es ist jedoch die Basis dafür gelegt, sich schrittweise den inhaltlichen Problemen des Falles nähern zu können. Bei der gedanklichen Vorarbeit sollte jede Stufe abgeschritten werden, schon um ein mögliches Rechtsproblem nicht zu übersehen.

Problemerkenntnis und Auffinden der zur Lösung beitragenden Rechtsnorm(en) sind eng miteinander verbunden. Mangelndes Pro-

---

93 *Hamann*, VR 1983, 145 (152); *Lemke*, JuS 1991, L 17 (18); *Kauther*, Klausurentechnik (Fn. 17), S. 7; *Millgramm*, in: Jura Extra (Fn. 13), S. 25; *Achterberg*, Fälle und Lösungen (Fn. 18), S. 22 f.

94 *Lemke*, JuS 1991, L 17 (18); *Tettinger*, Juristische Arbeitstechnik (Fn. 3), S. 98; *Broß/Ronellenfitsch*, Fälle und Lösungen (Fn. 18), S. 25.

blembewußtsein hat seinen Grund nicht selten in mangelnder Kenntnis der für das Studium bedeutsamen Teile der Rechtsordnung. Geht es also zunächst darum, auf die aufgeworfene Frage die die (mögliche) Antwort enthaltende Norm in der Rechtsordnung zu finden[95], so kommen nunmehr das im Laufe der Zeit erworbene sachliche Wissen und der gewonnene Überblick zum Tragen. Alle für die Problemlösung in Betracht kommenden Regelungen sollten ermittelt und notiert werden. Später ist zu überprüfen, was für die Lösung ernsthaft in Erwägung zu ziehen ist. Bei diesem Arbeitsschritt muß auf sorgfältiges Lesen des Gesetzestextes geachtet werden. Nachdem die auszuscheidenden Bestimmungen gestrichen sind und der Kreis der potentiell einschlägigen Vorschriften reduziert ist, muß geklärt werden, nach welchem Rechtssatz die aufgeworfene Frage letztlich entschieden wird. Beispiele:

- Fall 1: Die Aufhebung des Verwaltungsakts könnte auf eine spezialgesetzliche Regelung oder auf § 48 VwVfG oder auf § 49 VwVfG gestützt sein.
- Fall 5: Die angefochtene behördliche Maßnahme könnte auf einer spezialgesetzlichen, versammlungsrechtlichen Grundlage oder auf der polizei- und ordnungsrechtlichen Generalklausel beruhen.

In dem später anzufertigenden Gutachten, das die Rechtslage erschöpfend behandelt, wird nicht nur auf die letztlich herangezogene Vorschrift eingegangen. Die schriftliche Ausarbeitung geht auf alle ernsthaft in Betracht zu ziehenden Bestimmungen ein und legt dar, aufgrund welcher rechtlichen Erwägungen eine bestimmte Regelung für einschlägig erachtet wird[96].

Dieses Eindringen in die fallrelevanten Rechtsfragen ist eingebettet in den noch näher zu behandelnden größeren Zusammenhang der gutachtlichen Arbeitstechnik „Obersatz – Heranziehen der Norm(en) – Auslegung – Anwendung (Subsumtion) – Ergebnis" und stellt danach die zweite Stufe dar.

Entsprechend der Forderung, vor Beginn der Niederschrift den Fall gedanklich gelöst zu haben, beinhaltet das Aufspüren der fallrelevanten Rechtsfragen sodann die Auseinandersetzung mit der jeweiligen Rechtsnorm (Tatbestand und ggf. Rechtsfolge). Beispiele:

- Fall 2: Geht es um ein Schutzgut der „öffentlichen Sicherheit" i.S.d. polizei- und ordnungsrechtlichen Generalklausel?
- Fall 3: Liegt ein „unmittelbarer" Vorteil vor?

---

[95] Vgl. dazu auch *Schmalz,* Juristische Fallösung (Fn. 17), S. 43 ff.; *Tettinger,* Juristische Arbeitstechnik (Fn. 3), S. 98 f.

[96] *Tettinger,* Juristische Arbeitstechnik (Fn. 3), S. 98.

– Fall 8: Handelt es sich um eine „Einrichtung der Gemeinde"?

Hier nun sind in bezug auf den konkreten Fall Problem- und Streitstände sowie deren Lösung zu erörtern. Es geht also nicht mehr nur um „Methodik", sondern auch um das Fruchtbarmachen positiven Wissens.

bb) Aufbau und Problemgewichtung

Nach der skizzierten Methode des gedanklich folgerichtigen Eindringens in die fallrelevanten Rechtsfragen ergibt sich der Aufbau des anzufertigenden Gutachtens nahezu von selbst[97]. Die gewonnenen Erkenntnisse dürfen allerdings nicht unvermittelt auf verschiedenen Papieren festgehalten, sondern sie müssen in eine dem Aufbau des Gutachtens entsprechende gedankliche Abfolge gebracht werden. Dies geschieht durch das Anfertigen einer *Lösungsskizze*[98]. Wie ausführlich sie sein sollte, läßt sich generell nicht sagen, sondern hängt sehr vom persönlichen Arbeitsstil ab. Als Grundlage für die spätere Niederschrift sollte die gliederungsmäßig strukturierte Lösungsskizze stichwortartig den endgültigen Lösungsweg beschreiben. Hinsichtlich der Zeitinvestition hat sich die Faustregel bewährt, daß in der Klausur ungefähr ein Drittel der insgesamt zur Verfügung stehenden Arbeitszeit auf das Erarbeiten der Lösungsskizze verwendet werden sollte. Um dieses Zeitlimit zu erreichen oder gar zu unterschreiten, muß eine entsprechende Routine gewonnen werden, die nur durch oftmaliges Klausurenschreiben zu erreichen ist. Auch aus diesem Grunde sollten sämtliche der in einer Übung angebotenen Klausuren mitgeschrieben werden.

Vor der Niederschrift des Gutachtens muß auch die *Problemgewichtung* vorgenommen werden. Sie drückt sich in der sachlichen Schwerpunktbildung aus und erfolgt auf der Grundlage der angefertigten Lösungsskizze[99]. Richtige Problemgewichtung und Schwerpunktbildung gehören anerkanntermaßen zu den Grundvoraussetzungen einer guten Fallbearbeitung. Häufige Fehler, die übrigens nicht nur Anfängern unterlaufen, sondern auch noch in Examensarbeiten nicht selten festzustellen sind, sind folgende:

---

[97] Vgl. dazu auch *Tettinger*, Juristische Arbeitstechnik (Fn. 3), S. 101 f.

[98] *Kauther*, Klausurentechnik (Fn. 17), S. 5; *Erbel*, Klausurenlehre I (Fn. 18), S. 23 f.; zur „Unentbehrlichkeit der Lösungsskizze" (am Beispiel einer zivilrechtlichen Übungsklausur) vgl. *Otte*, Die gestohlene kranke Kuh, Jura 1984, 46 (47 f.).

[99] Vgl. dazu auch *W. Schmidt*, Verwaltungsrecht (Fn. 22), Rdn. 252.

- Punkt für Punkt erfolgendes „Abspulen" des jeweiligen Aufbauschemas[100].
- Breite Ausführungen zu unproblematischen rechtlichen Anforderungen[101]. Typisches Beispiel: Darstellung aller Merkmale des Verwaltungsakt-Begriffs (§ 35 S. 1 VwVfG), obwohl z. B. nur das Merkmal „Regelung" zweifelhaft ist.
- Zu starke Gewichtung prozessualer Fragen im Zulässigkeitsteil mit der Konsequenz (Zeitnot!) nur noch stichwortartiger Darstellung von Begründetheitsproblemen[102].
- Bei Hausarbeiten z. T. „krampfhaftes" Forschen nach „dem" Problem[103] mit entsprechender Fehlgewichtung[104].

Aus dieser Auflistung typischer Mängel ergibt sich, daß es in der Fallbearbeitung ausschließlich um die Lösung des konkreten Falles geht[105]. Gedanken (und bei der späteren Niederschrift: Ausführungen), die zur Fallösung nichts beitragen, sind überflüssig. Mit Blick auf die Niederschrift muß jede Erwägung (also jeder folgende Satz) einen weiteren Schritt auf dem Weg zur Lösung darstellen. Die nur durch ständige Übung zu erringende Fähigkeit, Wesentliches und Unwesentliches zu unterscheiden, hat Auswirkungen bis hin zum Stil der Niederschrift. Bereits im Lösungskonzept sollte festgehalten werden, welche Punkte kurz und knapp abgehandelt werden. Insbesondere bei widerstreitenden Gesichtspunkten werden die zu skizzierenden Ausführungen notwendigerweise etwas breiter ausfallen, ohne allerdings weitschweifig zu werden und den Bezug zum konkreten Fall zu verlieren.

---

[100] *Tettinger,* Juristische Arbeitstechnik (Fn. 3), S. 134; *Schwerdtfeger,* Öffentliches Recht (Fn. 11), Rdn. 956.

[101] *Lemke,* JuS 1991, L 17 (18); *Schwerdtfeger,* Öffentliches Recht (Fn. 11), Rdn. 957 f.

[102] *Hamann,* VR 1983, 145 (153); *Kauther,* Klausurentechnik (Fn. 17), S. 7; *Tettinger,* Juristische Arbeitstechnik (Fn. 3), S. 135.

[103] *Erbel,* Klausurenlehre I (Fn. 18), S. 13; *Schwerdtfeger,* Öffentliches Recht (Fn. 11), Rdn. 959.

[104] Dem liegt die wohl unausrottbare Vorstellung zugrunde, daß ein Hausarbeitsfall immer mit Problemen gespickt sein müsse. Selbstkritisch ist freilich anzumerken, daß die verbreitete universitäre Ausbildung am pathologischen Fall der Einsicht hinderlich ist, dem Aufgabensteller könne es primär auch darum gehen, von den Bearbeitern eine aufbaumäßig überzeugende, methodisch korrekte und in der rechtlichen Argumentation ansprechende Lösung – ohne die fortwährende Behandlung von Streitständen – zu fordern.

[105] *Schwerdtfeger,* Öffentliches Recht (Fn. 11), Rdn. 960: Es geht nicht um „l'art pour l'art".

d) Das Gutachten

Die Niederschrift der Fallösung setzt die entworfene Lösungsskizze in ein ausformuliertes *Rechtsgutachten* um. Dieses muß sowohl der geforderten Gutachtentechnik als auch der adäquaten Darstellungsweise entsprechen. Im übrigen kommt der Niederschrift, was selbstverständlich sein sollte, auch deshalb ausschlaggebende Bedeutung für die Bewertung der Arbeit zu, weil nur das im Rechtsgutachten zu Papier Gebrachte Berücksichtigung findet. Auch noch so zutreffende weitere Gedanken, die der Bearbeiter im Kopf hatte oder in der Lösungsskizze notiert hatte, interessieren nicht.

aa) Gutachtentechnik

Kennzeichen des Rechtsgutachtens ist das schrittweise Hintasten von der aufgeworfenen Fragestellung zum Ergebnis. Dies erfolgt in *vier Denkschritten*[106].

(1) Obersatz: Der Ausgangspunkt der gutachtlichen Überlegungen wird mit einer Fragestellung formuliert, die das mögliche (hypothetische) Ergebnis enthält.

(2) Normbenennung: Es werden die gesetzliche(n) Vorschrift(en) und ihre Voraussetzung(en) ermittelt, unter denen das hypothetische Ergebnis bestätigt werden kann.

(3) Subsumtion: Der vorgegebene (Lebens-)Sachverhalt wird zu den abstrakten gesetzlichen Voraussetzungen derart in Beziehung gebracht, daß entschieden werden kann, ob sich beides deckt oder nicht deckt.

(4) Ergebnis: Auf die anfänglich gestellte Frage ist mit einem eindeutigen Ergebnis zu antworten.

Diese vier Denkschritte geben idealtypisch die gutachtliche Vorgehensweise wieder. Sie kann und, wie noch zu zeigen sein wird, darf allerdings nicht in reiner Form durchgehalten werden. Im übrigen ist es die Regel, daß innerhalb der Gesamtausarbeitung etliche „kleinere Gutachten" anfallen, weil eine Vorschrift selten nur eine (in concreto problematische) Voraussetzung enthält und innerhalb des Gesamtgutachtens regelmäßig mehrere Vorschriften mit wiederum mehreren Tat-

[106] Vgl. *H. Zuck*, JuS 1990, 905 (907); *Schmalz*, Juristische Fallösung (Fn. 17), S. 18; *Kauther*, Klausurentechnik (Fn. 17), S. 14; *Tettinger*, Juristische Arbeitstechnik (Fn. 3), S. 103 ff. – *Vogel*, Verwaltungsrechtsfall (Fn. 18), S. 13, weist zutreffend darauf hin, daß es sich bei den Denkschritten nicht notwendigerweise auch um Schreibschritte handelt. Fortgeschrittene mit hinreichender Routine und Sicherheit werden sich von einem allzu schematischen Vorgehen bei der Niederschrift lösen.

bestandsvoraussetzungen und Rechtsfolgeanordnungen zu untersuchen sind[107].

Im folgenden werden – den „Grundzügen" einer Technik der Fallbearbeitung entsprechend und ohne Darstellung der in die allgemeine juristische Methodenlehre sowie in die Rechtstheorie und Rechtsphilosophie hineinragenden Verästelungen – nur die für die Fallbearbeitung notwendigen Kernpunkte der Gutachtentechnik skizziert.

(1) Obersatz (Hypothese)

Der zunächst zu formulierende *Obersatz* enthält in Frageform das mögliche Ergebnis. Ob es tatsächlich erzielt wird, ist offen. Der Obersatz stellt folglich eine Annahme (Hypothese) dar, die sich erst am Ende der vier Denkschritte als zutreffend oder unzutreffend erweist. Beispiele aus den Fällen im 3. Teil:

- Fall 1: Die Aufhebung des Verwaltungsakts wäre rechtmäßig, wenn sowohl der Vorrang als auch der Vorbehalt des Gesetzes beachtet wären.
- Fall 2: Dann müßte die Klägerin einen Anspruch auf verwaltungsbehördliches Einschreiten haben.
- Fall 5: Als statthafte Rechtsschutzform kommt die Fortsetzungsfeststellungsklage in Betracht.

Diese Beispiele zeigen, daß ein Obersatz als jeweiliger Ausgangspunkt der Überlegungen schon recht präzise auf eine in Betracht kommende Rechtsnorm hin zu formulieren ist, aus der sich die Antwort möglicherweise ergibt[108].

Von derartigen Obersätzen an der Spitze der „Einzelgutachten" im Rahmen des Gesamtgutachtens ist der die Fallfrage unmittelbar aufnehmende und auf sie zu Beginn der Niederschrift als Antwort reagierende Obersatz zu unterscheiden. Beispiel:

- Fallfrage: Hat die Klage Aussicht auf Erfolg? – Antwort im Obersatz: Die Klage hat Aussicht auf Erfolg, wenn sie zulässig und begründet ist.

---

[107] Vgl. *Vogel,* Verwaltungsrechtsfall (Fn. 18), S. 12 ff.

[108] Der Zusammenhang zwischen rechtlichem Obersatz und Lebenssachverhalt dürfte unterdessen kaum mehr bestritten werden (vgl. dazu noch unten Text zu und in Fn. 109). Dies bedeutet für das Gutachten, daß – mit Blick auf die vom Sachverhalt aufgeworfene konkrete Frage – Ausgangspunkt der Rechtsprüfung eine genau zu bezeichnende Rechtsnorm ist; vgl. *Rips,* JuS 1979, 42 (43); *Lemke,* JuS 1991, L 17 (19).

- Fallfrage: Wird A die beantragte Baugenehmigung erhalten? – Antwort im Obersatz: A müßte einen Anspruch auf Erlaß der begehrten Baugenehmigung haben.

Insoweit gilt als Regel, daß der erste Satz der Niederschrift unmittelbar an die Fallfrage anknüpft und auf sie eine passende, generelle Antwort formuliert.

(2) Normbenennung und Auslegung

Im zweiten Schritt der Gutachtentechnik geht es zunächst um die *Benennung der Vorschrift,* der die Lösung der im Obersatz aufgeworfenen Problematik entnommen werden könnte. Die Bestimmung ist möglichst präzise zu bezeichnen. Beispiele aus den im 3. Teil behandelten Fällen:

- Fall 1: Als Rechtsgrundlage für die Aufhebung des Verwaltungsakts kommt § 48 Abs. 1 S. 1 VwVfG in Betracht.
- Fall 7: Die begehrte verwaltungsgerichtliche Anordnung der sofortigen Vollziehung der Baugenehmigung könnte gem. § 80 a Abs. 3 S. 1 i.V.m. Abs. 1 Nr. 2 VwGO erfolgen.

Müssen mehrere Voraussetzungen einer Bestimmung kumulativ erfüllt sein, ist aber im konkreten Fall nur ein Tatbestandselement problematisch, wird bei der Normbenennung lediglich darauf eingegangen.

- Beispiel Rechtswegfrage nach § 40 Abs. 1 S. 1 VwGO: „Zweifelhaft ist allein, ob eine öffentlich-rechtliche Streitigkeit vorliegt."

Im übrigen ist eine Vorschrift mehrfach heranzuziehen, wenn „Einzelgutachten" zu jeder der Voraussetzungen zu erstellen sind.

- Beispiel aus Fall 2 zur polizei- und ordnungsrechtlichen Generalklausel: (a) Zunächst müßte ein Schutzgut der öffentlichen Sicherheit betroffen sein ... (b) Weiterhin müßte eine Gefahr für das Schutzgut bestehen ...

Mit der Normbenennung ist nun allerdings in den seltensten Fällen schon die Voraussetzung für die *Rechtsanwendung* geleistet. Angesichts der Unvollkommenheit sprachlicher Ausdrucksmöglichkeiten und der Mehrdeutigkeit von Gesetzestexten geht der Gesetzesanwendung in der Regel die *Gesetzesauslegung* (Norminterpretation) voraus. Ferner besteht zwischen dem zweiten und dritten Denkschritt eine Wechselbeziehung dergestalt, daß manche Elemente der Exegese nur mit Blick auf die Subsumtion (den sog. „Syllogismus") verständlich werden. Gesetzesauslegung ist nämlich in der Fallbearbeitung nicht Selbstzweck, sondern dient der Lösung der konkreten Aufgabe, erfolgt also unweigerlich mit Blick auf den vorgegebenen Sachverhalt. Dies ist zu bedenken, wenn im folgenden idealtypisch die traditionellen Eckpunkte der Gesetzesauslegung markiert werden[109].

(a) Ziel der Gesetzesauslegung

Die juristische Gesetzesinterpretation setzt an die Stelle subjektiver Beliebigkeit objektive Kriterien. Allein sie genügen rechtsstaatlichen Anforderungen und ermöglichen rational nachvollziehbare Darstellungen[110]. Der an Gesetz und Recht gebundene (Art. 20 Abs. 3 GG) Rechtsanwender hat im Rahmen des Zulässigen (bei der teleologisch-funktionalen Gesetzesinterpretation) selbstverständlich soziale, wirtschaftliche, technische etc. Änderungen im realen Umfeld zu berücksichtigen. Das Gesetzmäßigkeitsprinzip zieht aber eine unübersteigbare Grenze. Änderungen dieser Bindung sind in den Kompetenzbereich der rechtsetzenden Organe gelegt.

Vor diesem Hintergrund ist *Ziel der Gesetzesauslegung* der sog. „objektivierte Wille des Gesetzgebers" und nicht etwa subjektive Vorstellungen der am Zustandekommen eines Gesetzes Beteiligten[111]. Die Entstehungsgeschichte eines Gesetzes ist damit nicht bedeutungslos; sie kann im Rahmen der Auslegungsmethoden eine Rolle spielen. Für das *Erkenntnisziel* der Exegese ist jedoch die sog. objektive Auslegungstheorie maßgebend. Nur so kann übrigens auch die Gesetzeslage vor Erstarrung bewahrt und im Rahmen des methodisch Zulässigen veränderten Bedingungen der Lebenswirklichkeit durch Interpretation angepaßt werden[112].

(b) Auslegungsmethoden

Die – keineswegs abgeschlossene – Diskussion um die richtige juristische Methodenlehre hat u. a. die herrschende[113] sog. „klassische Me-

[109] Vgl. i. e. zu der fallbezogenen Auslegung („Hin- und Herwandern des Blickes zwischen Norm und Lebenssachverhalt" i. S. von *Engisch*) *Otto*, Rechtsanwendung und Rechtsauslegung, in: Jura Extra – Grundfragen und Grundlagen des Zivilrechts, Strafrechts und Öffentlichen Rechts (Jura-Sonderheft), 1990, S. 28 (29); *Herzberg*, Kritische Überlegungen zur Methodik der Fallbearbeitung, JuS 1990, 810.

[110] *Tettinger*, Juristische Arbeitstechnik (Fn. 3), S. 106.

[111] BVerfGE 11, 126 (130); *Blasius*, Zur Auslegung als juristische Methode, VR 1986, 325 (329); *Larenz*, Methodenlehre (Fn. 19), S. 316 ff.

[112] *Blasius/Büchner*, Verwaltungsrechtliche Methodenlehre, S. 158. – Vgl. BVerfGE 36, 342 (362): Das Gesetz könne eben klüger sein als seine Väter.

[113] Vgl. statt vieler *Larenz*, Methodenlehre (Fn. 19), S. 312 ff.; *Koch/Rüßmann*, Juristische Begründungslehre, S. 166 ff.; *Schwacke/Uhlig*, Juristische Methodik, S. 30 ff.; *Gern*, Die Rangfolge der Auslegungsmethoden von Rechtsnormen, VerwArch. 80 (1989), 415 (416 ff.).

thodenlehre"[114] hervorgebracht, die einen Kanon von vier Auslegungskriterien beinhaltet, die weder beziehungslos noch gleichgewichtig nebeneinander stehen.

(aa) Grammatische Auslegung. Das Medium, mit dem Rechtsnormen „transportiert" („intersubjektiv vermittelbar gemacht") werden, ist die Sprache. Die Gesetzesauslegung beginnt daher mit der Ermittlung des Wortsinns einer Regelung[115]. Die *grammatische (philologische) Interpretation* bildet eine unüberwindliche Schranke der Gesetzesauslegung. Der nach dem juristischen Sprachgebrauch[116] noch mögliche Bedeutungsgehalt eines Begriffs ist die Grenze der Textexegese[117]. Wer den Wortsinn ignoriert, betreibt nicht mehr Gesetzesauslegung, sondern begeht Rechtsfortbildung[118].

Die grammatische Auslegung führt mitunter bereits zu eindeutigen Ergebnissen. Beispiel:

---

[114] Die „klassische Methodenlehre" ist vielfach kritisiert worden; vgl. etwa *Haft,* Juristisches Lernen (Fn. 8), S. 113 ff.; *F. Müller,* Juristische Methodik, 4. Aufl. 1990, S. 116 ff.; *Rinken,* Einführung (Fn. 5), S. 254 ff. – Überblick bei *Koch/Rüßmann,* Juristische Begründungslehre, S. 171 ff. – Sehr lesenswert *Berkemann,* Interpretatio juris doctrinalis – erfüllbar?, in: Festschrift für W. Zeidler, 1987, S. 523 ff. – Schwierigkeiten bei der Anwendung der überkommenen Auslegungsregeln sollten zu deren Fortentwicklung und Ergänzung führen (*Koch/Rüßmann,* aaO, S. 176, 188 ff.). Gegenüber der Empfehlung von *Haft* (aaO, S. 150), „die klassischen Auslegungsmethoden zu vergessen", kann nur gewarnt werden.

[115] *Blasius,* VR 1986, 325 (329); *Gern,* VerwArch. 80 (1989), 415 (432, 433); *Koch/Rüßmann,* Juristische Begründungslehre, S. 166; *Larenz,* Methodenlehre (Fn. 19), S. 320; *Schramm,* Klausurentechnik, S. 171; *Otto,* in: Jura Extra (Fn. 109), S. 30.

[116] Vgl. dazu (in Abgrenzung auch zur Umgangssprache) die Beispiele bei *Tettinger,* Juristische Arbeitstechnik (Fn. 3), S. 107 f.; *Schwacke/Uhlig,* Juristische Methodik, S. 31.

[117] *Hub,* APF 1982, 177 (178); *Gern,* VerwArch. 80 (1989), 415 (432); *Blasius/Büchner,* Verwaltungsrechtliche Methodenlehre, S. 157.

[118] Inwieweit sie in der Praxis zulässig ist, kann hier offenbleiben, da sie in der studentischen Klausur und Hausarbeit wohl kaum in Betracht kommt. – Im übrigen muß die Begrenztheit der Wortlautauslegung selbstverständlich beachtet werden, da die Bedeutung eines sprachlichen Ausdrucks, der Wortsinn also, nicht selten mehrdeutig ist. Vgl. zur Problematik etwa *Herberger/Koch,* Zur Einführung: Juristische Methodenlehre und Sprachphilosophie, JuS 1978, 810; *Wächter,* Der „mögliche" Wortsinn als Auslegungskriterium?, JA 3/1985, S. I; *Koch/Rüßmann,* Juristische Begründungslehre, S. 67 ff., 166 f., 188 ff. – Schwierigkeiten bei der Sinnermittlung rechtfertigen jedoch kein Ignorieren des Mediums, dessen sich die Gesetze bedienen; im übrigen ist der Wortlaut in zahllosen Fällen eindeutig oder zumindest klar im negativ-ausgrenzenden Sinne.

– Fall 7: Abgrenzung zwischen einstweiliger Anordnung und aufschiebender Wirkung gem. § 123 Abs. 5 VwGO auch und gerade beim Verwaltungsakt mit Doppelwirkung[119].

Oftmals ist der Gesetzeswortlaut jedoch ambivalent, so daß erst mit Hilfe der anderen Auslegungskriterien eindeutige Auslegungsergebnisse zu erzielen sind. Beispiele:

– Fall 3: „unmittelbarer Vorteil" i.S.d. kommunalrechtlichen Mitwirkungsverbots wegen Befangenheit.
– Fall 4: „öffentlicher Zweck" i.S.d. Regelung zur wirtschaftlichen Betätigung von Gemeinden.
– Fall 7: „Einfügen in die nähere Umgebung" i.S.d. § 34 Abs. 1 BauGB.

Im übrigen ist zu beachten, daß einem Begriff im juristischen Sprachgebrauch nicht immer derselbe Bedeutungsgehalt zukommt, wenn er in verschiedenen Gesetzen benutzt wird[120].

(bb) Systematische Auslegung. Die *systematische Auslegung* berücksichtigt, daß jeder Rechtssatz in ein größeres Normengefüge eingebettet ist[121]. Sie stellt eine Regelung in einen objektiv sinnvollen Bedeutungszusammenhang mit anderen Vorschriften des Gesetzes, bisweilen auch mit der übrigen Rechtsordnung[122]. Dem liegt die Prämisse zugrunde, daß – bis zum Nachweis des Gegenteils – sachliche Zusammenhänge im Gesetz in einem verständlichen Sinne geregelt sind, mithin ein widerspruchsfreies Rechtsnormensystem existiert[123].

Nicht selten führt die systematische Auslegung zu eindeutigen Ergebnissen. Beispiele:

---

119 Weiteres anschauliches Beispiel bei *Blasius/Büchner*, Verwaltungsrechtliche Methodenlehre, S. 157, anhand des § 1 Abs. 1 S. 1 WPflG, wonach „alle Männer vom vollendeten achtzehnten Lebensjahr an, die Deutsche im Sinne des Grundgesetzes sind", wehrpflichtig sind.

120 Bekanntes Beispiel ist der Begriff „verfassungsmäßige Ordnung", dem in Art. 2 Abs. 1 GG und in Art. 9 Abs. 2 GG ein völlig unterschiedlicher Bedeutungsgehalt zukommt. Vgl. dazu *Pieroth/Schlink*, Grundrechte Staatsrecht II, Rdn. 440 und Rdn. 840.

121 *Koch/Rüßmann*, Juristische Begründungslehre, S. 167; *Larenz*, Methodenlehre (Fn. 19), S. 324 ff.; *Blasius/Büchner*, Verwaltungsrechtliche Methodenlehre, S. 161.

122 *Hub*, APF 1982, 177 (179); *Blasius*, VR 1986, 325 (330); *Otto*, in: Jura Extra (Fn. 109), S. 31; *Tettinger*, Juristische Arbeitstechnik (Fn. 3), S. 108.

123 BVerfGE 48, 246 (257); *Schwacke/Uhlig*, Juristische Methodik, S. 32; *Achterberg*, Fälle und Lösungen (Fn. 18), S. 88 f.

- Fall 4: Die Regelung der verwaltungsprozessualen Klagebefugnis im Anschluß an § 42 Abs. 1 VwGO besagt, daß § 42 Abs. 2 VwGO unmittelbar nur bei Anfechtungs- und Verpflichtungsklage, nicht aber bei der allgemeinen Leistungsklage anwendbar ist.
- Fall 5: Die systematische Einordnung von S. 4 im Regelungsgefüge des § 113 Abs. 1 VwGO gibt zu erkennen, daß die Bestimmung nur diejenigen Fälle erfaßt, in denen sich ein Verwaltungsakt nach Erhebung der Anfechtungsklage erledigt.

Andererseits ist die systematische Auslegungsmethode häufig unergiebig, weil sich dem Zusammenhang, in dem eine Vorschrift steht, nichts entnehmen läßt. Einen besonderen Unterfall der systematischen Auslegung bildet die (noch zu erörternde) sog. verfassungskonforme Auslegung[124].

(cc) Historisch-genetische Auslegung. Die *historisch-genetische Auslegung*[125] fragt nach der Entstehung einer Rechtsnorm und ihrer weiteren geschichtlichen Entwicklung (z. B. Anlaß, Grund und Art von Änderungen). Das Auslegungskriterium darf nicht mit dem oben erörterten Auslegungsziel verwechselt werden. Die historisch-genetische Auslegung erforscht zwar auch Absichten und Motive von Gesetzgebungsorganen, aber nur zur Ermittlung des objektiven Gesetzesinhalts. Zudem bleibt diese Interpretationsmethode dabei nicht stehen, sondern ergründet auch (anhand der Entwicklung der Gesetzesmaterialien) den äußeren Hergang der Entstehung, Veränderung oder Streichung eines Rechtssatzes, um Erkenntnisse über einen bestimmten Norminhalt zu gewinnen.

Die Aussagekraft der historisch-genetischen Auslegung ist nicht sehr hoch zu veranschlagen. In Übung und Examen kommt sie ohnehin nur bei der Hausarbeit in Betracht. Im übrigen wird ihr nur eine Hilfsfunktion zuerkannt. Das Auslegungskriterium solle nur die Richtigkeit eines nach den anderen Methoden gefundenen Ergebnisses bestätigen oder letzte noch verbliebene Zweifel ausräumen[126].

---

[124] *Tettinger*, Juristische Arbeitstechnik (Fn. 3), S. 109; *Achterberg*, Fälle und Lösungen (Fn. 18), S. 90; *Schwacke/Uhlig*, Juristische Methodik, S. 47.

[125] Historische und genetische Interpretation werden mitunter als zwei verschiedene Auslegungskriterien aufgefaßt; vgl. *Hub*, APF 1982, 177 (180 f.) und 257; *Achterberg*, Fälle und Lösungen (Fn. 18), S. 88. Vgl. demgegenüber jedoch *Blasius*, VR 1986, 325 (331); *Koch/Rüßmann*, Juristische Begründungslehre, S. 167; *Schwacke/Uhlig*, Juristische Methodik, S. 34 f.

[126] So vor allem das BVerfG; vgl. z. B. E 11, 126 (130); 62, 1 (45); ferner z. B. *Gern*, VerwArch. 80 (1989), 415 (426 f.); *Schramm*, Klausurentechnik, S. 173.

(dd) Teleologische Auslegung. Die *teleologische Auslegung,* z. T. auch funktionale oder teleologisch-funktionale genannt, stellt allgemeiner Auffassung nach die wichtigste der Interpretationsmethoden dar[127]. Sie fragt nach dem Zweck einer Rechtsnorm. Ihr liegt die Prämisse zugrunde, daß kein Rechtssatz um seiner selbst willen erlassen wird, sondern allein oder in Verbindung mit anderen Regelungen der Verwirklichung bestimmter Ziele dienen soll[128]. Die im Verhältnis zwischen Staat und Bürger geltenden Rechtsnormen regeln sehr häufig soziales Verhalten, so daß an dieser Stelle die „offene Flanke" für die Berücksichtigung gesellschaftlicher Veränderungen besteht[129].

Die entscheidende Frage nach der Ermittlung des Normzwecks läßt sich angesichts des ungeheuer großen Normenbestandes und der unzähligen Funktionen von Einzelbestimmungen generell nicht beantworten. Folgende Regeln können bei der Erforschung von Normzwecken jedoch hilfreich sein:

- Soweit Gesetze Zweckbestimmungen enthalten[130], sind diese rechtsnormativen Zielsetzungen bei der Auslegung einzelner Vorschriften des Gesetzes heranzuziehen[131].
- Verbindliche Hinweise geben auch solche Gesetze, die an ihrer Spitze wenigstens Grundsätze der Aufgabenerledigung formulieren[132].

---

[127] *Blasius,* VR 1986, 325 (331); *Gern,* VerwArch. 80 (1989), 415 (432); *Larenz,* Methodenlehre (Fn. 19), S. 333 ff.; *Blasius/Büchner,* Verwaltungsrechtliche Methodenlehre, S. 163; *Schwacke/Uhlig,* Juristische Methodik, S. 35 ff.; *Schramm,* Klausurentechnik, S. 173; *Achterberg,* Fälle und Lösungen (Fn. 18), S. 89.

[128] *Otto,* in: Jura Extra (Fn. 109), S. 31; *Tettinger,* Juristische Arbeitstechnik (Fn. 3), S. 110 f.

[129] Zugleich muß andererseits die Gefahr für die Gesetzesbindung (Art. 20 Abs. 3 GG) erkannt werden, wenn vom Normanwender verlangte Wertungen mit dem persönlichen Vorverständnis ausgefüllt werden. Vgl. dazu nur *Tettinger,* Juristische Arbeitstechnik (Fn. 3), S. 120 f.; *Koch/Rüßmann,* Juristische Begründungslehre, S. 169 ff., 210 ff. – Für eine (weitgehende) Verabschiedung der teleologischen Auslegung tritt *Herzberg,* Kritik der teleologischen Gesetzesauslegung, NJW 1990, 2525, ein. – Zur Einbeziehung der Sozialwissenschaften *Rinken,* Einführung (Fn. 5), S. 267 ff.

[130] Beispiele: § 1 GenTG; § 1 UVPG; § 1 BImSchG; § 1 StrVG; § 1 a AbfG; § 1 FlurbG; § 1 PflSchG; § 1 TierSchG; § 1 BWaldG.

[131] Verfolgt ein Gesetz mehrere Ziele, kann es zu Zielkonflikten kommen. Mitunter stellt sich die Frage nach der Priorität. Hierzu ist die gesetzliche Reihenfolge nicht ohne weiteres verbindlich. Beispiel: Im Atomrecht rangiert der Schutzzweck gem. § 1 Nr. 2 AtG normativ vor dem Förderzweck gem. § 1 Nr. 1 AtG; BVerfGE 53, 30 (58).

[132] Beispiele: § 2 AbfG; § 1 BauGB; § 2 ROG; § 1 BSHG; § 1 BAföG; § 1 GewO; § 1 a WHG; §§ 1, 2 BNatSchG.

- Als eines unter mehreren Kriterien wird die teleologische Auslegung mitunter durch andere Kriterien vorgeprägt, z. B. durch den Bedeutungszusammenhang, in den ein Rechtssatz gestellt ist[133].
- Als Auslegungshilfe fungiert bisweilen die Interessenlage, die – als Ausschnitt aus der Lebenswirklichkeit und als Anlaß für bestimmte normative Bewertungen – einer Rechtsnorm zugrunde liegt[134].
- Häufig kann der Zweck einer Vorschrift durch Berücksichtigung allgemeiner Rechtsgrundsätze oder – konkreter – verfassungsrechtlicher Vorgaben, namentlich der Grundrechte, erhellt werden[135]. Gerade die Grundrechte, die zu einer Stärkung der Rechtsstellung des einzelnen geführt haben, erlauben konkrete Schlußfolgerungen etwa dergestalt, daß bei Unklarheiten über die nur objektivrechtliche oder auch subjektivrechtliche Wirkung einer Rechtsvorschrift im Zweifel diejenige Gesetzesauslegung den Vorzug verdient, die dem Bürger einen Rechtsanspruch einräumt[136].
- Nach einer (nicht unbestrittenen und daher zweifelhaften) Auslegungsregel soll der Zweck einer Vorschrift im Falle eines gesetzlich statuierten Regel-Ausnahme-Verhältnisses dahingehend bestimmt werden können, daß die Ausnahmebestimmung im Zweifel eng auszulegen ist[137].

Diese Kriterien liefern einige Anhaltspunkte[138], die in den Fallösungen im 3. Teil dieses Buches praktisch veranschaulicht und um weitere Aspekte ergänzt werden. Hierauf ist im einzelnen zu verweisen.

---

133 *Larenz,* Methodenlehre (Fn. 19), S. 334 f.

134 *Schmalz,* Juristische Fallösung (Fn. 17), S. 117. – Praktisches Beispiel dazu unten Fall 3 zum kommunalrechtlichen Mitwirkungsverbot wegen Befangenheit.

135 *Schmalz,* Juristische Fallösung (Fn. 17), S. 117. – Praktische Beispiele unten Fall 2 zur Ermessensausübung im Lichte des Art. 14 Abs. 1 GG und Fall 5 zur Auslegung im Polizei- und Ordnungsrecht vor dem Hintergrund des Art. 8 Abs. 1 GG.

136 Vgl. dazu das Beispiel in Fall 2 zum subjektivrechtlichen Gehalt der polizei- und ordnungsrechtlichen Generalklausel.

137 *Tettinger,* Juristische Arbeitstechnik (Fn. 3), S. 112; *Schwacke/Uhlig,* Juristische Methodik, S. 44; Beispiel ferner bei *Schoch,* Jura 1982, 600 (610).

138 Ein in der Diskussion befindlicher, in seiner rechtlichen Bedeutung aber nicht abgesicherter Aspekt ist der Gesichtspunkt der Folgenorientierung bzw. Folgenberücksichtigung. Vgl. dazu *Böhlk/Unterseher,* Die Folgen der Folgenorientierung, JuS 1980, 323; *Koch/Rüßmann,* Juristische Begründungslehre, S. 170 ff., 227 ff.

(c) Besonderheiten der Gesetzesauslegung

Die vorstehende Skizze erfaßt die Facetten der Gesetzesauslegung keineswegs erschöpfend. Von den zahlreichen *Besonderheiten* werden nachfolgend die wichtigsten genannt.

(aa) Verfassungskonforme Auslegung. Die *verfassungskonforme Auslegung*[139] weist einen zweifachen Bedeutungsgehalt auf:

- Als Interpretations*ziel* will sie eine bestimmte einfachgesetzliche Norm in ihrem rechtlich nicht zu beanstandenden Geltungsumfang erhalten.
- Als Interpretations*methode* erreicht sie dieses Ziel durch restriktive Interpretation des zunächst anhand der herkömmlichen Auslegungskriterien ermittelten Geltungsumfangs der fraglichen Gesetzesvorschrift.

Das Gebot der verfassungskonformen Gesetzesauslegung fußt als *Interpretationsziel* auf dem Prinzip der Einheit der Rechtsordnung und auf der Prämisse eines durchgängigen Stufenbaus (Verfassung – Gesetz – Rechtsverordnung usw.) der Rechtsordnung[140]. Streng genommen ist es also, wie schon erwähnt, ein Unterfall der systematischen Auslegung und zielt auf Normerhaltung[141]. Im Zweifel ist ein Rechtssatz so auszulegen, daß er im Einklang mit höherrangigem Recht steht[142]; verfassungswidrige Interpretationsergebnisse sind auszuscheiden.

Als *Interpretationsmethode* kommt die verfassungskonforme Auslegung zur Anwendung, wenn die herkömmlichen Auslegungskriterien mehrere Deutungen einer Rechtsnorm zulassen, von denen eine oder mehrere verfassungsmäßig, eine oder mehrere andere dagegen verfas-

---

[139] Knappe Übersichten dazu bei *Blasius,* VR 1986, 326 (328); *Blasius/Büchner,* Verwaltungsrechtliche Methodenlehre, S. 154 f.; *Schwacke/Uhlig,* Juristische Methodik, S. 47; *Koch/Rüßmann,* Juristische Begründungslehre, S. 266 ff.

[140] *Achterberg,* Fälle und Lösungen (Fn. 18), S. 90; *Hesse,* Grundzüge des Verfassungsrechts der Bundesrepublik Deutschland, 17. Aufl. 1990, Rdn. 81: Einheit der Rechtsordnung.

[141] Krit. dazu mit Blick auf funktionellrechtliche Grenzen *Stern,* Das Staatsrecht der Bundesrepublik Deutschland, Bd. I, 2. Aufl. 1984, S. 136. – *Achterberg,* Fälle und Lösungen (Fn. 18), S. 90, weist zum Prinzip „Einheit der Rechtsordnung" darauf hin, daß es außer einer verfassungskonformen Auslegung von Gesetzen auch eine gesetzeskonforme Auslegung von Rechtsverordnungen geben müsse. Praktisches Beispiel dazu BVerfGE 51, 166 (175).

[142] BVerfGE 2, 266 (282); 19, 1 (5); 32, 373 (383 f.); 48, 40 (45); 54, 251 (273 f.); 59, 336 (355); 66, 313 (319); 67, 70 (88); 74, 297 (355).

sungswidrig sind[143]. Der verfassungskonformen Auslegung ist der Vorzug zu geben[144]. Aus funktionellrechtlichen Gründen kommt die verfassungskonforme Auslegung nicht in Betracht, wenn die Auslegung eines Rechtssatzes (vor allem nach dem möglichen Wortsinn sowie nach Sinn und Zweck) zu einem eindeutigen Interpretationsergebnis führt[145]. Steht dieses im Widerspruch zur Verfassung, ist die (eindeutige) Norm für verfassungswidrig zu erachten[146]. Andernfalls würde dem zur Konkretisierung der Verfassung in erster Linie berufenen Gesetzgeber durch „verfassungskonforme Auslegung" eine so nicht gewollte gesetzliche Regelung unterschoben. Im Falle der Nichtigerklärung einer eindeutig verfassungswidrigen Norm hingegen ist die Möglichkeit einer inhaltlichen Neugestaltung durch den Gesetzgeber eröffnet[147].

Das BVerfG hat sich an die eigenen Vorgaben vielfach nicht gehalten[148]. In der Fallbearbeitung (Übungs- und Examenshausarbeit) ist diese „Großzügigkeit" – Beiseiteschieben des Gesetzeswortlauts durch vermeintlich teleologische Erwägungen – kritisch zu bedenken. Andererseits ist davor zu warnen, Gesetzesvorschriften im Gutachten vorschnell für verfassungswidrig zu erklären. Im Umgang mit der verfassungskonformen Auslegung ist also – unter Besinnung auf die beiden skizzierten tragenden Elemente – äußerste Behutsamkeit angesagt.

(bb) Ausfüllen von Gesetzeslücken. Nicht mehr Gesetzesauslegung, damit aber eng verknüpft und deshalb hier kurz zu erwähnen, ist die *Ausfüllung von Gesetzeslücken.* Da nicht alle regelungsbedürftigen Fälle (Lebenssachverhalte) vorhersehbar sind und normativ erfaßt werden können, Rechtsverweigerung jedoch ausscheidet, stellt sich unvermeidlich die Lückenhaftigkeit der Gesetze ein.

---

143 BVerfGE 30, 129 (148); 35, 263 (280); 36, 264 (271); 41, 65 (86); 44, 102 (122); 47, 285 (317).

144 BVerfGE 59, 336 (355); 64, 229 (242); 69, 1 (55).

145 BVerfGE 45, 393 (400); 47, 46 (82); 52, 357 (368 f.); 53, 135 (147); 55, 159 (169 f.); 67, 382 (390); 71, 81 (105); 78, 20 (24).

146 *Hub,* APF 1982, 177 (182).

147 *Hesse,* Grundzüge (Fn. 140), Rdn. 83.

148 Beispiele: BVerfGE 9, 194 ff.; krit. dazu *H. Bogs,* Die verfassungskonforme Auslegung von Gesetzen, 1966, S. 71; *Prümm,* Verfassung und Methodik, 1977, S. 246 f. – BVerfGE 35, 263 ff.; krit. dazu *Prümm,* „Verfassungskonforme Auslegung", JuS 1975, 299; zust. *Koch/Rüßmann,* Juristische Begründungslehre, S. 269 f. – Vgl. ferner die Kritik von *Stern,* Staatsrecht I (Fn. 141), S. 137.

- Die Lückenschließung erfolgt vornehmlich im Wege der *Analogie*[149]. Bei ihr wird eine in der Rechtsordnung enthaltene Regelung auf einen gesetzlich nicht geregelten Lebenssachverhalt übertragen, so daß die rechtlich vorgesehene Rechtsfolge auch für den ungeregelten Fall gilt[150]. Die drei Voraussetzungen der Analogie sind
  (1) das Bestehen einer *Gesetzeslücke*, die eine
  (2) *planwidrige* Unvollständigkeit des Gesetzes darstellt, sowie
  (3) die *Vergleichbarkeit* des geregelten mit dem nicht geregelten Fall (Ähnlichkeit der Interessenlagen).

Mit der zweiten Voraussetzung wird auf ein „beredtes Schweigen des Gesetzgebers" (bewußtes Nichtregeln eines Falles) Rücksicht genommen[151]. Die Annahme der Planwidrigkeit ist letztlich ebenso ein Wertungsproblem wie die Bejahung der Ähnlichkeit der Interessenlagen[152]. Die Ermittlung der planwidrigen Unvollständigkeit eines Gesetzes erfolgt durch Gesetzesauslegung[153], die vergleichende Bewertung der Interessenlagen stellt auf den Normzweck, die ratio legis, ab[154]. Zur Illustration des Verfahrens, das eben keine formallogische Gedankenoperation, sondern eine wertende Entscheidungsfindung darstellt, ist auf die Fälle im 3. Teil zu verweisen, die eine Reihe von Beispielen zur Analogie beinhalten.

- Das *argumentum e contrario* (Umkehrschluß) ist der Analogie in der Denkstruktur verwandt, in der sachlichen Wirkung jedoch entgegengesetzt. Ist eine Gesetzeslücke nicht planwidrig oder sind gesetzlich geregelter Fall und nicht geregelter Sachverhalt einander

---

149 Im folgenden geht es um die Gesetzesanalogie (Einzelanalogie). Bei der Rechtsanalogie (Gesamtanalogie) werden mehrere Normen mit unterschiedlichem Tatbestand aber identischer Rechtsfolge auf den nicht geregelten Fall übertragen. Vgl. dazu *Larenz*, Methodenlehre (Fn. 19), S. 383 f.

150 *Hub*, APF 1983, 234 (236); *Blasius/Büchner*, Verwaltungsrechtliche Methodenlehre, S. 172 f.; *Schwacke/Uhlig*, Juristische Methodik, S. 54 f.; *Schramm*, Klausurentechnik, S. 175.

151 *Larenz*, Methodenlehre (Fn. 19), S. 373; *Canaris*, Feststellung (Fn. 19), S. 40 ff.

152 BVerfGE 82, 6 (13) = JZ 1990, 811 (m. Anm. *Roellecke*) = NJW 1990, 1593 = DVBl. 1990, 690 = *Erichsen*, JK 90, GG, Art. 20 III/28.

153 Ausführlich zu Maßstäben und Mitteln der Lückenfeststellung *Canaris*, Feststellung (Fn. 19), S. 55 ff.; *Blasius/Büchner*, Verwaltungsrechtliche Methodenlehre, S. 168 ff.; *Schwacke/Uhlig*, Juristische Methodik, S. 50 ff.

154 *Larenz*, Methodenlehre (Fn. 19), S. 381, unter Hinweis auf die Anforderungen des Gleichbehandlungsgebots; zustimmend *Koch/Rüßmann*, Juristische Begründungslehre, S. 260.

von der Interessenlage her nicht ähnlich, scheidet die Analogie aus, der Umkehrschluß gewinnt Raum[155]. Da Analogie und argumentum e contrario demnach formallogisch je in sich schlüssig sind und auf einen bestimmten Sachverhalt anwendbar sein können, wird die erwähnte Notwendigkeit eines Durchgriffs auf die ratio legis bestätigt.

- Beim *argumentum a maiore ad minus* (erst-recht-Schluß), der Analogie eng verwandt, wird eine gesetzliche Rechtsfolge auf einen nicht geregelten Fall übertragen, wenn sie nach der ratio legis darauf in noch höherem Maße zutrifft[156]. Als nicht unproblematisches Kriterium soll der erst-recht-Schluß zum zweiten fruchtbar gemacht werden können, wenn bei gleichen Tatbeständen der nicht geregelte Fall eine weniger weitgehende Rechtsfolge umfassen solle[157].
- Vor dem z. T. ebenfalls propagierten *argumentum a minore ad maius*, das von einer eng begrenzten Norm auf einen vergleichbaren, aber weiter reichenden Fall schließt[158], kann nur gewarnt werden[159].
- Bei der *teleologischen Reduktion* wird eine im Gesetzestext nicht enthaltene Einschränkung aus Sinn und Zweck einer Norm vorgenommen[160]. Aufgrund der Reduktion bleibt der Normanwendungsbereich hinter dem Gesetzeswortlaut zurück[161].

---

155 Vgl. i. e. dazu *Hub*, APF 1983, 234 (236); *Larenz*, Methodenlehre (Fn. 19), S. 390; *Canaris*, Feststellung (Fn. 19), S. 44 ff.; *Koch/Rüßmann*, Juristische Begründungslehre, S. 260 f.; *Blasius/Büchner*, Verwaltungsrechtliche Methodenlehre, S. 177 ff.; *Schwacke/Uhlig*, Juristische Methodik, S. 59 f.; *Schramm*, Klausurentechnik, S. 175 f.

156 *Larenz*, Methodenlehre (Fn. 19), S. 389; *Koch/Rüßmann*, Juristische Begründungslehre, S. 259. – Beispiel in Fall 5: Wenn Eingriffe in Versammlungen unter freiem Himmel wegen Art. 8 Abs. 2 GG nur auf gesetzlicher Grundlage zulässig sind, gilt dies erst recht für Versammlungen in geschlossenen Räumen, die nicht einmal einem Gesetzesvorbehalt unterstellt sind.

157 *Blasius/Büchner*, Verwaltungsrechtliche Methodenlehre, S. 181.

158 Vgl. dazu *Blasius/Büchner*, Verwaltungsrechtliche Methodenlehre, S. 181.

159 *Tettinger*, Juristische Arbeitstechnik (Fn. 3), S. 127; *Schramm*, Klausurentechnik, S. 177.

160 *Blasius*, VR 1986, 325 (329); *Blasius/Büchner*, Verwaltungsrechtliche Methodenlehre, S. 182; *Schwacke/Uhlig*, Juristische Methodik, S. 61.

161 Nach BVerfGE 35, 263 (278 ff.) erfaßte der Beschwerdeausschluß gem. § 80 Abs. 6 S. 2 VwGO a. F. gegen eine stattgebende verwaltungsgerichtliche Aussetzungsentscheidung nur behördliche Rechtsbehelfe, er sollte sich aber nicht auch beim Verwaltungsakt mit drittbelastender Doppelwirkung auf

– Ein besonders heikles methodisches Problem der Rechtsfortbildung, wovon in der Fallbearbeitung abgesehen werden sollte, ist die *verfassungskonforme Gesetzesergänzung*. Wie bei der Analogie liegt eine planwidrige bzw. verfassungswidrige Gesetzeslücke vor; anders als dort ist der nicht geregelte Fall aber kaum vergleichbar, mitunter läuft er dem geregelten Fall konträr zuwider. Beide Konstellationen verbindet indes eine am Gleichheitssatz orientierte Bewertung, die eine sinngemäße Behandlung des nicht geregelten Falles fordert[162]. Im übrigen lassen sich in der Rechtsprechung des BVerfG Beispiele einer Art *„verfassungskonformen Gesetzeskorrektur"* nachweisen[163], die jedoch zu Unrecht teilweise als „verfassungskonforme Auslegung" ausgegeben werden[164].

(d) Verhältnis der Kriterien zueinander

Zwischen den unter (b) und (c) behandelten Kriterien besteht keine Rangordnung in dem Sinne, daß das Gewicht der einzelnen Regel abstrakt festgelegt wäre, wenngleich der teleologischen Auslegung eine herausragende Bedeutung nicht abzusprechen ist[165]. Es besteht aber auch kein beziehungsloses Nebeneinander; die Kriterien stellen aufeinander bezogene, sich ergänzende, einander zuzuordnende Elemente einer rational geleiteten Gesetzesinterpretation dar. Ihr Zusammenwirken gewährleistet die vollständige Erfassung der für die Fallösung maßgeblichen Gesichtspunkte.

Dennoch darf nicht übersehen werden, daß etwa bei den „klassischen Auslegungsmethoden" Gesetzeswortlaut (und Entstehungsgeschichte) sowie Gesetzessystematik verbindliche Vorgaben für die teleologische

---

den Rechtsbehelf eines Privaten beziehen. Das BVerfG deklarierte dies als „verfassungskonforme Auslegung"; in Wahrheit handelte es sich um eine auf Art. 3 Abs. 1 GG gestützte teleologische Reduktion.

162 Vgl. *Blasius/Büchner*, Verwaltungsrechtliche Methodenlehre, S. 176 f. – Beispiel in Fall 7 zum Feststellungsantrag im Rahmen des § 80 Abs. 5 VwGO.

163 Ausführlich hierzu *Prümm*, Verfassung und Methodik, S. 239 ff.

164 Vgl. ferner den „Durchgriff" auf die Verfassung: BVerfGE 33, 23 (34) zum Recht auf Verweigerung des Zeugeneides unmittelbar aus Art. 4 Abs. 1 GG; BVerfGE 33, 367 ff. zur verfassungsunmittelbaren Begrenzung des Zeugniszwangs über § 53 Abs. 1 Nr. 3 StPO (a. F.) hinausgehend; BVerfGE 51, 97 (106 ff.) zur richterlichen Anordnung der Wohnungsdurchsuchung unmittelbar gem. Art. 13 Abs. 2 GG „in Ergänzung" des § 758 ZPO.

165 Vgl. hierzu *Tettinger*, Juristische Arbeitstechnik (Fn. 3), S. 113; *Larenz*, Methodenlehre (Fn. 19), S. 343 ff.; *Blasius/Büchner*, Verwaltungsrechtliche Methodenlehre, S. 159 f.; *Schwacke/Uhlig*, Juristische Methodik, S. 39.

Auslegung liefern oder diese wegen eines bereits gewonnenen eindeutigen Auslegungsergebnisses überflüssig machen können[166]. Auch kommt die verfassungskonforme Auslegung nur in Betracht, wenn die genannten mehreren Deutungen möglich sind. Und die Ausfüllung von Gesetzeslücken schließlich wird erst notwendig, wenn mit Hilfe der herkömmlichen Auslegungskriterien eine Lösung des Falles nicht zu erzielen ist.

(3) Subsumtion

Die *Subsumtion* stellt mit ihrem Kernstück, dem *juristischen Syllogismus,* die eigentliche Rechtsanwendung dar. An diesem dritten Schritt der Gutachtentechnik scheitern erfahrungsgemäß viele Arbeiten, weil entweder die Subsumtion als solche nicht beherrscht wird oder abstraktes Wissen nicht richtig in die Fallbearbeitung umgesetzt werden kann. Die Subsumtion verlangt zum einen die Beachtung des juristischen Syllogismus und zum anderen das richtige Zusammenwirken mit der Gesetzesauslegung sowie deren Folgen.

Rechtssätze stellen in der Regel abstrakt-generell formulierte Sollenssätze mit dem Anspruch auf Beachtung in der Lebenswirklichkeit dar. Die Funktionserfüllung geschieht durch Rechtsanwendung. Für die Fallbearbeitung bedeutet dies die Anwendung von Rechtsvorschriften auf einen vorgegebenen Sachverhalt. Die konkrete Rechtsanwendung erfolgt im Wege der Subsumtion. Darunter versteht man die Zuordnung des Sachverhalts unter eine (oder mehrere) Rechtsnorm(en)[167]. Es wird ermittelt, ob der feststehende Sachverhalt unter die abstrakt-generelle Norm „paßt".

(a) Grundmodell des Syllogismus

Dieser Vorgang erfolgt – überkommener Auffassung[168] nach [169] – aufgrund der Regeln des *Syllogismus,* eines formallogischen Schlußver-

---

[166] Beispiel in Fall 1 zur Auslegung des § 48 Abs. 4 S. 1 VwVfG.

[167] *Tettinger,* Juristische Arbeitstechnik (Fn. 3), S. 114; *Larenz,* Methodenlehre (Fn. 19), S. 273; *Blasius/Büchner,* Verwaltungsrechtliche Methodenlehre, S. 135.

[168] *Blasius,* VR 1986, 325 (326); *Tettinger,* Juristische Arbeitstechnik (Fn. 3), S. 114; *Erbel,* Klausurenlehre I (Fn. 18), S. 9; *Blasius/Büchner,* Verwaltungsrechtliche Methodenlehre, S. 135 ff.; *Schwacke/Uhlig,* Juristische Methodik, S. 4 ff.; *Büchner/Joerger,* Übungen (Fn. 18), S. 23 ff.

[169] Subsumtion und Syllogismus im tradierten Sinne (aus der Sicht des Strafrechts) ablehnend *Haft,* Juristisches Lernen (Fn. 8), S. 150 ff.; *Herzberg,* JuS 1990, 728 ff., mit Erwiderung *Winkler,* JuS 1991, 704. – Eine konstruktive

fahrens. Es handelt sich um einen dreiaktigen Denkvorgang, bei dem unter den Prämissen eines Obersatzes und eines Untersatzes ein Schlußsatz, die sog. conclusio, gebildet wird. Das übliche[170] Erläuterungsbeispiel lautet:

Obersatz: Jeder Mensch ist sterblich.
Untersatz: Sokrates war ein Mensch.

Schlußsatz: Also war Sokrates sterblich.

Der aus drei Aussagen bestehende Syllogismus ist also dadurch gekennzeichnet, daß aus zwei vorhandenen eine logisch folgerichtige dritte Aussage durch Eliminierung des sowohl im Obersatz als auch im Untersatz enthaltenen Mittelbegriffs (im Beispiel: „Mensch") in der conclusio gewonnen wird.

Der Syllogismus als solcher bietet keine Gewähr für die sachliche Richtigkeit der gewonnenen neuen Aussage. Insoweit kommt es auf die inhaltliche Korrektheit der aufgestellten Prämissen an. Ist das nicht der Fall, ist zwar die conclusio nicht zu beanstanden, die gewonnene Aussage ist aber sachlich unrichtig[171].

(b) Juristischer Syllogismus

Beim *juristischen Syllogismus* bildet eine Rechtsnorm (i. S. eines vollständigen Rechtssatzes) den Obersatz, der Sachverhalt stellt den Untersatz dar, und die juristische Beurteilung führt zum Schlußsatz:

Obersatz: Rechtsnorm (bestehend aus Tatbestand und Rechtsfolge)
Untersatz: konkreter (Lebens-)Sachverhalt

Schlußsatz: konkrete Rechtsfolge

In diesem Modell trifft der Obersatz eine abstrakt-generelle Aussage, während der Untersatz von einem konkreten (Lebens-)Sachverhalt gebildet wird und auch der Schlußsatz auf eine konkrete Rechtsfolge zielt. Ist in der Fallbearbeitung mit Blick auf eine bestimmte Folge zu prüfen, ob der vorgegebene Sachverhalt unter den Tatbestand einer

---

Kritik zu Leistungen und Defiziten des überkommenen Subsumtionsmodells bieten *Koch/Rüßmann*, Juristische Begründungslehre, S. 14 ff.; distanziert dagegen *Rinken*, Einführung (Fn. 5), S. 245.

170 Vgl. etwa *Schmalz*, Juristische Fallösung (Fn. 17), S. 2; *Blasius/Büchner*, Verwaltungsrechtliche Methodenlehre, S. 137; *Köbler*, Die einzelnen Materien des rechtswissenschaftlichen Studiums, in: JuS-Studienführer (Fn. 1), S. 47 (49).

171 Ausführlich zur Problematik *Koch/Rüßmann*, Juristische Begründungslehre, S. 59 ff.

herangezogenen Rechtsnorm „paßt", dann gilt: Immer wenn der gesetzliche Tatbestand T in einem konkreten Sachverhalt S verwirklicht ist, gilt für S die Rechtsfolge R[172].

Dieses In-Beziehung-Setzen des vorgegebenen Sachverhalts mit der zu prüfenden Rechtsnorm stellt die Subsumtion dar. Beim juristischen Syllogismus wird im Unterschied zum Grundmodell kein gemeinsamer Mittelbegriff zwischen Obersatz und Untersatz gebildet und zur Gewinnung des Schlußsatzes wieder eliminiert. Der Schlußsatz wird vielmehr bereits gewonnen, wenn der speziellere „Fall" des Sachverhalts in der allgemeineren Rechtsnorm enthalten ist. Beispiel (in Anlehnung an Fall 1):

Obersatz (= Rechtsnorm): Bevor ein Verwaltungsakt erlassen wird, der in Rechte eines Beteiligten eingreift, ist diesem Gelegenheit zu geben, sich zu den für die Entscheidung erheblichen Tatsachen zu äußern (§ 28 Abs. 1 VwVfG).

Untersatz (= Sachverhalt): Gegenüber dem Subventionsbegünstigten L soll ein Rücknahmebescheid ergehen.

Schlußsatz (= konkrete Rechtsfolge): Also ist L Gelegenheit zu geben, sich zu den für die Rücknahmeentscheidung erheblichen Tatsachen zu äußern.

(c) Struktur von Rechtsnormen

Das vorstehende Beispiel ist bewußt so gewählt, daß es vom sachlichen Ergebnis her ohne weiteres einleuchtet. Es kann jedoch zugleich benutzt werden, um die Vielschichtigkeit des Subsumtionsvorgangs im Gesamtablauf zu verdeutlichen. So wurde in dem Beispiel aus Fall 1 einfach unterstellt, daß

- die Rücknahme einen „Verwaltungsakt" darstellt,
- L „Beteiligter" ist,
- die Rücknahme in seine „Rechte eingreift" und
- ein Absehen von der Anhörung (§ 28 Abs. 2 VwVfG) ausscheidet.

Dies zeigt, daß die Subsumtion unter eine Rechtsnorm in der juristischen Fallösung komplizierter ist als es nach den einfach gearteten Grundmodellen aussieht. Dreierlei muß besonders beachtet werden:

(a1) Die Subsumtion ist untrennbar mit der Gesetzesauslegung verknüpft. Es wäre ein Irrtum, bei der Aufbereitung des Obersatzes annehmen zu wollen, dieser ließe sich mit Blick auf den konkreten

---

[172] *Larenz*, Methodenlehre (Fn. 19), S. 271; vgl. dazu auch *Koch/Rüßmann*, Juristische Begründungslehre, S. 63 ff.

Sachverhalt dem Gesetz subsumtionsfähig entnehmen. Der Gesetzestext wirft, wie erwähnt, in aller Regel Auslegungsprobleme auf. Ausgelegt wird zwar der abstrakt-generelle Rechtssatz. Doch dies geschieht in der Fallbearbeitung im Hinblick auf die gestellte Aufgabe. So entsteht in der Fallösung zwischen Gesetzesinterpretation und Subsumtion eine eigenartige *Interdependenz*: Die Auslegung der jeweiligen Rechtsnorm erfolgt fallbezogen[173], der konkret untersuchte Rechtsbegriff wird in derjenigen Intensität interpretiert, daß seine Übereinstimmung oder Nichtübereinstimmung mit dem entsprechenden Sachverhaltsteil festgestellt werden kann[174], so daß eine Rechtsnorm umfänglich nur insoweit ausgelegt wird, wie es zur Gewinnung des Schlußsatzes notwendig ist.

(a2) Da die meisten Gesetzesbestimmungen mehrere Voraussetzungen statuieren, ist der *Tatbestand* erst erfüllt, wenn sämtliche Tatbestandselemente vorliegen. Fehlt es im konkreten Fall auch nur an einem Merkmal, tritt die gesetzlich vorgesehene Rechtsfolge nicht ein. Im Extremfall müssen also – Tatbestandsmerkmal für Tatbestandsmerkmal – mehrere Auslegungen und Subsumtionen durchgeführt werden, um feststellen zu können, ob sämtliche Elemente des Obersatzes im Untersatz wiederkehren. Gedanklich und im Konzeptpapier sollte dies auch getan werden. In der Praxis der Fallbearbeitung zeigt sich aber, daß gesetzliche Tatbestandsvoraussetzungen bezüglich des zu subsumierenden Sachverhalts oftmals unproblematisch und ohne weiteres erfüllt sind. Aufwendige Interpretations- und Subsumtionsvorgänge (sowie die Einhaltung des Gutachtenstils) sind insoweit, wie noch zu zeigen sein wird, nicht erforderlich.

Typisches Beispiel (vgl. etwa Fall 1) ist die Klärung des Verwaltungsakt-Begriffs im Rahmen einer Vorschrift anhand der Merkmale des § 35 S. 1 VwVfG; etliche VA-Merkmale können in fast allen Fällen ohne weiteres bejaht werden.

Damit ist bereits angedeutet, daß im Rahmen der Auslegung und Anwendung (Subsumtion) eines Tatbestandes mitunter weitere Normen heranzuziehen, auszulegen und anzuwenden sowie Ausnahmevorschriften zu beachten sind, so daß sich auch aus diesem Grund der juristische Syllogismus innerhalb eines Tatbestandes vielfach wiederholen kann. Im Beispiel aus Fall 1 zu § 28 VwVfG müßte also – idealtypisch – geklärt werden, ob

[173] Vgl. dazu bereits oben bei Fn. 109.
[174] *Hub*, APF 1983, 120; *Schmalz*, Juristische Fallösung (Fn. 17), S. 4.

- L „Beteiligter" ist, was sich nach § 13 VwVfG beurteilt, ob
- die Rücknahme einen „Verwaltungsakt" darstellt, was sich gem. § 35 S. 1 VwVfG beantwortet,
- welches die „Rechte" von L sind, worüber der frühere Bewilligungsbescheid Auskunft gibt,
- in die die Rücknahme „eingreift"
- und ob keine Ausnahme von der Anhörungspflicht besteht, was nach § 28 Abs. 2 VwVfG zu entscheiden ist.

Nur nochmals in Erinnerung zu rufen ist der frühere Hinweis, daß im Rahmen der Subsumtion gelegentlich eine Sachverhaltsauslegung notwendig sein kann. Ein Beispiel dazu bietet Fall 6.

(a3) Eine Subsumtion unter die gesetzlich vorgesehene *Rechtsfolge* erfordert in der Regel keinen Aufwand, wenn im Verwaltungsrecht die einschlägige Rechtsnorm eine *gebundene* Entscheidung vorschreibt. Beispiele:

- Unter den Voraussetzungen des § 28 Abs. 1 VwVfG *ist* der Beteiligte anzuhören.
- Gem. § 39 Abs. 1 S. 1 VwVfG *ist* ein schriftlicher Verwaltungsakt zu begründen.

Mitunter entstehen aber auch bei rechtlich gebundenen Verwaltungsentscheidungen auf der Rechtsfolgenseite Auslegungs- und Anwendungsprobleme. Beispiele:

- Was bedeutet, „sich zu den für die Entscheidung erheblichen Tatsachen zu äußern" (§ 28 Abs. 1 VwVfG) konkret?
- Was ist der sachliche Gehalt des gemeinderechtlichen Zulassungsanspruchs zu einer öffentlichen Einrichtung? – Vgl. Fall 8.

Breiten Raum gewinnt die Subsumtionsthematik auf der Rechtsfolgenseite bei *Ermessensvorschriften*. Im Rahmen der Ermessensfehlerlehre erfährt der juristische Syllogismus ein bedeutsames Anwendungsfeld. Etliche Beispiele dazu bieten die Fallösungen im 3. Teil (signifikant Fälle 1, 2, 5, 6).

(4) Ergebnis

Der letzte Schritt in der Gutachtentechnik ist die Formulierung des *Ergebnisses*. Es besteht – als Produkt der Prüfung – in der Feststellung der konkreten Rechtsfolge[175]. Obwohl insoweit inhaltliche Schwierigkeiten naturgemäß nicht auftreten, findet man selbst in Haus-

---

[175] *Hub*, APF 1983, 120 (125); *H. Zuck*, JuS 1990, 905 (908); *Kauther*, Klausurentechnik (Fn. 17), S. 14; *Tettinger*, Juristische Arbeitstechnik (Fn. 3), S. 105.

arbeiten (sogar im Examen) immer wieder den Fehler, daß Ergebnisse nicht festgehalten werden. Der Mangel wiegt um so schwerer, wenn z. B. nach der Erörterung kontroverser Gesichtspunkte (Streitstände) anhand der aufgezeigten Argumente allenfalls mittelbar ergründet werden kann, zu welchem Ergebnis die Prüfung geführt haben soll.

Genau genommen werden im Laufe der Fallbearbeitung viele („kleine") Ergebnisse gewonnen, die, bezogen auf verschiedene Prüfungspunkte, auch im Detail exakt festgehalten werden sollten. Beispiele:

- Somit ist die W-KG klagebefugt.
- Richtige Klageart ist also die Anfechtungsklage.
- Demnach ist die Klage zulässig.
- Damit handelt es sich bei der angefochtenen Maßnahme um einen Verwaltungsakt.
- Mithin genießt L kein Vertrauen in den Bestand des ihn begünstigenden Verwaltungsakts.
- Die Klägerin hat folglich einen Anspruch auf verwaltungsbehördliches Einschreiten.

In einer derartigen Deutlichkeit sollte auf jeder der einzelnen Prüfungsstufen das (Zwischen-)Ergebnis festgehalten werden, bevor der nächste Punkt erörtert wird. Am Ende ist das Gesamtergebnis zu formulieren, das auf die Fallfrage Antwort gibt.

bb) Darstellung

Die skizzierte Gutachtentechnik beschreibt, wie erwähnt, Denkschritte, nicht notwendigerweise Schreibschritte. Die *Darstellung* (Niederschrift) der Fallösung ist geprägt durch den Gutachtenstil, bestimmte sprachliche Anforderungen im übrigen und die äußere Gestaltung.

(1) Gutachtenstil

In der Übung (und im Referendarexamen) sind die geforderten Fallösungen in Form eines Rechtsgutachtens anzufertigen. Im Kern markieren die erläuterten Denkschritte das Typische des *Gutachtenstils*. Die gutachtliche Vorgehensweise ist geprägt durch

- das *Suchen* der Antwort auf die Fallfrage
- über eine Vielzahl von *Zwischenergebnissen*
- nach dem *viertaktigen Denkschema* Fragestellung – Normbenennung und -auslegung – Subsumtion (Syllogismus) – Ergebnis[176].

---

[176] *Tettinger*, Juristische Arbeitstechnik (Fn. 3), S. 103.

Die Gedankenabfolge geht typischerweise von einer bestimmten Fragestellung aus und entwickelt das Ergebnis schrittweise[177]. Das durch die Art der Fragestellung anvisierte Ziel

– Beispiel: Die angegriffene Verwaltungsmaßnahme könnte einen Verwaltungsakt darstellen. –

ist nur ein hypothetisches; ob es tatsächlich erreicht wird, ist vor Beendigung des Prüfungsschritts offen. Dieses (suchende) gutachtliche Denken findet seinen Niederschlag in einer spezifischen Ausdrucksweise, die durch Vokabeln wie „könnte", „müßte", „kommt in Betracht", „somit", „demnach", „also" als Verbindungsglieder zwischen den einzelnen Gedanken gekennzeichnet ist[178].

Demgegenüber wird beim Urteil das Ergebnis vorangestellt, die anschließenden Erörterungen dienen der Begründung[179]. Prägend für den *Urteilstil* sind Ausdrücke wie „denn", „weil", „da". Derartige Worte leiten von der Feststellung über zur Rechtfertigung (Begründung) des Ergebnisses. Die beiden folgenden Beispiele zu (a) Fragestellung bzw. Feststellung und (b) conclusio bzw. Rechtfertigung verdeutlichen den Unterschied.

(a) Gutachten:	Die behördliche Maßnahme könnte in den Schutzbereich des Art. 12 Abs. 1 GG eingreifen. Dann müßte zunächst ...
(a) Urteil:	Die behördliche Maßnahme greift in den Schutzbereich des Art. 12 Abs. 1 GG ein, denn sie ...
(b) Gutachten:	... stellt die Maßnahme also einen Verwaltungsakt dar. Somit ist die Anfechtungklage die statthafte Klageart.
(b) Urteil:	Richtige Klageart ist die Anfechtungsklage. Denn die angegriffene behördliche Maßnahme stellt einen Verwaltungsakt dar, weil sie ...

In den Übungsarbeiten (und im Referendarexamen) erfolgt die Niederschrift, da ein Gutachten zu erstellen ist, grundsätzlich im Gutachtenstil[180]. Damit ist eine teilweise Benutzung des prägnanteren Urteil-

---

[177] *Rips*, JuS 1979, 42 (43); *Hamann*, VR 1983, 145 (150); *Erbel*, Klausurenlehre I (Fn. 18), S. 16f.; *Schramm*, Klausurentechnik, S. 8; *Broß/Ronellenfitsch*, Fälle und Lösungen (Fn. 18), S. 6.

[178] *Tettinger*, Juristische Arbeitstechnik (Fn. 3), S. 104; *Erichsen*, in: Jura Extra (Fn. 77), S. 150.

[179] *Schwacke/Uhlig*, Juristische Methodik, S. 98; *Büchner/Joerger*, Übungen (Fn. 18), S. 34.

[180] *Vogel*, Verwaltungsrechtsfall (Fn. 18), S. 15; *Achterberg*, Fälle und Lösungen (Fn. 18), S. 3.

stils nicht ausgeschlossen. Zu warnen ist allerdings vor einer zu großzügigen Handhabung insoweit[181]. Die Gedankenabfolge soll in ihrem wahren Verlauf dargeboten werden[182]. Das prägt auch den Stil. Nicht angebracht sind freilich Übertreibungen des Gutachtenstils[183]. Nicht jeder Gedankenschritt ist in der viertaktigen Abfolge schriftlich zu präsentieren. Selbstverständlichkeiten, offensichtlich erfüllte Tatbestandsmerkmale, Passagen, zu denen kein vernünftiger Zweifel aufkommen kann, werden im Urteilstil formuliert. Auch wo durch das krampfhafte Festhalten am Gutachtenstil umständliche Wendungen entstehen, kann in den Urteilstil gewechselt werden. Während sich Anfänger zwecks Formulierung geordneter Gedankengänge eher strikt am Gutachtenstil orientieren sollten, erwerben Fortgeschrittene mit zunehmender Routine sicherlich eine ansprechende Symbiose zwischen den beiden Stilarten.

(2) Darstellungsweise

Unabhängig von den stilistischen Fragen unterliegt die Darstellungsweise gewissen Regeln. Zunächst verlangt die Aufgabenstellung „Falllösung" eine *Beschränkung* auf die zur Fallbearbeitung *notwendigen Ausführungen*. Nur ein Teil der gedanklichen sowie konzipierten Erwägungen findet Eingang in die Niederschrift. Jeder niedergeschriebene Satz muß einen Schritt hin zur Lösung des Falles darstellen, sonstige Gedanken werden nicht zu Papier gebracht[184].

Das gutachtliche Vorgehen verlangt im Öffentlichen Recht eine Gedankenführung nach der *logischen Methode*, auch „konstruktive" Methode genannt. Die im Strafrecht und teilweise im Zivilrecht anzutreffende historische Methode, die den Sachverhalt nach dem chronologischen Ablauf der Ereignisse einer Überprüfung unterzieht[185], ist grundsätzlich ungeeignet[186]. Die logische Methode findet denn auch in der skizzierten Gutachtentechnik ihren Niederschlag.

---

[181] Vgl. dazu i.e. *Schwerdtfeger*, Öffentliches Recht (Fn. 11), Rdn. 973.

[182] *Schmalz*, Juristische Fallösung (Fn. 17), S. 18.

[183] Vgl. dazu auch *Rips*, JuS 1979, 42 (44); *Hub*, APF 1983, 120 (123f.); *W. Schmidt*, Verwaltungsrecht (Fn. 22), Rdn. 251 Fn. 20; *Büchner/Joerger*, Übungen (Fn. 18), S. 34f.; *Haft*, Juristisches Lernen (Fn. 8), S. 146ff.

[184] *Schmalz*, Juristische Fallösung (Fn. 17), S. 22f. („Prinzip der Notwendigkeit"); ähnlich *H. Zuck*, JuS 1990, 905 (908f.); *Lemke*, JuS 1991, L 17 (18).

[185] Zu den Unterschieden vgl. *Schmalz*, Juristische Fallösung (Fn. 17), S. 22f.; *Vogel*, Verwaltungsrechtsfall (Fn. 18), S. 9f.; *Schramm*, Klausurentechnik, S. 6f.; *Broß/Ronellenfitsch*, Fälle und Lösungen (Fn. 18), S. 5ff.

[186] Die logische Methode mag mitunter etwas schwerfällig wirken; in Übungs- und Examensarbeiten ist sie wegen der erhöhten Sicherheit bei der Fallösung auf jeden Fall zu bevorzugen (*Vogel*, Fn. 185).

Die Darstellung hat sich auf die *inhaltliche* Lösung des Falles zu beschränken. Der gewählte Aufbau muß aus sich heraus verständlich sein, Erklärungen dazu verbieten sich[187]. Dennoch für notwendig befundene Erläuterungen indizieren Aufbaufehler. Ebenso verhält es sich mit der – in Übungs- und Examenshausarbeiten nicht selten anzutreffenden – verselbständigten Vorwegbehandlung vermeintlicher „Vorfragen". Der für das Verwaltungsrecht propagierten Ausnahme, der für die gesamte Fallösung bedeutsame Rechtscharakter einer Maßnahme (z. B. Verwaltungsakt oder Realakt oder Rechtsnorm) könne in einem ersten Punkt vorweg erörtert werden[188], ist zu widersprechen. Dadurch würde die logische Methode verlassen, und in der Sache besteht für die Vorwegprüfung kein Anlaß. Etliche Beispiele aus den Fällen im 3. Teil belegen, daß die Rechtsnatur einer Maßnahme an der aufbaumäßig korrekten Stelle ohne weiteres erörtert werden kann, worauf im Bedarfsfalle im weiteren Verlauf der Prüfung verwiesen wird.

Die um einwandfreies Deutsch bemühte *sprachliche Ausdrucksweise* verzichtet auf überflüssige Fremdwörter, vermeidet sie aber nicht um jeden Preis. Der Fachausdruck (z. B. aus dem Lateinischen) kann ebenso angebracht sein wie die der stilistischen Entkrampfung dienende Benutzung eines Fremdwortes, wenn in mehreren aufeinander folgenden Sätzen dieselbe sachliche Bezeichnung notwendig ist[189]. Im übrigen ist die Ausdrucksweise schon zur Verdeutlichung der Sachaussage klar[190], der Stil sachlich[191]. Das schließt Polemiken und Übertreibungen (z. B. „zweifellos", „ganz eindeutig") aus[192]. Ferner sind „Ich-Formulierungen" (z. B. „Ich halte die Auffassung ... für überzeugender.") und die Floskel „m. E." zu unterlassen[193].

---

187 *Tettinger*, Juristische Arbeitstechnik (Fn. 3), S. 131; *Schwacke/Uhlig*, Juristische Methodik, S. 93.

188 So – unzutreffend – z. B. *Schmalz*, Juristische Fallösung (Fn. 17), S. 29; *Erbel*, Klausurenlehre II (Fn. 18), S. 5; Beispiel für eine insoweit unzutreffende Fallbearbeitung *Vahle*, VR 1989, 207 f.

189 Vgl. auch *Achterberg*, Fälle und Lösungen (Fn. 18), S. 149.

190 Vgl. den Katalog vermeidbarer Fehler bei *Tettinger*, Juristische Arbeitstechnik (Fn. 3), S. 132 f.; „sechs Sprachempfehlungen" gibt *Haft*, Juristisches Lernen (Fn. 8), S. 138 ff.

191 *Rips*, JuS 1979, 42 (45); *H. Zuck*, JuS 1990, 905 (909); *Rinken*, Einführung (Fn. 5), S. 321 f.

192 *Erichsen*, in: Jura Extra (Fn. 77), S. 152 f.: Indiz für das Fehlen von Argumenten.

193 *Erichsen*, in: Jura Extra (Fn. 77), S. 152; *Achterberg*, Fälle und Lösungen (Fn. 18), S. 149.

Die *Argumentation* muß nachvollziehbar und überzeugend sein. Nachvollziehbar ist eine auf der Grundlage einer bestimmten rechtlichen Prämisse in sich geschlossene und juristisch konsequente Gedankenführung. Eine überzeugende Argumentation verlangt bei zutreffender Schwerpunktbildung die klare Herausarbeitung der richtigen Fragestellungen, den sicheren Umgang mit den herangezogenen Vorschriften (insbesondere bezüglich Auslegung und Anwendung) und nicht zuletzt die offene und kritische Darlegung der Rechtsprobleme. Vorhandene Zweifel sollten also nicht unterdrückt, sondern durch die Niederschrift mitgeteilt werden. Sonst droht die Gefahr einer „schwachen" Argumentation. Problemerkenntnis, Problemdarstellung und argumentative Lösung sind in der Fallbearbeitung wichtiger als das (vermeintlich) „richtige" Ergebnis, das in der Übungsarbeit von minderer Bedeutung ist[194].

Die *Gedankenführung* soll, der Wortbedeutung entsprechend, den Leser durch Problembehandlungen der Lösung schrittweise zuführen. Von daher ist die Warnung vor einer Wiedergabe von Sachverhaltsteilen oder des Gesetzesinhalts[195] nur im Grundsatz richtig. Beides kann der Verständlichkeit der Darstellung dienen[196] und ist dann selbstverständlich zulässig. Gerade bei komplexen Problemen kann es hilfreich sein, wenn zu Beginn der Gedankenführung – im Gutachtenstil und zum Rechtsproblem hinführend – gesagt wird, welcher Teil des Sachverhalts im Hinblick auf welche Merkmale einer Rechtsnorm im folgenden Schritt erörtert wird. Dagegen sollte die verbreitete Unsitte, einen ganzen Gesetzesparagraphen (wörtlich) wiederzugeben, unterbleiben.

Im übrigen betreffen *sprachliche Wendungen* häufig Geschmacksfragen. Zu weit geht daher die Forderung, mit Formulierungen wie z. B.

- „Es erhebt sich die Frage, ob ..." oder
- „Fraglich ist, ob ..."

solle man keinen neuen Gedankengang beginnen, weil dem Leser der Zusammenhang mit dem Vorangegangenen nicht deutlich werde[197]. Insoweit kommt es auf den Zusammenhang der Formulierung und auf die Genauigkeit der Fragestellung im „ob-Satz" an (vgl. dazu in den Fallbearbeitungen im 3. Teil).

---

[194] *Hamann*, VR 1983, 145 (152); *Millgramm*, in: Jura Extra (Fn. 13), S. 25; *Erbel*, Klausurenlehre I (Fn. 18), S. 26; *Achterberg*, Fälle und Lösungen (Fn. 18), S. 22 f.

[195] *Schmalz*, Juristische Fallösung (Fn. 17), S. 90.

[196] *Achterberg*, Fälle und Lösungen (Fn. 18), S. 149.

[197] *Schmalz*, Juristische Fallösung (Fn. 17), S. 25 f.; anders aber S. 19 oben.

(3) Äußere Gestaltung

Für Hausarbeit und Klausur gelten einige gemeinsame *Formalien*. Die Niederschrift erfolgt auf DIN-A4-Blättern. Die Seiten sind durchzunumerieren, und die Blätter sollen – schon zwecks erleichterten Austausches einzelner Seiten nach festgestellten Fehlern – nur einseitig beschrieben werden. Der auf der linken Seite für Korrekturbemerkungen vorgesehene Rand beträgt mindestens ein Drittel[198]. Auf dem ersten Blatt, das bei der Klausur nicht unbedingt wie bei der Hausarbeit ein gesondertes Deckblatt sein muß, sind Vor- und Familienname, Semesterzahl, Angabe der Übung und des Übungsleiters und der Hinweis, um die wievielte Klausur bzw. Hausarbeit es sich handelt, zu notieren[199]. Sollten weitere Angaben als notwendig erachtet werden, wird darauf in der Übung hingewiesen.

Die Forderung nach einer lesbaren *Schrift*[200] sei als Selbstverständlichkeit nur der Vollständigkeit halber erwähnt. In der Klausur und (wegen der Fußnoten) verstärkt in der Hausarbeit werden *Abkürzungen* benutzt. Sie stehen nicht im Belieben der Bearbeiter. Die gängigen Abkürzungen von Gesetzen (z.B. GG, VwGO, VwVfG), Gerichten (z.B. BVerfG, BVerwG, BGH, BayVGH, OVG Lüneburg), Entscheidungssammlungen (z.B. BVerfGE, BVerwGE, BGHZ, ESVGH, OVGE, AS) und Zeitschriften (z.B. AöR, EuGRZ, DÖV, DVBl., NJW, NVwZ, JA, Jura, JuS, VerwArch.) sollten den Übungsteilnehmern schon von den Anfangssemestern des Studiums her bekannt sein. Im übrigen ist auf das Abkürzungsverzeichnis der Rechtssprache von *H. Kirchner* zu verweisen[201]. Soweit gewisse Gestaltungsspielräume bestehen, ist davon zur Illustration in den Fallbearbeitungen im 3. Teil Gebrauch gemacht.

Bei der Klausur (vgl. zur Hausarbeit sogleich) ist eine der Arbeit vorangestellte *Gliederung*, die mit Seitenzahlen versehen zugleich ein Inhaltsverzeichnis darstellt, nicht erforderlich. Das bedeutet aber nicht, daß die Niederschrift der Fallösung nicht nach sachlichen Gesichtspunkten gegliedert sein müßte. Die gegliederte Arbeit – Anhaltspunkte

---

198 Das ist eine allgemeine Empfehlung; vgl. etwa *H. Zuck*, JuS 1990, 905 (910); *Erichsen*, in: Jura Extra (Fn. 77), S. 147; *Erbel*, Klausurenlehre I (Fn. 18), S. 25.

199 Vgl. *Erichsen*, in: Jura Extra (Fn. 77), S. 147; *Schramm/Strunk*, Staatsrechtliche Klausuren (Fn. 18), S. 12, 13.

200 *Lemke*, JuS 1991, L 17 (19); *Tettinger*, Juristische Arbeitstechnik (Fn. 3), S. 136.

201 *H. Kirchner*, Abkürzungsverzeichnis der Rechtssprache, 3. Aufl. 1983; auch als Studienausgabe erschienen: Jura Extra – Abkürzungen für Juristen, 1983.

in den Aufbauschemata im 2. Teil – läßt das Konzept des Verfassers erkennen und erlaubt Rückschlüsse auf den Aufbau und auf die Gedankenführung[202]. Ob die Gliederungspunkte (zusätzlich) in Form kurzer Überschriften markiert werden sollen, wird unterschiedlich beantwortet. Sowohl die bessere Erkennbarkeit der Gedankenführung für den Leser als auch der Zwang für den Bearbeiter zu einer streng fallorientierten Lösung sprechen dafür.

Hausarbeiten und Klausuren sind von den Bearbeitern zu unterschreiben.

III. Zusätzliche Anforderungen bei der Hausarbeit

Die bisherigen Ausführungen gelten für Hausarbeit und Klausur gleichermaßen. Die Hausarbeit ist darüber hinaus in sachlicher und in formaler Hinsicht zusätzlichen Anforderungen unterworfen. Angesichts der wesentlich längeren Bearbeitungszeit sowie des Zugriffs auf Rechtsprechung und Schrifttum sind die Rechtsprobleme in der Hausarbeit in der Regel umfangreicher und schwieriger, und es wird eine intensive Auseinandersetzung mit den Problemen des Falles erwarten. Daraus ergeben sich unmittelbar Folgen für die formale Darstellung. Dem Anspruch nach soll in der Hausarbeit eine wissenschaftliche Fallbearbeitung vorgenommen werden[203].

1. Sachliche Besonderheiten

Beim ersten Arbeitsschritt treten noch keine Besonderheiten auf, wenn – einer verbreiteten Empfehlung gemäß[204] – zunächst eine klausurmäßige Lösung entworfen wird. Dabei handelt es sich selbstverständlich nicht um eine ausformulierte Fallösung, sondern um einen skizzenhaften, aber gedanklich vollständigen ersten Lösungsversuch.

---

[202] *Erichsen*, in: Jura Extra (Fn. 77), S. 148, betont, daß es auch in der Klausur unerläßlich ist, nach einer im Konzept vorliegenden Gliederung zu arbeiten.

[203] *Tettinger*, Juristische Arbeitstechnik (Fn. 3), S. 137; *Schwerdtfeger*, Öffentliches Recht (Fn. 11), Rdn. 901.

[204] *Rollmann*, Die juristische Hausarbeit, JuS 1988, 42 (44); *Brühl*, Zur Arbeitstechnik bei der Bearbeitung von Hausarbeiten, Jura 1989, 359 (360); *Millgramm*, in: Jura Extra (Fn. 13), S. 26; *Schramm*, Klausurentechnik, S. 165; vgl. auch *Tettinger*, Juristische Arbeitstechnik (Fn. 3), S. 137 f., mit der Empfehlung, bei einer für eine klausurmäßige erste Lösung zu schwer empfundenen Aufgabe einen Kommentar oder ein Lehrbuch hinzuzunehmen.

Die Vorteile eines derartigen „Einstiegs“ werden in der unvoreingenommenen Annäherung an den Fall, die ungezieltes „Herumlesen“ vermeidet, sowie darin gesehen, daß für die folgende Beschäftigung mit Rechtsprechung und Schrifttum ein Orientierungsrahmen besteht.

a) Berücksichtigung von Rechtsprechung und Schrifttum

Der Anspruch einer wissenschaftlichen Fallbearbeitung verlangt die Heranziehung und Auswertung von Rechtsprechung und Schrifttum. Unterbleibt dies, wird die Hausarbeit schon formal den Anforderungen nicht gerecht, kann aber zudem zu katastrophalen sachlichen Konsequenzen führen, weil z. B. ohne Judikatur und Literatur bestimmte Probleme, neuere Rechtsentwicklungen etc. nicht gesehen werden. Derartige Mängel treten auch immer wieder in Examenshausarbeiten auf.

Zunächst geht es um das Auffinden der einschlägigen Rechtsprechung und Literatur. Das ist unterdessen auch im Öffentlichen Recht kein Problem mehr[205]. Wichtig ist die *gezielte Heranziehung* der Hilfsmittel. Schon bei der skizzenhaften klausurmäßigen Lösung stößt man auf Rechtsprobleme, die fundiert nur mit Hilfe von Rechtsprechung und Schrifttum gelöst werden können. Weitere derartige Punkte, die sämtlich notiert werden, treten im Laufe der ersten Phase der Fallbearbeitung hinzu, so daß nach einiger Zeit feststeht, wozu Rechtsprechung und Schrifttum auszuwerten sind. In der technischen Vorgehensweise sollte man die Suche über Kommentare und Lehrbücher beginnen[206]. Das zeitaufwendige Durchforsten von Rechtsprechungsübersichten, Registern über Rechtsprechungssammlungen und von Zeitschriften, Leitsatzkarteien, Fundheften, Nachschlagewerken usw. sollte für den „Notfall“ und für Ergänzungen erst einmal zurückgestellt werden[207].

Die *Stoffsammlung* selbst erfolgt, abgesehen von verfügbaren Büchern, weithin durch das Anfertigen von Fotokopien. Das zusammen-

---

205 Unzutreffend *Schramm*, Klausurentechnik, S. 170, der mit seiner Auflistung verwaltungsrechtlicher Literatur nicht einmal Standardwerke vollständig erfaßt.

206 *Brühl*, Jura 1989, 359 (360); *Schwerdtfeger*, Öffentliches Recht (Fn. 11), Rdn. 939. – Allgemein zur Literatursuche *Rinken*, Einführung (Fn. 5), S. 315 ff.

207 Das Frustrationserlebnis des vergeblichen Suchens in der Seminarbibliothek ist allgemein bekannt; vgl. zum Problem *Millgramm*, in: Jura Extra (Fn. 13), S. 25 f. – Als Aufgabensteller sollte man die für die Fallbearbeitung wichtigsten und in nur geringer Stückzahl vorhandenen Werke vor Ausgabe der Arbeit bei der Seminaraufsicht zum Zwecke der Einsichtnahme bzw. des Fotokopierens (gegen Ausweis) durch die Übungsteilnehmer hinterlegen. Diese mehrfach geübte Praxis hat sich bewährt.

getragene Material muß ausgewertet, systematisiert und einer nach Schwerpunkten geordneten Lösungsskizze oder einer aussagekräftigen Gliederung zugeordnet werden. Im einzelnen hängen die Arbeitsschritte sehr vom persönlichen Arbeitsstil ab. Generell jedoch müssen die in Rechtsprechung und Schrifttum vertretenen Auffassungen möglichst genau festgehalten und den einzelnen Problembereichen zugeordnet werden. In dem Material gefundene weitere Nachweise müssen bei Verwendung selbstverständlich nachgelesen werden. Meinungsunterschiede in Judikatur und Literatur verdienen eine besondere Aufmerksamkeit. Derartigen Kontroversen kann z. B. ein – darzustellender – Theorienstreit zugrunde liegen, sie können aber z. B. auch nur unterschiedliche rechtsdogmatische Begründungen für ein bestimmtes Ergebnis sein.

Der Bearbeiter muß sich anhand des Rechtsprechungs- und Literaturmaterials zu den einzelnen Rechtsproblemen eine *eigene Auffassung* bilden. Gefordert ist damit nicht etwa die Kreation neuer Theorien oder das krampfhafte Bemühen um Originalität. Notwendig ist aber die kritische Verarbeitung des Gelesenen. Die gute Fallbearbeitung besteht nämlich nicht in der Präsentation großer Belesenheit, garniert mit Fußnoten. Vielmehr muß unter argumentativer Auseinandersetzung mit dem verwerteten Material eine rechtlich konsistent begründete Lösung entwickelt werden.

b) Darstellung von Streitfragen

Demzufolge verbietet es sich, unterschiedliche Rechtsauffassungen, die für die Lösung von Bedeutung sind, durch einen schlichten Verweis auf die „h. M." erledigen zu wollen[208]. Bei der Heranziehung von Rechtsprechung und Schrifttum im Rahmen der Hausarbeit muß deren Funktion als Hilfsmittel bedacht werden. Prägnante und durchaus allgemeinverbindliche Hinweise dazu enthalten die an die Kandidaten im Referendarexamen ausgegebenen Merkblätter. Darin heißt es z. B.[209]:

---

[208] *Hamann*, VR 1983, 145 (152); *Tettinger*, Juristische Arbeitstechnik (Fn. 3), S. 155; *Erichsen*, in: Jura Extra (Fn. 77), S. 149 f. – Dabei kann hier offenbleiben, wann überhaupt von einer „h. M." oder „h. L." gesprochen werden kann; vgl. zur „Schaffung einer h. M." die Glosse von *Horn*, Die Mehr- oder Mindermeinung, JZ 1983, 719.

[209] Das folgende Zitat im Text ist dem vom JPA Hamm ausgegebenen Merkblatt (Fassung vom 1. 1. 1989) entnommen. – Dem ehemaligen Vorsitzenden des JPA Hamm, Herrn Dr. Bilda, danke ich für die Überlassung des Merkblatts zum Zwecke der auszugsweisen Veröffentlichung.

„Die Literatur ist Hilfsmittel für die sachliche Prüfung; sie darf daher in der Darstellung nur insoweit in Erscheinung treten, als sie diesem Zweck dient. Deshalb muß sie unter dem Gesichtspunkt ihrer Bedeutung für die Fallentscheidung gründlich verarbeitet werden. Es genügt nicht, die Äußerungen der einzelnen Autoren nacheinander wörtlich oder dem Sinn nach zu zitieren und sich dann lediglich dem einen oder anderen anzuschließen. Der Prüfling sollte vielmehr die Argumente für und gegen eine bestimmte Lösung sachlich ordnen und die eigene Stellungnahme selbständig begründen. Soweit dabei fremde Ansichten herangezogen werden, ist eine wörtliche Wiedergabe möglichst zu vermeiden ... Die Quelle ist, am besten in einer Fußnote, so zu bezeichnen, daß sie mit Hilfe des Literaturverzeichnisses aufgefunden werden kann."

Besondere Schwierigkeiten bereitet erfahrungsgemäß die *Darstellung rechtlicher Streitfragen*. Kommen unterschiedliche Rechtsauffassungen trotz verschiedenartigen Ansatzes und divergierender rechtsdogmatischer Begründungen – mit Blick auf den zu lösenden Fall – zu demselben Ergebnis, erübrigt sich eine ausführliche Erörterung des Meinungsstandes. Allenfalls sollte der Kern der Argumentationen knapp skizziert und auf die Folgenlosigkeit der Divergenzen für die Fallösung hingewiesen werden[210]. Bei Streitfragen, die für die Entscheidung des Falles erheblich sind, kann der argumentativen Auseinandersetzung mit den verschiedenen Rechtsauffassungen nicht ausgewichen werden. Die vielfach anzutreffende Darstellung nach dem Muster

„(1) Auffassung des BVerwG,
(2) Auffassung des BayVGH,
(3) Auffassung von Erichsen,
(4) Auffassung von Maurer"

mit dem Zusatz

„Ich schließe mich der Meinung des BVerwG an." bzw. „Eigene Meinung ..." wirkt allerdings hölzern und wenig überzeugend. Sie stellt lediglich Institutionen und Personen gegenüber. Argumentativ geschickter und den Anforderungen des Rechtsgutachtens weitaus mehr entsprechend ist eine Darstellung, die – bei den Sachargumenten zu einem Rechtsproblem ansetzend – mit eigenen Worten auf der Grundlage der abzulehnenden Auffassung z.B. eine bestimmte Gesetzesauslegung vorträgt, anschließend Gegenargumente formuliert und

---

210 *Tettinger*, Juristische Arbeitstechnik (Fn. 3), S. 152; *Schwacke/Uhlig*, Juristische Methodik, S. 94; *Schramm/Strunk*, Staatsrechtliche Klausuren (Fn. 18), S. 8.

schließlich mit eigenen Worten Argumente derjenigen Rechtsauffassung darlegt, der man letztlich folgt[211]. Ein solches Vorgehen zeigt Verständnis für den Inhalt eines Streitstandes und gibt ihn nach sachlichen Gesichtspunkten wieder. Bei mehr als zwei Auffassungen werden nach diesem Muster zunächst die abzulehnenden Rechtsansichten behandelt, die für überzeugend erachtete Meinung folgt am Schluß.

Zu den schwierigsten und generell nur schwer zu beantwortenden Fragen gehört diejenige nach der Darstellung jahrelang oder jahrzehntelang bestehender rechtlicher Streitstände mit festgefügten Fronten. Zweifelhaft ist schon, inwieweit der Meinungsstreit überhaupt aufgegriffen werden soll und die verschiedenen Rechtsauffassungen zurückzuverfolgen sind[212]. Orientierungshilfen für den richtigen „Schnitt" vermögen nur der ständige Blick auf die konkrete Fallösung und eine fundierte Problemkenntnis zu geben. Die Entscheidung für die Tiefe einer Problemerörterung fällt danach unterschiedlich aus:

- Bei einem Fall zum allgemeinen öffentlich-rechtlichen (Folgen-)Beseitigungsanspruch würde in der Regel eine Benennung der unterschiedlichen Begründungsansätze und rechtsdogmatischen Ableitungen genügen, um sogleich zur Prüfung der (weitgehend) geklärten Voraussetzungen, Rechtsfolge, Anspruchsinhalt und -umfang überzugehen[213].
- Ein extremes Beispiel können in dem Zusammenhang Fälle zum enteignungsgleichen Eingriff bilden, wo man aufgrund einer über drei Jahrzehnte gefestigten Rechtsprechung des BGH agierte, nach der Naßauskiesungsentscheidung des BVerfG[214] in einer Hausarbeit jedoch vertieft in die Thematik eindringen müßte[215].

---

211 *Lemke*, JuS 1991, L 17 (19); *Erichsen*, in: Jura Extra (Fn. 77), S. 149; *Tettinger*, Juristische Arbeitstechnik (Fn. 3), S. 153 f.; *Schramm/Strunk*, Staatsrechtliche Klausuren (Fn. 18), S. 8 f.; *Schramm*, Klausurentechnik, S. 177 f. – Unzutreffend die pauschale Empfehlung von *H. Zuck*, JuS 1990, 905 (909), mehr als drei Meinungen solle man nicht anführen. Es kommt nämlich immer auf den konkreten Sach- und Streitstand an und nicht etwa auf abstrakte „Richtzahlen".

212 Vgl. hierzu auch *Achterberg*, Fälle und Lösungen (Fn. 18), S. 67, anhand des Beispiels um behördliche Beurteilungsspielräume bei unbestimmten Rechtsbegriffen.

213 *Maurer*, Allgemeines Verwaltungsrecht, § 29 Rdn. 5.

214 BVerfGE 58, 300.

215 Zu den Gründen i. e. *Schoch*, Die Haftungsinstitute des enteignungsgleichen und enteignenden Eingriffs im System des Staatshaftungsrechts, Jura 1989, 529.

- Kompliziert liegen die Dinge zur Hausarbeit in Fall 3. Während die Rechtsprechung zum sog. Kommunalverfassungsstreit unterdessen bar jeglicher rechtsdogmatischen Absicherung agiert[216], wird in der juristischen Hausarbeit selbstverständlich Präzision im Umgang mit der VwGO erwartet.
- In Fall 1, der in Umfang und Schwierigkeit eine Hausarbeit präsentiert, ist wegen des anhaltenden Widerspruchs der Literatur zur Auslegung des § 48 Abs. 4 S. 1 VwVfG durch den Großen Senat des BVerwG (E 70, 356) trotz mehrfacher Bestätigung seitens der Rechtsprechung eine Auseinandersetzung angezeigt. Ebenso verhält es sich in der Abwandlung mit den Folgen eines verfristeten Widerspruchs bei einer dennoch ergehenden Sachentscheidung der Widerspruchsbehörde, wo die Rechtsprechung seit langem festgelegt ist und vom Schrifttum gleichwohl andauernd kritisiert wird.

2. *Äußere Form*

In der äußeren Form unterscheidet sich die Hausarbeit von der Klausur zunächst dadurch, daß Vor- und Familienname, Semesterzahl usw. (s. o. zur Klausur) auf einem gesonderten *Deckblatt* anzugeben sind[217]. Sodann ist der *Text der Aufgabe* beizufügen, u. z. als Abschrift oder – soweit nichts Gegenteiliges angegeben wird – durch das ausgegebene Textblatt[218]. Es folgen ein Literaturverzeichnis, ein Abkürzungsverzeichnis, eine Gliederung sowie der Lösungstext unter Angabe der einschlägigen Zitate in Fußnoten.

a) Literaturverzeichnis

Jede Hausarbeit beinhaltet ein *Literaturverzeichnis*, in das das benutzte und für die Fallösung ausweislich der Fußnoten ausgewertete Schrifttum aufgenommen wird[219]. In den Fußnoten enthaltene Literaturnachweise müssen sich also auf eine entsprechende Angabe im Literaturverzeichnis zurückführen lassen. Andererseits sind Werke, die z. B. nur zum Einlesen und Vorbereiten benutzt worden sind, aber nicht zur

---

[216] Einzelheiten bei *Schoch*, Der Kommunalverfassungsstreit im System des verwaltungsgerichtlichen Rechtsschutzes, JuS 1987, 783 (784 f.).

[217] *Erichsen*, in: Jura Extra (Fn. 77), S. 147 f. – Vgl. auch das Muster unten zu Fall 3.

[218] *Erbel*, Klausurenlehre I (Fn. 18), S. 25; *Erichsen*, in: Jura Extra (Fn. 77), S. 147; *H. Zuck*, JuS 1990, 905 (910), mit dem Hinweis, den Aufgabentext zu kopieren, um einen sauberen Sachverhalt zu haben.

[219] *Achterberg*, Fälle und Lösungen (Fn. 18), S. 149; zu Erleichterungen beim Erstellen des Literaturverzeichnisses vgl. *Rollmann*, JuS 1988, 42 (47 f.).

Lösung herangezogen und in die Fußnoten eingegangen sind, nicht zu dokumentieren[220]. Gerichtsentscheidungen (Entscheidungssammlungen) sind ebenfalls nicht in das Literaturverzeichnis aufzunehmen[221]; dasselbe gilt für Gesetze und Gesetzesmaterialien[222].

Äußerlich ist das Literaturverzeichnis alphabetisch nach Verfassernamen geordnet. Eine weitere Untergliederung nach sachlichen Rubriken (Lehrbücher, Kommentare, Aufsätze usw.) ist zulässig, aber nicht unumstritten[223]. Da die Angaben präzise sein müssen, sind Verfasservornamen jedenfalls dann anzugeben, wenn in den Arbeiten Verfasser gleichen Familiennamens zitiert werden. Akademische Titel, sonstige Titel und Dienstbezeichnungen werden nicht erwähnt. Grundsätzlich ist die neueste Auflage eines Werkes zu benutzen. Ein Rückgriff auf ältere Auflagen kommt bei einer darin enthaltenen, von der Neuauflage abweichenden Auffassung in Betracht, der man sich anschließen möchte. Selbständig erscheinende Schriften (Lehrbücher, Kommentare, Handbücher, Monographien etc.) sind unter Angabe von Verfasser, Titel, Auflage, Erscheinungsort und -jahr aufzuführen. Dissertationen werden zusätzlich mit dem Hinweis „Diss." und der Universität, an der die Promotion erfolgte, angegeben. Jedes Werk kann ferner in einer Kurzbezeichnung genannt werden, nach der es zur Entlastung der Fußnoten dort zitiert wird[224]. Nicht selbständig erscheinende Beiträge (Aufsätze, Entscheidungsanmerkungen, Abhandlungen in Sammelwerken) werden unter Angabe von Verfasser(n), Titel des Beitrags und Fundstelle nach Titel der Zeitschrift (in entsprechender Abkürzung) bzw. des Werkes sowie Band und/oder Erscheinungsjahr aufgeführt.

b) Abkürzungsverzeichnis

Da man sowohl im Lösungstext als auch in den Fußnoten ohne Abkürzungen nicht auskommt, ist grundsätzlich ein *Abkürzungsverzeichnis* anzufertigen. Lediglich umgangssprachliche Abkürzungen (wie bzw. = beziehungsweise; z. B. = zum Beispiel) sind nicht aufzuneh-

---

[220] *Tettinger,* Juristische Arbeitstechnik (Fn. 3), S. 158; *Schwerdtfeger,* Öffentliches Recht (Fn. 11), Rdn. 982.

[221] *Erichsen,* in: Jura Extra (Fn. 77), S. 149; *Schramm,* Klausurentechnik, S. 179.

[222] *Schwerdtfeger,* Öffentliches Recht (Fn. 11), Rdn. 983.

[223] Dafür z. B. *H. Zuck,* JuS 1990, 905 (910), bei einem umfangreichen Literaturverzeichnis; dagegen *Achterberg,* Fälle und Lösungen (Fn. 18), S. 149; *Schwerdtfeger,* Öffentliches Recht (Fn. 11), Rdn. 982 (Auffinden der in den Fußnoten zitierten Literatur werde erschwert).

[224] *Erichsen,* in: Jura Extra (Fn. 77), S. 149. – Praktische Anschauung dazu unten in Fall 3.

men. Aus der juristischen Fachsprache sollten ohnehin nur gebräuchliche Abkürzungen verwendet werden[225]. Sie sind entweder vollständig oder insoweit aufzunehmen, als sie von Abkürzungen eines anerkannten Verzeichnisses abweichen. Ist letzteres nicht der Fall und besteht eine vollständige Übereinstimmung mit dem benutzten Abkürzungsverzeichnis (z. B. von *H. Kirchner*[226]), reicht unter Verzicht auf eine eigene Erläuterung ein entsprechender Hinweis am Ende des Literaturverzeichnisses[227].

c) Gliederung

Der Fallösung ist schließlich eine Gliederung voranzustellen[228]. Nach dem erwähnten[229] „Merkblatt" muß die kurz zu haltende Gliederung die Disposition der Arbeit erkennen lassen, darf aber nicht zu einer Inhaltsangabe oder einem Auszug aus der Arbeit werden. Im übrigen sind ganze Sätze sowie direkte Fragen als Gliederungspunkte zu vermeiden.

Dem äußeren Erscheinungsbild nach kann das herkömmliche Gliederungsmuster (A I 1 a aa) oder das numerische Schema (1 – 1.1 – 1.1.1/1.1.2 – 1.2 usw.) benutzt werden. Gedanken auf einer Ebene müssen auf derselben Gliederungslinie fortgesetzt werden. Wer also unter „A. Zulässigkeit der Klage" prüft, muß dies konsequent fortführen mit „B. Begründetheit der Klage" (und nicht etwa mit „II. ..."). Oder wer z. B. im Rahmen der polizei- und ordnungsrechtlichen Generalklausel unter „1. Tatbestand" erörtert, muß später mit „2. Rechtsfolge" fortfahren. Ferner muß, was häufig nicht beachtet wird, wer „1." sagt, auch „2." sagen, und auf „a)" muß „b)" folgen.

Da die Gliederung zugleich ein Inhaltsverzeichnis darstellt, muß zu jedem Gliederungspunkt die entsprechende Seitenzahl der Fallösung angegeben werden. Die Gliederungspunkte selbst sind – jedenfalls soweit sie nicht untergeordnet sind – als Überschriften zu den jeweili-

---

225 *Tettinger*, Juristische Arbeitstechnik (Fn. 3), S. 158; *Schwerdtfeger*, Öffentliches Recht (Fn. 11), Rdn. 981. Zur Abschreckung vgl. das von *Rips*, JuS 1979, 42 (45), mitgeteilte Beispiel.

226 S. o. Fn. 201.

227 *Erbel*, Klausurenlehre I (Fn. 18), S. 25; *Achterberg*, Fälle und Lösungen (Fn. 18), S. 150.

228 *Rips*, JuS 1979, 42 (45); *Tettinger*, Juristische Arbeitstechnik (Fn. 3), S. 158; *Achterberg*, Fälle und Lösungen (Fn. 18), S. 150.

229 S. o. Fn. 209.

gen Prüfungspunkten in den Text der Arbeit zu übernehmen[230]. Besser noch werden alle Gliederungspunkte im Text als Überschrift wiedergegeben.

d) Lösungstext mit Fußnoten

Zum Lösungstext selbst bestehen – außer, daß er maschinenschriftlich gefertigt ist – bei der Hausarbeit keine Besonderheiten. Abweichend von der Klausur ist die Lösung jedoch durch sog. *Fußnoten* mit einem Anmerkungsapparat versehen. Dabei handelt es sich um Ziffern, die im Lösungstext angebracht sind, auf derselben Seite unterhalb des Textes linksbündig wiederkehren und Rechtsprechung sowie Schrifttum anführen. Gegenstand der Fußnote und Art ihrer Gestaltung werden durch die Funktion des Anmerkungsapparats bestimmt.

Die Fußnote hat zunächst die *Funktion* der Quellenangabe, wenn in indirekter Rede fremde Gedanken wiedergegeben werden[231]. Bei der Darstellung von Meinungsstreitigkeiten dient sie als Beleg dafür, welche Auffassungen mit welcher Begründung in Rechtsprechung und Schrifttum vertreten werden. Da die Fußnote niemals Selbstzweck ist, sind Selbstverständlichkeiten ebensowenig zu belegen wie der Gesetzesinhalt[232]. Im übrigen ist die Benennung des Urhebers eines fremden Gedankens nicht nur ein Gebot der wissenschaftlichen Redlichkeit; gefordert ist auch eine präzise Zitierweise, die den aufgegriffenen Gedanken exakt wiedergibt und ferner eine mühelose Nachprüfung ermöglicht[233]. Sog. „Blindzitate“, also die ungeprüfte Übernahme von Nachweisen z. B. aus Kommentaren oder Lehrbüchern, sind unzulässig[234]. Gegen das Gebot der „Klarheit und Wahrheit des Zitats“ wird übrigens noch in Examenshausarbeiten nicht selten verstoßen – und entsprechend „geahndet“.

Der *Inhalt* der Fußnote ist durch ihre Funktion als Quellenangabe und Beleg klar umrissen. Es sind lediglich Rechtsprechung und Schrifttum zu dokumentieren. Die z. B. aus wissenschaftlichen Aufsätzen bekannten weiterführenden Hinweise wie „vgl. hierzu …“‘ oder gar

---

230 Merkblatt (Fn. 209), S. 2.

231 *Erichsen*, in: Jura Extra (Fn. 77), S. 151.

232 *Erbel*, Klausurenlehre I (Fn. 18), S. 25; *Schwerdtfeger*, Öffentliches Recht (Fn. 11), Rdn. 986. – Zur Fußnote im Sinne von „Autoritäten und Zitate“ vgl. die Satire von *Haft*, Juristisches Lernen (Fn. 8), S. 159 ff. Die von *Haft* vermißte „systematische Zitatologie“ liegt längst vor: *P. Rieß*, Vorstudien zu einer Theorie der Fußnote, Jahreswechsel 1983/1984.

233 *Tettinger*, Juristische Arbeitstechnik (Fn. 3), S. 157.

234 *Rollmann*, JuS 1988, 42 (47); *Erichsen*, in: Jura Extra (Fn. 77), S. 151.

Sachaussagen und rechtliche Erörterungen haben in der Anmerkung nichts zu suchen[235]. Ärgerlich ist das in einer Fußnote immer wieder anzutreffende „a. A.“. Entweder ist die andere, abweichende Auffassung für die Lösung des Falles von Bedeutung; dann muß eine entsprechende sachliche Auseinandersetzung im Text erfolgen. Oder jene Auffassung ist für die Fallbearbeitung irrelevant; dann braucht sie nicht erwähnt zu werden.

Die *Zitierweise* muß in erster Linie dem Gebot der Klarheit entsprechen. Gerichtsentscheidungen sind nach der Bezeichnung des Gerichts und der Fundstelle anzuführen. Nach Möglichkeit sollte die „amtliche Sammlung“ zitiert werden[236]. Allerdings werden nicht alle Entscheidungen dort abgedruckt; zum anderen werden aktuelle Entscheidungen in den Fachzeitschriften rascher veröffentlicht. Steht die wiedergegebene Äußerung nicht auf der Anfangsseite der Entscheidung, ist die genaue Seitenbezeichnung in einem Klammerzusatz anzugeben. Beispiele:

- BVerfGE 35, 263 (272);
- OVG Münster, DVBl. 1975, 918 (920).

Entsprechendes gilt für Zeitschriftenaufsätze, wobei der im Literaturverzeichnis aufgeführte Titel des Beitrags in der Fußnote nicht mehr erscheint. Beispiele:

- Erichsen, Jura 1990, 670 (672);
- Richter, JuS 1991, 40 (43).

Lehrbücher werden unterschiedlich zitiert (vgl. i. e. die Fälle im 3. Teil), wenn möglich nach Randnummern oder Paragraphen mit Randnummern, andernfalls durch Seitenangabe. Bei mehreren Autoren in Sammelwerken ist der Autor des zitierten Beitrags zu nennen[237]; Auflage, Jahr und Erscheinungsort des Gesamtwerks werden, da im Literaturverzeichnis aufgeführt, im Zitat nicht erwähnt. Ist im Literaturverzeichnis die Kurzfassung eines Werkes formuliert worden, ist das Zitat danach zu orientieren. Kommentare werden nach Paragraph und Randnummer zitiert, ggf. nach Paragraph und Anmerkung. Ob innerhalb einer Fußnote bei mehreren Zitaten eine nach Sachgesichtspunkten strukturierte Reihenfolge einzuhalten ist, wird unterschiedlich

---

235 *Rollmann,* JuS 1988, 42 (47); *Erichsen,* in: Jura Extra (Fn. 77), S. 152; *Schwerdtfeger,* Öffentliches Recht (Fn. 11), Rdn. 986.

236 *Tettinger,* Juristische Arbeitstechnik (Fn. 3), S. 157; *Schwerdtfeger,* Öffentliches Recht (Fn. 11), Rdn. 986.

237 Vgl. hierzu auch die Glosse von *Geck,* Totgeschwiegene Kommentatoren und zeitlose Kommentierungen: Unarten beim Zitieren, JZ 1987, 870.

beantwortet[238]. In den Fallösungen des 3. Teils wird – der Übersichtlichkeit wegen – eine Zitierweise bevorzugt, die die (für die Rechtspraxis bedeutsamere) Rechtsprechung vor dem Schrifttum erwähnt und innerhalb der Judikatur nach dem Gewicht (Rang und Instanz) der Gerichte unterscheidet. Innerhalb der Literatur ist die favorisierte, aber nicht zwingende Abfolge Zeitschriftenaufsatz, Lehrbuch, Kommentar etc. Zu beachten ist schließlich, daß bei der Benutzung verschiedener Auflagen eines Werkes in der Fußnote die herangezogene Auflage kenntlich zu machen ist.

Die *Plazierung* der Fußnoten erfolgt unter dem Text derjenigen Seite, auf der sich die mit einer entsprechenden Ziffer versehenen und zu belegenden Ausführungen befinden. Eine aus Raumgründen nicht zu Ende geführte Fußnote kann auf der folgenden Seite fortgesetzt werden. Eine Anmerkung sollte dagegen auf der nächsten Seite nicht erst begonnen werden. Die *Numerierung* der Fußnoten kann insgesamt fortlaufend oder nur fortlaufend je Seite und immer wieder mit „1" beginnend erfolgen[239].

Ein häufig vorkommender Fehler stellt das sog. *Fallzitat* dar[240]. Mit Zitaten können nur Rechtsauffassungen belegt werden, nicht jedoch konkret erzielte Subsumtionsergebnisse. Es ist deshalb unzutreffend, wenn z. B. geschrieben wird

> „Somit ist die von der zuständigen Behörde getroffene Maßnahme als Verwaltungsakt zu qualifizieren[5]."

und es dann in der entsprechenden Fußnote heißt

> „5 BVerwG, NJW 1988, ...",

weil das BVerwG den zu bearbeitenden Fall mit Sicherheit nicht entschieden hat. Gegen diese Regel ist in den Fallbearbeitungen des 3. Teils ebensowenig verstoßen wie gegen das oben für unzulässig erklärte „vgl.". Wenn in den unten ausgearbeiteten Fällen mitunter zu Subsumtion und Ergebnis ein Zitat mit „vgl." angeführt wird, erfüllt eine solche Fußnote in *diesem* Übungsbuch die ganz andere Funktion, auf eine bestimmte Stelle derjenigen Entscheidung (z. T. auch Besprechung)

---

238 Vgl. *Pappermann*, Zur Bedeutung von Literatur und Rechtsprechung bei der Anfertigung von Hausarbeiten, VR 1977, 313 (315).

239 *Schramm/Strunk*, Staatsrechtliche Klausuren (Fn. 18), S. 9; *Erichsen*, in: Jura Extra (Fn. 77), S. 151, plädiert aus praktischen Gründen – Auswechselbarkeit einzelner Seiten – für eine Numerierung nur fortlaufend je Seite.

240 Vgl. dazu *Rollmann*, JuS 1988, 42 (47); *Schwerdtfeger*, Öffentliches Recht (Fn. 11), Rdn. 986; *Schramm/Strunk*, Staatsrechtliche Klausuren (Fn. 18), S. 10.

hinzuweisen, der der Fall nachgebildet ist. Sämtliche der bearbeiteten Fälle sind nämlich der Praxis entnommen, und es soll dokumentiert werden, wie sich das in praxi entscheidende Gericht zu einer bestimmten Rechtsfrage verhalten hat.

2. Teil
Schemata zum Aufbau öffentlich-rechtlicher Fallösungen

A. Wert und Unwert von Aufbauschemata

Angebot oder gar Forderung, bei der öffentlich-rechtlichen Fallbearbeitung nach bestimmten Aufbauregeln vorzugehen, die sich jedenfalls bezüglich ihres Kerns in Aufbauschemata niederschlagen, verstehen sich keineswegs von selbst. Angesichts vielfältiger negativer Erfahrungen wird vor Aufbauschemata gewarnt[1]. Schon der Diktion nach abwertend zu verstehende Begriffsbildungen machen die vorhandene Skepsis deutlich[2]. Die Sorge ist berechtigt, daß Bearbeiter den *Gefahren* erliegen könnten, die mit einer allzu engen Anlehnung an ein Schema bei der Fallösung verbunden sind. Diese Gefahren müssen, um ihnen zu entgehen, deutlich gemacht werden. Bei kritischer Distanz vermitteln Aufbauschemata aber jedem Übungsteilnehmer bzw. Examenskandidaten *wertvolle Hilfen* bei der Fallbearbeitung; sie führen, richtig angewendet, zu methodisch exakten Fallösungen und dazu, wesentliche Rechtsfragen nicht zu übersehen.

I. Gefahrenquellen in Aufbauschemata

Die erste mit der Anlehnung an Aufbauschemata verbundene Gefahr ist die *starre Anwendung* des gesamten Strukturgerippes im jeweiligen

---

1 Vgl. z. B. *Vogel,* Der Verwaltungsrechtsfall, 8. Aufl. 1980, Vorwort: Studierende würden durch ihnen an die Hand gegebene Aufbauschemata nur unselbständiger gemacht.

2 *Rips,* JuS 1979, 42 (43): „Schemen-Dogmatismus", „Selbstfesselung des Fallbearbeiters"; *W. Schmidt,* Einführung in die Probleme des Verwaltungsrechts, 1982, Rdn. 255: „Pseudosicherheit"; *Tettinger,* Einführung in die juristische Arbeitstechnik, 1982, S. 99: „einzelne Stufen gleichförmig heruntergeklappert".

Fall. Hierbei handelt es sich um den am weitesten verbreiteten Fehler im Umgang mit solchen Aufbauhilfen. Die insoweit vorgebrachte Kritik[3] besteht zu Recht. Sie betrifft vornehmlich die in einem Schema zusammengeführten Zulässigkeitsvoraussetzungen eines Rechtsbehelfs. Dabei handelt es sich aber nur um einen Teil der Aufbauregeln. Im übrigen trifft die Kritik nicht das Schema, sondern dessen Anwendung. Insbesondere ungeübte oder unsichere Bearbeiter neigen dazu, die ihnen bekannten Zulässigkeitsvoraussetzungen darzustellen, selbst wenn sie im Fall unproblematisch sind. Zulässigkeitsfragen dürfen in der Fallösung aber nur erörtert werden, soweit sich aus dem Sachverhalt für ihre Prüfung ein Anhaltspunkt ergibt. Für bestimmte Voraussetzungen folgt hieraus, daß sie nur ausnahmsweise zu prüfen sind (dazu unten, sub B.).

In engem Zusammenhang hiermit steht die zweite Gefahr. Eine Erörterung aller Zulässigkeitsvoraussetzungen bewirkt eine *falsche Schwerpunktbildung* in der Arbeit. In dem sicheren Gefühl, wenigstens zum prozessualen Teil etwas zu Papier bringen zu können, wird der Zulässigkeitsteil überproportional aufgebläht, während für eine exakte Begründetheitsprüfung weder Kraft noch Zeit reichen[4]. Wegen der zumeist prozessual angelegten Fallkonstellationen muß die Zulässigkeit vor der Begründetheit erörtert und niedergeschrieben werden, daher fehlt die in überflüssige Ausführungen investierte Zeit am Ende, also häufig dann, wenn es um die fallrelevanten materiellrechtlichen Fragen geht.

In Ratlosigkeit mündet schließlich eine dritte Gefahr. Viele Fallkonstellationen lassen sich nicht in bekannte Aufbauschemata einfangen. Die zur rechtlichen Bewertung anstehenden Lebenssachverhalte können nicht ohne weiteres in vorgegebene Gedankenstrukturen eingepaßt werden[5]. Gerade bei *atypischen Fallkonstellationen* zeigt sich, ob jemand mit Hilfe seines Grundwissens und methodischer Fertigkeiten in der Lage ist, den Fall „in den Griff zu bekommen". Insoweit ist ein kritischer und relativierender Umgang mit Aufbauschemata angezeigt.

---

[3] Vgl. etwa *Kauther,* Probleme der Klausurentechnik und des Verwaltungsverfahrens in der Klausur, in: Pappermann/Kauther, Methodik der Fallbearbeitung II, 1982, S. 10 f.; *Tettinger,* Einführung (Fn. 2), S. 139; *Erbel,* Öffentlichrechtliche Klausurenlehre mit Fallrepetitorium, Bd. I, Staatsrecht, 2. Aufl. 1983, S. 19; *Schwerdtfeger,* Öffentliches Recht in der Fallbearbeitung, 8. Aufl. 1986, Rdn. 11 ff.; *Schramm,* Klausurentechnik, 1990, S. 5 f.

[4] Treffend dazu *W. Schmidt,* Verwaltungsrecht (Fn. 2), Rdn. 255.

[5] Vgl. *Rips,* JuS 1979, 42 (43); *Schwerdtfeger,* Öffentliches Recht (Fn. 3), Rdn. 13.

II. Funktionen von Aufbauschemata

Aufbauschemata können falladäquat eingesetzt werden, wenn man sich ihrer Funktionen bewußt wird. Zunächst muß entgegen verbreiteter Kritik daran festgehalten werden, daß ein Aufbauschema als solches für die Fallbearbeitung unverzichtbar ist. Auch der Praktiker ermittelt nicht ohne Aufbauregel, quasi orientierungslos, seine Entscheidung[6]. Für den auszubildenden Juristen stellt das Aufbauschema eine pädagogische Hilfe und ein Gerüst methodisch geleiteter Rechtsfindung dar.

Der konkrete Nutzen von Aufbauschemata besteht darin, dem Bearbeiter eine Art *Checkliste* an die Hand zu geben[7]. Hier findet er Merkposten, die ihn davor bewahren, Wesentliches zu übersehen. Deshalb sollte zumindest derjenige, dem die notwendige Routine oder das Wissen zum raschen Erkennen der fallrelevanten Probleme noch fehlt, in Gedanken oder im Vorentwurf die einzelnen Stationen durchprüfen, um nichts zu vergessen. Das bedeutet nicht, daß alles, was durchdacht worden ist, zu Papier gebracht wird. In die endgültige Fallösung dürfen nur solche Prüfungspunkte Eingang finden, die erörterungsbedürftig, weil lösungsrelevant, sind. Dies betrifft in erster Linie die eigentlichen Rechtsfragen; aber auch Unproblematisches muß bisweilen – wenn auch nur in feststellender Ausdrucksweise und nicht etwa im Gutachtenstil – niedergeschrieben werden. Beispiel: Bei einer verwaltungsgerichtlichen Klage muß, auch wenn die richtige Rechtsschutzform auf der Hand liegt, festgelegt werden, welches die statthafte Klageart ist. Denn an diese Feststellung schließen sich entscheidungsrelevante Konsequenzen an (z. B. das Vorliegen oder Nichtvorliegen besonderer Sachentscheidungsvoraussetzungen oder der Prüfungsansatz in der Begründetheitsprüfung).

Ferner können Aufbauschemata Ansatzpunkte liefern, um zu den *sachlichen Problemen* des Falles vorzudringen. Dies setzt allerdings voraus, daß der Bearbeiter ein bestimmtes Sachwissen bereits hat; er muß zudem in der Lage sein, dieses mit den einzelnen Gliederungspunkten des Schemas in Verbindung zu bringen und auf dem Weg zur Lösung zu verknüpfen. Insoweit kann ein Aufbauschema über die bloß vordergründige Funktion als Checkliste hinaus in seinen jeweils fallrelevanten Punkten zugleich ein sachliches *Lösungsprogramm* darstellen. Dies bedeutet, daß z. B. bei der verwaltungsgerichtlichen Klage

---

[6] Beispiele dazu für Richter, Verwaltungsbeamte, Rechtsanwälte, Staatsanwälte bei *Schramm*, Klausurentechnik (Fn. 3), S. 5.

[7] *Kauther*, Klausurentechnik (Fn. 3), S. 10; *Tettinger*, Einführung (Fn. 2), S. 139.

- hinter der „Rechtsschutzform" das Spektrum möglicher Handlungsformen der öffentlichen Verwaltung,
- bei der „Klagebefugnis" die Problematik des subjektiven öffentlichen Rechts,
- über den Einstieg in die Begründetheitsprüfung der Anfechtungsklage beim Merkmal „rechtswidrig" die Problematik um den Vorbehalt des Gesetzes

angesprochen wird. So gesehen kann den Aufbauschemata eine systematisierende Funktion beigemessen werden: Dem Bearbeiter wird anhand des Aufbauschemas die Fallrelevanz seines öffentlich-rechtlichen Grundwissens deutlich, es entsteht für ihn über die Anforderungen methodisch geleiteter Fallösung eine systematische Verknüpfung einzelner Erkenntnisse des Staats- und Verwaltungsrechts.

Aufbauschemata dienen schließlich dem *logischen Aufbau* bei der Fallösung. Selbstverständlich ist ein bestimmter Aufbau nirgends verbindlich festgelegt. Plausibilitäts- und Zweckmäßigkeitserwägungen bestimmen zu einem großen Teil die Prüfungsabfolge in Klausur und Hausarbeit. Demgemäß ist die Vielzahl der in der Ausbildungsliteratur angebotenen Aufbauschemata durch Heterogenität gekennzeichnet. Es gibt jedoch gewisse unumstößliche Regeln, die auf logischen Erwägungen basieren. Wird gegen sie verstoßen, sind Aufbaufehler und oftmals auch methodische oder sachliche Mängel vorprogrammiert. Hierzu ist im einzelnen auf die Erläuterungen zu den Aufbauschemata zu verweisen.

B. Einzelne Aufbauschemata

In der Ausbildungsliteratur finden sich zahlreiche Aufbauschemata zu den verschiedenen verwaltungsprozessualen Rechtsbehelfen. Aufbauhinweise werden insbesondere gegeben zur Prüfung der Erfolgsaussichten einer verwaltungsgerichtlichen Klage[8], eines Widerspruchs nach

---

[8] *Erbel*, Klausurenlehre II (Fn. 3), S. 65 ff.; *Blasius/Büchner*, Verwaltungsrechtliche Methodenlehre, 2. Aufl. 1984, S. 224 f.; *Schwerdtfeger*, Öffentliches Recht (Fn. 3), Rdn. 7 und 10; *Achterberg*, Allgemeines Verwaltungsrecht (Fälle und Lösungen), 6. Aufl. 1986, S. 164 ff.; *Stern*, Verwaltungsprozessuale Probleme in der öffentlich-rechtlichen Arbeit, 6. Aufl. 1987, S. 6; *Schramm*, Klausurentechnik (Fn. 3), S. 113 ff.; *Stender-Vorwachs*, Prüfungstraining Staats- und Verwaltungsrecht, 1990, S. 125 ff.; *Broß/Ronellenfitsch*, Besonderes Verwaltungsrecht und Verwaltungsprozeßrecht (Fälle und Lösungen), 4. Aufl. 1991, S. 8 f.; vgl. ferner die ausführliche Darstellung von *Erichsen*, Die Zulässigkeit

der VwGO[9], eines Antrags auf Gewährung vorläufigen Rechtsschutzes[10] und zur Prüfung der materiellen Rechtmäßigkeit von Maßnahmen der öffentlichen Gewalt[11].

Die folgenden Aufbauschemata legen – über die zumeist nur beschriebenen Zulässigkeitsvoraussetzungen eines Rechtsbehelfs hinausgehend – einen Schwerpunkt methodischer Fallanleitung auf die Begründetheit der Rechtsbehelfe. Im übrigen können die einzelnen Begründetheitsteile als selbständige Aufbauhilfe benutzt werden, wenn nur nach der materiellen Rechtmäßigkeit einer Maßnahme gefragt ist.

I. Aufbauschema zur Prüfung der Erfolgsaussichten einer Klage bzw. eines Normenkontrollantrags in der Verwaltungsgerichtsbarkeit

A. *Zulässigkeit*

I. *Allgemeine Sachentscheidungsvoraussetzungen*

1. Ordnungsgemäße Klageerhebung (§§ 81, 82 VwGO)
2. Deutsche Gerichtsbarkeit (§§ 18 ff. GVG)
3. Zulässigkeit des Verwaltungsrechtswegs
   a) Keine Sonderzuweisung an andere Gerichtsbarkeit (§§ 40 Abs. 1 S. 1 und 40 Abs. 1 S. 2 VwGO); abdrängende Sonderzuweisungen: z. B. Art. 14 Abs. 3 S. 4 GG; Art. 34 S. 3 GG; § 40 Abs. 2 S. 1 VwGO
   b) Spezialvorschrift (= aufdrängende Sonderzuweisung; z. B. § 126 Abs. 1 BRRG; § 59 SG) oder

---

einer Klage vor dem Verwaltungsgericht, in: Jura Extra – Grundfragen und Grundlagen des Zivilrechts, Strafrechts und Öffentlichen Rechts, 1990, S. 79 ff.; *Teubner,* Die Examens- und Übungsklausur im Bürgerlichen Recht, Strafrecht und Öffentlichen Recht, einschließlich der Verfahrensrechte, 3. Aufl. 1991, S. 288 ff.

9 *Kauther,* Klausurentechnik (Fn. 3), S. 18 ff.; *Köstering/Günther,* Das Widerspruchsverfahren, 2. Aufl. 1983, S. 31 f.; *Schwacke/Uhlig,* Juristische Methodik, 2. Aufl. 1985, S. 120; *Broß/Ronellenfitsch,* Fälle und Lösungen (Fn. 8), S. 19; *Teubner,* Examens- und Übungsklausur (Fn. 8), S. 305 ff.

10 *Achterberg,* Fälle und Lösungen (Fn. 8), S. 173 ff.; *Stern,* Verwaltungsprozessuale Probleme (Fn. 8), S. 236 ff.; *Schramm,* Klausurentechnik (Fn. 3), S. 116 ff.; *Teubner,* Examens- und Übungsklausur (Fn. 8), S. 308 ff.

11 *Schwacke/Uhlig,* Juristische Methodik (Fn. 9), S. 119 ff.; *Stender-Vorwachs,* Prüfungstraining (Fn. 8), S. 104 ff.; *Teubner,* Examens- und Übungsklausur (Fn. 8), S. 311 ff.

c) Generalklausel (§ 40 Abs. 1 S. 1 VwGO)
aa) öffentlich-rechtliche Streitigkeit
bb) nichtverfassungsrechtlicher Art
4. Zuständigkeit des angerufenen/anzurufenden Verwaltungsgerichts
a) Sachlich (§§ 45, 47, 48, 50 VwGO)
b) Örtlich (soweit nicht von besonderer Klageart abhängig; vgl. § 52 Nr. 2 und Nr. 3 VwGO)
c) Instanziell (§§ 46, 49 VwGO)
5. Beteiligungsfähigkeit (§ 61 VwGO)
6. Prozeßfähigkeit (§ 62 VwGO; ggf. gesetzliche Vertretung)
7. Prozeßführungsbefugnis (Problem: Prozeßstandschaft)
8. Postulationsfähigkeit (§ 67 VwGO)
9. Fehlende Rechtshängigkeit (vgl. § 90 VwGO)
10. Keine Rechtskraft (vgl. § 121 VwGO)
11. Klageänderung (§ 91 VwGO)
(In der Klausur sind i.d.R. nur die 3. und 5. Voraussetzung zu erörtern.)

II. *Rechtsschutzform/Klageart (Statthaftigkeit des Rechtsbehelfs)*
1. Anfechtungsklage (§ 42 Abs. 1 VwGO)
Das Begehren muß sich richten auf
a) die Aufhebung
b) eines Verwaltungsakts
c) durch das Verwaltungsgericht
2. Verpflichtungsklage (§ 42 Abs. 1 VwGO)
Das Begehren muß sich richten auf
a) die Verpflichtung der Verwaltung
b) zum Erlaß eines abgelehnten oder unterlassenen Verwaltungsakts
c) durch das Verwaltungsgericht
3. Allgemeine Leistungsklage
Das Begehren muß sich richten auf
a) ein Tun, Dulden oder Unterlassen,
b) es darf nicht die besondere Rechtsschutzform der Anfechtungs- oder Verpflichtungsklage einschlägig sein
4. Allgemeine Feststellungsklage (§ 43 VwGO)
Das Begehren muß sich richten auf
a) Feststellung des Bestehens oder Nichtbestehens eines Rechtsverhältnisses oder
b) Feststellung der Nichtigkeit eines Verwaltungsakts
5. Fortsetzungsfeststellungsklage (§ 113 Abs. 1 S. 4 VwGO)
Das Begehren muß sich richten auf
a) Feststellung der Rechtswidrigkeit
b) eines Verwaltungsakts,
c) der Verwaltungsakt muß sich nach Klageerhebung erledigt haben
(Analoge Anwendung des § 113 Abs. 1 S. 4 VwGO, wenn die Erledigung vor Erhebung einer Anfechtungsklage, nach Erhebung einer Verpflichtungsklage oder vor Erhebung einer Verpflichtungsklage eintritt.)

6. Normenkontrolle (§ 47 VwGO)
   Antrag auf Überprüfung der Gültigkeit einer Norm i.S.d. § 47 Abs. 1 VwGO

III. *Besondere (= rechtsschutzformabhängige) Sachentscheidungsvoraussetzungen*
1. Bei der *Anfechtungsklage*
   a) Klagebefugnis (§ 42 Abs. 2 VwGO)
   b) Beklagtenbefugnis (§ 78 VwGO)
   c) Erfolglosigkeit des Widerspruchs (§ 68 Abs. 1 S. 1 VwGO) bzw. Untätigkeit der Behörde (§ 75 S. 1 VwGO), es sei denn, Widerspruchsverfahren entfällt (§ 68 Abs. 1 S. 2 VwGO)
   d) Klagefrist (§ 74 Abs. 1 VwGO bzw. § 75 S. 2 VwGO)
   e) ggf. örtliche Zuständigkeit (§ 52 Nr. 2 u. Nr. 3 VwGO)
2. Bei der *Verpflichtungsklage*
   a) Klagebefugnis (§ 42 Abs. 2 VwGO)
   b) Beklagtenbefugnis (§ 78 VwGO)
   c) Erfolglosigkeit des Widerspruchs bei der sog. Vornahmeklage (§ 68 Abs. 2 VwGO) bzw. Untätigkeit der Behörde (§ 75 S. 1 VwGO)
   d) Klagefrist (§ 74 Abs. 2 VwGO bzw. § 75 S. 2 VwGO)
   e) ggf. örtliche Zuständigkeit (§ 52 Nr. 2 u. Nr. 3 VwGO)
3. Bei der *allgemeinen Leistungsklage* keine besonderen Sachentscheidungsvoraussetzungen in der VwGO normiert (nach h. M. ist § 42 Abs. 2 VwGO analog anzuwenden; Klagegegner ist der Rechtsträger, nicht die Behörde selbst)
4. Bei der *allgemeinen Feststellungsklage*
   a) berechtigtes Interesse an alsbaldiger Feststellung (= Feststellungsinteresse, § 43 Abs. 1 VwGO)
   b) keine sog. „Subsidiarität" (§ 43 Abs. 2 S. 1 VwGO)
5. Bei der *Fortsetzungsfeststellungsklage*
   a) bei Erledigung des Verwaltungsakts *nach* Erhebung der Anfechtungsklage (= direkte Anwendung des § 113 Abs. 1 S. 4 VwGO) bzw. Verpflichtungsklage (= analoge Anwendung des § 113 Abs. 1 S. 4 VwGO)
      aa) besondere Sachentscheidungsvoraussetzungen wie bei Anfechtungs- bzw. Verpflichtungsklage und
      bb) berechtigtes Interesse an der Feststellung der Rechtswidrigkeit des Verwaltungsakts bzw. der Ablehnung des Verwaltungsakts
   b) bei Erledigung des Verwaltungsakts *vor* Erhebung der Anfechtungsklage (= analoge Anwendung des § 113 Abs. 1 S. 4 VwGO) bzw. Verpflichtungsklage (= doppelt analoge Anwendung des § 113 Abs. 1 S. 4 VwGO)
      aa) Klagebefugnis (§ 42 Abs. 2 VwGO analog)
      bb) Beklagtenbefugnis (§ 78 VwGO analog)
      cc) erfolgloses Widerspruchsverfahren (str., nach h. M. nicht erforderlich)

dd) Klagefrist (str., ob § 74 Abs. 1 bzw. Abs. 2 VwGO analog)
ee) ggf. örtliche Zuständigkeit (§ 52 Nr. 2 u. Nr. 3 VwGO analog)
ff) berechtigtes Interesse an der Feststellung der Rechtswidrigkeit des Verwaltungsakts bzw. der Ablehnung des Verwaltungsakts

IV. *Allgemeines Rechtsschutzbedürfnis*

B. Begründetheit

I. *Anfechtungsklage* begründet, soweit (§ 113 Abs. 1 S. 1 VwGO) der Verwaltungsakt rechtswidrig und der Kläger dadurch in seinen Rechten verletzt ist.
1. In Betracht kommende Ermächtigungsgrundlage
a) Notwendigkeit einer Ermächtigungsgrundlage (Problematik des Geltungsbereichs des Vorbehalts des Gesetzes)
b) Auffinden der einschlägigen Ermächtigungsgrundlage sowie ggf. Prüfung deren Rechtswirksamkeit
2. Rechtsfehlerfreie Anwendung der Ermächtigungsgrundlage
a) Rechtmäßigkeit in formeller Hinsicht
aa) Zuständigkeit der Behörde (örtlich, sachlich, instanziell)
bb) Einhaltung der Verfahrensvorschriften (ggf. gem. § 45 VwVfG Heilung; die Frage, ob der Verfahrensfehler gem. § 46 VwVfG unbeachtlich ist, sollte erst im Rahmen der Rechtsverletzung geprüft werden)
cc) Einhaltung ggf. zu beachtender Formvorschriften
b) Rechtmäßigkeit in materieller Hinsicht
aa) Vorliegen der Tatbestandsvoraussetzungen (Methodik der Rechtsanwendung, insbes. Subsumtion; u. U. Problematik des unbestimmten Rechtsbegriffs mit behördlichem Beurteilungsspielraum)
bb) bei eingeräumtem Ermessen: Prüfung möglicher Ermessensfehler (vgl. § 114 VwGO): Ermessensmangel, Ermessensfehlgebrauch, Ermessensüberschreitung (insbes. Übermaßverbot sowie Willkürverbot)
3. Rechtsverletzung des Klägers (ggf. Prüfung des § 46 VwVfG)

II. *Verpflichtungsklage* begründet, soweit (§ 113 Abs. 5 S. 1 u. S. 2 VwGO) die Ablehnung oder Unterlassung des Verwaltungsakts rechtswidrig, der Kläger dadurch in seinen Rechten verletzt und Spruchreife gegeben ist.
1. In Betracht kommende, wirksame Anspruchsgrundlage
2. Vorliegen der Anspruchsvoraussetzungen
a) Aktivlegitimation des Klägers und Passivlegitimation (Zuständigkeit) der angerufenen Behörde (bzw. des dahinter stehenden Rechtsträgers); ein an die unzuständige Behörde gerichteter Antrag ist unbegründet
b) Vorliegen der materiellrechtlichen Voraussetzungen: Anspruch des Klägers auf Erlaß des begehrten Verwaltungsakts
aa) bei gebundenem Verwaltungsakt, wenn die Tatbestandsvoraussetzungen der Anspruchsnorm erfüllt sind;

bb) bei Ermessensvorschriften, wenn die Tatbestandsvoraussetzungen erfüllt sind und das der Behörde eingeräumte Ermessen auf Null reduziert ist;
cc) bei Bestehen eines Beurteilungs- oder Ermessensspielraums, Bescheidungsurteil (§ 113 Abs. 5 S. 2 VwGO), wenn
(1) Ablehnung oder Unterlassung des Verwaltungsakts rechtswidrig war
(a) Rechtswidrigkeit in formeller Hinsicht oder
(b) Rechtswidrigkeit in materieller Hinsicht (z. B. Ermessensüberschreitung, Ermessensunterschreitung, Ermessensfehlgebrauch) und
(2) Kläger dadurch in seinen Rechten verletzt ist

III. *Allgemeine Leistungsklage* begründet, wenn dem Kläger gegenüber dem Beklagten der geltend gemachte Anspruch auf das Tun, Dulden oder Unterlassen zusteht.
1. In Betracht kommende, wirksame Anspruchsgrundlage
2. Vorliegen der Anspruchsvoraussetzungen
a) Aktivlegitimation des Klägers und Passivlegitimation (Zuständigkeit) der angerufenen Behörde (bzw. des dahinter stehenden Rechtsträgers)
b) Vorliegen der materiellrechtlichen Voraussetzungen
aa) bei gebundenen Entscheidungen, wenn die Tatbestandsvoraussetzungen der Anspruchsnorm erfüllt sind;
bb) bei Ermessensvorschriften, wenn die Tatbestandsvoraussetzungen erfüllt sind und das der Behörde eingeräumte Ermessen auf Null reduziert ist

IV. *Allgemeine Feststellungsklage* begründet, wenn
1. das betr. Rechtsverhältnis besteht bzw. nicht besteht oder
2. der Verwaltungsakt nichtig ist

V. *Fortsetzungsfeststellungsklage* begründet, soweit (§ 113 Abs. 1 S. 4 VwGO) der Verwaltungsakt rechtswidrig bzw. (analog bei Verpflichtungsklage) seine Ablehnung rechtswidrig war und der Kläger dadurch in seinen Rechten verletzt ist.
1. Im Falle des Anfechtungsbegehrens: Prüfung wie oben B.I.
2. Im Falle des Verpflichtungsbegehrens: Prüfung wie oben B.II.

VI. *Normenkontrolle* begründet, wenn die zur Überprüfung gestellte Norm ungültig ist.
1. Zuständigkeit zum Erlaß der Norm
2. Einhaltung von Form und Verfahren der Normsetzung
3. Materiellrechtlich: Kein Verstoß gegen höherrangiges Recht
a) Gesetzliche Ermächtigung zum Erlaß der Norm
b) Wirksamkeit der Ermächtigungsgrundlage
c) Wirksamkeit der angegriffenen Norm selbst

Erläuterungen zum Aufbauschema „verwaltungsgerichtlicher Rechtsbehelf"

In der *Zulässigkeitsstation* ist, ausgehend von der Systematik der VwGO, die Gliederung in drei Teile unverzichtbar: allgemeine

Sachentscheidungsvoraussetzungen – Rechtsschutzform (insbesondere Klageart) – besondere Sachentscheidungsvoraussetzungen. Von dieser Reihenfolge abzuweichen, bedeutet einen Aufbaufehler. Terminologisch kann man diese Gliederungsteile auch anders formulieren; indessen ist der Begriff „*Sachentscheidungsvoraussetzungen*" anderen Ausdrücken (z. B. Sachurteilsvoraussetzungen, Prozeßvoraussetzungen) vorzuziehen. Denn er umfaßt alle Zulässigkeitsvoraussetzungen, die bei jedem Rechtsbehelf erfüllt sein müssen, also auch bei solchen, über die das Gericht nicht durch Urteil, sondern durch Beschluß entscheidet. Im übrigen trifft der Begriff die präzise Aussage, daß eine Entscheidung in der Sache erst ergehen darf, wenn und soweit die vom Gesetz hierfür geforderten Voraussetzungen erfüllt sind. Das Zustandekommen eines Prozesses, also das Entstehen eines Prozeßrechtsverhältnisses zwischen den Beteiligten, hängt davon hingegen nicht ab.

Die *allgemeinen Sachentscheidungsvoraussetzungen* beziehen sich auf sämtliche Verfahren vor dem Verwaltungsgericht. In Klausur und Hausarbeit dürfte in der Regel nur die Frage des *Rechtswegs* von Bedeutung sein. Es werden hier aber nicht immer Probleme liegen. Es genügt dann, die Eröffnung des Verwaltungsrechtswegs mit wenigen Worten festzustellen. Gelegentlich ist die *Beteiligtenfähigkeit* vertieft zu erörtern (so z. B. im sog. Kommunalverfassungsstreitverfahren, vgl. unten Fall 3), während die *Prozeßfähigkeit* kaum eine Rolle spielt. Die übrigen allgemeinen Sachentscheidungsvoraussetzungen werden kaum fallrelevant und sind daher in aller Regel nicht einmal zu erwähnen. Dies gilt namentlich für die *Zuständigkeit* des Gerichts. Sollte sie ausnahmsweise erörterungsbedürftig sein, ist zu beachten, daß sie bisweilen von der Rechtsschutzform und sonstigen Voraussetzungen abhängt (vgl. §§ 45, 52 VwGO). Dann kann es sich empfehlen, die Zuständigkeit des Gerichts am Ende der Zulässigkeitsprüfung zu behandeln. Das *allgemeine Rechtsschutzbedürfnis* sollte, da sein Grundanliegen in anderen Zulässigkeitsvoraussetzungen z. T. besondere Berücksichtigung erfahren hat (z. B. Prozeßführungsbefugnis, Klagebefugnis gem. § 42 Abs. 2 VwGO) als letztes vor der Begründetheitsprüfung (wenn überhaupt!) angesprochen werden. In aller Regel sind Ausführungen dazu jedoch nicht veranlaßt.

Von der Bestimmung der richtigen *Rechtsschutzform* hängt ab, ob und ggf. welche besonderen Sachentscheidungsvoraussetzungen erfüllt sein müssen. Seiner Form nach kann der begehrte Rechtsschutz durch *Klage* oder durch prozessualen *Antrag* (vgl. §§ 47 Abs. 1, 80 Abs. 5, 123 Abs. 1 VwGO) verfolgt werden. Deshalb empfiehlt sich als Oberbegriff „Rechtsschutzform" und nicht „Klageart". Andere Rechtsbehelfe hingegen spielen kaum eine Rolle. Zur Feststellung der richtigen Rechtsschutzform gelangt man durch wirklichkeitsnahe Auslegung des aus dem Sachverhalt zu schließenden Begehrens des Klägers/Antragstellers. Insoweit kommt es nicht auf den Wortlaut von Anträgen an, sondern auf das wirkliche Rechtsschutzziel (vgl. § 88 VwGO). Besondere Beachtung verdient die *Fortsetzungsfeststellungsklage:* Dem Gesetz ist insoweit nur der eine Fall bekannt (vgl. § 113 Abs. 1 S. 4 VwGO), in dem sich eine Anfechtungsklage nach Klageerhebung erledigt; dieser Fallgestaltung werden jedoch im Wege analoger Anwendung des Gesetzes von der h. M. drei weitere Fälle gleichgestellt.

Die *besonderen Sachentscheidungsvoraussetzungen* sind, wie erwähnt, von der Rechtsschutzform abhängig. Wer insoweit das Aufbauschema sorgfältig durcharbeitet, findet unter A.III. neben der jeweiligen Zuordnung auch Hinweise auf umstrittene Fragen. Dies gilt namentlich für die Streitfrage, ob § 42 Abs. 2 VwGO bei der allgemeinen Leistungsklage analog anzuwenden ist oder welche besonderen Sachentscheidungsvoraussetzungen bei der Fortsetzungsfeststellungsklage in den Fällen erfüllt sein müssen, in denen sich der Verwaltungsakt vor Klageerhebung erledigt hat (z. B. erfolglose Durchführung eines Widerspruchsverfahrens? Fristablauf entsprechend § 74 VwGO?).

Die *Begründetheitsprüfung* bereitet Studierenden mitunter erhebliche Schwierigkeiten. Das kann an mangelnden Grundkenntnissen im Staats- und Verwaltungsrecht liegen, die auch nicht durch Aufbauschemata ersetzt oder ausgeglichen werden können, hat entscheidende Ursachen aber auch im Methodischen. Wie im Verfassungsrecht bei der Grundrechtsprüfung neigen ungeübte Bearbeiter auch im Verwaltungsrecht zu Darstellungsweisen, die eher einem „Besinnungsaufsatz" als einer methodisch geleiteten Fallösung entsprechen. Die Richtigkeit einer Einzelaussage zu einem Rechtsproblem nützt alleine nichts; für die Qualität der Fallbearbeitung ist die methodisch geleitete Herausarbeitung der Fragestellungen, ihre normative Aufbereitung sowie ihre Lösung durch Interpretation und Subsumtion der maßgeblichen Rechtsgrundlagen ausschlaggebend.

Viele verwaltungsrechtliche Arbeiten betreffen die *Anfechtungssituation;* der Bürger wehrt sich mit der Klage gegen einen in seine Rechte eingreifenden Verwaltungsakt. Mit der dargestellten Prüfungssystematik soll eine Orientierungshilfe gegeben werden, die in logischer Abfolge zu den möglichen fallrelevanten Fragestellungen führt. Ausdrücklich sei nochmals betont, daß das Auffinden der einschlägigen Rechtsgrundlage an den Anfang der Begründetheitsprüfung gehört. Erst danach können Zuständigkeit, Verfahren und die richtige Anwendung der Rechtsgrundlage untersucht werden.

Die *Verpflichtungsklage*, in Klausur und Hausarbeit ebenfalls häufig anzutreffen, bereitet erfahrungsgemäß Schwierigkeiten insbesondere beim Einstieg in die Begründetheitsprüfung. Hier muß man sich den Obersatz einprägen, daß die Ablehnung oder Unterlassung des begehrten Verwaltungsakts nur rechtswidrig sein kann, wenn der (potentielle) Kläger einen Anspruch auf Erlaß des Verwaltungsakts hat. Folglich bedarf es einer Anspruchsgrundlage, die es alsdann zu ermitteln gilt, bevor ihre Anspruchsvoraussetzungen im einzelnen geprüft werden können.

Ähnliches gilt für die *allgemeine Leistungsklage*. Die Verpflichtungsklage ist eine besondere Form der Leistungsklage, die sich auf Verwaltungshandeln in der Form des Verwaltungsakts bezieht. Bei der allgemeinen Leistungsklage braucht der (potentielle) Kläger für sein Begehren ebenfalls eine Anspruchsgrundlage. Diese muß auf öffentlich-rechtliches Verwaltungshandeln gerichtet sein, welches nicht den Rechtscharakter eines Verwaltungsakts aufweist. Die „Leistung" kann auch in einem Unterlassen oder in einer Aufhebung öffentlich-rechtlichen Tathandelns bestehen; insoweit gibt es Parallelen zur Anfechtungssituation, allerdings trifft das Gericht keine kassatorische Entscheidung. Die allgemeine Leistungsklage steht auch der Verwaltung zur Verfügung; insoweit geht es um Fälle, in denen eine Behörde nicht im Wege des Verwaltungsakts vorgehen darf.

Bei der *(allgemeinen) Feststellungsklage* begnügt sich der (potentielle) Kläger damit, durch das Gericht feststellen zu lassen, ob ein Rechtsverhältnis besteht oder nicht besteht. Die im Gesetz ebenfalls vorgesehene Feststellung der Nichtigkeit eines Verwaltungsakts kommt in Übungs- und Examensfällen nur selten vor. Die *Fortsetzungsfeststellungsklage* knüpft in der Begründetheitsprüfung an die Prüfungssystematik von Anfechtungs- bzw. Verpflichtungsklage an. Die verwaltungsgerichtliche *Normenkontrolle* entspricht in der Begründetheitsprüfung anderen Normenkontrollverfahren, und zwar auch insoweit, als dieses Verfahren nicht nur Rechtsschutzzwekken dient, sondern zugleich eine objektive Rechtskontrolle ermöglicht. Besondere Probleme der Prüfungssystematik sind nicht aufgeworfen. In Übung und Examen spielt die verwaltungsgerichtliche Normenkontrolle eine untergeordnete Rolle, so daß dazu im 3. Teil auf ein Fallbeispiel verzichtet worden ist.

II. Aufbauschema zur Prüfung der Erfolgsaussichten eines Widerspruchs

A. *Zulässigkeit des Widerspruchs*

I. Zulässigkeit des Verwaltungsrechtswegs
II. Ordnungsgemäße Widerspruchserhebung (§ 70 Abs. 1 VwGO)

III. Statthaftigkeit des Widerspruchs
   1. Der Verwaltungsakt muß im Zeitpunkt der Entscheidung über den Widerspruch noch aufhebbar sein bzw. auf den Verpflichtungswiderspruch hin von der Behörde noch erlassen werden können (nicht gegeben im Falle der Erledigung)
   2. Der Widerspruch darf nicht „für besondere Fälle" ausgeschlossen worden sein (§ 68 Abs. 1 S. 2 VwGO)
   3. Der Widerspruch darf sich nicht gegen einen Verwaltungsakt einer obersten Bundes- oder Landesbehörde richten, es sei denn, formelles Bundes- oder Landesgesetz schreibt die Nachprüfung ausdrücklich vor (§ 68 Abs. 1 S. 2 Nr. 1 VwGO; Beispiel: § 126 Abs. 3 Nr. 1 BRRG)
   4. Der Widerspruchsführer darf sich nicht als „Dritter" erstmals gegen einen ihn beschwerenden Widerspruchsbescheid wenden (§ 68 Abs. 1 S. 2 Nr. 2 VwGO)

IV. Beteiligungsfähigkeit, Handlungsfähigkeit und ordnungsgemäße Vertretung (§ 79 i.V.m. §§ 11, 12 und 14 VwVfG)

V. Widerspruchsbefugnis (§ 70 Abs. 1 S. 1 VwGO: „dem Beschwerten")

VI. Einhaltung der Widerspruchsfrist (§ 70 Abs. 1 S. 1 VwGO)

VII. Kein Rechtsbehelfsverzicht

VIII. Allgemeines Sachentscheidungsinteresse

B. *Begründetheit des Widerspruchs*

I. *Im Falle der Anfechtung*
Der Widerspruch ist begründet, soweit der angefochtene Verwaltungsakt den Widerspruchsführer in seinen Rechten beeinträchtigt und rechtswidrig oder unzweckmäßig ist.
   1. Rechtsbeeinträchtigung: Eingriff in ein subjektives öffentliches Recht
   2. Rechtswidrigkeit des Eingriffs
      hier: Prüfung wie bei der Anfechtungsklage sub B.I.1. und 2.
   3. Unzweckmäßigkeit (Sachwidrigkeit) des Eingriffs
      a) bei Ermessensvorschriften
      b) bei behördlichem Beurteilungsspielraum

II. *Im Falle der Verpflichtung zum Erlaß eines abgelehnten Verwaltungsakts*
Der Widerspruch ist begründet, soweit die Ablehnung des begehrten Verwaltungsakts rechtswidrig oder im Falle der Ermessenseinräumung unzweckmäßig ist und der Widerspruchsführer dadurch in seinen Rechten beeinträchtigt ist. *Hier:* Prüfung wie bei der Verpflichtungsklage sub B.II.; zusätzliche Beachtung der Zweckmäßigkeitsgesichtspunkte im Rahmen von Ermessensvorschriften oder bei behördlichem Beurteilungsspielraum

Erläuterungen zum Aufbauschema „Widerspruch"

Nach den Hinweisen zur verwaltungsgerichtlichen Anfechtungs- und Verpflichtungsklage bedarf das Aufbauschema zur Prüfung der Erfolgsaussichten eines Widerspruchs – verstanden als eigenständiger verwaltungsverfahrensrechtlicher Rechtsbehelf – kaum einer Erläuterung. Nur zwei Gesichtspunkte sind hervorzuheben.

Der Prüfungspunkt *„Statthaftigkeit"* des Widerspruchs weist gewisse Abweichungen zur Untersuchung der Statthaftigkeit bei sonstigen Rechtsbehelfen auf. Sie sind darauf zurückzuführen, daß das Gesetz verschiedentlich auf die Durchführung des Widerspruchsverfahrens verzichtet (vgl. § 68 Abs. 1 S. 2 VwGO). Andererseits darf nicht übersehen werden, daß ein Widerspruchsverfahren mitunter bei anderen Rechtsschutzformen als Anfechtungs- und Verpflichtungsklage ebenfalls vorgeschrieben ist (vgl. z. B. § 126 Abs. 3 BRRG).

Bei der *Begründetheit* des Widerspruchs muß der gegenüber der verwaltungsgerichtlichen Klage (vgl. § 114 VwGO) erweiterte Kontrollmaßstab (§ 68 Abs. 1 S. 1 VwGO) beachtet werden. Danach ist ein Widerspruch auch begründet, wenn der (angefochtene oder – § 68 Abs. 2 VwGO – die Ablehnung des begehrten) Verwaltungsakt(s) den Widerspruchsführer in seinen Rechten beeinträchtigt und (zwar rechtmäßig, aber) *unzweckmäßig* ist. In einer Klausur werden dazu allerdings Probleme kaum auftauchen, da sich die Aufgabenstellung erfahrungsgemäß auf die Rechtmäßigkeit des Verwaltungshandelns bezieht.

3. Teil
Fallbearbeitung

Fall 1:
Rücknahme einer Subventionsbewilligung

Sachverhalt

Landwirt L beantragte im April 1990 bei der zuständigen Landesbehörde einen Zuschuß und ein Darlehen für Investitionen im arbeitswirtschaftlichen Bereich seines Wohnhauses (Einbau einer Zentralheizungsanlage mit Warmwasserbereitung). Mit Schreiben vom 10. 5. 1990 bewilligte die zuständige Behörde aufgrund der etatmäßigen Bereitstellung der erforderlichen Mittel und der einschlägigen Richtlinien des Landwirtschaftsministers des Landes X einen Zuschuß i.H.v. 1.450,– DM und ein Darlehen i.H.v. 2.000,– DM und setzte den von der B-Bank AG auszuzahlenden Betrag auf 3.450,– DM fest.

In dem von ihm auszufüllenden Antragsformular hatte L die Frage nach erhaltenen Förderungsmittel durch Unterstreichen des vorgedruckten Wortes „Zinsverbilligung" beantwortet. Die vorgedruckte Erklärung über eine früher erhaltene Förderung nach den Richtlinien für die einzelbetriebliche Förderung hatte L nicht ausgefüllt, weil er den Vordruck nach jener Unterstreichung für im übrigen belanglos hielt. In der Anlage 1 zum Antrag hatte L erklärt, er habe von den Richtlinien Kenntnis genommen und erkenne sie als für sich verbindlich an. In den Richtlinien war bestimmt, daß die Behörde die Bewilligung aufzuheben und die Zuwendung zurückzufordern habe, wenn der Zuwendungsempfänger die Zuwendung zu Unrecht erhalten habe.

Dem behördenintern zuständigen Beamten B war der nicht vollständig ausgefüllte Vordruck zwar aufgefallen, doch hielt er die Lücken irrtümlich für bedeutungslos. Rechtsreferendar R, der in der Urlaubsabwesenheit von B vergleichbare Anträge vorbearbeitete, bemerkte den Rechtsirrtum von B Mitte Juni 1990. R machte B nach dessen Rückkehr aus dem Urlaub Mitte Juli 1990 auf den Vorgang aufmerksam, worauf B eine sorgfältige Prüfung der Sach- und Rechtslage vornahm. B war Ende des Jahres 1990 klar, daß die Zuwendung zurückzufordern sei. Ende Juni 1991 schrieb B an L, daß die Bewilligung vom 10. 5. 1990 teilweise aufgehoben werden müsse. Zur Begründung bezog sich

B auf die in ständiger Verwaltungspraxis angewandten Richtlinien, wonach Förderungsmittel nur insoweit gewährt werden dürften, als andere öffentliche Finanzierungsmittel für ein bestimmtes Vorhaben nicht in Anspruch genommen würden. Da L die frühere Förderung verschwiegen und andererseits die Richtlinien anerkannt habe, bestehe keine andere Wahl, als entsprechend den Vorschriften zu verfahren. Das behördliche Versehen bezüglich des nicht vollständig ausgefüllten Vordrucks werde insoweit berücksichtigt, als nur die Bewilligung des Zuschusses rückgängig gemacht werde.

L ist völlig überrascht. Nach der erfolglosen Durchführung eines Widerspruchsverfahrens erhebt er form- und fristgerecht Klage beim zuständigen Verwaltungsgericht gegen die Aufhebung der Zuschußbewilligung. Hat die Klage Aussicht auf Erfolg?

Abwandlung

Der überraschte L legt gegen das mit einer ordnungsgemäßen Rechtsbehelfsbelehrung versehene Schreiben von Ende Juni 1991 Anfang August 1991 Widerspruch ein. Nach Anhörung des L bestätigt die Widerspruchsbehörde, die zugleich Fachaufsichtsbehörde der Ausgangsbehörde ist, die angegriffene Entscheidung unter erneutem Hinweis darauf, daß nach den Richtlinien bezüglich des Zuschusses gar nicht anders verfahren werden dürfe. Zusätzlich hebt die Widerspruchsbehörde – unter ausführlicher und an sich zutreffender Würdigung der Umstände des konkreten Falles – die Bewilligung des Darlehens auf. L erhebt ordnungsgemäß Klage gegen die nunmehr vollständige Rückgängigmachung der Bewilligung, möchte aber wenigstens die ihn zusätzlich beschwerende Entscheidung der Widerspruchsbehörde verwaltungsgerichtlich aufgehoben sehen. Im Laufe des Gerichtsverfahrens werden weitere Ermessenserwägungen, die zutreffend sind und die Aufhebung der Zuschußbewilligung an sich schon früher rechtfertigten, seitens der Verwaltung vorgetragen. Wird L mit seiner Klage Erfolg haben?

Vermerk: Die LHO des Landes X entspricht der BHO (Sartorius I Nr. 700).

Lösung

Ausgangsfall

Die Klage hat Aussicht auf Erfolg, wenn sie zulässig und begründet ist.

A. Zulässigkeit der Klage

I. Allgemeine Sachentscheidungsvoraussetzungen

1. *Verwaltungsrechtsweg*

Für die Klage des L müßte der *Verwaltungsrechtsweg* eröffnet sein. Eine abdrängende Sonderzuweisung besteht nicht. Als *aufdrängende*

Sonderzuweisung könnte hier § 48 Abs. 6 VwVfG des Landes X eingreifen. Voraussetzung wäre allerdings, daß entweder um einen Erstattungsanspruch gem. § 48 Abs. 2 VwVfG oder um einen Vermögensausgleichsanspruch gem. § 48 Abs. 3 VwVfG gestritten wird. Das ist aber nicht der Fall. Der Streit zwischen L und der Behörde dreht sich nicht etwa um die Rückzahlung des Zuschusses i.H.v. 1.450,– DM, sondern um die Aufhebung der Zuschußbewilligung. Die Rechtswegregelung gem. § 48 Abs. 6 VwVfG greift demnach nicht ein.

Die Zulässigkeit des Verwaltungsrechtswegs bestimmt sich somit gem. § 40 Abs. 1 S. 1 VwGO. Fraglich ist allenfalls, ob eine *öffentlich-rechtliche* Streitigkeit vorliegt. Das ist der Fall, wenn die Beteiligten in der Hauptsache um die Rechtsfolgen aus der Anwendung öffentlich-rechtlicher Vorschriften streiten[1]. L wendet sich gegen die Aufhebung der Zuschußbewilligung. Als streitentscheidende Vorschriften könnten §§ 48 oder 49 VwVfG eingreifen. Diese berechtigen allein den Staat bzw. seine Untergliederungen, so daß der Streit nach Maßgabe öffentlich-rechtlicher Bestimmungen zu entscheiden wäre. Die Beteiligten könnten möglicherweise aber auch um die Rückabwicklung eines zivilrechtlichen Rechtsverhältnisses streiten, so daß eine privatrechtliche Streitigkeit i.S.d. § 13 GVG gegeben wäre. Dafür könnte sprechen, daß es hier um die Subventionsgewährung in Form eines verlorenen Zuschusses mittels Auszahlung durch ein privates Kreditinstitut gehen könnte.

Die Rechtsnatur der von der Behörde vorgenommenen teilweisen Rückgängigmachung der Bewilligung hängt von der rechtlichen Qualifizierung der Bewilligung ab. War die Zuschußbewilligung öffentlich-rechtlich erfolgt, trifft dies auch für ihre Aufhebung als actus contrarius zu[2]. Der Sachverhalt gibt keine ausdrückliche Auskunft über die Handlungsform der Verwaltung, so daß daran nicht ohne weiteres angeknüpft werden kann. Fest steht jedoch, daß die zuständige Verwaltungsbehörde auf der Grundlage der Richtlinien L öffentliche Mittel zur Verfügung gestellt hat. Bei dem Zuschuß handelt es sich um eine öffentliche Subvention. Mangels entgegenstehender Anhaltspunkte ist davon auszugehen, daß sich die Verwaltung bei der Erfüllung ihrer öffentlichen Aufgaben der Handlungsformen des Öffentlichen Rechts bedient und sich nicht in das Privatrecht begibt[3]. Die Behörde hat hier

---

[1] BVerwGE 71, 183 (186); OVG Berlin, DÖV 1991, 385 = DVBl. 1991, 584; *Erichsen*, in: Jura Extra – Studium und Examen, 2. Aufl. 1983, S. 175 f.; *Kopp*, VwGO, 8. Aufl. 1989, § 40 Rdn. 6.

[2] *Püttner/Losch*, VBlBW 1987, 76.

[3] BGH, NVwZ 1985, 517 = VBlBW 1985, 315 = UPR 1986, 67; *Erichsen*, Jura 1982, 537 (544).

weder ausdrücklich noch konkludent zum Ausdruck gebracht, daß sie sich der Rechtsformen des Privatrechts bedienen möchte. Zweifel könnten allenfalls deshalb auftauchen, weil die Mittelvergabe durch die B-Bank AG, also ein Privatrechtssubjekt, erfolgte. Die Einschaltung einer privaten Stelle zwingt aber nicht zur Annahme eines privatrechtlichen Rechtsverhältnisses[4]. Vielmehr muß unterschieden werden, ob um die Abwicklung der Mittelvergabe oder um die ihr vorausliegende Bewilligung als solche gestritten wird[5]. Hier geht es um die Bewilligung an sich und um ihre Rückgängigmachung. Die Bewilligung erfolgte – mangels entgegenstehender Anhaltspunkte – öffentlich-rechtlich, so daß ihre Aufhebung ebenso zu qualifizieren ist.

Etwas anderes ergibt sich – erst recht – nicht, wenn man im Falle der Subventionierung durch verlorenen Zuschuß das Subventionsverhältnis als einstufig ausgestaltet qualifiziert und in der Auszahlung (durch das Kreditinstitut) lediglich die Erfüllung der Subventionsbewilligung erblickt[6].

Der Verwaltungsrechtsweg ist demnach gem. § 40 Abs. 1 S. 1 VwGO eröffnet.

2. *Beteiligungs- und Prozeßfähigkeit*

Die *Beteiligungsfähigkeit* des Klägers L als natürlicher Person ergibt sich aus § 61 Nr. 1 VwGO, seine *Prozeßfähigkeit* aus § 62 Abs. 1 Nr. 1 VwGO.

Wer als Beklagter beteiligt ist, läßt der Sachverhalt offen. Grundsätzlich kommt der Verwaltungsträger der Behörde in Betracht. Als juristische Person (Körperschaft des Öffentlichen Rechts) ist er gem. § 61 Nr. 1 VwGO *beteiligungsfähig*. Die *Prozeßfähigkeit* ist ebenfalls gegeben. Sie folgt aus § 62 Abs. 3 VwGO („Vereinigung"), sofern man

---

[4] BGHZ 57, 130 (135 f.); BGH, NVwZ 1985, 517 = VBlBW 1985, 315 = UPR 1986, 67; HessVGH, RdL 1987, 222 (223).

[5] BGH, NVwZ 1988, 472 (473); *Püttner/Losch*, VBlBW 1987, 76; *Krüger*, NWVBL 1990, 70 (71); *Stern*, Verwaltungsprozessuale Probleme in der öffentlich-rechtlichen Arbeit, 6. Aufl. 1987, S. 19 f.; *Schmitt Glaeser*, Verwaltungsprozeßrecht, 10. Aufl. 1990, Rdn. 59; *Maurer*, Allgemeines Verwaltungsrecht, 7. Aufl. 1990, § 17 Rdn. 28.

[6] BVerwG, NJW 1969, 809; BGHZ 57, 130 (136); BGH, NVwZ 1985, 517 = VBlBW 1985, 315 = UPR 1986, 67; *Berg*, Jura 1987, 619 (620); *Papier*, Fälle zum Wahlfach Wirtschaftsverwaltungsrecht, 2. Aufl. 1984, S. 166 f.; *Frotscher*, Wirtschaftsverfassungs- und Wirtschaftsverwaltungsrecht, 1988, S. 195; *Maurer*, Allgemeines Verwaltungsrecht, § 17 Rdn. 29; *Eyermann/Fröhler/Kormann*, VwGO, 9. Aufl. 1988, § 40 Rdn. 63.

juristischen Personen mangels natürlicher Handlungsfähigkeit die Geschäftsfähigkeit nicht zuerkennt[7]. Erachtet man demgegenüber auf der Grundlage der Organtheorie das Handeln der Organe als Handeln der juristischen Person selber, wird ihr Geschäftsfähigkeit und damit gem. § 62 Abs. 1 Nr. 1 VwGO *Prozeßfähigkeit* zugestanden[8].

Auf der Beklagtenseite könnte allerdings auch die Behörde selbst stehen. Sofern das Landesrecht dies bestimmt[9], ist die *Beteiligungsfähigkeit* in diesem Fall durch § 61 Nr. 3 VwGO begründet. Die *Prozeßfähigkeit* ergibt sich dann aus § 62 Abs. 3 VwGO.

II. Rechtsschutzform

Als statthafte Rechtsschutzform kommt die *Anfechtungsklage* gem. § 42 Abs. 1 VwGO in Betracht. Rechtsschutzformvoraussetzung ist ein auf die Aufhebung eines Verwaltungsaktes durch das Verwaltungsgericht zielendes Begehren. Maßgebend für die Bestimmung der richtigen Klageart ist das tatsächliche Begehren des Klägers[10]. L wendet sich gegen die Rückgängigmachung der Zuschußbewilligung. Ein entsprechendes Aufhebungsbegehren hat er an das Verwaltungsgericht adressiert. Fraglich könnte allenfalls sein, ob die behördliche Maßnahme, gegen die L sich wendet, einen *Verwaltungsakt* darstellt. Ob dies der Fall ist, beantwortet sich nach § 35 VwVfG[11] (des Landes X).

Bei der Aufhebung der Zuschußbewilligung handelt es sich um die Maßnahme einer Behörde zur Regelung eines Einzelfalles, die auf unmittelbare Rechtswirkung nach außen gerichtet war und, wie im Rahmen der Rechtswegprüfung festgestellt, auch auf dem Gebiet des Öffentlichen Rechts getroffen worden ist. Zweifelhaft ist lediglich, ob eine *„hoheitliche"* Maßnahme vorliegt; es könnte auch um die Rückabwicklung eines verwaltungsrechtlichen Vertrages (§ 54 VwVfG) gehen.

---

[7] *Schmitt Glaeser*, Verwaltungsprozeßrecht, Rdn. 134; *Ule*, Verwaltungsprozeßrecht, 9. Aufl. 1987, S. 105; *Eyermann/Fröhler/Kormann*, VwGO, § 62 Rdn. 6, 12; *Kopp*, VwGO, § 62 Rdn. 14.

[8] *von Mutius*, JuS 1977, 99 (102); *Erichsen*, Verwaltungsrecht und Verwaltungsgerichtsbarkeit I, 2. Aufl. 1984, S. 64.

[9] § 10 Abs. 1 NdsAGVwGO; § 5 Abs. 1 NWAGVwGO; § 17 Abs. 1 SaarlAGVwGO; § 6 S. 1 SchlHAGVwGO.

[10] *Erichsen*, Jura Extra (Fn. 1), S. 185; *Bosch/Schmidt*, Praktische Einführung in das verwaltungsgerichtliche Verfahren, 4. Aufl. 1988, S. 72.

[11] *Stern*, Verwaltungsprozessuale Probleme (Fn. 5), S. 67; *Ule*, Verwaltungsprozeßrecht, S. 171; *Frank/Langrehr*, Verwaltungsprozeßrecht, 1987, S. 63.

Die Aufhebung der Zuschußbewilligung stellt – als actus contrarius – einen Verwaltungsakt dar, wenn die Bewilligung als solche mittels Verwaltungsaktes erfolgt ist[12]. Der Sachverhalt sagt nicht ausdrücklich, daß die Rechtsentscheidung über die Zuschußgewährung durch „Bescheid" ergangen ist. Eine „hoheitliche" Maßnahme i.S.d. § 35 S. 1 VwVfG läge dennoch vor, wenn eine verbindliche Regelung einseitig durch die Behörde getroffen worden wäre[13]. Von vertraglichen Beziehungen könnte nur ausgegangen werden, wenn der Subventionsempfänger Einfluß auf den Inhalt der Zuschußgewährung gehabt hätte[14]. Das ist hier jedoch nicht der Fall. L hatte keinerlei Einfluß auf die Bewilligung. Diese war durch das Antragsformular, das inhaltlich den Richtlinien und Bedingungen der Verwaltung entsprach, vollständig vorgegeben. Die Behörde entschied einseitig und verbindlich darüber, daß bestimmte öffentliche Mittel als (Darlehen bzw.) Zuschuß gewährt werden.

Stellt die Bewilligung demnach einen Verwaltungsakt dar („Bewilligungsbescheid"), gilt dies auch für den actus contrarius, die Aufhebung der Bewilligung. Die Anfechtungsklage ist also die richtige Klageart.

III. Besondere Sachentscheidungsvoraussetzungen

Die Klage ist weiterhin nur zulässig, wenn auch die *besonderen*, für die Anfechtungsklage normierten *Sachentscheidungsvoraussetzungen* vorliegen.

1. Klagebefugnis

L müßte gem. § 42 Abs. 2 VwGO *klagebefugt* sein. Die Klagebefugnis ist gegeben, wenn nach dem Sachvortrag des Klägers die Möglichkeit besteht, daß er durch den angefochtenen Verwaltungsakt in eigenen Rechten verletzt ist[15]. Das ist der Fall, wenn dem Kläger ein subjektives

---

12 HessVGH, RdL 1987, 222 (223); *Püttner/Losch*, VBlBW 1987, 76.

13 *Hill*, DVBl. 1989, 321 (322); *Erichsen*, in: Erichsen/Martens (Hrsg.), Allgemeines Verwaltungsrecht, 9. Aufl. 1991, § 11 Rdn. 18; *Schwarze*, in: Knack (Hrsg.), VwVfG, 3. Aufl. 1989, § 35 Rdn. 4.2.1; *Stelkens*, in: Stelkens/Bonk/Leonhardt, VwVfG, 3. Aufl. 1990, § 35 Rdn. 45.

14 HessVGH, RdL 1987, 222 (223) und NVwZ 1990, 879 (880).

15 BVerwGE 60, 123 (125); VGH Bad.-Württ., NVwZ 1987, 512 (513); *Stern*, Verwaltungsprozessuale Probleme (Fn. 5), S. 154; *Frank/Langrehr*, Verwaltungsprozeßrecht, S. 71; *Bosch/Schmidt*, Praktische Einführung (Fn. 10), S. 104; *Schmitt Glaeser*, Verwaltungsprozeßrecht, Rdn. 212.

öffentliches Recht zusteht, das durch die angegriffene Verwaltungsmaßnahme beeinträchtigt und dieser Eingriff möglicherweise rechtswidrig ist[16].

L wendet sich gegen den Bescheid von Ende Juni 1991. Dieser greift zwar nicht in gesetzlich geschützte Interessen des L ein; L hat keinen gesetzlichen Anspruch auf Subventionierung. Ein subjektives öffentliches Recht kann jedoch, wie sich aus § 48 Abs. 1 S. 2 VwVfG ergibt, auch durch Verwaltungsakt begründet werden[17]. Ein eigenes Recht des L ist durch den Bewilligungsbescheid geschaffen worden. Die dadurch eingeräumte Rechtsposition gab L einen Anspruch auf Auszahlung und Behaltendürfen des Zuschusses. Der Bescheid von Ende Juni 1991 hebt die Rechte, die L durch den Bewilligungsbescheid vom 10. 5. 1990 gewährt worden sind, wieder auf. Der angefochtene Verwaltungsakt beeinträchtigt demnach eigene Rechte des L. Es ist auch nicht von vornherein auszuschließen, daß die Beeinträchtigung rechtswidrig ist.

Somit besteht die Möglichkeit einer Rechtsverletzung des L. Seine Klagebefugnis ist gegeben.

2. *Beklagtenbefugnis*

Die *Beklagtenbefugnis* ergibt sich aus § 78 Abs. 1 VwGO. Sollte das einschlägige Landesrecht von der Möglichkeit Gebrauch gemacht haben, daß sich die Anfechtungsklage gegen die Behörde selbst, die den angefochtenen Verwaltungsakt erlassen hat, richtet, folgt die behördliche Beklagtenbefugnis aus § 78 Abs. 1 Nr. 2 VwGO i.V.m. der landesrechtlichen Bestimmung[18]. Im übrigen ist die Klage gem. § 78 Abs. 1 Nr. 1 VwGO gegen den Rechtsträger, dessen Behörde den angefochtenen Verwaltungsakt erlassen hat, zu richten; die juristische Person des Öffentlichen Rechts ist beklagtenbefugt.

3. *Sonstige Sachentscheidungsvoraussetzungen*

Auch die sonstigen besonderen Sachentscheidungsvoraussetzungen sind erfüllt. L hat erfolglos ein *Widerspruchsverfahren* (§ 68 Abs. 1

---

[16] BVerwGE 44, 1 (2 f.); *Erichsen*, Jura Extra (Fn. 1), S. 203 f.; *ders.*, Jura 1989, 220.

[17] BVerwG, NJW 1977, 1838 (1839) = DVBl. 1978, 212 (213) = DÖV 1977, 606; *Erichsen*, in: Erichsen/Martens (Hrsg.), Allgemeines Verwaltungsrecht, § 15 Rdn. 5; *Stelkens/Sachs*, in: Stelkens/Bonk/Leonhardt, VwVfG, § 48 Rdn. 79; *Obermayer*, VwVfG, 2. Aufl. 1990, § 48 Rdn. 39.

[18] § 10 Abs. 2 NdsAGVwGO; § 5 Abs. 2 NWAGVwGO; § 17 Abs. 2 SaarlAGVwGO; § 6 S. 2 SchlHAGVwGO.

S. 1 VwGO) durchgeführt, an dessen Ordnungsmäßigkeit der Sachverhalt zu zweifeln keinen Anlaß bietet. L hat ferner die *Klagefrist* (§ 74 Abs. 1 VwGO) gewahrt. Schließlich ist die Klage auch bei dem *zuständigen Verwaltungsgericht* (§§ 45, 52 Nr. 3 S. 1 VwGO) erhoben worden.

Die Klage des L ist somit zulässig.

B. Begründetheit der Klage

Die Anfechtungsklage ist gem. § 113 Abs. 1 S. 1 VwGO begründet, wenn der angefochtene Verwaltungsakt rechtswidrig und L dadurch in seinen Rechten verletzt ist.

I. Rechtswidrigkeit des angefochtenen Verwaltungsakts

Ein Verwaltungsakt ist rechtswidrig, wenn er nicht im Einklang mit der Rechtsordnung steht[19]. Das ist der Fall, wenn er gegen eine geltende Rechtsvorschrift verstößt (Vorrang des Gesetzes) oder einer gesetzlichen Ermächtigungsgrundlage bedarf (Vorbehalt des Gesetzes) und diese nicht vorhanden, unwirksam oder rechtsfehlerhaft angewendet worden ist.

1. *Rechtlicher Maßstab (Rechtsgrundlage)*

a) Notwendigkeit einer Ermächtigungsgrundlage

Im vorliegenden Fall könnte fraglich sein, ob es einer Ermächtigungsgrundlage bedarf. Der *Vorrang des Gesetzes* bindet die Verwaltung ausnahmslos an die geltende Rechtsordnung. Dies ergibt sich aus Art. 20 Abs. 3 GG. Demnach dürfen Verwaltungsbehörden nicht gegen Gesetze verstoßen[20]. Demgegenüber gilt der *Vorbehalt des Gesetzes* nicht in dieser Absolutheit; es gibt keinen die gesamte Verwaltungstätigkeit umfassenden „Totalvorbehalt“, demzufolge eine Behörde nur

---

[19] HessVGH, RdL 1987, 222 (224); *Richter*, JuS 1990, 719 (720); *Maurer*, Allgemeines Verwaltungsrecht, § 10 Rdn. 2; *Knoke*, Rechtsfragen der Rücknahme von Verwaltungsakten, 1989, S. 30 f.

[20] *Pietzcker*, JuS 1979, 710; *Gusy*, JuS 1983, 189 (191); *Maurer*, Allgemeines Verwaltungsrecht, § 6 Rdn. 2; *Degenhart*, Staatsrecht I, 6. Aufl. 1990, Rdn. 285.

aufgrund einer positiven gesetzlichen Grundlage handeln dürfte[21]. Die Reichweite des Vorbehalts des Gesetzes differiert vielmehr nach einzelnen Sachgebieten. Bei sog. „eingreifenden" Verwaltungsakten könnte er indes Geltung beanspruchen[22].

Dennoch ist die Anwendung des Vorbehaltsprinzips hier fraglich. Es könnte nämlich um die Rücknahme eines *rechtswidrigen* Verwaltungsaktes gehen, die als actus contrarius zur ursprünglichen Rechtsgewährung durch Beseitigung der rechtswidrig eingeräumten Rechtsposition lediglich die gesetzmäßige materielle Rechtslage wiederherstellt, so daß nur der Vorrang des Gesetzes zu beachten sein könnte[23]. Andererseits läßt sich die Rücknahme auch als sog. „belastender" Verwaltungsakt i.S. einer Rechtsbeeinträchtigung und Rechtsentziehung qualifizieren, für den der Vorbehalt des Gesetzes gilt[24].

Die Frage bedarf indessen keiner Entscheidung, wenn beide Auffassungen nicht zu unterschiedlichen Ergebnissen gelangen. Als einschlägige Vorschrift könnte hier § 48 VwVfG eingreifen, sei es als „entgegenstehendes" Recht (Vorrang des Gesetzes) oder sei es als Rechtsgrundlage für den Erlaß des Rücknahmebescheides (Vorbehalt des Gesetzes). Die Vorschrift genügt den Anforderungen des Vorbehaltsprinzips und kommt als *Ermächtigungsgrundlage* für die Rücknahme von Verwaltungsakten prinzipiell in Betracht[25].

b) Anwendbare Rechtsgrundlage

aa) Spezialgesetzliche Regelungen

(1) § 44 a LHO

Als Rechtsgrundlage greift § 48 VwVfG allerdings nur ein, wenn keine vorrangigen *spezialgesetzlichen Regelungen* einschlägig sind. Nach sei-

---

21 BVerfGE 68, 1 (109); *Krebs*, Jura 1979, 304 (307 f.); *Papier*, Wirtschaftsverwaltungsrecht (Fn. 6), S. 170 f.; *Ossenbühl*, in: Erichsen/Martens (Hrsg.), Allgemeines Verwaltungsrecht, § 5 Rdn. 11; *Erichsen*, ebd., §14 Rdn. 18; *Degenhart*, Staatsrecht I, Rdn. 292.

22 BVerwGE 72, 265 (266); *Pietzcker*, JuS 1979, 710 (712); *Eberle*, DÖV 1984, 485; *Kloepfer*, JZ 1984, 685 (693 f.); *Schwerdtfeger*, Öffentliches Recht in der Fallbearbeitung, 8. Aufl. 1986, Rdn. 68; *von Münch*, in: Erichsen/Martens (Hrsg.), Allgemeines Verwaltungsrecht, § 2 Rdn. 46; *Maurer*, Allgemeines Verwaltungsrecht, § 6 Rdn. 12; *Degenhart*, Staatsrecht I, Rdn. 287; *Jarass*, in: Jarass/Pieroth, GG, 1989, Art. 20 Rdn. 31.

23 *Maurer*, in: Festschrift Boorberg Verlag, 1977, S. 223 (227); *Erichsen*, Jura 1982, 46 (49 Fn. 18); *Erichsen/Weiß*, Jura 1987, 150 (152 Fn. 13).

24 *Richter*, JuS 1990, 719; *Schwerdtfeger*, Öffentliches Recht (Fn. 22), Rdn. 42, 68, 211.

25 *Erichsen*, Jura 1981, 534 (535); *Stelkens/Sachs*, in: Stelkens/Bonk/Leonhardt, VwVfG, § 48 Rdn. 2.

nem § 1 Abs. 1 gilt das VwVfG für die öffentlich-rechtliche Verwaltungstätigkeit von Behörden nicht, soweit Rechtsvorschriften des Landes inhaltsgleiche oder entgegenstehende Bestimmungen enthalten. Als Spezialregelung könnte § 44 a LHO eingreifen. Dabei handelt es sich um eine in ihrem Anwendungsbereich vorrangige Bestimmung i.S.d. Subsidiaritätsklausel des § 1 Abs. 1 VwVfG[26]. Nach jener Vorschrift kann ein Zuwendungsbescheid widerrufen werden, wenn Zuwendungen nicht zweckentsprechend verwendet werden.

Gegen die Anwendbarkeit dieser Spezialvorschrift bestehen indes Bedenken. Zunächst erfaßt die Regelung nur *rechtmäßige* Zuwendungsbescheide[27]. Die zugunsten des L erfolgte Zuschußbewilligung könnte jedoch rechtswidrig gewesen sein. Einer Entscheidung der Frage bedarf es an dieser Stelle nicht, wenn § 44 a LHO aus einem anderen Grunde nicht heranzuziehen ist. Die Vorschrift erfaßt nur Fälle einer *Zweckverfehlung* der Zuwendung[28]. Eine solche Konstellation liegt hier aber nicht vor. Der bewilligte Zuschuß sollte gerade zu dem beabsichtigten Zweck, nämlich für den Einbau einer Zentralheizungsanlage mit Warmwasserbereitung in einem landwirtschaftlichen Wohnhaus und damit im Zusammenhang stehende arbeitswirtschaftliche Erleichterungen, verwendet werden[29]. Verfehlt wurde nur das richtlinienförmige Verbot einer Doppelförderung, nicht aber der Zuwendungszweck. § 44 a LHO ist somit nicht anwendbar.

(2) Richtlinien

Möglicherweise ist die Anwendbarkeit des § 48 VwVfG dadurch ausgeschlossen, daß die Aufhebung einer Subventionsbewilligung vorrangig

---

[26] OVG Lüneburg, RdL 1987, 333 (334); HessVGH, NVwZ 1989, 165 (166); BayVGH, BayVBl. 1990, 310 (311); *Stober*, DÖV 1984, 265 (273); *Weides*, JuS 1985, 364 (366); *Berg*, Jura 1987, 619 (621); *Dorn*, DÖV 1988, 7 (8); *Klappstein*, in: Knack (Hrsg.), VwVfG, § 48 Rdn. 1.3.4; *Stelkens/Sachs*, in: Stelkens/Bonk/Leonhardt, VwVfG, § 49 Rdn. 70.

[27] *Grawert*, DVBl. 1981, 1029 (1035); *Stober*, DÖV 1984, 265 (273); *Weides*, JuS 1985, 364 (366).

[28] OVG Lüneburg, OVGE 38, 328 (332) = NVwZ 1985, 120 = DÖV 1985, 76 (77); *Grawert*, DVBl. 1981, 1029 (1035); *Stober*, DÖV 1984, 265 (274 ff.); *Götz*, NVwZ 1984, 480 (482); *Berg*, GewArch. 1987, 1 (3); *ders.*, Jura 1987, 619 (621); *Stelkens/Sachs*, in: Stelkens/Bonk/Leonhardt, VwVfG, § 49 Rdn. 64.

[29] *Hinweis*: So die Begründung auch in einer der Entscheidungen, der der Fall nachgebildet ist; OVG Lüneburg, Urt. v. 25. 10. 1984 – 3 OVG A 101/82 – UA S. 10 f. (insoweit in NVwZ 1985, 499 nicht abgedruckt).

nach den einschlägigen *Richtlinien* zu beurteilen ist. Dann müßte es sich bei ihnen um *Rechts*vorschriften i.S.d. § 1 Abs. 1 VwVfG handeln. Das ist jedoch nicht der Fall. § 1 VwVfG knüpft die Subsidiaritätsklausel an Vorschriften mit Rechtsnormqualität[30]. Richtlinien erfüllen diese Voraussetzungen nicht. Bei ihnen handelt es sich um lediglich verwaltungsintern unmittelbar bindend wirkende Verwaltungsvorschriften. Diese stellen kein materielles Recht i.S. eines Außenrechtssatzes dar[31]. Als Maßstab für die Beurteilung der Rechtmäßigkeit des Verwaltungshandelns können sie unmittelbar nicht herangezogen werden.

bb) § 48 VwVfG als Rechtsgrundlage

Ist demnach das VwVfG anwendbar, ist nur noch fraglich, ob die Aufhebung der Zuschußbewilligung nach § 48 oder § 49 zu beurteilen ist. Dies hängt davon ab, ob der Verwaltungsakt, der *Gegenstand* der behördlichen Aufhebung ist, rechtmäßig oder rechtswidrig ist. Die Aufhebung eines rechtswidrigen Verwaltungsakts stellt eine Rücknahme dar, für die § 48 VwVfG die Maßstabsnorm ist; die Aufhebung eines rechtmäßigen Verwaltungsakts durch die Behörde ist als Widerruf zu qualifizieren, für den § 49 VwVfG gilt[32].

(1) Rechtswidrigkeit der Bewilligung mangels Ermächtigung

Hier könnte § 48 VwVfG als Rechtsgrundlage anwendbar sein. Der aufgehobene Zuwendungsbescheid könnte schon deshalb rechtswidrig sein, weil die Zuschußbewilligung ohne gesetzliche Ermächtigung und nur auf der Grundlage von verwaltungsinternen Förderungsrichtlinien erfolgt ist. Darin könnte ein Verstoß gegen den Vorbehalt des Gesetzes liegen. Voraussetzung dafür wäre jedoch, daß das Vorbehaltsprinzip für die leistungsstaatliche Subventionsgewährung überhaupt gilt. Das wäre der Fall, wenn der Vorbehalt des Gesetzes im Bereich des Subventionsrechts in seiner strikten Form anzuwenden wäre[33]. Nach der oben erfolgten Ablehnung des sog. Totalvorbehalts kann dieser Rechtsauf-

---

[30] OVG Münster, OVGE 35, 45 (46 f.) = NJW 1981, 2597; OVG Lüneburg, RdL 1987, 333 (334).

[31] BVerfGE 78, 214 (227); BVerwGE 58, 45 (49).

[32] *Erichsen*, Jura 1981, 534 (535); *Ule/Laubinger*, Verwaltungsverfahrensrecht, 3. Aufl. 1986, S. 413; *Maurer*, Allgemeines Verwaltungsrecht, § 11 Rdn. 11; *Knoke*, Rücknahme von Verwaltungsakten (Fn. 19), S. 26.

[33] OVG Münster, NWVBL 1990, 226 (228 f.) = DVBl. 1990, 999 (1002); *Bauer*, DÖV 1983, 53 ff.; *Zuleeg*, DÖV 1984, 733 (734 f.); *Jacobs*, BayVBl. 1985, 353 (355 f.); *Maurer*, Allgemeines Verwaltungsrecht, § 6 Rdn. 14; *Arndt*, in: Steiner (Hrsg.), Besonderes Verwaltungsrecht, 3. Aufl. 1988, S. 748 f.;

fassung jedoch nicht zugestimmt werden. Über den Bereich der sog. Eingriffsakte hinausgehend müssen lediglich die wesentlichen staatlichen Entscheidungen in der Form eines Parlamentsgesetzes getroffen werden[34]. *„Wesentlich"* in diesem Sinne ist insbesondere, was für die Verwirklichung von Grundrechten wesentlich ist[35]. Je nachhaltiger ein Grundrecht betroffen oder gar bedroht ist, desto genauer muß eine gesetzliche Regelung sein[36]. Im übrigen ist die mittelbar ebenfalls demokratisch legitimierte Administration zur sog. nicht-gesetzesakzessorischen Verwaltung befugt und nur noch dem Vorrang des Gesetzes unterworfen.

Danach bedürfen geldliche Zuwendungen an Private nicht unter allen Umständen einer Grundlage in Form des materiellen Parlamentsgesetzes. Dies ist nach der Wesentlichkeitstheorie zu fordern, wenn durch die Subventionierung mit der Begünstigung des Subventionsempfängers zugleich die Benachteiligung eines Dritten (z. B. Konkurrenten) verbunden ist[37]. Eine solche Konstellation ist hier nicht gegeben. Im übrigen darf die Gewährung von Subventionen zwar nicht ohne parlamentarisch-gesetzliche Legitimation erfolgen. Unter dem Aspekt der Wesentlichkeitstheorie kommt neben einem förmlichen Gesetz im materiellen Sinne auch eine andere parlamentarische Willensäußerung als hinreichende Legitimation des Verwaltungshandelns in Betracht. Insbesondere genügt die über das parlamentsbeschlossene Haushaltsgesetz und den Haushaltsplan erfolgte etatmäßige Bereitstellung der zur Subventionierung erforderlichen öffentlichen Mittel den infolge der reinen rechtlichen Begünstigung reduzierten Anforderungen aus dem

---

R. Schmidt, in: Achterberg/Püttner (Hrsg.), Besonderes Verwaltungsrecht, Bd. I, 1990, S. 57.

34 BVerfGE 33, 125 (158 f., 163); 33, 303 (346); 34, 165 (192 f.); 39, 96 (116); 40, 237 (249); 41, 251 (259 f.); 45, 400 (417 f.); 47, 46 (78 f.); 48, 210 (221); 49, 89 (126); 58, 257 (268); 65, 260 (275); 76, 1 (75); 79, 174 (195 f.); 80, 124 (132).

35 BVerfGE 33, 303 (337); 47, 46 (79); 49, 89 (127); 57, 295 (321); 58, 257 (271 ff.); 80, 124 (132); VGH Bad.-Württ., DÖV 1990, 666; OVG Berlin, NVwZ 1991, 798 f.

36 BVerfGE 56, 1 (13); *Maurer*, Allgemeines Verwaltungsrecht, § 6 Rdn. 11; *Degenhart*, Staatsrecht I, Rdn. 297.

37 *Jarass*, JuS 1980, 115 (117); *ders.*, NVwZ 1984, 473 (477); *Badura*, in: von Münch (Hrsg.), Besonderes Verwaltungsrecht, 8. Aufl. 1988, S. 328; *Stelkens/Sachs*, in: Stelkens/Bonk/Leonhardt, VwVfG, § 44 Rdn. 33.

Vorbehalt des Gesetzes[38]. Umfang und Verfahren der Förderung können dann im Einzelfall durch Verwaltungsvorschriften näher bestimmt werden[39].

Eine solche Konstellation ist hier gegeben. Die Mittel waren haushaltsmäßig bereitgestellt, und die Förderung im Einzelfall erfolgte aufgrund der einschlägigen Richtlinien. Der aufgehobene Bescheid ist also nicht schon wegen einer fehlenden gesetzlichen Ermächtigung für die Subventionsbewilligung rechtswidrig.

(2) Rechtswidrigkeit der Bewilligung wegen Verletzung der Richtlinien

Der aufgehobene Bewilligungsbescheid könnte aber wegen Verstoßes gegen die Subventionsrichtlinien rechtswidrig sein. Danach ist eine Doppelförderung, die L möglicherweise erhalten hat, unzulässig.

Es ist indes zweifelhaft, ob sich die Rechtswidrigkeit unmittelbar aus den Richtlinien wegen einer ihnen widersprechenden Verwaltungsentscheidung herleiten läßt. „Rechtswidrigkeit" i.S.d. § 48 VwVfG bedeutet nämlich *Außen*rechtswidrigkeit[40]. Diese ist nur gegeben, wenn eine Verwaltungsmaßnahme einer Rechtsnorm widerspricht, die für die handelnde Behörde unmittelbar und mit Rechtswirkung nach außen ein Gebot oder Verbot enthält[41]. In diesem Sinne stellen Richtlinien keine Rechtsnormen dar[42]. Entsprechend den obigen Ausführungen zu § 1 Abs. 1 VwVfG handelt es sich bei den Subventionsrichtlinien

---

[38] BVerfGE 20, 56 (90 ff.); BVerwGE 48, 305 (308); BVerwG, NJW 1977, 1838 f. = DVBl. 1978, 212 f. = DÖV 1977, 606; BVerwGE 58, 45 (48); OVG Münster, OVGE 35, 45 (48) = NJW 1981, 2597 = DÖV 1981, 109 (110); OVG Münster, NVwZ 1982, 381; OVG Münster, DVBl. 1990, 161 = NJW 1990, 1684 = NWVBL 1990, 56 (57); OVG Lüneburg, NVwZ 1985, 499; BayVGH, BayVBl. 1988, 466; OVG Berlin, NVwZ 1991, 798; *Jarass*, NVwZ 1984, 473 (475 ff.); *Weides*, JuS 1985, 364 (365); *Jooss*, RiA 1987, 73 (84 f.); *Berg*, Jura 1987, 619 (620 f.); *Frotscher*, Wirtschaftsverfassungs- und Wirtschaftsverwaltungsrecht, S. 191; *Degenhart*, Staatsrecht I, Rdn. 292 f.

[39] BVerwGE 58, 45 (48, 50); OVG Lüneburg, NVwZ 1985, 499; BayVGH, BayVBl. 1988, 466; *Jooss*, RiA 1987, 73 (86).

[40] *Erichsen*, Jura 1981, 534 (536); *Kopp*, VwVfG, 5. Aufl. 1991, § 48 Rdn. 23.

[41] OVG Münster, OVGE 35, 45 (47 f.) = NJW 1981, 2597 = DÖV 1981, 109 (110); OVG Lüneburg, NVwZ 1985, 499; VGH Bad.-Württ., VBlBW 1986, 221 (223).

[42] BVerwGE 58, 45 (49); *Oldiges*, NJW 1984, 1927 (1930); *Jarass*, Wirtschaftsverwaltungsrecht und Wirtschaftsverfassungsrecht, 2. Aufl. 1984, § 17 Rdn. 36.

um Verwaltungsvorschriften, die dem sog. Innenrecht der Verwaltung zuzuordnen sind. Ein Verstoß gegen sie begründet nicht unmittelbar die Außenrechtswidrigkeit[43].

(3) Rechtswidrigkeit der Bewilligung bei Mißachtung einer Selbstbindung der Verwaltung

Die Zuschußbewilligung an L könnte jedoch wegen Verstoßes gegen den *Gleichheitssatz* (Art. 3 Abs. 1 GG) rechtswidrig sein. Die fehlende einfachgesetzliche Determinierung der Subventionsvergabe bedeutet unter der Herrschaft des Grundgesetzes nicht, daß jede Bewilligung etatmäßig bereitgestellter öffentlicher Mittel ohne weiteres rechtmäßig wäre. Angesichts der nur begrenzt zur Verfügung stehenden Förderungsmittel muß die Verwaltung vielmehr im Hinblick auf alle potentiellen Subventionsbewerber nach gleichmäßigen, sachlichen Gesichtspunkten entscheiden, und sie darf nicht willkürlich verfahren[44]. Diese Schranken des Verwaltungshandelns ergeben sich unmittelbar aus Art. 3 Abs. 1 GG (Gleichbehandlungsgebot). Bei jener Vorschrift handelt es sich um einen Außenrechtssatz i.S.d. § 48 VwVfG.

Die gleichmäßige Mittelvergabe könnte aufgrund der verwaltungsintern verbindlichen Richtlinien und einer entsprechenden Verwaltungspraxis rechtsnormativ sichergestellt sein. Über Art. 3 Abs. 1 GG träte eine *Selbstbindung der Verwaltung* mit der Folge ein, daß ohne besondere Gründe des Einzelfalles von den Richtlinien und der entsprechenden Verwaltungspraxis nicht abgewichen werden dürfte. Die Bewilligung einer Subvention entgegen den ständig praktizierten Richtlinien wäre demnach wegen Verstoßes gegen den Gleichheitssatz grundsätzlich rechtswidrig[45].

Fraglich könnte allerdings sein, ob die rechtsdogmatische Konstruktion der Selbstbindung der Verwaltung auch gilt, wenn ein Bürger durch eine Verwaltungsentscheidung lediglich begünstigt ist. Denn

---

43 *Erichsen*, Jura 1981, 534 (536).

44 OVG Münster, OVGE 35, 45 (48) = NJW 1981, 2597 (2598) = DÖV 1981, 109 (110); OVG Lüneburg, NVwZ 1985, 499.

45 BVerwG, NJW 1988, 2907; OVG Münster, OVGE 35, 45 (48f.) = NJW 1981, 2597 (2598) = DÖV 1981, 109 (110); OVG Lüneburg, NVwZ 1985, 499 (500); VGH Bad.-Württ., VBlBW 1986, 221 (223); HessVGH, RdL 1987, 222 (224); OVG Bremen, NVwZ 1988, 447 = DÖV 1988, 180; *Oldiges*, NJW 1984, 1927 (1930f.); *Stern*, Das Staatsrecht der Bundesrepublik Deutschland, Bd. II, 1980, S. 658; *Jarass*, Wirtschaftsverwaltungsrecht (Fn. 42), § 17 Rdn. 36; *Maurer*, VVDStRL 43 (1985), 135 (163); *ders.*, Allgemeines Verwaltungsrecht, § 24 Rdn. 21ff., 26.

der Grundsatz der Selbstbindung der Verwaltung soll die subjektive Rechtsposition des Bürgers schützen, indem ihm ein auf dem Gleichheitssatz beruhender Anspruch auf eine Leistung entsprechend der ständigen Verwaltungspraxis zuerkannt wird[46]. Jedoch ist der Gleichbehandlungsgrundsatz auch ein Rechtssatz des objektiven Rechts. Demnach ist die Verpflichtung der leistungsgewährenden Verwaltung, nach sachlichen Kriterien willkürfrei und gleichmäßig zu verfahren, stets gegeben und nicht nur dann, wenn andernfalls jemand in seinen subjektiven Rechten verletzt würde[47].

Im vorliegenden Falle widersprach die Zuschußbewilligung für die Herstellung der Heizungsanlage dem in den Richtlinien niedergelegten Verbot der Doppelförderung. Daran hatte sich die zuständige Behörde auch in ständiger Verwaltungspraxis gehalten. Der dem L bewilligte Zuschuß für den Einbau einer Zentralheizungsanlage mit Warmwasserbereitung vom 10. 5. 1990 war daher mit dem Grundsatz einer sachlichen und an gleichen Maßstäben orientierten, nicht willkürlichen Vergabe öffentlicher Mittel unvereinbar und somit wegen Verstoßes gegen Art. 3 Abs. 1 GG rechtswidrig.

(4) Rechtswidrigkeit der Bewilligung wegen Ermessensfehler

Der Bewilligungsbescheid vom 10. 5. 1990 könnte auch wegen *Ermessensfehlerhaftigkeit* rechtswidrig gewesen sein. Mangels einer spezialgesetzlichen Grundlage hatte die zuständige Behörde innerhalb der erwähnten verfassungsrechtlichen Grenzen nach pflichtgemäßem Ermessen zu entscheiden (§ 40 VwVfG). Eine rechtsfehlerfreie Ermessensentscheidung setzt voraus, daß die Behörde in tatsächlicher Hinsicht nicht von unzutreffenden Umständen ausgeht[48]. Legt die Verwaltung dagegen ihrer Entscheidung falsche Voraussetzungen zugrunde, ist die darauf gestützte Ermessensausübung fehlerhaft und damit rechtswidrig[49].

---

[46] BVerwG, NVwZ 1987, 678; OVG Münster, NVwZ 1982, 381; OVG Münster, DVBl. 1990, 161 = NJW 1990, 1684 = NWVBL 1990, 56 (57); VGH Bad.-Württ., VBlBW 1987, 468; VGH Bad.-Württ., NVwZ-RR 1989, 245 = BWVPr. 1988, 254 (255); *Ossenbühl*, DVBl. 1981, 857 ff.; *Burmeister*, DÖV 1981, 503 (506 ff.); *Frotscher*, Wirtschaftsverfassungs- und Wirtschaftsverwaltungsrecht, S. 192.

[47] OVG Münster, OVGE 35, 45 (49) = NJW 1981, 2597 (2598) = DÖV 1981, 109 (110); VGH Bad.-Württ., VBlBW 1986, 221 (223); OVG Bremen, NVwZ 1988, 447 = DÖV 1988, 180.

[48] *Busch*, in: Knack (Hrsg.), VwVfG, § 40 Rdn. 9.1.1; *Stelkens/Sachs*, in: Stelkens/Bonk/Leonhardt, VwVfG, § 40 Rdn. 69.

[49] OVG Münster, OVGE 35, 45 (49 f.) = NJW 1981, 2597 (2598) = DÖV 1981, 109 (110); OVG Lüneburg, NVwZ 1985, 499 (500).

L hatte objektiv unvollständige Angaben gemacht, indem er die frühere Förderung in den Antragsunterlagen nicht angegeben hat. Die zuständige Behörde hat daraufhin ohne weiteres annehmen müssen, daß die Voraussetzungen der Richtlinien erfüllt waren und eine Förderung des Vorhabens in Betracht kam. Dieser Ausgangspunkt war in tatsächlicher Hinsicht unzutreffend. Die darauf gestützte Ermessensausübung war demnach fehlerhaft und rechtswidrig.

Somit ist aus einem weiteren Grunde Gegenstand der behördlichen Aufhebung ein *rechtswidriger* Verwaltungsakt. Demzufolge geht es um die *Rücknahme* eines Verwaltungsakts. § 48 VwVfG ist die anzuwendende Maßstabsnorm.

2. *Rechtsfehlerfreie Anwendung der Rechtsgrundlage*

a) Formelle Rechtmäßigkeit

Fraglich ist, ob die Vorschrift des § 48 VwVfG rechtsfehlerfrei angewendet worden ist. In *formeller* Hinsicht bestehen Bedenken bezüglich der Anhörung des L und der ordnungsgemäßen Begründung des Rücknahmebescheides.

aa) Anhörung (§ 28 VwVfG)

(1) Anhörungsgebot

Der Rücknahmebescheid von Ende Juni 1991 könnte wegen Verstoßes gegen § 28 Abs. 1 VwVfG rechtswidrig sein. Die verwaltungsverfahrensrechtliche *Anhörungspflicht* setzt voraus, daß ein Verwaltungsakt erlassen werden soll, der in Rechte eines Beteiligten eingreift. Daß es sich bei der Aufhebung der Bewilligung um einen *Verwaltungsakt* handelt, ist bei der Bestimmung der Klageart festgestellt worden. *Beteiligter* ist gem. § 13 Abs. 1 Nr. 2 VwVfG derjenige, an den die Behörde den Verwaltungsakt richten will oder gerichtet hat, also L. § 28 Abs. 1 VwVfG setzt schließlich voraus, daß es sich um einen in Rechte des Beteiligten *eingreifenden* Verwaltungsakt handelt. Das ist der Fall, wenn der Verwaltungsakt die bisherige Rechtsstellung des Beteiligten zu seinem Nachteil verändert[50]. Die Rücknahme eines bereits erlassenen begünstigenden Verwaltungsakts, wie ihn die Zuschußbewilligung

---

[50] BVerwGE 66, 184 (186); *Clausen*, in: Knack (Hrsg.), VwVfG, § 28 Rdn. 3; *Obermayer*, VwVfG, § 28 Rdn. 11; *Bonk*, in: Stelkens/Bonk/Leonhardt, VwVfG, § 28 Rdn. 12.

darstellt, erfüllt diese Voraussetzung[51]. Die Rechtsposition des Genehmigungsempfängers wird durch die Rücknahme verschlechtert.

Damit lagen die Voraussetzungen des § 28 Abs. 1 VwVfG vor. Eine Ausnahme i.S.d. Abs. 2 oder Abs. 3 von § 28 VwVfG ist nicht ersichtlich. Folglich mußte L vor der Rücknahmeentscheidung angehört werden. Eine Anhörung gem. § 28 Abs. 1 VwVfG hat jedoch nicht stattgefunden; nach dem Sachverhalt war L völlig überrascht. Demnach ist der Rücknahmebescheid verfahrensfehlerhaft zustande gekommen.

(2) Heilung der unterlassenen Anhörung

Der Verfahrensfehler könnte jedoch durch Nachholung der erforderlichen Anhörung gem. § 45 Abs. 1 Nr. 3 VwVfG geheilt worden sein. Die *Heilung* beseitigt den Verfahrensverstoß, so daß der Verwaltungsakt nicht mehr als verfahrensfehlerhaft anzusehen ist[52]. Eine derartige Heilung war grundsätzlich möglich; der Bescheid von Ende Juni 1991 leidet nicht an einem Mangel, der ihn nach § 44 VwVfG nichtig macht.

Fraglich ist allerdings, ob die erforderliche Anhörung tatsächlich nachgeholt worden ist. Eine unterlassene Anhörung könnte schon dadurch nachgeholt sein, daß von dem Beteiligten ein Widerspruchsverfahren durchgeführt wird[53]. Indem der Widerspruchsführer mit der Erhebung des Widerspruchs gegen einen mit Gründen versehenen Verwaltungsakt, der die Auffassung der Behörde zum Ausdruck bringt, seine Ansicht vortragen kann und dieser Sachvortrag durch die Ausgangsbehörde im Abhilfeverfahren (§ 72 VwGO) und durch die Widerspruchsbehörde im Widerspruchsbescheid (§ 73 VwGO) berücksichtigt werden kann, könnten die Anforderungen gem. § 45 Abs. 1 Nr. 3 VwVfG erfüllt sein[54]. Diese Heilung wäre gem. § 45 Abs. 2 VwVfG auch noch rechtzeitig erfolgt. Durch das von L angestrengte Widerspruchsverfahren wäre der Verstoß gegen § 28 Abs. 1 VwVfG demnach geheilt worden.

---

[51] BVerwGE 66, 184 (186f.); *Weides*, JA 1984, 648 (651); *Bonk*, in: Stelkens/Bonk/Leonhardt, VwVfG, § 28 Rdn. 12; *Kopp*, VwVfG, § 28 Rdn. 10.

[52] *Maurer*, Allgemeines Verwaltungsrecht, § 10 Rdn. 39; *Kopp*, VwVfG, § 45 Rdn. 6.

[53] BVerwGE 54, 276 (280); 66, 111 (113ff.); 66, 184 (189f.); BVerwG, NJW 1987, 143; OVG Lüneburg, NVwZ 1990, 786 (787); *Ule/Laubinger*, Verwaltungsverfahrensrecht, S. 404; *Badura*, in: Erichsen/Martens (Hrsg.), Allgemeines Verwaltungsrecht, § 40 Rdn. 15.

[54] OVG Münster, NVwZ 1985, 132 (133); OVG Lüneburg, NVwZ 1987, 511; OVG Koblenz, NVwZ 1987, 1098; NVwZ-RR 1991, 532 (533); BayVGH, BayVBl. 1988, 496 (497); *Weides*, JA 1984, 648 (658).

Es ist jedoch zweifelhaft, ob allein in der Durchführung des Vorverfahrens gem. § 68 VwGO eine Heilung i.S.d. § 45 Abs. 1 Nr. 3 VwVfG gesehen werden kann. Würde eine derartige Automatik anerkannt, verlöre das Anhörungsrecht gem. § 28 Abs. 1 VwVfG weitgehend seinen Sinn[55], obgleich die Rechtsstellung des Beteiligten durch diese Vorschrift gestärkt werden soll[56]. Eine gem. § 45 Abs. 1 Nr. 3 VwVfG „erforderliche Anhörung" ist aufgrund des Rückbezugs zu § 28 Abs. 1 VwVfG nur gegeben, wenn vollinhaltlich und lediglich zeitversetzt die Verfahrenshandlungen vorgenommen werden (können), die bereits vor Erlaß des Verwaltungsakts hätten stattfinden müssen[57]. Damit scheidet das Widerspruchsverfahren als Mittel zur Nachholung der unterlassenen Anhörung nicht von vornherein aus. Zur Erfüllung der Heilungsfunktion kommt es jedoch nur in Betracht, wenn die zuständige Behörde dem Beteiligten durch einen entsprechenden Hinweis deutlich gemacht hat, daß das von ihm angestrengte Widerspruchsverfahren neben seiner Rechtsschutzfunktion und seiner der Anfechtungsklage vorgelagerten prozessualen Funktion als Vorverfahren auch der Nachholung der verwaltungsverfahrensrechtlichen Anhörung dienen soll[58].

Einen derartigen Anstoß zur lediglich zeitversetzten Anhörung i.S.d. § 28 Abs. 1 VwVfG hat die zuständige Behörde gegenüber L nicht gegeben. Mit seinem Widerspruch hat L lediglich ein Rechtsbehelfsverfahren (§ 79 VwVfG) und ein verwaltungsprozessuales Vorverfahren (§ 68 Abs. 1 S. 1 VwGO) durchgeführt. Der Verfahrensfehler ist somit nicht gem. § 45 Abs. 1 Nr. 3 VwVfG geheilt. Es bleibt demnach bei der Verletzung des § 28 Abs. 1 VwVfG. Dieser Verfahrensfehler führt zur Rechtswidrigkeit des Verwaltungsakts[59].

bb) Begründung (§ 39 VwVfG)

Der von L angefochtene Rücknahmebescheid könnte außerdem wegen Verletzung der *Begründungspflicht* gem. § 39 Abs. 1 VwVfG aus formel-

---

[55] OVG Münster, DVBl. 1981, 689 (690); HessVGH, DÖV 1988, 1023 (1024); *Mandelartz*, DVBl. 1983, 112 (116); *Stelkens/Sachs*, in: Stelkens/Bonk/Leonhardt, VwVfG, § 45 Rdn. 41.

[56] *Erichsen/Weiß*, Jura 1987, 150 (154).

[57] *Mandelartz*, DVBl. 1983, 112 (115); *Schoch*, NVwZ 1983, 249 (253); *Krasney*, NVwZ 1986, 337 (342); *Hufen*, Fehler im Verwaltungsverfahren, 2. Aufl. 1991, Rdn. 598 f., 606 ff.; *Knippel*, Rechtsfolgen fehlerhafter Anhörung im Verwaltungsverfahren, 1987, S. 136 ff.; *Obermayer*, VwVfG, § 45 Rdn. 17.

[58] HessVGH, DÖV 1988, 1023 (1024 f.); *Schoch*, NVwZ 1983, 249 (255); *J. Martens*, NVwZ 1984, 556 (558); *Klappstein*, in: Knack (Hrsg.), VwVfG, § 45 Rdn. 3.3.2.

[59] *Schoch*, NVwZ 1983, 249; *Maurer*, Allgemeines Verwaltungsrecht, § 10 Rdn. 38.

len Gründen rechtswidrig sein. Die Behörde hat zwar Gründe für ihre Entscheidung angegeben. Die in der Begründung des Rücknahmebescheids mitgeteilten tatsächlichen und rechtlichen Gesichtspunkte könnten jedoch zumindest teilweise unrichtig gewesen sein, weil die Behörde sich durch die Richtlinien irrtümlich für gebunden gehalten hat.

Dies führte allerdings nur dann zu einem Verstoß gegen § 39 Abs. 1 VwVfG, wenn die Vorschrift inhaltliche Begründungsmängel erfaßte. Das ist jedoch nicht der Fall. § 39 Abs. 1 VwVfG statuiert lediglich eine verfahrensrechtliche, formelle Begründungspflicht[60]. Sie ist erfüllt, wenn die Behörde eine mehr als nur formelhafte Begründung gibt und in ihr darlegt, welche die entscheidungserheblichen Gesichtspunkte, auch Ermessenserwägungen, gewesen sind[61]. Ob diese Erwägungen inhaltlich zutreffen, ist keine Frage der verfahrensrechtlichen Anforderungen an die Begründung des Verwaltungsakts gem. § 39 Abs. 1 VwVfG, sondern eine Frage der materiellen Rechtmäßigkeit des Verwaltungsakts[62].

Hier hat die zuständige Behörde alle Gesichtspunkte mitgeteilt, die sie zur Rücknahme der Zuschußbewilligung bewogen haben. Die Verwaltung hat in tatsächlicher und rechtlicher Hinsicht dargelegt, warum sie die Bewilligung des Zuschusses rückgängig macht, während die Bewilligung des Darlehens unangetastet bleiben soll. Sie hat also auch ihre Ermessensüberlegungen offenbart. Damit ist die Begründungspflicht gem. § 39 Abs. 1 VwVfG erfüllt. Ein Gesetzesverstoß insoweit liegt nicht vor.

b) Materielle Rechtmäßigkeit

Der Rücknahmebescheid ist *materiell rechtmäßig*, wenn er sich im Rahmen von Tatbestand und Rechtsfolge der einschlägigen Rechtsvorschrift hält. Rechtsgrundlage für die Rücknahme von Verwaltungsakten ist § 48 Abs. 1 S. 1 VwVfG[63].

---

60 VGH Bad.-Württ., VBlBW 1984, 283 (284); *Schoch*, DÖV 1984, 401 (402 f.).

61 BayVGH, BayVBl. 1990, 179 (180); *Stelkens*, in: Stelkens/Bonk/Leonhardt, VwVfG, § 39 Rdn. 11.

62 *Schoch*, DÖV 1984, 401 (403); *Kamphausen/Kampmann*, BauR 1986, 403 (411); *Obermayer*, VwVfG, § 39 Rdn. 60; *Kopp*, VwVfG, § 39 Rdn. 6.

63 *Erichsen*, Jura 1981, 534 (535); *Richter*, JuS 1990, 719 (720); *Knoke*, Rücknahme von Verwaltungsakten (Fn. 19), S. 121 f.

aa) Tatbestandsvoraussetzungen

Voraussetzungen für die Rücknahme sind zunächst das Vorliegen eines Verwaltungsakts sowie dessen Rechtswidrigkeit. Es ist bereits festgestellt worden, daß diese Merkmale gegeben sind.

Die Rücknahmebefugnis gem. § 48 Abs. 1 S. 1 VwVfG könnte hier jedoch weiteren Voraussetzungen unterliegen. Das ist gem. § 48 Abs. 1 S. 2 VwVfG der Fall, wenn ein Verwaltungsakt zurückgenommen wird, der ein Recht oder einen rechtlich erheblichen Vorteil begründet hat. Bei dem Subventionsbewilligungsbescheid vom 10. 5. 1990 handelt es sich um einen solchen begünstigenden Verwaltungsakt. Durch ihn ist zugunsten des L der Anspruch auf Zuschußgewährung begründet worden. Demnach durfte der Bewilligungsbescheid nur unter den Einschränkungen von Abs. 2 bis 4 des § 48 VwVfG zurückgenommen werden.

(1) Vertrauensschutz

Der Bescheid vom 10. 5. 1990 bewilligte L eine einmalige Geldleistung. Die Rücknahme eines sog. *Geldleistungsverwaltungsakts* ist unter den Voraussetzungen des § 48 Abs. 2 VwVfG zulässig.

(a) Subjektiver Vertrauenstatbestand

§ 48 Abs. 2 S. 1 VwVfG schützt das Vertrauen des Betroffenen in den Bestand des rechtswidrigen, begünstigenden Verwaltungsakts[64]. Voraussetzung des Bestandsschutzes ist zunächst, daß ein *Vertrauenstatbestand* gegeben ist. Das ist der Fall, wenn der Begünstigte tatsächlich auf den Bestand des Verwaltungsaktes vertraut hat.

Ob dies zutrifft, muß anhand der Umstände des konkreten Falles beurteilt werden. Nach dem Sachverhalt ist anzunehmen, daß L vom Fortbestand der Zuschußbewilligung ausgegangen ist. Es gibt keine Anhaltspunkte dafür, daß L nicht in den Bestand der Bewilligung vertraut hätte. Im Gegenteil, er war sogar überrascht, als die Behörde die Bewilligung des Zuschusses aufhob. Ein subjektiver Vertrauenstatbestand ist demnach gegeben.

(b) Objektiver Vertrauenstatbestand

(aa) Ausschluß des Vertrauensschutzes. Weitere Voraussetzung ist gem. § 48 Abs. 2 S. 1 VwVfG die *Schutzwürdigkeit* des Vertrauens. Diese entfällt, wenn einer der zwingenden *Ausschlußgründe* des § 48 Abs. 2

---

[64] *Erichsen*, in: Erichsen/Martens (Hrsg.), Allgemeines Verwaltungsrecht, § 16 Rdn. 6.

S. 3 VwVfG vorliegt. Nr. 1 greift nicht ein. Auch Nr. 3 kann nicht bejaht werden. Die allenfalls in Betracht zu ziehende grob fahrlässige Unkenntnis der Rechtswidrigkeit des Verwaltungsaktes verlangt, daß die im Verkehr erforderliche Sorgfalt in besonders schwerem Maße verletzt worden ist[65]. Es kann nicht angenommen werden, daß sich die Erkenntnis der Rechtswidrigkeit der Zuschußbewilligung dem L im Rahmen einer Parallelwertung in der Laiensphäre geradezu aufgedrängt hat.

Auf Vertrauen kann sich L jedoch möglicherweise deshalb nicht berufen, weil er den Verwaltungsakt i.S.d. § 48 Abs. 2 S. 3 Nr. 2 VwVfG durch Angaben erwirkt hat, die in wesentlicher Beziehung unvollständig waren. *„Unvollständig"* in diesem Sinne sind Angaben, wenn anzunehmen ist, daß die Behörde bei vollständiger Angabe den Verwaltungsakt (so) nicht erlassen hätte[66]. Dies trifft hier ohne weiteres zu. Die Vollständigkeit der Angaben war für die Zuschußbewilligung von wesentlicher Bedeutung. Hätte L das Formular komplett ausgefüllt, wäre ihm der Zuschuß wegen des Verbots der Doppelförderung nicht gewährt worden.

Fraglich ist jedoch, ob L die Bewilligung i.S.d. § 48 Abs. 2 S. 3 Nr. 2 VwVfG *„erwirkt"* hat. Dem Wortlaut nach könnte erforderlich sein, daß ein zweck- und zielgerichtetes Handeln auf eine bestimmte Folge hin gegeben sein muß[67]. Zumindest leichtes Verschulden des Begünstigten müßte demnach vorliegen[68]. Eine solche Gesetzesauslegung übersieht jedoch, daß § 48 Abs. 2 S. 3 Nr. 2 VwVfG im Unterschied zu Nr. 1 und Nr. 3 gerade keine subjektiven Merkmale normiert. Jene Vorschrift stellt darauf ab, daß die auf unvollständigen Angaben des Begünstigten beruhende Rechtswidrigkeit des Verwaltungsakts diesem objektiv zurechenbar ist und ihre Ursache nicht im Verantwortungsbereich der Behörde hat[69]. Auf ein Verschulden des Begünstigten kommt es nicht an[70]. Subjektive Umstände sind gem. § 48 Abs. 2 S. 7 VwVfG erst im

---

[65] *Ule/Laubinger*, Verwaltungsverfahrensrecht, S. 440; *Knoke*, Rücknahme von Verwaltungsakten (Fn. 19), S. 156.

[66] VGH Bad.-Württ., VBlBW 1986, 221 (223); *Kopp*, VwVfG, § 48 Rdn. 68.

[67] *Meyer/Borgs*, VwVfG, 2. Aufl. 1982, § 48 Rdn. 59; *Klappstein*, in: Knack (Hrsg.), VwVfG, § 48 Rdn. 8.4.2.

[68] BayVGH, BayVBl. 1987, 696; *Stelkens/Sachs*, in: Stelkens/Bonk/Leonhardt, VwVfG, § 48 Rdn. 111.

[69] BVerwGE 74, 357 (363); *Erichsen*, Jura 1981, 534 (541).

[70] BVerwGE 78, 139 (142); *Erichsen*, Jura 1981, 534 (541); *Krüger*, NWVBL 1990, 70 (71 f.); *Ule/Laubinger*, Verwaltungsverfahrensrecht, S. 439; *Knoke*, Rücknahme von Verwaltungsakten (Fn. 19), S. 155; *Obermayer*, VwVfG, § 48 Rdn. 79.

Rahmen des Erstattungsanspruchs von Bedeutung[71]. Somit entfällt die Schutzwürdigkeit des Vertrauens gem. § 48 Abs. 2 S. 3 Nr. 2 VwVfG bereits dann, wenn die Ursache für die Rechtswidrigkeit des Verwaltungsakts dem Verantwortungsbereich des Begünstigten zuzurechnen ist[72].

Diese Voraussetzung könnte erfüllt sein. Die Lückenhaftigkeit der Angaben beruht allein darauf, daß L den Vordruck nicht vollständig ausgefüllt hat. Die Ursache der Rechtswidrigkeit liegt in seinem Verantwortungsbereich.

Es ist allerdings zweifelhaft, ob der Vertrauensschutz des Begünstigten auch bei einer *Mitverantwortung der Behörde* völlig ausscheidet. Dann nämlich liegt eine der Ursachen für die Rechtswidrigkeit des Verwaltungsakts im Verantwortungsbereich der Verwaltung. Dem behördenintern zuständigen Beamten B war der nicht vollständig ausgefüllte Vordruck aufgefallen. Der Irrtum, die Lücken in dem Formular seien bedeutungslos, fällt in den Verantwortungsbereich der Behörde.

In einer solchen Konstellation könnte man den Ausschlußtatbestand des § 48 Abs. 2 S. 3 Nr. 2 VwVfG nach dem vorstehend erwähnten Grundsatz der objektiven Zurechenbarkeit dennoch als erfüllt ansehen und die Rücknahme des begünstigenden Verwaltungsakts wegen der behördlichen Mitverantwortung allenfalls im Einzelfall als unzulässige Rechtsausübung (analog § 242 BGB) werten[73]. Eine solche Konstruktion erscheint rechtsdogmatisch indes wenig überzeugend. Gem. § 24 VwVfG ist die Behörde für die Ermittlung des (zutreffenden) Sachverhalts verantwortlich. Erkennt die Behörde die Unvollständigkeit der Angaben, liegt ein von der Verwaltung begangener Verfahrensfehler vor, der den Wegfall des Vertrauensschutzes gem. § 48 Abs. 2 S. 3 Nr. 2 VwVfG ausschließt[74]. Anstelle der durch jene Vorschrift getroffenen strikten Entscheidung i.S. eines „entweder-oder" sind beide Mitverantwortungsanteile bei der Abwägung zwischen dem Vertrauensinteresse und dem Rücknahmeinteresse zu berücksichtigen[75].

Die Schutzwürdigkeit des Vertrauens des L ist somit nicht schon gem. § 48 Abs. 2 S. 3 VwVfG ausgeschlossen.

(bb) Indizien für Vertrauensschutz. Das Vertrauen des L könnte aufgrund der positiven Regelbeispiele des § 48 Abs. 2 S. 2 VwVfG schutzwürdig sein. Dann müßte er eine gewährte Leistung verbraucht

---

[71] BVerwGE 78, 139 (143); *Püttner/Losch*, VBlBW 1987, 76 (78).
[72] BVerwGE 74, 357 (364); 78, 139 (142 f.).
[73] BVerwGE 74, 357 (364).
[74] *Kopp*, VwVfG, § 48 Rdn. 70; *Obermayer*, VwVfG, § 48 Rdn. 80.
[75] *Maurer*, Allgemeines Verwaltungsrecht, § 11 Rdn. 31.

oder eine Vermögensdisposition getroffen haben, die er nicht mehr oder nur unter unzumutbaren Nachteilen rückgängig machen kann.

Dem Sachverhalt läßt sich nicht entnehmen, daß L den Zuschuß bereits verbraucht oder konkrete Dispositionen zur Verwirklichung der Begünstigung getroffen hat. L hat derartiges auch nicht vorgetragen. Ein Indiz für die Schutzwürdigkeit des Vertrauens i.S.d. § 48 Abs. 2 S. 2 VwVfG kann daher nicht festgestellt werden.

(cc) Abwägung zwischen Vertrauensinteresse und Rücknahmeinteresse. Die Rücknahme der Bewilligung kann somit nur gem. § 48 Abs. 2 S. 1 VwVfG ausgeschlossen sein, wenn das Vertrauensinteresse in den Fortbestand des begünstigenden Verwaltungsakts das öffentliche Interesse an der Rücknahme überwiegt. Diese *allgemeine Abwägung* muß die konkreten Umstände des Einzelfalls berücksichtigen[76]. Fraglich könnte hier allerdings sein, ob ausnahmsweise etwas anderes gilt und auf die Abwägung zugunsten einer Entscheidung für die Rücknahme zu verzichten ist, weil sich L mit den Richtlinien einverstanden erklärt hat. Das ist jedoch nicht der Fall. Andernfalls könnten Verwaltungsvorschriften und Willenserklärungen Privater die gesetzliche Bestimmung des § 48 Abs. 2 S. 1 VwVfG faktisch außer Kraft setzen[77].

Zugunsten des privaten Interesses von L sprechen die Mitverantwortung der Behörde am Zustandekommen eines rechtswidrigen Bewilligungsbescheids und die seit dem Erlaß jenes Verwaltungsakts verstrichene Zeit. Für ein überwiegendes öffentliches Interesse an der Rücknahme, der es um die Wiederherstellung der Gesetzmäßigkeit der Verwaltung (Art. 20 Abs. 3 GG) geht, spricht zunächst, daß L die entscheidende Ursache für die Rechtswidrigkeit der Zuschußbewilligung gesetzt hat. Außerdem ist der Betrag, über den L soll nicht verfügen können, mit 1.450,– DM nicht allzu groß. Schließlich ist zu bedenken, daß L für sein Vorhaben aus öffentlichen Mitteln schon einmal gefördert worden ist und gerade in der unzulässigen Doppelförderung die Rechtswidrigkeit der Zuschußbewilligung liegt. Ob das Einverständnis des Zuwendungsempfängers, daß zu Unrecht gewährte Zuwendungen zurückgefordert werden können, das Gewicht des Vertrauensschutzes bei der Abwägung mit dem öffentlichen Rücknahmein-

[76] *Maurer*, Allgemeines Verwaltungsrecht, § 11 Rdn. 33; *Knoke*, Rücknahme von Verwaltungsakten (Fn. 19), S. 159.

[77] OVG Münster, DÖV 1985, 204 (205) = DVBl. 1985, 532 (533) = NJW 1985, 1042.

teresse weiter mindert[78] oder ob dies nicht der Fall ist[79], kann danach offenbleiben. Überwiegende Gründe sprechen zugunsten des öffentlichen Rücknahmeinteresses.

Eine Einschränkung der Rücknahmebefugnis gem. § 48 Abs. 1 S. 2, Abs. 2 VwVfG besteht somit nicht.

(2) Zeitliche Rücknahmesperre

Die Rücknahme der Zuschußbewilligung könnte jedoch der *zeitlichen Rücknahmesperre* gem. § 48 Abs. 4 S. 1 VwVfG widersprechen. Danach ist die Rücknahme nur innerhalb eines Jahres von dem Zeitpunkt an zulässig, von dem die Behörde von Tatsachen Kenntnis erhält, welche die Rücknahme des Verwaltungsakts rechtfertigen.

(a) Anwendbarkeit des § 48 Abs. 4 S. 1 VwVfG

Hier war dem behördenintern zuständigen Beamten B aufgefallen, daß der Vordruck von L nicht vollständig ausgefüllt gewesen ist. Nach Erlaß des Bewilligungsbescheides vom 10. 5. 1990 sind neue *Fakten*, die die Rechtswidrigkeit des Verwaltungsakts indizieren, nicht mehr bekannt geworden. Es lag lediglich, da der Sachverhalt unverändert blieb, ein *Rechtsanwendungsfehler* vor. Diesen bemerkte der in der Behörde tätige Rechtsreferendar R Mitte Juni 1990, B Mitte Juli 1990. Über die Rücknahmeentscheidung war sich B Ende des Jahres 1990 klar; die Rücknahme selbst erfolgte Ende Juni 1991.

Fraglich ist, ob § 48 Abs. 4 S. 1 VwVfG auf derartige Konstellationen überhaupt *anwendbar* ist. Dann müßte der Tatbestand der Vorschrift neben der nachträglichen Erkenntnis von Tatsachenirrtümern auch das nachträgliche Erkennen von Rechtsanwendungsfehlern bei von Anfang an vollständig bekanntem Sachverhalt umfassen[80]. Dagegen spricht allerdings, daß sich der Begriff „Tatsachen“ nur auf diejenigen Umstände (Fakten) bezieht, die in ihrer Gesamtheit einen bestimmten

[78] OVG Münster, OVGE 35, 45 (50 f.) = NJW 1981, 2597 (2598).

[79] OVG Münster, DÖV 1985, 204 (205) = DVBl. 1985, 532 (533) = NJW 1985, 1042.

[80] BVerwGE 66, 61 (63 f.); BVerwG (Gr. Sen.) E 70, 356 (357 ff.); BVerwG, NVwZ 1986, 119; OVG Münster, NWVBL 1990, 18 (19) = DÖD 1990, 93 (94); *Weides*, DÖV 1985, 431 (432 f.); *Erichsen*, in: Erichsen/Martens (Hrsg.), Allgemeines Verwaltungsrecht, § 16 Rdn. 27; *ders.*, Jura 1991, 386 (387).

Lebenssachverhalt darstellen[81]. Die rechtliche Beurteilung eines Sachverhalts, die Anwendung des Rechts auf ihn, kann nicht als „Tatsachenkenntnis“ bezeichnet werden[82].

(b) Fristbeginn

Zwischen den unterschiedlichen Auffassungen zur Reichweite des § 48 Abs. 4 S. 1 VwVfG bedarf es keiner Entscheidung, wenn sie nicht zu unterschiedlichen Ergebnissen gelangen. Die Jahresfrist könnte nämlich eingehalten sein. Ob dies zutrifft, entscheidet sich nach dem *Fristbeginn*. Dieser könnte lediglich voraussetzen, daß die Behörde die zutreffenden Tatsachen kennt. Bei Rechtsanwendungsfehlern fiele der Fristbeginn danach mit dem Erlaß des Verwaltungsakts zusammen[83]. Demzufolge wäre die Jahresfrist am 10. 5. 1991 abgelaufen und die erst Ende Juni 1991 ausgesprochene Rücknahme wäre gem. § 48 Abs. 4 S. 1 VwVfG unzulässig gewesen.

Demgegenüber könnte es darauf ankommen, daß die Behörde alle für die Rücknahmeentscheidung maßgeblichen Tatsachen kennt[84]. § 48 Abs. 4 S. 1 VwVfG normierte also keine Bearbeitungsfrist, sondern eine Entscheidungsfrist[85]. Danach wäre die Rücknahme innerhalb der Jahresfrist vorgenommen worden. B hatte sich am Ende des Jahres 1990 Klarheit über die Vertrauensschutz- und die Ermessenserwägungen

[81] BayVGH, DVBl. 1983, 946 (947) = DÖV 1984, 216 (218); BayVGH, NVwZ 1984, 735 f. = BayVBl. 1984, 538 = ZBR 1984, 158; OVG Münster, NVwZ 1984, 734 = DVBl. 1984, 1084 (1086); OVG Koblenz, NVwZ 1984, 735 = DVBl. 1984, 1186; *Busch*, DVBl. 1982, 1002 ff.; *Allesch*, BayVBl. 1984, 519 ff.; *Pieroth*, NVwZ 1984, 681 (685 f.).

[82] *Weides*, DÖV 1985, 91 (94); *Hendler*, JuS 1985, 947 (948); *Schoch*, NVwZ 1985, 880 (882); *Knoke*, Rücknahme von Verwaltungsakten (Fn. 19), S. 250; *Obermayer*, VwVfG, § 48 Rdn. 148.

[83] BVerwGE 66, 61 (64); *Weides*, DÖV 1985, 91 (96).

[84] BVerwG (Gr. Sen.) E 70, 356 (362 ff.); BVerwG, NVwZ 1986, 119; NVwZ 1986, 840 (841); NJW 1988, 2911 (2912) = BayVBl. 1988, 539 (540); NVwZ 1988, 822 = DVBl. 1989, 41 f. = DÖV 1988, 975 = BayVBl. 1989, 55 (56); OVG Münster, NWVBL 1990, 18 (19) = DÖD 1990, 93 (94); BayVGH, NVwZ-RR 1991, 169 = BayVBl. 1991, 339; *Allesch*, BayVBl. 1984, 519 (520); *Hendler*, JuS 1985, 947 (951); *Erichsen*, in: Erichsen/Martens (Hrsg.), Allgemeines Verwaltungsrecht, § 16 Rdn. 28; *Knoke*, Rücknahme von Verwaltungsakten (Fn. 19), S. 261 ff.; *Obermayer*, VwVfG, § 48 Rdn. 149.

[85] BVerwG (Gr. Sen.) E 70, 356 (363 f.); OVG Münster, NVwZ 1988, 71 (72); *Allesch*, BayVBl. 1984, 519 (520 f.); *Knoke*, Rücknahme von Verwaltungsakten (Fn. 19), S. 268 f.; *Erichsen*, Jura 1991, 386 (388).

verschafft. Bei einem Fristbeginn in jenem Zeitraum war die Ende Juni 1991 vorgenommene Rücknahme fristgemäß.

Gegen eine derart extensive Auslegung könnten allerdings der Wortlaut des § 48 Abs. 4 S. 1 VwVfG sowie Sinn und Zweck der Vorschrift sprechen. Tatsachen, welche die Rücknahme „rechtfertigen", könnten bereits vorliegen, wenn die tatbestandsmäßigen Voraussetzungen der Rücknahme, also die die Rechtswidrigkeit des aufzuhebenden Verwaltungsakts bedingenden Tatsachen, der Behörde bekannt sind[86]. Für eine solche Deutung spricht auch der Schutzzweck des § 48 Abs. 4 S. 1 VwVfG, der nur erreicht wird, wenn der Behörde eine Bearbeitungsfrist und nicht eine Entscheidungsfrist gesetzt ist[87]. Der Behörde war die Rechtswidrigkeit des Bewilligungsbescheids in der Person des R Mitte Juni 1990 bekannt; B selbst wußte davon erst Mitte Juli 1990. Sollte es auf die Kenntnis des behördenintern zuständigen Amtswalters ankommen[88], wäre die Rücknahmeentscheidung Ende Juni 1991 noch rechtzeitig getroffen worden. Sollte dagegen, was nach dem Gesetzeswortlaut naheliegt, der Behördenbegriff des VwVfG (§ 1 Abs. 4 BVwVfG, § 1 Abs. 2 LVwVfG) auch hier maßgebend sein[89], müßte eine verfristete Rücknahme angenommen werden.

(c) Entscheidung der Streitfrage

Ein einheitliches Ergebnis läßt sich aufgrund der unterschiedlichen Auffassungen nicht erzielen. Die Frage nach der *Anwendbarkeit* des § 48 Abs. 4 S. 1 VwVfG bedarf daher der Beantwortung.

Indem § 48 Abs. 4 S. 1 VwVfG formuliert, daß die Behörde Kenntnis von Tatsachen erhalten muß, welche die Rücknahme des Verwaltungsaktes *rechtfertigen*, könnte auch die Rechtswidrigkeit selbst mit ge-

---

[86] *Pieroth*, NVwZ 1984, 681 (686); *Weides*, DÖV 1985, 431 (434); *Schoch*, NVwZ 1985, 880 (884); *Kopp*, DVBl. 1985, 525 (526); *ders.*, DVBl. 1990, 663 (664).

[87] VG Köln, NVwZ 1984, 537 (539); *Weides*, DÖV 1985, 91 (96); *ders.*, DÖV 1985, 431 (435 f.); *Kopp*, DVBl. 1985, 525 (526 f.); *Becker*, RiA 1985, 252 (254); *Klappstein*, in: Knack (Hrsg.), VwVfG, § 48 Rdn. 5.3.1.2; *Stelkens/Sachs*, in: Stelkens/Bonk/Leonhardt, VwVfG, § 48 Rdn. 165.

[88] BVerwG (Gr. Sen.) E 70, 356 (364); BVerwG, NVwZ 1986, 119; *Krützmann*, VBlBW 1983, 362 (364); *Burianek*, Jura 1985, 518 (519); *Stelkens/Sachs*, in: Stelkens/Bonk/Leonhardt, VwVfG, § 48 Rdn. 155.

[89] OVG Berlin, NJW 1983, 2156; *Pieroth*, NVwZ 1984, 681 (685); *Schoch*, NVwZ 1985, 880 (885); *Maurer*, Allgemeines Verwaltungsrecht, § 11 Rdn. 35; *Erichsen*, in: Erichsen/Martens (Hrsg.), Allgemeines Verwaltungsrecht, § 16 Rdn. 29; *Knoke*, Rücknahme von Verwaltungsakten (Fn. 19), S. 278 ff.

meint sein, also die fehlerhafte Würdigung des bei Erlaß des Verwaltungsaktes bekannten Sachverhalts[90]. Dagegen spricht jedoch, wie bereits erwähnt, nicht nur der mit einem klaren Begriffsinhalt versehene Terminus „Tatsachen“[91], sondern auch die Gesetzessystematik. § 48 VwVfG differenziert mehrfach, wie z. B. Abs. 2 S. 3 Nr. 1 und Nr. 2 zeigen, zwischen tatsächlichen Umständen und Rechtsanwendungsfehlern[92]. Berücksichtigt man zudem die Gesamtsystematik des § 48 VwVfG, die auf einen Ausgleich zwischen der Gesetzmäßigkeit der Verwaltung und dem Vertrauensschutz des Bürgers hin angelegt ist, stellt sich § 48 Abs. 4 S. 1 VwVfG als Ausnahmevorschrift zu dem Grundsatz der zeitlich unbegrenzten Rücknahmemöglichkeit dar. Auch dies spricht gegen eine Einbeziehung von Rechtsanwendungsfehlern in den Geltungsbereich der Bestimmung[93].

Man könnte allenfalls noch eine entsprechende Anwendung des § 48 Abs. 4 S. 1 VwVfG auf Rechtsanwendungsfehler in Betracht ziehen[94]. Angesichts der eindeutigen Regelung zur Jahresfrist kann jedoch von einer planwidrigen Unvollständigkeit des Gesetzes nicht gesprochen werden, so daß eine Analogie ausscheidet[95].

Der Behörde war der Sachverhalt von Anfang an vollständig bekannt. Sie befand sich lediglich in einem Rechtsirrtum. Auf Rechtsanwendungsfehler ist § 48 Abs. 4 S. 1 VwVfG nicht anwendbar. Die Behörde war nicht durch die Jahresfrist an der Rücknahme gehindert.

Die Voraussetzungen für die Rücknahme (§ 48 Abs. 1 S. 1 und S. 2 VwVfG) liegen somit vor.

bb) Rechtsfolge

(1) Rücknahme als Ermessensentscheidung

Fraglich ist, ob die Verwaltung gegenüber L von der *Rechtsfolge* der Befugnisnorm rechtsfehlerfrei Gebrauch gemacht hat.

---

[90] BVerwG (Gr. Sen.) E 70, 356 (358 f.); BVerwG, NVwZ 1986, 119; *Steenblock*, DÖV 1984, 219; *Weides*, DÖV 1985, 431 (433); *Erichsen*, in: Erichsen/Martens (Hrsg.), Allgemeines Verwaltungsrecht, § 16 Rdn. 27; *ders.*, Jura 1991, 386 (387).

[91] Nachw. o. Fn. 81 und 82.

[92] *Schoch*, NVwZ 1985, 880 (883).

[93] BayVGH, NVwZ 1984, 735 f. = BayVBl. 1984, 538 = ZBR 1984, 158; *Pieroth*, NVwZ 1984, 681 (686).

[94] *Maurer*, Allgemeines Verwaltungsrecht, § 11 Rdn. 35; *Klappstein*, in: Knack (Hrsg.), VwVfG, § 48 Rdn. 5.3.1.1.

[95] *Allesch*, BayVBl. 1984, 519 (520); *Kopp*, DVBl. 1985, 525 (526); *Schoch*, NVwZ 1985, 880 (884); *Knoke*, Rücknahme von Verwaltungsakten (Fn. 19), S. 259.

Die Rücknahmeentscheidung steht gem. § 48 Abs. 1 S. 1 VwVfG im verwaltungsbehördlichen *Ermessen*. Wenn die Behörde ermächtigt ist, nach ihrem Ermessen zu handeln, hat sie dieses Ermessen auch auszuüben, u. z. entsprechend dem Zweck der Ermächtigung und im Rahmen der gesetzlichen Grenzen (§ 40 VwVfG). Steht demnach eine Verwaltungsentscheidung im Ermessen einer Behörde, ist sie nicht nur berechtigt, sondern auch verpflichtet, ihr Ermessen zu betätigen[96]. Die Behörde muß sich folglich der Ermächtigung zur Ermessensausübung bewußt sein[97].

Im vorliegenden Fall könnte ein *Ermessensmangel* gegeben sein, weil die Behörde zu Unrecht eine Rechtsbindung aufgrund der Richtlinien angenommen hat. Hält sich die Verwaltung irrig für gebunden und erläßt sie daher ihre Entscheidung in vermeintlich strikter Rechtsbindung, liegt ein irreparabler Ermessensfehler vor (§ 114 VwGO)[98].

§ 48 Abs. 1 S. 1 VwVfG ermächtigt und verpflichtet die zuständige Verwaltungsbehörde, eine Ermessensentscheidung dahin zu treffen, ob und inwieweit sie einen rechtswidrigen begünstigenden Verwaltungsakt zurücknimmt[99]. Ob die Behörde ihr Ermessen den rechtlichen Anforderungen entsprechend ausgeübt hat, ist hier zweifelhaft. Für eine tatsächlich vorgenommene Ermessensbetätigung spricht der Umstand, daß B Überlegungen darüber angestellt hat, in welchem Umfang das behördliche Versehen in der Rücknahmeentscheidung Berücksichtigung finden soll. Das Ergebnis war eine bloße Teilrücknahme, beschränkt auf die Zuschußbewilligung. Eine rechtsfehlerfreie Ermessensausübung verlangt jedoch nicht nur eine ordnungsgemäße Betätigung des *Auswahlermessens*; zunächst muß das *Entschließungsermessen* rechtsfehlerfrei ausgeübt worden sein. Dabei muß die Verwaltung Erwägungen darüber anstellen, *ob überhaupt* die beabsichtigte Verwaltungsentschei-

---

[96] OVG Münster, DÖV 1985, 204 (205) = DVBl. 1985, 532 (533) = NJW 1985, 1042; HessVGH, RdL 1987, 222 (224); OVG Lüneburg, RdL 1987, 333 (334); *von Mutius*, Jura 1987, 92 (99); *Busch*, in: Knack (Hrsg.), VwVfG, § 40 Rdn. 9.2.

[97] OVG Lüneburg, NVwZ 1985, 120 (121); VGH Bad.-Württ., NVwZ 1987, 520.

[98] BVerwGE 48, 81 (84); BVerwG, NVwZ 1987, 499; BayVGH, BayVBl. 1987, 304 (305); *Kopp*, VwGO, § 114 Rdn. 14.

[99] OVG Münster, NVwZ 1985, 661 (662); HessVGH, RdL 1987, 222 (224); *Klappstein*, in: Knack (Hrsg.), VwVfG, § 48 Rdn. 5.6 und 6.1; *Obermayer*, VwVfG, § 48 Rdn. 15; *Stelkens/Sachs*, in: Stelkens/Bonk/Leonhardt, VwVfG, § 48 Rdn. 54.

dung getroffen werden soll[100]. Das Entschließungsermessen hat B nicht praktiziert. Unter Berufung auf die ihn verwaltungsintern bindenden Richtlinien hat B im Außenrechtsverhältnis gegenüber L erklärt, es bestehe keine andere Wahl, als entsprechend jenen Vorschriften zu verfahren. B hielt sich also – entgegen § 48 Abs. 1 S. 1 VwVfG – für rechtlich gebunden. Demzufolge sind keine Erwägungen darüber angestellt worden, ob von einer Rücknahme abgesehen werden soll. Es wurde nur überlegt, in welchem Umfang die Rücknahme der Subventionsbewilligung ausgesprochen werden sollte.

(2) Ausnahmen von der Pflicht zur Ermessensbetätigung

Dennoch wäre eine Ermessensfehlerhaftigkeit und damit Rechtswidrigkeit der Rücknahmeentscheidung nicht gegeben, wenn die Behörde ausnahmsweise von einer Ermessensausübung absehen durfte.

(a) Einverständnis des L

Das könnte zunächst deshalb der Fall sein, weil L die Richtlinien als für sich verbindlich anerkannte und in diesen Verwaltungsvorschriften die Rücknahmepflicht vorgesehen war. Darin könnte eine *Unterwerfungserklärung* des L unter die Richtlinien zu sehen sein, die die Ermessensausübung bei der Rücknahmeentscheidung überflüssig macht.

Dagegen spricht allerdings, daß den Subventionsrichtlinien eine unmittelbare Rechtswirkung nur verwaltungsintern zukommt. Sie vermögen daher wegen des Prinzips der Gesetzmäßigkeit der Verwaltung und des Gesetzesvorrangs (Art. 20 Abs. 3 GG) die rechtsnormativen Anforderungen gem. §§ 48 Abs. 1 S. 1, 40 VwVfG nicht zu derogieren. Diese Gesetzesvorschriften unterliegen nicht der Dispositionsbefugnis der Beteiligten[101]. Auf ein Einverständnis des L kann der Ermessensnichtgebrauch also nicht gestützt werden.

(b) Dispens durch Verwaltungsvorschriften

Die Betätigung des Entschließungsermessens könnte hier aber deshalb entbehrlich gewesen sein, weil die *Richtlinien* die Verwaltungsbehörde von der Ermessensausübung befreit haben. Unter den Voraussetzungen,

---

[100] *Ule/Laubinger*, Verwaltungsverfahrensrecht, S. 384; *von Mutius*, Jura 1987, 92 (97); *Stelkens/Sachs*, in: Stelkens/Bonk/Leonhardt, VwVfG, § 40 Rdn. 26.

[101] OVG Münster, DÖV 1985, 204 (205 f.) = DVBl. 1985, 532 (533) = NJW 1985, 1042 (1043); HessVGH, RdL 1987, 222 (224); OVG Lüneburg, RdL 1987, 333 (334); *Klappstein*, in: Knack (Hrsg.), VwVfG, § 48 Rdn. 6.1.

die im Falle des L, wie festgestellt, vorlagen, sehen die Richtlinien zwingend die Aufhebung eines rechtswidrigen Bewilligungsbescheides vor. Darauf hat sich B auch berufen.

Erneut ist jedoch dagegen einzuwenden, daß jene *Verwaltungsvorschriften* nur behördenintern eine Bindungswirkung entfalten. Die richtlinienmäßige Bindung hat indes keine unmittelbare Rechtswirkung im Außenrechtsbereich[102]. Rechtmäßigkeitsmaßstab bleiben §§ 48 Abs. 1 S. 1, 40 VwVfG.

Möglicherweise könnte hier etwas anderes gelten, weil sich B ausdrücklich auf die Richtlinien berufen hat. Dies könnte so auszulegen sein, daß die Behörde ihr Ermessen quasi „verkürzt" dahin ausgeübt hat, daß ihr wegen Fehlens besonderer Umstände ein Abweichen von den Verwaltungsvorschriften nicht erlaubt sei und sie sich dementsprechend daran halte[103].

Eine derartige generell-vorwegnehmende Ermessenspraxis durch Richtlinien kommt jedoch nur im Bereich der sog. nicht-gesetzesakzessorischen Verwaltung, wie etwa der gesetzesfreien Subventionsvergabe, in Betracht. Für die Rücknahme von Verwaltungsakten besteht indes mit § 48 Abs. 1 S. 1 VwVfG eine Gesetzesvorschrift, deren Ermessensermächtigung auf eine einzelfallgerechte Verwaltungsentscheidung zielt und deshalb nicht in generalisierender Weise vorweggenommen werden darf[104]. Die bestehenden Richtlinien befreien somit nicht von der Pflicht zur Ermessensausübung gem. § 48 Abs. 1 S. 1 VwVfG.

(c) Selbstbindung der Verwaltung

Die durch Verwaltungsvorschriften determinierte Verwaltungspraxis könnte jedoch über das Gleichbehandlungsgebot des Art. 3 Abs. 1 GG zu einer *Selbstbindung der Verwaltung* führen, die die Verwaltung verpflichtet, auch im Außenrechtskreis entsprechend ihren Richtlinien zu verfahren[105]. Danach könnte die Behörde in Fällen wie dem vorliegenden wegen Art. 3 Abs. 1 GG gar keine andere Wahl haben, als die rechtswidrige Subventionsbewilligung zurückzunehmen.

Das würde jedoch rechtlich bedeuten, daß eine Selbstbindung der Verwaltung über Art. 3 Abs. 1 GG die *gesetzliche* Pflicht zur Ausübung des die besonderen Umstände des Einzelfalles berücksichtigenden Er-

---

102 OVG Münster, DÖV 1985, 204 (205) = DVBl. 1985, 532 (533) = NJW 1985, 1042; OVG Lüneburg, RdL 1987, 333 (334).

103 BVerwG, NVwZ 1987, 498 (499).

104 OVG Münster, DÖV 1985, 204 (206) = DVBl. 1985, 532 (534) = NJW 1985, 1042 (1043).

105 Nachw. o. Fn. 44, 45, 46.

messens beseitigen könnte. Dagegen bestehen durchgreifende Bedenken. Verwaltungsvorschriften sollen zwar im Ermessensbereich eine einheitliche Verwaltungspraxis sicherstellen. Dadurch entsteht aber keine gebundene Verwaltungsentscheidung, die besondere Umstände des konkreten Falles unberücksichtigt ließe[106]. Eine Selbstbindung der Verwaltung vermag die Pflicht zur Ermessensausübung ebenfalls nicht zu beseitigen.

(3) Ermessensreduktion auf Null

Fehlt es somit im vorliegenden Falle an der Ausübung des Entschließungsermessens und durfte davon auch nicht ausnahmsweise abgesehen werden, ist die Rücknahmeentscheidung des B nur dann nicht rechtswidrig, wenn eine *Ermessensreduktion auf Null* vorliegt, B also aus Rechtsgründen gar nicht anders entscheiden durfte. Von einer Reduktion des Ermessens auf nur eine Handlungsalternative kann allerdings nur ausgegangen werden, wenn jede andere Entscheidung ermessensfehlerhaft wäre[107]. Dann ist die Verwaltung verpflichtet, die einzig verbleibende Maßnahme vorzunehmen[108]. Eine Ermessensreduzierung auf Null kann sich insbesondere durch die Einwirkung von Grundrechten ergeben[109]. Hier könnte eine Ermessensschrumpfung nach Maßgabe des Art. 3 Abs. 1 GG anzunehmen sein.

Dies wäre der Fall, wenn kein sachgerechter Gesichtspunkt vorhanden wäre, der es erlaubte, bei L im Unterschied zu anderen rechtswidrig begünstigten Subventionsempfängern von der Rücknahme der Bewilligung abzusehen. Das trifft jedoch nicht zu. Unberücksichtigt geblieben ist, daß der Subventionszweck nicht verfehlt wird. Ebensowenig ist gewürdigt worden, daß es sich bei dem von B zurückzufordernden Betrag um eine nicht allzu hohe Summe handelt. Schließlich hat B auch nicht in Erwägung gezogen, daß der Behördenirrtum nicht nur das „Wie“, sondern bereits das „Ob“ der Rücknahmeentscheidung zu beeinflussen geeignet ist. Wesentliche Gesichtspunkte mußten demnach in die Abwägung eingestellt werden, die es durchaus als sachgerecht erscheinen lassen konnten, von der Rücknahme der Subventionsbewil-

---

106 OVG Münster, DÖV 1985, 204 (206) = DVBl. 1985, 532 (534) = NJW 1985, 1042 (1043).

107 BayVGH, BayVBl. 1987, 304 (305); *Gern*, DVBl. 1987, 1194 (1197); *Erichsen*, in: Erichsen/Martens (Hrsg.), Allgemeines Verwaltungsrecht, § 10 Rdn. 22.

108 *von Mutius*, Jura 1987, 92 (100); *Stelkens/Sachs*, in: Stelkens/Bonk/Leonhardt, VwVfG, § 40 Rdn. 32.

109 *Gern*, DVBl. 1987, 1194 (1198 f.); *Maurer*, Allgemeines Verwaltungsrecht, § 7 Rdn. 16.

ligung im Falle des L abzusehen. Eine Ermessensreduktion auf Null war somit nicht gegeben.

Zwischenergebnis: Die behördliche Rücknahmeentscheidung von Ende Juni 1991 ist wegen Verstoßes gegen § 28 Abs. 1 VwVfG und wegen Nichtgebrauchs des Entschließungsermessens gem. § 48 Abs. 1 S. 1 VwVfG rechtswidrig.

II. Rechtsverletzung

Die Anfechtungsklage ist gem. § 113 Abs. 1 S. 1 VwGO nur begründet, wenn der Kläger durch den rechtswidrigen Verwaltungsakt in seinen Rechten verletzt ist. Die *Rechtsverletzung* des L ergibt sich daraus, daß die rechtswidrige Rücknahme sein ihm durch den Bewilligungsbescheid begründetes subjektives öffentliches Recht teilweise zu Unrecht entzieht.

Fraglich könnte allenfalls sein, ob sich aus § 46 VwVfG etwas anderes ergibt. Nach dieser Bestimmung könnte, wenn die Voraussetzungen erfüllt wären, die *Rechtsverletzung* möglicherweise entfallen[110]. Dem Wortlaut nach könnte die Rechtsfolgeanordnung des § 46 VwVfG allerdings auch bei bestehender Rechtsverletzung lediglich den *Aufhebungsanspruch* beseitigen[111].

Einer Entscheidung der Streitfrage bedarf es nicht, wenn § 46 VwVfG hier nicht anwendbar ist oder seine Voraussetzungen nicht gegeben sind. Die Bestimmung trifft eine Fehlerfolgenregelung nur für bestimmte *formelle* Rechtswidrigkeitsgründe eines Verwaltungsakts. Auf den festgestellten Ermessensfehler ist § 46 VwVfG nicht anwendbar. Der Verstoß gegen § 28 Abs. 1 VwVfG könnte zwar unbeachtlich sein. Voraussetzung ist jedoch, daß trotz des Verfahrensfehlers keine andere Entscheidung in der Sache hätte getroffen werden können. Das ist jedoch bei Ermessensentscheidungen grundsätzlich nicht der Fall[112].

---

110 BVerwGE 65, 287 (290); *Krebs*, DVBl. 1984, 109 (111); *Messerschmidt*, NVwZ 1985, 877 (880); *Badura*, in: Erichsen/Martens (Hrsg.), Allgemeines Verwaltungsrecht, § 41 Rdn. 38.

111 *Schenke*, DÖV 1986, 305 (307 ff.); *H. Meyer*, NVwZ 1986, 513 (520 f.); *Hufen*, DVBl. 1988, 69 (75); *ders.*, Fehler im Verwaltungsverfahren, Rdn. 630; *Hill*, Das fehlerhafte Verfahren und seine Folgen im Verwaltungsrecht, 1986, S. 103 f., 408; *Klappstein*, in: Knack (Hrsg.), VwVfG, § 46 Rdn. 5; *Obermayer*, VwVfG, § 46 Rdn. 20.

112 OVG Münster, NVwZ 1983, 746 f. = DÖV 1983, 986 (987); *Erichsen*, Jura 1982, 46 (54); *Erichsen/Weiß*, Jura 1987, 150 (154); *Maurer*, Allgemeines Verwaltungsrecht, § 10 Rdn. 41.

Abgesehen von der hier nicht gegebenen Ermessensreduzierung auf Null kann bei der Verletzung von Verfahrensvorschriften im Ermessensbereich gerade nicht ausgeschlossen werden, daß bei ordnungsgemäßem Verfahren eine andere Entscheidung in der Sache hätte getroffen werden können[113]. § 46 VwVfG greift demnach bei Ermessensentscheidungen grundsätzlich nicht ein[114].

Hier ging es um eine Ermessensentscheidung gem. § 48 Abs. 1 S. 1 VwVfG. Eine Ermessensschrumpfung auf Null lag auch nicht vor. Demnach sind sowohl der Ermessensfehler als auch die Verletzung des Anhörungsgebots (§ 28 Abs. 1 VwVfG) beachtlich. L ist durch den angefochtenen rechtswidrigen Verwaltungsakt in seinen Rechten verletzt.

Ergebnis: Die Klage ist zulässig und begründet; sie hat Aussicht auf Erfolg.

Abwandlung

A. Zulässigkeit der Klage

I. Allgemeine Sachentscheidungsvoraussetzungen

Bei den allgemeinen Sachentscheidungsvoraussetzungen ergeben sich keine grundsätzlichen Änderungen gegenüber dem Ausgangsfall. Soweit sich L allein gegen die zusätzliche selbständige Beschwer im Widerspruchsbescheid wenden sollte, der seiner Rechtsform nach ein Verwaltungsakt ist[115], wäre der *Verwaltungsrechtsweg* schon deshalb eröffnet, weil eine öffentlich-rechtliche Maßnahme klageweise angegriffen wird.

Soweit die Widerspruchsbehörde bzw. ihr Rechtsträger Beklagte(r) sein sollte, gelten die Ausführungen im Ausgangsfall zur *Beteiligungsfähigkeit* und zur *Prozeßfähigkeit* sinnentsprechend.

---

[113] BVerwGE 71, 63 (65); HessVGH, NVwZ 1987, 510; OVG Münster, NVwZ-RR 1989, 614 (616) = NWVBL 1989, 250 (252); *Stelkens/Sachs*, in: Stelkens/Bonk/Leonhardt, VwVfG, § 46 Rdn. 30.

[114] OVG Münster, NVwZ 1985, 661 (662); BayVGH, NVwZ 1991, 499; *Ossenbühl*, NJW 1981, 375 (376); *Messerschmidt*, NVwZ 1985, 877 (879); *Hufen*, Fehler im Verwaltungsverfahren, Rdn. 621; *Klappstein*, in: Knack (Hrsg.), VwVfG, § 46 Rdn. 4.4.

[115] *Kopp*, VwGO, § 73 Rdn. 1.

II. Rechtsschutzform

Statthafte Rechtsschutzform ist die *Anfechtungsklage*, deren Rechtsschutzformvoraussetzungen gem. § 42 Abs. 1 VwGO hier gegeben sind. Zweifelhaft ist allerdings, welche Verwaltungsmaßnahme *Gegenstand* der Anfechtungsklage ist.

Gem. § 79 Abs. 1 Nr. 1 VwGO ist dies der ursprüngliche Verwaltungsakt, allerdings in der Gestalt, d. h. mit dem Inhalt und der Begründung, die er durch den Widerspruchsbescheid erhalten hat[116]. L wendet sich gegen die Rücknahme der Zuschußbewilligung und der Darlehensbewilligung, möchte aber wenigstens die ihn zusätzlich beschwerende Entscheidung der Widerspruchsbehörde gerichtlich angreifen. Fraglich ist daher, ob diesbezüglich ein *selbständiger* Klageantrag gegeben ist. Gegenstand der Klage könnte zum einen der Ausgangsbescheid zusammen mit dem Widerspruchsbescheid insoweit sein, als letzterer den Ausgangsbescheid bestätigt (§ 79 Abs. 1 Nr. 1 VwGO), zum anderen der Widerspruchsbescheid als selbständiges Klageziel (§ 79 Abs. 2 S. 1 VwGO)[117].

Grundsätzlich kann der Widerspruchsbescheid selbständiger Gegenstand einer Anfechtungsklage sein[118]. Dies ist z. B. gem. § 79 Abs. 2 S. 1 VwGO der Fall, soweit er gegenüber dem ursprünglichen Verwaltungsakt eine zusätzliche selbständige Beschwer enthält. In einer solchen Fallgestaltung hat der Kläger die Wahl, ob er allein gegen den Widerspruchsbescheid vorgeht oder ob er den ursprünglichen Verwaltungsakt in der Gestalt, die er durch den eine zusätzliche selbständige Beschwer enthaltenen Widerspruchsbescheid gefunden hat, anficht[119]. Allerdings bedarf es bei der selbständigen Anfechtung des Widerspruchsbescheids eines Antrags, der ein solches Klagebegehren eindeutig zum Ausdruck bringt[120]. Zudem ist zweifelhaft, ob ein Widerspruchsbescheid auch dann *zusätzlicher* Gegenstand einer Anfechtungsklage sein kann, wenn er schon zusammen mit dem Ausgangsbescheid gem. § 79 Abs. 1 Nr. 1 VwGO angegriffen ist[121].

---

116 BVerwGE 62, 80 (81); *Dawin*, NVwZ 1987, 872 (873).

117 *Jäde*, BayVBl. 1990, 696; *Juhnke*, BayVBl. 1991, 136 (138).

118 *Weides*, JuS 1987, 477 (478); *Bosch/Schmidt*, Praktische Einführung (Fn. 10), S. 88.

119 BayVGH, BayVBl. 1990, 370 (371); *Bosch/Schmidt*, Praktische Einführung (Fn. 10), S. 88; *Redeker/von Oertzen*, VwGO, 10. Aufl. 1991, § 79 Rdn. 6.

120 VGH Bad.-Württ., VBlBW 1987, 336; VBlBW 1990, 133; NVwZ 1990, 1085 = VBlBW 1990, 297 (298).

121 BayVGH, BayVBl. 1990, 370 (371).

L geht es in erster Linie um die gerichtliche Aufhebung der vollständigen behördlichen Rücknahme der Subventionsbewilligung. Demzufolge fehlt ein eindeutiger Antrag, der isoliert gegen den Widerspruchsbescheid gerichtet ist. Das zweite Ziel des L, daß wenigstens der zusätzlich beschwerende Teil des Widerspruchsbescheids gerichtlich aufgehoben wird, kann im übrigen durch eine Anfechtungsklage lediglich i.S.d. § 79 Abs. 1 Nr. 1 VwGO durchaus erreicht werden. Nach der Konzeption der Anfechtungsklage muß nämlich die Ausgangsbehörde, wie sich aus §§ 78 Abs. 1, 79 Abs. 1 Nr. 1 VwGO ergibt, grundsätzlich auch Fehler der Widerspruchsbehörde tragen[122].

Gegenstand der Anfechtungsklage ist hier somit der ursprüngliche Verwaltungsakt in der Gestalt, die er durch den Widerspruchsbescheid gefunden hat.

III. Besondere Sachentscheidungsvoraussetzungen

Bei den besonderen, rechtsschutzformabhängigen Sachentscheidungsvoraussetzungen gilt grundsätzlich das zum Ausgangsfall Gesagte. Etwas anderes könnte sich zur Beklagtenbefugnis und zum Widerspruchsverfahren ergeben.

1. *Beklagtenbefugnis*

Grundsätzlich ist, wie im Ausgangsfall dargestellt, die Ausgangsbehörde (§ 78 Abs. 1 Nr. 2 VwGO i.V.m. Landesrecht) bzw. der hinter ihr stehende Rechtsträger *beklagtenbefugt*. Im vorliegenden Fall ist jedoch eine zusätzliche selbständige Beschwer von der Widerspruchsbehörde verfügt worden. Fraglich ist daher, ob die Anfechtungsklage gem. §§ 79 Abs. 2 S. 3 i.V.m. 78 Abs. 2 VwGO (auch) gegen die Widerspruchsbehörde bzw. ihren Rechtsträger zu richten ist.

Voraussetzung dafür wäre, daß § 79 Abs. 2 S. 3 VwGO anwendbar ist. Das ist jedoch nicht der Fall, wenn, wie hier, der Kläger den Verwaltungsakt in der Gestalt, die er durch den Widerspruchsbescheid gefunden hat, also in vollem Umfang, angefochten hat[123]. § 79 Abs. 2 S. 3 VwGO ist nur anwendbar, wenn der (verbösernde) Widerspruchsbescheid vom Beginn des Verwaltungsrechtsstreits an alleiniger Gegen-

---

[122] BVerwGE 78, 3 (6); VGH Bad.-Württ., NVwZ 1990, 1085 = VBlBW 1990, 297; *Dawin*, NVwZ 1987, 872 f.; *Kopp*, VwGO, § 79 Rdn. 15.

[123] BVerwG, NVwZ 1987, 215 = DVBl. 1987, 238; BayVGH, BayVBl. 1990, 370 (371); *Fischer-Hüftle*, BayVBl. 1989, 229 (231 f.).

stand der Anfechtungsklage ist[124]. Hier liegt jedoch, wie zur Rechtsschutzform gezeigt, kein Fall des § 79 Abs. 2 S. 1 VwGO vor. Folglich bleibt es bei der Beklagtenbefugnis der Ausgangsbehörde bzw. ihres Rechtsträgers.

2. *Erfolglosigkeit des Widerspruchs*

Gem. § 68 Abs. 1 S. 1 VwGO müssen Rechtmäßigkeit und Zweckmäßigkeit des Verwaltungsakts vor Erhebung der Anfechtungsklage in einem Vorverfahren nachgeprüft werden. Dieses Vorverfahren beginnt mit der Erhebung des Widerspruchs (§ 69 VwGO). Die *Erfolglosigkeit des Widerspruchsverfahrens* ist eine besondere Sachentscheidungsvoraussetzung der Anfechtungsklage[125].

a) Ordnungsgemäßes Vorverfahren als Sachentscheidungsvoraussetzung

L hat gegen die Rücknahme der Zuschußbewilligung Widerspruch eingelegt, der auch erfolglos geblieben ist. Fraglich ist jedoch, ob damit den Anforderungen an ein erfolgloses Vorverfahren genügt ist. L hat nämlich gegen den Verwaltungsakt von Ende Juni, der mit einer ordnungsgemäßen Rechtsbehelfsbelehrung versehen war, erst Anfang August Widerspruch eingelegt. Die Widerspruchsfrist von einem Monat (§ 70 Abs. 1 S. 1 VwGO) war damit überschritten, der Widerspruch verspätet.

Dieser Umstand hätte jedoch dann keinen Einfluß auf die Zulässigkeit der Klage, wenn die Einhaltung der *Widerspruchsfrist* keine vom Verwaltungsgericht von Amts wegen zu prüfende Sachentscheidungsvoraussetzung wäre[126], sondern wenn es allein auf die Tatsache der Erfolglosigkeit des Widerspruchs ankäme[127]. Das ist jedoch nicht der Fall. Es genügt nicht die Durchführung irgendeines Widerspruchsverfahrens; das Vorverfahren muß ordnungsgemäß, insbesondere form- und fristgerecht stattgefunden haben[128]. Die Ordnungsmäßigkeit in diesem Sinne bezieht sich allerdings lediglich auf §§ 68–70 VwGO, die

---

[124] BVerwG, NVwZ 1987, 215 = DVBl. 1987, 238; BayVGH, BayVBl. 1983, 530; BayVBl. 1990, 312 f.; *Kopp*, VwGO, § 79 Rdn. 15.

[125] *Erichsen*, Jura Extra (Fn. 1), S. 200.

[126] BVerwG, NVwZ 1983, 608 = BayVBl. 1983, 311; NVwZ-RR 1989, 85 (86).

[127] *H. Hofmann*, in: Festschrift für Menger, 1985, S. 605 (611 f.).

[128] *Stern*, Verwaltungsprozessuale Probleme (Fn. 5), S. 168 f.; *Bosch/Schmidt*, Praktische Einführung (Fn. 10), S. 116, 138; *Kopp*, VwGO, Vorb. § 68 Rdn. 7.

an den Widerspruchsführer und potentiellen Kläger adressiert sind, von ihm also durch eigenes Verhalten erfüllt werden können[129].

Die Notwendigkeit einer Einhaltung der Widerspruchsfrist (§ 70 Abs. 1 S. 1 VwGO) ergibt sich schon daraus, daß der Verwaltungsakt nach Ablauf der Widerspruchsfrist formell bestandskräftig und damit unanfechtbar ist[130]. Die Wahrung der Widerspruchsfrist ist demnach eine von Amts wegen zu prüfende Zulässigkeitsvoraussetzung der Anfechtungsklage[131].

b) Eröffnung des Klageweges durch behördliche Sachentscheidung

Die Verspätung des Widerspruchs von L könnte jedoch einer verwaltungsgerichtlichen Sachentscheidung deshalb nicht entgegenstehen, weil sich die Widerspruchsbehörde auf die Verfristung nicht berufen hat. Wenn ein verfristeter Widerspruch sachlich beschieden wird, könnte der Weg zu einer verwaltungsgerichtlichen Sachprüfung neu eröffnet sein[132].

aa) Sachherrschaft der Widerspruchsbehörde

Dann müßte der Widerspruchsbehörde allerdings eine entsprechende Befugnis zukommen. Diese könnte sich daraus ergeben, daß die Widerspruchsbehörde durch die Erhebung des Widerspruchs, mit dem ein Verwaltungsverfahren eingeleitet wird[133], die umfassende *Sachherrschaft* erhält, also „Herrin über den Streitstoff" bleibt[134]. Die Widerspruchsfrist diente demnach dem Schutz der Widerspruchsbehörde[135].

---

[129] *Erichsen*, in: Jura Extra – Grundfragen und Grundlagen des Zivilrechts, Strafrechts und Öffentlichen Rechts, 1990, S. 79 (86).

[130] *Judick*, NVwZ 1984, 356; *Pietzner/Ronellenfitsch*, Das Assessorexamen im Öffentlichen Recht, 7. Aufl. 1991, § 17 Rdn. 4 und § 42 Rdn. 9; *Eyermann/Fröhler/Kormann*, VwGO, § 70 Rdn. 5.

[131] BVerwG, NJW 1983, 1923 = BayVBl. 1983, 476; NVwZ 1988, 63; NVwZ 1989, 648 (649).

[132] BVerwGE 15, 306 (310); 28, 305 (308); 57, 342 (344); BVerwG, DÖV 1982, 940 (941) = DVBl. 1982, 1097 = NVwZ 1983, 285 = JZ 1983, 143 = BayVBl. 1983, 27; BVerwG, NVwZ-RR 1989, 85 (86).

[133] *H. Hofmann*, in: Festschrift für Menger, S. 609 f.; *Schmitt Glaeser*, Verwaltungsprozeßrecht, Rdn. 239, 256; *Pietzner/Ronellenfitsch*, Assessorexamen (Fn. 130), § 24 Rdn. 4; *Busch*, in: Knack (Hrsg.), VwVfG, § 79 Rdn. 3.1.

[134] BVerwG, NVwZ 1983, 608 = BayVBl. 1983, 311; *Bosch/Schmidt*, Praktische Einführung (Fn. 10), S. 134; *Schmitt Glaeser*, Verwaltungsprozeßrecht, Rdn. 269; *Ule*, Verwaltungsprozeßrecht, S. 123 f.

[135] BVerwG, DÖV 1982, 940 (941) = DVBl. 1982, 1097 = NVwZ 1983, 285 = JZ 1983, 143 = BayVBl. 1983, 27.

Diese träfe eine Ermessensentscheidung darüber, ob sie über einen verspäteten Widerspruch in der Sache befinden oder ihn als unzulässig zurückweisen will[136]. Von dieser Befugnis ausgenommen wäre nur der Widerspruch eines Dritten gegen einen Verwaltungsakt mit Drittwirkung, weil der Begünstigte mit dem Eintritt der Bestandskraft eine gesicherte Rechtsposition inne hat, die ihm nur aufgrund einer besonderen Ermächtigungsgrundlage entzogen werden darf[137].

Für eine derartige Sachherrschaft der Widerspruchsbehörde könnte zudem sprechen, daß die Verwaltung ein bestandskräftig abgeschlossenes Verwaltungsverfahren wiederaufgreifen kann (§§ 48, 49 VwVfG) und damit die Möglichkeit hat, ohne Rücksicht auf § 70 Abs. 1 S. 1 VwGO die Folgen der Versäumung der Widerspruchsfrist zu beseitigen[138]. Die Sachentscheidungsbefugnis der Widerspruchsbehörde könnte insbesondere dann anzunehmen sein, wenn sie, wie hier, zugleich Fachaufsichtsbehörde ist[139].

bb) Fehlende Dispositionsbefugnis über Sachentscheidungsvoraussetzungen

Es ist indes zweifelhaft, ob die Widerspruchsbehörde nach der geltenden Rechtsordnung ohne weiteres Herrin des Verfahrens ist. Nach materiellem Verwaltungsrecht und nach Verwaltungsverfahrensrecht ist dies nur der Fall, wenn sie aufgrund eines Selbsteintrittsrechts einen Zweitbescheid erlassen dürfte[140]. Davon kann hier mangels Sachverhaltsangabe nicht ausgegangen werden. Ein fehlendes Selbsteintrittsrecht kann im vorliegenden Zusammenhang auch nicht unter Hinweis auf aufsichtsbehördliche Befugnisse ersetzt werden. Die i.S.d. § 73 VwGO zuständige Behörde fungiert nur als Widerspruchsbehörde und entscheidet nur im Rahmen des Widerspruchsverfahrens über den Widerspruch; eine Vermischung dieser Funktion mit denen einer Aufsichtsbehörde ist mit §§ 68 ff. VwGO nicht vereinbar[141].

---

136 VGH Bad.-Württ., DÖV 1980, 383 = NJW 1980, 2270; VBlBW 1982, 129 (130); *J. Schmidt*, VBlBW 1983, 96 (97); *Renz*, DÖV 1991, 138 (140).

137 BVerwGE 60, 297 (314); BVerwG, DÖV 1982, 940 (941) = DVBl. 1982, 1097 = NVwZ 1983, 285 = JZ 1983, 143 (144) = BayVBl. 1983, 27 f.; OVG Saarlouis, NVwZ 1986, 578 (579); *Niethammer*, NJW 1981, 1544 ff.; *Schütz*, NJW 1981, 2785.

138 *J. Schmidt*, VBlBW 1983, 96 (97 f.); *Bosch/Schmidt*, Praktische Einführung (Fn. 10), S. 134.

139 VGH Bad.-Württ., DÖV 1980, 383 = NJW 1980, 2270.

140 *Pietzner/Ronellenfitsch*, Assessorexamen (Fn. 130), § 17 Rdn. 4.

141 *Busch*, in: Knack (Hrsg.), VwVfG, § 79 Rdn. 10.2.

Der Hinweis auf die Sachherrschaft wirft rechtlich die Frage nach der Zuständigkeit auf. Zur Wiederaufnahme eines bestandskräftig abgeschlossenen Verwaltungsverfahrens gem. §§ 48, 49 VwVfG ist grundsätzlich die Ausgangsbehörde und nicht die ihr übergeordnete Widerspruchsbehörde zuständig[142]. Es kann auch nicht davon gesprochen werden, daß die Widerspruchsfrist gem. § 70 Abs. 1 S. 1 VwGO dem Schutz der Behörde dient. Die mit Fristablauf eintretende formelle Bestandskraft des Verwaltungsakts ist vielmehr Ausdruck der Rechtssicherheit[143]. Schließlich übersieht die These von der Sachherrschaft der Widerspruchsbehörde, daß diese den Weg zu einer verwaltungsgerichtlichen Sachentscheidung eröffnen könnte, ohne an dem späteren Prozeßrechtsverhältnis in der Regel beteiligt zu sein (§ 78 Abs. 1 VwGO)[144]. § 70 Abs. 1 S. 1 VwGO statuiert sonach eine *zwingende* Sachentscheidungsvoraussetzung, die nicht zur Disposition der Widerspruchsbehörde steht[145]. Bei einer Versäumung der Widerspruchsfrist ermöglicht die VwGO lediglich unter bestimmten Voraussetzungen (§§ 70 Abs. 2 i.V.m. 60 VwGO) die Wiedereinsetzung in den vorigen Stand[146]. L hat wegen seines verspäteten Widerspruchs eine verwaltungsgerichtliche Sachentscheidungsvoraussetzung nicht erfüllt. Seine Klage ist unzulässig.

Hilfsgutachten

B. Begründetheit der Klage

Die Anfechtungsklage wäre – ihre Zulässigkeit vorausgesetzt – begründet, soweit der angefochtene Verwaltungsakt rechtswidrig und L dadurch in seinen Rechten verletzt ist (§ 113 Abs. 1 S. 1 VwGO).

---

[142] *Schütz*, NJW 1981, 2785 (2786); *Judick*, NVwZ 1984, 356 (357); *Pietzner/Ronellenfitsch*, Assessorexamen (Fn. 130), § 42 Rdn. 10.

[143] *Schütz*, NJW 1981, 2785 (2786 f.); *von Mutius*, Das Widerspruchsverfahren der VwGO als Verwaltungsverfahren und Prozeßvoraussetzung, 1969, S. 198; *Eyermann/Fröhler/Kormann*, VwGO, § 70 Rdn. 5 a.

[144] *Erichsen*, Jura Extra (Fn. 1), S. 202.

[145] *Kurz*, BayVBl. 1980, 714 f.; *Schütz*, NJW 1981, 2785 (2787 f.); *von Mutius*, Widerspruchsverfahren (Fn. 143), S. 198; *H. Hofmann*, in: Festschrift für Menger, S. 617; *Kopp*, VwGO, § 70 Rdn. 9; *Pietzner/Ronellenfitsch*, Assessorexamen (Fn. 130), § 42 Rdn. 8.

[146] *Judick*, NVwZ 1984, 356 (358); *Pietzner/Ronellenfitsch*, Assessorexamen (Fn. 130), § 42 Rdn. 8.

I. Rechtswidrigkeit des angefochtenen Verwaltungsakts

1. *Rücknahme der Zuschußbewilligung*

Bezüglich der Rechtswidrigkeit der *Rücknahme der Zuschußbewilligung* ergeben sich gegenüber dem Ausgangsfall zu den Fragen der Rechtsgrundlage keine Abweichungen. Es kann daher auf die obigen Ausführungen verwiesen werden. In der Abwandlung könnte jedoch die rechtsfehlerfreie Anwendung der Rechtsgrundlage anders zu beurteilen sein.

a) Formelle Rechtmäßigkeit

aa) Nachholung der Anhörung

Im Ausgangsfall war aufgrund der Verletzung des § 28 Abs. 1 VwVfG ein Verfahrensfehler festgestellt worden, der keine Heilung gem. § 45 Abs. 1 Nr. 3 VwVfG erfahren hatte. Nach der Sachverhaltsabwandlung hat die Widerspruchsbehörde L vor Erlaß des Widerspruchsbescheids angehört. Dadurch könnte der von der Ausgangsbehörde durch die Mißachtung des § 28 Abs. 1 VwVfG begangene Verfahrensfehler geheilt worden sein.

An der inhaltlich korrekten „erforderlichen Anhörung" i.S.d. § 45 Abs. 1 Nr. 3 VwVfG sind Zweifel nicht angezeigt. Die nachgeholte Anhörung wäre gem. § 45 Abs. 2 VwVfG auch rechtzeitig erfolgt. Bedenken könnten allerdings gegenüber der Zuständigkeit der Widerspruchsbehörde zur Nachholung der Anhörung bestehen.

bb) Zuständigkeit der Widerspruchsbehörde zur Fehlerheilung

§ 28 Abs. 1 VwVfG betrifft nur die Anhörung durch die Ausgangsbehörde; in § 45 VwVfG wird eine andere Behörde zur Anhörung nicht für zuständig erklärt[147]. Daraus könnte zu folgern sein, daß nur die Ausgangsbehörde die Anhörung mit heilender Wirkung nachholen kann, u. z. jedenfalls in denjenigen Fällen, in denen nach Anhörung eine andere Entscheidung in der Sache hätte getroffen werden können, weil ansonsten dem Betroffenen eine Verwaltungsinstanz verloren ginge[148].

Dabei bliebe jedoch unberücksichtigt, daß nach § 45 Abs. 2 VwVfG die Heilung eines Verfahrensfehlers möglich bleiben soll, solange das Verwal-

---

[147] *Schilling*, VerwArch. 78 (1987), 45 (52).

[148] BVerwGE 66, 184 (187 f.); *Weides*, JA 1984, 648 (659); *Messerschmidt*, NVwZ 1985, 877 (878 f.).

tungsverfahren im Verantwortungsbereich der Verwaltung schwebt[149] und daß die Widerspruchsbehörde dem Verwaltungsakt die für die gerichtliche Nachprüfung maßgebende Gestalt gibt (§ 79 Abs. 1 Nr. 1 VwGO)[150]. Die Befugnisse der Widerspruchsbehörde decken sich grundsätzlich mit denjenigen der Ausgangsbehörde, sie kann ihr Ermessen grundsätzlich an die Stelle desjenigen der Erstbehörde setzen[151]. Die Widerspruchsbehörde kann demnach die erforderliche Anhörung eines Beteiligten nach Abschluß des Abhilfeverfahrens (§ 72 VwGO) und nach Eintritt ihrer Zuständigkeit durch den Devolutiveffekt des Widerspruchs (§ 73 VwGO) mit heilender Wirkung nachholen, u. z. in der Regel auch bei Ermessensentscheidungen[152]. Bei letzteren könnte eine Heilung allenfalls ausscheiden, wenn die Widerspruchsbehörde auf die Prüfung der Rechtmäßigkeit des Verwaltungsakts beschränkt wäre[153]. Eine solche Konstellation liegt hier jedoch nicht vor.

Somit konnte die Widerspruchsbehörde durch die nachgeholte Anhörung des L den Verfahrensfehler der Ausgangsbehörde (Verstoß gegen § 28 Abs. 1 VwVfG) heilen. Die frühere Verletzung des Verfahrensrechts ist gem. § 45 Abs. 1 Nr. 3 VwVfG unbeachtlich. In formeller Hinsicht ist die Rücknahme der Zuschußbewilligung nicht (mehr) zu beanstanden.

b) Materielle Rechtmäßigkeit

Zur materiellen Rechtmäßigkeit der Rücknahme der Zuschußbewilligung ergeben sich gegenüber dem Ausgangsfall in bezug auf die Voraussetzungen und Rechtsfolge des § 48 (Abs. 1, 2, 4) VwVfG keine Abweichungen. Die Rücknahme ist insoweit rechtswidrig vorgenommen worden, als das Entschließungsermessen nicht ausgeübt worden ist. Dieser Ermessensmangel ist auch durch die Widerspruchsbehörde, deren Ermessenserwägungen für die Rechtmäßigkeit des Verwaltungsakts maßgebend sind (§ 79

---

[149] *Nehls*, NVwZ 1982, 494 (495); *Hufen*, NJW 1982, 2160 (2165); *Schoch*, NVwZ 1983, 249 (254 f.).

[150] BVerwGE 66, 111 (114 f.); *Laubinger*, VerwArch. 72 (1981), 333 (341); *Pietzner/Ronellenfitsch*, Assessorexamen (Fn. 130), § 38 Rdn. 4.

[151] BVerwG, BayVBl. 1982, 310 (311); BayVGH, DÖV 1982, 83; *J. Martens*, NVwZ 1984, 556 (557); *Busch*, in: Knack (Hrsg.), VwVfG, § 40 Rdn. 10.1 und § 79 Rdn. 10.

[152] BVerwG, NVwZ 1984, 578 (579); *Schoch*, NVwZ 1983, 249 (255); *Bosch/Schmidt*, Praktische Einführung (Fn. 10), S. 139; *Pietzner/Ronellenfitsch*, Assessorexamen (Fn. 130), § 38 Rdn. 4; *Klappstein*, in: Knack (Hrsg.), VwVfG, § 45 Rdn. 3.3.2; *Obermayer*, VwVfG, § 45 Rdn. 18; *Stelkens/Sachs*, in: Stelkens/Bonk/Leonhardt, VwVfG, § 45 Rdn. 40.

[153] BVerwGE 66, 111 (115); *Schoch*, NVwZ 1983, 249 (255).

Abs. 1 Nr. 1 VwGO)[154], nicht beseitigt worden. Diese hat nämlich nicht die notwendige Ermessensbetätigung vorgenommen, sondern den Ermessensfehler der Ausgangsbehörde wiederholt und losgelöst vom konkreten Fall bekräftigend auf die Richtlinien verwiesen.

aa) Zulässigkeit des Nachschiebens von Gründen

Im verwaltungsgerichtlichen Verfahren sind jedoch behördlicherseits die tragenden Ermessenserwägungen vorgebracht worden. Fraglich ist, ob damit im Zeitpunkt der gerichtlichen Entscheidung von einer ermessensfehlerfreien Rücknahme der Zuschußbewilligung auszugehen ist. Dies hängt davon ab, ob ein *Nachschieben von Gründen* im Verwaltungsprozeß rechtlich zulässig ist.

Die Frage könnte schon deshalb zu verneinen sein, weil die Rechtswidrigkeit der Begründung die Rechtswidrigkeit des Verwaltungsakts i.S.d. § 113 Abs. 1 S. 1 VwGO nach sich zieht[155]. Das trifft in dieser Allgemeinheit jedoch nicht zu. Für die Rechtmäßigkeit eines Verwaltungsakts kommt es auf den Inhalt der getroffenen Regelung an. Bei gebundenen Verwaltungsentscheidungen hängt die materielle Rechtmäßigkeit allein von der Übereinstimmung der Regelung mit den gesetzlichen Voraussetzungen ab, so daß die Begründung eines Verwaltungsakts allenfalls für Ermessensfehler von rechtlicher Bedeutung sein kann[156].

Die Unzulässigkeit des Nachschiebens von Gründen im Verwaltungsprozeß könnte sich jedoch aus § 45 Abs. 2 VwVfG ergeben[157]. Dagegen spricht allerdings, daß die Vorschrift auf die Heilung *materieller* Rechtsfehler nicht anwendbar ist. § 45 VwVfG, der sich nur auf *Verfahrens- und Formvorschriften* bezieht, steht in bezug auf Begründungsmängel im systematischen Zusammenhang mit § 39 Abs. 1 VwVfG und heilt lediglich formelle Begründungsmängel im Sinne dieser Vorschrift[158]. Beim Nachschieben von Gründen geht es jedoch um die Ergänzung der sachlichen Begründung eines angefochtenen Verwaltungsakts, die zwar den formellen Anforderungen des § 39 Abs. 1 VwVfG entsprechen mag, aber materiell fehlerhaft ist und den Verwal-

---

154 BVerwG, DÖV 1982, 409 = DVBl. 1982, 304 (305) = NJW 1982, 1413; VGH Bad.-Württ., NVwZ 1987, 520; *Bosch/Schmidt*, Praktische Einführung (Fn. 10), S. 140.

155 *Schenke*, NVwZ 1988, 1 (9ff.).

156 *Schoch*, DÖV 1984, 401 (403f.); *Eyermann/Fröhler/Kormann*, VwGO, § 113 Rdn. 19f.; *Stelkens/Sachs*, in: Stelkens/Bonk/Leonhardt, VwVfG, § 45 Rdn. 30, 33.

157 VG Köln, NJW 1981, 780; *H. Meyer*, in: Meyer/Borgs, VwVfG, § 45 Rdn. 30.

158 *Schenke*, NVwZ 1988, 1 u. 9; *Hufen*, Fehler im Verwaltungsverfahren, Rdn. 604; *Pietzner/Ronellenfitsch*, Assessorexamen (Fn. 130), § 38 Rdn. 6.

tungsakt inhaltlich nicht trägt[159]. § 45 Abs. 2 VwVfG trifft demnach keine Aussage zum Nachschieben von Gründen[160].

Auf inhaltliche Begründungsfehler könnte § 45 Abs. 2 VwVfG indes *analog* anwendbar sein[161]. Jedoch liegen die Voraussetzungen für eine Analogie nicht vor. Das Gesetz weist keine *planwidrige Unvollständigkeit* auf. Vielmehr wird, wie eine Gegenüberstellung von § 45 VwVfG und § 46 VwVfG zeigt, gezielt zwischen Verfahrensrecht und materiellem Recht unterschieden. Die Formulierung „erforderliche" Begründung in § 45 Abs. 1 Nr. 2 VwVfG knüpft bewußt nur an § 39 Abs. 1 VwVfG und nicht auch an § 40 VwVfG an[162]. § 45 Abs. 2 VwVfG ist demnach beim Nachschieben von Gründen nicht analog anwendbar[163].

Mangels spezieller Regelungen kann sich die Zulässigkeit des Nachschiebens von Gründen somit nur aufgrund allgemeiner Überlegungen ergeben. Verwaltungsgerichtlich muß der angefochtene Verwaltungsakt unter allen tatsächlichen (§ 86 VwGO) und rechtlichen Gründen überprüft werden. Er ist auch dann als rechtmäßig zu bestätigen, wenn er sich auf andere als die von der Behörde vorgebrachten Gründe stützen läßt[164]. Folglich muß die Verwaltung grundsätzlich als befugt erachtet werden, Gründe nachzuschieben[165]. Dies könnte bedeuten, daß die Behörde ihre unzureichende Ermessensbildung während des Verwaltungsrechtsstreits ergänzen darf[166].

---

[159] *Schoch*, DÖV 1984, 401 (403); *Weyreuther*, DÖV 1985, 126 (128); *Maurer*, Allgemeines Verwaltungsrecht, § 10 Rdn. 40; *Redeker/von Oertzen*, VwGO, § 108 Rdn. 28 f.

[160] BVerwG, DÖV 1990, 783 (784) = DVBl. 1990, 1350 (1351) = BayVBl. 1990, 759 (760) = JZ 1991, 153; *Eyermann/Fröhler/Kormann*, VwGO, § 113 Rdn. 18; *Klappstein*, in: Knack (Hrsg.), VwVfG, § 45 Rdn. 3.2.3.

[161] *Schenke*, VBlBW 1982, 313 (324); *ders.*, NVwZ 1988, 1 (12); *J.-J. Rupp*, Nachschieben von Gründen im verwaltungsgerichtlichen Verfahren, 1987, S. 45 ff.; *Kopp*, VwGO, § 113 Rdn. 28.

[162] *Hinweis*: Die Gesetzesmaterialien, die in einer Klausur natürlich nicht zur Verfügung stehen (anders: Hausarbeit), heben hervor, daß sich § 45 Abs. 1 Nr. 2 VwVfG nur auf § 39 Abs. 1 VwVfG – und nicht auch auf § 40 VwVfG – beziehen soll. BT-Drucks. 7/910 S. 65.

[163] *Schoch*, DÖV 1984, 401 (409); *von Mutius*, in: Festschrift für Menger, 1985, S. 575 (599); *Hill*, Das fehlerhafte Verfahren (Fn. 111), S. 327.

[164] BVerwGE 64, 356 (358) und 80, 96 (98); BVerwG, BayVBl. 1989, 376 (378) und 1990, 667 (668); BayVGH, BayVBl. 1990, 535 (536); *Weyreuther*, DÖV 1985, 126 (128); *Maurer*, Allgemeines Verwaltungsrecht, § 10 Rdn. 40.

[165] *Stern*, Verwaltungsprozessuale Probleme (Fn. 5), S. 181; *Schmitt Glaeser*, Verwaltungsprozeßrecht, Rdn. 732 f.; *Badura*, in: Erichsen/Martens (Hrsg.), Allgemeines Verwaltungsrecht, § 41 Rdn. 43; *Redeker/von Oertzen*, VwGO, § 108 Rdn. 29 f.

[166] BVerwG, NVwZ 1987, 498 (499); DVBl. 1987, 241 (242) = NJW 1987, 1564 (1566) = BayVBl. 1987, 219 (220); DÖV 1990, 783 = DVBl. 1990, 1350 (1351) = BayVBl. 1990, 759 = JZ 1991, 153.

bb) Grenzen des Nachschiebens von Gründen

Dagegen spricht jedoch, daß bei der Zulassung eines Nachschiebens von *Ermessenserwägungen* im Verwaltungsprozeß durch die beklagte Ausgangsbehörde dem Betroffenen eine Zweckmäßigkeitskontrolle (§ 68 Abs. 1 S. 1 VwGO) durch die Widerspruchsbehörde genommen würde, die dem Gericht nicht zukommt (§ 114 VwGO)[167]. Zudem verteidigt die Verwaltung (sbehörde) im Prozeß regelmäßig ihren Rechtsstandpunkt, trifft aber nicht etwa eine Auswahl von Verhaltensmöglichkeiten[168]. Das Nachschieben von Ermessenserwägungen im Verwaltungsprozeß ist daher unzulässig[169]. Das gilt jedenfalls dann, wenn, wie hier, Ausgangsbehörde und Widerspruchsbehörde nicht identisch sind[170].

Im vorliegenden Fall könnte jedoch ausnahmsweise das Nachschieben von Ermessenserwägungen durch die Ausgangsbehörde zulässig sein, weil aufgrund der konkreten Umstände die Zweckmäßigkeitsprüfung im Widerspruchsverfahren nicht unterlaufen werden kann. Die Widerspruchsbehörde ist mit dem „Fall L" befaßt gewesen und hat sich aufgrund einer rechtlich zutreffenden Würdigung des Einzelfalles sogar veranlaßt gesehen, auch noch die Darlehensbewilligung aufzuheben. Es würde als sinnloser Formalismus erscheinen, wenn ein Verwaltungsakt lediglich wegen einer ursprünglich fehlerhaften Begründung gerichtlich aufgehoben würde, obwohl die nachträglich vorgebrachte Begründung den Bescheid rechtfertigt, so daß die Behörde dieselbe Regelung mit einer anderen Begründung erlassen könnte[171], u. z. aller Wahrscheinlichkeit nach ohne Beanstandung durch die Widerspruchsbehörde.

---

167 BVerwG, DÖV 1982, 409 f. = NJW 1982, 1413 = DVBl. 1982, 304 (305); *Schoch*, DÖV 1984, 401 (410).

168 *Busch*, in: Knack (Hrsg.), VwVfG, § 40 Rdn. 9.2.

169 OVG Münster, GemH 1983, 94 (95); *Hill*, Das fehlerhafte Verfahren (Fn. 111), S. 99; *Hufen*, Fehler im Verwaltungsverfahren, Rdn. 605; *Maurer*, Allgemeines Verwaltungsrecht, § 10 Rdn. 40; *H. Meyer*, in: Meyer/Borgs, VwVfG, § 45 Rdn. 30; *Busch*, in: Knack (Hrsg.), VwVfG, § 40 Rdn. 9.2; *Stelkens/Sachs*, in: Stelkens/Bonk/Leonhardt, VwVfG, § 45 Rdn. 33; *Redeker/von Oertzen*, VwGO, § 108 Rdn. 31.

170 BVerwG, DÖV 1982, 409 = NJW 1982, 1413 = DVBl. 1982, 304 (305); *Schoch*, DÖV 1984, 401 (410); *von Mutius*, in: Festschrift für Menger, S. 599; *Badura*, in: Erichsen/Martens (Hrsg.), Allgemeines Verwaltungsrecht, § 41 Rdn. 44; *Pietzner/Ronellenfitsch*, Assessorexamen (Fn. 130), § 38 Rdn. 6; *Eyermann/Fröhler/Kormann*, VwGO, § 113 Rdn. 25.

171 *Ule*, Verwaltungsprozeßrecht, S. 308; *Schmitt Glaeser*, Verwaltungsprozeßrecht, Rdn. 733.

Eine solche Fallgestaltung ist hier gegeben. Fraglich ist nur noch, welchen allgemeinen Grenzen das Nachschieben von Gründen unterliegt. Aus rechtsstaatlichen Erwägungen müßten die von der Behörde nunmehr angegebenen Gründe schon beim Erlaß des Verwaltungsakts vorgelegen, sie dürften diesen nicht in seinem Wesen geändert haben, und der Betroffene dürfte nicht in seiner Rechtsverteidigung beeinträchtigt werden[172]. Auch diese Voraussetzungen sind erfüllt. Die nachgeschobenen Gründe hätten die Aufhebung der Zuschußbewilligung schon früher gerechtfertigt. Die Rücknahme ist zudem in ihrem Wesen nicht tangiert. Und es ist auch nicht ersichtlich, daß L im Verwaltungsprozeß in seiner Rechtsverteidigung beeinträchtigt wäre.

Behördlicherseits sind somit die zutreffenden Ermessensgründe zulässigerweise im Verwaltungsprozeß nachgeschoben worden. Die Rücknahme der *Zuschußbewilligung* ist im Zeitpunkt der gerichtlichen Entscheidung nicht rechtswidrig.

2. *Rücknahme der Darlehensbewilligung*

Die von der Widerspruchsbehörde vorgenommene Rücknahme der *Darlehensbewilligung* könnte jedoch rechtswidrig sein. Zwar ist diese Verwaltungsentscheidung aufgrund einer zutreffenden Würdigung der Umstände des konkreten Falles erfolgt. Die Rechtswidrigkeit könnte sich jedoch daraus ergeben, daß die Widerspruchsbehörde nicht befugt gewesen ist, den Rücknahmebescheid der Ausgangsbehörde auf den Widerspruch des L hin zu dessen Lasten zu verändern.

a) Zulässigkeit der reformatio in peius

Der Verwaltung könnte es prinzipiell untersagt sein, innerhalb eines Widerspruchsverfahrens den angefochtenen Verwaltungsakt zum Nachteil des Rechtsbehelfsführers zu ändern. Aus Sinn und Zweck der §§ 69 ff. VwGO, insbesondere der §§ 71, 72 VwGO, könnte sich ergeben, daß der mit einem Widerspruch angefochtene Verwaltungsakt nur aufgehoben oder zugunsten des Widerspruchsführers geändert werden darf[173]. Gegen eine Zulässigkeit der *reformatio in peius* könnte ferner die Rechtsschutzfunktion des Vorverfahrens sprechen[174]. Das Verfahren wird durch einen Rechtsschutzantrag des Bürgers eingeleitet, der den

---

[172] BVerwGE 38, 191 (195); 61, 200 (210); *Schmitt Glaeser*, Verwaltungsprozeßrecht, Rdn. 734 ff.

[173] *Ule*, Verwaltungsprozeßrecht, S. 124; *Obermayer*, VwVfG, § 79 Rdn. 46 b und 58.

[174] *Menger/Erichsen*, VerwArch. 57 (1966), 270 (285).

Aspekt der Selbstkontrolle der Verwaltung zurückdrängen könnte, und eine Entlastung der Gerichte ist bei der Zulassung einer Verböserung nicht zu erwarten[175]. Schließlich könnte der Bundesgesetzgeber aufgrund seiner beschränkten Kompetenz gem. Art. 74 Nr. 1 GG nur befugt gewesen sein, das Vorverfahren unter dem Gesichtspunkt der Rechtsschutz- und Entlastungsfunktion gegenüber der Verwaltungsgerichtsbarkeit zu regeln, so daß die Möglichkeit einer Entstehung neuen Prozeßstoffes zwischen den Beteiligten durch das Widerspruchsverfahren ausgeschlossen sein sollte[176].

Gerade der Hinweis auf die beschränkte Kompetenz des Bundesgesetzgebers spricht dafür, daß §§ 68 bis 79 VwGO keine Regelung darüber treffen, ob die Widerspruchsbehörde einen durch den Widerspruch des Betroffenen angefochtenen Verwaltungsakt zu seinen Ungunsten abändern darf oder nicht[177]. Daher kann auch nicht zugunsten einer Zulässigkeit der reformatio in peius[178] auf § 79 Abs. 2 VwGO und die Möglichkeit einer zusätzlichen selbständigen Beschwer verwiesen werden. Die Vorschrift geht lediglich von dieser Möglichkeit aus, ohne jedoch zu bestimmen, daß der Widerspruchsbescheid eine solche zusätzliche Beschwer enthalten darf[179]. Ebensowenig überzeugt es, wenn auf die Verfahrensherrschaft der Widerspruchsbehörde und eine daraus resultierende fehlende Bindung an Sachanträge der Beteiligten hingewiesen wird[180]. Der Widerspruchsführer entscheidet nämlich mit seinem Antrag (§ 79 i.V.m. § 22 S. 2 Nr. 1 VwVfG) über den Umfang der Anfechtung und damit über die Kontrolle des angegriffenen Verwaltungsakts[181]. Schließlich sind auch durch den Rückgriff auf die Zwecke des Widerspruchsverfahrens zwingende Schlußfolgerungen nicht zu gewinnen. Der erwähnten Rechtsschutzfunktion steht die

---

175 *J. Martens*, Die Praxis des Verwaltungsverfahrens, 1985, Rdn. 384.

176 *von Mutius*, Widerspruchsverfahren (Fn. 143), S. 223 f.; *Renck*, BayVBl. 1974, 639 (640); *Renck-Laufke*, BayVBl. 1978, 247 f.; *Greifeld*, NVwZ 1983, 725 (726).

177 BVerwGE 51, 310 (313); *Theuersbacher*, BayVBl. 1978, 18; *Topel*, BayVBl. 1988, 9 (10); *Bosch/Schmidt*, Praktische Einführung (Fn. 10), S. 136; *Kopp*, VwGO, § 68 Rdn. 10; *Redeker/von Oertzen*, VwGO, § 73 Rdn. 20.

178 *Bosch/Schmidt*, Praktische Einführung (Fn. 10), S. 136; *Schmitt Glaeser*, Verwaltungsprozeßrecht, Rdn. 290.

179 BVerwGE 51, 310 (314); *Topel*, BayVBl. 1988, 9; *von Mutius*, Widerspruchsverfahren (Fn. 143), S. 222 f.; *ders.*, in: Jura Extra – Studium und Examen, 2. Aufl. 1983, S. 168.

180 *Stern*, Verwaltungsprozessuale Probleme (Fn. 5), S. 173; *Schmitt Glaeser*, Verwaltungsprozeßrecht, Rdn. 291.

181 *Fischer-Hüftle*, BayVBl. 1989, 229 f.

Selbstkontrolle der Verwaltung gegenüber, die aufgrund der Gesetzesbindung (Art. 20 Abs. 3 GG) für eine Zulässigkeit der reformatio in peius spricht[182]. Indem nun aber durch die Schlechterstellung des Widerspruchsführers eine Entlastung der Verwaltungsgerichte kaum erreicht werden dürfte, spricht dies wiederum gegen die Zulässigkeit der Verböserung[183].

Demnach läßt sich §§ 68 ff. VwGO eine Lösung der Problematik nicht entnehmen. Der Bundesgesetzgeber hat in der VwGO die Zulässigkeit der reformatio in peius nicht geregelt. Sie kann sich daher nur nach Maßgabe des jeweils anzuwendenden materiellen Bundes- oder Landesrechts einschließlich seiner Zuständigkeitsvorschriften ergeben[184]. Dieses Recht schließt die Verböserung weder generell aus noch läßt es sie voraussetzungslos zu[185].

b) Voraussetzungen der reformatio in peius

Voraussetzungen für eine von der Widerspruchsbehörde vorgenommene Verböserung sind eine entsprechende *Kompetenz* und eine einschlägige *Ermächtigungsnorm*[186]. Die kompetenzrechtliche Grundlage für die Tätigkeit der Widerspruchsbehörde ist § 73 VwGO[187]. Fraglich sind die Anforderungen an die materielle Befugnisnorm. Zu erwägen ist, ob eine ausdrückliche Ermächtigung zur reformatio in peius bestehen muß[188]. Dagegen spricht jedoch, daß einschlägiges Bundes- oder Landesrecht nicht einmal kodifiziert sein muß, sondern entsprechende Normen auch auf allgemeine Grundsätze des Verwaltungsrechts zurückgehen können[189]. Daher könnte es für die Rechtmäßigkeit der Verböserung schon genügen, daß die Widerspruchsbehörde, wenn sie

---

[182] *Weides*, JuS 1987, 477 (482); *Topel*, BayVBl. 1988, 9 (10); *Bosch/Schmidt*, Praktische Einführung (Fn. 10), S. 136; *Eyermann/Fröhler/Kormann*, VwGO, § 73 Rdn. 7; *Kopp*, VwGO, § 68 Rdn. 10; *Busch*, in: Knack (Hrsg.), VwVfG, § 79 Rdn. 10.3.1.

[183] BVerwGE 51, 310 (314).

[184] BVerwGE 51, 310 (313 f.); 65, 313 (319); BVerwG, NVwZ 1987, 215 = DVBl. 1987, 238 (239); BayVGH, GewArch. 1988, 276 (277); OVG Münster, NWVBL 1989, 202 (203); VGH Bad.-Württ., NVwZ-RR 1991, 113 (114); *Pietzner/Ronellenfitsch*, Assessorexamen (Fn. 130), § 40 Rdn. 11; *Kopp*, VwGO, § 68 Rdn. 10; *Renz*, DÖV 1991, 138 (143).

[185] *Stelkens/Sachs*, in: Stelkens/Bonk/Leonhardt, VwVfG, § 48 Rdn. 48.

[186] *Topel*, BayVBl. 1988, 9 (10).

[187] BVerwG, NVwZ 1987, 215 (216) = DVBl. 1987, 238 (239); OVG Lüneburg, OVGE 37, 237 (239); *Theuersbacher*, BayVBl. 1978, 18.

[188] BayVGH, BayVBl. 1978, 16 (17); *Greifeld*, NVwZ 1983, 725 (726).

[189] *Pietzner*, VerwArch. 81 (1990), 261 (263 f.).

mit der Ausgangsbehörde nicht identisch ist, dieser als nächsthöhere Aufsichtsbehörde vorgesetzt ist[190].

Die Überlegung bietet jedoch keine materiellrechtliche Befugnisnorm. Vielmehr ist zu bedenken, daß durch den mit dem Devolutiveffekt verbundenen Widerspruch die Widerspruchsbehörde grundsätzlich dieselben Befugnisse erhält wie die Ausgangsbehörde[191]. Als Ermächtigungsgrundlage fungiert deshalb diejenige materiellrechtliche Vorschrift, die bei korrekter Gesetzesanwendung heranzuziehen ist[192]. Dies ist im vorliegenden Fall § 48 VwVfG. Eine Befreiung von den Bindungen der Bestimmung[193] oder eine Heranziehung lediglich der in der Regelung enthaltenen Grundsätze[194] käme selbst dann nicht in Betracht, wenn der unmittelbare Anwendungsbereich der Vorschrift auf die Aufhebung von Verwaltungsakten außerhalb eines Rechtsbehelfsverfahrens zu beschränken sein sollte[195]. Gem. § 79 VwVfG könnte § 48 VwVfG nämlich zur Anwendung gebracht werden[196].

Somit durfte und mußte die Widerspruchsbehörde im Falle des L nach Maßgabe der materiellen Determinanten gem. § 48 Abs. 1, Abs. 2, Abs. 4 S. 1 VwVfG entscheiden. Die danach bestehende materiellrechtliche Zulässigkeit der Rücknahme der Darlehensbewilligung war nach dem Sachverhalt gegeben. Die reformatio in peius kommt auch bei Ermessensentscheidungen in Betracht[197]. Fraglich könnte allenfalls sein, ob zugunsten des L ein Vertrauensschutz vor einer Verböserung anzunehmen ist. Ein solcher Vertrauensschutz könnte schon durch die Anfechtung der Rücknahmeentscheidung der Ausgangsbehörde entfallen. Möglicherweise muß derjenige, der einen Bescheid angreift, grundsätzlich auch die Verschlechterung seiner Position in

---

[190] BayVGH, GewArch. 1988, 276 (277); *Eyermann/Fröhler/Kormann*, VwGO, § 73 Rdn. 7.

[191] *von Mutius*, Jura Extra (Fn. 179), S. 167; *Kopp*, VwGO, § 68 Rdn. 9; *Busch*, in: Knack (Hrsg.), VwVfG, § 79 Rdn. 10.2.

[192] *Theuersbacher*, BayVBl. 1978, 18; *Topel*, BayVBl. 1988, 9 (10); *Renz*, DÖV 1991, 138 (144 f.).

[193] *Weides*, JuS 1987, 477 (482); *Kopp*, VwGO, § 68 Rdn. 10; *Obermayer*, VwVfG, § 79 Rdn. 46 b.

[194] BVerwGE 65, 313 (319); *Pietzner*, VerwArch. 81 (1990), 261 (268); *J. Martens*, Verwaltungsverfahren (Fn. 175), Rdn. 384; *Stelkens/Sachs*, in: Stelkens/Bonk/Leonhardt, VwVfG, § 48 Rdn. 49.

[195] *Pietzner/Ronellenfitsch*, Assessorexamen (Fn. 130), § 40 Rdn. 16.

[196] *Topel*, BayVBl. 1988, 9 (11).

[197] *Fischer-Hüftle*, BayVBl. 1989, 229 (231); *Pietzner/Ronellenfitsch*, Assessorexamen (Fn. 130), § 40 Rdn. 17; *Eyermann/Fröhler/Kormann*, VwGO, § 73 Rdn. 7.

Kauf nehmen und kann deshalb ein entgegenstehendes schutzwürdiges Vertrauen aufgrund des Verwaltungsakts nicht bilden[198]. Die Überlegung, der Betroffene habe durch seinen Rechtsbehelf selbst die Unbeständigkeit des gegen ihn erlassenen Verwaltungsakts verursacht, ist jedoch abzulehnen[199]. Damit würde die geforderte materielle Entscheidungsfindung nicht ermöglicht. Der Widerspruchsführer legt den Rechtsbehelf ein, um Rechtsschutz und eine im Ergebnis günstige Entscheidung zu erhalten.

Es ist somit in der Sache zu fragen, ob durch die reformatio in peius im Widerspruchsverfahren die bundesrechtlich bestehenden Grenzen des Kernbestandes der Grundsätze des Vertrauensschutzes und von Treu und Glauben beachtet sind[200]. L war bereits von der Ausgangsbehörde mitgeteilt worden, daß die Subventionsbewilligung nach den bestehenden Richtlinien aufgehoben werden müsse. Damit mußte er davon ausgehen, daß an sich die vollständige Rücknahme des Bewilligungsbescheids angezeigt war. Es ist L von der Ausgangsbehörde gesagt worden, davon werde nur mit Rücksicht auf das behördliche Versehen Abstand genommen. Es war folglich damit zu rechnen, daß die Widerspruchsbehörde, die zugleich Aufsichtsbehörde ist, im Falle ihrer Prüfung die vollständige Aufhebung der Subventionsbewilligung vornehmen würde. L konnte kein schutzwürdiges Vertrauen dahingehend bilden, daß sein Widerspruch allenfalls zu einer Bestätigung der Entscheidung der Ausgangsbehörde führen würde. Die reformatio in peius ist im Falle des L rechtlich keinen Bedenken ausgesetzt. Die Entscheidung der Widerspruchsbehörde ist rechtmäßig.

II. Rechtsverletzung

Da die getroffene Verwaltungsentscheidung rechtmäßig ist, ist L auch nicht i.S.d. § 113 Abs. 1 S. 1 VwGO in seinen Rechten verletzt.

Ergebnis: Die Klage ist nicht nur unzulässig; sie wäre auch unbegründet.

---

[198] BVerwGE 67, 129 (134); BayVGH, GewArch. 1988, 276 (277); *Weides*, JuS 1987, 477 (482); *Busch*, in: Knack (Hrsg.), § 79 Rdn. 10.3.1; *Renz*, DÖV 1991, 138 (145).

[199] *J. Martens*, Verwaltungsverfahren (Fn. 175), Rdn. 384; *Topel*, BayVBl. 1988, 9 (11).

[200] BVerwGE 51, 310 (315); *J. Martens*, Verwaltungsverfahren (Fn. 175), Rdn. 384.

Hinweise zur methodischen und sachlichen Vertiefung

1. *Vorbemerkung*

Die Aufgabe entspricht in Inhalt und Umfang einer Hausarbeit. Der Fall ist so gebildet, daß er von den zu behandelnden Rechtsproblemen her ungewöhnlich komplex ist; zur Steigerung der – bewußt angestrebten – Komplexität trägt nicht zuletzt die Abwandlung des Ausgangsfalles bei. Entsprechend umfangreich fällt die Fallbearbeitung aus.

Es versteht sich von selbst, daß eine Aufgabe dieses Umfangs als Klausur nicht ausgegeben werden könnte. Unterschiedlich verbundene Teile der Aufgabenstellung sind jedoch mehrfach in Übungen und im Staatsexamen „getestet" worden. Die Zusammenfügung zu einem Fall bot sich an, weil in der Fallbearbeitung „juristische Dauerbrenner" aus dem Verwaltungsprozeßrecht, aus dem Verwaltungsverfahrensrecht und aus dem Allgemeinen Verwaltungsrecht geboten werden können.

2. *Aufbau*

Die Fallösung begegnet nur an einigen Stellen Aufbauproblemen. Zunächst bedarf keiner Begründung, daß der Ausgangsfall und die Abwandlung getrennt zu lösen sind. Die Frage nach den Erfolgsaussichten der Klage bedingt den prozessualen Aufbau. Im Zulässigkeitsteil bestehen keine besonderen Schwierigkeiten. In der Begründetheitsprüfung entspricht der Einstieg, ausgehend von § 113 Abs. 1 S. 1 VwGO, dem empfohlenen Aufbau (vgl. Aufbauschema, oben Teil 2). Zur Frage der einschlägigen Rechtsgrundlage sind zunächst in Betracht kommende spezialgesetzliche Regelungen zu erörtern. Da im Ergebnis keine besondere verwaltungsbehördliche Aufhebungsbefugnis normiert ist, können nur die allgemeinen Vorschriften der §§ 48, 49 VwVfG in Betracht kommen. In der Sache ist klar, daß § 48 VwVfG die Rücknahme rechtswidriger Verwaltungsakte betrifft, während sich § 49 VwVfG auf den Widerruf rechtmäßiger Verwaltungsakte bezieht. Folglich ist zu prüfen, ob der aufgehobene Verwaltungsakt rechtmäßig oder rechtswidrig ist. Aufbaumäßig kann dies, wie hier vorgeschlagen, so geschehen, daß vorab endgültig geklärt wird, ob § 48 VwVfG oder § 49 VwVfG als Rechtsgrundlage einschlägig ist (ebenso im Aufbau die Fallbearbeitungen von *Erichsen*, Jura 1982, 46 [49 f.]; *Berg*, Jura 1987, 619 [620 f.]; *Epping*, JA 1990, 144 [146 ff.]). Aufbaumäßig kann durchaus aber auch so vorgegangen werden, daß sogleich § 48 Abs. 1 S. 1 VwVfG als in Betracht kommende Rechtsgrundlage herangezogen und im Rahmen der rechtsfehlerfreien Anwendung der Vorschrift als Tatbestandsvoraussetzung geprüft wird, ob Gegenstand der behördlichen Aufhebung ein rechtswidriger Verwaltungsakt ist (so im Aufbau die Fallbearbeitungen von *Püttner/Losch*, VBlBW 1987, 76 [77]; *Erichsen/Weiß*, Jura 1987, 150 [152]; *Krüger*, NWVBL 1990, 70 [71]).

Im folgenden ergibt sich der Aufbau mehr oder weniger zwangsläufig. Im Rahmen der rechtsfehlerfreien Anwendung der Rechtsgrundlage ist die formelle Rechtmäßigkeit vor der materiellen Rechtmäßigkeit der Rücknahme zu prüfen. Materiellrechtlich ist zwischen den Voraussetzungen der Rücknahme und dem rechtsfehlerfreien Gebrauchmachen von der Rechtsfolge (Ermessen) zu unterscheiden. Innerhalb der Tatbestandsvoraussetzungen differenziert das Gesetz (vgl. den „Weg“ über § 48 Abs. 1 S. 2 VwVfG) selbst zwischen dem Vertrauens (-schutz)tatbestand (§ 48 Abs. 2 VwVfG) und der zeitlichen Rücknahmesperre (§ 48 Abs. 4 S. 1 VwVfG). Im System des § 48 Abs. 2 VwVfG empfiehlt es sich, die Prüfung gleichsam „von hinten“ zu beginnen, also zunächst die speziellen Ausschlußgründe für den Vertrauensschutz zu untersuchen (Satz 3), anschließend Indizien für den Vertrauensschutz zu erörtern (Satz 2) und erst, wenn immer noch keine Lösung gefunden ist, am Ende die allgemeine Abwägung zwischen Vertrauensinteresse und Rücknahmeinteresse vorzunehmen (Satz 1).

Die Abwandlung entspricht im Aufbau dem Ausgangsfall. In der Darstellung sind – neben neu hinzugekommenen – nur noch diejenigen Prüfungspunkte zu berücksichtigen, die Abweichungen vom Ausgangsfall beinhalten könnten. Im übrigen ist zu verweisen. Nach der Begutachtung der Klage als unzulässig ist die Prüfung nicht etwa zu beenden; es ist vielmehr mit einem Hilfsgutachten fortzufahren. Im Rahmen der Begründetheitsprüfung sollte, da unterschiedliche rechtliche Anforderungen bestehen, klar zwischen der Rücknahme der Zuschußbewilligung und der Rücknahme der Darlehensbewilligung getrennt werden.

3. *Inhalt*

a) Zulässigkeit der Klage (Ausgangsfall)

Zur rechtsdogmatisch präzisen Klärung der *Rechtswegfrage* kommt es zunächst darauf an, genau herauszuarbeiten, worum im Tatsächlichen gestritten wird. Daß § 48 Abs. 6 VwVfG nicht einschlägig ist, liegt dann auf der Hand. Im Rahmen der Generalklausel (§ 40 Abs. 1 S. 1 VwGO) stellt sich das bekannte Problem der sog. zweistufigen Subventionsvergabe. Die Lösung folgt dem traditionellen Muster, erwähnt aber auch das in Rechtsprechung und Schrifttum zunehmend favorisierte einstufige Modell, nach dem hier dasselbe Ergebnis zu erzielen ist.

Als statthafte Rechtsschutzform kommt ersichtlich nur die *Anfechtungsklage* in Betracht. Es bedarf freilich, da sich der Sachverhalt insoweit nicht festlegt, der rechtlichen Begründung, daß es sich bei der angefochtenen Maßnahme um einen Verwaltungsakt handelt.

Zur *Klagebefugnis* wird die sog. „Adressatentheorie“, die keine Theorie ist, im Gesetz keine Stütze findet und in den problematischen Fällen versagt, mit keinem Wort erwähnt. Vielmehr sollte die gesetzliche Regelung des § 42 Abs. 2 VwGO ernst genommen werden. Aus dem Wortlaut der Vorschrift ergibt sich i.V.m. dem systematischen Zusammenhang zu § 113 Abs. 1 S. 1 VwGO sowie der Funktion (Sinn und Zweck) der das geltende System des Individualrechtsschutzes mitprägenden Bestimmung, daß die Möglichkeit der Rechtsverletzung gegeben sein muß. Subjektive öffentliche Rechte werden i. ü. nicht nur durch Rechtsnormen, sondern mitunter auch durch Verwaltungsakte begründet.

b) Begründetheit der Klage (Ausgangsfall)

In der Begründetheit der Klage wird zunächst unter dem Aspekt der Notwendigkeit einer *Ermächtigungsgrundlage* ein Rechtsproblem erörtert, dessen Kenntnis im „Ernstfall“ nicht vorausgesetzt würde. Die Frage nach der Geltung nur des

Vorrangs des Gesetzes oder auch des Vorbehalts des Gesetzes kann aber letztlich offen bleiben, da § 48 VwVfG allemal einschlägig ist. Zu der Erörterung der spezialgesetzlichen Regelungen sollte wenigstens § 44 a BHO/LHO bekannt sein.

Die Frage nach der *Rechtswidrigkeit* des aufzuhebenden Verwaltungsakts berührt am Beispiel der Rechtmäßigkeit der *Subventionsbewilligung* bekannte Grundfragen des Staats- und Verwaltungsrechts (Reichweite des Vorbehalts des Gesetzes, Wesentlichkeitstheorie, Rechtsnatur und Rechtswirkung von Verwaltungsvorschriften, Selbstbindung der Verwaltung). Die Lösung folgt traditionellen Dogmen, macht aber mehrmals kenntlich, daß mit gutem Grund vielfach eine andere Rechtsauffassung vertreten werden könnte.

Die fehlerfreie Anwendung der Rechtsgrundlage verlangt zunächst die Einhaltung der *formellen* Rechtmäßigkeitsvoraussetzungen. Indem der Sachverhalt von dem „überraschten" L spricht, ist deutlich gemacht, daß eine *Anhörung* nicht stattgefunden hat. Nach der Prüfung des § 28 Abs. 1 VwVfG und der Feststellung des Verfahrensverstoßes stellt sich das bekannte Problem der Heilung einer unterlassenen Anhörung im Widerspruchsverfahren. Die Lösung folgt hierzu nicht der h. M., die das Anhörungsrecht gem. § 28 Abs. 1 VwVfG unvertretbar relativiert, sondern schließt sich der Kritik (insbesondere an der Rechtsprechung) an. Das Ergebnis der Prüfung ist ein verfahrensfehlerhafter und damit rechtswidriger Verwaltungsakt. – Das zweite Problem im Rahmen der formellen Rechtmäßigkeitsvoraussetzungen betrifft die *Begründung* des Rücknahmebescheids gem. § 39 Abs. 1 VwVfG. Insoweit muß erkannt werden, daß die Vorschrift lediglich eine formelle Begründungspflicht statuiert, aber keine materiellen Voraussetzungen für die inhaltliche Richtigkeit der Begründung aufstellt.

Die *materielle* Rechtmäßigkeit der Rücknahme hängt zunächst davon ab, ob L Vertrauensschutz genießt. Im Rahmen des *objektiven Vertrauenstatbestandes* wird zum Ausschlußgrund gem. § 48 Abs. 2 S. 3 Nr. 2 VwVfG im Anschluß an *Maurer* und gegen die rigide Rechtsprechung des BVerwG eine eigenständige Lösung entwickelt. Die dann gem. § 48 Abs. 2 S. 1 VwVfG vorzunehmende Abwägung ist naturgemäß an den konkreten Umständen des Falles orientiert. – Die zeitliche Rücknahmesperre des § 48 Abs. 4 S. 1 VwVfG wirft schwierige Rechtsfragen auf, die Studierenden – trotz der nicht unerheblichen praktischen Bedeutung der Thematik – nicht ohne weiteres bekannt sein dürften. Der Lösungsvorschlag versucht mittels einer entsprechenden Strukturierung der Gesichtspunkte die Problematik deutlich zu machen. In der Sache selbst wird der durch den Großen Senat des BVerwG begründeten h. M. nicht gefolgt.

Da die Rücknahmevoraussetzungen vorliegen, hängt die Rechtmäßigkeit der Rücknahme – *Rechtsfolge* – von der fehlerfreien *Ermessensausübung* ab (Fallösungen von *Püttner/Losch*, VBlBW 1987, 76 [78] und *Krüger*, NWVBL 1990, 70 [72] insoweit nicht richtig, weil gar nicht gesehen wird, daß § 48 Abs. 1 S. 1 VwVfG Ermessen einräumt). Zunächst muß die Unterscheidung zwischen Entschließungs- und Auswahlermessen getroffen und erkannt werden, daß die Behörde nur letzteres betätigt hat. Die dann zu diskutierenden möglichen Ausnahmen von der Pflicht zur Ermessensbetätigung sind im Sachverhalt angedeutet, sollten also gesehen werden. Im Ergebnis läßt sich auch eine vom

Lösungsvorschlag abweichende Auffassung vertreten. Daß am Ende der Prüfung die mögliche Ermessensreduktion auf Null geboten wird, dürfte von Studierenden nicht unbedingt erwartet werden können.

Dasselbe trifft auf die Erörterung des § 46 VwVfG im Rahmen der *Rechtsverletzung* zu. Die ohnehin nur schwer verständliche Vorschrift ist in ihrem Regelungsgehalt bis heute nicht abschließend geklärt. Die Kontroverse um das rechtssystematische Verhältnis des § 46 VwVfG zu § 113 Abs. 1 S. 1 VwGO ist in der Fallösung wenigstens angedeutet. Deutlich herauszustellen war, daß § 46 VwVfG nur bestimmte formelle Rechtsmängel erfaßt und bei materiellen Rechtsfehlern auf Ermessensentscheidungen grundsätzlich nicht anwendbar ist.

c) Zulässigkeit der Klage (Abwandlung)

In der Abwandlung stellt sich im Rahmen der Rechtsschutzform die Frage, was *Gegenstand* der Anfechtungsklage ist. Die Antwort präjudiziert die Lösung zur Beklagtenbefugnis. Die um § 79 VwGO rankende Problematik dürfte Studierenden kaum vertraut sein, eignet sich aber als Problem in einer Hausarbeit. Daß in der Sache selbst auch eine abweichende Auffassung vertreten werden kann, ist in der Lösung deutlich gemacht.

Die Frage, ob auch der *verspätete Widerspruch* bei einer anschließenden Sachentscheidung der Widerspruchsbehörde die besondere Zulässigkeitsvoraussetzung „Erfolglosigkeit des Widerspruchs" erfüllt, gehört zu den Standardproblemen des Verwaltungsprozeßrechts. Hierzu muß erwartet werden, daß den Studierenden zumindest die wesentlichen rechtlichen Gesichtspunkte vertraut sind. Inhaltlich widerspricht die vorgeschlagene Lösung erneut der h. M. und gelangt demzufolge zur Unzulässigkeit der Klage. Daß das Gegenteil vertretbar ist, versteht sich.

d) Begründetheit der Klage (Abwandlung)

Abweichend vom Ausgangsfall ist in der Abwandlung der Verfahrensfehler durch eine wirksame *Nachholung der Anhörung* geheilt worden. Das wesentliche sachliche Problem liegt in der Zuständigkeit der Widerspruchsbehörde zur Fehlerheilung.

In materiellrechtlicher Hinsicht geht es um die Zulässigkeit des *Nachschiebens von Gründen*. Hierzu müßte auf jeden Fall bekannt sein, daß sich dieses Problem nicht über die Verfahrensvorschrift des § 45 Abs. 2 VwVfG lösen läßt. Die im Schrifttum geforderte analoge Anwendung dieser Bestimmung hat sich zu Recht nicht durchgesetzt. Das grundsätzlich zulässige Nachschieben von Gründen stößt bei Ermessensentscheidungen auf die in der Lösung herausgearbeiteten Grenzen. An sich müßte man deshalb zur Rechtswidrigkeit der Rücknahme gelangen. Für das abweichende Ergebnis sind die Umstände des konkreten Falles maßgebend.

Der letzte Problemkreis befaßt sich mit der *reformatio in peius*. Auch dazu müßten den Studierenden die wesentlichen Argumente bekannt sein. Im Detail ist ohnehin noch manche Frage nicht geklärt. Die hier entwickelte Lösung hat die (in den Anmerkungen nachgewiesene) neuere Rechtsprechung des BVerwG zur Grundlage. In dem Dickicht verschiedenartigster Diskussionsansätze wird eine streng rechtsdogmatische Lösung gesucht (prinzipielle Zulässigkeit der reformatio in peius, Kompetenz der Widerspruchsbehörde, materielle Ermächtigung zur reformatio in peius, Grenzen der zulässigen Verböserung).

4. *Rechtsprechungs- und Literaturhinweise*

a) Ausgangsfälle

Der Grundfall ist gebildet nach OVG Münster, Urt. v. 15. 8. 1980 – 9 A 251/79 – OVGE 35, 45 = NJW 1981, 2597 = DÖV 1981, 109 = *von Mutius*, JK, VwVfG § 48/2; OVG Münster, Urt. v. 15. 6. 1984 – 4 A 2306/81 – DÖV 1985, 204 = DVBl. 1985, 532 = NJW 1985, 1042 = *von Mutius*, JK, VwVfG § 48/6; OVG Lüneburg, Urt. v. 25. 10. 1984 – 3 OVG A 101/82 – NVwZ 1985, 499; HessVGH, Urt. v. 10. 3. 1987 – 11 UE 121/84 – RdL 1987, 222. – Die Abwandlung ist gebildet nach BVerwG, Urt. v. 29. 8. 1986 – 7 C 51/84 – NVwZ 1987, 215 = DVBl. 1987, 238 = *Erichsen*, JK 87, VwGO § 68/4 = JuS 1987, 833 (*L. Osterloh*) = JA 1987, 330 (*Petz*).

b) Zur Rücknahme (und zum Widerruf) von Verwaltungsakten

Allgemein dazu *Erichsen*, Die Aufhebung von Verwaltungsakten durch die Verwaltung, Jura 1981, 534 ff. und 590 ff.; *Richter*, Die Aufhebung von Verwaltungsakten auf Betreiben der Verwaltung und des Betroffenen, JuS 1990, 719 ff. – Speziell zur Aufhebung von Zuwendungsbescheiden gem. § 44 a BHO/LHO *Weides*, Widerruf von Zuwendungsbescheiden, JuS 1985, 364 ff. – Zur Jahresfrist gem. § 48 Abs. 4 S. 1 VwVfG *Burianek*, Rechtsfragen des § 48 Abs. 4 VwVfG, Jura 1985, 518 ff.; *Hendler*, § 48 IV VwVfG zwischen Praxisbedürfnissen und Rechtsdogmatik – BVerwG, NJW 1985, 819, JuS 1985, 947 ff.; *Schoch*, Die Frist zur Rücknahme begünstigender Verwaltungsakte nach § 48 IV 1 VwVfG, NVwZ 1985, 880 ff.; *Kellermann*, Noch immer Probleme bei § 48 Abs. 4 Satz 1 VwVfG?, VBlBW 1988, 46 ff.; *Erichsen*, Der Ausschluß der Rücknahme begünstigender Verwaltungsakte gemäß § 48 Abs. 4 VwVfGe des Bundes und der Länder, Jura 1991, 386 ff.

c) Zur Gesetzmäßigkeit der Verwaltung

Krebs, Zum aktuellen Stand der Lehre vom Vorbehalt des Gesetzes, Jura 1979, 304 ff.; *Pietzcker*, Vorrang und Vorbehalt des Gesetzes, JuS 1979, 710 ff.; *Gusy*, Der Vorrang des Gesetzes, JuS 1983, 189 ff.; *von Arnim*, Zur „Wesentlichkeitstheorie" des Bundesverfassungsgerichts – Einige Anmerkungen zum Parlamentsvorbehalt, DVBl. 1987, 1241 ff.

d) Zu Rechtsproblemen des Subventionswesens

Jarass, Das Recht der Wirtschaftssubventionen, JuS 1980, 115 ff.; *ders.*, Der Vorbehalt des Gesetzes bei Subventionen, NVwZ 1984, 473 ff.; *Götz*, Rückforderung von Subventionen, NVwZ 1984, 480 ff.; *Jakobs*, Rechtsfragen des Subventionswesens, BayVBl. 1985, 353 ff.

e) Zur Anhörung im Verwaltungsverfahren/Widerspruchsverfahren

Schoch, Heilung unterbliebener Anhörung im Verwaltungsverfahren durch Widerspruchsverfahren?, NVwZ 1983, 249 ff.; *Weides*, Die Anhörung der Beteiligten im Verwaltungsverfahren, JA 1984, 648 ff.; *Krasney*, Zur Anhörungspflicht im Verwaltungsverfahren, NVwZ 1986, 337 ff.

f) Zur Begründungspflicht bei Verwaltungsakten

Schoch, Nachholen der Begründung und Nachschieben von Gründen, DÖV 1984, 401 ff.; *Schenke*, Das Nachschieben von Gründen im Rahmen der Anfechtungsklage, NVwZ 1988, 1 ff.

g) Zur Unbeachtlichkeit von Verfahrensfehlern im Verwaltungsrecht

Krebs, Kompensation von Verwaltungsverfahrensfehlern durch gerichtlichen Rechtsschutz?, DVBl. 1984, 109 ff.; *Schenke*, Der verfahrensfehlerhafte Verwaltungsakt gemäß § 46 VwVfG, DÖV 1986, 305 ff.; *Hufen*, Zur Systematik der Folgen von Verfahrensfehlern – eine Bestandsaufnahme nach zehn Jahren VwVfG, DVBl. 1988, 69 ff.

h) Zum verwaltungsbehördlichen Ermessen

von Mutius, Unbestimmter Rechtsbegriff und Ermessen im Verwaltungsrecht, Jura 1987, 92 (96 ff.).

i) Zur Sachentscheidung bei versäumter Widerspruchsfrist

Schütz, Die Behandlung des verspäteten Widerspruchs, NJW 1981, 2785 ff.; *Judick*, Die Sachherrschaft der Widerspruchsbehörde bei verspätetem Widerspruch, NVwZ 1984, 356 ff.

k) Zur reformatio in peius

Greifeld, Abschied von der reformatio in peius im Widerspruchsverfahren der VwGO?, NVwZ 1983, 725 ff.; *Topel*, Zur Zulässigkeit der reformatio in peius im Widerspruchsverfahren, BayVBl. 1988, 9 ff.; *Fischer-Hüftle*, Nochmals: Zur reformatio in peius im Widerspruchsverfahren, BayVBl. 1989, 229 ff.; *Pietzner*, Zur reformatio in peius im Widerspruchsverfahren, VerwArch. 80 (1989), 501 ff. und VerwArch. 81 (1990), 261 ff.; *Renz*, Die Kompetenzen der Widerspruchsbehörde und die reformatio in peius, DÖV 1991, 138 ff.

l) Fallbearbeitungen

Erichsen, Übungsklausur Öffentliches Recht – Der widerrufene Sonderurlaub bei Adoption, Jura 1982, 46 ff.; *Püttner/Losch*, Die öffentlich-rechtliche Aufsichtsarbeit in der Ersten juristischen Staatsprüfung – Rücknahme einer Subventionsbewilligung, VBlBW 1987, 39 u. 76 ff.; *Erichsen/Weiß*, Examensklausur Öffentliches Recht – Der zu Unrecht freigestellte Kriegsdienstverweigerer, Jura 1987, 150 ff.; *Weides*, Der praktische Fall – Öffentliches Recht: Die verbösernde Widerspruchsbehörde, JuS 1987, 477 ff.; *Berg*, Übungsklausur Öffentliches Recht – Streit um den Subventionszweck, Jura 1987, 619 ff.; Aufgabe 12 –

Wahlfachgruppe 2 – der Juristischen Schlußprüfung 1986 in Bayern, BayVBl. 1989, 350 f. u. 379 ff. (Klage gegen Rücknahme einer Baugenehmigung); *Krüger*, Die öffentlich-rechtliche Aufsichtsarbeit in der Ersten juristischen Prüfung – Eine Darlehensrückzahlung, NWVBL 1990, 34 u. 70 ff.; *Epping*, Klausur Öffentliches Recht – „Das zuviel gezahlte Witwengeld", JA 1990, 144 ff.; *Richter*, Klausurfälle zu Rücknahme und Widerruf von Verwaltungsakten, JuS 1990, 991 ff., JuS 1991, 40 ff., 121 ff., 307 ff., 385 ff.

Fall 2:
Räumung des besetzten Hauses

Sachverhalt

Die Wohnungsbaugesellschaft W-KG hat in der baden-württembergischen Stadt S ein Grundstück in der Absicht erworben, das darauf befindliche Gebäude abzubrechen und durch einen Neubau zu ersetzen. Die von der W-KG beantragte Zweckentfremdungsgenehmigung wurde ebenso erteilt wie die Abbruchgenehmigung und die Baugenehmigung für den Neubau eines Wohnhauses mit 16 Wohnungen. Die Bescheide sind bestandskräftig. Der Beginn der Bauarbeiten steht unmittelbar bevor.

Nunmehr werden die leerstehenden Altbauwohnungen von Angehörigen der Hausbesetzerszene bezogen; diese stellen eine nach Zahl und Zusammensetzung wechselnde, der W-KG unbekannte Personenmehrheit dar. Die W-KG beantragt bei der Stadt S unter Berufung auf ihr Eigentum den Erlaß einer Räumungsanordnung für das besetzte Haus. Der Antrag wird mit der Begründung abgelehnt, daß eine solche Verfügung nur in Betracht komme, wenn auch eine ggf. notwendige polizeiliche Räumung durchgeführt werden könne. Dies sei aber nur sinnvoll, wenn sichergestellt sei, daß eine Wiederbesetzung ausgeschlossen sei und der polizei- und ordnungswidrige Zustand nicht sofort wieder entstehe. Das sei hier nicht der Fall; die Verhinderung einer Wiederbesetzung sei mit einem unverhältnismäßig großen Aufwand verbunden.

Der von der W-KG gegen den Ablehnungsbescheid eingelegte Widerspruch bleibt erfolglos. Die Widerspruchsbehörde führt aus, es bestehe keine behördliche Pflicht, das Gebäude zum gegenwärtigen Zeitpunkt räumen zu lassen. Die W-KG habe keinen Anspruch auf behördliches Einschreiten, weil eine Abwägung der für und gegen die Räumung sprechenden Umstände ergebe, daß eine solche Maßnahme momentan unzweckmäßig und unverhältnismäßig sei. Denn man müsse mit Widerstand und Ausschreitungen rechnen. Im übrigen bleibe es der W-KG unbenommen, den Zivilrechtsweg gegen die Hausbesetzer zu beschreiten.

Die W-KG fragt, ob eine verwaltungsgerichtliche Klage zur Durchsetzung ihres abgelehnten Begehrens Aussicht auf Erfolg hat.

Lösung

Die Klage der W-KG hat Aussicht auf Erfolg, wenn sie zulässig und begründet ist.

A. Zulässigkeit der Klage

I. Allgemeine Sachentscheidungsvoraussetzungen

1. Zulässigkeit des Verwaltungsrechtswegs

Für die Zulässigkeit der verwaltungsgerichtlichen Klage müßte zunächst der *Verwaltungsrechtsweg* eröffnet sein. Eine aufdrängende oder abdrängende Sonderzuweisung ist nicht ersichtlich. Die Rechtswegfrage entscheidet sich somit nach § 40 Abs. 1 S. 1 VwGO. Dann müßte eine *öffentlich-rechtliche Streitigkeit* vorliegen. Das ist der Fall, wenn die Beteiligten um Rechtsfolgen aus der Anwendung öffentlich-rechtlicher Vorschriften streiten[1].

Die W-KG und die zuständige Behörde streiten um den Erlaß einer Räumungsanordnung für die besetzten Altbauwohnungen. Die Entscheidung der Streitigkeit beurteilt sich gem. § 3 i.V.m. § 1 Abs. 1 BadWürttPolG[2]. Diese Bestimmungen[3] berechtigen bzw. verpflichten als ein Zuordnungssubjekt mit der Polizei ausschließlich einen Träger öffentlicher Gewalt. Es handelt sich demnach um öffentlich-rechtliche Vorschriften. Da die Streitigkeit auch nichtverfassungsrechtlicher Art ist, ist der Verwaltungsrechtsweg gem. § 40 Abs. 1 S. 1 VwGO eröffnet.

2. Beteiligungs- und Prozeßfähigkeit

Weiterhin müßten die Beteiligungsfähigkeit und die Prozeßfähigkeit gegeben sein. Ob dies für die W-KG und die Stadt S zutrifft, ist zweifelhaft.

Die *Beteiligungsfähigkeit* stellt die Fähigkeit dar, Subjekt – insbesondere als Kläger oder Beklagter (§ 63 VwGO) – eines Prozeßrechts-

---

1 BVerwGE 71, 183 (186); OVG Berlin, DÖV 1991, 385 = DVBl. 1991, 584; *Erichsen*, Verwaltungsrecht und Verwaltungsgerichtsbarkeit I, 2. Aufl. 1984, S. 16; *Kopp*, VwGO, 8. Aufl. 1989, § 40 Rdn. 6.

2 Vgl. VG Freiburg, VBlBW 1987, 349 (350).

3 Parallelvorschriften (= polizei- und ordnungsrechtliche Generalklausel) in den anderen Ländern: Art. 7 Abs. 2 BayLStVG; § 14 Abs. 1 BlnASOG; § 10 Abs. 1 BremPolG; § 3 Abs. 1 HbgSOG; § 11 HessSOG; § 11 NdsSOG; § 14 Abs. 1 NWOBG; § 9 Abs. 1 RhPfPVG; § 8 Abs. 1 SaarlPolG; § 171 SchlHLVwG.

verhältnisses sein zu können[4]. Klägerin ist hier die W-KG. Eine Kommanditgesellschaft ist keine juristische Person. Gem. § 61 Nr. 1 VwGO ist die Beteiligungsfähigkeit folglich nicht gegeben. Die W-KG könnte jedoch gem. § 61 Nr. 2 VwGO als teilrechtsfähige Vereinigung beteiligungsfähig sein. „Vereinigungen" in diesem Sinne sind nichtrechtsfähige Personenzusammenschlüsse[5]. Eine KG ist als Zusammenschluß mehrerer Gesellschafter (§§ 161, 105 Abs. 2 HGB, § 705 BGB) eine derartige „Vereinigung"[6]. Die von § 61 Nr. 2 VwGO vorausgesetzte und dem materiellen Recht zu entnehmende Teilrechtsfähigkeit ergibt sich hier aus § 161 Abs. 2 i.V.m. § 124 Abs. 1 HGB. Danach kann die KG vor Gericht klagen. Die Voraussetzungen des § 61 Nr. 2 VwGO sind somit erfüllt. Die W-KG ist als Klägerin beteiligungsfähig.

Die Beteiligungsfähigkeit der Polizeibehörde (Bürgermeister von S, §§ 48 Abs. 4, 52 Abs. 2 BadWürttPolG) könnte sich allenfalls aus § 61 Nr. 3 VwGO i.V.m. einer entsprechenden landesrechtlichen Bestimmung ergeben. Baden-Württemberg hat jedoch von der Ermächtigung des § 61 Nr. 3 VwGO nicht Gebrauch gemacht[7]. Demnach besteht im Verwaltungsprozeß keine Beteiligungsfähigkeit von Behörden[8]. Beteiligungsfähig ist vielmehr der Rechtsträger der Behörde, also die Stadt S, deren Organ (§ 23 BadWürttGO) der Bürgermeister als Ortspolizeibehörde (§ 48 Abs. 4 BadWürttPolG) ist. Deren Beteiligungsfähigkeit als juristische Person des öffentlichen Rechts (Gebietskörperschaft, § 1 Abs. 4 BadWürttGO) ergibt sich aus § 61 Nr. 1 VwGO.

Die *Prozeßfähigkeit* der W-KG folgt aus § 62 Abs. 3 VwGO i.V.m. §§ 161 Abs. 2, 170, 125 HGB. Danach wird die KG durch den bzw. die persönlich haftenden Gesellschafter vertreten. Die Prozeßfähigkeit

---

[4] *von Mutius*, Jura 1988, 469 (470 f.); *Stern*, Verwaltungsprozessuale Probleme in der öffentlich-rechtlichen Arbeit, 6. Aufl. 1987, S. 120; *Bosch/Schmidt*, Praktische Einführung in das verwaltungsgerichtliche Verfahren, 4. Aufl. 1988, S. 58.

[5] *Schmitt Glaeser*, Verwaltungsprozeßrecht, 10. Aufl. 1990, Rdn. 124; *Redeker/von Oertzen*, VwGO, 10. Aufl. 1991, § 61 Rdn. 4; *Kopp*, VwGO, § 61 Rdn. 12.

[6] *Dolde*, in: Festschrift für Menger, 1985, S. 423 (426); *von Mutius*, Jura 1988, 469 (471); *Eyermann/Fröhler/Kormann*, VwGO, 9. Aufl. 1988, § 61 Rdn. 6.

[7] Ebenso: Bayern, Berlin, Bremen, Hamburg, Hessen und grundsätzlich auch Rheinland-Pfalz (vgl. insoweit Fn. 8).

[8] Anders: § 5 Abs. 1 NWAGVwGO und § 17 Abs. 1 SaarlAGVwGO, wonach *Behörden* beteiligungsfähig sind. – § 10 Abs. 1 NdsAGVwGO und § 6 S. 1 SchlHAGVwGO, wonach *Landes*behörden beteiligungsfähig sind. – § 17 Abs. 2 RhPfAGVwGO normiert die Beteiligungsfähigkeit der *Bezirksregierung*.

der Stadt S ergibt sich, sofern man der Organtheorie folgt[9], aus § 62 Abs. 1 Nr. 1 VwGO, ansonsten aus § 62 Abs. 3 VwGO i.V.m. § 42 Abs. 1 S. 2 BadWürttGO. Als gesetzlicher Vertreter handelt der Bürgermeister.

II. Rechtsschutzform (Klageart)

Als richtige Rechtsschutzform kommt hier die *Verpflichtungsklage* in Betracht. Die statthafte Klageart bestimmt sich nach dem Begehren des Klägers[10]. Die W-KG beansprucht den Erlaß einer Räumungsanordnung. Dieses Begehren müßte die Rechtsschutzformvoraussetzungen gem. § 42 Abs. 1 VwGO erfüllen. Danach muß der Rechtsschutzantrag auf die Verpflichtung der Verwaltung zum Erlaß eines abgelehnten oder unterlassenen Verwaltungsakts durch das Verwaltungsgericht zielen.

Die W-KG begehrt die Verpflichtung der zuständigen Verwaltungsbehörde zum Erlaß einer zuvor abgelehnten Verwaltungsmaßnahme durch das Verwaltungsgericht. Fraglich ist also lediglich, ob das verlangte Verwaltungshandeln einen *Verwaltungsakt* darstellt. In bezug auf die Merkmale eines Verwaltungsakts gem. § 35 S. 1 VwVfG (des Landes) ist im vorliegenden Falle allein zweifelhaft, ob die begehrte Regelung einen *Einzelfall* betrifft. Die Räumungsanordnung soll gegenüber einer nach Zahl und Zusammensetzung wechselnden Personenmehrheit erfolgen. Dieser Umstand könnte gegen eine Einzelfallmaßnahme sprechen.

Entscheidend ist sonach, wann ein „Einzelfall" i.S.d. § 35 S. 1 VwVfG vorliegt. Die „Regelung" i.S.d. Verwaltungsaktbegriffs bezieht sich auf einen bestimmten Lebenssachverhalt. Dieser wird eingegrenzt durch den Adressatenkreis und den Regelungsgegenstand[11]. Gegenstand der von der W-KG geforderten Räumungsanordnung ist ein bestimmtes, früher leerstehendes und nunmehr besetztes Gebäude in S, also ein einzelnes Objekt. Adressat der Maßnahme soll dagegen nicht eine einzelne Person sein. Hier könnte es jedoch um eine Einzelfallregelung in Form der *Allgemeinverfügung* gem. § 35 S. 2 1. Alt. VwVfG gehen. Danach genügt es, wenn sich die Regelung an einen nach allgemeinen Merkmalen bestimmten oder bestimmbaren Personenkreis richtet.

---

[9] *Hinweis*: Vgl. dazu i. e. die Ausführungen zur Beteiligungs- und Prozeßfähigkeit in Fall 5.

[10] *Erichsen*, in: Jura Extra – Grundfragen und Grundlagen des Zivilrechts, Strafrechts und Öffentlichen Rechts, 1990, S. 79 (82).

[11] *Maurer*, VBlBW 1987, 361 (363); *Erichsen*, in: Erichsen/Martens (Hrsg.), Allgemeines Verwaltungsrecht, 9. Aufl. 1991, § 11 Rdn. 42; *Stelkens*, in: Stelkens/Bonk/Leonhardt, VwVfG, 3. Aufl. 1990, § 35 Rdn. 69.

„Allgemeine Merkmale" weist ein Personenkreis auf, der gattungsmäßig benannt werden kann[12]. Dies ist mit den Besetzern des fraglichen Hauses in S der Fall. Der Personenkreis ist allerdings zahlenmäßig nicht „bestimmt". Er könnte jedoch i.S.d. § 35 S. 2 1. Alt. VwVfG wenigstens „bestimmbar" sein. Das wäre nicht der Fall, wenn er abschließend feststehen müßte[13]. Dies trifft jedoch nicht zu. Da § 35 S. 2 VwVfG die Abgrenzung des Verwaltungsakts vom Rechtsetzungsakt (Gesetz, Rechtsverordnung, Satzung) ermöglichen soll, genügt es den gesetzlichen Anforderungen, wenn zur Zeit des Erlasses der Maßnahme ein bestimmbarer Personenkreis gegeben ist[14].

Würde die Räumungsanordnung erlassen, wäre der Kreis der Hausbesetzer in diesem Zeitpunkt bestimmbar. Die begehrte Verwaltungsmaßnahme stellt somit einen Verwaltungsakt in Form der Allgemeinverfügung (§ 35 S. 1 und S. 2 1. Alt. VwVfG) dar[15]. Die Verpflichtungsklage ist die statthafte Rechtsschutzform.

III. Besondere Sachentscheidungsvoraussetzungen

1. *Klagebefugnis*

Gem. § 42 Abs. 2 VwGO ist die Verpflichtungsklage nur zulässig, wenn die W-KG geltend machen kann, durch die Ablehnung des begehrten Verwaltungsakts in ihren Rechten verletzt zu sein. Diese Voraussetzung ist erfüllt, wenn nach dem Sachverhalt eine *Verletzung* von *klägerischen Rechten* nicht ausgeschlossen, sondern *möglich* ist[16]. Bei der Ablehnung eines begehrten Verwaltungsakts ist dies nur der Fall, wenn der Kläger möglicherweise einen *Anspruch* auf den Erlaß des beantragten

---

[12] *Maurer*, Allgemeines Verwaltungsrecht, 7. Aufl. 1990, § 9 Rdn. 32; *Stelkens*, in: Stelkens/Bonk/Leonhardt, VwVfG, § 35 Rdn. 169.

[13] *Obermayer*, NJW 1980, 2386 f., 2389; *ders.*, VwVfG, 2. Aufl. 1990, § 35 Rdn. 153.

[14] *Erichsen*, in: Erichsen/Martens (Fn. 11), § 11 Rdn. 47; *Schwarze*, in: Knack (Hrsg.), VwVfG, 3. Aufl. 1989, § 35 Rdn. 4.3.1.3.1; *Stelkens*, in: Stelkens/Bonk/Leonhardt, VwVfG, § 35 Rdn. 167, 169; *Kopp*, VwGO, Anh. § 42 Rdn. 64.

[15] Vgl. VG Freiburg, VBlBW 1987, 349 (350).

[16] *Erichsen*, in: Jura Extra (Fn. 10), S. 87; *Stern*, Verwaltungsprozessuale Probleme (Fn. 4), S. 154; *Bosch/Schmidt*, Praktische Einführung (Fn. 4), S. 104.

Verwaltungsakts hat[17]. Demnach müßte nach der Rechtsordnung eine entsprechende Anspruchsposition bestehen, die die Erreichung des erstrebten Klageziels im konkreten Fall als möglich erscheinen läßt[18].

a) Subjektives öffentliches Recht

Der Anspruch auf Erlaß einer Räumungsanordnung könnte sich hier aus §§ 3, 1 Abs. 1 S. 1 BadWürttPolG[19] ergeben. Dann dürften die Vorschriften nicht nur objektivrechtlich wirken, sondern sie müßten auch ein *subjektives öffentliches Recht* normieren. Das ist im vorliegenden Fall deshalb zweifelhaft, weil die in Betracht kommende Anspruchsgrundlage der Verwaltung *Ermessen* eröffnet und zudem dem Schutz der *öffentlichen* Sicherheit und Ordnung dient.

Ein subjektives öffentliches Recht setzt zunächst voraus, daß ein Rechtssatz des öffentlichen Rechts eine *Verhaltenspflicht* für ein anderes Rechtssubjekt statuiert[20]. Ferner darf die Vorschrift nicht allein den Schutz öffentlicher Interessen bezwecken, sie muß zumindest auch der Befriedigung von *Individualinteressen* zu dienen bestimmt sein[21]. Und schließlich könnte dem Betroffenen die *Rechtsmacht* eingeräumt sein müssen, die normgeschützten Interessen gegenüber dem Verpflichteten durchzusetzen[22]. Ob §§ 3, 1 Abs. 1 S. 1 BadWürttPolG diese Voraussetzungen erfüllen, ist fraglich.

aa) Objektive Rechtspflicht

Zunächst müßte eine sich aus einem objektiven Rechtssatz ergebende *Rechtspflicht* der Verwaltung bestehen. Nur wenn die Behörde zum Einschreiten verpflichtet sein kann, kann dieser Verpflichtung auch ein Anspruch auf behördliches Tätigwerden entsprechen[23].

---

17 *Erichsen*, Verwaltungsrecht und Verwaltungsgerichtsbarkeit I, 2. Aufl. 1984, S. 95; *Redeker/von Oertzen*, VwGO, § 42 Rdn. 15.

18 VGH Bad.-Württ., NVwZ 1987, 920 = VBlBW 1987, 347.

19 Vgl. i. ü. Fn. 3.

20 *Maurer*, Allgemeines Verwaltungsrecht, § 8 Rdn. 6; *Erichsen*, in: Erichsen/Martens (Fn. 11), § 10 Rdn. 57; *Vogel*, in: Drews/Wacke/Vogel/Martens, Gefahrenabwehr, 9. Aufl. 1986, S. 401.

21 BayVGH, BayVBl. 1990, 719 (720); *Maurer*, Allgemeines Verwaltungsrecht, § 8 Rdn. 8; *Erichsen*, in: Erichsen/Martens (Fn. 11), § 10 Rdn. 57.

22 *W. Martens*, JuS 1962, 245 (250); *Dietlein*, DVBl. 1991, 685 (687); *Bachof*, in: Gedächtnisschrift für W. Jellinek, 1955, S. 287 (299); *Erichsen*, VVDStRL 35 (1977), 171 (215); *Schenke*, in: BK, Art. 19 Abs. 4 Rdn. 289.

23 *Ronellenfitsch*, BB Beilage 6/1987, S. 4; *Vogel*, Gefahrenabwehr (Fn. 20), S. 401; *Maurer*, Allgemeines Verwaltungsrecht, § 8 Rdn. 6.

Gegen das Vorliegen einer objektiven Rechtspflicht könnte das polizei- und ordnungsrechtliche Opportunitätsprinzip sprechen, demzufolge Gefahrenabwehrmaßnahmen im behördlichen *Ermessen* stehen[24]. Gegenüber diesem Bedenken kann möglicherweise geltend gemacht werden, daß im Gefahrenabwehrrecht ein Entschließungsermessen nicht anzuerkennen ist. Mit der Aufgabenzuweisung, Gefahren für die öffentliche Sicherheit und Ordnung abzuwehren, könnte der Gesetzgeber, solange der umfassende Schutz der Allgemeinheit dem Staat obliegt, bindend festgelegt haben, daß die Gefahrenabwehraufgabe im öffentlichen Interesse liegt und von den zuständigen Behörden wahrgenommen werden muß[25].

Dieser Rechtsauffassung kann jedoch nicht gefolgt werden. Sie widerspricht dem Wortlaut der polizei- und ordnungsrechtlichen Generalklausel[26]. Sinn und Zweck der Befugnisnorm, die über das Entschließungsermessen den Behörden durch gezielten Einsatz der personellen und sachlichen Mittel eine optimale Aufgabenerfüllung ermöglichen soll, sprechen ebenfalls gegen jene Ansicht[27]. Schließlich führt die Leugnung des Entschließungsermessens zu dem von dem Gesetz nicht intendierten Ergebnis, daß ein permanentes Vollzugsdefizit der Polizei- und Ordnungsverwaltung gegeben wäre[28]. Die Generalklausel räumt den Behörden somit Entschließungsermessen ein.

Fraglich ist, ob damit das Bestehen einer objektiven Rechtspflicht verneint werden muß. Das ist nicht der Fall. Wenn der Verwaltung Ermessen eingeräumt ist, genießt sie keine rechtlich ungebundene Entscheidungsfreiheit. Die Polizei- und Ordnungsbehörden müssen ihr Ermessen „pflichtge-

---

24 *von Mutius*, Jura 1986, 649 (656); *Vogel*, Gefahrenabwehr (Fn. 20), S. 370; *Friauf*, in: von Münch (Hrsg.), Besonderes Verwaltungsrecht, 8. Aufl. 1988, S. 201 (225); *Götz*, Allgemeines Polizei- und Ordnungsrecht, 10. Aufl. 1991, Rdn. 264; *Schenke*, in: Steiner (Hrsg.), Besonderes Verwaltungsrecht, 3. Aufl. 1988, S. 161 (189); *Möller/Wilhelm*, Allgemeines Polizei- und Ordnungsrecht, 2. Aufl. 1990, S. 56; *Tettinger*, Besonderes Verwaltungsrecht, 2. Aufl. 1990, Rdn. 239; *Dittmann*, in: Maurer/Hendler, Baden-Württembergisches Staats- und Verwaltungsrecht, 1990, S. 264 (285).

25 *Knemeyer*, VVDStRL 35 (1977), 221 (233 ff.); *ders.*, DÖV 1978, 11 (12 ff.); *ders.*, Polizei- und Ordnungsrecht, 3. Aufl. 1989, Rdn. 93.

26 *Vogel*, Gefahrenabwehr (Fn. 20), S. 400 f.; *Schenke*, Besonderes Verwaltungsrecht (Fn. 24), S. 190 f.; *Götz*, Allgemeines Polizei- und Ordnungsrecht, Rdn. 266.

27 *Schlink*, NVwZ 1982, 529 (532).

28 *W. Martens*, DÖV 1982, 89 (97).

mäß" ausüben[29]. Die Ermessensbetätigung muß fehlerfrei erfolgen, also die vom Verwaltungsrecht (§ 40 VwVfG) und vom Verfassungsrecht (Grundrechte, Übermaßverbot) gesetzten Schranken beachten. Der Betroffene hat demnach, sofern auch die weiteren Voraussetzungen des subjektiven öffentlichen Rechts vorliegen, zumindest einen Anspruch auf ermessensfehlerfreie Entscheidung[30].

Dieser Anspruch kann sich unter bestimmten Voraussetzungen, z. B. bei einer hohen Gefahrenintensität oder der Gefährdung eines hochrangigen Rechtsguts[31], sogar auf eine bestimmte Verwaltungsentscheidung verdichten. In einem solchen Fall der Ermessensreduzierung auf Null wäre der Entschluß der zuständigen Behörde zum Nichteinschreiten ermessensfehlerhaft und damit rechtswidrig[32]. Eine solche Ermessensreduzierung kann im konkreten Fall zu einer bestimmten behördlichen Handlungspflicht führen.

Die zuständige Behörde unterliegt somit der Rechtspflicht, ihr Ermessen rechtsfehlerfrei auszuüben. Die gesetzeskonforme Ermessensbetätigung kann sogar zu einer konkreten Handlungspflicht führen. Eine objektive Rechtspflicht der Verwaltung besteht demnach auch bei Ermessensvorschriften.

bb) Schutz von Individualinteressen

Die polizei- und ordnungsrechtliche Generalklausel müßte ferner *Individualinteressen* zu dienen bestimmt sein. Das wäre nicht der Fall, wenn diese Rechtsgrundlage ausschließlich im Interesse der Allgemeinheit bestünde[33]. Dafür könnte zunächst das gesetzlich vorgesehene

---

[29] § 3 BadWürttPolG; § 9 Abs. 1 BlnASOG; § 4 Abs. 1 BremPolG; § 3 Abs. 1 HbgSOG; § 5 Abs. 1 HessSOG; § 5 Abs. 1 NdsSOG; § 16 NWOBG; § 3 Abs. 1 RhPfPVG; § 3 Abs. 1 SaarlPolG; § 171 SchlHLVwG.

[30] BVerwGE 11, 95 (97); 37, 112 (113); HessVGH, NJW 1984, 2305; *Götz*, NVwZ 1984, 211 (216); *ders.*, Allgemeines Polizei- und Ordnungsrecht, Rdn. 272; *Dietlein*, DVBl. 1991, 685 (687); *Schenke*, Besonderes Verwaltungsrecht (Fn. 24), S. 193; *Vogel*, Gefahrenabwehr (Fn. 20), S. 404; *Tettinger*, Besonderes Verwaltungsrecht, Rdn. 253; *Möller/Wilhelm*, Allgemeines Polizei- und Ordnungsrecht, S. 60.

[31] OVG Berlin, NJW 1980, 2484 = DVBl. 1980, 1050 (1051) = JZ 1981, 392 (393); OVG Münster, NVwZ 1983, 101 (102); *Götz*, NVwZ 1984, 211 (216); *Vogel*, Gefahrenabwehr (Fn. 20), S. 401.

[32] *Pietzcker*, JuS 1982, 106 (108); *von Mutius*, Jura 1987, 92 (100); *Schwerdtfeger*, Öffentliches Recht in der Fallbearbeitung, 8. Aufl. 1986, Rdn. 185; *Maurer*, Allgemeines Verwaltungsrecht, § 7 Rdn. 16; *Erichsen*, in: Erichsen/Martens (Fn. 11), § 10 Rdn. 22.

[33] VG Minden, DVBl. 1965, 780 (783); *Bettermann*, NJW 1961, 1097 (1099).

Ermessen sprechen. Dieses betrifft jedoch lediglich – im Unterschied zur rechtlich gebundenen Verwaltungsentscheidung – den Anspruchs*inhalt*, besagt aber nichts zum subjektivrechtlichen Gehalt einer Regelung[34]. Zwar gibt es nach der Rechtsordnung keinen voraussetzungslosen, allgemeinen Anspruch des Individuums auf ermessensfehlerfreie Entscheidung[35]. Rechtsvorschriften, die der Verwaltung Ermessen einräumen, begründen jedoch dann ein subjektives öffentliches Recht, wenn und soweit sie tatbestandsmäßig zumindest auch dem Individualinteresse dienen sollen[36].

Zweifel am subjektivrechtlichen Gehalt der polizei- und ordnungsrechtlichen Generalklausel könnten aber deshalb bestehen, weil die Gefahrenabwehr zum Schutz der *öffentlichen* Sicherheit und Ordnung erfolgt. Daraus könnte zu folgern sein, daß die Gefahrenabwehrbehörden nur im öffentlichen Interesse tätig werden, die Rechtspflicht also nicht dem Schutz von Individualbelangen dienen soll, so daß auch kein Rechtsanspruch auf ihre Erfüllung gegeben ist.

Die polizei- und ordnungsrechtliche Generalklausel dient, ausgehend vom Gesetzeswortlaut, vornehmlich der *objektiven* Rechtswahrung, also dem *öffentlichen* Interesse[37]. Damit ist allerdings der Schutz auch von Individualinteressen nicht ausgeschlossen. Für die Annahme eines subjektiven öffentlichen Rechts genügt, wenn der betreffende Rechtssatz neben dem Schutz der Allgemeinheit *zumindest auch* Individualinteressen zu dienen bestimmt ist[38]. Dies ist hier deshalb der Fall, weil Schutzgut des Merkmals „öffentliche Sicherheit" auch Individualrechtsgüter und Individualrechte sind[39]. Daraus ließe sich zugunsten des gesetzlich bezweckten Schutzes von Individualbelangen nur dann nichts herleiten, wenn das Individuum ledig-

---

[34] *Buschlinger*, DÖV 1965, 374 (375, 377); *Dietlein*, DVBl. 1991, 685 (687); *Erichsen*, Verwaltungsrecht und Verwaltungsgerichtsbarkeit I, S. 161.

[35] *Schwerdtfeger*, Öffentliches Recht (Fn. 32), Rdn. 187, 242; *Schmidt-Aßmann*, in: Maunz/Dürig, GG, Art. 19 Abs. IV Rdn. 135.

[36] BVerwGE 37, 112 (113); 39, 235 (237); 51, 264 (267); BVerwG, DÖV 1991, 28; BayVGH, ZBR 1989, 118 (119) und BayVBl. 1989, 502 (503); VG Freiburg, DVBl. 1986, 1168 (1169); VG Schleswig, NVwZ 1987, 527 (528); VG Oldenburg, NVwZ 1987, 529; *W. Kirchhoff*, DVBl. 1986, 1169; *Möller/Wilhelm*, Allgemeines Polizei- und Ordnungsrecht, S. 60.

[37] OVG Berlin, NJW 1980, 2484 = DVBl. 1980, 1050 (1051) = JZ 1981, 392; *Wolff/Bachof*, Verwaltungsrecht III, 4. Aufl. 1978, § 125 Rdn. 38.

[38] BVerwG, DÖV 1991, 28; *Schwerdtfeger*, Öffentliches Recht (Fn. 32), Rdn. 187; *Maurer*, Allgemeines Verwaltungsrecht, § 8 Rdn. 8; *Erichsen*, in: Erichsen/Martens (Fn. 11), § 10 Rdn. 57.

[39] *von Mutius*, Jura 1986, 649 (653 f.); *Schenke*, Besonderes Verwaltungsrecht (Fn. 24), S. 176; *Götz*, Allgemeines Polizei- und Ordnungsrecht, Rdn. 76;

lich rein tatsächlich, im Wege eines Rechtsreflexes begünstigt wäre. Gegen eine solche Auslegung spricht aber das durch das Grundgesetz geprägte Verhältnis zwischen Staat und Bürger. Danach ist das Individuum kein bloßes Objekt staatlichen Handelns, sondern – im Zweifel – Träger subjektiver Rechte gegenüber dem Staat[40].

Somit entfaltet die polizei- und ordnungsrechtliche Generalklausel auch individualschützende Wirkung, so daß sie als mögliche Anspruchsgrundlage in Betracht kommt, wenn im konkreten Fall Individualrechte bzw. Individualrechtsgüter bedroht sind[41]. Hier geht es um den Schutz des Eigentums der W-KG. Dabei handelt es sich um einen Individualbelang i.S.d. „öffentlichen Sicherheit". Insoweit besteht die polizei- und ordnungsbehördliche Generalklausel nicht nur im öffentlichen Interesse, sondern bezweckt auch den Schutz privater Interessen[42]. Dieses Auslegungsergebnis wird dadurch erhärtet, daß § 1 Abs. 1 S. 1 BadWürttPolG den „einzelnen" ausdrücklich neben dem „Gemeinwesen" erwähnt[43] und daß § 2 Abs. 2 BadWürttPolG[44] den „Schutz privater Rechte" der Polizei – wenn auch unter bestimmten einschränkenden Voraussetzungen – ausdrücklich überantwortet[45].

Tettinger, Besonderes Verwaltungsrecht, Rdn. 251; *Dittmann*, in: Maurer/Hendler (Fn. 24), S. 281.

[40] *Bachof*, DVBl. 1961, 126 (130); W. *Martens*, DÖV 1982, 89 (96); *Friauf*, Besonderes Verwaltungsrecht (Fn. 24), S. 229; *Schenke*, Besonderes Verwaltungsrecht (Fn. 24), S. 193; *Götz*, Allgemeines Polizei- und Ordnungsrecht, Rdn. 274.

[41] BVerwGE 11, 95 (97); OVG Münster, DVBl. 1967, 546 (547 f.); OVG Lüneburg, DVBl. 1967, 779 (780); *Frotscher*, DVBl. 1976, 695 (703); W. *Martens*, DÖV 1976, 457 (461); *Dietlein*, DVBl. 1991, 685, 690; *Erichsen*, VVDStRL 35 (1977), 171 (214 f.); *Wilke*, in: Festschrift für Scupin, 1983, S. 831 (837); *Ronellenfitsch*, BB Beilage 6/1987, S. 6; *Schwerdtfeger*, Öffentliches Recht (Fn. 32), Rdn. 241; *Vogel*, Gefahrenabwehr (Fn. 20), S. 403; *Dittmann*, in: Maurer/Hendler (Fn. 24), S. 287.

[42] Vgl. VG Freiburg, VBlBW 1987, 349 (350).

[43] *Hinweis*: Anders insoweit die gesetzliche Ausgestaltung der Generalklausel (vgl. Fn. 3) in Bayern, Berlin, Bremen, Hessen, Niedersachsen, Nordrhein-Westfalen, Rheinland-Pfalz, Saarland. – Den „einzelnen" dagegen ebenfalls ausdrücklich erwähnend die Generalermächtigung in Schleswig-Holstein.

[44] Parallelvorschriften: § 4 Abs. 2 BlnASOG, § 1 Abs. 2 BremPolG; § 1 Abs. 3 HessSOG; § 1 Abs. 3 NdsSOG; § 1 Abs. 2 RhPfPVG; § 1 Abs. 3 SaarlPolG; § 175 S. 1 SchlHLVwG. – In Bayern und Nordrhein-Westfalen auch Art. 2 Abs. 2 BayPAG bzw. § 1 Abs. 2 NWPolG, anders aber Text des BayLStVG bzw. NWOBG.

[45] VG Freiburg, VBlBW 1987, 349 (350); *Friauf*, Besonderes Verwaltungsrecht (Fn. 24), S. 228; *Dittmann*, in: Maurer/Hendler (Fn. 24), S. 287. – Ebenso zur Parallelregelung im BlnASOG OVG Berlin, NJW 1980, 2484 = DVBl. 1980, 1050 (1051) = JZ 1981, 392.

cc) Rechtsmacht zur Durchsetzung der Individualinteressen

Fraglich ist, ob als weitere Voraussetzung des subjektiven öffentlichen Rechts zu verlangen ist, daß dem einzelnen die *Rechtsmacht* zur Durchsetzung seiner geschützten Individualinteressen eingeräumt ist[46]. Dagegen spricht, daß eine objektive Begünstigung, die zumindest auch individualschützend wirkt, stets die Rechtsmacht zur Durchsetzung der normgeschützten Interessen gegenüber dem Verpflichteten verleihen könnte[47].

Die Streitfrage bedarf keiner Entscheidung, wenn auch nach der engeren Rechtsauffassung eine derartige „Rechtsmacht" zu bejahen ist. Man könnte erwägen, diese aus Art. 19 Abs. 4 S. 1 GG abzuleiten. Dagegen spricht allerdings, daß diese Verfassungsbestimmung keine subjektiven Rechte begründet, sondern diese voraussetzt[48]. Aus der Gesamtsicht des Grundgesetzes vom Verhältnis des einzelnen zum Staat ergibt sich jedoch, daß im Zweifel eine solche Auslegung den Vorzug verdient, die die Rechtsmacht zur Durchsetzung des Individualinteresses gewährt[49].

Die polizei- und ordnungsrechtliche Generalklausel erfüllt somit die Voraussetzungen des subjektiven öffentlichen Rechts, wenn – wie im vorliegenden Falle – eine Gefahr für die öffentliche Sicherheit vorliegen könnte, die in der Bedrohung von Rechtsgütern des Klägers besteht.

b) Möglichkeit der Rechtsverletzung

Die W-KG müßte gem. § 42 Abs. 2 VwGO *geltend machen* können, durch die Ablehnung der beantragten Räumungsanordnung in ihrem subjektiven öffentlichen Recht gem. §§ 3, 1 Abs. 1 S. 1 BadWürttPolG[50] *verletzt* zu sein. Diese Behauptungslast ist zu bejahen, wenn die *Möglichkeit* besteht, daß eigene Rechte des Klägers verletzt sind[51]. Bei einem Verpflichtungsbegehren kommt die *Verletzung in eigenen Rechten* nur in Betracht, wenn der Kläger nach Maßgabe des subjektiven öffentlichen Rechts einen *Anspruch* auf die beantragte Verwaltungsmaßnahme haben kann[52].

---

46 *Pietzcker*, JuS 1982, 106 (109); *Schenke*, in: BK, Art. 19 Abs. 4 Rdn. 288, 289.

47 *W. Martens*, JuS 1962, 245 (250); *Erichsen*, VVDStRL 35 (1977), 171 (215); *Dietlein*, DVBl. 1991, 685 (688 f.); *Schenke*, in: BK, Art. 19 Abs. 4 Rdn. 289.

48 BVerfGE 15, 275 (281); 61, 82 (110); BVerwGE 11, 95 (97); *Schmidt-Aßmann*, in: Maunz/Dürig, GG, Art. 19 Abs. IV Rdn. 119.

49 BVerfGE 15, 275 (281 f.); 51, 176 (186); VG Oldenburg, NVwZ 1987, 529; *Stelkens/Sachs*, in: Stelkens/Bonk/Leonhardt, VwVfG, § 40 Rdn. 73.

50 Vgl. i. ü. Fn. 3.

51 *Stern*, Verwaltungsprozessuale Probleme (Fn. 4), S. 154; *Kopp*, VwGO, § 42 Rdn. 98; *Eyermann/Fröhler/Kormann*, VwGO, § 42 Rdn. 121.

52 Nachw. o. Fn. 17.

Ein Anspruch auf Erlaß der Räumungsanordnung ist hier deshalb zweifelhaft, weil das behördliche Einschreiten aufgrund der polizei- und ordnungsrechtlichen Generalklausel im Ermessen der Verwaltung liegt. Damit ist offen, ob der W-KG gerade der geltend gemachte Anspruch zusteht. Im Rahmen der Klagebefugnis kommt es indes nur auf die *Möglichkeit* des Anspruchs auf Erlaß des begehrten Verwaltungsakts an[53]. Ob der beanspruchte Verwaltungsakt tatsächlich zu erlassen ist, weil er die einzige rechtmäßige Behördenentscheidung darstellt, ist eine Frage der Begründetheit der Klage[54].

Die Einräumung von Ermessen eröffnet der Verwaltung die Wahl zwischen verschiedenen Maßnahmen[55]. Bei Ermessensvorschriften umfaßt die Rechtsfolge sowohl den Erlaß als auch den Nichterlaß des begehrten Verwaltungsakts. Damit ist der Erlaß des vom Antragsteller begehrten, inhaltlich bestimmten Verwaltungsakts als mögliche Rechtsfolge der Ermessensnorm zu bejahen. Diese Möglichkeit reicht im Rahmen des § 42 Abs. 2 VwGO für die Klagebefugnis[56].

Die Klagebefugnis der W-KG könnte somit nur noch zu verneinen sein, wenn der geltend gemachte Anspruch, also der Erlaß der Räumungsanordnung, aufgrund bestimmter Umstände des *konkreten Falles* von vornherein ausgeschlossen werden müßte. Das wäre der Fall, wenn eine Ermessensreduzierung von vornherein ausschiede oder ein behördliches Einschreiten aus Rechtsgründen (z. B. Übermaßverbot) ersichtlich nicht in Betracht käme. Davon kann hier jedoch nicht ausgegangen werden. Im Gegenteil, es kann nicht ausgeschlossen werden, daß der von der W-KG geltend gemachte Anspruch besteht. Es ist sogar nicht unwahrscheinlich, daß das begehrte behördliche Einschreiten zum Schutz des Eigentumsrechts als einzige rechtmäßige Verwaltungsmaßnahme in Betracht kommt.

Die W-KG ist somit klagebefugt.

2. *Beklagtenbefugnis*

Die *Beklagtenbefugnis* könnte sich nach § 78 Abs. 1 VwGO bestimmen. Baden-Württemberg hat von der Ermächtigung gem. § 78 Abs. 1 Nr.

---

53 *Erichsen*, Verwaltungsrecht und Verwaltungsgerichtsbarkeit I, S. 161; *ders.*, in: Jura Extra (Fn. 10), S. 87.

54 *Stern*, Verwaltungsprozessuale Probleme (Fn. 4), S. 156; *Bosch/Schmidt*, Praktische Probleme (Fn. 4), S. 105.

55 *von Mutius*, Jura 1987, 92 (100); *Maurer*, Allgemeines Verwaltungsrecht, § 7 Rdn. 16.

56 *Erichsen*, Jura 1989, 220 (221); *ders.*, Verwaltungsrecht und Verwaltungsgerichtsbarkeit I, S. 161; *Stern*, Verwaltungsprozessuale Probleme (Fn. 4), S. 156.

2 VwGO nicht Gebrauch gemacht[57]. Die Klage könnte somit gem. § 78 Abs. 1 Nr. 1 VwGO gegen die Körperschaft derjenigen Behörden zu richten sein, die den begehrten Verwaltungsakt nicht erlassen hat, hier also gegen die Stadt S.

§ 78 Abs. 1 Nr. 1 VwGO erwähnt ausdrücklich nur den unterlassenen Verwaltungsakt. Im vorliegenden Fall ist der von der W-KG begehrte Verwaltungsakt jedoch nicht unterlassen, sondern abgelehnt worden. § 78 Abs. 1 Nr. 1 VwGO ist indes in einem weiten Sinne zu verstehen und erfaßt nicht nur die Fälle der Untätigkeitsklage, sondern auch der Vornahmeklage[58]. Die Vorschrift ist demnach auch für Fallgestaltungen eines abgelehnten Verwaltungsakts anwendbar.

Die Beklagtenbefugnis der Stadt S ergibt sich aus § 78 Abs. 1 Nr. 1 VwGO.

3. *Sonstige besondere Sachentscheidungsvoraussetzungen*

Die sonstigen besonderen Sachentscheidungsvoraussetzungen begegnen im vorliegenden Falle keinen rechtlichen Bedenken. Insbesondere hat die W-KG das gem. § 68 Abs. 2 VwGO bei der Verpflichtungsklage in Form der Vornahmeklage notwendige Vorverfahren erfolglos durchgeführt.

IV. Allgemeines Rechtsschutzbedürfnis

Voraussetzung für die Zulässigkeit der Klage der W-KG ist schließlich, daß das *allgemeine Rechtsschutzbedürfnis* gegeben ist. Danach muß ein schutzwürdiges Interesse gerade an der begehrten verwaltungsgerichtlichen Entscheidung bestehen[59].

Das allgemeine Rechtsschutzinteresse könnte hier fehlen, weil die W-KG möglicherweise auf den Zivilrechtsweg verwiesen werden kann, um sich gegen die Eigentumsbeeinträchtigung durch die Hausbesetzer gerichtlich zur Wehr zu setzen. Auch behördlicherseits ist darauf hinge-

---

[57] *Hinweis*: Ebenso die meisten anderen Länder; sie haben von der Ermächtigung entweder gar nicht oder nur für Landesbehörden Gebrauch gemacht. – Anders dagegen § 5 Abs. 2 NWAGVwGO und § 17 Abs. 2 SaarlAGVwGO, so daß in Nordrhein-Westfalen und im Saarland § 78 Abs. 1 Nr. 2 VwGO einschlägig ist.

[58] *Erichsen*, in: Jura Extra (Fn. 10), S. 87; *Schmitt Glaeser*, Verwaltungsprozeßrecht, Rdn. 424; *Redeker/von Oertzen*, VwGO, § 78 Rdn. 1.

[59] HessVGH, NJW 1988, 2060; *Frank/Langrehr*, Verwaltungsprozeßrecht, 1987, S. 52; *Ule*, Verwaltungsprozeßrecht, 9. Aufl. 1987, S. 210.

wiesen worden, daß die W-KG den ordentlichen Rechtsweg beschreiten könne. Das allgemeine Rechtsschutzbedürfnis soll den Mißbrauch prozessualer Rechte verhindern[60]. Der Mißbrauch ist indes die Ausnahme, so daß auch das allgemeine Rechtsschutzbedürfnis nur ausnahmsweise entfällt[61]. Es ist zu verneinen, wenn das klägerische Begehren auf einem anderen Wege einfacher, schneller oder billiger erreicht werden kann[62] oder wenn das Gericht für unnütze bzw. unlautere Zwecke in Anspruch genommen wird, so daß die begehrte Entscheidung dem Kläger keinerlei nennenswerte Vorteile bringt, seine rechtliche Stellung also nicht verbessern kann[63].

Diese Voraussetzungen liegen hier nicht vor. Ein zivilgerichtliches Verfahren stellt sich nicht als schneller, einfacher oder billiger Weg der Rechtsschutzerlangung dar. Schon die besonderen Schwierigkeiten bezüglich der Identitätsfeststellung von Hausbesetzern zur Durchführung eines zivilgerichtlichen Verfahrens sprechen dagegen, den Zivilrechtsweg als vorrangige Rechtsschutzalternative zu erachten[64]. Im übrigen könnte die W-KG den geltend gemachten Anspruch, nämlich die Verpflichtung der zuständigen Behörde zum Einschreiten gegen die Hausbesetzer, im Zivilrechtsweg gerade nicht verfolgen. Wenn mit Hilfe der Verpflichtungsklage ein subjektives öffentliches Recht gegen die Verwaltung geltend gemacht wird, unterscheidet sich dieses von einem Anspruch zwischen Privaten in Tatbestand, Rechtsfolge und Rechtsnatur[65]. Indem die Rechtsordnung aber ein materielles, subjektives öffentliches Recht gewährt, anerkennt sie in aller Regel auch das Interesse des Inhabers dieses Rechts, im Konfliktfall den entsprechenden Rechtsschutz in Anspruch zu nehmen[66]. Umstände, die ausnahms-

---

[60] *Erichsen*, in: Jura Extra (Fn. 10), S. 88; *Schmitt Glaeser*, Verwaltungsprozeßrecht, Rdn. 156.

[61] *Erichsen*, Verwaltungsrecht und Verwaltungsgerichtsbarkeit I, S. 82; *Stern*, Verwaltungsprozessuale Probleme (Fn. 4), S. 138; *Ule*, Verwaltungsprozeßrecht, S. 210.

[62] OVG Münster, DÖV 1983, 428; *Frank/Langrehr*, Verwaltungsprozeßrecht, S. 52; *Schmitt Glaeser*, Verwaltungsprozeßrecht, Rdn. 159.

[63] OVG Bremen, JZ 1990, 965; *Kopp*, VwGO, Vorb. § 40 Rdn. 30f.

[64] Vgl. VG Berlin, DVBl. 1981, 785 = NJW 1981, 1748 (1749); VG Freiburg, VBlBW 1987, 349 (350); *Degenhart*, JuS 1982, 330 (331); *Vahle*, Verwaltungsrundschau (VR) 1991, 200 (204); *Tettinger*, Besonderes Verwaltungsrecht, Rdn. 254.

[65] OVG Berlin, NJW 1983, 777.

[66] BVerwGE 81, 164 (165f.).

weise auf einen Rechtsmißbrauch hindeuten könnten, sind hier nicht ersichtlich.

Das allgemeine Rechtsschutzbedürfnis für die Klage der W-KG ist somit zu bejahen.

B. Begründetheit der Klage

Gem. § 113 Abs. 5 S. 1 VwGO ist die Verpflichtungsklage begründet, soweit die Ablehnung des Verwaltungsakts rechtswidrig, der Kläger dadurch in seinen Rechten verletzt und die Sache spruchreif ist. Dies ist der Fall, wenn ein *Anspruch* auf Erlaß des beantragten Verwaltungsakts besteht[67]. Die W-KG müßte demnach einen Anspruch auf Erlaß der Räumungsanordnung haben.

I. Anspruchsgrundlage

Als Anspruchsgrundlage kommen §§ 3, 1 Abs. 1 S. 1 BadWürttPolG[68] in Betracht. Gegen die Rechtswirksamkeit dieser Vorschriften bestehen keine Bedenken.

II. Anspruchsvoraussetzungen

Des weiteren müßten die Anspruchsvoraussetzungen erfüllt sein.

1. *Aktiv- und Passivlegitimation*

Zunächst müßten die Aktivlegitimation des Klägers und die Passivlegitimation des Beklagten vorliegen. Klägerin ist die W-KG. Die *Aktivlegitimation* ist gegeben, wenn dem Kläger – vorbehaltlich der sachlichen Anspruchsvoraussetzungen – das geltend gemachte Recht wirklich zusteht[69]. Die W-KG macht einen Räumungsanspruch unter Berufung auf ihr Eigentumsrecht geltend. Demzufolge kann der W-KG der erhobene Räumungsanspruch nur zukommen, wenn sie Inhaberin des

---

[67] *Erichsen*, Verwaltungsrecht und Verwaltungsgerichtsbarkeit I, S. 101; *Schwerdtfeger*, Öffentliches Recht (Fn. 32), Rdn. 173; *Ehlers*, Jura 1991, 208 (211 mit Fn. 24).

[68] Vgl. i. ü. Fn. 3.

[69] *Ule*, Verwaltungsprozeßrecht, S. 148; *Schmitt Glaeser*, Verwaltungsprozeßrecht, Rdn. 424; *Kopp*, VwGO, Vorb. § 40 Rdn. 28; *Eyermann/Fröhler/Kormann*, VwGO, § 62 Rdn. 14.

Eigentumsrechts an dem fraglichen Hausgrundstück in S ist. Art. 14 Abs. 1 S. 1 GG ist seinem Wesen nach auf teilrechtsfähige Personenvereinigungen (wie eine KG) anwendbar[70], und Art. 19 Abs. 3 GG gilt auch für derartige Rechtssubjekte[71], so daß sich die W-KG auf die verfassungsrechtliche Eigentumsgewährleistung berufen kann. Im übrigen ist die W-KG Inhaberin des einfachgesetzlichen Eigentumsrechts gem. § 903 BGB. Die Aktivlegitimation der W-KG ist somit zu bejahen.

Ferner müßte die *Passivlegitimation* der Stadt S gegeben sein. Passivlegitimiert ist dasjenige Rechtssubjekt, gegen das sich der materielle Anspruch zu richten hat[72]. Das ist der Verwaltungsträger der zuständigen Behörde. Die W-KG macht ihren Anspruch gegenüber der Stadt S geltend. Diese ist als Rechtsträger der zuständigen Ortspolizeibehörde (§§ 46 Abs. 1, 48 Abs. 4, 52 Abs. 2 BadWürttPolG[73]) die richtige Beklagte. Die Stadt S ist also passivlegitimiert.

2. *Sachliche Anspruchsvoraussetzungen*

a) Tatbestandsvoraussetzungen

Weiterhin müßte der *Tatbestand* gem. §§ 3, 1 Abs. 1 S. 1 BadWürttPolG[74] erfüllt sein. Das ist der Fall, wenn für die öffentliche Sicherheit oder Ordnung eine Gefahr besteht oder eine Störung eingetreten ist.

aa) Schutzgut (öffentliche Sicherheit)

Im vorliegenden Falle könnte durch die Hausbesetzung die *öffentliche Sicherheit* beeinträchtigt sein. Das Schutzgut der öffentlichen *„Sicherheit"* umfaßt u. a. individuelle Rechte und Rechtsgüter einzelner wie z. B. Eigentum und Besitz[75]. Im vorliegenden Falle ist die W-KG durch

---

[70] *Jarass*, in: Jarass/Pieroth, GG, 1989, Art. 14 Rdn. 18; *Stern*, Das Staatsrecht der Bundesrepublik Deutschland, Bd. III/1, 1988, S. 1125.

[71] *von Mutius*, Jura 1983, 30 (37); *Pieroth/Schlink*, Grundrechte – Staatsrecht II, 6. Aufl. 1990, Rdn. 176.

[72] *Kopp*, VwGO, Vorb. § 40 Rdn. 28.

[73] Parallelvorschriften: Art. 8 BayGO, Art. 6 BayLStVG; §§ 63 Abs. 2, 65 Abs. 1 Nr. 2, 67 Abs. 2 BremPolG; § 79 Abs. 2 NdsSOG; §§ 1 Abs. 1, 3 Abs. 1, 4 Abs. 1, 5 Abs. 1 NWOBG; §§ 76 Abs. 1, 77 Abs. 1 Nr. 1, 78 Abs. 1, 80 Abs. 3 i.V.m. Anlage B RhPfPVG; §§ 75 Abs. 2 Nr. 3, 76 Abs. 3, 80 Abs. 1 u. Abs. 2 SaarlPolG; §§ 163, 165 Abs. 1 Nr. 3, 166 Abs. 1 u. Abs. 2 SchlHLVwG. – Im neuen HessSOG bestimmt sich die sachliche Zuständigkeit gem. §§ 85 Abs. 1 Nr. 4, 89.

[74] Vgl. i. ü. Fn. 3.

[75] *Götz*, Allgemeines Polizei- und Ordnungsrecht, Rdn. 76; *Möller/Wilhelm*, Allgemeines Polizei- und Ordnungsrecht, S. 22.

die Hausbesetzung in ihrem Eigentum und den daraus fließenden Ausübungs- und Nutzungsrechten (§ 903 BGB) beeinträchtigt. Ein Schutzgut der „Sicherheit" i.S.d. polizei- und ordnungsrechtlichen Generalklausel ist somit gegeben.

(1) Subsidiaritätsgrundsatz

Fraglich ist jedoch, ob das gestörte Privateigentum der W-KG ein Schutzgut i.S.d. *„öffentlichen"* Sicherheit darstellt. Ein behördliches Tätigwerden zugunsten der W-KG könnte vielmehr dem Schutz eines lediglich *privaten* Rechts dienen. Zwar genießen auch private Rechte staatlichen Schutz, vornehmlich allerdings durch die Gerichte der ordentlichen Gerichtsbarkeit und die entsprechenden Vollstreckungsorgane[76]. Behördliche Maßnahmen der Gefahrenabwehr zum Schutz privater Rechte sind gem. § 2 Abs. 2 BadWürttPolG[77] auf Antrag des Berechtigten nur subsidiär zulässig, nämlich wenn gerichtlicher Schutz nicht rechtzeitig zu erlangen ist und wenn ohne behördliche Hilfe die Gefahr besteht, daß die Verwirklichung des Rechts vereitelt oder wesentlich erschwert wird[78].

Ob diese Voraussetzungen hier vorliegen, ist sehr zweifelhaft. Die Frage bedarf jedoch keiner Klärung, wenn der *Subsidiaritätsgrundsatz* nicht anwendbar ist. Polizei- und ordnungsbehördliches Einschreiten ist nämlich nur subsidiär, wenn es bei der Abwehr von Gefahren für private Rechte und Rechtsgüter ausschließlich um den Schutz privater Belange geht. Das Polizei- und Ordnungsrecht ist dagegen nicht subsidiär, wenn durch die Beeinträchtigung des Schutzguts zugleich die Allgemeinheit betroffen ist, also ein Bezug zur Öffentlichkeit besteht[79]. Diese Voraussetzung könnte hier dadurch erfüllt sein, daß die Störung des privaten Eigentumsrechts zugleich einen Hausfriedensbruch (§ 123

---

[76] *Schlink*, NVwZ 1982, 529 (530); *Braun/Schmidt*, Die Polizei 1983, 206 (213); *W. Martens*, Gefahrenabwehr (Fn. 20), S. 238.

[77] Parallelvorschriften: Nachw. o. Fn. 44.

[78] *Hinweis*: Wo eine derartige Subsidiaritätsklausel nicht besteht (z. B. im NWOBG, anders dagegen § 1 Abs. 2 NWPolG), gilt in der Sache dennoch nichts anderes (*Möller/Wilhelm*, Allgemeines Polizei- und Ordnungsrecht, S. 22). Der Subsidiaritätsgrundsatz aktualisiert nämlich nur die Funktionentrennung (Gewaltenteilung), hindert also die Verwaltung, Maßnahmen im Zuständigkeitsbereich der Zivilgerichtsbarkeit zu treffen (*Schlink*, NVwZ 1982, 529 [530]; *W. Martens*, Gefahrenabwehr [Fn. 20], S. 237 f.).

[79] *Frotscher*, DVBl. 1976, 695 (699); *Schwerdtfeger*, Öffentliches Recht (Fn. 32), Rdn. 130; *Friauf*, Besonderes Verwaltungsrecht (Fn. 24), S. 218; *Möller/Wilhelm*, Allgemeines Polizei- und Ordnungsrecht, S. 23.

StGB) darstellt. Bei einem sog. Verstoß gegen pönalisierte Privatrechtsnormen könnte der Subsidiaritätsgrundsatz deshalb nicht eingreifen, weil die Verwaltung zur Abwehr strafbarer Handlungen stets befugt sein könnte[80].

(2) Begrenzung der behördlichen Subsidiarität

Es fragt sich somit, ob die Hausbesetzer den Tatbestand des § 123 Abs. 1 StGB erfüllt haben, indem sie in das leerstehende Gebäude der W-KG eingedrungen sind. Zweifelhaft ist, ob das leerstehende Haus als „Wohnung" qualifiziert werden kann, da es in diesem Zustand nicht der Unterkunft von Menschen dienen konnte[81]. Die Frage kann jedoch unentschieden bleiben, wenn das leerstehende Gebäude ein „befriedetes Besitztum" darstellt. Darunter sind alle unbeweglichen Sachen zu verstehen, die gegen willkürliches Betreten durch andere mittels zusammenhängender Schutzwehren in äußerlich erkennbarer Weise gesichert sind[82]. Diese Voraussetzungen treffen auf das Gebäude der W-KG ohne weiteres zu.

Etwas anderes könnte sich allenfalls dann ergeben, wenn das Merkmal „befriedetes Besitztum" funktional zu bestimmen wäre und die soziale Funktion des Besitztums, hier also das Wohnen von Menschen, gestört sein müßte[83]. Bei leerstehenden Gebäuden könnte eine solche Funktionsstörung mangels Bewohnung zu verneinen sein. Indessen knüpft der Wortlaut des § 123 Abs. 1 StGB nicht an eine soziale Funktion, sondern allein an das „Befriedetsein" an, das formal als „eingefriedet" zu verstehen ist[84]. Das Gesetz stellt seinem Wortlaut nach auf die formale Rechtsposition ab und schützt das Rechtsgut einheitlich und ohne Rückgriff auf den Verwendungszweck von Räumlichkeiten[85]. Das leerstehende Gebäude der W-KG ist demnach ein „befriedetes Besitztum" i.S.d. § 123 Abs. 1 StGB.

---

[80] BVerwG, NJW 1978, 1492 (1493); *Ronellenfitsch*, BB Beilage 6/1987, S. 4; *W. Martens*, Gefahrenabwehr (Fn. 20), S. 239; *Götz*, Allgemeines Polizei- und Ordnungsrecht, Rdn. 77; *Schenke*, Besonderes Verwaltungsrecht (Fn. 24), S. 177.

[81] OLG Köln, NJW 1982, 2674; OLG Hamm, NJW 1982, 2676 (2677); *Ostendorf*, JuS 1981, 640; *Schön*, NJW 1982, 1126 (1127).

[82] OLG Hamm, NJW 1982, 2676 (2677); *Wessels*, Strafrecht Besonderer Teil, Bd. 1, 14. Aufl. 1990, S. 121.

[83] *Amelung/Schall*, JuS 1975, 565 (566); *Schön*, NJW 1982, 1126 (1128).

[84] OLG Köln, NJW 1982, 2674 (2675); *Ostendorf*, JuS 1981, 640 (641); *Schäfer*, in: Leipziger Kommentar zum StGB, 10. Aufl. 1988, Bd. 4, § 123 Rdn. 15.

[85] OLG Hamm, NJW 1982, 2676 (2677).

Die Tathandlung besteht im vorliegenden Falle im „Eindringen"; die Hausbesetzer sind ohne den Willen des Berechtigten, der W-KG, in die geschützten Räume gelangt. Der objektive Tatbestand des § 123 Abs. 1 StGB ist somit erfüllt.

Fraglich könnte allenfalls noch sein, ob auch die Rechtswidrigkeit gegeben sein muß. Gem. § 123 Abs. 1 StGB muß das Eindringen widerrechtlich gewesen sein. In Bezug genommen ist damit das allgemeine strafrechtliche Merkmal der Rechtswidrigkeit[86]. Für die Bejahung des Merkmals „öffentliche Sicherheit" i.S.d. polizei- und ordnungsrechtlichen Generalklausel reicht jedoch die Bejahung des objektiven Tatbestandes einer Strafrechtsnorm[87].

(3) Öffentliches Interesse an der Gefahrenabwehr

Dennoch ist fraglich, ob die tatbestandsmäßige Verwirklichung des § 123 Abs. 1 StGB ausreicht, um das Merkmal „öffentliche Sicherheit" zu bejahen. Gem. §§ 3, 1 Abs. 1 S. 1 BadWürttPolG muß nämlich die Gefahrenabwehr im *öffentlichen Interesse* geboten sein[88]. Bei privaten Rechten und Rechtsgütern besteht ein öffentliches Interesse am Schutz dieser Individualbelange nur, wenn im konkreten Fall ein Bezug zur Öffentlichkeit gegeben ist[89]. Dieser könnte zu verneinen sein, wenn, wie hier § 123 StGB, die sog. pönalisierte Privatrechtsnorm der Flankierung und Verstärkung des privaten Rechts, also des Eigentums, dient, originäre öffentliche Rechtsgüter hingegen nicht schützt[90].

Dagegen spricht jedoch, daß sich der Subsidiaritätsgrundsatz ausschließlich auf die Privatrechtsordnung bezieht, nicht aber die öffentlich-rechtliche Ordnung betrifft[91]. Ist demnach mit dem Privatrecht

---

[86] *Wessels*, Strafrecht (Fn. 82), S. 123; *Lenckner*, in: Schönke/Schröder, StGB, 23. Aufl. 1988, § 123 Rdn. 31.

[87] BVerwGE 64, 55 (61); W. *Martens*, Gefahrenabwehr (Fn. 20), S. 236; *Möller/Wilhelm*, Allgemeines Polizei- und Ordnungsrecht, S. 24.

[88] *Hinweis*: Auch in den Landesgesetzen ohne ausdrückliche Erwähnung muß das „Öffentlichkeitsmerkmal" gegeben sein; rechtsdogmatisch ist es als Voraussetzung im Begriff „*öffentliche* Sicherheit" enthalten (vgl. *von Mutius*, Jura 1986, 649 [654 f.]; *Schenke*, Besonderes Verwaltungsrecht [Fn. 24], S. 177; *Tettinger*, Besonderes Verwaltungsrecht, Rdn. 207).

[89] W. *Martens*, DÖV 1976, 457 (459); *Knemeyer*, VVDStRL 35 (1977), 221 (249 ff.); *Wolff/Bachof*, Verwaltungsrecht III, § 125 Rdn. 17; *Friauf*, Besonderes Verwaltungsrecht (Fn. 24), S. 218; *Dittmann*, in: Maurer/Hendler (Fn. 24), S. 281.

[90] *Baur*, JZ 1962, 73 (76); *Ule/Rasch*, Allgemeines Polizei- und Ordnungsrecht, 2. Aufl. 1982, MEPolG § 1 Rdn. 58.

[91] *Frotscher*, DVBl. 1976, 695 (699).

zugleich das Strafrecht als Teil des Öffentlichen Rechts bedroht oder verletzt, besteht ein öffentliches Interesse am behördlichen Einschreiten, der polizei- und ordnungsrechtliche Schutz privater Rechte ist nicht mehr subsidiär[92]. Zudem greift der Subsidiaritätsgrundsatz, der als Abgrenzung der Zuständigkeiten zwischen der Polizei- und Ordnungsverwaltung sowie der Zivilgerichtsbarkeit eine gewaltenteilende Funktion erfüllt, nach Sinn und Zweck nicht ein, wenn eine Verletzung des Strafrechts oder sonstiger öffentlich-rechtlicher Vorschriften ohne Klärung zivilrechtlicher Fragen festgestellt werden kann[93].

Danach besteht hier ein öffentliches Interesse am Schutz des Individualrechtsguts „Eigentum" der W-KG. Mit der Verwirklichung des objektiven Tatbestandes des § 123 Abs. 1 StGB ist eine öffentlich-rechtliche Vorschrift verletzt. Der Klärung zivilrechtlicher Fragen, die von der Verwaltung nicht ohne weiteres geleistet werden könnte und die in den Zuständigkeitsbereich der Zivilgerichtsbarkeit fiele, bedarf es auch nicht. Durch die Hausbesetzung ist somit die „öffentliche Sicherheit" i.S.d. polizei- und ordnungsrechtlichen Generalklausel betroffen.

bb) Gefahr bzw. Störung

Der öffentlichen Sicherheit müßte gem. §§ 3, 1 Abs. 1 S. 1 BadWürtt-PolG[94] eine *Gefahr* drohen, oder eine *Störung* müßte bereits eingetreten sein[95]. Hier kommt eine Störung der öffentlichen Sicherheit in Betracht. Eine Störung liegt vor, wenn sich der zunächst für das Rechtsgut nur drohende Schaden schon verwirklicht hat[96].

Die andauernde Besetzung eines Gebäudes gegen den Willen des Eigentümers und unter Verstoß gegen die Strafrechtsordnung (§ 123 Abs. 1 StGB) stellt eine Störung der öffentlichen Sicherheit dar[97].

---

92 Nachw. Fn. 80; ferner *W. Martens*, DÖV 1976, 457 (459); *Möller/Wilhelm*, Allgemeines Polizei- und Ordnungsrecht, S. 22.

93 *Schlink*, NVwZ 1982, 529 (530).

94 Vgl. i. ü. Fn. 3.

95 *Hinweis*: Für diejenigen Länder, in deren Generalklausel die Störungsbeseitigung nicht eigens erwähnt ist, ergibt sich in der Sache nichts anderes; die zur Gefahrenabwehr ermächtigte Behörde ist erst recht zur Störungsbeseitigung befugt (*Schenke*, Besonderes Verwaltungsrecht [Fn. 24], S. 189).

96 *von Mutius*, Jura 1986, 649 (656); *Götz*, Allgemeines Polizei- und Ordnungsrecht, Rdn. 123.

97 VG Freiburg, VBlBW 1987, 349 (350); *Degenhart*, JuS 1982, 330 f.; *Braun/Schmidt*, Die Polizei 1983, 206 (215); *W. Martens*, Gefahrenabwehr (Fn. 20), S. 237.

Hier ist die W-KG in ihrem Eigentum gestört. Die tatbestandlichen Voraussetzungen für ein polizei- und ordnungsbehördliches Einschreiten gem. §§ 3, 1 Abs. 1 S. 1 BadWürttPolG liegen somit vor.

b) **Rechtsfolge**

Trotz Vorliegens der Eingriffsvoraussetzungen ist die zuständige Behörde zum Einschreiten nicht verpflichtet. Die polizei- und ordnungsrechtliche Generalklausel ermächtigt die Verwaltung vielmehr, die zur Gefahrenabwehr erforderlichen Maßnahmen zu treffen. Das Gebrauchmachen von der *Rechtsfolge* wird gem. § 3 BadWürttPolG[98] in das *pflichtgemäße Ermessen* der Behörde gestellt. Damit kann die Verwaltungsbehörde entscheiden, ob sie überhaupt tätig werden will und – bejahendenfalls – in welcher Art und Weise sie zur Gefahrenabwehr bzw. Störungsbeseitigung einschreitet. Die Generalklausel eröffnet der Verwaltung somit ein Entschließungsermessen und ein Auswahlermessen[99].

Angesichts dieses gesetzlich eröffneten Ermessens ist zweifelhaft, ob der W-KG der geltend gemachte Anspruch tatsächlich zusteht. Das kann nur angenommen werden, wenn der behördliche Ermessensspielraum im konkreten Fall soweit verengt ist, daß allein die begehrte Maßnahme als rechtmäßiges Verwaltungshandeln in Betracht kommt. Dann müßte sowohl das Entschließungsermessen als auch das Auswahlermessen auf Null reduziert sein.

aa) Entschließungsermessen

Eine Schrumpfung des *Entschließungsermessens* auf Null setzt voraus, daß bei pflichtgemäßer Ermessensausübung keine andere Verwaltungsentscheidung als diejenige, überhaupt tätig zu werden und einzuschreiten, rechtmäßig ist[100]. Die Rechtmäßigkeit behördlicher Ermessensentscheidungen beurteilt sich nach § 40 VwVfG, und nur die Einhaltung dieses Rahmens ist überprüfbar (§ 114 VwGO).

---

[98] Parallelvorschriften: Nachw. o. Fn. 29.

[99] *von Mutius*, Jura 1986, 649 (656); *Götz*, Allgemeines Polizei- und Ordnungsrecht, Rdn. 265; *Schenke*, Besonderes Verwaltungsrecht (Fn. 24), S. 189 f.; *Tettinger*, Besonderes Verwaltungsrecht, Rdn. 240 f.; *Möller/Wilhelm*, Allgemeines Polizei- und Ordnungsrecht, S. 56.

[100] BVerwGE 11, 95 (97); W. *Martens*, DÖV 1982, 89 (97); *Gern*, DVBl. 1987, 1194 (1197); *Erichsen*, in: Erichsen/Martens (Fn. 11), § 10 Rdn. 22; *Maurer*, Allgemeines Verwaltungsrecht, § 7 Rdn. 16.

(1) Zulässigkeit behördlichen Einschreitens

Damit eine Ermessensreduzierung überhaupt in Betracht kommen kann, müßte ein verwaltungsbehördliches Einschreiten zunächst einmal *zulässig* sein[101]. Daran könnten hier deshalb Zweifel bestehen, weil ein behördliches Vorgehen gegen die Hausbesetzer gegen das *Übermaßverbot* verstoßen könnte. Darauf hat sich die Verwaltung im Widerspruchsbescheid, auf dessen Inhalt es für die rechtliche Würdigung ankommt, auch ausdrücklich berufen. Indem im Ausgangsbescheid außerdem Verwaltungsmaßnahmen als nicht sinnvoll erachtet worden sind, könnte die Behörde ein Einschreiten speziell als ungeeignet angesehen haben.

Die *Geeignetheit* einer Maßnahme ist jedoch schon dann zu bejahen, wenn das angestrebte Ziel wenigstens teilweise erreicht werden kann[102]. In dem Sinne wäre eine Räumungsanordnung nicht ungeeignet, der Störungsbeseitigung ein Stück näher zu kommen. Die Räumungsanordnung erscheint – zur Vorbereitung eines ggf. notwendig werdenden polizeilichen Vollzugs – bei Hausbesetzungen sogar als einzig geeignetes Mittel (im Rechtssinne), die Störungsbeseitigung zu erreichen[103]. Steht eine andere Maßnahme, die den einzelnen und die Allgemeinheit am wenigsten beeinträchtigt (§ 5 Abs. 1 BadWürttPolG[104]), nicht zur Verfügung, ist eine Räumungsanordnung auch *erforderlich*. Fraglich ist allerdings, ob die *Verhältnismäßigkeit* (i.e.S.) bejaht werden kann. Durch die behördliche Maßnahme darf gem. § 5 Abs. 2 BadWürttPolG[105] kein Nachteil herbeigeführt werden, der erkennbar außer Verhältnis zu dem beabsichtigten Erfolg steht. Demzufolge ist eine Güterabwägung in bezug auf den konkreten Rechtseingriff vorzunehmen. Die Räumungsanordnung gegen die Hausbesetzer muß in einem angemessenen Verhältnis zur Beseitigung der Störung der öffentlichen Sicherheit stehen[106]. Als rechtlich zulässiger Gesichts-

---

[101] *Vogel*, Gefahrenabwehr (Fn. 20), S. 401.

[102] *Götz*, Allgemeines Polizei- und Ordnungsrecht, Rdn. 251; *Knemeyer*, Polizei- und Ordnungsrecht, Rdn. 207.

[103] VG Freiburg, VBlBW 1987, 349 (351).

[104] Parallelvorschriften: Art. 8 Abs. 1 BayLStVG; § 8 Abs. 1 BlnASOG; § 3 Abs. 1 BremPolG; § 4 Abs. 2 HbgSOG; § 4 Abs. 1 HessSOG; § 4 Abs. 1 NdsSOG; § 15 Abs. 1 NWOBG; § 2 Abs. 1 RhPfPVG; § 2 Abs. 1 SaarlPolG; § 73 Abs. 3 SchlHLVwG.

[105] Parallelvorschriften: Art. 8 Abs. 2 BayLStVG; § 8 Abs. 2 BlnASOG; § 3 Abs. 2 BremPolG; § 4 Abs. 1 HbgSOG; § 4 Abs. 2 HessSOG; § 4 Abs. 2 NdsSOG; § 15 Abs. 2 NWOBG; § 2 Abs. 2 RhPfPVG; § 2 Abs. 2 SaarlPolG; § 73 Abs. 2 SchlHLVwG.

[106] *Braun/Schmidt*, Die Polizei 1983, 206 (216).

punkt im Rahmen des Entschließungsermessens könnte der behördliche Einwand zu erachten sein, seitens der Hausbesetzer drohe Widerstand, und es sei mit Ausschreitungen zu rechnen. Angesichts der daraus resultierenden Gefährdungen für Personen und Sachen im Stadtgebiet könnte auf die Räumungsanordnung zu verzichten sein[107]. Demgegenüber ist jedoch zu bedenken, daß durch die Hausbesetzung ein andauernder Verstoß gegen die Rechtsordnung gegeben ist und der Hauseigentümer eine grundrechtlich geschützte Position innehat, während die Hausbesetzer nicht einmal eine Rechtsposition zum Besitz des Gebäudes haben[108]. Die Aufrechterhaltung der Rechtsordnung ist ein hohes Gut[109]. Daß gegenüber polizei- und ordnungsbehördlichen Maßnahmen mitunter Widerstand geleistet wird, liegt in der Natur der Sache[110]. Würde bereits von daher die Unverhältnismäßigkeit bejaht, führte das Übermaßverbot zur rechtlichen Absicherung des Rechtsbruchs[111]. Das aber wäre mit dem Rechtsstaatsprinzip des Grundgesetzes nicht vereinbar.

Die Anordnung der Räumung eines besetzten Hauses wäre damit nicht unverhältnismäßig[112]. Das Übermaßverbot steht einem behördlichen Einschreiten nicht entgegen.

(2) Pflicht zum behördlichen Einschreiten

Das behördliche Tätigwerden gegenüber den Hausbesetzern müßte jedoch nicht nur zulässig, sondern darüber hinaus müßte ein Absehen vom Einschreiten ermessensfehlerhaft sein. Nur dann besteht die behördliche *Pflicht*, gegenüber dem bestehenden Gefahrenzustand einzugreifen.

Fraglich ist nun allerdings, anhand welcher rechtlichen Kriterien zu entscheiden ist, wann eine Untätigkeit der Gefahrenabwehrbehörde einen Ermessensfehler darstellt. Auszugehen ist von der gesetzlich normierten Bindung, das *Ermessen pflichtgemäß* auszuüben (§ 3 BadWürttPolG[113]). Dies bedeutet gem. § 40 VwVfG, daß die Behörde das ihr eingeräumte Ermessen überhaupt betätigt, daß dies entsprechend dem Zweck der Ermächtigung erfolgt und daß dabei die gesetzlichen

---

107 *Schlink*, NVwZ 1982, 529 (533).

108 *Braun/Schmidt*, Die Polizei 1983, 206 (217).

109 *Vogel*, Gefahrenabwehr (Fn. 20), S. 392.

110 VG Freiburg, VBlBW 1987, 349 (351).

111 *W. Martens*, DÖV 1982, 89 (98).

112 VG Freiburg, VBlBW 1987, 349 (351); *Braun/Schmidt*, Die Polizei 1983, 206 (217).

113 Vgl. i. ü. Fn. 98.

Grenzen des Ermessens eingehalten werden. Da die Behörde im vorliegenden Falle ihr Ermessen tatsächlich betätigt hat, insoweit also kein Ermessensfehler vorliegt, könnte eine Pflicht zum Einschreiten aufgrund einer Schrumpfung der inneren und der äußeren Ermessensgrenzen in Betracht kommen.

(aa) Zweck der Ermächtigung. Die sog. inneren Ermessensgrenzen werden durch den *Zweck der Ermächtigung* determiniert[114]. Der Zweck der polizei- und ordnungsrechtlichen Generalklausel wird entscheidend von der gesetzlichen Aufgabenstellung, also der Gefahrenabwehr, bestimmt[115]. Zum Zwecke der Gefahrenabwehr sind Gefahrenabwehrbehörden geschaffen, so daß bei einem Gefahrenzustand im Regelfall ein Tätigwerden erwartet werden darf[116]. Mit einer derartigen Interpretation des Entschließungsermessens wird nicht etwa das gesetzlich normierte Opportunitätsprinzip unterlaufen. Der Verwaltung bleibt es unbenommen, unter Berücksichtigung der Bedeutung des bedrohten Schutzguts sowie der Intensität der Gefahr bzw. Störung im Einzelfall von einem Einschreiten zu einer bestimmten Zeit abzusehen[117]. Im übrigen behält das Opportunitätsprinzip seine Bedeutung für das Auswahlermessen[118].

(α) Möglichkeit des Zivilrechtsschutzes. Hier könnte es, abweichend vom Regelfall, dem Zweck der Ermächtigung entsprechen, die W-KG auf den Zivilrechtsweg zu verweisen, um Rechtsschutz gegen die Hausbesetzer zu erlangen. Darauf hat die Verwaltung im Rahmen ihrer Ermessenserwägungen auch hingewiesen. Es ist rechtlich nicht von vornherein ausgeschlossen, daß eine Behörde einen Privaten auf die Möglichkeit des Zivilrechtsschutzes verweisen darf, wenn hoheitliche Maßnahmen unzweckmäßig sind[119]. Eine unzureichende, weil vom Zweck der Ermächtigung zum behördlichen Vorgehen nicht gedeckte Erwägung stellt indes die lediglich pauschale Erwähnung der Existenz zivilprozessualen Rechtsschutzes dar[120]. Das ermessensfehlerfreie Absehen von der an sich gebotenen hoheitlichen Gefahrenabwehr setzt voraus, daß ein Erfolg im Zivilprozeß geprüft worden ist und mit einiger Wahrscheinlichkeit vorausgesagt werden kann[121]. Andernfalls

---

[114] *Stelkens/Sachs*, in: Stelkens/Bonk/Leonhardt, VwVfG, § 40 Rdn. 34.

[115] BVerwGE 11, 95 (97); *Schlink*, NVwZ 1982, 529 (533).

[116] *Schumann*, Grundriß des Polizei- und Ordnungsrechts, 1978, S. 62.

[117] VG Berlin, DVBl. 1981, 785 (786) = NJW 1981, 1748 (1749); *Braun/Schmidt*, Die Polizei 1983, 206 (217).

[118] *Vogel*, Gefahrenabwehr (Fn. 20), S. 404.

[119] OVG Berlin, NJW 1983, 777 (779) = DÖV 1983, 644 (646).

[120] *Wilke*, Festschrift (Fn. 41), S. 844.

[121] *Vogel*, Gefahrenabwehr (Fn. 20), S. 402.

hätte es die Behörde in der Hand, sich ihrer Aufgabenstellung durch globale Hinweise auf zivilgerichtlichen Rechtsschutz teilweise zu entziehen[122].

Im vorliegenden Fall haben Ausgangs- und Widerspruchsbehörde nicht untersucht, ob die W-KG im Zivilrechtsweg erfolgreich vorgehen könnte. Der pauschale Hinweis auf den Zivilrechtsweg entspricht nicht der Pflicht zur Gefahrenabwehr. Diese der W-KG gegenüber vorgebrachte Erwägung stellt somit einen Ermessensfehlgebrauch dar.

(β) Erfolgsaussicht der Verwaltungsmaßnahme. Behördlicherseits ist ferner geltend gemacht worden, eine Räumungsanordnung sei nicht sinnvoll, da nicht sichergestellt werden könne, daß eine Hausbesetzung nicht sofort wieder erfolge. Es ist zweifelhaft, ob dies eine rechtlich zulässige Ermessenserwägung darstellt. Im Rahmen des Übermaßverbots ist zur Geeignetheit der Räumungsanordnung festgestellt worden, daß es der Natur polizei- und ordnungsbehördlicher Maßnahmen geradezu entspricht, daß sie mitunter nur teilweise zur Zielverwirklichung führen. Stellt sich indes, wie hier, eine bestimmte Maßnahme im Rechtssinne als das einzige geeignete Mittel dar, ist es folglich nicht „sinnlos" zur Herbeiführung rechtmäßiger Zustände[123].

(γ) Aufwand zur Gefahrenabwehr. Die Verwaltung hat schließlich angeführt, die Schaffung eines gesetzeskonformen Zustandes sei mit einem unverhältnismäßig großen Aufwand verbunden. Fraglich ist, ob eine Gefahrenabwehrbehörde den Aufwand zur Gefahrenabwehr im Rahmen ihrer Ermessenserwägungen überhaupt berücksichtigen darf. Dagegen könnte sprechen, daß Rechtsbrüche nicht mit der Begründung hingenommen werden dürfen, der Aufwand zu ihrer Beseitigung sei zu hoch[124]. Der erforderliche behördliche Aufwand wäre demnach keine Frage der Verhältnismäßigkeit[125], wie die Ausgangsbehörde im vorliegenden Fall angenommen hat. Demgegenüber ist jedoch zu bedenken, daß das Opportunitätsprinzip den Gefahrenabwehrbehörden gerade auch den möglichst effektiven Einsatz ihrer Mittel ermöglichen soll[126]. Dann muß aber auch der Aufwand, der mit der Gefahrenabwehr bzw. Störungsbeseitigung verbunden ist, im Rahmen des Ermessens berücksichtigt werden dürfen[127]. Im vorliegenden Fall ist jedoch aufgrund der konkreten Umstände zweifelhaft, ob der Hinweis auf den

---

[122] OVG Berlin, NJW 1983, 777 (779) = DÖV 1983, 644 (646).
[123] VG Freiburg, VBlBW 1987, 349 (351).
[124] *Erichsen*, VVDStRL 35 (1977), 171 (200).
[125] VG Freiburg, VBlBW 1987, 349 (351).
[126] *Götz*, Allgemeines Polizei- und Ordnungsrecht, Rdn. 267.
[127] *Vogel*, Gefahrenabwehr (Fn. 20), S. 402.

behördlichen Aufwand ermessensgerecht ist. Das von der W-KG erworbene Haus war zum Abbruch vorgesehen. Die Zweckentfremdungsgenehmigung und die Baugenehmigung für den geplanten Neubau waren erteilt und sind bereits bestandskräftig geworden. Der Beginn der Bauarbeiten steht unmittelbar bevor. Aufgrund dieser Sach- und Rechtslage müßte die Wiederbesetzung des Hauses nur für kurze Zeit verhindert werden. Das Haus kann unmittelbar nach der Räumung abgerissen werden, so daß eine erneute Hausbesetzung unmöglich wäre. Diesen Umstand hat die Verwaltung nicht berücksichtigt. Der Hinweis auf den behördlichen Aufwand rechtfertigt somit die Ablehnung der Räumungsanordnung nicht.

Zwischenergebnis: Die behördlichen Ermessenserwägungen sind vom Zweck der Ermächtigung durch die polizei- und ordnungsrechtliche Generalklausel nicht gedeckt. Der Antrag auf Erlaß einer Räumungsanordnung ist ermessensfehlerhaft abgelehnt worden. Eine Ermessensreduzierung auf Null ergibt sich allein daraus allerdings noch nicht.

(bb) Äußere Grenzen des Ermessens. Fraglich ist somit, ob im vorliegenden Falle aufgrund sonstiger rechtlicher Ermessensdirektiven eine Ermessensreduzierung auf Null in Betracht kommt. Da gem. § 114 VwGO das behördliche Ermessen nicht verwaltungsgerichtlich ersetzt werden darf, weitere denkbare behördliche Erwägungen somit nicht angestellt werden dürfen, kann sich die Ermessensreduzierung gem. § 40 VwVfG nur aus den gesetzlichen, den sog. *äußeren Grenzen des Ermessens* ergeben. Diese werden insbesondere durch das Verfassungsrecht und vor allem durch die Grundrechte gezogen[128]. Für die Ermittlung eines Anspruchs auf behördliches Einschreiten könnte es auf die Bedeutung des gefährdeten bzw. gestörten Rechtsguts sowie auf die Intensität der Gefahr bzw. Störung ankommen[129].

(a) Rechtsgut. Das gestörte *Rechtsgut* ist hier das Eigentum der W-KG. Zweifelhaft ist, ob der Schutz des Eigentums überhaupt geeignet ist, eine Pflicht zum behördlichen Einschreiten zu begründen. Das wäre nicht der Fall, wenn eine Ermessensreduktion auf Null nur in extrem gelagerten Situationen anzunehmen wäre, nämlich bei der

---

[128] *Oldiges*, in: Grimm/Papier (Hrsg.), Nordrhein-Westfälisches Staats- und Verwaltungsrecht, 1986, S. 236 (262); *Möller/Wilhelm*, Allgemeines Polizei- und Ordnungsrecht, S. 65 f.

[129] OVG Münster, NVwZ 1983, 101 (102); *Gern*, DVBl. 1987, 1194 (1195 f.); *Vahle*, VR 1991, 200 (204); *Oldiges*, in: Grimm/Papier (Fn. 128), S. 263; *Vogel*, Gefahrenabwehr (Fn. 20), S. 401; *Möller/Wilhelm*, Allgemeines Polizei- und Ordnungsrecht, S. 59.

Beeinträchtigung höchster Rechtsgüter wie Leben und körperliche Unversehrtheit, nicht dagegen bei der Störung des Sacheigentums[130]. Gegen eine derart enge Begrenzung der Rechtsgüter spricht jedoch der Verfassungsrang des Eigentums[131]. Zwar könnte eine behördliche Passivität bei der Gefährdung jener höchsten Rechtsgüter in aller Regel ermessensfehlerhaft sein; das schließt jedoch nicht aus, daß auch die Bedrohung sonstiger Rechtsgüter (z. B. Eigentum) zu einer Ermessensreduktion auf Null führen kann[132].

Als Grundrecht steht das Eigentum in einem inneren Zusammenhang mit der Garantie der Freiheit Privater. Dem Grundrechtsträger ist ein Freiheitsraum im vermögensrechtlichen Bereich gewährleistet und damit eine eigenverantwortliche Gestaltung seiner Verhältnisse ermöglicht[133]. Das grundrechtlich verbriefte Recht (Art. 14 Abs. 1 S. 1 GG), im Rahmen der Gesetze (Art. 14 Abs. 1 S. 2 GG) mit dem Eigentum nach Belieben zu verfahren (§ 903 BGB), beinhaltet das Recht, Verfügungen und Maßnahmen über das Haus- und Grundstückseigentum zu treffen[134]. Wenn dieses Recht bedroht ist und damit zugleich eine Gefahr für die öffentliche Sicherheit einhergeht, ist es keineswegs ausgeschlossen, daß die Gefahrenabwehrbehörden zum Rechtsgüterschutz eingreifen müssen. Aus Gründen des Art. 14 Abs. 1 GG kommt somit ein Anspruch auf behördliches Einschreiten grundsätzlich in Betracht[135].

(β) Störungsintensität. Angesichts des grundsätzlich anzuerkennenden Entschließungsermessens der Verwaltung genügt nicht schon jede Gefahr für das Eigentum bzw. dessen Störung, um eine Ermessensreduktion auf Null annehmen zu können. Das Opportunitätsprinzip soll es den Gefahrenabwehrbehörden gerade erlauben, bei bestimmten Rechtsgutverletzungen von einem Einschreiten abzusehen[136]. Von entscheidendem Gewicht für die Beurteilung des verbleibenden behörd-

---

130 VG Berlin, DVBl. 1981, 785 = NJW 1981, 1748 (1749); *Braun/Schmidt*, Die Polizei 1983, 206 (220).

131 W. *Martens*, DÖV 1982, 89 (97).

132 OVG Berlin, NJW 1983, 777 (778) = DÖV 1983, 644 (645); *Wilke*, Festschrift (Fn. 41), S. 839; *Götz*, NVwZ 1984, 211 (216).

133 BVerfGE 24, 367 (389); *Schoch*, Jura 1989, 113 (117).

134 VG Freiburg, VBlBW 1987, 349 (351).

135 *Degenhart*, JuS 1982, 330 (334); *Götz*, NVwZ 1984, 211 (216).

136 *Vogel*, Gefahrenabwehr (Fn. 20), S. 401 f.; *Götz*, Allgemeines Polizei- und Ordnungsrecht, Rdn. 267.

lichen Ermessensspielraums ist demzufolge die *Intensität* der Gefahr bzw. Störung in bezug auf das Schutzgut[137].

Im vorliegenden Falle geht es nicht nur um eine geringfügige Beeinträchtigung des Eigentums. Die Hausbesetzung bewirkt vielmehr eine vollständige Entziehung des Nutzungsrechts an ihrem fraglichen Grundstück für die W-KG. Für die Schwere der Eigentumsverletzung spricht zudem, daß sie mit einem strafbaren Verhalten (Hausfriedensbruch, § 123 StGB) einhergeht. Ohne behördliche Hilfe ist es der W-KG nicht möglich, von ihrem verfassungsrechtlich garantierten Eigentumsrecht Gebrauch zu machen. Die Passivität der Verwaltung führt somit zur Verfestigung des rechtswidrigen Zustandes. Die Intensität der Störung spricht daher maßgeblich gegen einen verbleibenden behördlichen Ermessensspielraum.

Etwas anderes könnte sich allenfalls dann ergeben, wenn die Verwaltung sachliche Gründe für ihre Passivität hätte[138]. Außer den von den Behörden genannten Erwägungen sind jedoch keine rechtlichen Gesichtspunkte in bezug auf die äußeren Grenzen des Entschließungsermessens ersichtlich.

Mangels eines Ermessensspielraums ist die zuständige Stelle (Stadt S) somit verpflichtet, zugunsten der W-KG zum Schutz des Eigentums gegen die Hausbesetzer einzuschreiten.

bb) Auswahlermessen

Der von der W-KG geltend gemachte Anspruch auf Erlaß einer Räumungsanordnung besteht allerdings nur, wenn die Behörde nur so, wie begehrt, ermessensfehlerfrei zur Störungsbeseitigung tätig werden darf. Das könnte hier zweifelhaft sein, weil §§ 3, 1 Abs. 1 S. 1 BadWürtt-PolG[139] lediglich zum Ergreifen der „erforderlichen" Maßnahmen[140] verpflichten. Damit ist auch das „Wie" des behördlichen Vorgehens in das Ermessen der Verwaltung gestellt. Ein Anspruch auf polizei- und ordnungsbehördliches Einschreiten in einer bestimmten Weise setzt folglich voraus, daß das *Auswahlermessen* auf Null reduziert ist.

---

[137] BVerwGE 11, 95 (97); OVG Berlin, NJW 1983, 777 (778) = DÖV 1983, 644 (645); W. *Martens*, DÖV 1982, 89 (97); *Wilke*, Festschrift (Fn. 41), S. 838; *Ronellenfitsch*, BB Beilage 6/1987, S. 6f.; *Gern*, DVBl. 1987, 1194 (1198); *Vogel*, Gefahrenabwehr (Fn. 20), S. 401.

[138] *Wilke*, Festschrift (Fn. 41), S. 840f.; *Ronellenfitsch*, BB Beilage 6/1987, S. 7; *Oldiges*, in: Grimm/Papier (Fn. 128), S. 263.

[139] Vgl. i. ü. Fn. 3.

[140] *Hinweis*: In der Sache besteht kein Unterschied, soweit manche Landesgesetze von den „notwendigen" Maßnahmen (etc.) sprechen.

Das Auswahlermessen bezieht sich auf die Wahl des Verantwortlichen und auf die Wahl des Mittels[141]. Als Verantwortliche kommen hier lediglich die Hausbesetzer in Betracht. Sie sind als Verursacher der Störung der öffentlichen Sicherheit die gem. § 6 Abs. 1 BadWürtt-PolG[142] in Anspruch zu nehmenden *Verhaltensstörer*. Fraglich ist damit nur noch, ob das Auswahlermessen auch in bezug auf das einzusetzende *Mittel* auf Null reduziert ist. Das ist der Fall, wenn die begehrte Maßnahme zum einen zulässig ist und zum anderen kein sonstiges Mittel zur Gefahrenabwehr zur Verfügung steht[143].

Die rechtliche Zulässigkeit der Räumungsanordnung als Gefahrenabwehrmaßnahme ist im Rahmen des Entschließungsermessens bereits festgestellt worden. Sonstige Möglichkeiten zur Beseitigung der rechtswidrigen Situation sind nicht ersichtlich. Verhandlungen mit den Hausbesetzern über einen freiwilligen Auszug scheiden offensichtlich aus. Die Legalisierung des bestehenden Zustandes durch den Abschluß von Mietverträgen kommt nicht in Betracht, da die W-KG das bestehende Gebäude gerade nicht einer Nutzung zuführen, sondern, wie bestandskräftig genehmigt, durch ein neues Gebäude ersetzen möchte. Weitere gleich geeignete und mildere Mittel zur Störungsbeseitigung sind nicht erkennbar. Der Erlaß einer Räumungsanordnung ist die einzige Maßnahme, die zur Störungsbeseitigung zur Verfügung steht. Das Auswahlermessen ist auf Null reduziert. Die W-KG hat einen Anspruch auf Erlaß der beantragten Räumungsanordnung gegen die Hausbesetzer.

Ergebnis: Die Klage ist zulässig und gem. § 113 Abs. 5 S. 1 VwGO begründet. Sie hat Aussicht auf Erfolg.

Hinweise zur methodischen und sachlichen Vertiefung

1. *Aufbau*

Die Fallbearbeitung bietet keine Aufbauprobleme. Auf der Grundlage des empfohlenen Aufbauschemas sind im *Zulässigkeitsteil* zunächst die allgemeinen

---

[141] VG Gelsenkirchen, NVwZ 1988, 1061; *von Mutius*, Jura 1983, 298 (299); *ders.*, Jura 1987, 92 (97); *Schumann*, Polizei- und Ordnungsrecht (Fn. 116), S. 63 f.; *Oldiges*, in: Grimm/Papier (Fn. 128), S. 261; *Möller/Wilhelm*, Allgemeines Polizei- und Ordnungsrecht, S. 61.

[142] Parallelvorschriften: Art. 9 Abs. 1 S. 1 BayLStVG; § 10 Abs. 1 BlnASOG; § 5 Abs. 1 BremPolG; § 8 HbgSOG; § 6 Abs. 1 HessSOG; § 6 Abs. 1 NdsSOG; § 17 Abs. 1 NWOBG; § 4 Abs. 1 RhPfPVG; § 4 Abs. 1 SaarlPolG; § 185 Abs. 1 SchlHLVwG.

[143] *Vogel*, Gefahrenabwehr (Fn. 20), S. 404.

Sachentscheidungsvoraussetzungen und anschließend die Rechtsschutzform (Klageart) zu prüfen. Bei den besonderen Sachentscheidungsvoraussetzungen empfiehlt es sich, im Rahmen der Klagebefugnis zuerst die materiell-rechtliche Vorfrage nach dem subjektiven öffentlichen Recht (und dabei das Bestehen einer objektiven Rechtspflicht vor der individualschützenden Wirkung der Norm) zu klären, um anschließend die prozeßrechtliche Behauptungslast (Möglichkeit der Rechtsverletzung) zu erörtern. Am Ende der Zulässigkeitsprüfung sind Ausführungen zum allgemeinen Rechtsschutzbedürfnis angezeigt.

In der *Begründetheitsprüfung* erscheint es – ausgehend vom Anspruch und demzufolge von der Anspruchsgrundlage – zweckmäßig (d. h. aber nicht: zwingend), zunächst die inhaltlich einfachen Fragen der Aktiv- und der Passivlegitimation zu klären. Im übrigen folgt der Aufbau der Struktur der polizei- und ordnungsrechtlichen Generalklausel: Prüfung der Tatbestandsvoraussetzungen vor der Rechtsfolge und zu letzterer Erörterung des Entschließungsermessens vor dem Auswahlermessen.

2. *Inhalt*

Der auf den ersten Blick möglicherweise recht einfach erscheinende Fall weist bei exakter gutachtlicher Prüfung eine Reihe von inhaltlichen Schwierigkeiten auf. Rechtsfragen im Zusammenhang mit der polizei- und ordnungsrechtlichen Generalklausel sind überwiegend in ein Anfechtungsbegehren gekleidet. Dagegen genießt der Anspruch auf polizei- und ordnungsbehördliches Einschreiten weniger Aufmerksamkeit. Entsprechend groß sind die Probleme der Studierenden bzw. Kandidaten in Übung und Examen, wie gerade am Beispiel dieses mehrfach „getesteten" Falles deutlich wird.

a) Zulässigkeit der Klage

Unproblematisch ist die Erörterung der *Rechtswegfrage*. Auch die *Beteiligungs-* und *Prozeßfähigkeit* lassen sich mit Hilfe des Gesetzes (u. a. HGB) darstellen. Bei der Bestimmung der richtigen *Klageart* müssen die Rechtsschutzformvoraussetzungen für die Verpflichtungsklage gem. § 42 Abs. 1 VwGO herausgestellt werden, wonach in der Sache selbst allein fraglich ist, ob die begehrte Verwaltungsmaßnahme als Verwaltungsakt zu qualifizieren ist. Das exakte Ansetzen bei § 35 S. 1 VwVfG zeigt sehr rasch, daß das Merkmal „Einzelfall" Probleme aufwirft. Die Bearbeiter müssen folglich zur Allgemeinverfügung etwas zu sagen wissen und mit § 35 S. 2 VwVfG zu argumentieren verstehen. Im Ergebnis gelangt man so zur Bejahung des Verwaltungsakts.

Das zentrale Problem in der Zulässigkeitsprüfung ist die *Klagebefugnis*. Zu § 42 Abs. 2 VwGO bedarf es nach dem Stand der Doktrin keiner Erörterung verschiedener Theorien, nachdem sich die sog. Möglichkeitstheorie durchgesetzt hat. In der Sache selbst genügt zur Bejahung der Klagebefugnis bei der Verpflichtungsklage keinesfalls die These, es sei nach dem Sachverhalt nicht auszuschließen, daß der Kläger durch die Ablehnung des Verwaltungsakts in seinen Rechten verletzt ist. Dies wäre eine bloße Behauptung, die zwar im Ergebnis richtig sein mag; eine Begründung wäre damit allerdings nicht gegeben. Kommt es also darauf an, ob der Kläger möglicherweise einen Anspruch auf Erlaß des begehrten Verwaltungsaktes hat, bedarf es einer entsprechenden Anspruchsgrundlage. Ganz allgemein stellt sich mit Blick auf die insoweit in Betracht kommende(n) Norm(en) – hier: polizei- und ordnungsrechtliche Generalklausel – die Frage, wie tief die Prüfung bei der Klagebefugnis gehen muß, um die Voraussetzungen des § 42 Abs. 2 VwGO bejahen zu können, wie eingehend die Prüfung andererseits aber auch nur sein darf, um nicht Teile der Begründetheitsprüfung vorwegzunehmen und so eine „kopflastige" Zulässigkeitsstation zu schaffen. Die Praxis der Verwaltungsrechtsprechung bietet angesichts des vorherrschenden Pragmatismus für die Beantwortung dieser schwierigen Frage kaum Hilfe. Die hier vorgeschlagene, rechtsdogmatisch orientierte Lösung nimmt die Entscheidung der Rechtsordnung zugunsten des Individualrechtsschutzes ernst und akzeptiert, daß § 42 Abs. 2 VwGO eben nicht nur sog. Popularklagen ausschließen will, sondern darüber hinaus auch einen positiven Bedeutungsgehalt hat (zutreffend *Ehlers*, JuS 1989, 364 [371]). Infolgedessen muß die als Anspruchsgrundlage in Betracht kommende Vorschrift bereits im Rahmen der Zulässigkeit der Klage daraufhin untersucht werden, ob sie überhaupt ein subjektives öffentliches Recht gewährt. Wäre das nämlich nicht der Fall, wirkte die Bestimmung also nur objektivrechtlich, müßte schon ein möglicher Anspruch von vornherein verneint werden. – Ob die Voraussetzungen der (auch) subjektivrechtlich wirkenden Vorschrift erfüllt sind, ist dann allerdings eine Frage der Begründetheit der Klage.

Der vorliegende Fall bietet Gelegenheit, das *allgemeine Rechtsschutzbedürfnis* zu thematisieren. Der Sachverhalt gibt dazu einen deutlichen Hinweis. In der Sache selbst zeigt sich einmal mehr, daß das allgemeine Rechtsschutzinteresse weniger als positiv zu erfüllende Sachentscheidungsvoraussetzung einzustufen ist, sondern umgekehrt negativ ausgrenzend solche Begehren eliminiert, die eine überflüssige oder gar mißbräuchliche Inanspruchnahme der Verwaltungsgerichte darstellen könnten. Daß vor diesem Hintergrund eine denkbare Beschreitung des Zivilrechtswegs (zumal mit einem anderen Klagegegner) nicht zur Verneinung des allgemeinen Rechtsschutzbedürfnisses führt, liegt auf der Hand.

b) Begründetheit der Klage

Der *Einstieg in die Begründetheitsprüfung* bei der Verpflichtungsklage zählt zu den häufigsten Fehlern im Verwaltungsrechtsfall. Die in der Tat „komplizierte Formulierung" des § 113 Abs. 5 S. 1 VwGO (*Schwerdtfeger*, Öffentliches Recht in der Fallbearbeitung, Rdn. 173) darf nicht dahin mißverstanden werden, entscheidend sei die rechtswidrige Ablehnung des Verwaltungsakts. Selbst wenn dies der Fall sein sollte, bei einer Ermessensvorschrift aber keine Ermessensreduzierung auf Null gegeben ist, fehlt es an der Spruchreife. Materiellrechtlich hat der Kläger dann allenfalls einen Anspruch auf ermessensfehlerfreie Entscheidung, dem prozeßrechtlich das Bescheidungsurteil gem. § 113 Abs. 5 S. 2 VwGO Rechnung trägt. Bei dem auf Erlaß eines bestimmten Verwaltungsakts zielenden Begehren muß – in konsequenter Anknüpfung und Fortsetzung des bei der Klagebefugnis über das subjektive öffentliche Recht erarbeiteten Ansatzes – nunmehr geprüft werden, ob der Kläger nach Voraussetzungen und Rechtsfolge der Anspruchsgrundlage tatsächlich einen Anspruch auf Erlaß des beantragten Verwaltungsakts hat.

Der sachlich-rechtliche Gehalt der polizei- und ordnungsrechtlichen Generalklausel dürfte allgemein bekannt sein. Hier stellt sich im Rahmen der *Tatbestandsvoraussetzungen* beim Schutzgut „öffentliche Sicherheit" die ebenfalls nicht unbekannte spezielle Frage, unter welchen Voraussetzungen die Verwaltung zum Schutz privater Rechte tätig werden darf. Trotz der im Detail unterschiedlichen landesgesetzlichen Formulierungen ist die Rechtsproblematik um den sog. Subsidiaritätsgrundsatz der Sache nach einheitlich (in der erfolgten Weise) zu lösen.

Auf der *Rechtsfolgenseite* der Generalklausel ist der Verwaltung Ermessen eröffnet. Vor dem Hintergrund des polizei- und ordnungsrechtlichen Opportunitätsprinzips liegt das Schwergewicht der Prüfung beim Anspruch auf Einschreiten nicht selten – so auch im vorliegenden Fall – auf dem *Entschließungsermessen*. In der gedanklichen Abfolge ist inhaltlich zunächst zu klären, ob ein behördliches Tätigwerden in der begehrten Weise überhaupt rechtlich zulässig wäre. Bejahendenfalls geht es sodann unter dem Aspekt der Pflicht zum behördlichen Einschreiten um die Frage, ob die Verwaltung die beantragte Maßnahme ermessensfehlerfrei abgelehnt hat. Nur wenn dies nicht der Fall ist, stellt sich abschließend die Frage, ob aus Rechtsgründen eine Verdichtung des Ermessens zum Einschreiten anzunehmen ist. Im Ergebnis wird man im vorliegenden Fall aufgrund der Sachverhaltsgestaltung einen noch bestehenden Ermessensspielraum der Behörde kaum bejahen können. Dasselbe trifft auf das *Auswahlermessen* zu, dessen Erörterung hier keine inhaltlichen Probleme bereitet.

3. *Rechtsprechungs- und Literaturhinweise*

a) Ausgangsfall

Der Fall ist gebildet nach VG Freiburg, Urt. v. 26. 3. 1987 – 4 K 6/86 – VBlBW 1987, 349. – Eine vergleichbare Sachverhaltsgestaltung bietet VG Berlin, Beschl. v. 6. 4. 1981 – 1 A 87/81 – DVBl. 1981, 785 = NJW 1981, 1748.

b) Zur Klagebefugnis und zum subjektiven öffentlichen Recht

Erichsen, Die Klagebefugnis gem. § 42 Abs. 2 VwGO, Jura 1989, 220 f. – Darstellung des subjektiven öffentlichen Rechts i.S.d. überkommenen Auffassung bei *Maurer*, Allgemeines Verwaltungsrecht, 7. Aufl. 1990, § 8 Rdn. 1 ff.; neuere Konzeptionen, die noch keine verbreitete Anerkennung erfahren haben und in der Fallbearbeitung nicht berücksichtigt worden sind, bei *Scherzberg*, Unterverfassungsrechtliche Rechtssätze als Grundlage subjektiv-öffentlicher Rechte, Jura 1988, 455 ff., und bei *H. Bauer*, Altes und Neues zur Schutznormtheorie, AöR 113 (1988), 582 ff.

c) Zur polizei- und ordnungsrechtlichen Generalklausel

von Mutius, Die Generalklausel im Polizei- und Ordnungsrecht, Jura 1986, 649 ff.

d) Zum Anspruch auf polizei- und ordnungsbehördliches Einschreiten

Wilke, Der Anspruch auf behördliches Einschreiten im Polizei-, Ordnungs- und Baurecht, in: Recht und Staat im sozialen Wandel, Festschrift für Hans Ulrich Scupin, 1983, S. 831 ff.; *Dietlein*, Der Anspruch auf polizei- oder ordnungsbehördliches Einschreiten, DVBl. 1991, 685 ff.

e) Zur Hausbesetzungsproblematik im Polizei- und Ordnungsrecht

Degenhart, Öffentlichrechtliche Fragen der „Hausbesetzungen", JuS 1982, 330 ff.; *Schlink*, Die polizeiliche Räumung besetzter Häuser, NVwZ 1982, 529 ff.; *Braun/Schmidt*, Hausbesetzungen, insbesondere Räumungen, unter rechtlichen Aspekten, Die Polizei 1983, 206 ff.; *Ronellenfitsch*, Der Anspruch auf polizeiliches Einschreiten bei Betriebsbesetzungen in der Druckindustrie, Betriebs-Berater Beilage 6/1987, S. 1 ff.

f) Allgemein zum verwaltungsbehördlichen Ermessen

Pietzcker, Der Anspruch auf ermessensfehlerfreie Entscheidung, JuS 1982, 106 ff.; *von Mutius*, Unbestimmter Rechtsbegriff und Ermessen im Verwaltungsrecht, Jura 1987, 92 (96 ff.); *Gern*, Die Ermessensreduzierung auf Null, DVBl. 1987, 1194 ff.

g) Fallbearbeitungen

Greifeld, Obdachlose zwischen Polizei und Sozialhilfe – OVG Berlin, NJW 1980, 2484, JuS 1982, 819 ff.; *Wind/Sauren*, Der praktische Fall: Sommerparty im Garten, Verwaltungsrundschau 1984, 241 ff.

Fall 3:
Interessenkollision beim Ausschußmitglied

stud. iur. S-Stadt, den 23. 10. 1991
Peter Schmidt
Hauptstraße 10

1230 S-Stadt

5. Semester

Übungen im Öffentlichen Recht
für Fortgeschrittene bei Prof. Dr. N. N.

Wintersemester 1991/92

1. Hausarbeit

Sachverhalt

In der Gemeinde G besteht nach der Hauptsatzung als beratender Ausschuß der Bau-, Planungs- und Wegeausschuß (BPW-Ausschuß). Ihm gehört u. a. Architekt A an. A ist nicht Mitglied des Gemeinderates. Er wurde vielmehr wegen seiner anerkannten Sachkunde in den Ausschuß berufen*. Zu den Aufgaben des BPW-Ausschusses gehört u. a. die Vorbereitung der Aufstellung von Bebauungsplänen. In der Vergangenheit hat es sich als ratsam erwiesen, mit den Trägern öffentlicher Belange bereits den Vorentwurf eines Bebauungsplans zu erörtern. Bei derartigen Gesprächen wird die Gemeinde G nach einer entsprechenden Regelung in der Hauptsatzung von den Mitgliedern des BPW-Ausschusses und dem Bürgermeister vertreten. Anschließend faßt der BPW-Ausschuß eine Beschlußempfehlung für den Gemeinderat.

Für den 28. 4. war ein Gespräch über den Vorentwurf eines Bebauungsplans zwischen der Gemeinde G und Vertretern der Träger öffentlicher Belange anberaumt. Der Bebauungsplan soll sich auf ein Gebiet erstrecken, in dem die geschiedene Ehefrau E** des A Eigentümerin eines Grundstücks ist. A hat zu E seit einiger Zeit keinerlei Kontakt mehr. Am 26. 4. beschloß der BPW-Ausschuß, A wegen Interessenkollision von der Mitwirkung an der Besprechung am 28. 4. auszuschließen. A war darüber so empört, daß er schon eine Woche später beim zuständigen Verwaltungsgericht Klage gegen den seiner Auffassung nach rechtswidrigen Beschluß des Ausschusses erhob. A hält die angenommene Interessenkollision für absurd und den Beschluß daher für eine Verletzung seiner Rechte. Hat die Klage Aussicht auf Erfolg?

Literaturverzeichnis

von Arnim, Hans Herbert
Ausschluß von Ratsmitgliedern wegen Interessenkollision, JA 1986, 1 ff.

Berg, Wilfried
Alte und neue Fragen zur verwaltungsgerichtlichen Normenkontrolle, DÖV 1981, 889 ff.

Bethge, Herbert
– Probleme verwaltungsrechtlicher Organstreitigkeiten, Die Verwaltung 1975, 459 ff.

---

* Nur aus der Mitte der kommunalen Vertretungskörperschaft können Ausschüsse gebildet werden in *Bayern* (vgl. *Masson/Samper*, BayGO, Art. 33 Rdn. 1; *Widtmann/Grasser*, BayGO, Art. 33 Rdn. 2; *Knemeyer*, Bayerisches Kommunalrecht, Rdn. 87 ff.), in *Hessen* (§ 62 Abs. 1 S. 1 HessGO) und im *Saarland* (§ 29 Abs. 1 S. 1 SaarlKSVG). Für diese Länder müßte der Sachverhalt entsprechend modifiziert werden.

** Modifizierung für das Gemeinderecht in *Bayern, Niedersachsen, Nordrhein-Westfalen* und im *Saarland*: Die Ehe besteht noch; zum Grund vgl. Text zu und in Fn. 101.

– Grundfragen innerorganisationsrechtlichen Rechtsschutzes, DVBl. 1980, 309 ff.
– Zwischenbilanz zum verwaltungsrechtlichen Organstreit, DVBl. 1980, 824 ff.
– Der Kommunalverfassungsstreit, in: Handbuch der kommunalen Wissenschaft und Praxis, hrsg. von G. Püttner, Berlin – Heidelberg – New York, 2. Aufl. 1982, S. 176 ff.; zit.: Bethge, in: HKWP II.

BLEUTGE, ROLF
Der Kommunalverfassungsstreit, Berlin, 1970.

BORCHMANN, MICHAEL
Interessenkollision im Gemeinderecht, NVwZ 1982, 17 ff.

BOSCH, EDGAR/SCHMIDT, JÖRG
Praktische Einführung in das verwaltungsgerichtliche Verfahren, Stuttgart – Berlin – Köln – Mainz, 4. Aufl. 1988; zit.: Bosch/Schmidt, Praktische Einführung.

CREUTZ, ECKHARD
Gemeinderechtliche Mitwirkungsverbote bei der Aufstellung von Flächennutzungsplänen, BauR 1979, 470 ff.

DOLDE, KLAUS-PETER
Mitwirkungsverbot für befangene Gemeinderäte bei der Aufstellung von Bebauungsplänen, BauR 1973, 350 ff.

EHLERS, DIRK
Die Klagearten und besonderen Sachentscheidungsvoraussetzungen im Kommunalverfassungsstreitverfahren, NVwZ 1990, 105 ff.

ERICHSEN, HANS-UWE
– Feststellungsklage und Innenrecht, Grundrechte und Amtswaltung, VerwArch. 71 (1980), 429 ff.
– Die Zulässigkeit einer Klage vor dem Verwaltungsgericht, in: Jura Extra – Studium und Examen, Berlin – New York, 2. Aufl. 1983, S. 172 ff.; zit.: Erichsen, in: Jura Extra.
– Kommunalrecht des Landes Nordrhein-Westfalen, Siegburg, 1988.

EWALD, KLAUS
Zur Beteiligtenfähigkeit im Kommunalverfassungsstreitverfahren, DVBl. 1970, 237 ff.

EYERMANN, ERICH/FRÖHLER, LUDWIG/KORMANN, JOACHIM
Verwaltungsgerichtsordnung (VwGO), Kommentar, München, 9. Aufl. 1988.

FEHRMANN, WILDERICH
– Kommunalverwaltung und Verwaltungsgerichtsbarkeit, DÖV 1983, 311 ff.
– Rechtsfragen des Organstreits, NWVBL 1989, 303 ff.

FOERSTER, GERMAN
Kommunalverfassungsrecht Schleswig-Holstein, Köln – Berlin – Hannover – Kiel – Mainz – München, 3. Aufl. 1986; zit.: Foerster, SchlHGO.

FROMM, MARKUS
Kommunalverfassungsstreitverfahren, gemeindliche Streitentscheidungsmöglichkeiten und verwaltungsgerichtlicher Antrag, Diss. Mainz 1980; zit.: Fromm, Diss.

GERN, ALFONS
Das Kommunalverfassungsstreitverfahren, VBlBW 1989, 449 ff.

GEYER, ARMIN

Das Mitwirkungsverbot für persönlich beteiligte Gemeindevertreter unter besonderer Berücksichtigung ihrer Stellung als gewählte Volksvertreter, Diss. Hamburg 1968; zit.: Geyer, Diss.

GRAF, WOLFGANG

Verwaltungsgerichtliche Kassation kommunalverfassungsrechtlicher Akte, BayVBl. 1982, 332 ff.

HASSEL, VOLKER

Die Bedeutung des Unmittelbarkeitskriteriums für eine interessengerechte Anwendung der kommunalen Befangenheitsvorschrift, DVBl. 1988, 711 ff.

HEGEL, HERMANN

Zur Befangenheit von Ratsmitgliedern im Bebauungsplanverfahren, BauR 1974, 377 ff.

HIDIEN, JÜRGEN W.

Zur Auslegung des Begriffs der Unmittelbarkeit in den kommunalrechtlichen Befangenheitsvorschriften, Verwaltungsrundschau (VR) 1983, 128 ff.

HOFMANN, WALTER/BETH, ALFRED/DREIBUS, HEINZ

Die Kommunalgesetze für Rheinland-Pfalz, Band I, Loseblattkommentar, Siegburg, Stand: September 1985; zit.: Hofmann/Beth/Dreibus, RhPfGO.

HÖLZL, JOSEF/HIEN, ECKART

Gemeindeordnung mit Landkreisordnung und Bezirksordnung für den Freistaat Bayern, Loseblattkommentar, München, Stand: März 1990; zit.: Hölzl/Hien, BayGO.

HOPPE, WERNER

- Organstreitigkeiten vor den Verwaltungs- und Sozialgerichten, Siegburg, 1970; zit.: Hoppe, Organstreitigkeiten.
- Organstreitigkeiten und organisationsrechtliche subjektiv-öffentliche Rechte, DVBl. 1970, 845 ff.
- Die Regelung der verwaltungsrechtlichen Organstreitigkeiten – eine Aufgabe des Gesetzgebers, NJW 1980, 1017 ff.

KISKER, GUNTER

- Insichprozeß und Einheit der Verwaltung, Baden-Baden, 1968; zit.: Kisker, Insichprozeß.
- Organe als Inhaber subjektiver Rechte – BVerwGE 45, 207, JuS 1975, 704 ff.

KNEBEL-PFUHL, CHRISTINE

Mitwirkungsverbot wegen Befangenheit für Parlamentarier?, Diss. Berlin 1978; zit.: Knebel-Pfuhl, Diss.

KNEMEYER, FRANZ-LUDWIG

Bayerisches Kommunalrecht, München, 7. Aufl. 1991.

KOPP, FERDINAND O.

Verwaltungsgerichtsordnung (VwGO), Kommentar, München, 8. Aufl. 1989.

KÖRNER, HANS

Gemeindeordnung Nordrhein-Westfalen, Köln – Berlin – Hannover – Kiel – Mainz – München, 5. Aufl. 1990.

KREBS, WALTER

- Rechtsprobleme des Kommunalverfassungsstreits, VerwArch. 68 (1977), 189 ff.

– Zur Problematik des kommunalen Mitwirkungsverbots bei der Aufstellung von Flächennutzungsplänen, VerwArch. 71 (1980), 181 ff.
– Grundfragen des verwaltungsrechtlichen Organstreits, Jura 1981, 569 ff.

KUNZE, RICHARD/BRONNER, OTTO/KATZ, ALFRED/FREIHERR VON ROTBERG, KONRAD
Gemeindeordnung für Baden-Württemberg, Loseblattkommentar, 4. Aufl., Stuttgart – Berlin – Köln – Mainz, Stand: Oktober 1989.

LAUBINGER, HANS-WERNER
Feststellungsklage und Klagebefugnis (§ 42 Abs. 2 VwGO), VerwArch. 82 (1991), 459 ff.

VON LOEBELL, FRIEDRICH WILHELM
Gemeindeordnung für das Land Nordrhein-Westfalen, Loseblattkommentar, Wiesbaden, Stand: April 1989; zit.: von Loebell/Bearbeiter, NWGO.

LÖWER, WOLFGANG
Der Insichprozeß in der Verwaltungsgerichtsbarkeit, VerwArch. 68 (1977), 327 ff.

LÜDERS, OTTO
Die kommunalverfassungsrechtliche Stellung der Ratsausschüsse, ihrer Teile und Mitglieder nach der nordrhein-westfälischen Gemeindeordnung, Diss. Münster 1979; zit.: Lüders, Diss.

LÜERSEN, KARL/NEUFFER, MARTIN
Niedersächsische Gemeindeordnung, Loseblattkommentar, Wiesbaden, Stand: März 1989.

MASSON, CHRISTOPH/SAMPER, RUDOLF
Bayerische Kommunalgesetze, Loseblattkommentar, München, Stand: November 1990 zit.: Masson/Samper, BayGO.

MENKE, ANDREA BRIGITTE
Das kommunale Mitwirkungsverbot bei der Bauleitplanung, Münster 1990.

VON MUTIUS, ALBERT
– Voraussetzungen und Rechtsfolgen der Interessenkollision bei Mitwirkung an Entscheidungen im Bereich der kommunalen Bauleitplanung, VerwArch. 65 (1974), 429 ff.
– Grundfälle zum Kommunalrecht, JuS 1979, 37 ff., 184 ff.

OTTENS, WOLFGANG
Gemeinderecht in Schleswig-Holstein, Herford, 1980.

PAPIER, HANS-JÜRGEN
Die verwaltungsgerichtliche Organklage, DÖV 1980, 292 ff.

PREUSCHE, BURKHARD
Zu den Klagearten für kommunalverfassungsrechtliche Organstreitigkeiten, NVwZ 1987, 854 ff.

RAUBALL, WERNER/PAPPERMANN, ERNST/ROTERS, WOLFGANG
Gemeindeordnung für Nordrhein-Westfalen, München, 3. Aufl. 1981.

REDEKER, KONRAD/VON OERTZEN, HANS-JOACHIM
Verwaltungsgerichtsordnung (VwGO), Kommentar, Stuttgart – Berlin – Köln – Mainz, 10. Aufl. 1991.

REHN, ERICH/CRONAUGE, ULRICH
Gemeindeordnung für das Land Nordrhein-Westfalen, Bd. 1, Loseblattkommentar, Siegburg, Stand: November 1990.

RENCK-LAUFKE, MARTHA
Verwaltungsgerichtliche Kassation kommunalverfassungsrechtlicher Akte?, BayVBl. 1982, 75 ff.

RÖPER, ERICH
Nichtigkeit und Teilnichtigkeit kommunaler Beschlüsse und Normen, NVwZ 1982, 298 f.

SCHINK, ALEXANDER
Befangenheit von Rats- und Ausschußmitgliedern, NWVBL 1989, 109 ff.

SCHLEMPP, HANS/SCHLEMPP, DIETER
Kommentar zur Hessischen Gemeindeordnung, Loseblattkommentar, Wiesbaden, Stand: März 1990; zit.: Schlempp/Schlempp, HessGO.

SCHMIDT-ASSMANN, EBERHARD
Kommunalrecht, in: von Münch (Hrsg.), Besonderes Verwaltungsrecht, Berlin – New York, 8. Aufl. 1988, S. 97 ff.; zit.: Schmidt-Aßmann, Kommunalrecht.

SCHMIDT-JORTZIG, EDZARD
Kommunalrecht, Stuttgart – Berlin – Köln – Mainz, 1982.

SCHMITT GLAESER, WALTER
Verwaltungsprozeßrecht, Stuttgart – München – Hannover, 10. Aufl. 1990.

SCHNEIDER, GERHARD/JORDAN, WILHELM
Hessische Gemeindeordnung, Loseblattkommentar, Mainz, Stand: Februar 1989.

SCHOCH, FRIEDRICH
Der Kommunalverfassungsstreit im System des verwaltungsgerichtlichen Rechtsschutzes – OVG Koblenz, NVwZ 1985, 283, JuS 1987, 783 ff.

SCHWABE, JÜRGEN
Verwaltungsprozeßrecht, Düsseldorf, 3. Aufl. 1991.

SEEGER, RICHARD/WUNSCH, HERMANN
Kommunalrecht in Baden-Württemberg, Stuttgart, 5. Aufl. 1987.

STAHL, RAINER
Der Interessenwiderstreit im Gemeinderecht – Voraussetzungen, Rechtsfolge und Frage des Rechtsweges, DVBl. 1972, 764 ff.

STERN, KLAUS
Verwaltungsprozessuale Probleme in der öffentlich-rechtlichen Arbeit, München, 6. Aufl. 1987.

STOBER, ROLF
- Kommunalverfassungsstreitigkeiten, JA 1974, 45 ff. und 113 ff.
- Kommunalrecht, Heidelberg, 1987.

TSATSOS, DIMITRIS TH.
Der verwaltungsrechtliche Organstreit, Bad Homburg v.d.H. – Berlin – Zürich, 1968; zit.: Tsatsos, Organstreit.

ULE, CARL HERMANN
Verwaltungsprozeßrecht, München, 9. Aufl. 1987.

WIDTMANN, JULIUS/GRASSER, WALTER
Bayerische Gemeindeordnung, Loseblattkommentar, München, 5. Aufl. 1988, Stand: November 1987.

WOLFF, HANS J./BACHOF, OTTO/STOBER, ROLF
Verwaltungsrecht II, München, 5. Aufl. 1987.

Für Abkürzungen wird, soweit sie nicht allgemein gebräuchlich sind, verwiesen auf KIRCHNER, Abkürzungsverzeichnis der Rechtssprache, Berlin – New York, 3. Aufl. 1983.

Gliederung

A. Zulässigkeit der Klage
- I. Allgemeine Sachentscheidungsvoraussetzungen
  - 1. Verwaltungsrechtsweg
    - a) Öffentlich-rechtliche Streitigkeit
      - aa) Rechtsstreit
      - bb) Streit um subjektive Rechte
    - b) Streitigkeit nichtverfassungsrechtlicher Art
  - 2. Beteiligungsfähigkeit
    - a) § 61 Nr. 3 VwGO
    - b) § 61 Nr. 1 VwGO
    - c) § 61 Nr. 2 VwGO
      - aa) Teilrechtsfähigkeit und Wahrnehmungszuständigkeit
      - bb) „Eigene" innerorganisatorische Rechte
      - cc) Teilrechtsfähigkeit hinsichtlich des umstrittenen Rechts
      - dd) Ergebnis zur Beteiligungsfähigkeit
  - 3. Prozeßfähigkeit
- II. Rechtsschutzform
  - 1. Anfechtungsklage
  - 2. Rechtsgestaltende Aufhebungsklage
  - 3. Fortsetzungsfeststellungsklage
  - 4. Feststellungsklage
- III. Besondere Sachentscheidungsvoraussetzungen
  - 1. Klagebefugnis
  - 2. Berechtigtes Interesse
  - 3. Sog. „Subsidiarität"
- IV. Allgemeines Rechtsschutzbedürfnis

B. Begründetheit der Klage
- I. Passivlegitimation
- II. Mitwirkungsrecht
- III. Begrenzung (Mitwirkungsverbot wegen Befangenheit)
  - 1. Zuständigkeit zur Entscheidung, Verfahren
  - 2. Materielle Rechtmäßigkeit
    - a) Personelle Voraussetzungen des Mitwirkungsverbots
    - b) Sachliche Voraussetzungen des Mitwirkungsverbots
      - aa) Vorteil bzw. Nachteil
      - bb) Unmittelbarkeit
        - (1) Keine Unbeachtlichkeit des Merkmals

(2) Begriffsbestimmung
(a) Unmittelbarkeit im Sinne direkter Kausalität
(b) Unmittelbarkeit im Sinne individuellen Sonderinteresses
(3) Anwendung auf den Fall
cc) Interesse von Berufs- und Bevölkerungsgruppe

Ergebnis

Lösung[1]

Die Klage hat Aussicht auf Erfolg, wenn sie zulässig und begründet ist.

A. Zulässigkeit der Klage

I. Allgemeine Sachentscheidungsvoraussetzungen

1. Verwaltungsrechtsweg

Zunächst müßte der *Verwaltungsrechtsweg* eröffnet sein. Eine Sonderzuweisung ist nicht gegeben. Somit bestimmt sich die Zulässigkeit des Verwaltungsrechtswegs nach § 40 Abs. 1 S. 1 VwGO. Danach müßte eine öffentlich-rechtliche Streitigkeit nichtverfassungsrechtlicher Art vorliegen.

a) Öffentlich-rechtliche Streitigkeit

Eine *öffentlich-rechtliche Streitigkeit* ist gegeben, wenn die Beteiligten um die Rechtsfolgen aus der Anwendung öffentlich-rechtlicher Vorschriften streiten[2]. Das könnte hier deshalb fraglich sein, weil möglicherweise kein *Rechtsstreit* i.S.d. Verwaltungsprozeßrechts vorliegt.

aa) Rechtsstreit

Zunächst könnte zweifelhaft sein, ob es sich überhaupt um einen *Rechts*streit handelt. Prozeßbeteiligt sind A als Ausschußmitglied sowie der BPW-Ausschuß, also Organe bzw. Organteile einer juristischen

---

[1] Die Lösung erfolgt nach baden-württembergischen Landesrecht; auf die entsprechenden Vorschriften der anderen Länder ist in den Fußnoten hingewiesen.

[2] BVerwGE 71, 183 (186); OVG Berlin, DÖV 1991, 385 = DVBl. 1991, 584; *Erichsen*, in: Jura Extra, S. 175 f.; *Kopp*, VwGO, § 40 Rdn. 6.

Person des öffentlichen Rechts, nämlich der Gemeinde G. Es geht um die aus dem kommunalen Organisationsrecht folgenden und den organschaftlichen Funktionsablauf betreffenden Befugnisse und Pflichten innerhalb eines kommunalen Organs. Folglich handelt es sich um einen kommunalverfassungsrechtlichen Organstreit[3].

Im Gegensatz zum *Verfassungsprozeßrecht* (Art. 93 Abs. 1 Nr. 1 GG; §§ 13 Nr. 5, 63 ff. BVerfGG) ist eine *verwaltungs*gerichtliche Organstreitigkeit gesetzlich nicht ausdrücklich vorgesehen[4]. Es fragt sich somit im Rahmen des § 40 Abs. 1 S. 1 VwGO, ob Organ(teil)en einer juristischen Person des öffentlichen Rechts überhaupt *Rechte* zustehen können. Derartige Rechte könnten sich aus den Kompetenzen der Organ(teil)e ergeben. Die den Organ(teil)en zugewiesenen Kompetenzen sind Wahrnehmungszuständigkeiten; das sind die organisatorischen Berechtigungen, Rechte und Pflichten der juristischen Person wahrzunehmen[5]. Diese Befugnis begründet noch kein eigenes Recht, insbesondere keine rechtlichen Beziehungen zu anderen Organ(teil)en derselben juristischen Person[6].

Rechtliche Regelungen bestehen jedoch auch im *Innenbereich* öffentlich-rechtlicher Organisationen[7]. Insoweit kann ein innerorganisatorischer Rechtssatz eine innerorganisatorische Einheit zum Zurechnungsendpunkt einer Pflicht bzw. eines Rechts machen[8]. Folglich gibt es auch im *innerorganisatorischen Bereich* Träger von Rechten und Pflichten[9]. *Insoweit* sind die Organ(teil)e der juristischen Person nicht nur – transitorische – Wahrnehmungssubjekte, sondern Zurechnungsendsubjekte der an sie gerichteten binnenorganisatorischen Rechtssätze[10].

bb) Streit um subjektive Rechte

Damit steht aber noch nicht fest, ob die Organ(teil)e Träger *eigener subjektiver öffentlicher Rechte* sein können. Die Annahme innerorganschaftlicher Rechtsverhältnisse bedingt nicht notwendigerweise, daß den den innenrechtlichen Regelungen unterworfenen Organ(teil)en

---

[3] Vgl. *Schoch*, JuS 1987, 783 (784); *Stober*, Kommunalrecht, S. 93.

[4] *Krebs*, Jura 1981, 569 (571, 577); *Bethge*, in: HKWP II, S. 182.

[5] *Papier*, DÖV 1980, 292 (294).

[6] *Ewald*, DVBl. 1970, 237 (242).

[7] VG Gelsenkirchen, NWVBL 1987, 53 (54); *Krebs*, Jura 1981, 569 (572 f.); *Erichsen*, Kommunalrecht, S. 118; *Schmidt-Aßmann*, Kommunalrecht, S. 154.

[8] *Ewald*, DVBl. 1970, 237 (242); *Bethge*, DVBl. 1980, 309 (312).

[9] *Hoppe*, Organstreitigkeiten, S. 166 ff.; *Papier*, DÖV 1980, 292 (294).

[10] *Bethge*, in: HKWP II, S. 190.

subjektiv-öffentliche Rechte zustehen müßten[11]. Im Rahmen der Rechtswegfrage käme es indessen darauf nur an, wenn § 40 Abs. 1 S. 1 VwGO einen Streit um subjektive Rechte verlangte[12]. Vor dem Hintergrund der Gesamtsystematik der VwGO könnte eine einschränkende Auslegung des § 40 Abs. 1 S. 1 VwGO geboten sein, nach der – vorbehaltlich anderer gesetzlicher Regelungen – nur subjektiver verwaltungsgerichtlicher Rechtsschutz gewährt wird[13].

Eine Gesamtschau verschiedener Regelungen wie z. B. §§ 42 Abs. 2, 43 Abs. 1, 113 VwGO zeigt, daß die VwGO grundsätzlich auf Rechtsverhältnisse des Außenrechts zugeschnitten ist[14], insbesondere auf Streitigkeiten des Bürgers gegen Träger öffentlicher Verwaltung. Es ist jedoch zu beachten, daß der Wortlaut des § 40 Abs. 1 S. 1 VwGO generell von *öffentlich-rechtlichen* Streitigkeiten spricht und §§ 42 Abs. 2, 47 VwGO Ausnahmen von der Beschränkung auf den Individualrechtsschutz vorsehen[15]. Demnach stellt sich die aufgeworfene Frage der Subjektivierung des Rechtsschutzes nicht bereits beim Rechtsweg, sondern gegebenenfalls bei weiteren Sachentscheidungsvoraussetzungen wie etwa der Beteiligungsfähigkeit[16]. Eine *öffentlich-rechtliche Streitigkeit* i.S.d. § 40 Abs. 1 VwGO ist somit auch beim Streit um innerorganisatorische Rechtssätze gegeben[17]. A und der BPW-Ausschuß streiten im Kern um die Rechtmäßigkeit des Ausschlusses von A von dem Gespräch am 28. 4. Streitentscheidende Vorschrift ist § 18 BadWürttGO. Dabei handelt es sich um eine öffentlich-rechtliche Bestimmung i.S.d. § 40 Abs. 1 S. 1 VwGO. Die erste Voraussetzung für die Eröffnung des Verwaltungsrechtswegs ist demnach erfüllt.

---

[11] *Krebs*, VerwArch. 68 (1977), 189 (193); *ders.*, Jura 1981, 569 (574); *Bethge*, DVBl. 1980, 309 (312).

[12] *Papier*, DÖV 1980, 292 (293 f.).

[13] *Papier*, DÖV 1980, 292 (294).

[14] *Bleutge*, Kommunalverfassungsstreit, S. 112; *Kisker*, JuS 1975, 704 (705); *Bethge*, DVBl. 1980, 309 f.; *ders.*, DVBl. 1980, 824; *Hoppe*, NJW 1980, 1017; *Schoch*, JuS 1987, 783 (784); *Gern*, VBlBW 1989, 449; *Ehlers*, NVwZ 1990, 105.

[15] *Kisker*, JuS 1975, 704 (706); *Krebs*, Jura 1981, 569 (578).

[16] *Krebs*, VerwArch. 68 (1977), 189 (191 f.); *Erichsen*, VerwArch. 71 (1980), 429 (431 Fn. 9); *Schoch*, JuS 1987, 783 (785).

[17] OVG Koblenz, AS 9, 335 (336 ff.); AS 10, 55 f.; BayVGH, BayVBl. 1976, 753 (754); OVG Münster, DVBl. 1978, 150; *Stober*, JA 1974, 45 (46 f.); *ders.*, Kommunalrecht, S. 96; *Bethge*, in: HKWP II, S. 184 f.; *Fehrmann*, NWVBL 1989, 303 (304).

b) Streitigkeit nichtverfassungsrechtlicher Art

Die öffentlich-rechtliche Streitigkeit müßte auch *nichtverfassungsrechtlicher Art* sein. Das könnte hier deshalb fraglich sein, weil der Organstreit in der Sache nach kommunalem Verfassungsrecht zu entscheiden ist. Es handelt sich hier um ein sog. *Kommunalverfassungsstreitverfahren*. Eine Streitigkeit verfassungsrechtlicher Art i.S.d. § 40 Abs. 1 S. 1 VwGO ist jedoch nur gegeben, wenn Verfassungsorgane des Staates oder verfassungsrechtlich verselbständigte Teile von ihnen um ihre *staatsverfassungsrechtlichen* Rechte und/oder Pflichten streiten[18]. Der BPW-Ausschuß und A erfüllen in ihrer Rechtsstellung als nach Gemeinderecht eingesetzte Organ(teil)e diese Voraussetzungen nicht. Auch geht es materiellrechtlich nicht um (Staats-)Verfassungsrecht, sondern um kommunales Organisationsrecht. Die Beteiligten streiten um die Rechtsfolgen aus der Anwendung kommunalrechtlicher Normen. Die Streitigkeit ist also nichtverfassungsrechtlicher Art.

Für sog. Kommunalverfassungsstreitverfahren ist demnach der Verwaltungsrechtsweg eröffnet[19].

2. *Beteiligungsfähigkeit*

Der BPW-Ausschuß und A müßten *beteiligungsfähig* sein. Die Beteiligungsfähigkeit beurteilt sich nach § 61 VwGO. Hier ist sowohl auf der Seite des Klägers als auch auf der Seite des Beklagten zweifelhaft, ob eine der Voraussetzungen der Norm vorliegt. Gem. § 61 VwGO folgt die Beteiligungsfähigkeit im Verwaltungsprozeß grundsätzlich der Rechtsfähigkeit der Beteiligten[20]. Eine Ausnahme hiervon stellt § 61 Nr. 3 VwGO dar.

---

[18] BayVGH, NVwZ 1991, 386; *Erichsen*, in: Jura Extra, S. 179 f.; *Schmitt Glaeser*, Verwaltungsprozeßrecht, Rdn. 75; *Ule*, Verwaltungsprozeßrecht, S. 48; *Stern*, Verwaltungsprozessuale Probleme, S. 31 f.; *Kopp*, VwGO, § 40 Rdn. 31 ff.; *Schoch*, JuS 1987, 783 (785); *Gern*, VBlBW 1989, 449 (450).

[19] OVG Koblenz, AS 9, 335 (336 ff.); BayVGH, BayVBl. 1976, 753 (754); HessVGH, NVwZ 1982, 44; NVwZ 1986, 328; VGH Bad.-Württ., DÖV 1988, 469 (470); *von Mutius*, JuS 1979, 184; *Krebs*, Jura 1981, 569 (577 f.); *Fehrmann*, DÖV 1983, 311 (314); *Bethge*, in: HKWP II, S. 184 f.; *Knemeyer*, Bayerisches Kommunalrecht, Rdn. 224; *Redeker/von Oertzen*, VwGO, § 43 Rdn. 11; *Schwabe*, Verwaltungsprozeßrecht, S. 114 f.; *Schmidt-Jortzig*, Kommunalrecht, Rdn. 268; *Erichsen*, Kommunalrecht, S. 188 f.; *Wolff/Bachof/Stober*, Verwaltungsrecht II, § 87 Rdn. 36.

[20] *von Mutius*, JuS 1979, 184; *Tsatsos*, Organstreit, S. 33; *Eyermann/Fröhler/Kormann*, VwGO, § 61 Rdn. 1; *Stern*, Verwaltungsprozessuale Probleme, S. 120; *Ule*, Verwaltungsprozeßrecht, S. 103; *Schmitt Glaeser*, Verwaltungsprozeßrecht, Rdn. 121.

a) § 61 Nr. 3 VwGO

Zunächst könnte man in Betracht ziehen, die Beteiligungsfähigkeit des BPW-Ausschusses und von A nach § 61 Nr. 3 VwGO zu beurteilen. Danach sind, sofern das Landesrecht dies bestimmt, *Behörden* beteiligungsfähig. Der BPW-Ausschuß und A müßten folglich als „Behörde" zu qualifizieren sein. Unter Behörde ist jede Stelle öffentlicher Verwaltung zu verstehen, die nach *außen* Verwaltungsaufgaben wahrnimmt[21]. Ob dies hier der Fall ist, ist zweifelhaft. Die Aufgabenstellung des BPW-Ausschusses und seiner Mitglieder spricht gegen eine derartige Befugnis. § 61 Nr. 3 VwGO ermächtigt zudem den Landesgesetzgeber nur dazu, Behörden in *Außen*rechtsstreitigkeiten für die juristische Person, für die sie Verwaltungsaufgaben wahrnehmen, im Prozeß als Prozeßstandschafter handeln zu lassen[22]. Für den Kommunalverfassungsstreit, bei dem es um Rechtspositionen im *Binnenbereich* der juristischen Person geht, besagt § 61 Nr. 3 VwGO folglich nichts[23]. Über diese Bestimmung werden Organ(teil)e im Verhältnis zueinander nicht „Behörde"[24]. § 61 Nr. 3 VwGO kann somit zur Begründung der Beteiligungsfähigkeit von Organ(teil)en schon prinzipiell, unabhängig von der Ausfüllung des landesrechtlichen Vorbehalts, nicht herangezogen werden.

b) § 61 Nr. 1 VwGO

Die Beteiligungsfähigkeit jedenfalls von A könnte sich aus § 61 Nr. 1 VwGO ergeben. Der BPW-Ausschuß ist keine juristische Person, so daß insoweit § 61 Nr. 1 VwGO ausscheidet. A indessen ist eine natürliche Person, so daß § 61 Nr. 1 VwGO, u. U. in analoger Anwendung, gegeben sein könnte[25]. Demgegenüber ist jedoch zu beachten, daß es A um die Sicherung seiner Mitwirkungsrechte in einem Gemeindeausschuß geht. Organ bzw. Organteil sind von der die Organfunktionen wahrnehmenden natürlichen Person(en) rechtlich streng zu unterscheiden[26]. Werden, wie hier, *organisationsinterne Mitgliedschaftsrechte*

---

[21] *von Mutius*, JuS 1979, 184.

[22] *Bleutge*, Kommunalverfassungsstreit, S. 138; *Tsatsos*, Organstreit, S. 36; *Lüders*, Diss., S. 62; *Bethge*, in: HKWP II, S. 189.

[23] *Bethge*, Die Verwaltung 1975, 459 (471); *Krebs*, Jura 1981, 569 (578).

[24] *Ewald*, DVBl. 1970, 237 (239 f.); *Bethge*, in: HKWP II, S. 189.

[25] Vgl. OVG Münster, OVGE 17, 261 (267); OVG Koblenz, AS 9, 335 (343); VGH Bad.-Württ., DÖV 1980, 573; *Gern*, VBlBW 1989, 449 (451).

[26] *Lüders*, Diss., S. 58 f.; *Krebs*, Jura 1981, 569 (570); *Bethge*, Die Verwaltung 1975, 459 (472).

geltend gemacht, nicht jedoch auf interpersonalen Rechtsbeziehungen beruhende Individualrechte natürlicher Personen, greift § 61 Nr. 1 VwGO nicht ein[27].

c) **§ 61 Nr. 2 VwGO**

Die Beteiligungsfähigkeit des Ausschusses und von A könnte sich schließlich aus § 61 Nr. 2 VwGO ergeben. Danach sind Vereinigungen beteiligungsfähig, soweit ihnen ein Recht zustehen kann. Gemeint sind damit teilrechtsfähige Organisationen[28]. Unmittelbar paßt die Vorschrift nicht für Organe bzw. rechtlich verselbständigte Organteile, hinter denen nur *ein* Organwalter steht. Indessen weist die VwGO insoweit eine planwidrige Unvollständigkeit auf; zudem ist die Interessenlage bei diesen Organ(teil)en mit denjenigen bei kollegial besetzten Organ(teil)en vergleichbar. Mithin kommt eine analoge Anwendung der Vorschrift in Betracht[29]. Die Beteiligungsfähigkeit sowohl des Ausschusses als auch von A könnte sich somit aus einer entsprechenden Anwendung von § 61 Nr. 2 VwGO ergeben.

aa) Teilrechtsfähigkeit und Wahrnehmungszuständigkeit

Fraglich ist jedoch, ob A hinsichtlich seiner Mitgliedschaftsrechte im Ausschuß Teilrechtsfähigkeit zukommt. Nur wenn dies der Fall ist, liegen die Voraussetzungen des „Soweit"-Satzes in § 61 Nr. 2 VwGO vor. Auszugehen ist auch hier von der Erkenntnis, daß § 61 VwGO auf Außenrechtsstreitigkeiten hin konzipiert ist[30]. Bereits bei der Rechtswegproblematik wurde jedoch festgestellt, daß mit dieser Grundanlage der VwGO keine Ausschließlichkeit verbunden ist. Ebenso wurde oben erkannt, daß Organe und Organteile angesichts der Verrechtlichung des Innenbereichs öffentlich-rechtlicher juristischer Personen Zurechnungsendpunkt eines Rechtssatzes sein können. Damit ist allerdings

---

[27] *von Mutius*, JuS 1979, 184; *Ewald*, DVBl. 1970, 237 (239); *Hoppe*, DVBl. 1970, 845 (849); *Stober*, JA 1974, 113 (116); *ders.*, Kommunalrecht, S. 97; *Tsatsos*, Organstreit, S. 34 f.; *Bethge*, in: HKWP II, S. 189; *Fromm*, Diss., S. 37 f.; *Erichsen*, in: Jura Extra, S. 183; *Schwabe*, Verwaltungsprozeßrecht, S. 117; *Schmidt-Aßmann*, Kommunalrecht, S. 155.

[28] *Schmitt Glaeser*, Verwaltungsprozeßrecht, Rdn. 124; *Stober*, JA 1974, 113 (116); *Krebs*, Jura 1981, 569 (579).

[29] *von Mutius*, JuS 1979, 185; *Bethge*, in: HKWP II, S. 190; *Erichsen*, Kommunalrecht, S. 120.

[30] *Bleutge*, Kommunalverfassungsstreit, S. 133 f.; *Hoppe*, Organstreitigkeiten, S. 211; *Bethge*, Die Verwaltung 1975, 459 (466, 470); *ders.*, in: HKWP II, S. 188.

die Fähigkeit der Organ(teil)e, Träger subjektiver öffentlicher Rechte zu sein, noch nicht beantwortet[31]. In der Regel ist die Zurechnungsendsubjektivität von Organ(teil)en im Innenbereich der Träger öffentlicher Gewalt allein die Folge einer Pflichtenadressierung[32]. Mit der Bejahung innerorganschaftlicher Rechtsverhältnisse ist somit nicht ohne weiteres verbunden, daß ein (klagbares) Recht eines Organ(teil)s gegenüber einem anderen Organ(teil) besteht. Vielmehr kann die Innendifferenzierung der Gesamtorganisation allein dem reibungslosen Funktionsablauf dienen, also im Interesse einer Arbeitsteilung der Gesamtorganisation bestehen[33]. Dann besitzen Organ bzw. Organteil lediglich die Berechtigung, bestimmte Aufgaben für den Organträger wahrzunehmen. Ein eigenes subjektives Recht begründet dies indessen nicht[34]. Diese Berechtigung besteht dann allein im Interesse der Gesamtorganisation an ihrem funktionsgemäßen Ablauf[35].

bb) „Eigene" innerorganisatorische Rechte

Es fragt sich aber, ob nicht unter zusätzlichen Gesichtspunkten aufgrund der Kompetenzzuweisung ein klagbares subjektives Recht des Organ(teil)s bejaht werden kann. Ausgehend von der vorstehend dargelegten Erkenntnis muß es sich jedenfalls um ein Recht handeln, dessen Funktion sich nicht in der Durchführung der Aufgaben des Organträgers erschöpft[36]. Die Rechtsposition darf nicht allein im arbeitsteiligen Interesse der Gesamtorganisation bestehen[37]. Das aber wird in aller Regel anzunehmen sein[38]. Bei hierarchisch strukturiertem Behördenaufbau, wie etwa in der unmittelbaren Staatsverwaltung, dient die Innendifferenzierung nebst Funktionszuweisungen in der Gesamtorganisation nicht irgendwelchen Interessengegensätzen von Organ(teil)en, sondern sie erfolgt zur Herstellung eines reibungslosen Funktionsablaufs, also im arbeitsteiligen Interesse des Gesamtorganismus[39].

---

[31] Vgl. *Krebs*, Jura 1981, 569 (574); *Schmitt Glaeser*, Verwaltungsprozeßrecht, Rdn. 127.

[32] *Löwer*, VerwArch. 68 (1977), 327 (341); *Bethge*, DVBl. 1980, 309 (312).

[33] *Krebs*, VerwArch. 68 (1977), 189 (193).

[34] *Ewald*, DVBl. 1970, 237 (241 f.).

[35] *Krebs*, Jura 1981, 569 (571); *Schoch*, JuS 1987, 783 (786); *Erichsen*, Kommunalrecht, S. 121.

[36] *Ewald*, DVBl. 1970, 237 (242).

[37] *Bethge*, in: HKWP II, S. 179.

[38] Vgl. *Bleutge*, Kommunalverfassungsstreit, S. 85 ff.; *Bethge*, Die Verwaltung 1975, 459 (461 f.); *Kisker*, JuS 1975, 704 (709); *Krebs*, Jura 1981, 569 (576).

[39] *Tsatsos*, Organstreit, S. 24; *Bethge*, DVBl. 1980, 309 (313); *Schmidt-Aßmann*, Kommunalrecht, S. 154.

Unter welchen Voraussetzungen nun ausnahmsweise versubjektivierte Rechtspositionen angenommen werden können, erscheint zweifelhaft. Man könnte subjektive Rechte dann für gegeben erachten, wenn die Rechtsordnung Organ(teil)e untereinander bzw. mit der Organisation in ein Spannungsverhältnis hineinstellt, das Interessenkonflikte als akzeptierte Möglichkeiten einschließt[40]. Es könnte ferner darauf ankommen, ob die jeweilige Kompetenz einen Einfluß auf die oberste Willensbildung des Gesamtorganismus gibt[41]. Abstellen könnte man auch auf körperschaftsinterne Interessengegensätze[42]. Schließlich könnte man an ein der juristischen Person als organisatorischer Einheit zustehendes nach innen gerichtetes subjektives Recht denken, das von dem Organ(teil) geltend gemacht werden kann, dessen Funktionsbereich durch das organisationsrechtswidrige Verhalten eines anderen Organ(teil)s gestört wird[43].

Einer Entscheidung unter diesen verschiedenen Ansätzen bedarf es nicht. Sie gehen alle von der gleichen Prämisse aus und gelangen zu demselben Ergebnis. Um *eigene* Rechte, die zur Beteiligungsfähigkeit des teilrechtsfähigen Rechtsträgers führen, handelt es sich jedenfalls dann, wenn Organisationen bzw. Organe und Organteile kollegial strukturiert sind und von daher Interessenkonflikte nicht nur möglich, sondern im Gesetz angelegt sind[44]. In diesem Fall wird mit der organisationsrechtlichen Zuweisung von Funktionen eine Förderung des pluralistisch strukturierten Willensbildungsprozesses oder auch die Ausbalancierung unterschiedlicher Positionen angestrebt[45].

Ob diese Voraussetzungen gegeben sind, kann nur nach den einschlägigen organisationsrechtlichen Bestimmungen entschieden werden. Hier geht es um Fragen des kommunalen Organisationsrechts. Innerhalb des Gesamtorganismus „Gemeinde" agieren verschiedene, voneinander unabhängige Funktionsträger, die man als „Kontrastorgane" bezeichnen kann[46]. Sie haben nicht nur die Aufgaben der Gesamtorga-

---

[40] *Kisker*, JuS 1975, 704 (708 f.); *ders.*, Insichprozeß, S. 38 ff.; *Schmitt Glaeser*, Verwaltungsprozeßrecht, Rdn. 127.

[41] *Bleutge*, Kommunalverfassungsstreit, S. 101 ff., 107.

[42] *Tsatsos*, Organstreit, S. 18 ff.; *Bethge*, Die Verwaltung 1975, 459 (462 f.).

[43] *Hoppe*, Organstreitigkeiten, S. 195 ff.; *ders.*, DVBl. 1970, 845 (847); *ders.*, NJW 1980, 1017 (1019 f.).

[44] *von Mutius*, JuS 1979, 186; *Löwer*, VerwArch. 68 (1977), 327 (334).

[45] *Bethge*, DVBl. 1980, 309 (313); *Krebs*, Jura 1981, 569 (576 f.); *Gern*, VBlBW 1989, 449; *Stober*, Kommunalrecht, S. 97; *Schmidt-Aßmann*, Kommunalrecht, S. 154.

[46] *Kisker*, JuS 1975, 704 (709); *ders.*, Insichprozeß, S. 38 ff.; *Bethge*, DVBl. 1980, 309 (313); *ders.*, in: HKWP II, S. 179.

nisation im Außenrechtsverhältnis wahrzunehmen. Als organisationsrechtliche Einrichtung eines demokratisch strukturierten Gebildes dienen die Organe, Organteile und deren Mitglieder vielmehr auch der Vermeidung freiheitsgefährdender Machtkumulation, indem im gemeindlichen Binnenbereich verschiedenste Rechte zugeordnet sind, gegenseitige Einflußmöglichkeiten bestehen und so letztlich auch eine Interorgankontrolle existiert[47]. Das gilt gerade auch für Gemeinderatsausschüsse, ihre aus der kommunalen Vertretungskörperschaft entsandten Mitglieder sowie die als sachkundige Einwohner berufenen Ausschußmitglieder. Jenes ausbalancierte System setzt voraus, daß das einzelne Organ, Organteil bzw. Mitglied mit dem Recht ausgestattet ist, seine Befugnisse anderen gegenüber zu verteidigen. Die Befugnisse haben somit die Qualität subjektiver öffentlicher Rechte. Unbeachtlich insoweit ist, daß sie nicht identisch sind mit den subjektiven öffentlichen Rechten des Außenrechtskreises[48].

cc) Teilrechtsfähigkeit hinsichtlich des umstrittenen Rechts

Fraglich ist damit nur noch, ob es für die Beteiligungsfähigkeit ausreicht, daß das betreffende Organ bzw. Organteil abstrakt, d. h. losgelöst vom konkreten Streitgegenstand Zuordnungssubjekt eines Rechtssatzes ist oder ob die Teilrechtsfähigkeit konkret in bezug auf das im Prozeß geltend gemachte Recht bestehen muß. Wird die Beteiligungsfähigkeit unabhängig vom Streitgegenstand des konkreten Rechtsverhältnisses beurteilt, reicht es aus, daß das Organ bzw. Organteil Subjekt irgendeines Rechtsverhältnisses sein kann[49]. Dies hätte jedoch zur Folge, daß eine materielle Teilrechtsfähigkeit auf irgendeinem Gebiet zur vollen Beteiligungsfähigkeit auf allen Rechtsgebieten führen würde. Hiergegen könnte die Einschränkung „soweit" in § 61 Nr. 2 VwGO sprechen, wonach die Teilrechtsfähigkeit gerade im Hinblick auf das Recht erfolgen muß, das in Streit steht[50].

Einer Entscheidung bedarf es nicht, wenn beide Auffassungen zu demselben Ergebnis kommen. Das beurteilt sich nach der zuletzt genannten, engeren Betrachtungsweise. Das Recht auf Mitwirkung bei der Aufgabenerledigung eines mit bestimmten Rechten versehenen

---

[47] *Ewald*, DVBl. 1970, 237 (242).

[48] OVG Münster, OVGE 28, 208 (212); *Hoppe*, Organstreitigkeiten, S. 135, 154 ff.; *Bethge*, DVBl. 1980, 824 (825); *Krebs*, Jura 1981, 569 (575).

[49] *Hoppe*, Organstreitigkeiten, S. 213; *Bethge*, Die Verwaltung 1975, 459 (474); *ders.*, in: HKWP II, S. 190.

[50] *Kopp*, VwGO, § 61 Rdn. 12; *Redeker/von Oertzen*, VwGO, § 61 Rdn. 4; *Schmitt Glaeser*, Verwaltungsprozeßrecht, Rdn. 125.

kommunalen Ausschusses gehört zum Kern der Rechtsstellung der Ausschußmitglieder. Sie sind insoweit, also gerade in bezug auf die Mitgliedschaftsrechte, partiell rechtlich verselbständigte Untergliederungen, mithin Organteile der Gemeinde[51]. Die Teilrechtsfähigkeit sowohl von A als auch des BPW-Ausschusses gründet sonach gerade auf die Rechte bzw. Pflichten (Mitgliedschaftsrecht, Mitwirkungsverbot wegen Befangenheit), die im Streit stehen. Demnach sind auch nach der strengeren Auffassung die Voraussetzungen des „Soweit"-Satzes in § 61 Nr. 2 VwGO erfüllt.

dd) Ergebnis zur Beteiligungsfähigkeit

Demnach ergibt sich die Beteiligungsfähigkeit von A aus einer analogen Anwendung des § 61 Nr. 2 VwGO. Aus den für A geltenden Erwägungen kann zur Begründung der Beteiligungsfähigkeit des BPW-Ausschusses, dem der Beschluß der Mehrheit seiner Mitglieder über den Ausschluß von A zugerechnet wird, § 61 Nr. 2 VwGO angewendet werden. Die Beteiligungsfähigkeit ergibt sich somit im Kommunalverfassungsstreitverfahren insgesamt aus einer entsprechenden Anwendung des § 61 Nr. 2 VwGO[52].

3. *Prozeßfähigkeit*

Die Prozeßfähigkeit von A folgt aus einer sinnentsprechenden Anwendung des § 62 Abs. 3 VwGO. Fraglich ist die Prozeßfähigkeit auf der Beklagtenseite. Sie könnte sich nach § 62 Abs. 3 VwGO bestimmen. Danach handeln für Vereinigungen ihre gesetzlichen Vertreter, Vorstände oder besonders Beauftragte. Wer dies ist, bestimmt sich nach dem materiellen Recht. Das ist hier die Gemeindeordnung. Gem. § 41 Abs. 2 S. 1 BadWürttGO[53] ist der Bürgermeister Vorsitzender des Ausschusses. Demnach handelt für den BPW-Ausschuß gem. § 62 Abs. 3 VwGO i.V.m. § 41 Abs. 2 S. 1 BadWürttGO der Bürgermeister.

---

[51] *von Mutius*, JuS 1979, 185.

[52] HessVGH, NVwZ 1986, 328; *Ewald*, DVBl. 1970, 237 (239 ff.); *von Mutius*, JuS 1979, 185; *Bethge*, DVBl. 1980, 824; *ders.*, in: HKWP II, S. 190; *Krebs*, Jura 1981, 569 (579); *Hoppe*, Organstreitigkeiten, S. 211 ff.; *ders.*, DVBl. 1970, 845 (849); *Tsatsos*, Organstreit, S. 37 ff.; *Lüders*, Diss., S. 64 ff.; *Fromm*, Diss., S. 38 ff.; *Erichsen*, in: Jura Extra, S. 183.

[53] Für die anderen Gemeindeordnungen vgl. Art. 33 Abs. 2 BayGO; § 62 Abs. 3 S. 2 HessGO; § 51 Abs. 8, 10 NdsGO; § 42 Abs. 5, 6 NWGO; § 46 Abs. 1 RhPfGO; § 49 Abs. 4 SaarlKSVG; § 46 Abs. 4 SchlHGO.

II. Rechtsschutzform

Zur Bestimmung der statthaften Rechtsschutzform ist vom tatsächlichen Begehren des Klägers auszugehen[54]. A hält den Beschluß des BPW-Ausschusses über seinen Ausschluß von der Mitwirkung an dem Gespräch mit den Vertretern der Träger öffentlicher Belange für rechtswidrig und damit unwirksam und meint, dadurch in seinen Mitgliedschaftsrechten verletzt zu sein. Die Klagearten der VwGO sind grundsätzlich auf die Verhältnisse des Außenrechtskreises zugeschnitten[55]. Das Kommunalverfassungsstreitverfahren könnte daher keiner der in der VwGO ausdrücklich erwähnten und im einzelnen geregelten Klagearten entsprechen, so daß richtige Rechtsschutzform dieses Verfahrens eine *Klageart sui generis* sein könnte[56]. Die Annahme einer Klage sui generis erscheint jedoch nur angezeigt, wenn keine der von der VwGO zur Verfügung gestellten Klagearten zur Befriedigung der Rechtsschutzbedürfnisse im Kommunalverfassungsstreit ausreicht[57]. Es stellt sich somit die Frage, ob angesichts der Erkenntnis der grundsätzlichen Justitiabilität der Binnenrechtsbeziehungen infolge der Rechtswegeröffnung sowie der ausnahmsweisen Zuerkennung der Beteiligungsfähigkeit wegen Bestehens subjektiver Rechte auch im Innenbereich einer juristischen Person Konsequenzen hinsichtlich der Rechtsschutzformen zu ziehen sind[58].

1. *Anfechtungsklage*

Zunächst könnte die *Anfechtungsklage* in Betracht kommen. Rechtsschutzformvoraussetzungen sind ein Verwaltungsakt sowie ein Antrag des Klägers auf dessen Aufhebung durch das Verwaltungsgericht. Zweifelhaft ist, ob der Beschluß des BPW-Ausschusses über den Ausschluß von A einen *Verwaltungsakt* darstellt. Dadurch wurde zwar eine Rechtsfolge im Einzelfall gesetzt. Fraglich ist jedoch, ob eine *„Behörde"* gehandelt hat und ob eine *„unmittelbare Rechtswirkung nach außen"*

---

[54] *Erichsen*, in: Jura Extra, S. 185; *von Mutius*, JuS 1979, 185.

[55] *Bethge*, in: HKWP II, S. 185.

[56] OVG Münster, OVGE 17, 261 (265); OVGE 27, 258 (260 ff.); OVGE 28, 208 (210); OVG Saarlouis, AS 10, 82 (84).

[57] OVG Koblenz, AS 9, 335 (338); AS 10, 55 (57); *Krebs*, Jura 1981, 569 (579); *Lüders*, Diss., S. 133 f.; *Fromm*, Diss., S. 17; *Schoch*, JuS 1987, 783 (787); *Preusche*, NVwZ 1987, 854 (856); *Fehrmann*, NWVBL 1989, 303 (304); *Ehlers*, NVwZ 1990, 105 (106).

[58] *Papier*, DÖV 1980, 292 (298); *Fehrmann*, DÖV 1983, 311 (313 f.); *Bethge*, in: HKWP II, S. 185.

gegeben ist. Letzteres wäre nur der Fall, wenn das dem Ausschußmitglied A zustehende Mitgliedschaftsrecht ein persönliches Recht des „Organwalters" wäre und nicht nur ein subjektives Recht eines Organteils im Sinne eines innerorganisatorischen Rechts[59]. Mit seiner Klage verteidigt A kein personales „Organwalterrecht", sondern ein apersonales subjektives Recht als Organteil. Es geht hier um die Rechtsstellung von A als Träger eines innerorganisatorischen Rechts. Stehen aber nur intrapersonale Rechtsbeziehungen in Frage, ist eine Außenwirkung nicht gegeben[60].

Zur Annahme eines Verwaltungsakts ist zudem Voraussetzung, daß der BPW-Ausschuß als *Verwaltungsbehörde* gehandelt hat. Das wäre nur der Fall, wenn im Außenrechtskreis Aufgaben öffentlicher Verwaltung wahrgenommen worden wären. Hier jedoch stehen die rechtlichen Beziehungen zwischen einem gemeindlichen Organ und einem Organteil in Frage. In derartigen Fällen fehlt es an der Behördeneigenschaft[61]. Einem bloß internen Willensbildungsorgan und dessen Teilen mangelt es an der Befugnis, nach außen verwaltend zu handeln[62].

Somit liegt kein Verwaltungsakt vor. Die Anfechtungsklage ist im Kommunalverfassungsstreitverfahren nicht die richtige Klageart[63].

2. *Rechtsgestaltende Aufhebungsklage*

A könnte sein Begehren möglicherweise mit einer *rechtsgestaltenden Aufhebungsklage*, einer Gestaltungsklage also[64], gerichtet auf die Aufhebung des Ausschußbeschlusses, verfolgen[65]. Dagegen bestehen indes mehrere Bedenken. Eine kassatorische verwaltungsgerichtliche Ent-

59 *Krebs*, VerwArch. 68 (1977), 189 (194).

60 VG Würzburg, BayVBl. 1989, 153 (154); *von Mutius*, JuS 1979, 185; *Krebs*, VerwArch. 68 (1977), 189 (195); *Lüders*, Diss., S. 130 f.; *Bethge*, Die Verwaltung 1975, 459 (477); *Fehrmann*, NWVBL 1989, 303 (304); *Ehlers*, NVwZ 1990, 105 (106); *Erichsen*, Kommunalrecht, S. 122.

61 *Fromm*, Diss., S. 15; *Bethge*, in: HKWP II, S. 186; *Stober*, Kommunalrecht, S. 96; *Preusche*, NVwZ 1987, 854 (856); *Gern*, VBlBW 1989, 449 (450).

62 *von Mutius*, JuS 1979, 185; *Preusche*, NVwZ 1987, 854 (856).

63 OVG Koblenz, AS 9, 335 (338); BayVGH, BayVBl. 1976, 753 (754); *Hoppe*, Organstreitigkeiten, S. 127; *Papier*, DÖV 1980, 292 (294); *Krebs*, Jura 1981, 569 (579 f.); *Preusche*, NVwZ 1987, 854 (856); *Lüders*, Diss., S. 125 ff., 131 f.; *Fromm*, Diss., S. 14 f.; *Bosch/Schmidt*, Praktische Einführung, S. 165; *Wolff/Bachof/Stober*, Verwaltungsrecht II, § 87 Rdn. 37.

64 *Bethge*, in: HKWP II, S. 187 mit Fn. 86; *Ule*, Verwaltungsprozeßrecht, S. 159.

65 Vgl. BayVGH, BayVBl. 1976, 753 (754 f.); *Graf*, BayVBl. 1982, 332 (333); *Knemeyer*, Bayerisches Kommunalrecht, Rdn. 225.

scheidung könnte angesichts der Regelung in § 113 Abs. 1 S. 1 VwGO der Anfechtungsklage vorbehalten sein[66]. Ferner könnte eine derartige Gestaltungsklage allenfalls dort in Betracht kommen, wo eine streitige Maßnahme einer weiteren organinternen Aufgabenwahrnehmung entgegensteht[67]. Im vorliegenden Fall jedoch ist zu beachten, daß die Abstimmung der Gemeinde G durch ihren BPW-Ausschuß mit den Trägern öffentlicher Belange über die Aufstellung eines Bebauungsplans bereits stattgefunden hat. Insoweit ist eine Erledigung eingetreten[68]. Eine die Rechte des A sichernde Gestaltungsklage scheidet somit als richtige Klageart aus.

3. *Fortsetzungsfeststellungsklage*

Statthafte Rechtsschutzform könnte die *Fortsetzungsfeststellungsklage* sein. Die Rechtsschutzformvoraussetzungen gem. § 113 Abs. 1 S. 4 VwGO liegen jedoch in doppelter Hinsicht nicht vor. Zum einen fehlt es, wie im Rahmen der Erörterung der Anfechtungsklage festgestellt, an einem „Verwaltungsakt", und zum anderen ist das erledigende Ereignis nicht – wie von § 113 Abs. 1 S. 4 VwGO vorausgesetzt – nach Klageerhebung, sondern davor mit Ablauf des 28. 4. eingetreten.

§ 113 Abs. 1 S. 4 VwGO könnte jedoch auf Fallgestaltungen der vorliegenden Art *analog* anwendbar sein[69]. Da der Ausschluß von A, also die Regelung selbst, kein Rechtsverhältnis darstellt, könnte auch die Feststellungsklage gem. § 43 Abs. 1 VwGO als Rechtsschutzform ausscheiden, so daß eine planwidrige Rechtsschutzlücke bestünde[70]. Und die gegen die *Regelung* (Ausschluß aus dem Gremium) direkt und nicht gegen die umstrittene *Befugnis* zum Ausschluß gerichtete Klage könnte in hohem Maße dem Rechtsschutzinteresse des Ausgeschlossenen entsprechen[71].

Es ist jedoch zweifelhaft, ob die Voraussetzungen für eine solche weitreichende Analogie zu § 113 Abs. 1 S. 4 VwGO gegeben sind. Plangemäß steht die Vorschrift im Regelungsgefüge zu Anfechtungs- und Verpflichtungsklage, soll sich also nur auf Verwaltungsakte bezie-

---

66 *Krebs*, VerwArch. 68 (1977), 189 (196); *Renck-Laufke*, BayVBl. 1982, 75 (76); *Fehrmann*, NWVBL 1989, 303 (305); *Hoppe*, Organstreitigkeiten, S. 125 ff.
67 *von Mutius*, JuS 1979, 186.
68 Vgl. *Lüders*, Diss., S. 142.
69 *Ehlers*, NVwZ 1990, 105 (107 ff.).
70 *Ehlers*, NVwZ 1990, 105 (107 f., 108).
71 *Ehlers*, NVwZ 1990, 105 (107, 108).

hen. Und offen scheint zudem, ob die Feststellungsklage gem. § 43 Abs. 1 VwGO, den Interessen des Ausgeschlossenen durchaus entsprechend, nicht doch wirksamen Rechtsschutz zu vermitteln vermag.

4. *Feststellungsklage*

A könnte sein Ziel also möglicherweise mit der *Feststellungsklage* verfolgen. Rechtsschutzformvoraussetzung hierfür ist gem. § 43 Abs. 1 VwGO, daß die Feststellung des Bestehens oder Nichtbestehens eines *Rechtsverhältnisses* begehrt wird. Ein Rechtsverhältnis ist die aufgrund der Anwendung einer rechtlichen Regelung auf einen Sachverhalt zwischen mindestens zwei Rechtssubjekten entstandene Rechts- und/oder Pflichtenbeziehung[72]. Ausgehend von den Ausführungen zur Rechtswegfrage und zur Beteiligtenfähigkeit braucht es sich nicht um ein Außenrechtsverhältnis zu handeln[73].

Die Berechtigung bzw. Verpflichtung im Binnenbereich einer juristischen Person setzt voraus, daß das Zuordnungssubjekt eines Rechtssatzes Träger eigener Rechte bzw. Pflichten sein kann[74]. Die bloße Zuweisung einer Kompetenz genügt nicht[75]. Anknüpfend an die Erörterungen zur Beteiligungsfähigkeit kann festgestellt werden, daß es vorliegend um subjektive öffentliche Rechte (des Innenverhältnisses) geht. Der umstrittene Beschluß des Ausschusses beruht auf einer Anwendung der kommunalrechtlichen Befangenheitsvorschriften auf einen konkreten Sachverhalt. Er konkretisiert diese Vorschriften im Hinblick auf einen bestimmten Entscheidungsgegenstand derart, daß er den Ausschluß von A von der Mitwirkung an einem bestimmten kommunalen Entscheidungsfindungsprozeß bewirkt. A will mit seiner Klage, nachdem das Gespräch mit den Trägern öffentlicher Belange am 28. 4. stattgefunden hat, gerichtlich festgestellt wissen, daß er nicht hätte ausgeschlossen werden dürfen, weil in seiner Person die Befangenheitsvorschriften

---

[72] BVerwGE 14, 235 (236); 45, 224 (226); 50, 11 (19); 51, 69 (74); BVerwG, NJW 1990, 1866 = DÖV 1990, 662 f.; NVwZ 1991, 580; BayVGH, NVwZ 1988, 83 (84); VGH Bad.-Württ., NVwZ-RR 1991, 518; *Preusche*, NVwZ 1987, 854 (856); *Laubinger*, VerwArch. 82 (1991), 459 (486); *Erichsen*, in: Jura Extra, S. 194.

[73] *von Mutius*, JuS 1979, 185; *Schoch*, JuS 1987, 783 (788); *Ehlers*, NVwZ 1990, 105 (107); *Erichsen*, in: Jura Extra, S. 194; *Hoppe*, Organstreitigkeiten, S. 131, 201; *Schmidt-Aßmann*, Kommunalrecht, S. 156.

[74] OVG Lüneburg, Die Gemeinde (Schl.-H.) 1988, 58; VG Kassel, HSGZ 1988, 129.

[75] *Erichsen*, VerwArch. 71 (1980), 429 (434); *Hoppe*, NJW 1980, 1017 (1019); *Bethge*, DVBl. 1980, 309 (312).

nicht gegeben seien. Dies genügt den Voraussetzungen des § 43 Abs. 1 VwGO.

In Übereinstimmung mit den Rechtsschutzformvoraussetzungen des § 43 Abs. 1 VwGO ist ein Feststellungsantrag gem. § 88 VwGO so zu deuten, daß er nicht auf die Feststellung der Rechtswidrigkeit der Organhandlung selbst, also des Beschlusses, zielt, sondern daß die verwaltungsgerichtliche Feststellung der Verletzung organschaftlicher Befugnisse durch die umstrittene Handlung begehrt wird[76]. A kann danach die Feststellung verlangen, daß der BPW-Ausschuß nicht berechtigt gewesen ist, ihn auszuschließen. Dem Rechtsschutzanliegen des A ist damit entsprochen. Eine Analogie zu § 113 Abs. 1 S. 4 VwGO kommt nicht in Betracht. Die Feststellungsklage gem. § 43 Abs. 1 VwGO ist in Konstellationen der vorliegenden Art die richtige Rechtsschutzform[77].

III. Besondere Sachentscheidungsvoraussetzungen

1. *Klagebefugnis*

Fraglich ist, ob A gem. § 42 Abs. 2 VwGO *klagebefugt* sein muß. Unmittelbar ist die Vorschrift bei der Feststellungsklage (§ 43 Abs. 1 VwGO) nicht anwendbar. Es könnte jedoch eine analoge Anwendung des § 42 Abs. 2 VwGO notwendig sein, weil die Vorschrift lediglich die besondere Ausprägung eines für alle verwaltungsgerichtlichen Klagen geltenden Grundsatzes darstellt, demzufolge die Geltendmachung einer eigenen Rechtsbetroffenheit besondere Sachentscheidungsvoraussetzung für jeglichen verwaltungsprozessualen Rechtsschutz ist[78].

Demgegenüber ist jedoch zu beachten, daß die – ohnehin, wie bereits festgestellt, auf Außenrechtsstreitigkeiten hin angelegte – VwGO ein differenziertes System besonderer Sachentscheidungsvoraussetzungen normiert und diese strikt mit bestimmten Rechtsschutzfor-

---

[76] VGH Bad.-Württ., NVwZ-RR 1989, 153; *Gern*, VBlBW 1989, 449 (450).

[77] Vgl. OVG Münster, DVBl. 1978, 150 (151); OVG Koblenz, AS 19, 65 (67); HessVGH, NVwZ 1982, 44 (45) und NVwZ 1986, 328; *Stober*, JA 1974, 45 (48); *Hoppe*, Organstreitigkeiten, S. 201 ff.; *Tsatsos*, Organstreit, S. 54; *Fromm*, Diss., S. 18 f.; *Lüders*, Diss., S. 141 ff.; *Schmidt-Jortzig*, Kommunalrecht, Rdn. 269.

[78] BVerwG, NVwZ 1989, 470 = BayVBl. 1989, 378; BVerwG, NVwZ 1991, 470 (471); VGH Bad.-Württ., VBlBW 1990, 457 (458); *Fehrmann*, NWVBL 1989, 303 (305 f.); *Ehlers*, NVwZ 1990, 105 (109 ff.).

men verbindet[79]. Bei der Feststellungsklage erfolgt die Subjektivierung des Rechtsschutzes über das „berechtigte Interesse" (§ 43 Abs. 1 VwGO), und zum anderen erfüllt die – ansonsten von § 42 Abs. 2 VwGO zu leistende – Verengung rügefähiger Rechtspositionen beim Kommunalverfassungsstreit, wie gezeigt, § 61 Nr. 2 VwGO[80]. Die Voraussetzungen für eine Analogie könnten demnach zu verneinen sein.

Einer Entscheidung der Streitfrage bedarf es nicht, wenn die Voraussetzungen des § 42 Abs. 2 VwGO (analog) im vorliegenden Fall erfüllt sind. A müßte danach eine klagefähige Kompetenz i.S. einer eigenen Rechtsbetroffenheit geltend machen können. Das ist nach den zur Beteiligungsfähigkeit gewonnenen Erkenntnissen der Fall. A wäre somit i.S.d. § 42 Abs. 2 VwGO klagebefugt.

2. *Berechtigtes Interesse*

Besondere Sachentscheidungsvoraussetzung bei der Feststellungsklage ist gem. § 43 Abs. 1 VwGO, daß der Kläger ein *berechtigtes Interesse* an der baldigen Feststellung durch das Gericht hat. Es genügt jedes aufgrund vernünftiger Erwägungen nach Lage des Falles anzuerkennende schutzwürdige Interesse rechtlicher, wirtschaftlicher oder ideeller Art[81]. Man könnte in Erwägung ziehen, die Befugnis, innerhalb des kommunalpolitischen Entscheidungsprozesses als Organteil mitzuwirken, bereits als ideellen Wert zu qualifizieren[82]. Ein ideelles Interesse indessen knüpft an Rechtsbeziehungen im Außenrechtskreis an und kommt bei natürlichen Personen in Betracht.

Beim vorliegenden Organstreit könnte aber ein rechtlich geschütztes Interesse bei A gegeben sein. Das wäre der Fall, wenn eine Rechtsnorm jedenfalls auch den subjektiven Interessen des Klägers zu dienen bestimmt ist. Erneut stellt sich die Frage, ob der streitige organisationsinterne Rechtssatz dem Organ bzw. Organteil, also A, *eigene* Rechte im Sinne eines subjektiven öffentlichen Rechts verleiht oder nur eine organisationsrechtliche Wahrnehmungszuständigkeit vermittelt. Es kann hier auf die Ausführungen zum Rechtsweg, zur Beteiligungsfähigkeit und zur Rechtsschutzform verwiesen werden. Es geht um subjek-

---

[79] *Schoch*, JuS 1987, 783 (789 f.); *Laubinger*, VerwArch. 82 (1991), 459 (483 ff.).

[80] *Schoch*, JuS 1987, 783 (790).

[81] BVerwG, NVwZ 1991, 470 (471); *Erichsen*, in: Jura Extra, S. 210; *Schmitt Glaeser*, Verwaltungsprozeßrecht, Rdn. 487; *Redeker/von Oertzen*, VwGO, § 43 Rdn. 20; *Kopp*, VwGO, § 43 Rdn. 23; *Eyermann/Fröhler/Kormann*, VwGO, § 43 Rdn. 11; *Bosch/Schmidt*, Praktische Einführung, S. 149 f.

[82] Vgl. *von Mutius*, JuS 1979, 185 f.; *Preusche*, NVwZ 1987, 854 (857).

tive Rechte; ein rechtlich geschütztes Interesse des Ausschußmitglieds A an der Feststellung der Rechtswidrigkeit seines Ausschlusses von der Besprechung wegen angeblicher Befangenheit ist gegeben.

3. *Sog. „Subsidiarität"*

Gem. § 43 Abs. 2 S. 1 VwGO ist die Feststellungsklage nur zulässig, wenn A seine Rechte nicht durch Gestaltungs- oder Leistungsklage verfolgen kann oder hätte verfolgen können. Das ist nach den Ausführungen zur Rechtsschutzform nicht der Fall. § 43 Abs. 2 S. 1 VwGO führt nicht zur Unzulässigkeit der Feststellungsklage.

IV. Allgemeines Rechtsschutzbedürfnis

Die Zulässigkeit der Klage des A könnte schließlich deshalb fraglich sein, weil ihm das *allgemeine Rechtsschutzbedürfnis* fehlt. Das Rechtsschutzbedürfnis könnte entfallen, weil ein Einschreiten der staatlichen Aufsichtsbehörde bei rechtswidrigen Maßnahmen in Betracht kommen könnte. Es ist jedoch mehr als fraglich, ob ein derartiges Einschreiten eine gerichtliche Kontrolle ersetzen könnte[83]. Entscheidend ist, daß die Aufsichtsbehörde die Rechtslage anders beurteilen kann als der Kläger und ein Einschreiten zudem dem Opportunitätsprinzip[84] unterliegt[85]. Das allgemeine Rechtsschutzbedürfnis entfällt somit nicht.

Zwischenergebnis: Die Klage des A ist zulässig.

B. Begründetheit der Klage

Eine Feststellungsklage ist begründet, wenn das streitige Rechtsverhältnis besteht bzw. nicht besteht. Das wäre hier der Fall, wenn A ein Recht auf Mitwirkung an der Beratung mit den Trägern öffentlicher Belange zugestanden hätte. Dann hätte der Beschluß über seinen Ausschluß von dem Gespräch seine Mitgliedschaftsrechte als Ausschußmitglied verletzt. An der Aktivlegitimation von A bestehen keine Bedenken.

---

[83] *Bethge*, in: HKWP II, S. 180; *Schmidt-Aßmann*, Kommunalrecht, S. 156.

[84] Anders Art. 112 BayGO.

[85] Vgl. OVG Koblenz, AS 9, 335 (339 f.); *Stober*, JA 1974, 113 (115); *Lüders*, Diss., S. 150 f.; *Fromm*, Diss., S. 49 ff., 55.

I. Passivlegitimation

Fraglich ist, ob die Klage nicht bereits deshalb unbegründet ist, weil sie gegen den „falschen“ Klagegegner erhoben ist. Das wäre der Fall, wenn die Klage gegen die *Körperschaft* zu richten ist, deren Organ die behauptete Verletzung des Mitgliedschaftsrechts vorgenommen hat[86]. Indessen ist zu beachten, daß sich die Passivlegitimation nach materiellem Recht richtet[87]. Streitgegner ist danach derjenige, dem gegenüber das Bestehen oder Nichtbestehen des Rechtsverhältnisses festgestellt werden soll[88]. Das aber ist der BPW-Ausschuß, der den Beschluß über den Ausschluß des A gefaßt hat. Nicht die Körperschaft, also die Gemeinde G, sondern der *Ausschuß* ist an dem streitigen Rechtsverhältnis beteiligt. Folglich ist der BPW-Ausschuß der richtige Klagegegner. A hat die Klage zutreffend gegen den Ausschuß erhoben.

II. Mitwirkungsrecht

Weiterhin müßte A das geltend gemachte Mitgliedschaftsrecht zustehen. Gem. § 10 BauGB wird ein Bebauungsplan als Satzung beschlossen. Zuständig insoweit ist der Gemeinderat[89]. Gem. §§ 24 Abs. 1, 39 Abs. 2 Nr. 3 BadWürttGO i.V.m. § 10 BauGB[90] kann die Beschlußfassung nicht auf Ausschüsse übertragen werden. Angelegenheiten, die nicht auf beschließende Ausschüsse zur Entscheidung übertragbar sind, können jedoch zur Vorberatung beratenden Ausschüssen zugewiesen

---

86 Vgl. *Papier*, DÖV 1980, 292 (297).

87 *Stern*, Verwaltungsprozessuale Probleme, S. 131; *Redeker/von Oertzen*, VwGO, § 63 Rdn. 7; *Eyermann/Fröhler/Kormann*, VwGO, § 62 Rdn. 14; *Kopp*, VwGO, Vorb. § 40 Rdn. 28.

88 VGH Bad.-Württ., VBlBW 1990, 457 (459); *Schmitt Glaeser*, Verwaltungsprozeßrecht, Rdn. 498; *Stober*, JA 1974, 113 (117); *Fehrmann*, DÖV 1983, 311 (314).

89 *Seeger/Wunsch*, Kommunalrecht in Baden-Württemberg, S. 65 f., 153; *Rauball/Pappermann/Roters*, NWGO, § 4 Rdn. 18; *Rehn/Cronauge*, NWGO, § 4 Anm. II 3; *von Loebell/Oerter*, NWGO, § 28 Anm. 4; *Körner*, NWGO, § 28 Anm. 7.

90 Dem entsprechen: Art. 32 Abs. 2 S. 2 Nr. 1 BayGO i.V.m. § 11 Abs. 1 2. Halbs., Abs. 3 BauGB; § 51 Nr. 6 HessGO i.V.m. § 10 BauGB; § 40 Abs. 1 Nr. 4 NdsGO i.V.m. § 10 BauGB; § 28 Abs. 1 S. 2 lit. g NWGO i.V.m. § 10 BauGB; § 32 Abs. 2 Nr. 1 RhPfGO i.V.m. § 10 BauGB; § 35 Nr. 12 SaarlKSVG i.V.m. § 10 BauGB; § 28 Abs. 1 Nr. 2 SchlHGO i.V.m. § 10 BauGB.

werden[91]. Dies kann auch, wie hier, durch die Hauptsatzung erfolgen[92]. Das Recht auf Mitwirkung bei der Beratung und Entscheidung in einem Ausschuß der kommunalen Vertretungskörperschaft gehört zum Kern der Rechtsstellung des Mandatsträgers[93]. Das Mitwirkungsrecht an den dem BPW-Ausschuß übertragenen Angelegenheiten steht daher grundsätzlich auch A als Ausschußmitglied zu.

III. Begrenzung (Mitwirkungsverbot wegen Befangenheit)

Den Mitwirkungsrechten kommunaler Amtsträger sind allerdings Grenzen gesetzt. Demzufolge besteht kein unumschränktes Mitwirkungsrecht in dem jeweiligen gemeindlichen Organ bzw. Hilfsorgan. Eine derartige Schranke könnte sich hier aus dem *Mitwirkungsverbot wegen Befangenheit* ergeben. Gem. § 18 Abs. 1 Nr. 1 BadWürttGO[94] darf der ehrenamtlich tätige Bürger weder beratend noch entscheidend mitwirken, wenn die Entscheidung einer Angelegenheit ihm selbst oder dem (früheren) Ehegatten einen unmittelbaren Vorteil oder Nachteil bringen kann. Fraglich ist, ob der BPW-Ausschuß auf der Grundlage dieser Regelung A zu Recht von der Mitwirkung an dem Gespräch mit den Vertretern der Träger öffentlicher Belange ausgeschlossen hat.

1. *Zuständigkeit zur Entscheidung, Verfahren*

Zunächst müßte der Ausschuß für die Entscheidung zuständig gewesen sein. Die Zuständigkeit ist beachtet. Gem. § 18 Abs. 4 S. 2 BadWürttGO[95] liegt die Entscheidungszuständigkeit über das Mitwirkungsverbot wegen Befangenheit nur bei Gemeinderäten und Ehrenbe-

---

[91] *Kunze/Freiherr von Rotberg*, in: Kunze/Bronner/Katz/Freiherr von Rotberg, BadWürttGO, § 41 Rdn. 1; *Ottens*, Gemeinderecht in Schleswig-Holstein, S. 155 f.; *Foerster*, SchlHGO, § 28 Anm. 1.

[92] *Kunze/Freiherr von Rotberg*, in: Kunze/Bronner/Katz/Freiherr von Rotberg, BadWürttGO, § 41 Rdn. 2; *von Loebell/Oerter*, NWGO, § 4 Anm. 9; *Hofmann/Beth/Dreibus*, RhPfGO, § 44 Anm. 4.

[93] VG Schleswig, Die Gemeinde (Schl.-H.) 1986, 268; *von Mutius*, JuS 1979, 38.

[94] Entsprechend: Art. 49 Abs. 1 S. 1 BayGO; § 25 Abs. 1 Nr. 2, Abs. 5 S. 1 Nr. 2, Abs. 5 S. 2 Nr. 1 HessGO; § 26 Abs. 1 S. 1 NdsGO; § 23 Abs. 1 Nr. 2, Abs. 5 S. 1 Nr. 1, S. 2 NWGO; § 22 Abs. 1 Nr. 1 RhPfGO; § 27 Abs. 1 SaarlKSVG; § 22 Abs. 1 S. 1 Nr. 2, Abs. 4 S. 1 Nr. 2, Abs. 4 S. 2 Nr. 1 SchlHGO.

[95] Entsprechend: Art. 49 Abs. 2 BayGO; § 25 Abs. 3 HessGO; § 26 Abs. 4 S. 2 NdsGO; § 30 Abs. 2 S. 1 Nr. 4 NWGO; §§ 46 Abs. 4 S. 3 i.V.m. 22 Abs. 4

amten beim Gemeinderat; bei Mitgliedern von Ausschüssen entscheidet dagegen der Ausschuß[96].

Am ordnungsgemäßen *verfahrensrechtlichen* Zustandekommen des Beschlusses sind aus dem Sachverhalt Bedenken nicht ersichtlich.

2. *Materielle Rechtmäßigkeit*

a) Personelle Voraussetzungen des Mitwirkungsverbots

§ 18 Abs. 1 BadWürttGO erstreckt das Mitwirkungsverbot wegen Befangenheit auf *ehrenamtlich tätige Bürger*[97]. Diese Voraussetzung müßte in der Person des A erfüllt sein. A ist nicht Mitglied des Gemeinderates. Er ist vielmehr gem. § 41 Abs. 1 S. 3 BadWürttGO als *sachkundiger Einwohner* zum Mitglied in den BPW-Ausschuß berufen worden[98]. In dieser Funktion ist er, wie der letzte Halbsatz des § 41 Abs. 1 S. 3 BadWürttGO ausdrücklich bestimmt, *ehrenamtlich tätig.* Folglich erstreckt sich das Mitwirkungsverbot in seinem personellen Geltungsbereich auch auf Ausschußmitglieder[99].

Der Sachverhalt gibt keinen Hinweis darauf, daß der mögliche Vorteil bzw. Nachteil bei A selbst eintreten könnte. Nicht A, sondern seine geschiedene Ehefrau E ist in dem Gebiet in der Gemeinde G,

---

S. 2 RhPfGO; §§ 49 Abs. 6 S. 1 i.V.m. 27 Abs. 4 S. 1 SaarlKSVG; §§ 46 Abs. 11 S. 1 i.V.m. 32 Abs. 3 i.V.m. 22 Abs. 3 SchlHGO.

[96] Vgl. OVG Münster, DVBl. 1980, 68; HessVGH, NVwZ 1982, 44 (45); *Seeger/Wunsch*, Kommunalrecht in Baden-Württemberg, S. 132 f.; *Rehn/Cronauge*, NWGO, § 23 Anm. V 2; zur Entscheidungszuständigkeit im bayerischen Gemeinderecht vgl. Art. 49 Abs. 2, Art. 55 BayGO und dazu *Masson/Samper*, BayGO, Art. 49 Rdn. 15 und Art. 55 Rdn. 2; *Hölzl/Hien*, BayGO, Art. 49 Anm. 6.

[97] § 25 Abs. 1 HessGO; § 26 Abs. 1 NdsGO; § 23 Abs. 1 NWGO; § 22 Abs. 1 RhPfGO; § 27 Abs. 1 SaarlKSVG; § 22 Abs. 1 SchlHGO; Art. 49 Abs. 1 BayGO erfaßt nur Gemeinderatsmitglieder; die Anwendung des Mitwirkungsverbots auf Ausschußmitglieder kann über Art. 55 BayGO erfolgen; vgl. Nachw. in Fn. 96 zum bayerischen Recht.

[98] Entsprechend: § 51 Abs. 7 S. 1 NdsGO; § 42 Abs. 3 S. 1 NWGO; § 44 Abs. 1 S. 2 RhPfGO; § 46 Abs. 2 S. 1 SchlHGO. Vgl. auch Anm. * zum Sachverhalt.

[99] Für das *bayerische* Gemeinderecht vgl. Nachw. in Fn. 96; *Hessen*: §§ 62 Abs. 1 S. 1 i.V.m. 35 Abs. 2 S. 1 i.V.m. 25 HessGO; *Niedersachsen*: §§ 51 Abs. 7 S. 4 i.V.m. 39 Abs. 3 i.V.m. 26 NdsGO; *Nordrhein-Westfalen*: §§ 42 Abs. 2 S. 1 i.V.m. § 30 Abs. 2 i.V.m. 23 NWGO; *Rheinland-Pfalz*: §§ 22 Abs. 1 i.V.m. 18 Abs. 1 RhPfGO; *Saarland*: §§ 49 Abs. 2 S. 1 i.V.m. 30 Abs. 1 S. 3 i.V.m. 27 SaarlKSVG; *Schleswig-Holstein*: §§ 46 Abs. 11 S. 1 i.V.m. 32 Abs. 3 S. 1 i.V.m. 22 SchlHGO.

über das sich der Bebauungsplan erstrecken soll, Eigentümerin eines Grundstücks. Indessen gehört auch E aufgrund der ausdrücklichen Regelung in § 18 Abs. 1 Nr. 1 BadWürttGO[100], wonach es ausreicht, daß der Vorteil oder Nachteil bei einem *„früheren Ehegatten"* eintreten kann[101], zu dem betroffenen Personenkreis. Dem Wortlaut nach sind die Voraussetzungen des personellen Geltungsbereichs des Mitwirkungsverbots wegen Befangenheit erfüllt.

A hat jedoch zu E seit einiger Zeit keinerlei Kontakt mehr. Von daher könnte erwogen werden, die Regelung über mögliche Vorteile bzw. Nachteile bei früheren Ehegatten dergestalt restriktiv auszulegen, daß bei nicht mehr bestehender Ehe konkret aufgrund sachlicher Gründe eine Interessenkollision zu befürchten sein muß. Hiergegen spricht jedoch, daß das Gesetz für eine derartige Interpretation keine Anhaltspunkte gibt. Im Interesse der Rechtsklarheit verzichtet das Gesetz vielmehr auf solch unsichere und kaum nachprüfbare Kriterien. Die gesetzliche Regelung geht davon aus, daß auch bei nicht mehr bestehender Ehe Vorteile oder Nachteile im Sinne des Mitwirkungsverbots wegen Befangenheit zu befürchten sein können[102]. Die Rechtssicherheit verlangt die Einhaltung dieser sachgerechten gesetzlichen Lösung. Der personelle Geltungsbereich des Mitwirkungsverbots wegen Befangenheit greift somit auch bei geschiedener Ehe ein[103].

b) Sachliche Voraussetzungen des Mitwirkungsverbots

Nach den *sachlichen* Voraussetzungen des Mitwirkungsverbots muß die Entscheidung in der fraglichen Angelegenheit einen unmittelbaren[104] Vorteil oder Nachteil bringen können.

---

[100] § 25 Abs. 5 S. 2 HessGO; § 22 Abs. 1 Nr. 1 RhPfGO; § 22 Abs. 4 S. 2 Nr. 1 SchlHGO.

[101] Anders: Art. 49 Abs. 1 BayGO (vgl. dazu *Masson/Samper*, BayGO, Art. 49 Rdn. 5; *Hölzl/Hien*, BayGO, Art. 49 Anm. 3 a; *Widtmann/Grasser*, BayGO, Art. 49 Rdn. 5); § 26 Abs. 1 S. 1 NdsGO (vgl. dazu *Lüersen/Neuffer*, NdsGO, § 26 Anm. 2 a); § 23 Abs. 5 S. 2 NWGO (vgl. dazu *von Loebell/Oerter*, NWGO, § 23 Anm. 5 g); § 27 Abs. 1 SaarlKSVG. Vgl. auch Anm. ** zum Sachverhalt.

[102] *Kunze/Freiherr von Rotberg*, in: Kunze/Bronner/Katz/Freiherr von Rotberg, BadWürttGO, § 18 Rdn. 4.

[103] *Schneider/Jordan*, HessGO, § 25 Anm. 4; *Schlempp/Schlempp*, HessGO, § 25 Anm. X 2.

[104] § 26 Abs. 1 S. 1 NdsGO spricht von einem *„besonderen* Vorteil oder Nachteil"; sachlich bedingt dies aber keinen Unterschied zu den Regelungen in den anderen Gemeindeordnungen; vgl. *Stahl*, DVBl. 1972, 764 (767); *Borchmann*, NVwZ 1982, 17 Fn. 2.

aa) Vorteil bzw. Nachteil

Das Begriffspaar Vorteil/Nachteil bezieht sich auf solche *materieller* und *immaterieller* Art. Erfaßt sind rechtliche, wirtschaftliche oder ideelle Besser- oder Schlechterstellungen[105]. Dabei muß nach dem ausdrücklichen Wortlaut der Regelung – „kann" – der Vorteil bzw. Nachteil nicht mit Sicherheit eintreten. Zur Annahme der Befangenheit genügt vielmehr die *Möglichkeit* des Eintritts[106]. Allerdings darf es sich nicht lediglich um eine rein theoretische, unwahrscheinliche Möglichkeit handeln; sie muß vielmehr eine reale Grundlage besitzen[107].

Im vorliegenden Fall geht es um die Aufstellung eines Bebauungsplans. Dabei handelt es sich um einen verbindlichen Bauleitplan, der gem. § 10 BauGB als Satzung zu beschließen ist. Mit seinen Festsetzungen über die bauliche und sonstige Nutzung der von ihm erfaßten Grundstücke wirkt er rechtsgestaltend. Aus seinen Festsetzungen ergibt sich die zulässige Bebauung eines Grundstücks. Ein Bebauungsplan kann somit den Betroffenen rechtlich und wirtschaftlich relevante Vergünstigungen oder Verschlechterungen bringen[108]. Diese Vorteile bzw. Nachteile stellen auch nicht nur eine theoretisch denkbare Mög-

---

[105] OVG Münster, DVBl. 1980, 68 (69); NVwZ 1984, 667 (668); NVwZ-RR 1990, 43; VGH Bad.-Württ., VBlBW 1987, 24 (25); *von Mutius*, VerwArch. 65 (1974), 429 (430); *Seeger/Wunsch*, Kommunalrecht in Baden-Württemberg, S. 132; *Knemeyer*, Bayerisches Kommunalrecht, Rdn. 174; *Creutz*, BauR 1979, 470 (476); *Masson/Samper*, BayGO, Art. 49 Rdn. 12; *Geyer*, Diss., S. 44 f.; *Menke*, Mitwirkungsverbot, S. 57 f.

[106] VGH Bad.-Württ., BauR 1986, 176 (177); VBlBW 1987, 70 (71); VBlBW 1987, 24 (25); *Krebs*, VerwArch. 71 (1980), 181; *von Arnim*, JA 1986, 1 (2); *Hassel*, DVBl. 1988, 712 (713); *Seeger/Wunsch*, Kommunalrecht in Baden-Württemberg, S. 132; *Ottens*, Gemeinderecht in Schleswig-Holstein, S. 122; *Masson/Samper*, BayGO, Art. 49 Rdn. 13; *Schneider/Jordan*, HessGO, § 25 Anm. 3; *von Loebell/Oerter*, NWGO, § 23 Anm. 3; *Körner*, NWGO, § 23 Anm. 3; *Geyer*, Diss., S. 62 ff.

[107] OVG Münster, DVBl. 1980, 68 (69); NVwZ-RR 1988, 113 = NWVBL 1989, 52 (53) = DÖV 1989, 27; NVwZ-RR 1990, 43; VGH Bad.-Württ., VBlBW 1987, 24 (25); *Kunze/Freiherr von Rotberg*, in: Kunze/Bronner/Katz/Freiherr von Rotberg, BadWürttGO, § 18 Rdn. 9; *Hofmann/Beth/Dreibus*, RhPfGO, § 22 Anm. 5; *Hölzl/Hien*, BayGO, Art. 49 Anm. 4; *Lüersen/Neuffer*, NdsGO, § 26 Anm. 3 a; *Rehn/Cronauge*, NWGO, § 23 Anm. II 1.

[108] BVerfGE 70, 35 (53); OVG Münster, OVGE 27, 60 (62); DVBl. 1980, 68 (69); VGH Bad.-Württ., NVwZ 1990, 588 = VBlBW 1989, 458 (459); *von Mutius*, VerwArch. 65 (1974), 429 (431); *Schink*, NWVBL 1989, 109 (113); *Rehn/Cronauge*, NWGO, § 23 Anm. II 2; *Menke*, Mitwirkungsverbot, S. 107.

lichkeit dar; sie sind vielmehr reale Folge der Aufstellung des Plans. Das Eigentum an einem planbetroffenen Grundstück kann somit durch die Aufstellung eines Bebauungsplans einen Vorteil oder einen Nachteil im Sinne des gemeinderechtlichen Mitwirkungsverbots erfahren[109].

bb) Unmittelbarkeit

Zweifelhaft erscheint jedoch, ob der durch den Bebauungsplan möglicherweise bewirkte Vor- oder Nachteil bei E ein *unmittelbarer* i.S.d. § 18 Abs. 1 BadWürttGO[110] ist. Die Mitwirkung von A hätte sich nicht auf den Satzungsbeschluß bezogen, sondern auf einen früheren Abschnitt im Aufstellungsverfahren. Folglich könnte es sich hier nur um einen unbeachtlichen, mittelbaren Vorteil bzw. Nachteil handeln. Ob dies der Fall ist, hängt davon ab, anhand welcher Kriterien die Unmittelbarkeit des Vorteils bzw. Nachteils zu bestimmen ist.

(1) Keine Unbeachtlichkeit des Merkmals

Der gemeinderechtlichen Regelung über das Mitwirkungsverbot wegen Befangenheit liegt die Erwägung zugrunde, Interessenkollisionen zu vermeiden und eine Mitwirkung im Entscheidungsfindungsprozeß zu verhindern, wenn persönliche Interessen der Betroffenen berührt werden[111]. Liegt dagegen ein individuelles Sonderinteresse nicht vor, sondern erfährt der Betroffene die möglichen Vor- oder Nachteile nur als Mitglied einer Berufs- oder Bevölkerungsgruppe, greift das Mitwirkungsverbot nicht ein. Dies ist in § 18 Abs. 3 S. 1 BadWürttGO ausdrücklich geregelt[112]. Angesichts dieser Bestimmung könnte die besondere Erwähnung der „Unmittelbarkeit" überflüssig und daher sachlich unbeachtlich sein[113].

---

109 VGH Bad.-Württ., DVBl. 1966, 827; OVG Koblenz, AS 15, 77 (79); NVwZ 1986, 1048; NVwZ-RR 1990, 271; OVG Lüneburg, NVwZ 1982, 200; *Krebs*, VerwArch. 71 (1980), 181 (183); *Hölzl/Hien*, BayGO, Art. 49 Anm. 4; *Rehn/Cronauge*, NWGO, § 23 Anm. II 2; *Hofmann/Beth/Dreibus*, RhPfGO, § 22 Anm. 5.

110 S. o. Fn. 94.

111 *von Mutius*, VerwArch. 65 (1974), 429; *Knemeyer*, Bayerisches Kommunalrecht, Rdn. 173; *Foerster*, SchlHGO, § 22 Anm. 1.

112 Entsprechend: § 25 Abs. 1 S. 2 HessGO; § 26 Abs. 1 S. 2 NdsGO; § 23 Abs. 3 Nr. 1 NWGO; § 22 Abs. 2 RhPfGO; § 27 Abs. 3 S. 1 SaarlKSVG; § 22 Abs. 2 Nr. 1 SchlHGO. In Bayern besteht insoweit keine ausdrückliche Regelung; dasselbe sachliche Ergebnis wird durch Auslegung des Art. 49 Abs. 1 BayGO erzielt (vgl. etwa *Widtmann/Grasser*, BayGO, § 49 Rdn. 9; *Geyer*, Diss., S. 53).

113 So *Stahl*, DVBl. 1972, 764 (767 f.).

Mit einer derartigen Auffassung würde man sich indessen über den klaren Wortlaut der Vorschrift hinwegsetzen. Das Merkmal „unmittelbar" hat zudem eine wichtige sachliche Funktion. Es gibt zu erkennen, daß nicht jede Kausalität ausreicht und daß daher der in Betracht kommende Personenkreis einzugrenzen ist. Dem Merkmal „unmittelbar" ist somit nicht jegliche Bedeutung abzusprechen[114].

(2) Begriffsbestimmung

(a) Unmittelbarkeit im Sinne direkter Kausalität

Ausgehend vom Wortlaut könnte „unmittelbar" rein formal zu verstehen sein, und zwar im Sinne einer *direkten Kausalität*. Danach wäre die Unmittelbarkeit eines Vorteils bzw. Nachteils dann gegeben, wenn die Entscheidung (des Ausschusses) ohne Hinzutreten eines weiteren Umstands die begünstigte bzw. benachteiligte Person direkt berührte[115]. Hiernach müßte im vorliegenden Fall die Unmittelbarkeit verneint werden. Angesichts des frühen Stadiums, in dem der BPW-Ausschuß tätig wird, müßte bis zum Beschluß über den Bebauungsplan noch eine Reihe weiterer Umstände hinzutreten, um „direkt" Vor- bzw. Nachteile bei E zu bewirken.

Es ist jedoch zweifelhaft, ob mit einer solchen Auslegung der Zweck des Mitwirkungsverbots wegen Befangenheit erreicht wird. Eine derartige rein formale Betrachtungsweise könnte zur Folge haben, daß z. B. in all den Fällen, in denen die kommunale Vertretungskörperschaft Satzungen erläßt, bei denen der beschlossene Rechtssatz erst noch der Konkretisierung für den Einzelfall bedarf, das Mitwirkungsverbot leerläuft[116]. Dabei kann mit dem Erlaß der Satzung die Einzelfallentscheidung bereits weitestgehend determiniert sein. Sinn und Zweck des Mitwirkungsverbots bestehen darin, daß die kommunalen Rats- und Ausschußmitglieder bei ihrer Tätigkeit ausschließlich nach dem Gesetz und ihrer freien, nur durch Rücksicht auf das öffentliche Wohl

---

[114] HessVGH, NVwZ 1982, 44; *von Mutius*, VerwArch. 65 (1974), 429 (433); *ders.*, JuS 1979, 38 f.; *Krebs*, VerwArch. 71 (1980), 181 (184); *Schink*, NWVBL 1989, 109 (111); *Hofmann/Beth/Dreibus*, RhPfGO, § 22 Anm. 5.

[115] Vgl. HessVGH, NVwZ 1982, 44 (45); *Schneider/Jordan*, HessGO, § 25 Anm. 3. – *Hinweis*: In § 23 Abs. 1 S. 2 NWGO ist durch Gesetz vom 7. 3. 1990 (GVBl. S. 141) bestimmt worden: „Unmittelbar ist der Vorteil oder Nachteil, wenn die Entscheidung eine natürliche oder juristische Person direkt berührt."

[116] *Krebs*, VerwArch. 71 (1980), 181 (183); *Hölzl/Hien*, BayGO, Art. 49 Anm. 4; *von Arnim*, JA 1986, 1 (3).

bestimmten Überzeugung handeln[117]. Nach Möglichkeit sollen ihnen persönliche Konfliktsituationen erspart werden[118], und schließlich soll das Vertrauen der Bürger in eine „saubere" Kommunalverwaltung erhalten und gestärkt werden[119]. Angesichts dieser teleologisch-funktionalen Auslegung der Befangenheitsvorschrift wird dem Gesetzeszweck eine schematisierende und formalistische Betrachtungsweise nicht gerecht. Es bedarf vielmehr einer Bewertung des Kausalzusammenhangs im Einzelfall anhand der konkreten Umstände[120]. Demnach ist die rein formale Auslegung des Merkmals „unmittelbar" abzulehnen[121].

(b) Unmittelbarkeit im Sinne individuellen Sonderinteresses

Berücksichtigt man somit Sinn und Zweck des Mitwirkungsverbots, muß zur Kausalität als weiterer Umstand eine *besondere Betroffenheit* hinzukommen[122]. Diese ist gegeben, wenn das Gemeinderats- oder Ausschußmitglied aufgrund besonderer persönlicher Beziehungen zum

---

[117] OVG Koblenz, AS 15, 77 (78); NVwZ 1982, 204; OVG Münster, DVBl. 1980, 68; NVwZ-RR 1990, 43; VGH Bad.-Württ., NVwZ 1990, 588 f. = VBlBW 1989, 458 (459); *Hassel*, DVBl. 1988, 712 (713); *Hölzl/Hien*, BayGO, Art. 49 Anm. 1; *Hofmann/Beth/Dreibus*, RhPfGO, § 22 Anm. 1.

[118] OVG Koblenz, NVwZ-RR 1990, 271; *Masson/Samper*, BayGO, Art. 49 Rdn. 1; *Schneider/Jordan*, HessGO, § 25 Anm. 1; *Foerster*, SchlHGO, § 22 Anm. 1.

[119] VGH Bad.-Württ., VBlBW 1987, 24 (25); HessVGH, NVwZ-RR 1989, 609; OVG Münster, NVwZ 1984, 667 (668); EildStNW 1988, 98 f.; NVwZ-RR 1988, 113 (114) = DÖV 1989, 27 = NWVBL 1989, 52; OVG Koblenz, NVwZ 1984, 670; NVwZ-RR 1988, 114; *von Mutius*, VerwArch. 65 (1974), 429; *Rehn/Cronauge*, NWGO, § 23 Anm. II 1; *Rauball/Pappermann/Roters*, NWGO, § 23 Rdn. 3; *Ottens*, Gemeinderecht in Schleswig-Holstein, S. 122; *Schmidt-Jortzig*, Kommunalrecht, Rdn. 173; *Röper*, NVwZ 1982, 298; *Hidien*, VR 1983, 128 (130).

[120] *von Mutius*, JuS 1979, 39; *Krebs*, VerwArch. 71 (1980), 181 (184); *Borchmann*, NVwZ 1982, 17 (19).

[121] VGH Bad.-Württ., VBlBW 1987, 24 (25); OVG Münster, NVwZ 1984, 667 (669); OVG Lüneburg, NVwZ 1982, 44; *Kunze/Freiherr von Rotberg*, in: Kunze/Bronner/Katz/Freiherr von Rotberg, BadWürttGO, § 18 Rdn. 9; *Hofmann/Beth/Dreibus*, RhPfGO, § 22 Anm. 5; *Krebs*, VerwArch. 71 (1980), 181 (183); *Creutz*, BauR 1979, 470 (474); *Borchmann*, NVwZ 1982, 17 (18 f.); *Hidien*, VR 1983, 128 f.; *Schink*, NWVBL 1989, 109 (112); *Knebel-Pfuhl*, Diss., S. 18.

[122] *Creutz*, BauR 1979, 470 (475); *Masson/Samper*, BayGO, Art. 49 Rdn. 11; *Geyer*, Diss., S. 52; *Knebel-Pfuhl*, Diss., S. 19.

Gegenstand der Beratung und Entscheidung ein *individuelles Sonderinteresse* hat, das zu einer Interessenkollision führen kann und die Besorgnis eines unlauteren, beeinflußten Verhaltens nahelegt[123].

Fraglich ist nun allerdings, nach welchem Maßstab zu beurteilen ist, ob diese Voraussetzungen gegeben sind. A macht hier geltend, weil er seit einiger Zeit keinerlei Kontakt mehr zu E habe, sei bei ihm eine Befangenheit bei der Beratung über den Bebauungsplan und der Entscheidung über die Beschlußvorlage an den Gemeinderat nicht zu befürchten. Es erscheint jedoch zweifelhaft, ob es auf die Sicht des A ankommt. Zum einen ist das Gesetz weit gefaßt und läßt, wie dargelegt, bereits die *Möglichkeit* eines Vorteils bzw. Nachteils ausreichen. Zum anderen kann das Mitwirkungsverbot seine Funktionen nur erfüllen, wenn Entscheidungsmaßstab *äußerlich erkennbare Umstände* sind[124]. Aus Sinn und Zweck der Befangenheitsvorschrift soll bereits der böse Schein einer Interessenkollision vermieden werden[125]. Das öffentliche Interesse an der Objektivität kommunaler Verwaltungsführung und das Vertrauen der Bürger daran gebieten demnach, bei der Beurteilung *im Zweifel* vom Empfängerhorizont auszugehen[126].

(3) Anwendung auf den Fall

Die nach diesen Kriterien zu ziehende Grenze verläuft dort, wo bei vernünftiger Betrachtung eines objektiven Beobachters die Besorgnis der Befangenheit nicht mehr gegeben ist[127]. Danach sind ganz unter-

---

123 OVG Lüneburg, NVwZ 1982, 44; OVG Koblenz, NVwZ-RR 1990, 271; OVG Münster, DVBl. 1980, 68 (69); NVwZ 1984, 667 (668); NVwZ 1986, 1048; NVwZ-RR 1990, 43; *Körner*, NWGO, § 23 Anm. 3; *von Arnim*, JA 1986, 1 (3); *Kunze/Freiherr von Rotberg*, in: Kunze/Bronner/Katz/Freiherr von Rotberg, BadWürttGO, § 18 Rdn. 9; *Ottens*, Gemeinderecht in Schleswig-Holstein, S. 122.

124 *von Mutius*, VerwArch. 65 (1974), 429 (435); *ders.*, JuS 1979, 39; *von Loebell/Oerter*, NWGO, § 23 Anm. 4.

125 VGH Bad.-Württ., DVBl. 1966, 827 (828); NVwZ 1990, 588 (589) = VBlBW 1989, 458 (459); OVG Lüneburg, NVwZ 1982, 44; HessVGH, NVwZ-RR 1989, 609; OVG Münster, NVwZ-RR 1990, 43; *Hidien*, VR 1983, 128 (130); *von Arnim*, JA 1986, 1 (2); *Hassel*, DVBl. 1988, 712 (713); *Hölzl/Hien*, BayGO, Art. 49 Anm. 1; *Schneider/Jordan*, HessGO, § 25 Anm. 3; *Foerster*, SchlHGO, § 22 Anm. 1; *Knebel-Pfuhl*, Diss., S. 15.

126 *von Mutius*, JuS 1979, 39; *Borchmann*, NVwZ 1982, 17 (19); *Hidien*, VR 1983, 128 (130).

127 OVG Münster, NVwZ 1984, 667 (669); Eildienst LKT NW 1987, 108.

geordnete, entfernt liegende Möglichkeiten einer Interessenkollision nicht mehr zu berücksichtigen[128].

Ausgehend von den dargestellten Maßstäben erscheint zweifelhaft, ob die von A geforderte Mitwirkung noch zulässig ist oder ob schon eine Interessenkollision zu besorgen ist. Zu beachten ist, daß die Bauleitplanung in einem gestuften Verfahren stattfindet[129]. Damit stellt sich die Frage, wie weit sich die Befangenheitsregelung *gegenständlich* erstreckt. Es könnte erwogen werden, nur den abschließenden Satzungsbeschluß zu erfassen[130]. Danach würden alle vorangehenden Verfahrensstufen aus dem Anwendungsbereich des § 18 Abs. 1 BadWürttGO[131] herausfallen. Eine derartige Betrachtungsweise ist indessen weder mit dem Wortlaut noch mit Sinn und Zweck der Befangenheitsvorschrift vereinbar. Nach § 18 Abs. 1 BadWürttGO bezieht sich das Mitwirkungsverbot auch auf die *beratende* Mitwirkung. Angesichts der Mehrstufigkeit des Bauleitverfahrens ist zu berücksichtigen, daß zwischen den einzelnen, nacheinander zu durchlaufenden Verfahrensabschnitten rechtliche und faktische Abhängigkeiten bestehen[132]. Diese Abhängigkeiten würden verkannt, wenn das Mitwirkungsverbot nur im Endstadium des Verfahrens Anwendung fände. Mitunter werden die Weichen in einem sehr frühen Stadium gestellt[133]. Die Beratungen der kommunalen Vertretungskörperschaft werden vorweggenommen bzw. in den zuständigen Ausschuß verlagert. Faktisch fällt die Entscheidung, die in einer Beschlußempfehlung an den Gemeinderat gipfelt, bereits dort, so daß der Behandlung im Gemeinderat oftmals nur noch formelle Bedeutung zukommt, indem die bereits ausgehandelten Kompromisse und Entscheidungen übernommen werden[134]. Es ist somit von der Einheitlichkeit des Verfahrens auszugehen mit der Folge,

---

[128] OVG Münster, DVBl. 1980, 68 (69); Eildienst LKT NW 1987, 108; *Kunze/Freiherr von Rotberg*, in: Kunze/Bronner/Katz/Freiherr von Rotberg, BadWürttGO, § 18 Rdn. 9.

[129] OVG Lüneburg, OVGE 37, 279 (286); HessVGH, NVwZ-RR 1989, 609.

[130] VGH Bad.-Württ., BauR 1973, 368; BauR 1974, 394 (395); NVwZ 1987, 1003 (1004).

[131] S. o. Fn. 94.

[132] BVerwG, NVwZ 1988, 916 (918); OVG Koblenz, NVwZ 1982, 204; NVwZ 1984, 817 (818); NVwZ-RR 1988, 114 (115); *Dolde*, BauR 1973, 350 (352 f.); *von Mutius*, VerwArch. 65 (1974), 429 (436); *Hegel*, BauR 1974, 377 (380).

[133] OVG Lüneburg, ZfBR 1983, 34 (35); OVG Koblenz, NVwZ 1984, 817 (818); OVG Münster, NVwZ 1984, 667 (668); *Hegel*, BauR 1974, 377 (381).

[134] OVG Koblenz, NVwZ 1982, 204; OVG Lüneburg, ZfBR 1983, 34 (35); OVGE 37, 279 (286); *von Mutius*, JuS 1979, 40.

daß die Mitwirkung grundsätzlich in jedem Verfahrensabschnitt ausgeschlossen sein kann[135].

Bei Beachtung dieser Umstände stellt auch die Teilnahme eines Ausschußmitglieds in dieser Funktion an einem Gespräch über den Vorentwurf eines Bebauungsplans zwischen der Gemeinde und Vertretern der Träger öffentlicher Belange eine beratende Mitwirkung an dem Bebauungsplan dar[136]. Es ist nicht auszuschließen, daß die Beiträge von A, der gerade wegen seiner Sachkunde in den BPW-Ausschuß berufen worden ist, bei dem Gespräch Einfluß auf den Bebauungsplan gehabt hätten. Dabei ist es, wie dargelegt, für das Mitwirkungsverbot unerheblich, ob eine Einflußnahme auf den Bebauungsplan mit Sicherheit stattgefunden hätte; ebensowenig bedarf es eines Nachweises über den Eintritt des Vorteils oder Nachteils für E[137]. Gem. § 18 Abs. 1 Nr. 1 BadWürttGO bestand für A demnach ein Mitwirkungsverbot.

cc) Interesse von Berufs- oder Bevölkerungsgruppe

Nach § 18 Abs. 3 S. 1 BadWürttGO[138] greift die Interessenkollisionsvorschrift jedoch nicht ein, wenn die Entscheidung über den Bebauungsplan nur die gemeinsamen Interessen einer Berufs- oder Bevölkerungsgruppe berührt. E könnte hier lediglich als Mitglied der Bevölkerungsgruppe der Grundeigentümer berührt sein. Voraussetzung ist, daß insoweit von *gemeinsamen Interessen* gesprochen werden kann. Das ist nur der Fall, wenn ein gemeinsames *Gruppeninteresse* vorliegt und nicht nur eine Vielzahl sich summierender Einzelinteressen[139]. Nur bei einem echten Gesamtinteresse ist der Betroffene nicht individuell, sondern als Teil einer bestimmten Berufs- oder Bevölkerungsgruppe berührt[140].

---

135 OVG Koblenz, AS 15, 77 (79); NVwZ 1985, 287; OVG Münster, NVwZ 1984, 667 (668); VGH Bad.-Württ., NVwZ 1990, 588 (589 f.) = VBlBW 1989, 458 (460); *Creutz*, BauR 1979, 470 (476); *von Arnim*, JA 1986, 1 (2); *Hölzl/Hien*, BayGO, Art. 49 Anm. 4; *Schlempp/Schlempp*, HessGO, § 25 Anm. VII; *Lüersen/Neuffer*, NdsGO, § 26 Anm. 1 b; *von Loebell/Oerter*, NWGO, § 23 Anm. 2, 3; *Rauball/Pappermann/Roters*, NWGO, § 23 Rdn. 4; *Foerster*, SchlHGO, § 22 Anm. 3.

136 Vgl. OVG Lüneburg, NVwZ 1982, 200; *Rehn/Cronauge*, NWGO, § 23 Anm. I 3.

137 Vgl. OVG Lüneburg, NVwZ 1982, 200.

138 S. o. Fn. 112.

139 *Schneider/Jordan*, HessGO, § 25 Anm. 7; *Schlempp/Schlempp*, HessGO, § 25 Anm. IX; *Ottens*, Gemeinderecht in Schleswig-Holstein, S. 123.

140 *Rehn/Cronauge*, NWGO, § 23 Anm. IV 2.

Diese Voraussetzungen sind hier nicht erfüllt. Es können zwar gemeinsame Interessen der Grundeigentümer an der Regelung der baulichen Nutzung ihrer Grundstücke durch den Erlaß eines Bebauungsplans als solchen bestehen. Allerdings gibt es daneben in hohem Maße individuelle Interessen eines jeden Grundstückseigentümers an der konkreten Nutzungsmöglichkeit gerade seines Grundstücks. Von einer Interessenidentität insoweit kann keine Rede sein[141]. Demnach besteht inhaltlich hinsichtlich des Bauleitplanverfahrens keine Interessengemeinsamkeit der Grundstückseigentümer[142]. Das Mitwirkungsverbot wegen Befangenheit greift folglich ein.

Ergebnis: Der BPW-Ausschuß hat zu Recht eine Interessenkollision i.S.d. § 18 Abs. 1 Nr. 1 BadWürttGO bei A angenommen. Die gesetzliche Rechtsfolge besteht darin, daß der Betroffene in der umstrittenen Angelegenheit nicht tätig werden darf. Der Beschluß des Ausschusses ist demnach rechtmäßig. A hatte nicht das von ihm behauptete Mitwirkungsrecht. Seine Klage ist somit unbegründet.

Hinweise zur methodischen und sachlichen Vertiefung

1. Aufbau

Es handelt sich um eine auch formal – anders dazu z. T. Fall 1 – als Hausarbeit ausgearbeitete Lösung. Das ist der gestellten Aufgabe insoweit angemessen, als eine rechtsdogmatisch präzise Darstellung der mit dem verwaltungsrechtlichen Organstreit verbundenen Fragen im Rahmen einer Klausur kaum zu leisten ist.

Der Aufbau entspricht in der Grundanlage der üblichen Systematik zur Lösung verwaltungsgerichtlicher Klagen. Die eigentliche Aufbauschwierigkeit besteht darin, das bekannte Problem, ob und inwieweit Organ(teil)e kraft sog. Innenrechts mit eigenen, klagbaren Rechten ausgestattet sein können, also keinen unzulässigen Insichprozeß austragen, bei den verschiedenen Zulässigkeitsvoraussetzungen in Teilaspekten darzustellen. Es ist jeweils nur das zu erörtern, was an der entsprechenden Stelle entscheidungserheblich ist. In der Begründetheitsprüfung ist – bei Anfechtungs-, Verpflichtungs- und allgemeiner Leistungsklage kaum erörterungsbedürftig – zunächst die Passivlegitimation zu prüfen. Die weitere Prüfungsabfolge zwischen dem Mitwirkungsrecht und seiner Begrenzung liegt auf der Hand. Im Rahmen der Erörterungen zum Mitwirkungsverbot wegen Befangenheit bietet sich die übliche Differenzierung

---

141 VGH Bad.-Württ., BauR 1973, 368 (369); OVG Koblenz, HSGZ 1985, 307 (308); *von Loebell/Oerter*, NWGO, § 23 Anm. 3; *Hofmann/Beth/Dreibus*, RhPfGO, § 22 Anm. 6; *von Arnim*, JA 1986, 1 (4).

142 VGH Bad.-Württ., DVBl. 1965, 366; *Schlempp/Schlempp*, HessGO, § 25 Anm. IX; *Foerster*, SchlHGO, § 22 Anm. 7; *Hegel*, BauR 1974, 377 (379).

nach formeller und materieller Rechtmäßigkeit an. Sodann sind die Voraussetzungen des Mitwirkungsverbots zu erkennen, zu strukturieren und schrittweise zu untersuchen, um zu einer systematischen, rational nachvollziehbaren Lösung zu gelangen.

2. *Inhalt*

a) Zulässigkeit der Klage

Im verwaltungsprozessualen Teil der Fallösung sind die verschiedenen Rechtsfragen des verwaltungsrechtlichen Organstreits, dargestellt an dem bekanntesten Beispiel hierzu („Kommunalverfassungsstreit"), zu erörtern. Die besonderen methodischen und rechtsdogmatischen Schwierigkeiten bestehen darin, daß die VwGO im Unterschied zum Verfassungsprozeßrecht (Art. 93 Abs. 1 Nr. 1 GG, § 13 Nr. 5 BVerfGG; ferner z. B. Art. 75 Nr. 2 LVerf. NW, § 12 Nr. 5 VerfGHG NW) Organstreitverfahren nicht kennt, sondern auf der verfassungsrechtlichen Grundlage insbesondere des Art. 19 Abs. 4 S. 1 GG ersichtlich auf sog. Außenrechtsstreitigkeiten zugeschnitten ist. Die Rechtsprechung hat den Versuch, Kommunalverfassungsstreitigkeiten dem Rechtsschutzsystem der VwGO methodisch und systematisch korrekt zuzuordnen, längst aufgegeben (vgl. i. e. *Schoch*, JuS 1987, 783 [784 f.]). Der „pragmatische" Weg der Verwaltungsrechtsprechung steht in der Hausarbeit natürlich nicht zur Verfügung.

Hinter den Zulässigkeitsproblemen verbergen sich – wie zumeist bei verwaltungsgerichtlichen Rechtsbehelfen – materiellrechtliche Fragestellungen. Im Kern geht es um die Rechtsqualität intrapersonaler Rechtsbeziehungen. Schon beim *Rechtsweg* ist die rechtliche Qualität von Innenrechtsbeziehungen zu erörtern. Besondere Probleme wirft die Begründung der Teilrechtsfähigkeit von Organ(teil)en bei der *Beteiligungsfähigkeit* auf. Methodisch kommt bei dem innerorganisatorischen Rechtsstreit ohnehin nur die analoge Anwendung des § 61 Nr. 2 VwGO in Betracht, bei einem monokratischen Organ(teil) stellt sich wegen des Begriffs „Vereinigung" strenggenommen die Frage einer doppelt analogen Anwendung der Vorschrift. Sachlich kann die Begründung einer Vergleichbarkeit von Organstreitigkeiten mit der Rechts- und Interessenlage bei sog. Außenrechtsstreitigkeiten nur geleistet werden, wenn (ausgehend von der Binnenstruktur der Organisation) der kraft Organisationsrecht gesetzlich angelegte Interessengegensatz zwischen den Organ(teil)en herausgearbeitet wird. Nur so kann es gelingen, die Abgrenzung zu unzulässigen sog. Insichprozessen vorzunehmen.

Die Quasi-Versubjektivierung innerorganisatorischer Rechtsbeziehungen ist bei der Frage des Rechtsverhältnisses i.S.d. § 43 Abs. 1 VwGO erneut aufzunehmen. Zuvor sollten die Anfechtungsklage und die sog. rechtsgestaltende Aufhebungsklage sowie die neuerdings vertretene Fortsetzungsfeststellungsklage analog § 113 Abs. 1 S. 4 VwGO als *statthafte Rechtsschutzform* abgelehnt werden. Das bei der Feststellungsklage erforderliche *Feststellungsinteresse* läßt sich unter Anknüpfung an die Ausführungen zur Beteiligungsfähigkeit und zur Klageart konsequent begründen. Die sog. *„Subsidiarität"* der Feststellungsklage wird, der h. M. insoweit Tribut zollend, bei den besonderen Sachentscheidungsvoraussetzungen nur „nachrichtlich" erwähnt. In der Sache handelt es sich um eine

Frage der Rechtsschutzform; daher genügt der Verweis darauf. Der zuvor zu behandelnde Streit um die *Klagebefugnis* ist zwar zu skizzieren, kann aber nach Lage des Falles unentschieden bleiben.

b) Begründetheit der Klage

Zur Begründetheit der Klage lassen sich die Passivlegitimation, das Mitwirkungsrecht des Ausschußmitglieds und ein Teil der Rechtsfragen zum Mitwirkungsverbot wegen Befangenheit ohne Spezialwissen durch präzise Arbeit mit dem Gesetz darstellen und lösen. In der Kernfrage nach den sachlichen Voraussetzungen des Mitwirkungsverbots zeigen sich jedoch sehr bald die Grenzen der grammatikalischen und der systematischen Gesetzesauslegung. Der normativ verbindliche Sinngehalt der Befangenheitsvorschrift(en) erschließt sich bei teleologisch-funktionaler Gesetzesinterpretation. Insbesondere beim Merkmal „Unmittelbarkeit" verbleibt ein nicht unbeträchtlicher Argumentationsspielraum. Das Ergebnis der Fallösung ist insoweit keineswegs zwingend vorgezeichnet. Daher gilt auch hier, daß die umfassende rechtliche Argumentation wichtiger ist als das erzielte Resultat.

3. *Rechtsprechungs- und Literaturhinweise*

a) Ausgangsfälle

Der Fall ist gebildet in Anlehnung an folgende Entscheidungen: OVG Lüneburg, Urt. v. 27. 8. 1981 – 1 C 5/80 – NVwZ 1982, 200; OVG Münster, Urt. v. 20. 9. 1983 – 7 a NE 4/80 – NVwZ 1984, 667 (dazu Bespr. *Hassel*, VR 1985, 108 ff.); Urt. v. 21. 3. 1988 – 10 a NE 14/86 – NVwZ-RR 1988, 113 = DÖV 1989, 27 = NWVBL 1989, 52; OVG Koblenz, Urt. v. 7. 12. 1983 – 10 C 9/83 – NVwZ 1984, 670; Urt. v. 1. 8. 1984 – 10 C 41/83 – NVwZ 1984, 817; Urt. v. 29. 8. 1984 – 7 A 19/84 – AS 19, 65 = NVwZ 1985, 283 = DVBl. 1985, 177 = DÖV 1985, 155 (dazu Bespr. *M. Schröder*, NVwZ 1985, 246 f. und *Schoch*, JuS 1987, 783 ff.); Urt. v. 20. 1. 1988 – 10 C 20/87 – NVwZ-RR 1988, 114; VGH Bad.-Württ., NK-Beschl. v. 24. 7. 1985 – 5 S 61/85 – VBlBW 1986, 270 = BauR 1986, 176; Urt. v. 20. 1. 1986 – 1 S 2009/85 – VBlBW 1987, 24.

b) Zum Organstreitverfahren

Vgl. die im Literaturverzeichnis genannten einschlägigen Beiträge, insbesondere die Abhandlungen von *Krebs*, Jura 1981, 569; *Preusche*, NVwZ 1987, 854; *Schoch*, JuS 1987, 783.

c) Zum kommunalrechtlichen Mitwirkungsverbot wegen Befangenheit

Vgl. die im Literaturverzeichnis genannten einschlägigen Beiträge, insbesondere die Abhandlungen von *von Arnim*, JA 1986, 1; *Hassel*, DVBl. 1988, 711.

d) Fallbearbeitungen

Zum Kommunalverfassungsstreit (und sonstigen, materiellrechtlichen Problemen aus dem Kommunalrecht) *Schoch*, Übungsklausur Öffentliches Recht – Erklärung des Gemeindegebietes zur „atomwaffenfreien Zone", Jura 1984,

550 ff.; A. *Müller*, Der praktische Fall – Öffentliches Recht: Das aktionsfreudige Gemeinderatsmitglied, JuS 1990, 997 ff.; *Meßerschmidt*, Übungsklausur Öffentliches Recht – Die umstrittene kommunale Entwicklungshilfe, Jura 1991, 99 ff. – Zum kommunalrechtlichen Mitwirkungsverbot wegen Befangenheit *Oebbecke*, Öffentlichrechtliche Klausur: Die Betriebserweiterung im Feuchtgebiet, JuS 1986, 471 ff.; *Weides*, Die öffentlich-rechtliche Aufsichtsarbeit in der Ersten juristischen Staatsprüfung: Befangenheit sachkundiger Bürger in Ratsausschüssen, NWVBL 1989, 423 u. 452 ff. (zur verwaltungsgerichtlichen Normenkontrolle und zum kommunalrechtlichen Mitwirkungsverbot wegen Befangenheit).

Fall 4: Die kommunale Wohnungsvermittlung

Sachverhalt

Die in Nordrhein-Westfalen gelegene kreisfreie Stadt S richtete im Jahre 1989 in den Räumen des Rathauses eine „Städtische Wohnungsvermittlung" ein, die in der Form eines Regiebetriebes geführt wird. Bezweckt werden soll damit in erster Linie die Unterstützung sozial Schwacher bei der Wohnungssuche. Um die entstehenden Kosten wenigstens teilweise zu decken, sollten auch alle anderen Möglichkeiten der Wohnungsvermittlung wahrgenommen werden. Hierfür war auch ausschlaggebend, daß die privaten Makler in S kürzlich ihre Provision von 2 1/2 auf 3 Netto-Monatsmieten angehoben haben, was in großen Teilen der Bevölkerung Unmut und den Vorwurf hervorrief, einige wenige wollten sich angesichts des knappen Gutes Wohnung auf Kosten sozial Schwacher bereichern. Die Vermittlung freier Wohnungen erfolgt durch Angestellte der Stadt S. Für die erfolgreiche Vermittlung einer Wohnung wird eine Gebühr in Höhe einer halben Netto-Monatsmiete erhoben. Im Jahre 1990 vermittelte die „Städtische Wohnungsvermittlung" 20% aller in S überhaupt vermittelten (i.e.S.) Wohnungen; davon entfiel die Hälfte auf die Vermittlung von Wohnungen an solche Wohnungssuchenden, die als sozial schwach bezeichnet werden können. Die restlichen 80% besorgten private Makler. An Vermittlungsgebühren nahm die Stadt S 100 000,– DM ein; aus allgemeinen öffentlichen Mitteln wurden 500 000,– DM als Zuschuß für die „Städtische Wohnungsvermittlung" aufgewendet.

Zu Beginn des Jahres 1991 erhebt die Firma F-OHG, die u. a. als private Wohnungsvermittlerin tätig ist, Klage beim zuständigen Verwaltungsgericht und beantragt, der Stadt S die Vermittlung von Wohnungen zu untersagen, die nicht dem Gesetz zur Sicherung der Zweckbestimmung von Sozialwohnungen unterliegen bzw. echte Wohnungsnotfälle sozial Schwacher betrifft. Zur Begründung führt die F-OHG u. a. aus, die Errichtung der „Städtischen Wohnungsvermittlung" sei nach geltendem Kommunalrecht unzulässig.

Hat die Klage Aussicht auf Erfolg?

1. *Abwandlung*: Die Stadt S liegt in Bayern.

2. *Abwandlung*: Die Stadt S liegt in Niedersachsen, Rheinland-Pfalz, im Saarland oder in Schleswig-Holstein.

3. *Abwandlung*: Die Stadt S liegt in Baden-Württemberg oder in Hessen.

Hinweis: Der Sachverhalt ist unter allen rechtlichen Gesichtspunkten zu begutachten.

*Lösung** (Ausgangsfall)

Die Klage hat Aussicht auf Erfolg, wenn sie zulässig und begründet ist.

A. Zulässigkeit der Klage

I. Allgemeine Sachentscheidungsvoraussetzungen

1. *Verwaltungsrechtsweg*

Zunächst müßte der Verwaltungsrechtsweg eröffnet sein. Eine Sonderzuweisung ist nicht ersichtlich. Die Zulässigkeit des Verwaltungsrechtswegs bestimmt sich somit nach § 40 Abs. 1 S. 1 VwGO. Danach müßte eine *öffentlich-rechtliche* Streitigkeit vorliegen. Das ist der Fall, wenn die Beteiligten in der Hauptsache um die Rechtsfolgen aus der Anwendung öffentlich-rechtlicher Vorschriften streiten[1]. Hier könnte jedoch eine *privatrechtliche* Streitigkeit vorliegen. Bei dem Antrag der F-OHG könnte es sich um ein auf Unterlassung unzulässigen Wettbewerbs gerichtetes Begehren gem. §§ 35, 26 GWB, 1 UWG, 1004, 823 Abs. 2 BGB handeln, für das gem. § 13 GVG der Rechtsweg zu den ordentlichen Gerichten eröffnet ist. Das wäre jedenfalls dann der Fall, wenn die Beteiligten um die *Art und Weise* der wirtschaftlichen Betätigung

---

* Die nachfolgenden Fußnoten des Ausgangsfalles enthalten bereits Nachweise zu den Parallelvorschriften des § 88 NWGO in den anderen Gemeindeordnungen, soweit die Probleme identisch sind.

[1] BVerwGE 71, 183 (186); OVG Berlin, DÖV 1991, 385 = DVBl. 1991, 584; *Erichsen*, in: Jura Extra – Studium und Examen, 2. Aufl. 1983, S. 175 f.; *Kopp*, VwGO, 8. Aufl. 1989, § 40 Rdn. 6.

der Stadt S, mithin um die Wettbewerbsmethoden, stritten[2]. Das trifft aber nicht zu. Die F-OHG wendet sich schon dagegen, daß die Stadt S die „Städtische Wohnungsvermittlung“ überhaupt betreibt. Damit streiten die Beteiligten bereits um das „Ob“ und nicht erst um das „Wie“ der wirtschaftlichen Betätigung der Stadt S. Demnach handelt es sich nicht ausschließlich um eine wettbewerbsrechtliche Streitigkeit[3].

Ob sich eine Stadt überhaupt wirtschaftlich betätigen darf, beurteilt sich maßgeblich nach kommunalrechtlichen Regelungen[4], hier nach § 88 NWGO. Eine Mißachtung dieser Vorschrift durch die Gemeinde könnte jedoch zugleich einen Verstoß gegen § 1 UWG darstellen, so daß auch im Hinblick auf das „Ob“ der wirtschaftlichen Betätigung der Zivilrechtsweg eröffnet wäre[5]. Einer Entscheidung dieser Streitfrage bedürfte es nur, wenn ein Ausschließlichkeitsverhältnis dergestalt bestünde, daß die wettbewerbsrechtliche Streitaustragung im Zivilrechtsweg den Verwaltungsrechtsweg für die kommunalrechtlich zu beurteilende Rechtmäßigkeit kommunaler wirtschaftlicher Betätigung versperrte. Das ist jedoch nicht der Fall. Ein möglicherweise zu bejahendes wettbewerbsrechtliches Vorgehen schließt nicht aus, daß private Konkurrenten auch unmittelbar die Verletzung des § 88 NWGO seitens der Stadt rügen[6]. Bei § 88 NWGO handelt es sich um eine Vorschrift, die mit der Gemeinde als Zuordnungssubjekt ausschließlich einen Träger öffentlicher Gewalt berechtigt. Demnach ist dieser Rechtsstreit nach Maßgabe öffentlichen Rechts zu entscheiden; der vorliegende Streit um die Zulässigkeit der „Städtischen Wohnungsvermittlung“

---

[2] BVerwGE 39, 329 (337); BVerwG, BayVBl. 1978, 376; BGH, DÖV 1974, 785 (786); NJW 1987, 60 (61); BayVGH, BayVBl. 1976, 628 f.; VGH Bad.-Württ., VBlBW 1983, 78 = NJW 1984, 251; *Gerke*, Jura 1985, 349 (358); *Schmidt-Jortzig*, in: HKWP, Bd. 5, 2. Aufl. 1984, S. 68 f.; *Pöpel*, JA 1988, 127 (132 ff.).

[3] Vgl. BayVGH, BayVBl. 1976, 628 f.; VGH Bad.-Württ., VBlBW 1983, 78 = NJW 1984, 251; *Scherer*, Jura 1985, 11 (13).

[4] BVerwGE 39, 329 (332); BGH, DÖV 1974, 785 (786); OVG Münster, Städte- und Gemeinderat 1987, 59 (60); *Lerche*, Juristische Analysen (JurA) 1970, 821 (822 ff.); *Lindner*, Verwaltungsgerichtliche Klagemöglichkeit gegen privatrechtliche kommunale Wirtschaftsbetätigung, 1974, S. 30 ff.; *von Mutius*, JuS 1979, 344; *Gerke*, Jura 1985, 349 (357); *Erichsen*, Kommunalrecht des Landes Nordrhein-Westfalen, 1988, S. 254.

[5] Vgl. BGH, DVBl. 1965, 362 f.; BGHZ 82, 375 (395 ff.); *Habermehl*, Verwaltungsrundschau (VR) 1987, 105 (110); *Pöpel*, JA 1988, 127 (134 f.); *Heckelmann*, in: Festschrift zum 125jährigen Bestehen der Juristischen Gesellschaft zu Berlin, 1984, S. 249 ff.; *Emmerich*, AG 1985, 293 (298).

[6] Vgl. *Habermehl*, VR 1986, 269 mit Fn. 1 und 5; *Heckelmann* (Fn. 5), S. 251; *Schmidt-Jortzig*, HKWP (Fn. 2), S. 68.

stellt eine *öffentlich-rechtliche Streitigkeit* i.S.d. § 40 Abs. 1 S. 1 VwGO dar[7].

Diese Streitigkeit müßte auch *nichtverfassungsrechtlicher Art* sein. Das könnte zweifelhaft erscheinen, weil sich der Rechtsstreit u. a. auch nach Art. 12 Abs. 1, 14 Abs. 1, 2 Abs. 1, 3 Abs. 1 GG, also nach verfassungsrechtlichen Bestimmungen, beurteilen könnte. Eine „verfassungsrechtliche Streitigkeit" i.S.d. § 40 Abs. 1 S. 1 VwGO liegt indes nur vor, wenn Verfassungsorgane oder verfassungsrechtlich verselbständigte Teile von ihnen um ihre verfassungsrechtlichen Rechte und/oder Pflichten Auseinandersetzungen führen[8]. Das ist hier nicht der Fall. Verfassungsorgane bzw. deren Teile sind am Rechtsstreit nicht beteiligt. Es handelt sich somit um eine Streitigkeit „nichtverfassungsrechtlicher Art".

Der Verwaltungsrechtsweg ist eröffnet.

2. *Beteiligungs- und Prozeßfähigkeit*

Die *Beteiligungsfähigkeit* der Stadt S, die als Gebietskörperschaft eine juristische Person des öffentlichen Rechts darstellt, ergibt sich aus § 61 Nr. 1 VwGO. Bei der F-OHG handelt es sich nicht um eine juristische Person (des Privatrechts) i.S.d. (vermeintlichen) Vollrechtsfähigkeit; sie ist vielmehr eine Personengesellschaft[9]. Ihre Beteiligungsfähigkeit könnte sich jedoch aus § 61 Nr. 2 VwGO ergeben. Danach sind beteiligungsfähig Vereinigungen, soweit ihnen ein Recht zustehen kann. Die von § 61 Nr. 2 VwGO vorausgesetzte und dem materiellen Recht zu entnehmende Teilrechtsfähigkeit ergibt sich aus § 124 Abs. 1 HGB. Danach kann die OHG vor Gericht klagen und verklagt werden. Damit sind die Voraussetzungen des § 61 Nr. 2 VwGO erfüllt. Die F-OHG ist beteiligungsfähig.

Die *Prozeßfähigkeit* der F-OHG ergibt sich aus § 62 Abs. 3 VwGO i.V.m. § 125 HGB, diejenige der Stadt aus § 62 Abs. 3 VwGO i.V.m. § 55 Abs. 1 NWGO.

---

[7] Vgl. BayVGH, BayVBl. 1976, 628 f.; VGH Bad.-Württ., VBlBW 1983, 78 = NJW 1984, 251; VG Stuttgart, ZMR 1974, 9.

[8] BayVGH, NVwZ 1991, 386; *Redeker/von Oertzen*, VwGO, 10. Aufl. 1991, § 40 Rdn. 3; *Bosch/Schmidt*, Praktische Einführung in das verwaltungsgerichtliche Verfahren, 4. Aufl. 1988, S. 38; *Stern*, Verwaltungsprozessuale Probleme in der öffentlich-rechtlichen Arbeit, 6. Aufl. 1987, S. 31 f.; *Schmitt Glaeser*, Verwaltungsprozeßrecht, 10. Aufl. 1990, Rdn. 75.

[9] *Baumbach/Duden/Hopt*, HGB, 28. Aufl. 1989, Einl. v. § 105 Anm. 2 C/D; *Reinhardt/Schultz*, Gesellschaftsrecht, 2. Aufl. 1981, Rdn. 103; *Kübler*, Gesellschaftsrecht, 3. Aufl. 1990, S. 66 f.

II. Rechtsschutzform

Die Bestimmung der richtigen Rechtsschutzform entscheidet sich nach dem *tatsächlichen Begehren* des Klägers[10]. Die F-OHG wendet sich gegen die „Städtische Wohnungsvermittlung" in S; dabei wird schon die Zulässigkeit der Wohnungsvermittlungsstelle als solche bezweifelt.

1. *Anfechtungsklage*

Richtige Klageart könnte die *Anfechtungsklage* sein, gerichtet gegen die Schaffung der „Städtischen Wohnungsvermittlung". Rechtsschutzformvoraussetzung ist gem. § 42 Abs. 1 VwGO das Vorliegen eines Verwaltungsaktes. Die Errichtung der Wohnungsvermittlungsstelle durch die Stadt S müßte demnach als Verwaltungsakt zu qualifizieren sein. Das ist der Fall, wenn die Voraussetzungen des § 35 S. 1 VwVfG NW erfüllt sind. Zweifelhaft erscheint insoweit, ob die mit der Errichtung getroffene Regelung auf unmittelbare rechtliche Wirkung nach außen zielt. Dies ist nicht der Fall; die Errichtung der Vermittlungsstelle ist rechtlich ein ausschließlich verwaltungsinterner Organisationsvorgang[11]. Rechtsfolgen treten unmittelbar nur im intrapersonalen Binnenbereich der Verwaltung ein. Damit fehlt es an einer auf Außenwirkung gerichteten Regelung[12]. Ein Verwaltungsakt liegt nicht vor. Die Anfechtungsklage ist nicht die richtige Klageart[13].

2. *Verpflichtungsklage*

Die *Verpflichtungsklage*, § 42 Abs. 1 VwGO, gerichtet auf Schließung der Wohnungsvermittlungsstelle, kommt nach dem zur Anfechtungsklage Gesagten als richtige Klageart ebenfalls nicht in Betracht. Die Schließung ist als actus contrarius zur Errichtung der Wohnungsvermittlungsstelle ebenfalls nicht als Verwaltungsakt zu qualifizieren.

3. *Allgemeine Leistungsklage*

Richtige Klageart könnte die *allgemeine Leistungsklage* sein. Diese Rechtsschutzform hat in der VwGO eine eigenständige Regelung nicht erfahren, ist aber z. B. in §§ 43 Abs. 2, 111, 113 Abs. 4, 169 Abs. 2, 170, 191 Abs. 1 VwGO erwähnt bzw. vorausgesetzt und damit von der

---

[10] *Erichsen*, Jura Extra (Fn. 1), S. 185.

[11] Vgl. *von Mutius*, JuS 1979, 344.

[12] Vgl. *Eyermann/Fröhler/Kormann*, VwGO, 9. Aufl. 1988, § 42 Rdn. 74; *Kopp*, VwGO, Anh. zu § 42 Rdn. 59 ff.

[13] Vgl. *Lindner*, Kommunale Wirtschaftsbetätigung (Fn. 4), S. 34.

VwGO als statthaft anerkannt[14]. Rechtsschutzformvoraussetzungen der allgemeinen Leistungsklage eines Bürgers gegen einen Träger öffentlicher Verwaltung sind das auf Verurteilung zu einem Tun, Dulden oder Unterlassen gerichtete Begehren an das Verwaltungsgericht sowie die fehlende Verwaltungsaktqualität der begehrten Maßnahme[15].

Die F-OHG begehrt die Einstellung der Wohnungsvermittlungstätigkeit mit der aus der Klage ersichtlichen Einschränkung durch die Stadt S und damit letztlich die teilweise Schließung der „Städtischen Wohnungsvermittlung". Die Schließung der Wohnungsvermittlungsstelle stellt, wie bei der Anfechtungsklage dargelegt, keinen Verwaltungsakt dar; bei der Vermittlungstätigkeit handelt es sich um ein sonstiges, nach Vorschriften des öffentlichen Rechts zu beurteilendes, reales Verwaltungshandeln. Die allgemeine Leistungsklage ist somit die richtige Klageart[16].

III. Besondere Sachentscheidungsvoraussetzungen

Fraglich ist, ob für die allgemeine Leistungsklage besondere Sachentscheidungsvoraussetzungen gelten.

1. *Klagebefugnis analog § 42 Abs. 2 VwGO*

Besondere Sachentscheidungsvoraussetzung bei der Verpflichtungsklage, einer besonderen Leistungsklage[17], ist die *Klagebefugnis* nach § 42 Abs. 2 VwGO. Diese Vorschrift gilt bei der allgemeinen Leistungsklage nicht unmittelbar[18]. § 42 Abs. 2 VwGO könnte jedoch analog anwendbar sein, um sog. Popularklagen auszuschließen[19]. Dann müß-

---

[14] BVerwGE 31, 301 ff.; *Redeker/von Oertzen*, VwGO, § 42 Rdn. 153; *Schmitt Glaeser*, Verwaltungsprozeßrecht, Rdn. 529.

[15] *Erichsen*, Verwaltungsrecht und Verwaltungsgerichtsbarkeit I, 2. Aufl. 1984, S. 46; *Stern*, Verwaltungsprozessuale Probleme (Fn. 8), S. 82; *Schmitt Glaeser*, Verwaltungsprozeßrecht, Rdn. 528 ff.; *Steiner*, JuS 1984, 853.

[16] Vgl. BayVGH, BayVBl. 1976, 628 (629); *Lerche*, JurA 1970, 821 (863); *Lindner*, Kommunale Wirtschaftsbetätigung (Fn. 4), S. 34; *Knemeyer*, Bayerisches Kommunalrecht, 7. Aufl. 1991, Rdn. 266.

[17] *Schmitt Glaeser*, Verwaltungsprozeßrecht, Rdn. 530; *Steiner*, JuS 1984, 853.

[18] *Kopp*, VwGO, § 42 Rdn. 38; *Redeker/von Oertzen*, VwGO, § 42 Rdn. 153; *Schmitt Glaeser*, Verwaltungsprozeßrecht, Rdn. 548.

[19] BVerwGE 36, 192 (199); 62, 11 (14); OVG Münster, Städte- und Gemeinderat 1987, 59 (60); BayVGH, BayVBl. 1985, 83 (84); VGH Bad.-Württ., NVwZ 1991, 184 (185); *Stern*, Verwaltungsprozessuale Probleme (Fn. 8), S. 153; *Bosch/Schmidt*, Einführung (Fn. 8), S. 157 f.; *Schmitt Glaeser*, Verwaltungs-

ten die Voraussetzungen einer Gesetzesanalogie vorliegen. Diese sind die *planwidrige* Unvollständigkeit des Gesetzes und eine gleichgelagerte Interessenlage zwischen dem geregelten und dem nicht geregelten Fall[20].

Die Klagebefugnis nach § 42 Abs. 2 VwGO stellt eine besondere Ausgestaltung der allgemeinen Prozeßführungsbefugnis dar[21], die sich ihrerseits als besondere Ausformung des allgemeinen Rechtsschutzbedürfnisses begreifen läßt[22]. Die Prozeßführungsbefugnis ist nur gegeben, wenn der Kläger geltend machen kann, ihm stehe das beanspruchte Recht zu[23]. Damit verhindert die Prozeßführungsbefugnis bei der allgemeinen Leistungsklage mögliche Popularklagen. Folglich fehlt es an einer *planwidrigen* Gesetzeslücke, so daß § 42 Abs. 2 VwGO bei der allgemeinen Leistungsklage nicht entsprechend anzuwenden ist[24].

2. *Prozeßführungsbefugnis*

Die *Prozeßführungsbefugnis* ist nur dann nicht gegeben, wenn das durch die Klage geltend gemachte Recht dem Kläger eindeutig und offensichtlich nicht zustehen kann[25]. Im vorliegenden Fall kann die F-OHG geltend machen, daß die erwerbswirtschaftliche Betätigung der Stadt S einen Verstoß gegen § 88 NWGO darstellt. Hierdurch könnte die F-OHG in eigenen Rechten verletzt sein, und der geltend gemachte Unterlassungsanspruch könnte ihr zustehen, sei es, weil § 88 NWGO möglicherweise selbst dem Schutz der F-OHG zu dienen bestimmt ist, sei es, weil die ggf. unzulässige wirtschaftliche Betätigung der Stadt die Klägerin rechtswidrig in ihren Grundrechten aus Art. 12 Abs. 1, 14 Abs. 1, 2 Abs. 1, 3 Abs. 1 GG beeinträchtigt.

Die Möglichkeit der Verteidigung eigener Rechte durch die Klage der F-OHG ist damit gegeben. Die Prozeßführungsbefugnis ist zu bejahen.

---

prozeßrecht, Rdn. 549 f.; *Steiner*, JuS 1984, 853 (856); *Miebach*, JuS 1987, 956 (957); *Ehlers*, JuS 1989, 364 (371).

[20] *Larenz*, Methodenlehre der Rechtswissenschaft, 6. Aufl. 1991, S. 381 ff.; *Schmalz*, Methodenlehre für das juristische Studium, 1986, Rdn. 348 ff.

[21] *Erichsen*, Jura Extra (Fn. 1), S. 209.

[22] *Schoch*, Jura 1982, 600 (608).

[23] *Erichsen*, Jura Extra (Fn. 1), S. 209 f.

[24] *Kopp*, VwGO, § 42 Rdn. 38; *Redeker/von Oertzen*, VwGO, § 42 Rdn. 153; *Erichsen*, Verwaltungsrecht und Verwaltungsgerichtsbarkeit I, S. 47; *Neumeyer*, JuS 1979, 31 (34 f.); *Achterberg*, DVBl. 1981, 278 (279); *Rupp*, DVBl. 1982, 144 (146).

[25] *Erichsen*, Jura Extra (Fn. 1), S. 210; *ders.*, Verwaltungsrecht und Verwaltungsgerichtsbarkeit I, S. 47.

3. *Sonstige besondere Sachentscheidungsvoraussetzungen*

Sonstige besondere Sachentscheidungsvoraussetzungen bestehen bei der allgemeinen Leistungsklage nicht. Insbesondere sind weder ein Widerspruchsverfahren gem. §§ 68 ff. VwGO erfolglos durchzuführen noch eine Klagefrist einzuhalten[26].

IV. Allgemeines Rechtsschutzbedürfnis

Für das Begehren der F-OHG müßte schließlich das *allgemeine Rechtsschutzbedürfnis* gegeben sein. Diese Sachentscheidungsvoraussetzung ist zu verneinen, wenn der Kläger sein angestrebtes Klageziel auf anderem Wege schneller, besser, billiger, also einfacher, erreichen kann[27]. Das ist hier nicht der Fall. Die F-OHG ist auf den Klageweg verwiesen. Das allgemeine Rechtsschutzbedürfnis entfällt auch nicht etwa deshalb, weil die F-OHG, unter Zugrundelegung der oben erwähnten Rechtsauffassung[28], den Zivilrechtsweg beschreiten könnte. Ist der Verwaltungsrechtsweg gem. § 40 Abs. 1 S. 1 VwGO eröffnet, kann er nicht über das allgemeine Rechtsschutzbedürfnis der Sache nach wieder verschlossen werden. Zudem stellte eine zivilrechtliche Klage nicht den einfacheren Weg zur Rechtsschutzerlangung dar.

Zwischenergebnis:

Die Klage der F-OHG ist als allgemeine Leistungsklage zulässig.

B. Begründetheit der Klage

Die Klage ist begründet, wenn dem Kläger ein *Rechtsanspruch* auf das von ihm Begehrte zusteht[29]. Die F-OHG müßte also einen *Anspruch* auf Unterlassung des teilweisen Betriebs der „Städtischen Wohnungsvermittlungsstelle" haben.

---

[26] *Redeker/von Oertzen*, VwGO, § 42 Rdn. 153; *Erichsen*, Verwaltungsrecht und Verwaltungsgerichtsbarkeit I, S. 47; *Schmitt Glaeser*, Verwaltungsprozeßrecht, Rdn. 552 f.; *Schoch*, Jura 1982, 600 (608).

[27] *Stern*, Verwaltungsprozessuale Probleme (Fn. 8), S. 137; *Kopp*, VwGO, Vorb. § 40 Rdn. 31; *Pietzner/Ronellenfitsch*, Das Assessorexamen im Öffentlichen Recht, 7. Aufl. 1991, § 18 Rdn. 1.

[28] Nachw. o. Fn. 5.

[29] *Lerche*, JurA 1970, 821 (863); *Schmitt Glaeser*, Verwaltungsprozeßrecht, Rdn. 555.

I. Anspruchsgrundlage

Als *Anspruchsgrundlage* kommt § 88 Abs. 1 NWGO in Betracht. Danach darf die Gemeinde wirtschaftliche Unternehmen nur errichten, wenn (1) ein dringender öffentlicher Zweck das Unternehmen erfordert und dieser Zweck durch andere Unternehmen nicht besser und wirtschaftlicher erfüllt werden kann und (2) das Unternehmen nach Art und Umfang in einem angemessenen Verhältnis zu der Leistungsfähigkeit der Gemeinde und zu dem voraussichtlichen Bedarf steht.

Dem bloßen Wortlaut nach räumt die Vorschrift keinen Anspruch ein. Damit ist fraglich, ob § 88 Abs. 1 NWGO als Anspruchsgrundlage überhaupt in Betracht kommt. Das wäre nicht der Fall, wenn die Norm allein im öffentlichen Interesse bestünde[30]; dann wirkte sie nur objektiv-rechtlich. Als Anspruchsgrundlage kommt § 88 Abs. 1 NWGO demnach nur in Betracht, wenn die Bestimmung ein subjektives öffentliches Recht normiert. Das ist der Fall, wenn der Rechtssatz zumindest auch dem Schutz von Individualinteressen zu dienen bestimmt ist und dem einzelnen die Rechtsmacht verleiht, seine rechtlich geschützten Interessen gegenüber dem durch die Norm Verpflichteten durchzusetzen[31].

Aus § 88 Abs. 1 Nr. 2 NWGO läßt sich eine individualschützende Funktion nicht herleiten. Die Bindung der erwerbswirtschaftlichen Betätigung an die *Leistungsfähigkeit* der Gemeinde dient dem gemeindlichen Eigeninteresse[32] und fungiert damit allein als Schutzbestimmung für die Gemeinde selbst[33]. Der individualschützende Charakter könnte sich jedoch aus dem Merkmal „ein dringender öffentlicher Zweck das Unternehmen erfordert" (§ 88 Abs. 1 Nr. 1 1. Hs. NWGO) ergeben[34].

---

[30] *Rehn/Cronauge*, NWGO, § 88 Anm. IV 2; *Schmidt-Aßmann*, Kommunalrecht, in: von Münch (Hrsg.), Besonderes Verwaltungsrecht, 8. Aufl. 1988, S. 179; *Stober*, Kommunalrecht, 1987, S. 177; *Schricker*, Wirtschaftliche Tätigkeit der öffentlichen Hand und unlauterer Wettbewerb, 2. Aufl. 1987, S. 54 ff.

[31] *Kopp*, VwGO, § 42 Rdn. 42 ff.; *Maurer*, Allgemeines Verwaltungsrecht, 7. Aufl. 1990, § 8 Rdn. 2 ff.; *Schmitt Glaeser*, Verwaltungsprozeßrecht, Rdn. 217 ff.

[32] *Lerche*, JurA 1970, 821 (853).

[33] *Beckhof*, in: Lüersen/Neuffer, NdsGO, § 108 Anm. 4; *Gerke*, Jura 1985, 349 (355); *Habermehl*, VR 1987, 105 (108); *Schmidt-Aßmann*, Kommunalrecht (Fn. 30), S. 179; *Stober*, Kommunalrecht, S. 172; *Reinhard*, DÖV 1990, 500 (505).

[34] BGH, DVBl. 1962, 102 (103 f.); *Lerche*, JurA 1970, 821 (854); *Lindner*, Kommunale Wirtschaftsbetätigung (Fn. 4), S. 92 f.

Dadurch könnten der Vorrang privater Aufgabenerledigung zum Ausdruck gebracht und der Individualschutz bezweckt sein. Letztlich zwingend ist dies indessen nicht; das Erfordernis des dringenden öffentlichen Zwecks gibt einen Schutzcharakter gegenüber Mitbewerbern nicht unzweifelhaft zu erkennen. Die Voraussetzung könnte auch rein objektiv-rechtlich wirken und die privaten Konkurrenten lediglich im Sinne eines Rechtsreflexes begünstigen.

Die individualschützende Funktion des § 88 Abs. 1 NWGO könnte sich jedoch dem Merkmal „dieser Zweck durch andere Unternehmen nicht besser und wirtschaftlicher erfüllt werden kann" (§ 88 Abs. 1 Nr. 1 2. Hs. NWGO) entnehmen lassen. Auch diese *„Subsidiaritätsklausel"* des Gemeindewirtschaftsrechts dient dem Schutz der Gemeinde selbst. Die Gemeinde soll auf ihre eigentlichen kommunalen Aufgaben verwiesen werden; sie soll sich nicht in verwaltungsfremden Bereichen betätigen, in denen andere besser und wirtschaftlicher arbeiten können[35]. Fraglich ist aber, ob dies der alleinige Zweck der Subsidiaritätsklausel ist. Für die Bejahung eines subjektiven öffentlichen Rechts ist ausreichend, daß die betreffende Norm neben dem Schutz von Allgemeininteressen jedenfalls *auch* Individualinteressen zu dienen bestimmt ist[36]. § 88 Abs. 1 Nr. 1 NWGO spricht von „anderen Unternehmen". Dadurch, sowie i.V.m. dem Erfordernis eines „dringenden öffentlichen Zwecks" zur Errichtung wirtschaftlicher Unternehmen durch die Gemeinde, schützt das Gesetz gezielt auch *einzelne* private Konkurrenzunternehmen[37] und nicht etwa nur die Gesamtheit der betroffenen Berufsgruppe[38], wodurch der einzelne lediglich i.S. eines Rechtsreflexes tatsächlich begünstigt wäre. Hiergegen könnte eingewendet werden, daß mit „anderen Unternehmen" bestehende Einrichtungen über- oder zwischengemeindlicher Verwaltungsträger wie Kreis oder Zweckverband gemeint seien[39]. Dem ist jedoch entgegenzuhalten, daß „andere Unternehmen" jedenfalls *auch* Private sein können. Dies ist ohnehin, da es um wirtschaftliche Betätigungen geht, im geltenden

---

[35] BayVGH, BayVBl. 1976, 628 (629); *Schmidt-Jortzig*, HKWP (Fn. 2), S. 60 f.; *Knemeyer*, Bayerisches Kommunalrecht, Rdn. 259.

[36] S. o. Fn. 31.

[37] *Lerche*, JurA 1970, 821 (856 f.); *Sailer*, BayVBl. 1974, 549 (551); *von Mutius*, JuS 1979, 344 f.; *Lindner*, Kommunale Wirtschaftsbetätigung (Fn. 4), S. 98 ff.; *Gerke*, Jura 1985, 349 (356).

[38] BayVGH, BayVBl. 1976, 628 (629); *Habermehl*, VR 1986, 269 (270); *ders.*, VR 1987, 105 (109); *Schmidt-Aßmann*, Kommunalrecht (Fn. 30), S. 179.

[39] *Hoffmann-Becking*, in: Festschrift für Hans J. Wolff, 1973, S. 447; *Schmidt-Jortzig*, Kommunalrecht, 1982, Rdn. 692.

Wirtschaftssystem der Normalfall. § 88 Abs. 1 NWGO wirkt somit auch individualschützend[40].

Diese Auslegung könnte zudem durch die Einbettung kommunalrechtlicher Vorschriften in die heutige Rechtsordnung mit einem gewandelten Verfassungsbild gestützt werden[41]. Danach ist bei nicht völlig eindeutigem Wortlaut eines Rechtssatzes aufgrund der Gesamtsicht des Grundgesetzes vom Verhältnis des einzelnen zum Staat im Zweifel derjenigen Interpretation eines Gesetzes der Vorzug zu geben, die zur individualschützenden Funktion der Norm führt und so dem Bürger einen Rechtsanspruch einräumt[42]. Daraus ergibt sich zugleich, daß dem einzelnen die von Art. 19 Abs. 4 S. 1 GG vorausgesetzte, nicht begründete[43], Rechtsmacht zur Durchsetzung seiner rechtlich geschützten Interessen verliehen ist. § 88 Abs. 1 NWGO gewährt somit ein subjektives öffentliches Recht. Die Vorschrift kommt als Anspruchsgrundlage für das Begehren der F-OHG in Betracht.

II. Tatbestandsvoraussetzungen

1. *Wirtschaftliches Unternehmen*

Bei der „Städtischen Wohnungsvermittlungsstelle" müßte es sich um ein *wirtschaftliches Unternehmen* handeln. Fraglich ist, was darunter zu verstehen ist. Das Gesetz selbst definiert den Begriff nicht. Unter „wirtschaftlichem Unternehmen" i.S.d. Gemeindewirtschaftsrechts könnten ausgehend vom Wortsinn alle gemeindlichen Einrichtungen und Anlagen, die eine dauerhafte Organisationseinheit bilden[44], zu

---

[40] *von Loebell/Decker*, NWGO, § 88 Anm. 2 a; *Bösche*, Kommunalverfassungsrecht in Nordrhein-Westfalen, 2. Aufl. 1989, S. 320; *Buhren*, Allgemeines Kommunalrecht Nordrhein-Westfalen, 4. Aufl. 1989, S. 150; *Erichsen*, Kommunalrecht NW, S. 256; *Hidien*, Die positive Konkretisierung der öffentlichen Zweckbindung kommunaler Wirtschaftsunternehmen, 1984, S. 34 ff.; *Kluth*, Grenzen kommunaler Wettbewerbsteilnahme, 1988, S. 90 f.

[41] *Lerche*, JurA 1970, 821 (856).

[42] BVerfGE 15, 275 (281 f.); *Gerke*, Jura 1985, 349 (356).

[43] BVerfGE 61, 82 (110); *Schmidt-Aßmann*, in: Maunz/Dürig u. a., GG, Art. 19 IV Rdn. 119; *Hendrichs*, in: von Münch, GG, Bd. 1, 3. Aufl. 1985, Art. 19 Rdn. 44; *Jarass*, in: Jarass/Pieroth, GG, 1989, Art. 19 Rdn. 23.

[44] *Habermehl*, VR 1987, 105 (106); *Schmidt-Jortzig*, HKWP (Fn. 2), S. 53; *Rocke*, Nebentätigkeiten kommunaler wirtschaftlicher Unternehmen, Diss. Kiel 1973, S. 32 f.; *Hidien*, Gemeindliche Betätigungen rein erwerbswirtschaftlicher Art und „öffentlicher Zweck" kommunaler wirtschaftlicher Unternehmen, 1981, S. 43.

verstehen sein, die auch von einem Privaten in der Absicht der Gewinnerzielung betrieben werden können[45]. Danach müßte die „Städtische Wohnungsvermittlungsstelle" als wirtschaftliches Unternehmen der Stadt S erachtet werden. Sie ist eine auf Dauer ausgerichtete und verselbständigte Organisationseinheit, und eine Wohnungsvermittlung kann auch von einem Privaten in der Absicht der Gewinnerzielung betrieben werden.

Gegen die „Absicht der Gewinnerzielung" als ausschlaggebendes Kriterium zur Begriffsbestimmung könnten jedoch Bedenken bestehen. Die Definition könnte zu allgemein sein[46], und sie könnte als nicht hinreichend erachtet werden, weil gesetzliches Hauptziel der wirtschaftlichen Betätigung der Gemeinde die Erfüllung des öffentlichen Zwecks ist, während die Gewinnerzielung eher einen Nebenzweck darstellt[47]. Die Gewinnerzielungsabsicht fungierte danach nur als Indiz für die Annahme eines wirtschaftlichen Unternehmens[48].

Entscheidende zusätzliche Gesichtspunkte könnten sein, ob die Gemeinde wirtschaftliche Güter und Leistungen anbietet bzw. am wirtschaftlichen Verkehr teilnimmt[49]. Durch diese Kriterien würde die Verbindung der kommunalen Tätigkeit zum allgemeinen Wirtschaftsleben hergestellt. Dadurch wäre dem Sinngehalt der gemeinderechtlichen Begriffe „wirtschaftliche Betätigung" bzw. „wirtschaftliches Unternehmen" in hohem Maße Rechnung getragen.

Aber auch wenn neben der Gewinnerzielungsabsicht auf die Teilnahme am wirtschaftlichen Verkehr abgestellt wird[50], oder – weiterge-

---

[45] BVerwGE 39, 329 (333); VG Stuttgart, ZMR 1974, 9; *Rehn/Cronauge*, NWGO, § 88 Anm. II 1; *Bösche*, Kommunalverfassungsrecht NW (Fn. 40), S. 320f.; *Buhren*, Kommunalrecht NW (Fn. 40), S. 147f.; *Schlempp/Schlempp*, HessGO, § 121 Anm. II; *Hofmann/Beth/Dreibus*, RhPfGO, § 85 Anm. 2; *Masson/Samper*, BayGO, Art. 89 Anm. 1c; *Engelbrecht-Greve*, Wohnungsvermittlung als kommunale Aufgabe, Diss. Kiel 1978, S. 180; *Schmidt-Aßmann*, Kommunalrecht (Fn. 30), S. 176; *Stober*, Kommunalrecht, S. 170.

[46] *Foerster*, VR 1978, 16 (18); *Schmid*, in: Faiß/Faiß/Giebler/Lang/Schmid, Kommunales Wirtschaftsrecht in Baden-Württemberg, 5. Aufl. 1990, Rdn. 881.

[47] *Katz*, in: Kunze/Bronner/Katz/von Rotberg, BadWürttGO, § 102 Rdn. 17.

[48] *Foerster*, VR 1978, 16 (18); *Schmidt-Jortzig*, HKWP (Fn. 2), S. 53.

[49] *Foerster*, SchlHGO, 3. Aufl. 1986, § 101 Rdn. 2; *Gerke*, Jura 1985, 349 (351); *Erichsen*, Kommunalrecht NW, S. 238; *Schmid*, in: Kommunales Wirtschaftsrecht (Fn. 46), Rdn. 881; *Püttner*, Die öffentlichen Unternehmen, 2. Aufl. 1985, S. 30.

[50] Nachw. o. Fn. 49.

hend noch – die Beteiligung als Wettbewerber mit anderen Privatunternehmen am Markt gefordert wird[51], ist die Wohnungsvermittlung einer Gemeinde an Wohnungssuchende eine wirtschaftliche Betätigung i.S.d. Gemeindewirtschaftsrechts[52]. Das gilt insbesondere für kommunale Wohnungsvermittlungen, die allen Einwohnern und nicht nur einem bestimmten, z. B. durch soziale Kriterien begrenzten, Personenkreis offenstehen[53]. Dadurch tritt die Gemeinde bewußt in Konkurrenz zu privaten Maklern. Der Meinungsstreit um die Inhaltsbestimmung des Merkmals „wirtschaftliches Unternehmen" kann sonach offen bleiben. Nach allen Rechtsauffassungen ist die Voraussetzung im vorliegenden Fall erfüllt.

2. *Dringender öffentlicher Zweck erfordert das Unternehmen*

Voraussetzung für die Zulässigkeit der Errichtung der „Städtischen Wohnungsvermittlung" ist gem. § 88 Abs. 1 Nr. 1 NWGO, daß „ein dringender öffentlicher Zweck das Unternehmen erfordert".

a) Öffentlicher Zweck

Fraglich ist zunächst, was unter *„öffentlichem Zweck"* zu verstehen ist. Die Konkretisierung dieses ausfüllungsbedürftigen unbestimmten Rechtsbegriffs, der keinen behördlichen Beurteilungsspielraum eröffnet, hat von den der Gemeinde kraft Gesetzes obliegenden Aufgaben auszugehen[54]. Die konkrete wirtschaftliche Betätigung müßte im Rahmen des gemeindlichen Aufgaben- und Zuständigkeitsbereichs liegen[55]. Gem. § 1 Abs. 1 S. 2 NWGO haben die Gemeinden das Wohl der Einwohner in freier Selbstverwaltung durch ihre von der Bürgerschaft gewählten Organe zu fördern. Demnach müßte die „Städtische Wohnungsvermittlung" eine kommunalwirtschaftliche Betätigung darstel-

---

[51] *Buhren*, Kommunalrecht NW (Fn. 40), S. 148; *Schmid*, in: Kommunales Wirtschaftsrecht (Fn. 46), Rdn. 881; *Foerster*, VR 1978, 16 (18); *Werner*, Rechtsfragen kommunaler Wohnungsvermittlung in Bayern, Diss. München 1975, S. 47.

[52] *Katz*, BadWürttGO (Fn. 47), § 102 Rdn. 43; *Beckhof*, NdsGO (Fn. 33), § 108 Anm. 2.

[53] *Bulla*, DVBl. 1975, 643 (646); *Engelbrecht-Greve*, Diss. (Fn. 45), S. 187 f.; *Schmid*, in: Kommunales Wirtschaftsrecht (Fn. 46), Rdn. 887.

[54] *von Scheliha*, in: Galette/von Scheliha/Borchert/Bracker/Dehn, SchlHGO, § 101 Anm. 2.2; *Siedentopf*, Grenzen und Bindungen der Kommunalwirtschaft, 1963, S. 41.

[55] *Schmid*, in: Kommunales Wirtschaftsrecht (Fn. 46), Rdn. 891; *Schuster/Diehl/Steenbock*, RhPfGO, § 85 Anm. II.

len, die eine im öffentlichen Interesse liegende Versorgung der Gemeindeeinwohner zum Gegenstand hat[56]. Das wäre nicht der Fall, wenn die „Städtische Wohnungsvermittlung" allein in dem Bestreben errichtet worden wäre, Gewinn zu erzielen[57]. Das kann im vorliegenden Fall nicht angenommen werden; die „Städtische Wohnungsvermittlung" arbeitet sogar mit von Beginn an einkalkuliertem Verlust. Fraglich könnte allenfalls sein, ob die Voraussetzung „öffentlicher Zweck" jegliches Streben nach Einnahme- und Ertragserzielung verbietet. Die Stadt S will jedenfalls auch gewisse Einnahmen haben, um wenigstens einen Teil der anfallenden Kosten zu decken. Jegliche Ertragserzielung ist durch den „öffentlichen Zweck" indessen nicht untersagt[58]. Dies folgt schon aus § 94 NWGO, wonach wirtschaftliche Unternehmen auch einen Ertrag für den Haushalt der Gemeinde abwerfen sollen.

Fraglich ist nun aber, wann – positiv – von einem „öffentlichen Zweck" gesprochen werden kann. Zum einen muß die wirtschaftliche Betätigung *unmittelbar* einen öffentlichen Zweck verfolgen[59]. Inhaltlich muß es sich um eine Zielsetzung handeln, die das gemeinsame Wohl der Einwohner fördert[60]. Wesentliches Indiz hierfür ist die Erbringung einer kommunalen Leistung im Bereich der *Daseinsvorsorge*[61]. Bei der Versorgung der Bevölkerung mit Wohnraum handelt es sich um die Befriedigung eines elementaren menschlichen Bedürfnisses[62].

---

[56] *Pagenkopf*, Kommunalrecht, Bd. 2, 2. Aufl. 1976, S. 150; *Gerke*, Jura 1985, 349 (352); *Sander/Weiblen*, Kommunale Wirtschaftsunternehmen, 1982, S. 6.

[57] BVerwGE 39, 329 (334); *von Loebell/Decker*, NWGO, § 88 Anm. 2b; *Schmidt-Aßmann*, Kommunalrecht (Fn. 30), S. 178; *Stober*, Kommunalrecht, S. 172; *Habermehl*, VR 1987, 105 (107); *Schmid*, in: Kommunales Wirtschaftsrecht (Fn. 46), Rdn. 891; *Hidien*, Gemeindliche Betätigungen (Fn. 44), S. 160 ff., 218; *Masson/Samper*, BayGO, Art. 89 Anm. 4; *Beckhof*, NdsGO (Fn. 33), § 108 Anm. 3; *Reinhard*, DÖV 1990, 500 (505).

[58] *Schlempp/Schlempp*, HessGO, § 121 Anm. III; *Hidien*, Gemeindliche Betätigungen (Fn. 44), S. 165 ff.; *ders.*, Die positive Konkretisierung (Fn. 40), S. 22; *Erichsen*, Kommunalrecht NW, S. 249.

[59] *von Mutius*, JuS 1979, 344; *Katz*, BadWürttGO (Fn. 47), § 102 Rdn. 33; *Schmid*, in: Kommunales Wirtschaftsrecht (Fn. 46), Rdn. 891.

[60] *Siedentopf*, Grenzen und Bindungen der Kommunalwirtschaft, S. 41 f.; *Schmidt-Jortzig*, HKWP (Fn. 2), S. 57 f.; *Hidien*, Die positive Konkretisierung (Fn. 40), S. 39 ff., 45; *Hölzl/Hien*, BayGO, Art. 89 Anm. 2b aa.

[61] BVerwGE 39, 329 (333); *Pagenkopf*, Kommunalrecht, Bd. 2, S. 150; *Bulla*, DVBl. 1975, 643 (647); *Werner*, Diss. (Fn. 51), S. 95 ff.; *Schmid*,in: Kommunales Wirtschaftsrecht (Fn. 46), Rdn. 891.

[62] *Rocke*, DVBl. 1973, 398 (400); *Beckhof*, NdsGO (Fn. 33), § 108 Anm. 3; *Hidien*, Die positive Konkretisierung (Fn. 40), S. 151.

Durch Darbietungen in diesem Bereich ist der Kern kommunaler Daseinsvorsorge angesprochen. Die Errichtung einer kommunalen Wohnungsvermittlung entspricht somit einem „öffentlichen Zweck“ i.S.d. Gemeindewirtschaftsrechts[63].

b) Dringlichkeit der Zweckerfüllung

Gem. § 88 Abs. 1 Nr. 1 NWGO müßte jedoch ein *„dringender“* öffentlicher Zweck gegeben sein. Das ist der Fall, wenn sich die Erfüllung des öffentlichen Zwecks als unerläßlich für die Versorgung der Einwohner der Gemeinde erweist[64]. Mit dem Merkmal „dringend“ soll die wirtschaftliche Betätigung der Gemeinde auf das erforderliche Maß beschränkt werden[65]. Es ist zweifelhaft, ob diese Voraussetzung erfüllt ist. 80% der vermittelten Wohnungen in S besorgen die privaten Makler. Daraus ergibt sich, daß die „Städtische Wohnungsvermittlung“ jedenfalls für die Einwohnerschaft insgesamt nicht unerläßliche Voraussetzung für die Versorgung mit Wohnraum ist. Zudem ist zu beachten, daß sich der Anteil von 20% der „Städtischen Wohnungsvermittlung“ nur auf die im engeren Sinne vermittelten Wohnungen bezieht. Danach sind z. B. Wohnungswechsel aufgrund von Zeitungsinseraten oder direkt von Person zu Person gegebener Hinweise gar nicht erfaßt. Unerläßlich für die Versorgung der Einwohner von S mit Wohnraum ist somit nur eine „Städtische Wohnungsvermittlung“, die sich an Wohnungssuchende wendet, die aus sozialen Gründen hierauf angewiesen sind.

c) Erforderlichkeit der Wohnungsvermittlung

Zweifelhaft ist überdies, ob die „Städtische Wohnungsvermittlung“ von einem dringenden öffentlichen Zweck *„erfordert“* wird. Erfordert wird ein gemeindliches wirtschaftliches Unternehmen erst dann, wenn seine Unterlassung eine Vernachlässigung oder Schädigung des Wohls der Gemeindeeinwohner bedeuten würde[66]. Das ist in der Stadt S nicht pauschal für alle Einwohner anzunehmen. Insbesondere reicht die verbreitete Empörung in der Bevölkerung über die Erhöhung der

---

63 VG Stuttgart, ZMR 1974, 9; *Bulla*, DVBl. 1975, 643 (648); *Beckhof*, NdsGO (Fn. 33), § 108 Anm. 3; *Hidien*, Die positive Konkretisierung (Fn. 40), S. 150 ff.

64 *Schmidt-Jortzig*, HKWP (Fn. 2), S. 56 f.; *Reinhard*, DÖV 1990, 500 (505).

65 *von Loebell/Decker*, NWGO, § 88 Anm. 2 b.

66 *Pagenkopf*, Kommunalrecht, Bd. 2, S. 150; *Schmidt-Jortzig*, Kommunalrecht, Rdn. 688; *Hölzl/Hien*, BayGO, Art. 89 Anm. 2 b aa; *Widtmann/Grasser*, BayGO, Art. 89 Rdn. 5.

Maklerprovisionen nicht aus, die strengen Anforderungen des § 88 Abs. 1 Nr. 1 NWGO zu bejahen. Eine Vernachlässigung oder Schädigung des Gemeinwohls kommt zum einen nur gegenüber solchen Personen in Betracht, die aus sozialen oder sonstigen Gründen bei der Wohnungssuche öffentlicher Hilfe bedürfen. Es muß sich also um echte Wohnungsnotfälle handeln. Nach dem Sachverhalt kann, zum zweiten, auch nicht davon ausgegangen werden, daß erhebliche Mißstände im Bereich der privaten Wohnungsvermittlung bestehen oder die Versorgung der gesamten Einwohnerschaft mit ausreichendem Wohnraum zu angemessenen Bedingungen besonders gefährdet ist. Auch wenn die Vermittlungsprovisionen von drei Monatsmieten als hoch erscheinen, kann noch nicht von unangemessenen Bedingungen gesprochen werden. Für Bevölkerungsgruppen, die nicht als „sozial schwach" einzustufen sind und nicht in den Kreis der Berechtigten von Sozialwohnungen fallen, erfordert somit ein dringender öffentlicher Zweck die „Städtische Wohnungsvermittlung" nicht[67].

Zugleich ist damit festgestellt, daß die drittschützende Voraussetzung, daß nämlich der Zweck durch andere Unternehmen nicht besser und wirtschaftlicher erfüllt werden kann, zugunsten der Stadt S ebenfalls nicht vorliegt. Die F-OHG hat demnach einen Abwehranspruch gegenüber der nicht erforderlichen Wohnungsvermittlung.

Ergebnis: Die Voraussetzungen gem. § 88 Abs. 1 Nr. 1 NWGO sind für die Errichtung der „Städtischen Wohnungsvermittlung" insoweit nicht erfüllt, als sich die Vermittlungstätigkeit auf einen Personenkreis bezieht, der weder als „sozial schwach" einzustufen ist noch zum Bezug einer öffentlich geförderten Wohnung (ohne aber schon Wohnungsnotfall zu sein) berechtigt ist. Die Klage ist daher begründet.

1. Abwandlung

Die Stadt S liegt in Bayern; die erforderliche Genehmigung für die Wohnungsvermittlung durch die zuständige Regierung liegt vor.

A. Zulässigkeit der Klage

Lösung wie im Ausgangsfall; statt § 88 Abs. 1 NWGO ist Art. 89 Abs. 3 S. 3 BayGO anzuwenden. Die Prozeßfähigkeit auf Seiten der Stadt S ergibt sich aus § 62 Abs. 3 VwGO i.V.m. Art. 38 Abs. 1 BayGO.

---

[67] Vgl. *Rocke*, DVBl. 1973, 398 (402 f.); *Scholzen*, ZMR 1974, 324 f.; *Schmid*, in: Kommunales Wirtschaftsrecht (Fn. 46), Rdn. 887.

B. Begründetheit der Klage

Die Klage ist begründet, wenn die F-OHG einen *Anspruch* auf Unterlassung des teilweisen Betriebs der „Städtischen Wohnungsvermittlung" hat.

I. Anspruchsgrundlage

Als *Anspruchsgrundlage* kommt Art. 89 Abs. 3 S. 3 BayGO in Betracht. Danach können Gemeinden, in denen die Versorgung der Bevölkerung mit ausreichendem Wohnraum zu angemessenen Bedingungen besonders gefährdet ist, mit Genehmigung der örtlich zuständigen Regierung Wohnungen vermitteln. Anspruchsgrundlage kann diese Bestimmung nur sein, wenn sie nicht nur objektiv-rechtlich wirkt, sondern ein subjektives öffentliches Recht verleiht. Das ist der Fall, wenn Art. 89 Abs. 3 S. 3 BayGO zumindest auch dem Schutz von Individualinteressen zu dienen bestimmt ist und dem einzelnen die Rechtsmacht gibt, seine rechtlich geschützten Interessen gegenüber dem durch die Norm Verpflichteten durchzusetzen[68]. Hier ist zweifelhaft, ob Art. 89 Abs. 3 S. 3 BayGO auch individualschützend wirkt.

Der Normzweck der Regelung könnte allein darin zu sehen sein, daß sich die Gemeinden auf ihre eigentlichen kommunalen Aufgaben beschränken und sich nicht in verwaltungsfremden Bereichen verausgaben[69]. Soweit der Vorschrift auch wirtschaftspolitische Bedeutung beizumessen ist, könnte allenfalls die gesamte betroffene Berufsgruppe der Makler geschützt sein, nicht aber der einzelne Konkurrenzunternehmer. Dies bedeutete, daß Art. 89 Abs. 3 S. 3 BayGO dem einzelnen Makler kein subjektives öffentliches Recht verleihen, sondern ihn nur im Wege eines *Rechtsreflexes* begünstigen würde[70].

Es ist jedoch fraglich, ob Art. 89 Abs. 3 S. 3 BayGO jeglicher *Schutzzweck* für den einzelnen Konkurrenten abgesprochen werden kann. Die Bestimmung stellt im Verhältnis zu Art. 89 Abs. 1 BayGO eine spezialgesetzliche Regelung dar[71], die in unmittelbarem Zusam-

---

[68] S. o. Fn. 31.

[69] BayVGH, BayVBl. 1976, 628 (629).

[70] BayVGH, BayVBl. 1976, 628 (629 f.); *Widtmann/Grasser*, BayGO, Art. 89 Rdn. 2; *Hölzl/Hien*, BayGO, Art. 89 Anm. 6; *Knemeyer*, Bayerisches Kommunalrecht, Rdn. 266, 268.

[71] *Werner*, Diss. (Fn. 51), S. 73 ff.; *Hidien*, Die positive Konkretisierung (Fn. 40), S. 150.

menhang mit der Gesamtregelung gemeindlicher wirtschaftlicher Betätigung in Abs. 1 des Art. 89 BayGO steht[72]. Somit darf Art. 89 Abs. 3 S. 3 BayGO nicht isoliert betrachtet werden, sondern ist in dem bestehenden Gesamtzusammenhang zu sehen[73]. Aus Art. 89 Abs. 1 BayGO aber könnte sich ergeben, daß die Regelungen über die wirtschaftliche Betätigung von Gemeinden jedenfalls *auch* den Schutz von privaten Unternehmen bezwecken.

Der individualschützende Normzweck könnte sich aus der sog. „Subsidiaritätsklausel" des Art. 89 Abs. 1 Nr. 3 BayGO ergeben. Danach ist Voraussetzung für die Errichtung eines wirtschaftlichen Unternehmens durch die Gemeinde, daß der Zweck nicht ebenso gut und wirtschaftlich durch einen anderen erfüllt wird oder erfüllt werden kann. Nicht verlangt ist, daß der Zweck nicht besser und wirtschaftlicher durch andere erfüllt wird oder erfüllt werden kann[74]. Für die Unzulässigkeit der gemeindlichen wirtschaftlichen Betätigung genügt vielmehr schon, daß andere den Zweck ebenso gut und wirtschaftlich erfüllen (können). Damit aber ist gerade auch der Schutz privater Drittinteressen zum Ausdruck gebracht[75]. Normzweck des Art. 89 Abs. 3 S. 3 BayGO ist somit auch der Schutz von Individualinteressen[76]. Die Bestimmung kommt folglich als Anspruchsgrundlage in Betracht.

II. Tatbestandsvoraussetzungen

Voraussetzung für die Errichtung der „Städtischen Wohnungsvermittlung" ist gem. Art. 89 Abs. 3 S. 3 BayGO, daß in S die Versorgung der Bevölkerung mit ausreichendem Wohnraum zu angemessenen Bedingungen besonders gefährdet ist.

1. Angemessenheit der Bedingungen

Die Versorgung der Bevölkerung mit Wohnraum müßte in S unter unangemessenen Bedingungen leiden. Zweifelhaft könnte sein, worauf sich die „Angemessenheit" bezieht. Dies könnten die Mieten in S sein. Aus dem Sachzusammenhang ergibt sich jedoch, daß die Gemeinden gem. Art. 89 Abs. 3 S. 3 BayGO Wohnungen nicht vermieten, sondern

---

[72] *Sailer*, BayVBl. 1974, 549 (551).

[73] BayVGH, BayVBl. 1976, 628 (629).

[74] So § 88 Abs. 1 Nr. 1 NWGO; vgl. hierzu Text zu Fn. 35 – 42.

[75] *Lerche*, JurA 1970, 821 (857); *Lindner*, Kommunale Wirtschaftsbetätigung (Fn. 4), S. 98 ff.

[76] *Sailer*, BayVBl. 1974, 549 (551).

u. U. vermitteln sollen. Bezugspunkt der Angemessenheit ist somit die Vermittlung von Wohnungen[77]. Unangemessene Bedingungen insoweit könnten aufgrund der Verhältnisse auf dem Wohnungsmarkt vorliegen, etwa wegen unseriöser Vermittlungspraktiken oder wegen überhöhter Vermittlungsprovisionen[78]. Hier kommt nur die letztgenannte Ursache in Betracht. Drei Monatsmieten müssen inzwischen als übliche Vermittlungsprovision angesehen werden. Das mag zu Recht als hoch erscheinen, kann aber generell noch nicht als unangemessen erachtet werden. Davon kann allenfalls insoweit ausgegangen werden, als sozial schwache Wohnungssuchende betroffen sind. Im übrigen muß, was die privaten Makler anbelangt, noch von „angemessenen Bedingungen" i.S.d. Art. 89 Abs. 3 S. 3 BayGO ausgegangen werden.

2. *Besondere Gefährdung*

Zweifelhaft ist zudem, ob eine „besondere Gefährdung" der Versorgung der Bevölkerung von S mit ausreichendem Wohnraum gegeben ist. Das wäre nur der Fall, wenn es besonders schwierig wäre, eine Wohnung zu finden[79]. Davon kann nach den Angaben im Sachverhalt nicht ausgegangen werden. 80% der vermittelten (i.e.S.) Wohnungen in S besorgen die privaten Makler. Für die vergleichbare Vermittlung wurde die „Städtische Wohnungsvermittlung" demnach nur zu 20% in Anspruch genommen. Daneben ist es nach wie vor möglich, als Wohnungssuchender auch ohne Makler Wohnungsanbieter zu finden. Über Zeitungsinserate sind sowohl Wohnungsangebote als auch Wohnungsnachfragen möglich. Schließlich gibt es auch direkt von Person zu Person vermittelte Wohnungswechsel. Eine besondere Gefährdung der Versorgung könnte nur bei solchen Wohnungssuchenden angenommen werden, die aus sozialen Gründen auf die Inanspruchnahme der „Städtischen Wohnungsvermittlung" angewiesen sind. Dies sind nach dem Sachverhalt etwa 10% aller vermittelten (i.e.S.) Wohnungen. Das ist jedoch nicht „die Bevölkerung" von S.

Ergebnis: Die Voraussetzungen für die Errichtung der „Städtischen Wohnungsvermittlung" gem. Art. 89 Abs. 3 S. 3 BayGO sind insoweit nicht erfüllt, als Wohnungen auch an Personen vermittelt werden, die nicht als „sozial schwach" zu bezeichnen sind. Die Klage ist daher begründet.

---

[77] *Sailer*, BayVBl. 1974, 549 (550).
[78] *Masson/Samper*, BayGO, Art. 89 Anm. 10.
[79] *Sailer*, BayVBl. 1974, 549 (550).

2. Abwandlung

Die Stadt S liegt in Niedersachsen/Rheinland-Pfalz/Saarland/Schleswig-Holstein.

A. Zulässigkeit der Klage

Lösung wie im Ausgangsfall; statt § 88 Abs. 1 NWGO ist § 108 Abs. 1 NdsGO/§ 85 Abs. 1 RhPfGO/§ 106 Abs. 1 SaarlKSVG/§ 101 Abs. 1 SchlHGO anzuwenden. Die Prozeßfähigkeit auf Seiten der Stadt S ergibt sich aus § 62 Abs. 3 VwGO i.V.m. § 63 Abs. 1 NdsGO/§ 47 Abs. 1 S. 1 RhPfGO/§ 59 Abs. 1 SaarlKSVG/§§ 51 Abs. 1, 61 Abs. 1 SchlHGO.

B. Begründetheit der Klage

Die Klage ist begründet, wenn die F-OHG den begehrten *Anspruch* auf Unterlassung des teilweisen Betriebs der „Städtischen Wohnungsvermittlung" hat.

I. Anspruchsgrundlage

Als *Anspruchsgrundlage* kommt § 108 Abs. 1 NdsGO/§ 85 Abs. 1 RhPfGO/§ 106 Abs. 1 SaarlKSVG/§ 101 Abs. 1 SchlHGO in Betracht. Danach darf die Gemeinde ein wirtschaftliches Unternehmen errichten, wenn (1) der öffentliche Zweck das Unternehmen rechtfertigt, (2) das Unternehmen nach Art und Umfang in einem angemessenen Verhältnis zu der Leistungsfähigkeit der Gemeinde und dem voraussichtlichen Bedarf steht und (3) der Zweck nicht besser und wirtschaftlicher durch einen anderen (Schl.-H.: auf andere Weise) erfüllt wird oder erfüllt werden kann. Als Anspruchsgrundlage kommt diese Bestimmung aber nur in Betracht, wenn sie ein subjektives öffentliches Recht verleiht. Das ist der Fall, wenn die Regelung jedenfalls auch dem Schutz von Individualinteressen zu dienen bestimmt ist und dem einzelnen die Rechtsmacht verleiht, seine rechtlich geschützten Interessen gegenüber dem durch die Norm Verpflichteten durchzusetzen[80]. Fraglich ist hier die individualschützende Funktion der Vorschrift.

---

[80] S. o. Fn. 31.

Nach den Ausführungen zu § 88 Abs. 1 NWGO kann sich die individualschützende Funktion allenfalls aus § 108 Abs. 1 Nr. 3 NdsGO/§ 85 Abs. 1 Nr. 3 RhPfGO/§ 106 Abs. 1 Nr. 3 SaarlKSVG/§ 101 Abs. 1 Nr. 3 SchlHGO ergeben. Die dort normierte „Subsidiaritätsklausel" dient zwar auch dem Schutz der Gemeinde selbst, indem eine Beschränkung auf die eigentlichen kommunalen Aufgaben angestrebt wird. Für die Bejahung eines subjektiven öffentlichen Rechts reicht jedoch aus, daß die Norm neben dem Schutz von Allgemeininteressen *auch* Individualinteressen zu dienen bestimmt ist[81]. Diese Voraussetzung erfüllt, wie oben ausgeführt, die „Subsidiaritätsregelung". Auch der Schutz privater Konkurrenzunternehmen ist bezweckt[82]. § 108 Abs. 1 NdsGO/§ 85 Abs. 1 RhPfGO/§ 106 Abs. 1 SaarlKSVG/§ 101 Abs. 1 SchlHGO kommt somit als Anspruchsgrundlage in Betracht.

II. Tatbestandsvoraussetzungen

1. *Wirtschaftliches Unternehmen*

Bei der „Städtischen Wohnungsvermittlung" handelt es sich um ein *„wirtschaftliches Unternehmen"* i.S.d. Gemeindewirtschaftsrechts[83].

2. *Öffentlicher Zweck*

Zulässigkeitsvoraussetzung für die Errichtung eines wirtschaftlichen Unternehmens ist zunächst, daß der *öffentliche Zweck*[84] das Unterneh-

---

[81] S. o. Fn. 31.

[82] Vgl. i. e. die Ausführungen im Ausgangsfall (= Text zu Fn. 37 bis 42).

[83] Hier gelten die Ausführungen des Ausgangsfalles sub B II 1. – *Hinweis* zur rheinland-pfälzischen Rechtslage: Nach der gesetzlichen Fiktion des § 85 Abs. 2 S. 1 Nr. 6 RhPfGO werden Einrichtungen, die überwiegend Zwecken des Wohnungs- und Siedlungswesens zu dienen bestimmt sind, nicht als wirtschaftliche Unternehmen i.S.d. §§ 85 ff. RhPfGO angesehen. Versteht man hierunter nur „Häuser in unmittelbarer Verwaltung der Gemeinde" (so *Hofmann/Beth/Dreibus*, RhPfGO, § 85 Anm. 4), stellt die „Städtische Wohnungsvermittlung" ein wirtschaftliches Unternehmen i.S.d. § 85 Abs. 1 RhPfGO dar. Bei erweitertem, funktionalem Begriffsverständnis lassen sich kommunale Wohnungsvermittlungsstellen, da überwiegend dem Wohnungswesen dienend, stets als nichtwirtschaftliche Unternehmen ansehen (so *Hidien*, Die positive Konkretisierung [Fn. 40], S. 150). Die rechtlichen Bindungen des § 85 Abs. 1 RhPfGO bestehen dann nicht.

[84] Vgl. i. e. hierzu Ausgangsfall sub B II 2 a.

men *rechtfertigt*. Das ist der Fall, wenn die Gemeinde Leistungen aus ihrem Aufgabenbereich anbietet, die eine im öffentlichen Interesse liegende Versorgung der Gemeindeeinwohner zum Gegenstand haben[85]. Die allgemeine kommunale Wohnungsvermittlung ist eine Betätigung im Rahmen der Daseinsvorsorge; sie betrifft die Befriedigung eines elementaren menschlichen Bedürfnisses. Deshalb „rechtfertigt" der „öffentliche Zweck" die Errichtung einer kommunalen Wohnungsvermittlung[86].

3. *Leistungsfähigkeit und Bedarf*

Gem. § 108 Abs. 1 Nr. 2 NdsGO/§ 85 Abs. 1 Nr. 2 RhPfGO/§ 106 Abs. 1 Nr. 2 SaarlKSVG/§ 101 Abs. 1 Nr. 2 SchlHGO müßte die „Städtische Wohnungsvermittlung" nach Art und Umfang in einem angemessenen Verhältnis zur Leistungsfähigkeit der Stadt S und zum voraussichtlichen Bedarf stehen. Die Grenze der *Leistungsfähigkeit* wäre überschritten, wenn das mit der Errichtung des wirtschaftlichen Unternehmens verbundene finanzielle Risiko die Finanz- und Verwaltungskraft der Gemeinde übersteigen würde[87]. Hierfür liefert der Sachverhalt keine Anhaltspunkte. Insbesondere kann nicht davon ausgegangen werden, daß der Zuschußbedarf die Grenzen der Leistungsfähigkeit der Stadt S berührt.

Die „Städtische Wohnungsvermittlung" müßte auch in einem angemessenen Verhältnis zum voraussichtlichen *Bedarf* stehen. Das ist der Fall. Bereits im Jahre 1990 bedienten sich 20% derjenigen, die überhaupt eine Vermittlungsstelle in Anspruch nahmen, der kommunalen Wohnungsvermittlung. Angesichts der Höhe der Maklerprovisionen kann mit einem weiteren Ansteigen der Vermittlung von Wohnungen durch die Stadt S gerechnet werden.

4. *Zweckerreichung durch andere*

Der Zweck dürfte schließlich gem. § 108 Abs. 1 Nr. 3 NdsGO/§ 85 Abs. 1 Nr. 3 RhPfGO/§ 106 Abs. 1 Nr. 3 SaarlKSVG/§ 101 Abs. 1 Nr. 3 SchlHGO *„nicht besser und wirtschaftlicher durch einen anderen"* bzw. *„auf andere Weise"* erfüllt werden (können). Danach ist die Errichtung des wirtschaftlichen Unternehmens nicht schon dann unzulässig, wenn ein anderer die Betätigung ebenso gut zu erbringen ver-

---

[85] *Pagenkopf*, Kommunalrecht, Bd. 2, S. 150.

[86] *Beckhof*, NdsGO (Fn. 33), § 108 Anm. 3; *Bulla*, DVBl. 1975, 643 (648 f.).

[87] *Schuster/Diehl/Steenbock*, RhPfGO, § 85 Anm. II; *Schmidt-Jortzig*, Kommunalrecht, Rdn. 690; *Katz*, BadWürttGO (Fn. 47), § 102 Rdn. 40.

mag. Die Gemeinde ist an der Errichtung vielmehr erst gehindert, wenn andere die Aufgabenerfüllung besser und wirtschaftlicher bewerkstelligen können. Das kann nach dem Sachverhalt jedoch nicht angenommen werden. Es ist kein Anhaltspunkt dafür ersichtlich, daß private Makler die Wohnungsvermittlung besser und wirtschaftlicher erfüllen (können)[88].

Damit sind die Voraussetzungen gem. § 108 Abs. 1 NdsGO/§ 85 Abs. 1 RhPfGO/§ 106 Abs. 1 SaarlKSVG/§ 101 Abs. 1 SchlHGO erfüllt. Die Errichtung der „Städtischen Wohnungsvermittlung" ist rechtmäßig.

Ergebnis: Die Klage der F-OHG ist zwar zulässig, aber unbegründet.

3. Abwandlung

Die Stadt S liegt in Baden-Württemberg/Hessen.

A. Zulässigkeit der Klage

Lösung wie im Ausgangsfall; statt § 88 Abs. 1 NWGO ist § 102 Abs. 1 BadWürttGO/§ 121 Abs. 1 HessGO anzuwenden. Die Prozeßfähigkeit auf Seiten der Stadt S ergibt sich aus § 62 Abs. 3 VwGO i.V.m. § 42 Abs. 1 S. 2 BadWürttGO/§§ 66 Abs. 1 S. 3 Nr. 7, 71 Abs. 1 S. 1 HessGO.

B. Begründetheit der Klage

Die Klage ist begründet, wenn die F-OHG den begehrten *Anpruch* auf Unterlassung des teilweisen Betriebs der „Städtischen Wohnungsvermittlung" hat.

I. Gemeinderecht

Als *Anspruchsgrundlage* kommt § 102 Abs. 1 BadWürttGO/§ 121 Abs. 1 HessGO in Betracht. Danach darf die Gemeinde ein wirtschaftliches Unternehmen errichten, wenn (1) der öffentliche Zweck das Unternehmen rechtfertigt (und dieser Zweck durch das Unternehmen wirtschaftlich erfüllt werden kann, § 121 Abs. 1 Nr. 1 HessGO) und (2) das

---

[88] Vgl. *Beckhof*, NdsGO (Fn. 33), § 108 Anm. 5; *Bulla*, DVBl. 1975, 643 (649).

Unternehmen nach Art und Umfang in einem angemessenen Verhältnis zur Leistungsfähigkeit der Gemeinde und zum voraussichtlichen Bedarf steht.

Fraglich ist, ob durch diese Regelung dem *einzelnen* Rechte verliehen sind. Das ist zweifelhaft, weil § 102 Abs. 1 BadWürttGO/§ 121 Abs. 1 HessGO nicht dem Schutz von Individualinteressen zu dienen bestimmt sein könnte. Der Normzweck könnte vielmehr ausschließlich auf die Wahrung des öffentlichen Wohls gerichtet sein[89]. Nr. 2 des § 102 Abs. 1 BadWürttGO/§ 121 Abs. 1 HessGO dient ersichtlich nur dem Schutz der Gemeinde davor, ihre Verwaltungs- und Wirtschaftskraft zu mißachten[90]. Auch Nr. 1 der Vorschrift ist nicht dem Schutz des einzelnen zu dienen bestimmt. Durch die Bindung an den „öffentlichen Zweck" soll eine Beschränkung der Gemeinde auf ihre eigentlichen kommunalen Aufgaben erreicht werden. Dies erfolgt im Interesse der Gemeinde selbst. Nicht bezweckt ist dadurch der Schutz des einzelnen privaten Konkurrenzunternehmers. Der einzelne ist allenfalls im Wege eines Rechtsreflexes begünstigt. Eine sog. „Subsidiaritätsklausel" wie in den anderen Gemeindeordnungen ist in § 102 Abs. 1 BadWürttGO/§ 121 Abs. 1 HessGO nicht enthalten. Damit gewährt die Vorschrift kein subjektives öffentliches Recht[91]. Sie scheidet als Anspruchsgrundlage aus.

II. Grundrechte

Der auf Unterlassung der Wohnungsvermittlung gerichtete *Abwehranspruch* könnte sich aus *Grundrechten* ergeben. In Betracht kommen Art. 14 Abs. 1, 12 Abs. 1, 2 Abs. 1, 3 Abs. 1 GG. Dann müßte die F-OHG *grundrechtsfähig* sein. Das ist in Ansehung der genannten Grundrechte der Fall. Die F-OHG ist zwar keine juristische Person; eine OHG ist jedoch eine teilrechtsfähige Organisation des Privatrechts, die über Art. 19 Abs. 3 GG prinzipiell Grundrechtsschutz genießt[92]. Art. 14 Abs. 1, 12 Abs. 1, 2 Abs. 1, 3 Abs. 1 GG sind auch „ihrem

---

[89] *Katz*, BadWürttGO (Fn. 47), § 102 Rdn. 52.

[90] S. o. Fn. 33.

[91] BVerwGE 39, 329 (336); VGH Bad.-Württ., VBlBW 1983, 78 = NJW 1984, 251 (252); VG Stuttgart, ZMR 1974, 9; *Lerche*, JurA 1970, 821 (855); *Katz*, BadWürttGO (Fn. 47), § 102 Rdn. 52.

[92] *von Mutius*, Jura 1983, 30 (37); *Bleckmann*, Staatsrecht II – Die Grundrechte, 3. Aufl. 1989, S. 101 ff.

Wesen nach" auf eine OHG anwendbar. Es handelt sich dabei um Grundrechte, die nicht nur individuell, sondern auch korporativ betätigt werden können[93].

1. Art. 14 Abs. 1 GG

Der Unterlassungsanspruch der F-OHG könnte sich zunächst aus Art. 14 Abs. 1 GG ergeben. Dann müßte durch die städtische Wohnungsvermittlung der *Schutzbereich* des Grundrechts beeinträchtigt sein. Eigentum i.S.d. Art. 14 Abs. 1 GG sind sämtliche vermögenswerten Rechte des Privatrechts[94]. Umfaßt ist davon auch der sog. „eingerichtete und ausgeübte Gewerbebetrieb"[95]. Hier könnte in das Recht am Gewerbebetrieb eingegriffen sein. Geschützt davon sind neben dem Bestand auch alle Ausstrahlungen, Geschäftsverbindungen und sonstigen Faktoren, die für den Wert des Betriebes bedeutsam sind. Nicht in den Schutzbereich fallen dagegen bloße Gewinnchancen und Verdienstmöglichkeiten[96].

Die wirtschaftliche Betätigung einer Gemeinde bedeutet für Privatunternehmer das Auftreten eines neuen Konkurrenten, durch den die Erwerbschancen gemindert werden. Betroffen ist damit jedoch nicht der Schutzbereich des Art. 14 Abs. 1 GG. Die Vorschrift gibt keinen Schutz vor Konkurrenz[97]. Eine Ausnahme gilt bei der Monopolisierung eines Wirtschaftsbereichs durch die öffentliche Konkurrenzwirtschaft[98]. Von einem öffentlichen Monopol kann bezüglich der „Städtischen Wohnungsvermittlung" nach dem Sachverhalt jedoch nicht gesprochen werden.

---

[93] *Antoni*, in: Seifert/Hömig, GG, 3. Aufl. 1988, Art. 19 Rdn. 10.

[94] *Papier*, in: Maunz/Dürig u. a., GG, Art. 14 Rdn. 57; *Schoch*, Jura 1989, 113 (117).

[95] *Kimminich*, in: BK, Art. 14 Rdn. 56, 75; *Nüßgens/Boujong*, Eigentum, Sozialbindung, Enteignung, 1987, Rdn. 76ff.; *Jarass*, in: Jarass/Pieroth, GG, Art. 14 Rdn. 7.

[96] *Kimminich*, in: BK, Art. 14 Rdn. 77, 89; *Antoni*, in: Seifert/Hömig, GG, Art. 14 Rdn. 3; *Jarass*, in: Jarass/Pieroth, GG, Art. 14 Rdn. 17.

[97] BVerwGE 39, 329 (336f.); BVerwG, BayVBl. 1978, 375 (376) = NJW 1978, 1539 (1540); BayVGH, BayVBl. 1976, 628 (630); VGH Bad.-Württ., VBlBW 1983, 78 (79) = NJW 1984, 251 (252f.); *Engelbrecht-Greve*, Diss. (Fn. 45), S. 190; *Püttner*, Die öffentlichen Unternehmen, S. 96f.; *Kluth*, Grenzen (Fn. 40), S. 83; *Miebach*, JuS 1987, 956 (958); *Reinhard*, DÖV 1990, 500 (504).

[98] BVerwGE 39, 329 (337); OVG Münster, Städte- und Gemeinderat 1987, 59 (63); *Papier*, in: Maunz/Dürig u. a., GG, Art. 14 Rdn. 220; *Schmidt-Aßmann*, Kommunalrecht (Fn. 30), S. 179; *Reinhard*, DÖV 1990, 500 (503f.).

Das Recht der F-OHG am eingerichteten und ausgeübten Gewerbebetrieb könnte jedoch dadurch verletzt sein, daß die Stadt S mit ihrer „Städtischen Wohnungsvermittlung" nicht als gleichberechtigter Konkurrent auftritt, sondern sich durch Bezuschussung der Wohnungsvermittlungsstelle unzulässige Wettbewerbsvorteile verschafft[99]. Insoweit ist jedoch zu beachten, daß damit nicht das „Ob", sondern die „Art und Weise" der wirtschaftlichen Betätigung der Gemeinde in Frage steht. Darum geht es hier aber nicht. Selbst wenn die „Selbstsubventionierung" rechtlich unzulässig sein sollte, handelt es sich dabei nicht um eine im *Verwaltungs*prozeß zu entscheidende Frage. Unlauterer Wettbewerb der öffentlichen Hand ist von den Betroffenen vielmehr vor den Gerichten der ordentlichen Gerichtsbarkeit geltend zu machen[100].

2. *Art. 12 Abs. 1 GG*

Auch auf Art. 12 Abs. 1 GG kann die F-OHG ihren Anspruch nur stützen, wenn durch die wirtschaftliche Betätigung der Stadt S der Schutzbereich dieses Grundrechts beeinträchtigt ist[101].

Art. 12 Abs. 1 GG schützt neben der Freiheit der Berufswahl auch die freie Berufsausübung. Das Verhalten eines Unternehmers – hier der F-OHG – im wirtschaftlichen Wettbewerb ist Bestandteil seiner Berufsausübung und damit vom *Schutzbereich* des Art. 12 Abs. 1 GG erfaßt. Art. 12 Abs. 1 GG schützt demnach auch die freie Teilnahme am Wettbewerb[102]. Diese könnte durch die „Städtische Wohnungsvermittlung" beeinträchtigt sein.

Durch die Errichtung der Wohnungsvermittlungsstelle wird jedoch der Wettbewerb lediglich um einen zusätzlichen Konkurrenten erweitert. Das bloße Hinzutreten eines weiteren Konkurrenten stellt keinen Eingriff in den Schutzbereich des Art. 12 Abs. 1 GG dar. Dieser schützt zwar die Freiheit des Wettbewerbs, nicht aber die Freiheit *vor* Wettbewerb – und zwar auch nicht vor Wettbewerb der öffentlichen

---

[99] Vgl. *Schricker*, Wirtschaftliche Tätigkeit (Fn. 30), S. 35 ff.; *Werner*, Diss. (Fn. 51), S. 160, 164; *Sailer*, BayVBl. 1974, 549.

[100] S. o. Fn. 2.

[101] Vgl. *Kluth*, Grenzen (Fn. 40), S. 59 ff., 65 f.; *Erichsen*, Kommunalrecht NW, S. 244 ff.

[102] BVerfGE 32, 311 (317); 46, 120 (137); BVerwGE 71, 183 (189); BVerwG, DVBl. 1991, 699; OVG Münster, NVwZ 1984, 522 (524); *Papier*, DVBl. 1984, 801 (809); *Zuleeg*, DÖV 1984, 733 (739); *Stober*, Grundrechtsschutz der Wirtschaftstätigkeit, 1989, S. 65.

Hand[103]. Nach wie vor kann die F-OHG ihren gewerblichen Betätigungen nachgehen; ihre Berufs- und Wettbewerbsfreiheit wird nicht beeinträchtigt.

Hinsichtlich der Art und Weise des Wettbewerbs gilt das vorstehend bei Art. 14 Abs. 1 GG Gesagte.

3. Art. 3 Abs. 1 GG

Der Unterlassungsanspruch der F-OHG könnte sich schließlich aus Art. 3 Abs. 1 GG ergeben. Fraglich ist jedoch bereits, ob Art. 3 Abs. 1 GG überhaupt ein Recht im Sinne einer subjektiven Rechtsstellung verleiht oder ob die Norm nur bei vorausgesetzter rechtlicher Betroffenheit Rechtsgleichheit gewährleistet[104]. Diese Frage braucht indes nicht entschieden zu werden. Der allgemeine Gleichheitssatz schützt nur vor unsachgemäßen und willkürlichen Maßnahmen der öffentlichen Gewalt. Eine derartige Handlungsweise liegt jedoch bei der Errichtung der kommunalen Wohnungsvermittlungsstelle nicht vor[105]. Die Errichtung der „Städtischen Wohnungsvermittlung" ist nicht nur durch sachliche Erwägungen gedeckt, sondern sogar nach der gesetzlichen Regelung in § 102 Abs. 1 BadWürttGO/§ 121 Abs. 1 HessGO zulässig[106]. Auch aus Art. 3 Abs. 1 GG kann die F-OHG somit die teilweise Unterlassung der Wohnungsvermittlung nicht beanspruchen.

Ergebnis: Die F-OHG hat keinen Rechtsanspruch auf das von ihr Begehrte. Die Klage ist zulässig, aber unbegründet.

Hinweise zur methodischen und sachlichen Vertiefung

1. Aufbau

Aufbauprobleme enthält der Fall nicht. In der Zulässigkeitsstation versteht sich die Prüfungssystematik, ausgehend von dem empfohlenen Aufbauschema zur

---

103 BVerwGE 39, 329 (336 f.); BVerwG, BayVBl. 1978, 375 (376) = NJW 1978, 1539 (1540); VGH Bad.-Württ., VBlBW 1983, 78 (79) = NJW 1984, 251 (253); OVG Münster, Städte- und Gemeinderat 1987, 59 (60); *Gerke*, Jura 1985, 349 (356); *Reinhard*, DÖV 1990, 500 (503); *Stober*, Kommunalrecht, S. 178; *Schricker*, Wirtschaftliche Tätigkeit (Fn. 30), S. 33 f.; *Püttner*, Die öffentlichen Unternehmen, S. 96 f.

104 VGH Bad.-Württ., VBlBW 1983, 78 (79) = NJW 1984, 251 (253); *Miebach*, JuS 1987, 956 (959); *Schoch*, DVBl. 1988, 863 (868).

105 Vgl. BayVGH, BayVBl. 1976, 628 (630); VGH Bad.-Württ., VBlBW 1983, 78 (80) = NJW 1984, 251 (253); *Engelbrecht-Greve*, Diss. (Fn. 45), S. 190 f.; *Werner*, Diss. (Fn. 51), S. 164.

106 Vgl. i. e. die Ausführungen in der 2. Abwandlung sub B. II. (= Text zu Fn. 84 bis 88).

verwaltungsgerichtlichen Klage, von selbst. In der Begründetheitsstation sollte in getrennten Prüfungspunkten auseinandergehalten werden, ob die jeweilige kommunalrechtliche Vorschrift überhaupt als Anspruchsgrundlage in Betracht kommt und ob bejahendenfalls ihre Voraussetzungen gegeben sind. – Die Bildung von Abwandlungen erklärt sich aus der unterschiedlichen Gesetzeslage in den Ländern.

2. *Inhalt*

a) Zulässigkeit der Klage

Bei der Erörterung des *Rechtswegs* kommt es entscheidend darauf an, herauszuarbeiten, worum gestritten wird. Nur wenn dies gelingt – Zulässigkeit der kommunalen Wirtschaftsbetätigung als solcher –, kann über die als streitentscheidende Regelung(en) einschlägige(n) Vorschrift(en) der Gemeindeordnung(en) der richtige Lösungsweg nach § 40 Abs. 1 S. 1 VwGO gefunden werden.

Zur *Beteiligungsfähigkeit* sind einige Ausführungen notwendig, da auf der Klägerseite eine OHG auftritt. Auf teilrechtsfähige Organisationen ist § 61 Nr. 2 VwGO zugeschnitten. An der Beteiligungsfähigkeit der OHG ändert sich nichts, wenn man mit der neuerdings verstärkt vertretenen Auffassung (vgl. *Kopp*, VwGO, § 61 Rdn. 6) die OHG den juristischen Personen i.S. von § 61 Nr. 1 VwGO gleichstellen will. In jedem Fall wird die entscheidende materiellrechtliche Vorfrage durch § 124 Abs. 1 HGB beantwortet.

Bei der Rechtsschutzform sollte zunächst die *Anfechtungsklage* geprüft werden, um anhand des Verwaltungsakt-Begriffs die entscheidenden Ausgrenzungen vornehmen zu können. Spätestens seit BVerwGE 60, 144 ff. sollte zur korrekten Deutung des § 35 S. 1 VwVfG klar sein, daß nicht schon die faktische (mittelbare), sondern nur die intendierte (finale) Außenwirkung („auf unmittelbare Rechtswirkung nach außen gerichtet") den gesetzlichen Anforderungen genügt. Auf die übrigen, unproblematischen Merkmale des Verwaltungsakts ist nicht einzugehen. Die Ablehnung des Verwaltungsakts führt, da dieser Handlungsform der Verwaltung keine rechtsschutzeröffnende Funktion zukommt, lediglich zur Verneinung der Anfechtungsklage als statthafter Rechtsschutzform. Richtige Klageart ist die *allgemeine Leistungsklage*.

Die hier vorgeschlagene Lösung vertritt mit der Mindermeinung die Auffassung, daß bei der allgemeinen Leistungsklage keine *Klagebefugnis* in analoger Anwendung des § 42 Abs. 2 VwGO zu fordern ist. Es fehlen die Voraussetzungen für die Analogie. Die (vermeintliche) Gesetzeslücke ist nicht planwidrig; für den Ausschluß sog. Popularklagen sorgt bei der allgemeinen Leistungsklage die (allgemeine) *Prozeßführungsbefugnis*. – Vertritt man mit der h. M. eine analoge Anwendung des § 42 Abs. 2 VwGO, muß zumindest in abstracto mit Blick auf das klägerische Begehren eine Anspruchsgrundlage in Betracht kommen. Unzutreffend wäre es dann allerdings, wie der BayVGH (BayVBl. 1976, 628 [629]) zu verfahren: Die Klagebefugnis könne aus Art. 89 Abs. 3 S. 3 BayGO hergeleitet werden, um dann postwendend in der Begründetheitsprüfung festzustellen, Art. 89 Abs. 3 S. 3 BayGO gebe der Klägerin gar kein subjektiv-öffentliches Recht, da die Vorschrift Individualinteressen nicht zu dienen bestimmt sei.

b) Begründetheit der Klage

Die allgemeine Leistungsklage ist – da es wie bei der Verpflichtungsklage um ein Leistungsbegehren geht – nur begründet, wenn die Klägerin einen Anspruch auf die begehrte Handlung oder Unterlassung hat. Daher muß zuerst erörtert werden, ob überhaupt eine *Anspruchsgrundlage* gegeben ist. Hier liegt das zentrale materiellrechtliche Problem des Falles, das in die bekannte Problematik der rechtlichen Zulässigkeit kommunaler wirtschaftlicher Betätigung hineinführt. Die einschlägigen gemeinderechtlichen Vorschriften sind zwar § 67 DGO nachgebildet, bei genauer Analyse sind jedoch zwischen den einzelnen Gesetzesfassungen nicht unbeträchtliche Unterschiede festzustellen, die fallentscheidende Bedeutung über die Gesetzesauslegung gewinnen.

Ausgehend von den klassischen Merkmalen des subjektiven öffentlichen Rechts müssen die gemeinderechtlichen Vorschriften zur Zulässigkeit wirtschaftlicher Betätigung daraufhin untersucht werden, ob sie zumindest auch den Schutz der konkurrierenden Privaten bezwecken. Bei unterschiedlicher Gesetzeslage im einzelnen läßt sich dies zunächst für Nordrhein-Westfalen (§ 88 NWGO) bejahen, sodann aufgrund der besonderen Rechtslage (Art. 89 Abs. 3 S. 3 BayGO) für Bayern und schließlich für die Länder Niedersachsen, Rheinland-Pfalz, Saarland und Schleswig-Holstein, deren Gemeindeordnungen wörtlich oder sachlich identische Regelungen beinhalten. Keine subjektivrechtliche Wirkung entfalten § 102 Abs. 1 BadWürttGO und § 121 Abs. 1 HessGO; mangels spezieller einfachgesetzlicher Vorschriften des Kommunalrechts ist auf Grundrechte zurückzugreifen, die jedoch grundsätzlich (Ausnahme z. B. Monopolbildung) nicht vor staatlicher bzw. kommunaler Konkurrenz schützen.

Soweit die Bestimmungen zur kommunalen wirtschaftlichen Betätigung subjektivrechtlich wirken, müssen die Voraussetzungen einzeln geprüft, d. h. ausgelegt und auf den Fall angewendet werden. Vor einem pauschalen Prüfungsansatz ist zu warnen. Die Materie ist zu schwierig und zu komplex, als daß man auf ein schrittweises Vorgehen im Tatbestand der einschlägigen Vorschrift(en) verzichten könnte.

Der Fall bietet mit seinen Abwandlungen ein anschauliches Beispiel dafür, wie die in der tatbestandlichen Diktion nur graduellen Abstufungen zu teilweise konträren Ergebnissen gelangen. Es sollte daher der gesamte Fall durchgearbeitet werden, um für die Interpretation des „eigenen" Landesrechts maßgebliche Hinweise gewinnen zu können.

3. *Rechtsprechungs- und Literaturhinweise*

a) Ausgangsfälle

Der Fall ist gebildet nach BayVGH, Urt. v. 23. 7. 1976 – Nr. 32 V 75 – BayVBl. 1976, 628; BVerwG, Beschl. v. 1. 3. 1978 – 7 B 144/76 – BayVBl. 1978, 375 = NJW 1978, 1539; VGH Bad.-Württ., Beschl. v. 21. 7. 1982 – 1 S 746/82 – VBlBW 1983, 78 = NJW 1984, 251.

b) Zu Rechtsschutzfragen

Zur Klageart vgl. *Steiner*, Die allgemeine Leistungsklage im Verwaltungsprozeß, JuS 1984, 853 ff.; zum Rechtsschutz (auch gegen private Konkurrenten um öffentlich-rechtliche Erlaubnisse, Konzessionen etc.) generell *Scherer*, Öffentlich-rechtliche Konkurrentenklage im Wirtschafts- und Beamtenrecht, Jura 1985, 11 ff.; *Miebach*, Die negative öffentlich-rechtliche Konkurrentenklage im wirtschaftlichen Wettbewerb, JuS 1987, 956 ff.

c) Zur wirtschaftlichen Betätigung kommunaler Gebietskörperschaften

Lerche, Wirtschaftliche Agenda der Gemeinden und Klagerecht Privater, JurA 1970, 821 ff.; *Schmidt-Jortzig*, Die Zulässigkeit kommunaler wirtschaftlicher Unternehmen im einzelnen, in: Handbuch der kommunalen Wissenschaft und Praxis (Hrsg. G. Püttner), Band 5, 2. Aufl. 1984, S. 50 ff.; *Gerke*, Die wirtschaftliche Betätigung der Gemeinden, Jura 1985, 349 ff.; *Habermehl*, Wirtschaftliche Betätigung der Kommunen und Abwehrmöglichkeiten des privaten Konkurrenten, VR 1987, 105 ff. – Allgemein *Pöpel*, Wettbewerbsverzerrungen durch die öffentliche Hand, JA 1988, 127 ff.

d) Speziell zur Zulässigkeit kommunaler Wohnungsvermittlung

Rocke, Rechtsfragen der kommunalen Wohnungsvermittlung, DVBl. 1973, 398 ff.; *Sailer*, Ist die kommunale Wohnungsvermittlung unzulässig?, BayVBl. 1974, 549 ff.; *Bulla*, Kommunale Wohnungsvermittlung – unzulässige wirtschaftliche Betätigung der Gemeinden?, DVBl. 1975, 643 ff.; *Reinhard*, Die Zulässigkeit kommunaler Wohnungsunternehmen, DÖV 1990, 500 ff.

e) Fallbearbeitungen

Habermehl, Der praktische Fall: Stadtwerke-Kurier, VR 1986, 269 ff.; Musterlösung zu Aufgabe 8 – Wahlfachgruppe 4 – der Ersten Juristischen Staatsprüfung 1984/I in Bayern, BayVBl. 1986, 542 f., 570 ff.; vgl. auch *von Mutius*, Zulässigkeit und Grenzen wirtschaftlicher Betätigung kommunaler Körperschaften (Fall 45), JuS 1979, 343 ff.

Fall 5: Verbot einer nichtöffentlichen Versammlung

Sachverhalt

Im Februar mietete der T-Traditionsverein e. V. in einem Hotel in der Stadt S einen Saal für eine geschlossene Vortragsveranstaltung am 6. 10. 1991 (einem Sonntag). Als Veranstaltungsort für die erwarteten 80 Teilnehmer war ein Raum im Hochparterre eines Hotels vorgesehen, der seine mit mehreren großen Fensterflächen versehene Längsfront zur L-Straße sowie seine schmale Seite zur N-Straße hat. Der Vortrag sollte Teil einer ausgedehnten Veranstaltungsreihe des T-e. V. in mehreren Städten des Bundesgebiets aus Anlaß des 46. Jahrestages des Endes des 2. Weltkriegs sein. Referent auf diesen Veranstaltungen war der wegen seiner Äußerungen zu Fragen der jüngsten deutschen Vergangenheit ebenso bekannte wie umstrittene Historiker H. Die Aktivitäten des T-e. V. hatten in weiten Teilen der Bevölkerung große Empörung ausgelöst. Aus Anlaß derartiger Veranstaltungen war es schon zu zahlreichen gewalttätig verlaufenen Protestaktionen mit Personen- und Sachschäden gekommen. Nach Bekanntwerden des Vorhabens kündigten auch in S Vertreter örtlicher Parteien und Verbände gegenüber den Polizei- und Ordnungsbehörden Protestaktionen gegen die Vortragsveranstaltung an. Die Behörden erhielten zudem eine größere Anzahl anonymer Schreiben, in denen für den Fall der Abhaltung der Veranstaltung mehr oder minder unverhohlen mit Gegenmaßnahmen gedroht wurde. Nach zuverlässigen Hinweisen wurden von bestimmten Gruppen umfangreiche Vorbereitungen für ein militantes Vorgehen getroffen. Auf Flugblättern wurde die Bevölkerung „zum Sturm auf das Hotel" aufgerufen.

Von den Behörden wurden daraufhin Sicherungsmaßnahmen angeordnet. Nach einer Besichtigung des vorgesehenen Tagungsraumes am Morgen des 4. 10. 1991 wurde wegen möglicher Angriffe seitens der Gegendemonstranten ein Veranstaltungsverbot in Betracht gezogen. Noch am gleichen Tag setzte die Behörde den T-e. V. hiervon in Kenntnis. Mit Fernschreiben vom 5. 10. 1991 an die zuständige Behörde verwahrte sich dieser gegen die Absicht, die geplante Veranstaltung wegen befürchteter Störungen durch Dritte zu verhindern. Gleichwohl erging am 6. 10. 1991 eine Verbotsverfügung durch die zuständige Behörde. Zur Begründung hieß es, angesichts der nach zuverlässigen Erkenntnissen zu erwartenden massiven Protestkundgebungen und der für einen Polizeieinsatz ungünstigen Beschaffenheit des Tagungsraumes sei das Veranstaltungsverbot erforderlich, um körperliche Gefahren für die Teilnehmer durch Steinwürfe o. ä. abzuwehren. Daraufhin fand die Veranstaltung nicht statt. Binnen Wochenfrist erhob der T-e. V., der in absehbarer Zeit weitere Veranstaltungen in S durchzuführen beabsichtigt, Klage beim zuständigen Verwaltungsgericht und beantragt festzustellen, daß die Verfügung vom 6. 10. 1991 rechtswidrig gewesen ist. Hat die Klage Aussicht auf Erfolg?

Lösung

Die Klage des T-e. V. hat Aussicht auf Erfolg, wenn sie zulässig und begründet ist.

A. Zulässigkeit der Klage

I. Allgemeine Sachentscheidungsvoraussetzungen

1. *Zulässigkeit des Verwaltungsrechtswegs*

Zunächst müßte der *Verwaltungsrechtsweg* eröffnet sein. Eine Sonderzuweisung ist nicht ersichtlich. Die Zulässigkeit des Verwaltungsrechtswegs kann sich daher nur aus § 40 Abs. 1 S. 1 VwGO ergeben.

Eine *öffentlich-rechtliche Streitigkeit* liegt vor, wenn die Beteiligten in der Hauptsache um die Rechtsfolgen aus der Anwendung öffentlich-rechtlicher Vorschriften streiten[1]. Dem T-e. V. geht es um die gerichtliche Überprüfung der Rechtmäßigkeit des von der Behörde verfügten Verbots der Vortragsveranstaltung. Als streitentscheidende Bestimmungen kommen versammlungsrechtliche (§ 5 VersG) sowie polizei- und ordnungsrechtliche Regelungen (landesrechtliche Generalklausel) in Betracht. Dabei handelt es sich um Rechtssätze, die als ein Zuordnungssubjekt ausschließlich den Staat bzw. seine Untergliederungen berechtigen. Demnach ist über das Begehren des T-e. V. nach Maßgabe öffentlich-rechtlicher Normen zu entscheiden. Eine öffentlich-rechtliche Streitigkeit ist gegeben.

Diese ist auch *nichtverfassungsrechtlicher* Art. Es streiten hier nicht Verfassungsorgane oder verfassungsrechtlich verselbständigte Teile von ihnen um ihre verfassungsrechtlichen Rechte oder Pflichten.

Gem. § 40 Abs. 1 S. 1 VwGO ist somit der Verwaltungsrechtsweg eröffnet.

2. *Beteiligungsfähigkeit*

Der T-e. V. ist als juristische Person des Privatrechts (§ 21 BGB) beteiligungsfähig (§ 61 Nr. 1 VwGO). Auf der Beklagtenseite ist entweder der jeweilige Verwaltungsträger (§ 61 Nr. 1 VwGO) oder – sofern das Landesrecht eine Beteiligungsfähigkeit von Behörden vorsieht[2] – die Behörde selbst beteiligungsfähig (§ 61 Nr. 3 VwGO).

3. *Prozeßfähigkeit*

Die Prozeßfähigkeit des T-e. V. könnte sich aus § 62 Abs. 1 Nr. 1 VwGO ergeben. Voraussetzung dafür ist die Geschäftsfähigkeit des Vereins. Geschäftsfähig ist, wer selbst rechtsgeschäftliche Folgen herbeiführen kann, also über die eigene Handlungsfähigkeit verfügt[3].

---

[1] BVerwGE 71, 183 (186); OVG Berlin, DÖV 1991, 385 = DVBl. 1991, 584; *Erichsen*, in: Jura Extra – Studium und Examen, 2. Aufl. 1983, S. 175 f.; *Kopp*, VwGO, 8. Aufl. 1989, § 40 Rdn. 6.

[2] § 10 Abs. 1 NdsAGVwGO; § 5 Abs. 1 NWAGVwGO; § 17 Abs. 1 SaarlAGVwGO; § 6 S. 1 SchlHAGVwGO.

[3] *Larenz*, Allgemeiner Teil des Deutschen Bürgerlichen Rechts, 7. Aufl. 1989, S. 99; *Heinrichs*, in: Palandt, BGB, 50. Aufl. 1991, Einf. vor § 104 Rdn. 2.

Bedenken an der Handlungsfähigkeit des T-e. V. bestehen deshalb, weil es sich bei ihm um eine juristische Person handelt. Käme es auf die sog. „natürliche Handlungsfähigkeit" an, wären juristische Personen selbst handlungsunfähig[4]. Sie könnten nur durch ihre gesetzlichen Vertreter handeln; in Ermangelung eigener Geschäftsfähigkeit könnte die Prozeßfähigkeit aus § 62 Abs. 1 Nr. 1 VwGO nicht hergeleitet werden[5]. Die Prozeßfähigkeit folgte dann aus § 62 Abs. 3 VwGO. Für den T-e. V. müßte der Vorstand als gesetzlicher Vertreter handeln (§ 26 Abs. 2 BGB).

Zweifel an dem Erfordernis einer sog. „natürlichen Handlungsfähigkeit" ergeben sich jedoch aus §§ 31, 86, 89 BGB, wo die Deliktsfähigkeit der juristischen Person als solcher gesetzlich anerkannt ist. Diese Vorschriften geben zu erkennen, daß das Handeln des Organs einer juristischen Person als Handeln der juristischen Person selbst zu qualifizieren ist. Durch ihre Organe könnte einer juristischen Person volle Handlungs- und damit eigene Geschäftsfähigkeit auch außerhalb des Deliktsrechts zukommen[6]. Danach wäre der T-e. V. gem. § 62 Abs. 1 Nr. 1 VwGO prozeßfähig.

Einer Entscheidung der Streitfrage bedarf es nicht. Die Prozeßfähigkeit des T-e. V. ist nach beiden Auffassungen zu bejahen, sei es gem. § 62 Abs. 1 Nr. 1 VwGO, sei es gem. § 62 Abs. 3 VwGO i.V.m. § 26 Abs. 2 BGB.

Auf der Beklagtenseite folgt die Prozeßfähigkeit der Behörde[7] aus § 62 Abs. 3 VwGO. Dasselbe gilt für einen Verwaltungsträger als Beteiligten, sofern die Prozeßfähigkeit einer juristischen Person verneint wird; auf der Grundlage der Organtheorie hingegen ergibt sich die Prozeßfähigkeit, wie zum T-e. V. ausgeführt, aus § 62 Abs. 1 Nr. 1 VwGO.

Am Vorliegen der sonstigen allgemeinen Sachentscheidungsvoraussetzungen bestehen keine Zweifel.

---

[4] *Bernhardt*, Zivilprozeßrecht, 3. Aufl. 1968, S. 120; *Bruns*, Zivilprozeßrecht, 2. Aufl. 1979, S. 57; *Thomas/Putzo*, ZPO, 16. Aufl. 1990, § 52 Anm. 1; *Baumbach/Lauterbach/Albers/Hartmann*, ZPO, 49. Aufl. 1991, § 52 Anm. 1 B a.

[5] *Kopp*, VwGO, § 62 Rdn. 14; *Redeker/von Oertzen*, VwGO, 10. Aufl. 1991, § 62 Rdn. 6; *Eyermann/Fröhler/Kormann*, VwGO, 9. Aufl. 1988, § 62 Rdn. 6.

[6] *von Mutius*, JuS 1977, 99 (101); *Schmidt-Jortzig/Petersen*, JuS 1989, 27 (28); *Erichsen*, Verwaltungsrecht und Verwaltungsgerichtsbarkeit I, 2. Aufl. 1984, S. 64; *Jauernig*, Zivilprozeßrecht, 23. Aufl. 1991, S. 53.

[7] Vgl. oben zu und in Fn. 2.

II. Rechtsschutzform

Die Bestimmung der richtigen Rechtsschutzform richtet sich nach dem Begehren des Klägers[8]. Der T-e. V. begehrt die Feststellung der Rechtswidrigkeit des Veranstaltungsverbots vom 6. 10. 1991.

1. *Fortsetzungsfeststellungsklage gem. § 113 Abs. 1 S. 4 VwGO*

Dieses Begehren könnte als Fortsetzungsfeststellungsklage gem. § 113 Abs. 1 S. 4 VwGO zu qualifizieren sein. Dann müßten die Rechtsschutzformvoraussetzungen der Bestimmung vorliegen. Diese sind der gerichtliche Antrag auf Feststellung der Rechtswidrigkeit eines Verwaltungsakts, der sich vor der gerichtlichen Entscheidung erledigt hat. Den Feststellungsantrag an das VG hat der T-e. V. gestellt. Fraglich ist, ob die weiteren Rechtsschutzformvoraussetzungen gegeben sind.

a) Erledigter Verwaltungsakt

Das Feststellungsbegehren müßte zunächst einen *erledigten Verwaltungsakt* zum Gegenstand haben. Bei der Verbotsverfügung vom 6. 10. 1991 handelt es sich um einen Verwaltungsakt i.S.d. § 35 S. 1 VwVfG[9]. Dieser müßte sich erledigt haben. Eine *Erledigung* liegt vor, wenn die mit dem Verwaltungsakt verbundene rechtliche Beschwer nachträglich weggefallen ist[10]. Zweifelhaft könnte sein, ob sämtliche Neben- und Folgewirkungen des Verwaltungsakts entfallen sein müssen[11]. Träfe dies zu, könnten hier wegen einer möglicherweise vorhandenen Wiederholungsgefahr Bedenken an der Erledigung des Verwaltungsakts bestehen. Aus § 113 Abs. 1 S. 4 VwGO ergibt sich jedoch, daß die Erledigung eines Verwaltungsakts nicht erst beim Wegfall sämtlicher Neben- und Folgewirkungen anzunehmen ist. Indem trotz Erledigung ein „berechtigtes Interesse" an der Feststellung der Rechtswidrigkeit des Verwaltungsakts verlangt wird, werden vom Gesetz Neben- und Folgewirkungen, die das Rechtsschutzinteresse begründen, geradezu vorausgesetzt[12].

---

[8] *Erichsen*, in: Jura Extra (Fn. 1), S. 185; *Bosch/Schmidt*, Praktische Einführung in das verwaltungsgerichtliche Verfahren, 4. Aufl. 1988, S. 72.

[9] *Hinweis*: VwVfG des jeweiligen Landes; in Schleswig-Holstein § 106 Abs. 1 LVwG.

[10] BVerwGE 66, 75 (77); BayVGH, NVwZ-RR 1989, 423 (424); VGH Bad.-Württ., NVwZ-RR 1989, 515; *Bosch/Schmidt*, Praktische Einführung (Fn. 8), S. 239; *Kopp*, VwGO, § 113 Rdn. 51; *Eyermann/Fröhler/Kormann*, VwGO, § 113 Rdn. 39.

[11] *Müller*, DÖV 1965, 38 (39).

[12] *Schenke*, Jura 1980, 133 f.

Ein Verwaltungsakt ist daher i.S.d. § 113 Abs. 1 S. 4 VwGO bereits als erledigt anzusehen, wenn sein der Vollziehung fähiger Inhalt gegenstandslos geworden ist[13]. Entscheidend ist somit der Wegfall des *Regelungsgehalts* der Verwaltungsmaßnahme[14]. Dabei führt nicht schon die Befolgung oder der Vollzug des Verwaltungsakts ohne weiteres zur Erledigung[15]. Der der Vollziehung fähige Inhalt der Maßnahme ist vielmehr nur gegenstandslos geworden, wenn die Regelungswirkung – z. B. infolge Zeitablaufs – entfallen ist[16].

Hier erschöpfte sich der Regelungsgehalt der Verfügung in dem Verbot der vom T-e. V. an einem bestimmten Tag geplanten Vortragsveranstaltung. Mit dem Ablauf des Tages ist die Verfügung gegenstandslos geworden. Die Regelungswirkung der Verwaltungsmaßnahme läßt sich nicht mehr rückgängig machen. Durch Zeitablauf hat der Verwaltungsakt seine Erledigung gefunden.

b) Zeitpunkt der Erledigung

Die Erledigung trat jedoch schon vor Klageerhebung ein. Fraglich ist, ob eine derartige Fallkonstellation von § 113 Abs. 1 S. 4 VwGO erfaßt ist.

Dem Wortlaut der Vorschrift ist nur zu entnehmen, daß der Erledigungszeitpunkt vor der gerichtlichen Entscheidung liegen muß[17]. Aus der systematischen Stellung des § 113 Abs. 1 S. 4 VwGO, insbesondere aus dem Verhältnis der Sätze 1 und 4 des § 113 Abs. 1 VwGO zueinander, ergibt sich jedoch, daß die Bestimmung unmittelbar nur die Fälle regelt, in denen die Erledigung des Verwaltungsakts *nach* Erhebung einer Anfechtungsklage eingetreten ist[18]. Da die Erledigung des Verwaltungsakts hier schon vor Klageerhebung erfolgte, ist § 113 Abs. 1 S. 4 VwGO auf den vorliegenden Fall *unmittelbar* nicht anwendbar.

---

[13] *Erichsen*, in: Jura Extra (Fn. 1), S. 197; *ders.*, Jura 1989, 49 (50).

[14] BVerwG, NVwZ 1991, 570 (571); *Martersteig*, Fortsetzungsfeststellungsklage? – Eine kritische Bestandsaufnahme verbunden mit dem Versuch einer Neuorientierung, Diss. Tübingen 1985, S. 83.

[15] VGH Bad.-Württ., NVwZ-RR 1989, 515; NVwZ-RR 1990, 602; *Eyermann/Fröhler/Kormann*, VwGO, § 113 Rdn. 39; *Schmitt Glaeser*, Verwaltungsprozeßrecht, 10. Aufl. 1990, Rdn. 200.

[16] Nachw. Fn. 13 und 14.

[17] *Schenke*, Jura 1980, 133 (136); *Erichsen*, Verwaltungsrecht und Verwaltungsgerichtsbarkeit I, S. 140.

[18] OVG Koblenz, NJW 1982, 1301 (1302); *Schenke*, Jura 1980, 133 (136); *Erichsen*, in: Jura Extra (Fn. 1), S. 97; *Schmitt Glaeser*, Verwaltungsprozeßrecht, Rdn. 502; *Stern*, Verwaltungsprozessuale Probleme in der öffentlichrechtlichen Arbeit, 6. Aufl. 1987, S. 90.

2. *Fortsetzungsfeststellungsklage analog § 113 Abs. 1 S. 4 VwGO*

Die Vorschrift könnte jedoch *analog* anwendbar sein. Voraussetzungen einer Analogie sind die planwidrige Unvollständigkeit des Gesetzes und eine gleichgerichtete Interessenlage zwischen dem geregelten und dem nicht geregelten Fall[19].

a) Regelungslücke

Eine Regelungslücke wäre zu verneinen, wenn eine andere der in der VwGO geregelten Klagearten für das Rechtsschutzbegehren des T-e. V. statthaft wäre. Die *Anfechtungsklage* kommt hierfür nicht in Betracht. Aus dem systematischen Zusammenhang der in §§ 42 Abs. 1, 113 Abs. 1 S. 1, 113 Abs. 1 S. 4 VwGO getroffenen Regelungen ergibt sich, daß diese Klageart einen *aufhebbaren* Verwaltungsakt voraussetzt[20]. Die Aufhebung eines Verwaltungsakts scheidet aber, wie § 113 Abs. 1 S. 4 VwGO zeigt, nach seiner Erledigung aus[21].

Der T-e. V. könnte jedoch sein Rechtsschutzbegehren möglicherweise mit der *allgemeinen Feststellungsklage* (§ 43 Abs. 1 VwGO) verfolgen. Rechtsschutzformvoraussetzung dieser Klageart ist gem. § 43 Abs. 1 VwGO ein auf die Feststellung des Bestehens oder Nichtbestehens eines Rechtsverhältnisses gerichteter Antrag. Ein Rechtsverhältnis in diesem Sinne ist die aufgrund der Anwendung einer öffentlich-rechtlichen Regelung auf einen Sachverhalt zwischen zwei Rechtssubjekten entstandene Rechts- bzw. Pflichtenbeziehung[22]. Durch einen Verwaltungsakt kann ein Rechtsverhältnis begründet, verändert oder beendet werden[23], oder ein Verwaltungsakt kann aus einem Rechtsver-

---

[19] *Larenz*, Methodenlehre der Rechtswissenschaft, 6. Aufl. 1991, S. 381 ff.; *Canaris*, Die Feststellung von Lücken im Gesetz, 2. Aufl. 1983, S. 16 ff., 134 ff.

[20] *Erichsen*, in: Jura Extra (Fn. 1), S. 197; *Schmitt Glaeser*, Verwaltungsprozeßrecht, Rdn. 197.

[21] *Schenke*, Jura 1980, 133 (134, 137); *Erichsen*, Jura 1989, 49; *Schmitt Glaeser*, Verwaltungsprozeßrecht, Rdn. 184, 197; *Kopp*, VwGO, § 113 Rdn. 55; *Martersteig*, Diss. (Fn. 14), S. 114.

[22] BVerwGE 14, 235 (236); 16, 92 (93); 50, 11 (19), BVerwG, NJW 1985, 1302 (1303); BayVGH, NVwZ 1988, 83 (84); HessVGH, NVwZ 1988, 445 (446); VG Stuttgart, NJW 1989, 1050 (1051); *Lässig*, NVwZ 1988, 410 f.; *Laubinger*, VerwArch. 82 (1991), 459 (486); *Bosch/Schmidt*, Praktische Einführung (Fn. 8), S. 147; *Schmitt Glaeser*, Verwaltungsprozeßrecht, Rdn. 470.

[23] *Renck*, JuS 1970, 113 (116); *Schenke*, Jura 1980, 133 (137); *Eyermann/Fröhler/Kormann*, VwGO, § 43 Rdn. 8; *Martersteig*, Diss. (Fn. 14), S. 121 f.

hältnis hervorgehen[24]. Der Verwaltungsakt selbst stellt jedoch kein im Rahmen des § 43 Abs. 1 VwGO feststellungsfähiges Rechtsverhältnis dar[25].

Für Konstellationen der vorliegenden Art könnte die allgemeine Feststellungsklage dennoch die richtige Klageart sein, wenn von dem Bestehen oder Nichtbestehen eines Rechtsverhältnisses ein *zwingender Schluß* auf die Rechtmäßigkeit bzw. Rechtswidrigkeit des erledigten Verwaltungsakts gezogen werden könnte[26]. In Betracht kommen insoweit ein durch den Verwaltungsakt begründetes oder ein ihm vorgelagertes Rechtsverhältnis.

Das durch den Verwaltungsakt *begründete* Rechtsverhältnis hat nur dessen Rechts*wirksamkeit* zur Voraussetzung, entsteht jedoch unabhängig von der Recht*mäßigkeit* des zugrundeliegenden Verwaltungsakts. Im Rahmen einer auf das Bestehen oder Nichtbestehen dieses Rechtsverhältnisses gerichteten Klage könnte folglich keine zwingende Aussage über die Rechtmäßigkeit des erledigten Verwaltungsakts getroffen werden[27]. Der erwogene Anknüpfungspunkt kommt daher nicht in Betracht.

Das aufgrund abstrakt-genereller Regelungen bestehende, einem Verwaltungsakt *vorgelagerte* Rechtsverhältnis kann die Berechtigung des Staates zum Erlaß eines Verwaltungsakts zum Inhalt haben[28]. Die Feststellung des Nichtbestehens dieses Rechtsverhältnisses trifft notwendigerweise die weitere Aussage, daß der Verwaltungsakt nicht hätte erlassen werden dürfen. Damit ist zugleich seine Rechtswidrigkeit konstatiert[29]. Die auf Feststellung der Rechtswidrigkeit eines Verwaltungsakts gerichtete Klage könnte danach als auf die Feststellung des zwischen Staat und Bürger vor Erlaß des Verwaltungsakts bestehenden Rechtsverhältnisses gerichtet qualifiziert werden[30].

---

[24] *Schenke*, Jura 1980, 133 (138); *Erichsen*, Verwaltungsrecht und Verwaltungsgerichtsbarkeit I, S. 141.

[25] *Laubinger*, VerwArch. 82 (1991), 459 (487); *Erichsen*, in: Jura Extra (Fn. 1), S. 194; *Schmitt Glaeser*, Verwaltungsprozeßrecht, Rdn. 477.

[26] *Renck*, JuS 1970, 113 (117).

[27] *Schenke*, Jura 1980, 133 (138); *Martersteig*, Diss. (Fn. 14), S. 117 f.; *Gebhardt-Benischke*, Die Klage auf Feststellung der Rechtswidrigkeit eines vor Klageerhebung erledigten Verwaltungsaktes, Diss. Münster 1971, S. 16.

[28] *Renck*, JuS 1970, 113 (117); *Schenke*, Jura 1980, 133 (138); *Erichsen*, Verwaltungsrecht und Verwaltungsgerichtsbarkeit I, S. 141; *Gebhardt-Benischke*, Diss. (Fn. 27), S. 18.

[29] *Erichsen*, Verwaltungsrecht und Verwaltungsgerichtsbarkeit I, S. 141.

[30] *Renck*, JuS 1970, 113 (117); *Schrödter*, DVBl. 1973, 365 (366); *Schenke*, Jura 1980, 133 (138).

Voraussetzung für die Tragfähigkeit dieser Auffassung ist jedoch die sichere Schlußfolgerung von dem (Nicht-)Bestehen des Rechtsverhältnisses auf die Rechtswidrigkeit oder Rechtmäßigkeit des daraus hervorgehenden Verwaltungsakts. Eine solche Konsequenz besteht indes rechtlich nicht. So kann ein gesetzlich begründetes Rechtsverhältnis zwischen Verwaltung und Bürger zwar bestehen, der darauf gegründete Verwaltungsakt jedoch gleichwohl rechtswidrig sein. Dies trifft etwa zu, wenn trotz materiellrechtlicher Befugnis zum Erlaß eines Verwaltungsakts dieser Verwaltungsakt wegen Verstoßes gegen Form- oder Verfahrensvorschriften oder wegen fehlerhafter Ausübung des der Behörde eingeräumten Ermessens rechtswidrig ist[31]. Die Feststellung des Bestehens des dem Verwaltungsakt *vorgelagerten* Rechtsverhältnisses korrespondiert demnach nicht notwendigerweise mit der Rechtmäßigkeit des daraufhin erlassenen Verwaltungsakts. Umgekehrt ist das Fehlen eines derartigen Rechtsverhältnisses nicht das einzige und damit kein hinreichendes Kriterium für die Rechtswidrigkeit des erledigten Verwaltungsakts. Auch die Feststellung des Bestehens oder Nichtbestehens des dem Verwaltungsakt vorgelagerten Rechtsverhältnisses ermöglicht somit keinen zwingenden Schluß auf die Rechtmäßigkeit oder Rechtswidrigkeit des erledigten Verwaltungsakts[32]. Die allgemeine Feststellungsklage scheidet als statthafte Rechtsschutzform gegen vor Klageerhebung erledigte Verwaltungsakte aus[33].

Sonstige Klagearten der VwGO kommen für die Rechtsschutzgewährung nicht in Betracht. Das Rechtsschutzsystem der VwGO weist demnach eine *Regelungslücke* auf.

b) Planwidrigkeit der Regelungslücke

Im Hinblick auf die verfassungsrechtliche Gewährleistung des Art. 19 Abs. 4 S. 1 GG muß diese Regelungslücke auch als planwidrig qualifiziert werden[34]. Das formelle Hauptgrundrecht garantiert dem einzelnen einen umfassenden Rechtsschutz gegenüber allen Akten der öffent-

---

[31] *Gebhardt-Benischke*, Diss. (Fn. 27), S. 18 f.; *Martersteig*, Diss. (Fn. 14), S. 119 f.

[32] *Gebhardt-Benischke*, Diss. (Fn. 27), S. 19; *Martersteig*, Diss. (Fn. 14), S. 120.

[33] *Schenke*, Jura 1980, 133 (139 f.); *Erichsen*, Verwaltungsrecht und Verwaltungsgerichtsbarkeit I, S. 141; *Gebhardt-Benischke*, Diss. (Fn. 27), S. 20; *Martersteig*, Diss. (Fn. 14), S. 120.

[34] OVG Koblenz, NJW 1982, 1301 (1302); *Erichsen*, Jura 1989, 49 (50); *Schmitt Glaeser*, Verwaltungsprozeßrecht, Rdn. 512.

lichen Gewalt[35]. Die fehlende Rechtsschutzmöglichkeit gegenüber vor Klageerhebung erledigten Verwaltungsakten liefe diesem Garantiegehalt zuwider.

c) **Vergleichbarkeit der Interessenlagen**

Auch das Erfordernis einer gleichgerichteten Interessenlage zwischen geregeltem und nicht geregeltem Fall ist erfüllt. Ebenso wie bei einem erst nach Klageerhebung erledigten Verwaltungsakt kann auch bei einem vor Klageerhebung erledigten Verwaltungsakt ein berechtigtes Interesse des Bürgers an der Feststellung der Rechtswidrigkeit der Verwaltungsmaßnahme bestehen[36]. Beide Konstellationen unterscheiden sich lediglich durch den oftmals zufälligen Zeitpunkt der Erledigung. Dieser die Interessenlage unberührt lassende Umstand vermag eine unterschiedliche Behandlung beider Fallgruppen hinsichtlich der Art und Weise des zu gewährenden Rechtsschutzes nicht zu rechtfertigen[37].

Die für die Feststellung der Rechtswidrigkeit eines *nach* Erhebung der Anfechtungsklage erledigten Verwaltungsakts zur Verfügung stehende Fortsetzungsfeststellungsklage des § 113 Abs. 1 S. 4 VwGO ist sonach analog auf die Fälle der Erledigung *vor* Klageerhebung anzuwenden[38]. Die Fortsetzungsfeststellungsklage ist damit für das Begehren des T-e. V. die richtige Klageart.

III. Besondere Sachentscheidungsvoraussetzungen

1. *Feststellungsinteresse*

Gem. § 113 Abs. 1 S. 4 VwGO ist die Fortsetzungsfeststellungsklage nur zulässig, wenn der Kläger ein *berechtigtes Interesse* an der Feststellung der Rechtswidrigkeit des Verwaltungsakts hat. Nicht verlangt ist ein rechtliches Interesse wie in § 256 Abs. 1 ZPO. Zur Bejahung des

---

35 OVG Hamburg, DVBl. 1967, 422 (424).

36 BVerwGE 12, 87 (90); OVG Hamburg, DVBl. 1967, 422 (424); *Erichsen*, Verwaltungsrecht und Verwaltungsgerichtsbarkeit I, S. 142; *Eyermann/Fröhler/Kormann*, VwGO, § 42 Rdn. 191.

37 *Eyermann/Fröhler/Kormann*, VwGO, § 42 Rdn. 191.

38 BVerwGE 26, 161 (165); 49, 36 (39); 56, 24 (26); 81, 226 (227); BVerwG, NJW 1991, 581; OVG Koblenz, NJW 1982, 1301 (1302); OVG Lüneburg, NVwZ 1988, 638; BayVGH, NVwZ 1988, 1055; *Erichsen*, Jura 1989, 49 (50); *Redeker/von Oertzen*, VwGO, § 113 Rdn. 35; *Schenke*, in: Festschrift für Menger, 1985, S. 461 (474).

Feststellungsinteresses i.S.d. § 113 Abs. 1 S. 4 VwGO genügt jedes aufgrund vernünftiger Erwägungen nach Lage des Falles anzuerkennende schutzwürdige Interesse rechtlicher, wirtschaftlicher oder ideeller Art[39]. Ein derartiges Feststellungsinteresse könnte im vorliegenden Fall wegen Wiederholungsgefahr gegeben sein. Die Gefahr der Wiederholung gleichartiger Verwaltungsakte vermag das klägerische Interesse an einer gerichtlichen Sachentscheidung zu begründen[40]. Dafür genügt jedoch nicht schon die zeitlich ungewisse Möglichkeit, daß die zu entscheidende Rechtsfrage zukünftig wieder einmal Bedeutung erlangen könnte[41]. Voraussetzung für die Bejahung einer Wiederholungsgefahr ist vielmehr die hinreichend konkrete Wahrscheinlichkeit, daß sich sowohl der Lebenssachverhalt als auch das behördliche Vorgehen in absehbarer Zeit wiederholen können[42].

Der T-e. V. plant in absehbarer Zeit die Durchführung weiterer Vortragsveranstaltungen in S. Aufgrund der starken Erregung in der Bevölkerung und der gemachten Erfahrungen muß dabei wiederum mit Protestaktionen gerechnet werden. Unter diesen Umständen liegt die Annahme nicht fern, daß die Behörde zwecks Vermeidung gewalttätiger Auseinandersetzungen abermals dem T-e. V. die Abhaltung von Vortragsveranstaltungen verbieten wird. Unter dem Gesichtspunkt der Wiederholungsgefahr ist somit ein berechtigtes Feststellungsinteresse des T-e. V. zu bejahen[43].

2. *Sonstige besondere Sachentscheidungsvoraussetzungen*

Ob und inwieweit die besonderen Sachentscheidungsvoraussetzungen der Anfechtungsklage auch für die Fortsetzungsfeststellungsklage gel-

---

[39] BVerwGE 53, 134 (137); *Erichsen*, Jura 1989, 49 (51); *Kopp*, VwGO, § 113 Rdn. 57; *Eyermann/Fröhler/Kormann*, VwGO, § 113 Rdn. 41 i.V.m. § 43 Rdn. 11.

[40] BVerwGE 42, 318 (320); 54, 314 (316); 80, 355 (365); VGH Bad.-Württ., NVwZ 1987, 237 = DVBl. 1987, 151 = VBlBW 1987, 183; VBlBW 1990, 231; BayVGH, NJW 1987, 2100; BayVGH, NVwZ 1988, 1055; OVG Lüneburg, NVwZ 1988, 638; *Schenke*, Jura 1980, 133 (142); *Bosch/Schmidt*, Praktische Einführung (Fn. 8), S. 246.

[41] OVG Münster, NVwZ 1982, 46 = DVBl. 1982, 653; *Bosch/Schmidt*, Praktische Einführung (Fn. 8), S. 246.

[42] BVerwG, NVwZ 1990, 360; BayVBl. 1991, 315; BayVGH, BayVBl. 1983, 434 (435); NJW 1987, 2100; VGH Bad.-Württ., NVwZ-RR 1990, 602; OVG Bremen, NVwZ 1990, 1188; *Schenke*, in: Festschrift für Menger, S. 461 (470); *Eyermann/Fröhler/Kormann*, VwGO, § 113 Rdn. 41; *Kopp*, VwGO, § 113 Rdn. 59.

[43] Vgl. VGH Bad.-Württ., NVwZ 1987, 237 = DVBl. 1987, 151; VBlBW 1990, 231.

ten, wenn das erledigende Ereignis *vor* Klageerhebung eingetreten ist, ist fraglich[44]. Bei der Fortsetzungsfeststellungsklage könnte es sich um eine nachträgliche Anfechtungsklage handeln, und die Analogie zu § 113 Abs. 1 S. 4 VwGO könnte verlangen, daß die von der Vorschrift unmittelbar und analog erfaßten Klagen bezüglich ihrer besonderen Sachentscheidungsvoraussetzungen gleich zu behandeln sind[45]. Dann müßten alle für die Anfechtungsklage geltenden besonderen Sachentscheidungsvoraussetzungen auch bei der Fortsetzungsfeststellungsklage erfüllt sein[46].

Einer Entscheidung dieser Frage bedarf es nicht, wenn jene besonderen Sachentscheidungsvoraussetzungen gegeben sind. Der T-e. V. wäre jedenfalls gem. § 42 Abs. 2 VwGO (analog) *klagebefugt*. Es ist nicht ausgeschlossen, daß der T-e. V. als Ausrichter der Vortragsreihe durch das möglicherweise rechtswidrig ergangene Veranstaltungsverbot in seinem Grundrecht aus Art. 8 Abs. 1 GG verletzt wurde. Die Grundrechtsfähigkeit des Vereins ergibt sich aus Art. 19 Abs. 3 GG. Zumindest in Gestalt der von Art. 8 Abs. 1 GG mitumfaßten und vom T-e. V. geltend gemachten „Veranstaltungsfreiheit“[47] ist dieses Grundrecht „seinem Wesen nach“ auch auf juristische Personen anwendbar[48].

Die Einhaltung der Regelungen über die *Beklagtenbefugnis* entsprechend § 78 Abs. 1 Nr. 1 bzw. Nr. 2 VwGO[49] begegnet keinen Bedenken. Eine etwaige *Klagefrist* analog § 74 Abs. 1 VwGO ist beachtet worden.

3. *Insbesondere: Erfolglos durchgeführtes Widerspruchsverfahren*

Fraglich ist, ob ein erfolglos durchgeführtes *Widerspruchsverfahren* besondere Sachentscheidungsvoraussetzung bei der Fortsetzungsfest-

---

[44] *Schenke*, Jura 1980, 133 (140f.); *Erichsen*, Jura 1989, 49 (50f.); *Schmitt Glaeser*, Verwaltungsprozeßrecht, Rdn. 513f.

[45] *Erichsen*, Verwaltungsrecht und Verwaltungsgerichtsbarkeit I, S. 143; *Schenke*, in: Festschrift für Menger, S. 461 (466f.).

[46] OVG Koblenz, NJW 1982, 1301 (1302); *Kopp*, VwGO, § 113 Rdn. 47; *Eyermann/Fröhler/Kormann*, VwGO, § 113 Rdn. 51.

[47] BVerwGE 80, 158 (161); *von Mutius*, Jura 1988, 30 (35); *Jarass*, in: Jarass/Pieroth, GG, 1989, Art. 8 Rdn. 4.

[48] *Gallwas*, JA 1986, 484 (485); *von Münch*, in: ders. (Hrsg.), GG, Bd. 1, 3. Aufl. 1985, Art. 8 Rdn. 7; *Herzog*, in: Maunz/Dürig u. a., GG, Art. 8 Rdn. 34; *Dietel/Gintzel/Kniesel*, Demonstrations- und Versammlungsfreiheit, 10. Aufl. 1991, § 1 Rdn. 46.

[49] *Hinweis*: Zur Alternative zwischen Nr. 1 und Nr. 2 des § 78 Abs. 1 VwGO vgl. (im Anschluß an Text zu Fn. 2) i.S.d. Beklagtenbefugnis von (z. T. nur Landes-)Behörden § 10 Abs. 2 NdsAGVwGO; § 5 Abs. 2 S. 1 NWAGVwGO; § 17 Abs. 2 SaarlAGVwGO; § 6 S. 2 SchlHAGVwGO.

stellungsklage auch dann ist, wenn die Erledigung *vor* Klageerhebung eingetreten ist. Der T-e. V. hat im vorliegenden Fall ein Widerspruchsverfahren nicht durchgeführt, sondern unmittelbar Klage beim VG erhoben.

Gem. § 68 VwGO ist das Vorverfahren besondere Sachentscheidungsvoraussetzung bei Anfechtungs- und Verpflichtungsklage. Es ist dagegen keine Zulässigkeitsvoraussetzung der Feststellungsklage[50]. Hiervon ausgehend könnte man seine erfolglose Durchführung mit der Erwägung für überflüssig erachten, bei der Fortsetzungsfeststellungsklage handele es sich im Kern um eine Feststellungsklage[51]. Demgegenüber ließe sich die Fortsetzungsfeststellungsklage auch als nachträgliche Anfechtungsklage begreifen[52], was möglicherweise für das Erfordernis eines erfolglos durchgeführten Widerspruchsverfahrens spräche. Derartige Qualifizierungen erscheinen indes zu formelhaft, um überzeugende Kriterien für die Lösung der sachlichen Problematik zu liefern. Entscheidend sind daher inhaltliche Gesichtspunkte.

Gegen die Notwendigkeit der Durchführung eines Widerspruchsverfahrens[53] könnte sprechen, daß das Vorverfahren einen wesentlichen Teil seiner Funktionen, nämlich Rechtsschutzgewährung, Selbstkontrolle der Verwaltung und Entlastung der Gerichte[54], nicht mehr erfüllen kann[55]. Zudem ist eine Korrektur, die den behördlichen Entscheidungsprozeß beeinflussen könnte, nicht mehr möglich[56]. Die Grund-

---

50 *Schenke*, Jura 1980, 133 (139); *Schmitt Glaeser*, Verwaltungsprozeßrecht, Rdn. 494.

51 BVerwGE 26, 161 (166); *Renck*, JuS 1970, 113 (117).

52 OVG Koblenz, NJW 1982, 1301 (1302); *Schenke*, Jura 1980, 133 (140); *ders.*, in: Festschrift für Menger, S. 461 (466 f.); *Pietzner/Ronellenfitsch*, Das Assessorexamen im Öffentlichen Recht, 7. Aufl. 1991, § 31 Rdn. 30; *Kopp*, VwGO, § 113 Rdn. 47; *Eyermann/Fröhler/Kormann*, VwGO, § 113 Rdn. 51.

53 BVerwGE 26, 161 (165 f.); 81, 226 (229); OVG Koblenz, NJW 1982, 1301 (1302); BayVGH, BayVBl. 1983, 434 (435); NVwZ 1988, 1055 = BayVBl. 1988, 562 (563); *Erichsen*, Verwaltungsrecht und Verwaltungsgerichtsbarkeit I, S. 144; *ders.*, Jura 1989, 49 (51); *Schmitt Glaeser*, Verwaltungsprozeßrecht, Rdn. 513; *Stern*, Verwaltungsprozessuale Probleme (Fn. 18), S. 90; *Bosch/Schmidt*, Praktische Einführung (Fn. 8), S. 248; *Redeker/von Oertzen*, VwGO, § 113 Rdn. 35.

54 *Weides*, Verwaltungsverfahren und Widerspruchsverfahren, 2. Aufl. 1981, S. 167; *Pietzner/Ronellenfitsch*, Assessorexamen (Fn. 52), § 24 Rdn. 3; *Bosch/Schmidt*, Praktische Einführung (Fn. 8), S. 116.

55 BVerwGE 26, 161 (166); *Bauer*, DÖD 1979, 22 f.; *Bosch/Schmidt*, Praktische Einführung (Fn. 8), S. 248.

56 BVerwGE 26, 161 (167); OVG Koblenz, NJW 1982, 1301 (1302); *Erichsen*, Jura 1989, 49 (51).

sätze der Gesetzmäßigkeit der Verwaltung (Art. 20 Abs. 3 GG) und der Zweckmäßigkeit (§ 10 S. 2 VwVfG) können wegen des Zeitablaufs nicht mehr eingehalten werden[57]. Schließlich könnte man der Verwaltung die Befugnis absprechen, verbindlich darüber zu entscheiden, ob ein erledigter Verwaltungsakt rechtswidrig gewesen ist[58]. Zudem hätte eine solche verwaltungsbehördliche Feststellung keine Bindungswirkung wie eine rechtskräftige verwaltungsgerichtliche Entscheidung gem. § 121 VwGO[59].

Demgegenüber ist jedoch, wie § 44 Abs. 5 VwVfG zeigt, schon fraglich, ob die Verwaltung tatsächlich keine Befugnis zur verbindlichen Feststellung der Fehlerhaftigkeit eines Verwaltungsakts hat[60]. Der Betroffene kann an einer Widerspruchsentscheidung auch ein Interesse haben. Das ist insbesondere bei der Anwendung von Ermessensvorschriften der Fall, bei denen, wie hier, wegen § 114 VwGO keine gerichtliche Kontrolle der Zweckmäßigkeit stattfindet. Von der Widerspruchsbehörde hingegen wird gem. § 68 VwGO neben der Rechtmäßigkeit des Verwaltungsakts grundsätzlich auch dessen Zweckmäßigkeit überprüft[61]. Insbesondere wenn über den Widerspruch eine übergeordnete Behörde der Ausgangsbehörde entscheidet (§ 73 Abs. 1 S. 2 Nr. 1 VwGO), kann ein nachhaltiges Interesse des Betroffenen vorliegen, weil die realen Folgen des erledigten Verwaltungsakts wie Wiederholungsgefahr und Diskriminierung beseitigt werden können[62]. Bei einem erfolgreichen Widerspruch kann der Rechtsbehelfsführer Genugtuung erfahren, bei Erfolglosigkeit kann er von der Rechtmäßigkeit des Verwaltungsakts überzeugt werden. In beiden Fällen kann es mangels anschließenden Prozesses zu einer Entlastung der Gerichte kommen. Jedenfalls teilweise können die Funktionen des Vorverfahrens also erfüllt werden[63].

---

57 *Bauer*, DÖD 1979, 22 (23).

58 BVerwGE 26, 161 (167); BayVGH, BayVBl. 1990, 178 (179); *Bauer*, DÖD 1979, 22 f.

59 OVG Koblenz, NJW 1982, 1301 (1302); *Erichsen*, Verwaltungsrecht und Verwaltungsgerichtsbarkeit I, S. 144; *ders.*, Jura 1989, 49 (51).

60 *Renck*, JuS 1970, 113 (117); *Dreier*, NVwZ 1987, 474 (477); *Pietzner/Ronellenfitsch*, Assessorexamen (Fn. 52), § 31 Rdn. 30; *Kopp*, VwGO, § 68 Rdn. 34.

61 *Weides*, Verwaltungsverfahren (Fn. 54), S. 167; *Stern*, Verwaltungsprozessuale Probleme (Fn. 18), S. 166, 168; *Eyermann/Fröhler/Kormann*, VwGO, § 113 Rdn. 51.

62 *Pietzner/Ronellenfitsch*, Assessorexamen (Fn. 52), § 31 Rdn. 30.

63 *Schenke*, Jura 1980, 133 (141); *ders.*, in: Festschrift für Menger, S. 461 (467 f.); *Dreier*, NVwZ 1987, 474 (477).

Die gewichtigeren Gesichtspunkte sprechen somit dafür, daß die erfolglose Durchführung des Widerspruchsverfahrens besondere Sachentscheidungsvoraussetzung der Fortsetzungsfeststellungsklage auch bei der Erledigung des Verwaltungsakts vor Klageerhebung ist[64]. Da der T-e. V. das notwendige Widerspruchsverfahren nicht erfolglos durchgeführt hat, ist eine besondere Sachentscheidungsvoraussetzung der Klage nicht erfüllt. Die Klage des T-e. V. ist daher – noch[65] – unzulässig.

Hilfsgutachten

B. Begründetheit der Klage

Die Fortsetzungsfeststellungsklage wäre begründet, wenn das Veranstaltungsverbot rechtswidrig gewesen und der T-e. V. dadurch in seinen Rechten verletzt worden ist.

I. Rechtswidrigkeit der Verbotsverfügung

Rechtswidrig ist ein Verwaltungsakt insbesondere, wenn er durch unrichtige Anwendung bestehender Rechtssätze zustandegekommen ist[66]. Das ist der Fall, wenn er einer Ermächtigungsgrundlage bedurfte und diese nicht bestand oder unrichtig angewendet wurde (Vorbehalt des Gesetzes) oder wenn der Verwaltungsakt gegen bestehende Rechtsvorschriften verstößt (Vorrang des Gesetzes)[67].

---

[64] *Schenke*, wie Fn. 63; *Kopp*, VwGO, § 68 Rdn. 34 und § 113 Rdn. 47; *Eyermann/Fröhler/Kormann*, VwGO, § 113 Rdn. 51.

[65] *Hinweis zur Praxis*: Wenn Klage noch während des Laufs der Widerspruchsfrist erhoben ist, kann das Vorverfahren nach h. M. nachgeholt werden, indem das Verwaltungsgericht den Prozeß bis zur Entscheidung über den Widerspruch aussetzt (*Kopp*, VwGO, § 68 Rdn. 4; *Bosch/Schmidt*, Praktische Einführung [Fn. 8], S. 138; *Stern*, Verwaltungsprozessuale Probleme [Fn. 18], S. 172).

[66] BVerwGE 13, 28 (31); 31, 222 (223); 35, 1 (2); *Pieroth*, NVwZ 1984, 681 (684); *Ule/Laubinger*, Verwaltungsverfahrensrecht, 3. Aufl. 1986, S. 357; *Maurer*, Allgemeines Verwaltungsrecht, 7. Aufl. 1990, § 10 Rdn. 2.

[67] *Kopp*, VwGO, § 113 Rdn. 20 i.V.m. § 42 Rdn. 46.

1. *Ermächtigungsgrundlage*

a) Erfordernis einer Ermächtigungsgrundlage

Die Verwaltungsbehörde benötigt für ihr Vorgehen eine gesetzliche Ermächtigungsgrundlage, wenn die Maßnahme dem *Vorbehalt des Gesetzes* unterliegt[68]. Im vorliegenden Fall könnte der grundrechtliche Gesetzesvorbehalt anwendbar sein. Danach bedürfen („belastende") Verwaltungsakte, die in Freiheit und Eigentum des Bürgers eingreifen, einer gesetzlichen Ermächtigungsgrundlage[69].

Hier kommt bezüglich des T-e. V. ein Eingriff in das Grundrecht der Versammlungsfreiheit (Art. 8 Abs. 1 GG) in Betracht. Als Zusammenkunft eines bestimmten Personenkreises zum Zwecke gemeinsamer Meinungsbildung über eine Thematik von allgemeinem öffentlichen Interesse stellte die geplante Veranstaltung eine „Versammlung" i.S.d. Art. 8 Abs. 1 GG dar. Das Vorhaben des T-e. V. war, da friedlich und ohne Waffen, vom Schutzbereich des Art. 8 Abs. 1 GG umfaßt. Die Grundrechtsberechtigung des T-e. V. war gegeben[70]. Folglich wurde durch das behördliche Verbot in den Schutzbereich des Art. 8 Abs. 1 GG eingegriffen. Nach dem Vorbehalt des Gesetzes bedurfte das Veranstaltungsverbot als Grundrechtseingriff einer wirksamen Ermächtigungsgrundlage. Zwar besteht dieses Erfordernis gem. Art. 8 Abs. 2 GG nur für Beschränkungen von Versammlungen unter freiem Himmel, während die Veranstaltung des T-e. V. in einem Saal, also in einem geschlossenen Raum stattfinden sollte. Eingriffe in Grundrechte, die verfassungstextlich vorbehaltlos gewährleistet sind, sind indes keinesfalls unter geringeren Voraussetzungen zulässig als Beschränkungen mit ausdrücklichem Schrankenvorbehalt[71]. Für das Verwaltungshandeln ist daher eine gesetzliche Rechtsgrundlage notwendig.

b) Anwendbare Ermächtigungsgrundlage

Im vorliegenden Fall geht es um einen Eingriff in das Grundrecht der Versammlungsfreiheit. Die anwendbare Rechtsgrundlage könnte sich daher aus dem Versammlungsgesetz ergeben. Als Ermächtigungsgrund-

---

[68] *Maurer*, Allgemeines Verwaltungsrecht, § 6 Rdn. 3; *Ossenbühl*, in: Erichsen/Martens (Hrsg.), Allgemeines Verwaltungsrecht, 9. Aufl. 1991, § 5 Rdn. 7.

[69] *Schwerdtfeger*, Öffentliches Recht in der Fallbearbeitung, 8. Aufl. 1986, Rdn. 68; *Maurer*, Allgemeines Verwaltungsrecht, § 6 Rdn. 7, 12; *von Münch*, in: Erichsen/Martens (Hrsg.), Allgemeines Verwaltungsrecht, § 2 Rdn. 46; *Erichsen*, ebd., § 14 Rdn. 14.

[70] Vgl. Text zu Fn. 47 und 48.

[71] *Pieroth/Schlink*, Grundrechte Staatsrecht II, 6. Aufl. 1990, Rdn. 380.

lage für das behördliche Versammlungsverbot kommt § 5 VersG in Betracht. Das VersG gilt jedoch – mit Ausnahme der §§ 3, 21, 28, 30 VersG – gem. § 1 Abs. 1 VersG nur für *öffentliche* Versammlungen[72]. Öffentlich ist nur eine solche Versammlung, die grundsätzlich jedermann zugänglich ist[73]. Die Vortragsveranstaltung des T-e. V. war als geschlossene Veranstaltung geplant. Lediglich Vereinsmitgliedern sowie individuell bestimmten Personen sollte der Zutritt gewährt werden. Es handelte sich somit um eine *nichtöffentliche* Versammlung. Auf nichtöffentliche Versammlungen ist das VersG unmittelbar nicht anwendbar[74].

Auf Fallkonstellationen der vorliegenden Art könnte § 5 VersG jedoch analog anwendbar sein[75]. Voraussetzungen wären die planwidrige Unvollständigkeit der gesetzlichen Regelung und eine vergleichbare Interessenlage zwischen dem geregelten und dem nicht geregelten Fall[76]. Zweifel bestehen hier schon an der gesetzlichen Regelungslücke, weil für Eingriffe bei nichtöffentlichen Versammlungen in geschlossenen Räumen die allgemeine (polizei- und) ordnungsrechtliche Generalklausel[77] als Ermächtigungsgrundlage herangezogen werden könnte[78].

---

[72] *Alberts*, ZRP 1988, 285 (288); *Dietel/Gintzel/Kniesel*, Demonstrations- und Versammlungsfreiheit, § 1 Rdn. 174; *Pieroth/Schlink*, Grundrechte (Fn. 71), Rdn. 797; *Götz*, Allgemeines Polizei- und Ordnungsrecht, 10. Aufl. 1991, Rdn. 175.

[73] VG Minden, NVwZ 1988, 663 (664); *Drosdzol*, JuS 1983, 409 (413); *Ketteler*, DÖV 1990, 954; *von Münch*, in: ders. (Hrsg.), GG, Bd. 1, Art. 8 Rdn. 11; *Dietel/Gintzel/Kniesel*, Demonstrations- und Versammlungsfreiheit, § 1 Rdn. 172.

[74] OVG Saarlouis, AS 13, 208 (211) = DÖV 1973, 863 (864); OVG Lüneburg, NVwZ 1988, 638; *Schmidt-Jortzig*, JuS 1970, 507 (508); *Rühl*, NVwZ 1988, 577 (580); *Ketteler*, DÖV 1990, 954 (955).

[75] *Wind*, Verwaltungsrundschau (VR) 1982, 404 (406); *Rühl*, NVwZ 1988, 577 (581); *Scholler/Broß*, Grundzüge des Polizei- und Ordnungsrechts in der Bundesrepublik Deutschland, 3. Aufl. 1982, S. 177; *W. Martens*, in: Drews/Wacke/Vogel/Martens, Gefahrenabwehr, 9. Aufl. 1986, S. 176.

[76] Vgl. Text zu Fn. 19.

[77] § 3 BadWürttPolG; Art. 7 Abs. 2 BayLStVG; § 14 Abs. 1 BlnASOG; § 10 Abs. 1 BremPolG; § 3 Abs. 1 HbgSOG; § 11 HessSOG; § 11 NdsSOG; § 14 Abs. 1 NWOBG; § 9 Abs. 1 RhPfPVG; § 8 Abs. 1 SPolG; § 171 SchlHLVwG.

[78] OVG Saarlouis, AS 13, 208 (211) = DÖV 1973, 863 (864); OVG Lüneburg, NVwZ 1988, 638; VG Minden, NVwZ 1988, 663 (664); *Schmidt-Jortzig*, JuS 1970, 507 (508); *Drosdzol*, JuS 1983, 409 (413); *Schröder*, VR 1984, 247 (249); *Ule/Rasch*, Allgemeines Polizei- und Ordnungsrecht, 2. Aufl. 1982, § 7 ME Rdn. 7; *Schenke*, in: Steiner (Hrsg.), Besonderes Verwaltungsrecht, 3. Aufl. 1988, II Rdn. 120; *Götz*, Allgemeines Polizei- und Ordnungsrecht, Rdn. 246.

Dies erscheint allerdings zweifelhaft, da die Generalklausel unbestimmter als § 5 VersG ist und damit weiterreichende Eingriffsbefugnisse eröffnen könnte als die engen Regelungen des VersG[79]. Wäre dies der Fall, unterlägen nichtöffentliche Versammlungen stärkeren Eingriffsmöglichkeiten als öffentliche Versammlungen, obwohl jene keinem Gesetzesvorbehalt unterworfen sind. Wegen der sog. Polizeifestigkeit der Versammlungsfreiheit, die für alle Arten, also auch für private Versammlungen in geschlossenen Räumen gilt und die eine Erweiterung der staatlichen Eingriffsbefugnisse verhindern soll[80], könnte die Anwendung der (polizei- und) ordnungsrechtlichen Generalklausel unzulässig sein[81].

Zu beachten ist indes, daß sich der besondere verfassungsrechtliche Schutz von Versammlungen nur i.S.d. Art. 8 Abs. 1 GG (und nicht zugleich im versammlungsgesetzlichen Sinne) bei Anwendung der (polizei- und) ordnungsrechtlichen Generalklausel in dem vom Grundgesetz verlangten Maß berücksichtigen läßt. Die von der Verfassung geforderten Restriktionen könnten auf der formalen Grundlage der Generalermächtigung materiell dadurch erzielt werden, daß Maßnahmen gegen nichtversammlungsgesetzliche Versammlungen in geschlossenen Räumen nur unter den engen Voraussetzungen des § 5 VersG in Betracht kommen[82]. Ferner könnte man daran denken, die besondere Bedeutung der grundrechtlich geschützten nichtöffentlichen Versammlung im Rahmen des Entschließungs- und Auswahlermessens beim Übermaßverbot zu berücksichtigen[83]. Beide rechtlichen Überlegungen beachten jedoch nicht hinreichend, daß es beim Verbot einer nichtöffentlichen Versammlung in geschlossenen Räumen um den Eingriff in ein gem. Art. 8 Abs. 1 GG vorbehaltlos gewährleistetes Grundrecht geht. Wie bei sonstigen verfassungstextlich einschränkungslos statuierten Grundrechten müssen sich die Schranken aus dem Grundgesetz selbst ergeben[84]. Ein Eingriff in eine nichtöffentliche Versammlung kommt demnach – auf der Grundlage der (polizei- und) ordnungsrechtlichen

---

[79] *Baldarelli*, VR 1985, 190 (191); *Rühl*, NVwZ 1988, 577 (581); *W. Martens*, Gefahrenabwehr (Fn. 75), S. 176.

[80] *Alberts*, VR 1987, 298 (300); *Rasch*, DVBl. 1987, 194 (197); *Dietel/Gintzel/Kniesel*, Demonstrations- und Versammlungsfreiheit, § 1 Rdn. 161.

[81] *Baldarelli*, VR 1985, 190 (191); *Rühl*, NVwZ 1988, 577 (581); *Ketteler*, DÖV 1990, 954 (956).

[82] *Rasch*, DVBl. 1987, 194 (199); *Dietel/Gintzel/Kniesel*, Demonstrations- und Versammlungsfreiheit, § 1 Rdn. 175; *Gallwas*, JA 1986, 484 (489 Fn. 31).

[83] OVG Lüneburg, NVwZ 1988, 638.

[84] OVG Münster, NVwZ 1989, 885 (886); *Ketteler*, DÖV 1990, 954 (956).

Generalklausel – nur zum Schutze der Grundrechte Dritter oder sonstiger mit Verfassungsrang ausgestatteter Rechtsgüter in Betracht[85].

Unter diesen inhaltlichen Bindungen bestehen gegen die Anwendbarkeit der (polizei- und) ordnungsrechtlichen Generalklausel keine Bedenken. Eine Regelungslücke, die durch eine analoge Anwendung des VersG auszufüllen wäre, ist demnach nicht gegeben.

2. *Rechtsfehlerfreie Anwendung der Ermächtigungsgrundlage*

a) Formelle Rechtmäßigkeitsvoraussetzungen

Die an den T-e. V. gerichtete Verbotsverfügung ist nur rechtmäßig, wenn die Ermächtigungsgrundlage rechtsfehlerfrei angewendet worden ist. In formeller Hinsicht bestehen keine Bedenken. Das Verbot ist laut Sachverhalt von der *zuständigen Behörde* ausgesprochen worden. Ferner hat die gem. § 28 Abs. 1 (L)VwVfG (§ 87 Abs. 1 SchlHLVwG) erforderliche *Anhörung* des Verbotsadressaten stattgefunden. Schließlich ist die Verfügung in der landesgesetzlich vorgeschriebenen[86] *Schriftform* ergangen, und die Behörde hat eine den Anforderungen des § 39 Abs. 1 (L)VwVfG (§ 109 Abs. 1 SchlHLVwG)[87] entsprechende Begründung ihrer Maßnahme gegeben.

b) Materielle Rechtmäßigkeitsvoraussetzungen

aa) Tatbestandliche Voraussetzungen der Ermächtigungsgrundlage

In materiellrechtlicher Hinsicht müßte für das behördliche Eingreifen eine konkrete Gefahr für die öffentliche Sicherheit oder Ordnung bestanden haben. Diese Voraussetzungen liegen vor, wenn im Zeitpunkt der behördlichen Entscheidung aufgrund der Sachlage die hinreichende Wahrscheinlichkeit gegeben ist, daß bei ungehindertem Ablauf des Geschehens in absehbarer Zeit ein Schaden für die öffentliche Sicherheit oder Ordnung eintreten wird[88]. Als Schutzgut kommt im vorliegenden Fall, da es um den Eingriff in ein verfassungstextlich

---

[85] *Drosdzol*, JuS 1983, 409 (410, 413); *von Mutius*, Jura 1988, 79 (89); *Schenke* (Fn. 78), Rdn. 120; *Oldiges*, in: Grimm/Papier, Nordrhein-westfälisches Staats- und Verwaltungsrecht, 1986, S. 236 (265).

[86] § 20 Abs. 1 S. 1 NWOBG.

[87] § 49 Abs. 2 S. 1 RhPfPVG.

[88] BVerwGE 45, 51 (57); OVG Münster, NVwZ 1985, 355 (356); *von Mutius*, Jura 1986, 649 (655); *Götz*, Allgemeines Polizei- und Ordnungsrecht, Rdn. 115, 119; *Friauf*, in: von Münch (Hrsg.), Besonderes Verwaltungsrecht, 8. Aufl. 1988, S. 221 ff. – Inhaltlich vergleichbare gesetzliche Begriffsbestimmung: § 2 Nr. 3 a BremPolG; § 2 Nr. 1 a NdsSOG.

vorbehaltlos gewährleistetes Grundrecht geht[89], nur ein Recht(sgut) von Verfassungsrang in Betracht.

Im Falle der Durchführung der geplanten Vortragsveranstaltung war mit gewalttätigen Übergriffen der Gegendemonstranten gegenüber den Versammlungsteilnehmern zu rechnen. In der Vergangenheit war es bereits zu Personen- und Sachschäden gekommen. Es ging hier folglich um den Schutz der körperlichen Unversehrtheit und des Privateigentums. Insoweit handelt es sich um *Schutzgüter*, denen Verfassungsrang zukommt (Art. 2 Abs. 2 S. 1, 14 Abs. 1 S. 1 GG). Zur Bejahung der *Gefahr* müßte die hinreichende Wahrscheinlichkeit des Schadenseintritts bestanden haben. Dafür spricht zunächst die Erfahrung aus der Vergangenheit. Aus Anlaß von Veranstaltungen des T-e. V. war es bereits zu zahlreichen gewalttätigen Protestaktionen mit entsprechenden Schäden gekommen. Ferner wurden in anonymen Schreiben Gegenmaßnahmen angedroht bis hin zu militanten Vorgehensweisen. Für die Bejahung einer ***konkreten*** Gefahr spricht schließlich der durch Flugblätter erfolgte Aufruf an die Bevölkerung zum „Sturm auf das Hotel".

Im Zeitpunkt der behördlichen Entscheidung war demnach eine Sachlage gegeben, bei der die große Wahrscheinlichkeit bestand, daß ohne staatliches Eingreifen in unmittelbar bevorstehender Zeit ein Schaden für die Gesundheit von Menschen und für privates Eigentum eintreten würde. Die Voraussetzungen für ein behördliches Einschreiten waren somit gegeben.

bb) Rechtsfolge

Trotz Vorliegens der Eingriffsvoraussetzungen war die Behörde zum Einschreiten nicht verpflichtet. Die (polizei- und) ordnungsbehördliche Generalklausel[90] sieht als *Rechtsfolge* vielmehr eine behördliche *Ermessensentscheidung* vor. Der Verwaltung ist sowohl hinsichtlich des „Ob" ihrer Entscheidung als auch bezüglich des „Wie", der Art und Weise ihres Vorgehens, Ermessen eröffnet[91]. Rechtsfehlerfrei betätigt die Verwaltung das ihr gesetzlich eingeräumte Ermessen nur, wenn weder ein Ermessensnichtgebrauch noch ein Ermessensmißbrauch noch eine

---

[89] Vgl. oben Text zu Fn. 85.

[90] Nachw. o. Fn. 77.

[91] VG Minden, NVwZ 1988, 663 (665); *von Mutius*, Jura 1986, 649 (656); *Vogel*, Gefahrenabwehr (Fn. 75), S. 372; *Götz*, Allgemeines Polizei- und Ordnungsrecht, Rdn. 265; *Schenke* (Fn. 78), Rdn. 41; *Friauf* (Fn. 88), S. 225.

Ermessensüberschreitung gegeben sind[92]. Im Hinblick auf das *Entschließungsermessen* sind derartige Ermessensfehler nicht ersichtlich. Es ist rechtlich nicht zu beanstanden, daß die zuständige Behörde zur Gefahrenabwehr tätig geworden ist. Fraglich ist jedoch, ob das *Auswahlermessen* rechtsfehlerfrei ausgeübt worden ist. Dieses bezieht sich sowohl auf den in Anspruch genommenen – von mehreren potentiellen – Adressaten („Störer") der Maßnahme als auch auf das eingesetzte – von mehreren möglichen – Mittel[93].

(1) Wahl des richtigen Adressaten

Die zuständige Behörde durfte den T-e. V. zur Beseitigung der Gefahr heranziehen, wenn dieser entweder als Störer selbst (polizei- und) ordnungspflichtig war oder unter den Voraussetzungen des (polizei- und) ordnungsbehördlichen Notstandes als sog. Nichtstörer in Anspruch genommen werden durfte.

(a) Verhaltensverantwortlichkeit des T-e. V.

Der T-e. V. könnte als sog. *Verhaltensstörer* für den Gefahrenzustand verantwortlich gewesen sein. Dann müßte die Gefahr vom T-e. V. *verursacht*[94] worden sein. Diese Kausalitätsfrage ist, die besondere zeitliche und räumliche Nähe zwischen Bedingung und Erfolg berücksichtigend und damit der Verantwortlichkeit in dem vom Verschulden und grundsätzlich auch von der Rechtswidrigkeit unabhängigen (Polizei- und) Ordnungsrecht entsprechend, nach der Lehre von der *unmittelbaren Verursachung* zu beantworten[95]. Danach ist bei der Ermittlung der für den Eintritt der Gefahr wesentlichen Ursachen darauf abzustellen, wer bei wertender Betrachtung unter Berücksichtigung aller Umstände des Einzelfalles die Gefahrengrenze überschritten und damit die

---

[92] *Maurer*, Allgemeines Verwaltungsrecht, § 7 Rdn. 11 ff.; *Erichsen*, in: Erichsen/Martens (Hrsg.), Allgemeines Verwaltungsrecht, § 10 Rdn. 17.

[93] VG Gelsenkirchen, NVwZ 1988, 1061; *Oldiges* (Fn. 85), S. 261; *Schenke* (Fn. 78), Rdn. 44.

[94] § 6 Abs. 1 BadWürttPolG; Art. 9 Abs. 1 S. 1 BayLStVG; § 10 Abs. 1 BlnASOG; § 5 Abs. 1 BremPolG; § 8 Abs. 1 HbgSOG; § 6 Abs. 1 HessSOG; § 6 Abs. 1 NdsSOG; § 17 Abs. 1 NWOBG; § 4 Abs. 1 RhPfPVG; § 4 Abs. 1 SPolG; § 185 Abs. 1 SchlHLVwG.

[95] OVG Hamburg, DÖV 1983, 1016 (1017); OVG Lüneburg, NVwZ 1988, 638 (639); *W. Martens*, Gefahrenabwehr (Fn. 75), S. 313; *Ule/Rasch*, Allgemeines Polizei- und Ordnungsrecht, § 4 ME Rdn. 15 ff.

unmittelbare Ursache für den Eintritt der Gefahr gesetzt hat[96]. Es kommt nicht allein und nicht unbedingt entscheidend auf die zeitlich letzte Bedingung für den Eintritt der Gefahr an. Bei der Bestimmung der (polizei- und) ordnungsrechtlichen Verursachung handelt es sich vielmehr auch um ein Wertungsproblem[97]. Bei wertender Betrachtung des Kausalverlaufs sind insbesondere die Wertungen der Rechtsordnung und damit Gesichtspunkte der Pflichtwidrigkeit sowie der Risikozurechnung zu berücksichtigen[98]. Als (polizei- und) ordnungsrechtlich relevant außer Betracht bleiben mittelbare Ursachen, d. h. der Gefahr oder Störung entfernt liegende Verhaltensweisen, die lediglich einen Anlaß für den Gefahrenzustand darstellen[99].

Im vorliegenden Fall ist die zeitlich letzte Ursache für die Gefahrenlage nicht vom T-e. V. sondern von den angekündigten, gewalttätigen Gegendemonstranten gesetzt worden. Nach dem äußeren Geschehensablauf war der T-e. V. nur mittelbarer Verursacher und damit bloßer Veranlasser der befürchteten Schäden. Eine Verhaltensverantwortlichkeit ist danach zu verneinen. Auch bei wertender Betrachtungsweise hat der T-e. V. die Gefahrengrenze nicht überschritten. Bei der geplanten Veranstaltung handelte es sich um eine rechtmäßige, sogar grundrechtlich geschützte Betätigung. Die zu befürchtende Rechtsgutverletzung drohte allein durch die von den Gegendemonstranten in Aussicht gestellten Gewalttätigkeiten. Unmittelbare Verhaltensstörer i.S.d. Gesetzes[100] waren demnach die Gegendemonstranten, nicht jedoch der T-e. V.

Eine andere Beurteilung könnte sich allerdings ergeben, wenn der Gefahrenzustand dem T-e. V. als sog. *Zweckveranlasser* zuzurechnen ist. Danach ist aufgrund einer wertenden Betrachtungsweise die (Verhaltens-)Verantwortlichkeit des in Anspruch Genommenen zu bejahen,

---

[96] VGH Bad.-Württ., VBlBW 1982, 371 (372); OVG Hamburg, DÖV 1983, 1016 (1017); OVG Münster, NVwZ 1985, 355 (356); OVG Lüneburg, NVwZ 1988, 638 (639); *von Mutius*, Jura 1983, 298 (304 f.); *Friauf* (Fn. 88), S. 232.

[97] VGH Bad.-Württ., NVwZ 1987, 237 (238) = DVBl. 1987, 151 = DÖV 1987, 254 (255) = VBlBW 1987, 183 (184); *Pietzcker*, DVBl. 1984, 457 (460); *Oldiges* (Fn. 85), S. 269; *Schenke* (Fn. 78), Rdn. 90; *Götz*, Allgemeines Polizei- und Ordnungsrecht, Rdn. 193; *Selmer*, in: Gedächtnisschrift für W. Martens, 1987, S. 483 (485).

[98] *Pietzcker*, DVBl. 1984, 457 (458 ff.); *Schenke* (Fn. 78), Rdn. 90; *Götz*, Allgemeines Polizei- und Ordnungsrecht, Rdn. 193; *Friauf* (Fn. 88), S. 233.

[99] *von Mutius*, Jura 1983, 298 (305); *W. Martens*, Gefahrenabwehr (Fn. 75), S. 313 f.

[100] Nachw. o. Fn. 94.

wenn zwischen der Veranlassung und dem die Gefahr herbeiführenden Verhalten ein so enger Wirkungs- und Verantwortungszusammenhang besteht, daß Veranlassung und Erfolg eine „natürliche Einheit" bilden, die die Zurechnung der Gefahr gegenüber dem Veranlasser rechtfertigt[101].

Zweifelhaft könnte sein, ob die Zweckveranlassung nach subjektiven oder nach objektiven Kriterien zu bestimmen ist. Bei *subjektiver* Betrachtungsweise, die nach der Intention der Handlung fragt[102], käme es darauf an, ob der T-e. V. mit seiner Veranstaltung rechtswidrige Übergriffe Dritter hervorrufen wollte[103]. Stellt man auf den *objektiven* Wirkungs- und Verantwortungszusammenhang ab, wäre entscheidend, ob aus der Sicht eines unbeteiligten Dritten die erwartete Störung als typische Folge der Veranlassung zu erachten ist[104].

Der Meinungsstreit bedarf keiner Entscheidung, wenn beide Auffassungen zu demselben Ergebnis führen. Der T-e. V. hat Gegendemonstrationen und gewalttätige Ausschreitungen nicht hervorrufen wollen. Zum anderen gingen von dem sich im Rahmen der (Grund-)Rechtsordnung verhaltenden T-e. V. keine in die Öffentlichkeit wirkenden Handlungen aus, durch die er die Gefahr von Störungen in objektiv zurechenbarer Weise verursacht hätte. Die Öffentlichkeit provozierende Wirkungen sind insbesondere weder der Wahl des Versammlungsortes noch der Art und Weise der Durchführung der geplanten Veranstaltung zu entnehmen. Allenfalls könnte erwogen werden, daß die Versammlung als solche einen Teil der Öffentlichkeit provozierte. Bei der Ermittlung eines Zweckveranlassers sind jedoch die Wertungen der Rechtsordnung nicht außer acht zu lassen[105]. Andernfalls unterlägen grundrechtlich geschützte Betätigungen (polizei- und) ordnungsrechtlichen Verboten[106]. So ist es gerade auch Zweck des Art. 8 Abs. 1 GG, Versammlungen zu schützen, die bei Dritten Verärgerung und Ableh-

---

[101] *von Mutius*, Jura 1983, 298 (305); *W. Martens*, Gefahrenabwehr (Fn. 75), S. 316; *Schenke* (Fn. 78), Rdn. 91.

[102] BayVGH, DÖV 1979, 569 = DVBl. 1979, 737 (738) = BayVBl. 1979, 629 (631); VG Minden, NVwZ 1988, 663 (665); *Friauf* (Fn. 88), S. 233 f.; *Knemeyer*, Polizei- und Ordnungsrecht, 3. Aufl. 1989, Rdn. 251 f.

[103] Vgl. VGH Bad.-Württ., NVwZ 1987, 237 (238) = DVBl. 1987, 151 = DÖV 1987, 254 (255) = VBlBW 1987, 183; DÖV 1990, 346 = VBlBW 1990, 231.

[104] OVG Lüneburg, NVwZ 1988, 638 (639); *Schenke* (Fn. 78), Rdn. 91; *Götz*, Allgemeines Polizei- und Ordnungsrecht, Rdn. 196.

[105] *Erbel*, JuS 1985, 257 (262 f.); *Oldiges* (Fn. 85), S. 270.

[106] *Schenke* (Fn. 78), Rdn. 91.

nung hervorrufen[107]. Eine solche Konstellation ist hier gegeben. Der T-e. V. ist nicht als sog. Zweckveranlasser zu qualifizieren.

Der T-e. V. kann somit für den Gefahrenzustand nicht verantwortlich gemacht werden. Der T-e. V. ist nicht „Störer" i.S.d. Polizei- und Ordnungsrechts.

(b) Notstandsverantwortlichkeit des T-e. V.

Fraglich ist somit, ob der T-e. V. unter den Voraussetzungen des (polizei- und) ordnungsbehördlichen Notstandes als sog. *Nichtstörer* in Anspruch genommen werden durfte[108].

(aa) Gegenwärtige erhebliche Gefahr. Dann müßte zunächst eine gegenwärtige erhebliche Gefahr bestanden haben. Die im Zeitpunkt der behördlichen Entscheidung gegebene Gefahrenlage ist bereits bejaht worden[109]. Es müßte sich ferner um eine *gegenwärtige* Gefahr gehandelt haben. Voraussetzung dafür ist, daß die befürchtete Störung bereits eingetreten ist oder in allernächster Zeit mit einer an Sicherheit grenzenden Wahrscheinlichkeit bevorsteht[110]. Letzteres ist hier anzuneh-

---

[107] *Pietzcker*, DVBl. 1984, 457 (461); *Rühl*, NVwZ 1988, 577 (578); *Ketteler*, DÖV 1990, 954 (960).

[108] *Hinweis*: Die Lösung folgt im Detail nachfolgend nordrhein-westfälischem Landesrecht. Gem. § 19 Abs. 1 NWOBG kann die Ordnungsbehörde Maßnahmen gegen andere Personen als die Verhaltens- oder Zustandsverantwortlichen richten, „wenn

1. eine gegenwärtige erhebliche Gefahr abzuwehren ist,
2. Maßnahmen gegen die nach den §§ 17 oder 18 Verantwortlichen nicht oder nicht rechtzeitig möglich sind oder keinen Erfolg versprechen,
3. die Ordnungsbehörde die Gefahr nicht oder nicht rechtzeitig selbst oder durch Beauftragte abwehren kann und
4. die Personen ohne erhebliche eigene Gefährdung und ohne Verletzung höherwertiger Pflichten in Anspruch genommen werden können."

Wörtlich nahezu identische Regelungen beinhalten § 13 Abs. 1 BlnASOG; § 7 Abs. 1 BremPolG; § 9 Abs. 1 HessSOG; § 8 Abs. 1 NdsSOG; § 7 Abs. 1 RhPfPVG; § 6 Abs. 1 SPolG; § 187 Abs. 1 SchlHLVwG. In der Formulierung abweichende, der Sache nach aber vergleichbare Bestimmungen enthalten § 9 Abs. 1 BadWürttPolG; Art. 9 Abs. 3 BayLStVG; § 10 Abs. 1 HbgSOG.

[109] S. o. B I 2 b aa.

[110] OVG Saarlouis, AS 13, 208 (212 f.) = DÖV 1973, 863 (864); VGH Bad.-Württ., NVwZ 1987, 237 (238) = DVBl. 1987, 151 (152) = DÖV 1987, 254 (255) = VBlBW 1987, 183 (184); DÖV 1990, 346 = VBlBW 1990, 231 (232); *Ule/Rasch*, Allgemeines Polizei- und Ordnungsrecht, § 1 ME Rdn. 14; *Götz*, Allgemeines Polizei- und Ordnungsrecht, Rdn. 243; ferner Legaldefinitionen in § 2 Nr. 3 b BremPolG; § 2 Nr. 1 b NdsSOG.

men. Schon in der Vergangenheit kam es aus Anlaß von Vortragsveranstaltungen des T-e. V. zu zahlreichen gewalttätig verlaufenen Protestaktionen. Den Behörden lagen anonyme Schreiben vor, die an dem unmittelbar bevorstehenden Wochenende erneut Gewalttätigkeiten in Aussicht stellten. Es handelte sich dabei nicht um leere Drohungen, wie die konkreten Vorbereitungsmaßnahmen für ein militantes Vorgehen gegen die Versammlung des T-e. V. belegen. Unter diesen Umständen war zu befürchten, daß es in allernächster Zeit zu gewalttätigen Ausschreitungen kommen würde. Die Gefahr war demnach „gegenwärtig".

Um eine *erhebliche* Gefahr handelt es sich, wenn Rechtsgüter von großem Gewicht der bevorstehenden Störung ausgesetzt sind[111]. Dazu gehören unter anderem Leben, Gesundheit und nicht unwesentliche Vermögenswerte[112]. Im vorliegenden Fall war durch die zu erwartende gewaltsame Gegendemonstration mit Personen- und Sachschäden zu rechnen. Betroffen waren mit der körperlichen Unversehrtheit und dem Privateigentum bedeutsame, verfassungsrechtlich geschützte Rechtsgüter. Somit lag auch eine „erhebliche" Gefahr vor.

(bb) Vorrangigkeit der Heranziehung des Störers. Die Inanspruchnahme des sog. Nichtstörers setzt ferner voraus, daß die Gefahrenabwehr auf andere Weise nicht möglich ist[113]. Das ist zunächst der Fall, wenn der an sich zur Gefahrenabwehr verpflichtete Verantwortliche nicht bzw. nicht rechtzeitig von der Behörde herangezogen werden kann[114].

(a) Unmöglichkeit von Maßnahmen gegen Störer. Wegen *tatsächlicher Unmöglichkeit* kommt eine Maßnahme gegen den Störer zur Gefahrenabwehr nicht in Betracht, wenn ein Verantwortlicher nicht vorhanden ist, nicht (rechtzeitig) ermittelt oder erreicht werden kann oder selbst nicht in der Lage ist, die von ihm verursachte Gefahrensituation zu beseitigen[115]. Der Verwaltung standen hier die Veranstalter und

---

[111] *W. Martens*, Gefahrenabwehr (Fn. 75), S. 333; *Ule/Rasch*, Allgemeines Polizei- und Ordnungsrecht, § 1 ME Rdn. 20.

[112] *Götz*, Allgemeines Polizei- und Ordnungsrecht, Rdn. 243; ausdrücklich: § 2 Nr. 3 c BremPolG; § 2 Nr. 1 c NdsSOG.

[113] *W. Martens*, Gefahrenabwehr (Fn. 75), S. 333; *Oldiges* (Fn. 85), S. 275 f.; *Friauf* (Fn. 88), S. 245; *Götz*, Allgemeines Polizei- und Ordnungsrecht, Rdn. 244.

[114] S. o. Text in Fn. 108.

[115] *Schmidt-Jortzig*, JuS 1970, 507 (509); *Ule/Rasch*, Allgemeines Polizei- und Ordnungsrecht, § 6 ME Rdn. 4; *Friauf* (Fn. 88), S. 245; *Schenke* (Fn. 78), Rdn. 107.

Teilnehmer der geplanten Protestaktionen als Adressaten versammlungs- oder (polizei- und) ordnungsrechtlicher Maßnahmen zur Verfügung. Es handelte sich bei der angekündigten Gegendemonstration um eine anmeldepflichtige Versammlung (§ 14 VersG). Behördlicherseits bestand die tatsächliche Möglichkeit, Auflagen wie z. B. räumliche Beschränkungen zu verfügen, ggf. die Gegendemonstration aufzulösen sowie als ultima ratio ein Verbot der Gegendemonstration in Betracht zu ziehen (§§ 15, 18 VersG)[116]. In tatsächlicher Hinsicht war es der Verwaltung demnach nicht unmöglich, zur Gefahrenabwehr die Verantwortlichen durch eine „Maßnahme" in Anspruch zu nehmen.

Die Behörden könnten jedoch aus Gründen *rechtlicher Unmöglichkeit* gehindert gewesen sein, gegen die Störer Ordnungsverfügungen zu erlassen. Gefahrenabwehrende Maßnahmen sind aus Rechtsgründen insbesondere ausgeschlossen, wenn andernfalls gegen das *Übermaßverbot* verstoßen würde[117]. Unter dem Aspekt der *Erforderlichkeit* ist unter mehreren möglichen und geeigneten Maßnahmen diejenige zu treffen, die den einzelnen und die Allgemeinheit voraussichtlich am wenigsten beeinträchtigt[118]. Danach könnte hier ein Einschreiten gegenüber den Verantwortlichen deshalb ausgeschlossen gewesen sein, weil im Hinblick auf die aus der Gegendemonstration befürchteten Schäden die ordnungsbehördliche Heranziehung des T-e. V. als milderes Mittel angesehen werden mußte.

Fraglich ist jedoch, unter welchen Voraussetzungen die Inanspruchnahme des sog. Nichtstörers aus Gründen des Interventionsminimums gegenüber der Heranziehung des an sich Verantwortlichen in Betracht kommt. Bei einer Gefahr für die öffentliche Sicherheit durch das Verhalten von Personen sind die Maßnahmen grundsätzlich gegen die Störer zu richten[119]. Die Nachrangigkeit des Notstandseingriffs bedeutet nach geltendem Recht, daß Verfügungen an den sog. Nichtstö-

---

[116] Vgl. VGH Bad.-Württ., NVwZ 1987, 237 (238) = DVBl. 1987, 151 (152) = DÖV 1987, 254 (255 f.) = VBlBW 1987, 183 (184); DÖV 1990, 346 (347) = VBlBW 1990, 231 (232).

[117] *Schenke* (Fn. 78), Rdn. 107; *Friauf* (Fn. 88), S. 245.

[118] § 5 Abs. 1 BadWürttPolG; Art. 8 Abs. 1 BayLStVG; § 8 Abs. 1 BlnASOG; § 3 Abs. 1 BremPolG; § 4 Abs. 2 HbgSOG; § 4 Abs. 1 HessSOG; § 4 Abs. 1 NdsSOG; § 15 Abs. 1 NWOBG; § 2 Abs. 1 RhPfPVG; § 2 Abs. 1 SPolG; § 73 Abs. 3 SchlHLVwG.

[119] BVerfGE 69, 315 (360 f.); VGH Bad.-Württ., NVwZ 1987, 237 (238) = DVBl. 1987, 151 (152) = DÖV 1987, 254 (256) = VBlBW 1987, 183 (184); DÖV 1990, 346 (347) = VBlBW 1990, 231 (232); *Ketteler*, DÖV 1990, 954 (959).

rer nur als ultima ratio in Betracht kommen[120]. Das ist der Fall, wenn die dem Nichtstörer und der Allgemeinheit aus der Heranziehung des Notstandspflichtigen drohenden Nachteile so gering sind, daß sie in einem krassen Mißverhältnis zu jenen Schäden stehen, die der Allgemeinheit oder dem Störer durch ein Vorgehen ihm gegenüber zugefügt würden[121]. Davon kann hier nicht gesprochen werden. Gegenüber dem T-e. V. handelte es sich bei dem Verbot der Versammlung in geschlossenen Räumen um einen Eingriff in das vorbehaltlos gewährleistete Grundrecht der Versammlungsfreiheit (Art. 8 Abs. 1 GG). Von einem geringfügigen Nachteil kann insoweit keine Rede sein. Demgegenüber hätten Auflagen oder Verbote gegenüber den Gegendemonstranten der Einhaltung der Rechtsordnung gedient. Bei einer solchen Sachlage kommt eine Inanspruchnahme des sog. Nichtstörers jedenfalls nicht in Betracht, bevor nicht Maßnahmen gegen die Störer ergriffen worden sind[122]. Die Erwartung von Rechtsbruch und Gegenwehr der Gegendemonstranten rechtfertigt grundsätzlich nicht unter dem Gesichtspunkt des Interventionsminimums, daß (polizei- und) ordnungsbehördliche Maßnahmen gegen die Störer unterbleiben[123]. Ansonsten würde die Rechtsordnung prinzipiell in Frage gestellt[124].

Die rechtliche Unmöglichkeit könnte sich jedoch aus dem Grundsatz der *Verhältnismäßigkeit* (i.e.S.) ergeben. Danach darf eine Maßnahme nicht zu einem Nachteil führen, der zu dem erstrebten Erfolg erkennbar außer Verhältnis steht[125]. Voraussetzung hierfür ist, daß die Beseitigung des Gefahrenzustandes durch Maßnahmen gegenüber dem Verantwortlichen nur unter Herbeiführung eines – gemessen am Schutzgut des Eingriffs – unproportionalen und daher unzumutbaren Schadens mög-

---

120 *W. Martens*, Gefahrenabwehr (Fn. 75), S. 291; *Knemeyer*, Polizei- und Ordnungsrecht, Rdn. 268.

121 *Pappermann*, JZ 1970, 286 f.; *Schmidt-Jortzig*, JuS 1970, 507 (509 f.); *Drosdzol*, JuS 1983, 409 (414 f.).

122 VGH Bad.-Württ., NVwZ 1987, 237 (238) = DVBl. 1987, 151 (152) = DÖV 1987, 254 (256) = VBlBW 1987, 183 (184 f.); DÖV 1990, 346 (347) = VBlBW 1990, 231 (232).

123 *Friauf* (Fn. 88), S. 245.

124 VGH Bad.-Württ., NVwZ 1987, 237 (238) = DVBl. 1987, 151 (152) = DÖV 1987, 254 (256) = VBlBW 1987, 183 (185); DÖV 1990, 346 (347) = VBlBW 1990, 231 (232).

125 § 5 Abs. 2 BadWürttPolG; Art. 8 Abs. 2 BayLStVG; § 8 Abs. 2 BlnASOG; § 3 Abs. 2 BremPolG; § 4 Abs. 1 HbgSOG; § 4 Abs. 2 HessSOG; § 4 Abs. 2 NdsSOG; § 15 Abs. 2 NWOBG; § 2 Abs. 2 RhPfPVG; § 2 Abs. 2 SPolG; § 73 Abs. 2 SchlHLVwG.

lich ist[126]. Auch diese Voraussetzung ist im vorliegenden Fall nicht erfüllt. Bei einem behördlichen Einschreiten gegen die Verhaltensverantwortlichen hätten die Störer lediglich auf ihre Demonstration um das Hotel verzichten müssen. Gemessen an dem durch einen solchen Eingriff intendierten Schutz – Verhinderung von Schäden an Körper, Gesundheit und Eigentum – kann von einem Mißverhältnis zwischen dem erstrebten Erfolg (Gefahrenabwehr) und dem bewirkten Nachteil (Demonstrationsverbot am Hotel) nicht gesprochen werden. Zudem stellt der Schutz der Rechtsordnung nicht nur keine unzumutbare Maßnahme dar, sondern ist im Gegenteil als schutzwürdiges Gut zu qualifizieren[127].

Somit kann auch von der Unverhältnismäßigkeit eines Vorgehens gegenüber den Verhaltensverantwortlichen nicht ausgegangen werden. Ein Verstoß gegen das Übermaßverbot wäre demnach nicht anzunehmen gewesen. Behördliche Maßnahmen gegen die Verhaltensstörer waren nicht unmöglich.

(β) Erfolglosigkeit von Maßnahmen gegen Störer. Konnten sonach rechtliche Maßnahmen gegenüber den Verhaltensverantwortlichen ergriffen werden, könnte die Notstandspflicht des T-e. V. dennoch bestanden haben, weil die denkbaren Maßnahmen *keinen Erfolg* versprochen hätten[128]. Das wäre der Fall gewesen, wenn davon ausgegangen werden mußte, daß die Störer sich weigern würden, den behördlichen Anordnungen nachzukommen. Aus Tatsachen, insbesondere aus Verlautbarungen des Veranstalters der Gegendemonstration oder seines Anhangs, müßte zu schließen sein, daß die geplante Gegendemonstration trotz eines Verbots erfolgen würde[129].

---

[126] VGH Bad.-Württ., NVwZ 1987, 237 (239) = DVBl. 1987, 151 (152 f.) = DÖV 1987, 254 (256) = VBlBW 1987, 183 (185); *Götz*, Allgemeines Polizei- und Ordnungsrecht, Rdn. 244; ausdrücklich: § 9 Abs. 1 BadWürttPolG.

[127] BVerwG, NJW 1974, 807 (809); *Ule/Rasch*, Allgemeines Polizei- und Ordnungsrecht, § 2 ME Rdn. 13; *Vogel*, Gefahrenabwehr (Fn. 75), S. 392.

[128] *Hinweis*: Gesetzliche Voraussetzung gem. § 7 Abs. 1 Nr. 2 BremPolG; § 9 Abs. 1 Nr. 2 HessSOG; § 8 Abs. 1 Nr. 2 NdsSOG; § 19 Abs. 1 Nr. 2 NWOBG; § 7 Abs. 1 Nr. 2 RhPfPVG; § 6 Abs. 1 Nr. 2 SPolG. Im übrigen ist die Voraussetzung rechtsdogmatisch als Element der „Geeignetheit" („Zwecktauglichkeit") einer Gefahrenabwehrmaßnahme im Rahmen des Übermaßverbots zu qualifizieren (vgl. dazu allg. *Götz*, Allgemeines Polizei- und Ordnungsrecht, Rdn. 251; *Schenke* [Fn. 78], Rdn. 115). In diesem Sinne z. B. VGH Bad.-Württ., NVwZ 1987, 237 (238) = DVBl. 1987, 151 (152) = DÖV 1987, 254 (256) = VBlBW 1987, 183 (184); *W. Martens*, Gefahrenabwehr (Fn. 75), S. 334: Zulässigkeit einer Maßnahme gegen sog. Nichtstörer nur, wenn Heranziehung des Störers keinen Erfolg verspricht.

[129] *Dietel/Gintzel/Kniesel*, Demonstrations- und Versammlungsfreiheit, § 15 Rdn. 32.

Dies war im vorliegenden Fall anzunehmen. Nach den bisherigen Erfahrungen zu den Vortragsveranstaltungen des T-e. V. und dem Tatsachenmaterial bezüglich der für den 6. 10. 1991 geplanten Versammlung mußte erwartet werden, daß Veranstalter und Gegendemonstranten behördlichen Anordnungen keine Folge leisten würden. Es war vielmehr damit zu rechnen, daß zumindest ein Teil der Gegendemonstranten unter Mißachtung etwaiger Auflagen oder trotz einer Auflösung oder eines Verbots der Gegendemonstration versuchen würde, die Vortragsveranstaltung des T-e. V. gewalttätig zu verhindern. „Maßnahmen" i.S.d. (polizei- und) ordnungsrechtlichen Generalklausel[130] gegen die Verhaltensstörer versprachen somit keinen Erfolg.

(cc) Vorrangigkeit des Einsatzes behördeneigener Mittel. Die Unzulänglichkeit der Heranziehung des Störers berechtigt die Verwaltung indes noch nicht zur Inanspruchnahme des sog. Nichtstörers. Zusätzliche Voraussetzung ist vielmehr, daß die Behörde die Gefahr nicht (rechtzeitig) selbst oder durch Beauftragte abwehren kann[131]. Dabei darf die Verwaltung trotz Einsatzes aller verfügbaren eigenen und im Wege der Amts- und Vollzugshilfe erreichbaren fremden Kräfte und Mittel nicht in der Lage sein, die Gefahr abzuwehren[132].

Fraglich ist, unter welchen Voraussetzungen diese Anforderungen erfüllt sind. Erforderlich könnte sein, daß die Gefahrenabwehr bei Einsatz eigener und fremder Mittel *objektiv unmöglich* ist. Es ist jedoch zweifelhaft, ob die Behörden bei Versammlungen in geschlossenen Räumen überhaupt jemals objektiv außerstande sein werden, die Veranstaltung vor von außen drohenden Übergriffen wirksam zu schützen[133]. Dies könnte allenfalls bei extrem ungünstigen örtlichen Verhältnissen und auch dann nur der Fall sein, wenn sich unmittelbar vor Veranstaltungsbeginn eine große Gefahrensituation bei unzureichenden Polizei- und Ordnungskräften herausstellte[134]. An die tatsächlichen

---

[130] Nachw. o. Fn. 77.

[131] W. *Martens*, Gefahrenabwehr (Fn. 75), S. 334; *Schenke* (Fn. 78), Rdn. 108; *Götz*, Allgemeines Polizei- und Ordnungsrecht, Rdn. 244; ausdrücklich: § 13 Abs. 1 Nr. 3 BlnASOG; § 7 Abs. 1 Nr. 3 BremPolG; § 9 Abs. 1 Nr. 3 HessSOG; § 8 Abs. 1 Nr. 3 NdsSOG; § 19 Abs. 1 Nr. 3 NWOBG; § 7 Abs. 1 Nr. 3 RhPfPVG; § 6 Abs. 1 Nr. 3 SPolG; § 187 Abs. 1 Nr. 2 SchlHLVwG. – Partiell in diesem Sinne: § 9 Abs. 1 BadWürttPolG; Art. 9 Abs. 3 S. 1 i.V.m. Art. 7 Abs. 3 BayLStVG; § 10 Abs. 1 HbgSOG.

[132] VG Köln, NJW 1971, 210 (212); *Schmidt-Jortzig*, JuS 1970, 507 (509).

[133] *Rühl*, NVwZ 1988, 577 (582); *Ule/Rasch*, Allgemeines Polizei- und Ordnungsrecht, § 6 ME Rdn. 6; *Dietel/Gintzel/Kniesel*, Demonstrations- und Versammlungsfreiheit, § 13 Rdn. 13.

[134] VG Köln, NJW 1971, 210 (212).

Voraussetzungen einer solchen Extremsituation sind im Hinblick auf den Garantiegehalt des Art. 8 Abs. 1 GG überdies strenge Anforderungen zu stellen. Diesen Voraussetzungen werden die eher allgemein gehaltenen behördlichen Hinweise nicht gerecht. Es fehlen Anhaltspunkte über die Zahl der zu erwartenden (gewalttätigen) Gegendemonstranten. Angaben über die zur Verfügung stehenden eigenen und erreichbaren fremden Kräfte sind ebenfalls nicht gemacht. Auch ein Mangel an sächlicher Ausstattung der Sicherheitskräfte ist nicht ersichtlich. Schließlich spricht nichts für eine extrem ungünstige Einsatzsituation der Polizei. Eine objektiv nicht mögliche Gefahrenabwehr durch die Verwaltung kann somit nicht bejaht werden[135].

Fraglich ist nun allerdings, ob die zuständige Behörde auf den Einsatz objektiv möglicher Maßnahmen einschließlich ihrer Durchsetzung einschränkungslos verwiesen ist. Eine derartige rechtliche Betrachtungsweise könnte gegen das *Übermaßverbot* verstoßen, wenn schwere Zusammenstöße der Polizei mit Gegendemonstranten zu befürchten sind, die zu unübersehbaren Personen- und Sachschäden führen würden[136]. In einem solchen Fall könnten durch das an sich mögliche behördliche Einschreiten in einem besonders krassen Ausmaß höherwertige Rechtsgüter verletzt und unverhältnismäßig große anderweitige Gefahren für die öffentliche Sicherheit geschaffen werden[137]. Im Hinblick auf die drohenden Schäden wäre die Heranziehung des Nichtstörers im Vergleich zum Einsatz behördeneigener Mittel die mildere und verhältnismäßigere Maßnahme.

Zu bedenken ist allerdings, daß das Übermaßverbot nicht nur schadensmindernd wirken kann, sondern auch partiell die Rechtsordnung in Frage stellen könnte. Letzteres wäre anzunehmen, wenn ein Vorgehen gegenüber den Störern deswegen unterbleiben müßte, weil diese im Gegensatz zum sog. Nichtstörer Widerstand ankündigen oder leisten[138]. In einem solchen Fall könnte jegliche Rechtsausübung verhindert werden. Die Möglichkeit der Durchführung einer grundrechtlich geschützten Versammlung richtete sich dann nicht mehr nach den gesetzlichen Vorschriften; sie wäre vielmehr abhängig vom Verhalten potentieller Rechtsbrecher[139].

---

135 Vgl. VGH Bad.-Württ., NVwZ 1987, 237 (238) = DVBl. 1987, 151 (152) = DÖV 1987, 254 (255) = VBlBW 1987, 183 (184).

136 *Schenke* (Fn. 78), Rdn. 107; *Friauf* (Fn. 88), S. 245; *Götz*, Allgemeines Polizei- und Ordnungsrecht, Rdn. 244.

137 *Schmidt-Jortzig*, JuS 1970, 507 (509); *Friauf* (Fn. 88), S. 245.

138 *W. Martens*, Gefahrenabwehr (Fn. 75), S. 334.

139 VGH Bad.-Württ., DÖV 1968, 179 (181).

Die sonach vorzunehmende, dem schonenden Ausgleich und Rechtsgüterschutz verpflichtete Abwägung verlangt für das Verbot einer rechtmäßigen Versammlung aufgrund des (polizei- und) ordnungsbehördlichen Notstandes, daß die Verwaltung auch unter Aufgebot aller verfügbaren Kräfte die Versammlung selbst sowie die Öffentlichkeit nicht schützen kann und unabsehbare Personen- und Sachschäden drohen[140]. Die Sicherheits- und Ordnungskräfte müssen sich zwar unter Inkaufnahme gewisser Personen- und Sachschäden auch der physischen Auseinandersetzung stellen[141]. Die Verwaltung braucht es andererseits jedoch nicht auf tätliche Auseinandersetzungen jedweden Ausmaßes ankommen zu lassen[142]. Eine das (polizei- und) ordnungsbehördliche Notstandsrecht begründende Situation ist gegeben, wenn gewissen Nachteilen des sog. Nichtstörers bzw. der Allgemeinheit unabsehbare Konsequenzen großer Straßenschlachten mit der Gefahr schwerer Schäden für Leib und Leben unbeteiligter Dritter gegenüberstehen[143].

Derart extreme Auswirkungen sind im vorliegenden Fall nicht ersichtlich. Zwar war für den Fall eines polizeilichen Vorgehens gegen die Gegendemonstranten mit Gewalttätigkeiten zu rechnen. Es liegen aber keine konkreten Anhaltspunkte für die Gefahr großer Straßenschlachten vor. Auch kann nicht von einer Gefährdung unbeteiligter Dritter ausgegangen werden. Schließlich sind sonstige, auf eine Extremsituation hindeutende Umstände nicht erkennbar. Durch einen Polizeieinsatz entstehende Kosten müßten als Beurteilungselement grundsätzlich ohnehin unberücksichtigt bleiben[144].

Demnach war die Verwaltung auch unter Beachtung des Übermaßverbots in der Lage, durch den Einsatz behördeneigener Mittel die Gefahr abzuwehren. Der T-e. V. durfte demzufolge nicht als sog. Nichtstörer in Anspruch genommen werden. Die Voraussetzungen

---

[140] OVG Saarlouis, DÖV 1970, 53 (55); *Schmidt-Jortzig*, JuS 1970, 507 (509 f.); *Rühl*, NVwZ 1988, 577 (583); *Götz*, Allgemeines Polizei- und Ordnungsrecht, Rdn. 246; *Dietel/Gintzel/Kniesel*, Demonstrations- und Versammlungsfreiheit, § 15 Rdn. 32.

[141] *Oldiges* (Fn. 85), S. 276; *Götz*, Allgemeines Polizei- und Ordnungsrecht, Rdn. 246.

[142] *Schmidt-Jortzig*, JuS 1970, 507 (510); *Oldiges* (Fn. 85), S. 276.

[143] *Rühl*, NVwZ 1988, 577 (583); *Ule/Rasch*, Allgemeines Polizei- und Ordnungsrecht, § 6 ME Rdn. 6; *Friauf* (Fn. 88), S. 245.

[144] *Ule/Rasch*, Allgemeines Polizei- und Ordnungsrecht, § 6 ME Rdn. 5; *W. Martens*, Gefahrenabwehr (Fn. 75), S. 334 f.; *Schenke* (Fn. 78), Rdn. 108.

des (polizei- und) ordnungsrechtlichen Notstandes lagen nicht vor[145]. Damit ist die Verfügung vom 6. 10. 1991 wegen fehlerhafter Auswahl des Adressaten materiell rechtswidrig.

(2) Wahl des richtigen Mittels
Zugleich ist damit festgestellt, daß auch das Mittel zur Gefahrenabwehr rechtsfehlerhaft ausgewählt worden ist. Die Behörde hätte durch den Einsatz eigener und fremder Kräfte mittels Vorgehens gegen die Störer die Gefahr abwehren müssen.

II. Rechtsverletzung

Durch die rechtswidrige Verbotsverfügung ist der T-e. V. i.S.d. § 113 Abs. 1 VwGO auch in seinem Recht aus Art. 8 Abs. 1 GG verletzt.

Ergebnis: Die – noch unzulässige – Fortsetzungsfeststellungsklage des T-e. V. wäre begründet.

Hinweise zur methodischen und sachlichen Vertiefung

1. *Aufbau*

In seiner Grundstruktur bietet der Aufbau der Fallösung keine besonderen Schwierigkeiten. Ausgehend von der Fragestellung ist zunächst die Zulässigkeit, anschließend (in einem Hilfsgutachten) die Begründetheit der Klage zu prüfen. Im Rahmen der Zulässigkeitsprüfung sowie im Rahmen der Begründetheitsprüfung folgt der Aufbau dem üblichen Grundmuster.

Im verwaltungsprozessualen Teil ist die Erörterung der *allgemeinen Sachentscheidungsvoraussetzungen* (Zulässigkeit des Verwaltungsrechtswegs, Beteiligungs- und Prozeßfähigkeit) aufbaumäßig unproblematisch. Die Darstellung der Rechtsfragen zur statthaften *Rechtsschutzform* (Klageart) hingegen bereitet einige Probleme, bietet indes auch gewisse Alternativen. Anzusprechen sind die Anfechtungsklage (§ 42 Abs. 1 VwGO), die allgemeine Feststellungsklage (§ 43 Abs. 1 VwGO) sowie die Fortsetzungsfeststellungsklage in unmittelbarer bzw. analoger Anwendung des § 113 Abs. 1 S. 4 VwGO. Die Erörterung könnte durchaus in dieser Reihenfolge vorgenommen werden. Die hier vorgeschlagene Lösung konzentriert sich auf die letztlich statthafte Rechtsschutzform, die Fortsetzungsfeststellungsklage. Dabei wird zunächst die unmittelbare Anwendung des § 113 Abs. 1 S. 4 VwGO geprüft, die im Ergebnis abzulehnen ist. Im Rahmen der sodann erfolgenden Untersuchung der analogen Anwendung

---

[145] Vgl. VGH Bad.-Württ., NVwZ 1987, 237 (238 f.) = DVBl. 1987, 151 (152 f.) = DÖV 1987, 254 (256) = VBlBW 1987, 183 (184 f.).

der Vorschrift werden unter Verknüpfung der methodischen mit den inhaltlichen Problemen die Anfechtungs- und die allgemeine Feststellungsklage im Wege einer inzidenten Prüfung erörtert. Letztlich handelt es sich bei der Darstellungsreihenfolge und -weise um Zweckmäßigkeitsfragen. Dies gilt ebenso für die *besonderen Sachentscheidungsvoraussetzungen*. Abweichend vom allgemeinen Aufbauschema (s. o. Teil 2) wird deshalb deutlich gemacht, daß es sich bei dem allgemeinen Prüfungsraster nicht um starre Vorgaben handelt. So wird hier zunächst das besondere Feststellungsinteresse abgehandelt, um sodann die teilweise umstrittenen, im vorliegenden Fall jedoch ohne weiteres erfüllten besonderen Sachentscheidungsvoraussetzungen für die Fortsetzungsfeststellungsklage analog § 113 Abs. 1 S. 4 VwGO kurz zu erwähnen. Die alte und bekannte Streitfrage um die Notwendigkeit eines erfolglos durchgeführten Widerspruchsverfahrens wird aufbaumäßig einem eigenständigen Gliederungspunkt zugeordnet.

Die Begründetheitsprüfung erfolgt aufgrund des zuvor ermittelten Ergebnisses in einem Hilfsgutachten. Der weitere Aufbau weist keine Besonderheiten auf. Im Rahmen der Untersuchung der Rechtswidrigkeit des angegriffenen Verwaltungsakts sind zunächst die Rechtsfragen um die einschlägige *Rechtsgrundlage* zu klären. Dabei muß in einem ersten Schritt die *Notwendigkeit* einer Ermächtigungsgrundlage unter dem Aspekt des Vorbehalts des Gesetzes bei einem administrativen Eingriff in ein vorbehaltlos statuiertes Grundrecht herausgearbeitet werden. Anschließend ist die – inhaltlich äußerst umstrittene – Antwort zur *anwendbaren Ermächtigungsgrundlage* zu geben. Steht die einschlägige Rechtsgrundlage fest, folgt die Erörterung ihrer rechtsfehlerfreien Anwendung in formeller und in materieller Hinsicht. Im Rahmen der materiellen Rechtmäßigkeitsvoraussetzungen ist strikt zwischen den *tatbestandlichen* Anforderungen für das behördliche Handeln und den rechtlichen Determinanten auf der *Rechtsfolgenseite* der gesetzlichen Ermächtigungsgrundlage zu unterscheiden. Bezüglich der rechtsnormativ in das verwaltungsbehördliche *Ermessen* gestellten Rechtsfolgenanordnung(en) ist das *Entschließungs*ermessen vor dem *Auswahl*ermessen anzusprechen. Angesichts mehrerer in Betracht kommender Adressaten und Mittel ist der rechtsfehlerfreie Gebrauch des Auswahlermessens hinsichtlich der Wahl des für die Gefahrenlage Verantwortlichen sowie – inhaltlich damit vorentschieden – bezüglich der Wahl des richtigen Mittels zu prüfen.

2. *Inhalt*

a) **Zulässigkeit der Klage**

Zum Inhalt der Lösung ergeben sich innerhalb der allgemeinen Sachentscheidungsvoraussetzungen keine Schwierigkeiten zur Eröffnung des *Verwaltungsrechtswegs* und zur *Beteiligungsfähigkeit*. Aufgrund der Beteiligung einer juristischen Person des Privatrechts an dem Rechtsstreit liegt es nahe, einige Ausführungen zur *Prozeßfähigkeit* zu machen. Dabei kann der Streit um die rechtliche Konstruktion der Handlungsfähigkeit juristischer Personen letztlich unentschieden bleiben, weil eine der Möglichkeiten des § 62 VwGO auf jeden Fall gegeben ist.

Zentrales Problem der Zulässigkeitsprüfung ist die Ermittlung der richtigen *Klageart*. Neben den angesprochenen Aufbaufragen sind methodische und inhaltliche Probleme zu lösen. Eine wichtige Weichenstellung erfolgt im Rahmen der Erörterung einer unmittelbaren Anwendung des § 113 Abs. 1 S. 4 VwGO bei der Darstellung der *Erledigung* eines Verwaltungsakts. Die Herausarbeitung des von der Vorschrift vorausgesetzten *Zeitpunkts* der Erledigung ist anhand der überkommenen juristischen Auslegungsregeln vorzunehmen. Die sich anschließende Frage nach der *analogen Anwendung* des § 113 Abs. 1 S. 4 VwGO verlangt einerseits die methodisch exakte Darstellung der Voraussetzungen einer Analogie; andererseits muß inhaltlich deutlich zwischen dem Regelungsgehalt und den von der Rechtsordnung daran angeknüpften Folgen eines Verwaltungsakts sowie den Rechtsverhältnissen, die durch den Verwaltungsakt begründet werden bzw. ihm vorausliegen, unterschieden werden. Auf der Grundlage einer solchen rechtsdogmatischen Differenzierung erweist sich die – in Fallgestaltungen der vorliegenden Art seit langem ohne Begründung operierende – h. M. zur Statthaftigkeit der *Fortsetzungsfeststellungsklage* in analoger Anwendung des § 113 Abs. 1 S. 4 VwGO als zutreffend. Rechtsdogmatisch nicht vertretbar ist übrigens die in der neueren Rechtsprechung (z. B. BVerwGE 83, 242; BayVGH, BayVBl. 1986, 729; BayVGH, NVwZ 1988, 1055 = BayVBl. 1988, 562; OVG Bremen, NVwZ 1990, 1188) vertretene Auffassung, es könne dahinstehen, ob es sich bei einer Klage um eine Fortsetzungsfeststellungsklage i.S. von § 113 Abs. 1 S. 4 VwGO oder um eine allgemeine Feststellungsklage i.S. von § 43 Abs. 1 VwGO handele, zumal nach der Judikatur des BVerwG § 43 Abs. 1 VwGO strengere Anforderungen an das Feststellungsinteresse stellt als § 113 Abs. 1 S. 4 VwGO (vgl. z. B. BVerwGE 80, 355 [365f.]).

Bei den besonderen Sachentscheidungsvoraussetzungen sollte zunächst die Bejahung des *Feststellungsinteresses* nicht durch einen lediglich pauschalen Hinweis auf die Wiederholungsgefahr – etwas anderes kommt hier nicht in Betracht – erfolgen. Von einer *Wiederholungsgefahr* (im Rechtssinne) kann vielmehr nur gesprochen werden, wenn die in der Lösung dargestellten Voraussetzungen erfüllt sind. Die Frage der Notwendigkeit eines *erfolglos durchgeführten Widerspruchsverfahrens* als besondere Sachentscheidungsvoraussetzung der analog § 113 Abs. 1 S. 4 VwGO statthaften Fortsetzungsfeststellungsklage verlangt zu ihrer Beantwortung die Darstellung der unterschiedlichen Rechtsauffassungen und die Auseinandersetzung mit den wesentlichen Argumenten. Für die Qualität der Lösung ist es unerheblich, welcher Meinung man sich im Ergebnis anschließt.

b) Begründetheit der Klage

Im Rahmen der Begründetheitsprüfung stellt hinsichtlich der Rechtswidrigkeit der Verbotsverfügung die Herausarbeitung der *einschlägigen Ermächtigungsgrundlage* das erste schwierige Sachproblem dar. In dem – in der Lösung dokumentierten – Meinungsstreit in der komplexen Problematik vermögen die in Rechtsprechung und Schrifttum bislang angebotenen Lösungsalternativen nicht zu überzeugen. Selbst die für eine analoge Anwendung des § 5 VersG eintretende h. M. verkennt, daß es bei Maßnahmen gegen nichtöffentliche

Versammlungen in geschlossenen Räumen in der Sache um Eingriffe in ein vorbehaltlos gewährleistetes Grundrecht (Art. 8 Abs. 1 GG) geht, wofür das Versammlungsgesetz über den Gesetzesvorbehalt des Art. 8 Abs. 2 GG gerade nicht, auch nicht in analoger Anwendung, zur Verfügung steht. Der demzufolge *formal* eröffnete Zugriff auf die (polizei- und) ordnungsrechtliche *Generalklausel* als Ermächtigungsgrundlage erfährt indes *inhaltlich* aus Verfassungsgründen die Einschränkung, daß sub specie „Schutz der öffentlichen Sicherheit" nur zum Schutze der Grundrechte Dritter oder sonstiger mit Verfassungsrang ausgestatteter Rechte bzw. Rechtsgüter eingegriffen werden darf.

Die danach zu konturierenden *Tatbestandsvoraussetzungen* der Ermächtigungsgrundlage werfen keine inhaltlichen Schwierigkeiten auf. Das zweite schwierige Sachproblem stellt im Rahmen der durch die Eingriffsgrundlage eröffneten *Rechtsfolge* innerhalb des Auswahlermessens die Wahl des richtigen Adressaten der Gefahrenabwehrmaßnahme dar. Die Prüfung der *Verhaltensverantwortlichkeit* des in Anspruch genommenen T-e. V. hat zum zentralen Gegenstand die Erörterung des „Verursachungs"-Begriffs. Dabei erscheint es bei dem unterdessen erreichten Stand der Doktrin angezeigt, auf eine Darstellung der verschiedenen „Theorien" zu verzichten und sogleich der zutreffenden, durch materiale Elemente angereicherten h. M. von der Lehre der *unmittelbaren Verursachung* zu folgen. Kann danach die Störereigenschaft des T-e. V. nicht bejaht werden, so bedarf es anschließend einer kurzen Erörterung zum sog. *Zweckveranlasser* als Störer. Sowohl die subjektive als auch die objektive Betrachtungsweise führen freilich zur Verneinung der Verantwortlichkeit des T-e. V.

Die abschließend zu untersuchende *Notstandsverantwortlichkeit* eines Versammlungsveranstalters bei zu erwartenden militanten Gegendemonstranten stellt ein Standardproblem des Polizei- und Ordnungsrechts dar. Eine inhaltlich präzise Behandlung der Thematik sieht sich zunächst der Schwierigkeit ausgesetzt, daß die landesgesetzlichen Regelungen zur Inanspruchnahme des sog. Nichtstörers recht unterschiedlich sind. Demzufolge sind die länderübergreifenden Darstellungen im einschlägigen Schrifttum mitunter sehr vage. Auf der Grundlage der gewählten Prämisse (vgl. Fn. 108, ferner Fn. 128) läßt sich der Prüfungsinhalt klar strukturieren. Wirft das Merkmal „gegenwärtige erhebliche Gefahr" inhaltlich keine besonderen Probleme auf, so bereitet die Herausarbeitung der Ausnahmen von der Vorrangigkeit der Inanspruchnahme des Störers einen nicht unerheblichen argumentativen Aufwand. Die *Unmöglichkeit von Maßnahmen* (u. z. i.S.d. Ermächtigungsgrundlage, nicht auch i.S.d. Verwaltungsvollstreckungsrechts) *gegen den Störer* ist in *tatsächlicher* und in *rechtlicher* Hinsicht zu erörtern. Im Rahmen der Überlegungen zur rechtlichen Unmöglichkeit aus Gründen des Übermaßverbots ist die denkbare Inanspruchnahme des sog. Nichtstörers als milderes Mittel im Vergleich zur Heranziehung des an sich verantwortlichen Verhaltensstörers eine Frage des Interventionsminimums, also der *Erforderlichkeit* der Maßnahme, nicht aber der Verhältnismäßigkeit i.e.S. (so aber *Rühl*, NVwZ 1988, 577 [583]). Demgegenüber läßt die Prüfung der *Verhältnismäßigkeit* i.e.S. entsprechend den gesetzlichen Vorgaben (vgl. Fn. 125) nur noch die Beurteilung der Relation zwischen der erforderlichen Maßnahme (gegenüber dem Störer) und dem dadurch bewirkten Nachteil zu. Die Prüfung der *Erfolglosigkeit* von Maßnahmen gegen den Störer bezieht sich erneut nur auf Verfügungen i.S.d. Ermächtigungsgrundlage. Erst unter – dem weiteren Prüfungspunkt – der *Vorrangigkeit des Einsatzes behördeneigener Mittel* stellen sich bei dem rechtlichen Aspekt der Unmöglichkeit der Gefahrenabwehr durch die Verwaltung selbst Fragen des tatsächlichen Verwaltungshandelns i.S.d. Verwaltungsvollstreckungsrechts. In der Sache verlangt die bekannte Problematik eine ausgewogene Darstellung der rechtlichen Überlegungen zur „ultima ratio-Maßnahme“ einer Inanspruchnahme des sog. Nichtstörers. Die vorgeschlagene Lösung orientiert sich in der schwierigen Abwägung an dem rechtsstaatlichen Postulat eines Schutzes der Rechtsordnung. Weniger strenge Anforderungen für die Inanspruchnahme des sog. Nichtstörers und damit u. U. die Gewinnung eines anderen Ergebnisses in der Begründetheitsprüfung sind vertretbar.

3. *Rechtsprechungs- und Literaturhinweise*

a) Ausgangsfall

Der Fall ist gebildet nach VGH Bad.-Württ., Urt. v. 28. 8. 1986 – 1 S 3241/85 – NVwZ 1987, 237 = DVBl. 1987, 151 = DÖV 1987, 254 = VBlBW 1987, 183. Eine ähnliche Fallgestaltung bieten VGH Bad.-Württ., Urt. v. 26. 10. 1989 – 1 S 3448/88 – DÖV 1990, 346 und OVG Lüneburg, Urt. v. 24. 9. 1987 – 12 A 269/86 – NVwZ 1988, 638.

b) Zur Fortsetzungsfeststellungsklage

Darstellung der Rechtsschutzformvoraussetzungen und der besonderen Sachentscheidungsvoraussetzungen durch *Schenke*, Rechtsschutz gegen erledigtes Verwaltungshandeln, Jura 1980, 133 ff.; *Erichsen*, Die Fortsetzungsfeststellungsklage, Jura 1989, 49 ff.

c) Zur Versammlungsfreiheit gem. Art. 8 GG

Drosdzol, Grundprobleme des Demonstrationsrechts, JuS 1983, 409 ff.; *Gallwas*, Das Grundrecht der Versammlungsfreiheit, Art 8 GG – eine Problemskizze zur Einführung, JA 1986, 484 ff.; *von Mutius*, Die Versammlungsfreiheit des Art. 8 Abs. 1 GG, Jura 1988, 30 ff. und 79 ff.

d) Zur Notstandspflichtigkeit von Versammlungen

Schmidt-Jortzig, Polizeilicher Notstand und Versammlungsverbot, JuS 1970, 507 ff.; *Rühl*, Die Polizeipflichtigkeit von Versammlungen bei Störungen durch Dritte und bei Gefahren für die öffentliche Sicherheit bei Gegendemonstrationen, NVwZ 1988, 577 ff.; vgl. auch *Ketteler*, Die Einschränkbarkeit nichtöffentlicher Versammlungen in geschlossenen Räumen, DÖV 1990, 954 ff.

e) Zur polizei- und ordnungsrechtlichen Generalklausel

von Mutius, Der „Störer“ im Polizei- und Ordnungsrecht, Jura 1983, 298 ff.; *ders.*, Die Generalklausel im Polizei- und Ordnungsrecht, Jura 1986, 649 ff.; *Pietzcker*, Polizeirechtliche Störerbestimmung nach Pflichtwidrigkeit und Risikosphäre, DVBl. 1984, 457 ff.; *Erbel*, Zur Polizeipflichtigkeit des sog. „Zweckveranlassers“, JuS 1985, 257 ff.

f) Fallbearbeitungen

Ähnlicher Fall bei *G. Schröder*, Die Auflösung der Versammlung, Verwaltungsrundschau (VR) 1984, 247 mit Erwiderung *Baldarelli*, VR 1985, 190. – Vgl. ferner *Ehlers*, Die polizeiliche Wegnahme eines Films, JuS 1983, 869 (Fall insbesondere zur Fortsetzungsfeststellungsklage und zum polizeilichen Gefahrenbegriff); *Gräber*, Viel Lärm um Nichts, NWVBL 1988, 127 (Aufsichtsarbeit Juli 1986 im Ersten Juristischen Staatsexamen in Nordrhein-Westfalen; Fall zur Fortsetzungsfeststellungsklage und zum polizeilichen Einschreiten durch Betreten eines Hauses gegen Lärmbelästigung). – Prozessuale und materiellrechtliche Probleme der Fallbearbeitung im Polizeirecht behandeln *Knemeyer/Kowalczyk*, Die Fallösung im Polizeirecht – unter besonderer Hervorhebung der Besonderheiten gegenüber der allgemeinen Verwaltungsrechtsklausur, BayVBl. 1985, 29 ff. und 60 ff.

Fall 6: Abrißverfügung gegen den Schwarzbau

Sachverhalt

Die Eheleute M und F sind Miteigentümer eines Grundstücks in einer aus sechs Häusern bestehenden Reihenhauszeile. Hinter jedem Reihenhaus – etwa 3 m entfernt – befindet sich an der südwestlichen Grundstücksgrenze ein sog. Gartenschrank. Die Fläche zwischen der Rückseite des Hauses und dem Gartenschrank ist als Freisitz ausgebildet; sie wird von einer Pergola überdeckt und von einer Profilholzwand zum jeweils westlichen Nachbargrundstück abgeschirmt. Entsprechende Baugenehmigungen sind im Jahre 1986 erteilt worden. Die Reihenhausgrundstücke liegen im Geltungsbereich eines qualifizierten Bebauungsplans, der Festsetzungen entsprechend den Genehmigungen beinhaltet.

Aufgrund eines Hinweises aus der Nachbarschaft stellt die zuständige Bauaufsichtsbehörde fest, daß Ehemann M die Pergola ohne Genehmigung mit lichtdurchlässigen Kunststoffplatten abgedeckt hat. Mit einer dem völlig überraschten M am Mittwoch, dem 15. 5. 1991, zugestellten Verfügung, die eine ordnungsgemäße Rechtsbehelfsbelehrung enthält, ordnet die Bauaufsichtsbehörde unter ausführlicher Begründung die Beseitigung der Kunststoffplatten an. Am Montag, dem 17. 6. 1991, erscheint M bei der Bauaufsichtsbehörde und „läßt zu Protokoll nehmen", daß er „gegen das rigorose behördliche Vorgehen auf das Schärfste protestiere". Er sei nicht bereit, die Beseitigungsanordnung tatenlos hinzunehmen und fordert, „die Verfügung auf meine Intervention hin umgehend aus der Welt zu schaffen".

Behördlicherseits erläutert man M zunächst die Sach- und Rechtslage, um ihm anschließend Gelegenheit zu geben, seinen Standpunkt darzulegen. M macht geltend, man habe ihn durch Behördenwillkür aus einer größeren Schar von „Sündern" herausgegriffen. Wäre die Behörde nur ihrer Gesetzespflicht nachgekommen, regelmäßig und gezielt Wohngrundstücke daraufhin zu überprüfen, ob ungenehmigte bauliche Anlagen errichtet worden seien, hätte sie eine Vielzahl von Schwarzbauten erkennen können. Im übrigen sei es rechtsmißbräuchlich, wenn die Behörde aufgrund einer Denunziation agiere.

Wegen der Ausführungen von M nimmt die Bauaufsichtsbehörde eine Überprüfung vor und stellt in der Tat mehr oder weniger vergleichbare Fälle einer ungenehmigten Überdachung des Freisitzes fest. Diese Fälle werden zur Zeit noch untersucht; gleichzeitig arbeitet die Bauaufsichtsbehörde an einem Plan, wie in den betroffenen Reihenhauszeilen rechtmäßige Zustände bald wiederhergestellt werden können. M fragt, ob sein Vorgehen Aussicht auf Erfolg hat.

Lösung[1]

Bei dem „Vorgehen" des M könnte es sich um die Erhebung eines *Widerspruchs* i.S.d. §§ 68 ff. VwGO handeln. Ein Widerspruch hat Aussicht auf Erfolg, wenn er *zulässig* und *begründet* ist.

A. Zulässigkeit

I. Zulässigkeit des Verwaltungsrechtswegs

Zunächst müßte der *Verwaltungsrechtsweg* eröffnet sein[2]. Die Prüfung des „Vorgehens" von M als Widerspruch i.S.d. §§ 68 ff. VwGO setzt voraus, daß die VwGO überhaupt anwendbar ist. Das ist bei einer öffentlich-rechtlichen Streitigkeit nichtverfassungsrechtlicher Art i.S.d. § 40 Abs. 1 S. 1 VwGO grundsätzlich der Fall.

---

[1] Die Lösung folgt, sofern es auf das Landesrecht ankommt, schleswig-holsteinischem Landesrecht. Die für die Fallbearbeitung zentrale Vorschrift des § 76 Abs. 1 S. 1 SchlHBauO („Beseitigung baulicher Anlagen") lautet: „Werden bauliche Anlagen im Widerspruch zu öffentlich-rechtlichen Vorschriften errichtet oder geändert, kann die Bauaufsichtsbehörde die teilweise oder vollständige Beseitigung der baulichen Anlagen anordnen, wenn nicht auf andere Weise rechtmäßige Zustände hergestellt werden können." – Die Parallelvorschriften in den anderen Ländern (vgl. Fn. 3) sowie sonstige landesrechtliche Bestimmungen werden jeweils in den Fußnoten genannt.

[2] *Pieroth*, Jura 1981, 425 f.; *Würtenberger/Görs*, JuS 1981, 596 (597); *Weides*, Verwaltungsverfahren und Widerspruchsverfahren, 2. Aufl. 1981, S. 194 ff.; *ders.*, JuS 1988, 472; *Pietzner/Ronellenfitsch*, Das Assessorexamen im Öffentlichen Recht, 7. Aufl. 1991, § 29 Rdn. 5 und § 30 Rdn. 1 ff.; *Wieland*, JuS 1988, 969 (970); Musterlösungen zu Klausuraufgaben aus der Ersten Juristischen Staatsprüfung in BayVBl. 1984, 573 und BayVBl. 1987, 572.

Eine Sonderzuweisung zur Rechtswegeröffnung besteht hier nicht. Die Beteiligten streiten um die Rechtsfolgen aus der Anwendung *öffentlichen Rechts*; streitentscheidende Vorschrift ist § 76 Abs. 1 S. 1 SchlHBauO[3]. Berechtigtes Zuordnungssubjekt („Bauaufsichtsbehörde") ist ausschließlich ein Träger öffentlicher Verwaltung, so daß die streitentscheidende Vorschrift einen Rechtssatz des Öffentlichen Rechts darstellt. Die Streitigkeit ist auch *nichtverfassungsrechtlicher Art*, selbst wenn Art. 14 Abs. 1 S. 1 GG für die Entscheidung eine maßgebliche Rolle spielen sollte. Die Beteiligten sind nämlich keine Verfassungsorgane oder mit selbständigen Rechten durch die Verfassung ausgestattete Teile von Verfassungsorganen.

Der Verwaltungsrechtsweg wäre sonach eröffnet.

II. Ordnungsgemäße Widerspruchserhebung

Gem. § 70 Abs. 1 VwGO muß der Widerspruch schriftlich oder zur Niederschrift der Behörde erhoben werden. Fraglich ist, ob es sich bei dem „Vorgehen" des M um einen Widerspruch im Sinne dieser Vorschrift handelt. M hat sein „Protestieren" nicht ausdrücklich als „*Widerspruch*" bezeichnet. Das ist aber nur dann beachtlich, wenn das Gesetz insoweit bestimmte Anforderungen enthält. Das ist nicht der Fall. Auf die Bezeichnung kommt es nicht an[4]. Für die Annahme eines

---

[3] *Hinweis*: Parallelvorschriften hierzu: § 64 S. 1 BadWürttBauO; Art. 82 S. 1 BayBauO; § 70 Abs. 1 S. 1 BlnBauO; § 102 Abs. 1 BremBauO; § 76 Abs. 1 HbgBauO; § 83 Abs. 1 S. 2 HessBauO; § 89 Abs. 1 Nr. 2 NdsBauO; § 78 S. 1 RhPfBauO; § 104 SaarlBauO. – In der NWBauO fehlt eine Parallelbestimmung. In dem Streit (ausf. Darstellung bei *Krebs*, in: Grimm/Papier, Nordrhein-westfälisches Staats- und Verwaltungsrecht, 1986, S. 412 f.) um die Frage, ob die NWBauO vom 26. Juni 1984 in § 58 Abs. 1 S. 2 eine Ermächtigungsgrundlage für Maßnahmen der Bauaufsichtsbehörden statuiert hat (*Gubelt*, Fälle zum Bau- und Raumordnungsrecht, 3. Aufl. 1987, S. 137) oder ob es sich insoweit nur um eine Aufgabenzuweisungsregelung handelt, so daß für bauaufsichtsbehördliche Befugnisse (wie früher) auf die ordnungsbehördliche Generalklausel des § 14 NWOBG zurückzugreifen ist (*Dieckmann*, in: Grabis/Kauther/Dieckmann, Bau- und Planungsrecht, 2. Aufl. 1988, S. 230; *Oldiges*, in: Steiner [Hrsg.], Besonderes Verwaltungsrecht, 3. Aufl. 1988, IV D Rdn. 315 mit Fn. 585), hat sich das OVG Münster zu Recht für § 58 Abs. 1 S. 2 NWBauO als Ermächtigungsgrundlage entschieden, NWVBL 1987, 19 (20) = NuR 1988, 255.

[4] OVG Lüneburg, Die Gemeinde (Schl.-H.) 1983, 365; OVG Münster, NVwZ 1990, 676; *Schmitt Glaeser*, Verwaltungsprozeßrecht, 10. Aufl. 1990,

Widerspruchs i.S.d. §§ 68 ff. VwGO genügt, wenn deutlich wird, daß sich der von der angegriffenen Maßnahme Betroffene beschwert fühlt und die Überprüfung sowie die Aufhebung der Maßnahme begehrt[5]. Demnach kann auch ein „Protest" rechtlich als „*Widerspruch*" anzusehen sein[6].

M machte durch sein Auftreten und seine Forderung deutlich, daß er die Beseitigungsanordnung vom 15. 5. 1991 anfechten wollte. Er begehrte mit seinem Verlangen, „die Verfügung ... umgehend aus der Welt zu schaffen", die behördliche Aufhebung der Beseitigungsverfügung. Das „Vorgehen" des M ist somit als „Widerspruch" i.S.d. § 70 Abs. 1 VwGO zu qualifizieren.

M ließ den Widerspruch „zu Protokoll nehmen". Die Erhebung des Rechtsbehelfs erfolgte also zur *Niederschrift bei der Behörde*. Dies geschah bei der Ausgangsbehörde und damit bei der richtigen Verwaltungsbehörde (§ 70 Abs. 1 VwGO).

Eine ordnungsgemäße Widerspruchserhebung ist somit gegeben.

III. Statthaftigkeit des Widerspruchs

Gem. § 68 VwGO ist der Widerspruch nur *statthaft*, wenn richtige Klageart im Verwaltungsrechtsstreit entweder die Anfechtungsklage (§ 68 Abs. 1 S. 1 VwGO) oder die Verpflichtungsklage (in der Form der Vornahmeklage, § 68 Abs. 2 VwGO) wäre. Bei beiden Klagearten ist Rechtsschutzformvoraussetzung gem. § 42 Abs. 1 VwGO das Vorliegen bzw. Begehren auf Erlaß eines *Verwaltungsakts*. Folglich ist der Widerspruch nach §§ 68, 42 Abs. 1 VwGO nur statthaft, wenn die in Streit befindliche behördliche Maßnahme als Verwaltungsakt zu qualifizieren ist[7].

Rdn. 260; *Bosch/Schmidt*, Praktische Einführung in das verwaltungsgerichtliche Verfahren, 4. Aufl. 1988, S. 120; *Redeker/von Oertzen*, VwGO, 10. Aufl. 1991, § 70 Rdn. 10; *Kopp*, VwGO, 8. Aufl. 1989, § 70 Rdn. 5.

[5] BVerwGE 63, 74 (76 f.); OVG Lüneburg, OVGE 30, 384 (385); *Weides*, Verwaltungsverfahren (Fn. 2), S. 175 f.; *Busch*, in: Knack (Hrsg.), VwVfG, 3. Aufl. 1989, § 79 Rdn. 6.2; *von Mutius*, in: Jura Extra – Studium und Examen, 2. Aufl. 1983, S. 159; *Erichsen*, Verwaltungsrecht und Verwaltungsgerichtsbarkeit I, 2. Aufl. 1984, S. 58; *Frank/Langrehr*, Verwaltungsprozeßrecht, 1987, S. 74; *Eyermann/Fröhler/Kormann*, VwGO, 9. Aufl. 1988, § 70 Rdn. 1; Musterlösung (Fn. 2), BayVBl. 1984, 573.

[6] *Vogel*, Der Verwaltungsrechtsfall, 8. Aufl. 1980, S. 112; *Schwabe*, Verwaltungsprozeßrecht, 3. Aufl. 1991, S. 46.

[7] *Pieroth*, Jura 1981, 425 (427); *Würtenberger/Görs*, JuS 1981, 596 (597); *Weides*, Verwaltungsverfahren (Fn. 2), S. 199 f.; *ders.*, JuS 1988, 427; *Pietzner/Ronellenfitsch*, Assessorexamen (Fn. 2), § 31 Rdn. 1 ff.

Diese Voraussetzung ist hier gegeben. Die Beseitigungsverfügung erfüllt alle Merkmale eines Verwaltungsakts (§ 106 Abs. 1 LVwG[8]). Der Rechtsbehelf des M stellt einen *Anfechtungswiderspruch* dar. Dieser Widerspruch ist auch nicht aufgrund spezialgesetzlicher Ausnahmen (§ 68 Abs. 1 S. 2 VwGO) ausgeschlossen und somit insgesamt statthaft.

IV. Widerspruchsbefugnis

Gem. § 70 Abs. 1 VwGO wird Widerspruch von dem *„Beschwerten"* eingelegt. Die *Widerspruchsbefugnis* setzt demnach voraus, daß der Widerspruchsführer durch den Verwaltungsakt in seinen Rechten beeinträchtigt ist[9]. Eine bloße Interessenbeeinträchtigung reicht nicht aus[10]. Ebenso wie eine Popularklage ist somit ein Popularwiderspruch unzulässig[11].

Fraglich ist, welche inhaltlichen Anforderungen an die Beschwer zu stellen sind. Nach § 68 Abs. 1 S. 1 VwGO erstreckt sich die Kontrollbefugnis der Widerspruchsbehörde auch auf die *Zweckmäßigkeit* des angefochtenen Verwaltungsakts. Damit kann die Regelung über die Klagebefugnis (§ 42 Abs. 2 VwGO) nicht ohne weiteres auf die Widerspruchsbefugnis übertragen werden. Der Widerspruchsführer muß nicht die Verletzung eigener Rechte geltend machen. Er kann vielmehr weitergehend seinen Widerspruch auf bloße Unzweckmäßigkeit des Verwaltungsakts stützen. Jedoch müßte, wie aus dem Vorschaltcharakter des Widerspruchsverfahrens gegenüber dem gerichtlichen Verfahren sowie der beschränkten Gesetzgebungskompetenz des Bundes nach Art. 74 Nr. 1 GG zur Regelung der §§ 68 ff. VwGO zu schließen ist, die fragliche Ermessensvorschrift zumindest auch dem Interesse des Widerspruchsführers zu dienen bestimmt sein[12]. Die Widerspruchsbefugnis ist daher gegeben, wenn nicht ausgeschlossen werden kann, daß der Widerspruchsführer durch den angefochtenen Verwaltungsakt in

---

[8] In den anderen Ländern: § 35 S. 1 VwVfG.

[9] *Busch*, in: Knack (Hrsg.), VwVfG, § 79 Rdn. 9.2; *Redeker/von Oertzen*, VwGO, § 70 Rdn. 11.

[10] *Weides*, Verwaltungsverfahren (Fn. 2), S. 239.

[11] *Pieroth*, Jura 1981, 425 (430 f.); *Pietzner/Ronellenfitsch*, Assessorexamen (Fn. 2), § 35 Rdn. 1; *Stern*, Verwaltungsprozessuale Probleme in der öffentlich-rechtlichen Arbeit, 6. Aufl. 1987, S. 167.

[12] *von Mutius*, Das Widerspruchsverfahren der VwGO als Verwaltungsverfahren und Prozeßvoraussetzung, 1969, S. 216 f.; *Erichsen*, Verwaltungsrecht I (Fn. 5), S. 58; *Pietzner/Ronellenfitsch*, Assessorexamen (Fn. 2), § 35 Rdn. 4.

seinen Rechten beeinträchtigt wird und dieser Verwaltungsakt rechtswidrig oder unzweckmäßig ist[13].

An möglicherweise beeinträchtigten subjektiven öffentlichen Rechten kommen das (Mit-)Eigentum des M (Art. 14 Abs. 1 S. 1 GG) und die ebenfalls grundrechtlich geschützte (Art. 14 Abs. 1 S. 1 GG) Baufreiheit[14] in Betracht. Nach dem Sachverhalt ist nicht auszuschließen, daß M in seinen Rechten beschwert ist, weil die Beseitigungsverfügung rechtswidrig oder unzweckmäßig ist.

Die Widerspruchsbefugnis des M ist somit gegeben.

V. Einhaltung der Widerspruchsfrist

Gem. § 70 Abs. 1 S. 1 VwGO ist der Widerspruch innerhalb eines Monats, nachdem der Verwaltungsakt dem Beschwerten bekanntgegeben worden ist, zu erheben. Die Bekanntgabe der Beseitigungsanordnung an M erfolgte am 15. 5. 1991. Ihr war eine ordnungsgemäße Rechtsbehelfsbelehrung beigegeben. Die Voraussetzungen für den Lauf der Monatsfrist (§§ 70 Abs. 2 i.V.m. 58 Abs. 1 VwGO) waren somit erfüllt. Widerspruch wurde erst am 17. 6. 1991 eingelegt, also nach Ablauf eines Monats. Allerdings war der 17. 6. 1991 ein Montag. Die Widerspruchseinlegung könnte daher noch fristgerecht erfolgt sein. Die Berechnung der Widerspruchsfrist bestimmt sich gem. § 57 Abs. 2 VwGO nach § 222 ZPO i.V.m. §§ 187 ff. BGB[15] oder aufgrund der §§ 79 i.V.m. 31 Abs. 1 VwVfG und §§ 187 ff. BGB[16]. Die Streitfrage um die

---

[13] *Weides*, Verwaltungsverfahren (Fn. 2), S. 239; *von Mutius*, Jura Extra (Fn. 5), S. 164; *Kopp*, VwGO, § 69 Rdn. 6; *Stern*, Verwaltungsprozessuale Probleme (Fn. 11), S. 167 f.; *Kämper*, Verwaltungsrundschau 1988, 287 (288).

[14] BVerfGE 35, 263 (276); BVerwGE 42, 115 (117); *Broy-Bülow*, Baufreiheit und baurechtlicher Bestandsschutz, 1981, S. 3 ff.; *Hoppe*, in: Ernst/Hoppe, Das öffentliche Bau- und Bodenrecht, Raumplanungsrecht, 2. Aufl. 1981, Rdn. 159 ff.; *Nüßgens/Boujong*, Eigentum, Sozialbindung, Enteignung, 1987, Rdn. 39; *Grabis*, in: Grabis/Kauther/Dieckmann, Bau- und Planungsrecht, S. 107 f.; *Friauf*, in: von Münch (Hrsg.), Besonderes Verwaltungsrecht, 8. Aufl. 1988, S. 556 f.; *Stober*, Grundrechtsschutz der Wirtschaftstätigkeit, 1989, S. 95.

[15] VGH Bad.-Württ., NJW 1987, 1353 = VBlBW 1987, 224 (225); *Pietzner/Ronellenfitsch*, Assessorexamen (Fn. 2), § 33 Rdn. 7.

[16] *Weides*, Verwaltungsverfahren (Fn. 2), S. 218; *Busch*, in: Knack (Hrsg.), VwVfG, § 79 Rdn. 7.2.19; *Stelkens*, in: Stelkens/Bonk/Leonhardt, VwVfG, 3. Aufl. 1990, § 31 Rdn. 39; Musterlösungen (Fn. 2), BayVBl. 1984, 573 und BayVBl. 1987, 572 (573); *Beckmann*, Verwaltungsrundschau 1988, 361 (363).

richtige Verweisungskette kann unentschieden bleiben, weil im Ergebnis in jedem Fall §§ 187 ff. BGB maßgeblich sind[17].

Gem. § 187 Abs. 1 BGB wird der 15. 5. 1991 als Tag der Bekanntgabe des Verwaltungsakts bei der Berechnung der Frist nicht mitgezählt. Die Monatsfrist lief somit am 15. 6. 1991 um 24.00 Uhr ab (§ 188 Abs. 2 BGB). Dieser Tag war jedoch, da der 17. 6. 1991 ein Montag war, ein Sonnabend. Wenn das Ende einer Frist auf einen Sonnabend fällt, endet die Frist erst mit Ablauf des nächsten Werktages (§§ 31 Abs. 3 S. 1 VwVfG, 193 BGB). Dies war Montag, der 17. 6. 1991. Die Erhebung des Widerspruchs erfolgte also noch fristgemäß.

VI. Zwischenergebnis

Da am Vorliegen der sonstigen Sachentscheidungsvoraussetzungen keine Bedenken bestehen, ist der Widerspruch zulässig.

B. Begründetheit

Der Widerspruch ist begründet, wenn der angefochtene Verwaltungsakt den Widerspruchsführer in seinen Rechten beeinträchtigt und rechtswidrig oder unzweckmäßig ist[18].

I. Rechtsbeeinträchtigung

(Mit-)Eigentum und Baufreiheit des M sind, wie erwähnt, durch Art. 14 Abs. 1 S. 1 GG geschützt. Die Beseitigungsverfügung greift in das geschützte Recht ein. Eine Rechtsbeeinträchtigung ist somit gegeben.

II. Rechtmäßigkeit des Eingriffs

1. Rechtsgrundlage

Das Grundrecht nach Art. 14 Abs. 1 S. 1 GG ist jedoch nicht schrankenlos gewährleistet. Das Eigentum wird begrenzt durch Inhalts- und

---

[17] *Pietzner/Ronellenfitsch*, Assessorexamen (Fn. 2), § 33 Rdn. 7.

[18] *Weides*, Verwaltungsverfahren (Fn. 2), S. 242; *von Mutius*, Jura Extra (Fn. 5), S. 169; *Pietzner/Ronellenfitsch*, Assessorexamen (Fn. 2), § 38 Rdn. 1 f.

Schrankenbestimmungen i.S.d. Art. 14 Abs. 1 S. 2 GG. Der durch die Beseitigungsanordnung erfolgte Grundrechtseingriff ist rechtmäßig, wenn hierfür eine wirksame Rechtsgrundlage besteht, die zudem rechtsfehlerfrei und nicht unzweckmäßig angewendet worden ist.

Als Rechtsgrundlage für die Beseitigungsverfügung kommt § 76 Abs. 1 S. 1 SchlHBauO[19] in Betracht. Danach kann die Bauaufsichtsbehörde die teilweise oder vollständige Beseitigung einer baulichen Anlage anordnen, wenn diese im Widerspruch zu öffentlich-rechtlichen Vorschriften errichtet oder geändert wurde und auf andere Weise rechtmäßige Zustände nicht hergestellt werden können. An der Rechtswirksamkeit dieser Vorschrift bestehen keine Bedenken. Fraglich ist jedoch die rechtsfehlerfreie und zweckmäßige Anwendung der Ermächtigungsgrundlage.

2. *Rechtsfehlerfreie Anwendung der Rechtsgrundlage*

a) Formelle Rechtmäßigkeit

Nach dem Sachverhalt bestehen an der Zuständigkeit der Bauaufsichtsbehörde ebensowenig Bedenken wie an der Formfehlerfreiheit der Beseitigungsverfügung. Zweifelhaft ist dagegen, ob die maßgeblichen *Verfahrensvorschriften* eingehalten sind. Bedenken bestehen deshalb, weil M vor Erlaß der Beseitigungsverfügung von der Behörde nicht angehört worden ist. Nach dem Sachverhalt war M von dem Verwaltungsakt „völlig überrascht". Daraus ergibt sich, daß eine Anhörung nicht stattgefunden hat. Dies könnte einen Verfahrensfehler darstellen, der zur Rechtswidrigkeit des Verwaltungsakts führt.

Gem. § 87 Abs. 1 LVwG[20] ist, bevor ein Verwaltungsakt erlassen wird, der in Rechte eines Beteiligten eingreift, diesem Gelegenheit zu geben, sich zu den für die Entscheidung erheblichen Tatsachen zu äußern. M ist gem. § 78 Abs. 1 Nr. 2 LVwG[21] „Beteiligter" i.S.d. § 87 Abs. 1 LVwG[22]. Die Beseitigungsanordnung greift auch in seine Rechte ein; sein Rechtskreis (Art. 14 Abs. 1 S. 1 GG) wird geschmälert, indem ein ihn belastender Verwaltungsakt erlassen worden ist. Ein Ausnahmefall, in dem gem. § 87 Abs. 2 LVwG[23] von der Anhörung abgesehen werden kann, liegt nicht vor. Folglich hätte M vor Erlaß der Beseiti-

---

[19] Vgl. Fn. 3.
[20] Dem entspricht in den anderen Ländern § 28 Abs. 1 VwVfG.
[21] Entsprechend: § 13 Abs. 1 Nr. 2 VwVfG.
[22] Vgl. Nachw. Fn. 20.
[23] Entsprechend: § 28 Abs. 2 VwVfG.

gungsverfügung angehört werden müssen. In dem Unterlassen der Anhörung liegt ein Verstoß gegen § 87 Abs. 1 LVwG[24].

Dieser Verfahrensfehler könnte aber gem. § 114 Abs. 1 Nr. 3 LVwG[25] geheilt worden sein. Danach ist eine Verletzung von Verfahrensvorschriften, die nicht den Verwaltungsakt nach § 113 LVwG[26] nichtig macht, unbeachtlich, wenn die erforderliche Anhörung eines Beteiligten nachgeholt wird. Für eine Nichtigkeit der Beseitigungsverfügung sind keine Anhaltspunkte vorhanden. Demnach konnte der verfahrensfehlerhafte Verwaltungsakt geheilt werden. Die Heilung ist auch noch im Widerspruchsverfahren zulässig[27]. § 114 Abs. 2 LVwG[28] erlaubt den Nachholakt bis zum Abschluß des Vorverfahrens. Voraussetzung für die Heilung ist allerdings, daß die „erforderliche Anhörung" nachgeholt wird. Deren inhaltliche Anforderungen ergeben sich aus § 87 Abs. 1 LVwG[29].

M waren am 17. 6. 1991 die für die behördliche Entscheidung erheblichen Tatsachen mitgeteilt worden, indem ihm erneut die Sach- und Rechtslage eröffnet worden war. Anschließend erhielt er Gelegenheit, seine Auffassung zu erläutern. Damit war ihm nachträglich Gelegenheit zur Äußerung i.S.d. § 87 Abs. 1 LVwG[30] gegeben. Die „erforderliche Anhörung" ist somit nachgeholt worden. Der Verfahrensfehler ist demnach gem. § 114 Abs. 1 Nr. 3 LVwG[31] geheilt.

b) Materielle Rechtmäßigkeit

Materiellrechtliche Voraussetzungen für die Rechtmäßigkeit der Beseitigungsanordnung sind die richtige Anwendung des Tatbestandes der Ermächtigungsgrundlage und die fehlerfreie Ermessensausübung.

aa) Tatbestand

Der Tatbestand des § 76 Abs. 1 S. 1 SchlHBauO[32] setzt voraus, daß eine bauliche Anlage im Widerspruch zu öffentlich-rechtlichen Vorschriften

---

[24] Vgl. Nachw. Fn. 20.

[25] Entsprechend: § 45 Abs. 1 Nr. 3 VwVfG.

[26] Entsprechend: § 44 VwVfG.

[27] BVerwGE 66, 111 (113 f.); 66, 184 (186 ff.); BVerwG, NVwZ 1986, 913 = DVBl. 1986, 1159; OVG Lüneburg, Die Gemeinde (Schl.-H.) 1988, 241 (242); *Schoch*, NVwZ 1983, 249 (253 ff.).

[28] Entsprechend: § 45 Abs. 2 VwVfG.

[29] HessVGH, NVwZ 1987, 510; OVG Lüneburg, NVwZ 1987, 511; HessVGH, DÖV 1988, 1023 (1024); *Schoch*, NVwZ 1983, 249 (255); *Weides*, JA 1984, 648 (657 ff.).

[30] Entsprechend: § 28 Abs. 1 VwVfG.

[31] Entsprechend: § 45 Abs. 1 Nr. 3 VwVfG.

[32] Vgl. Fn. 3.

errichtet oder geändert worden ist und auf andere Weise als durch Beseitigungsanordnung rechtmäßige Zustände nicht hergestellt werden können. Gartenschrank, Pergola und Einfriedung sind bauliche Anlagen i.S.d. § 2 Abs. 1 SchlHBauO[33]. Durch die über der Pergola, dem Gartenschrank und der Trennwand angebrachten Kunststoffplatten sind bauliche Anlagen verändert worden, so daß ein überdachter Freisitz entstanden ist[34].

Im „Widerspruch zu öffentlich-rechtlichen Vorschriften" steht eine bauliche Anlage insbesondere, wenn sie sowohl formell als auch materiell baurechtswidrig ist[35].

(1) Formelle Baurechtswidrigkeit

Formelle Baurechtswidrigkeit liegt vor, wenn eine bauliche Anlage genehmigungs- oder anzeigepflichtig ist und die erforderliche Genehmigung nicht vorliegt bzw. die Anzeige nicht vorgenommen worden oder auf die Anzeige hin eine mögliche Untersagung erfolgt ist[36]. Bei dem überdachten Freisitz handelt es sich gem. §§ 61, 62 SchlHBauO[37] um eine *genehmigungspflichtige* Anlage. Eine Genehmigung für *diese* bauliche Anlage ist nicht erteilt worden; sie war überdies nicht beantragt. Die bauliche Anlage „überdachter Freisitz" ist somit formell baurechtswidrig.

(2) Materielle Baurechtswidrigkeit

Darüber hinaus müßte die Anlage auch *materiell* baurechtswidrig sein. Materielle Baurechtswidrigkeit ist gegeben, wenn eine bauliche Anlage den inhaltlichen Anforderungen des öffentlichen Baurechts nicht entspricht[38].

---

33 Begriffsbestimmung jeweils in § 2 der einschlägigen Landesbauordnung.

34 Vgl. OVG Bremen, BauR 1985, 441 = NVwZ 1986, 61 = BRS 44 Nr. 190.

35 BVerwG, ZfBR 1983, 94; HessVGH, HSGZ 1982, 391 (392); VGH Bad.-Württ., VBlBW 1982, 402 (403); OVG Münster, NWVBL 1987, 19 (20) = NuR 1988, 255; OVG Lüneburg, NuR 1988, 397; VGH Bad.-Württ., NVwZ 1990, 1186; *Rapp*, BauR 1983, 126; *Gubelt* (Fn. 3), S. 147; *Oldiges* (Fn. 3), IV D Rdn. 318; *Friauf* (Fn. 14), S. 561 ff.; *Ortloff*, NVwZ 1987, 374 (381).

36 *Battis*, Öffentliches Baurecht und Raumordnungsrecht, 2. Aufl. 1987, S. 255; *Finkelnburg/Ortloff*, Öffentliches Baurecht, Band II: Bauordnungsrecht, Nachbarschutz, Rechtsschutz, 2. Aufl. 1990, S. 128.

37 Entsprechend: §§ 51, 52 BadWürttBauO; Art. 65, 66 BayBauO; §§ 55, 56 BlnBauO, § 87 BremBauO; §§ 60, 61 HbgBauO; §§ 87 ff. HessBauO; §§ 68, 69 NdsBauO; §§ 60, 62 NWBauO; §§ 60, 61 RhPfBauO; §§ 87 ff. SaarlBauO.

38 *Finkelnburg/Ortloff*, Baurecht (Fn. 36), S. 128; *Friauf* (Fn. 14), S. 563; *Dieckmann* (Fn. 3), S. 229; *Grosse-Suchsdorf/Schmaltz/Wiechert*, NdsBauO, 3. Aufl. 1984, § 89 Rdn. 12.

Der überdachte Freisitz des M könnte gegen Vorschriften des *Bauplanungsrechts* (§§ 29 ff. BauGB) verstoßen. Eine bauliche Anlage i.S.d. § 29 S. 1 BauGB ist hier gegeben[39]. Ihre bauplanungsrechtliche Zulässigkeit beurteilt sich, da im Geltungsbereich eines sog. qualifizierten Bebauungsplans gelegen, nach § 30 Abs. 1 BauGB. Danach darf die Anlage den Festsetzungen des Bebauungsplans nicht widersprechen. Hier erlaubt der Bebauungsplan lediglich, daß die Fläche zwischen der Rückseite des Hauses und dem Gartenschrank als Freisitz ausgebildet ist, der von einer Pergola überdeckt und von einer Profilholzwand zum Nachbargrundstück abgeschirmt ist. Die von M durch die Abdeckung mit den lichtdurchlässigen Kunststoffplatten vorgenommene Änderung ist mit den Festsetzungen des Bebauungsplans folglich nicht vereinbar. Ein materieller Widerspruch zu öffentlich-rechtlichen Vorschriften liegt demnach vor.

(3) Anderweitige Legalisierung

Tatbestandliche Voraussetzung[40] für die Beseitigungsverfügung ist ferner, daß *rechtmäßige Zustände auf andere Weise nicht hergestellt* werden können. Hier könnte man allenfalls an die Erteilung eines Dispenses (§ 31 Abs. 2 BauGB) denken. M indes hat einen entsprechenden Antrag nicht gestellt, und es ist sehr zweifelhaft, ob es behördliche Pflicht und nicht nur eine Obliegenheit des Betroffenen selbst ist, einen bestimmten, zur Herstellung eines rechtmäßigen Zustandes geeigneten Abänderungsvorschlag zu unterbreiten[41]. Entscheidend ist jedoch, daß die materiellen Voraussetzungen für die Erteilung eines Dispenses nach § 31 Abs. 2 BauGB nicht vorliegen[42]. Eine anderweitige, nachträgliche Legalisierung scheidet daher aus. Der Verstoß gegen die Festsetzungen

---

[39] Vgl. OVG Bremen, BauR 1985, 441 = NVwZ 1986, 61 = BRS 44 Nr. 190.

[40] *Hinweis*: In den Landesbauordnungen ist in der Ermächtigungsgrundlage für die Beseitigung baulicher Anlagen (Nachw. o. Fn. 3) überwiegend als *Tatbestandsmerkmal* (wörtlich oder sinnentsprechend) normiert, daß „nicht auf andere Weise rechtmäßige Zustände hergestellt werden können". Wo dieses Merkmal fehlt, findet es der Sache nach Eingang in die behördliche Entscheidung über das *Ermessen* (u. z. im Rahmen des Übermaßverbots). – Zur Problematik *Finkelnburg/Ortloff*, Baurecht (Fn. 36), S. 137 f.; *Dieckmann* (Fn. 3), S. 232; *Friauf* (Fn. 14), S. 566; *Gubelt* (Fn. 3), S. 148 mit Fn. 12.

[41] VGH Bad.-Württ., VBlBW 1982, 402 (403); *Simon*, BayBauO, Art. 82 Rdn. 15; *Dürr*, VBlBW 1989, 361 (367).

[42] Vgl. OVG Bremen, NVwZ 1986, 61 (insoweit in BauR 1985, 441 und BRS 44 Nr. 190 nicht abgedruckt).

des Bebauungsplans läßt sich nur durch Abriß der Kunststoffplatten beseitigen. Auf andere Weise kann ein rechtmäßiger Zustand nicht hergestellt werden.

bb) Rechtsfolge

Gem. § 76 Abs. 1 S. 1 SchlHBauO[43] ist die Bauaufsichtsbehörde trotz Vorliegens der tatbestandlichen Voraussetzungen nicht zum Erlaß der Beseitigungsanordnung verpflichtet. Der Erlaß der Verfügung steht vielmehr in ihrem *Ermessen*[44]. Ermessensfehlerfrei handelt sie dann, wenn sie ihr Ermessen entsprechend dem Zweck der Ermächtigung ausübt und die gesetzlichen Grenzen des Ermessens einhält (§ 73 LVwG[45]). Das Ermessen besteht sowohl bezüglich des „Ob" (Entschließungsermessen) als auch hinsichtlich des „Wie" (Auswahlermessen) des Einschreitens[46].

(1) Entschließungsermessen

Zunächst müßte das *Entschließungsermessen* durch den Erlaß der Beseitigungsverfügung rechtsfehlerfrei ausgeübt worden sein. Das ist der Fall, wenn weder ein Ermessensmangel noch ein Ermessensmißbrauch noch eine Ermessensüberschreitung gegeben ist.

Für die Annahme eines *Ermessensmangels* gibt der Sachverhalt keinen Anhaltspunkt. Es kann daher nicht angenommen werden, die Bauaufsichtsbehörde habe sich aufgrund des Vorliegens der tatbestandlichen Voraussetzungen zum Einschreiten für verpflichtet gehalten.

Ein *Ermessensmißbrauch* (Ermessensfehlgebrauch) ist gegeben, wenn die Behörde nicht entsprechend dem Zweck der Ermächtigungsgrundlage gehandelt hat[47]. Funktion des § 76 Abs. 1 S. 1 SchlHBauO[48] ist es, sicherzustellen, daß die Vorschriften des öffentlichen (Bau-)Rechts eingehalten werden. Das öffentliche Interesse gebietet grundsätzlich die Einhaltung auch der baurechtlichen Vorschriften. Die Ermessens-

---

[43] Vgl. Fn. 3.

[44] VGH Bad.-Württ., NVwZ 1990, 1186; *Ortloff*, NVwZ 1990, 525 (532); *Battis*, Baurecht (Fn. 36), S. 259; *Friauf* (Fn. 14), S. 561; *Oldiges* (Fn. 3), IV D Rdn. 319.

[45] Entsprechend: § 40 VwVfG.

[46] *Finkelnburg/Ortloff*, Baurecht (Fn. 36), S. 139; *Krebs* (Fn. 3), S. 413; *Simon*, BayBauO, Art. 82 Rdn. 6.

[47] *Maurer*, Allgemeines Verwaltungsrecht, 7. Aufl. 1990, § 7 Rdn. 14; *Erichsen*, in: Erichsen/Martens (Hrsg.), Allgemeines Verwaltungsrecht, 9. Aufl. 1991, § 10 Rdn. 19.

[48] Vgl. Fn. 3.

einräumung dient lediglich dazu, Besonderheiten des Einzelfalles Rechnung tragen zu können. Derartige Besonderheiten, die eine Untätigkeit der Bauaufsichtsbehörde verlangten, liegen hier nicht vor. Bei Berücksichtigung des erheblichen öffentlichen Interesses an einer geordneten baulichen Entwicklung ist es nicht ermessensmißbräuchlich, wenn die Bauaufsichtsbehörde eine Beseitigung des rechtswidrigen Zustandes anstrebt[49]. – Ein Ermessensmißbrauch könnte jedoch deshalb gegeben sein, weil die Bauaufsichtsbehörde auf einen Nachbarhinweis hin eingeschritten ist. Eine fehlerhafte Ermessensausübung käme von daher aber nur in Betracht, wenn sachfremde Motive die Behörde zum Einschreiten bewogen hätten. Das ist nicht der Fall. Die Bauaufsichtsbehörde hat ihre Ermessensentscheidung nicht etwa darauf gestützt, daß der Abriß im Interesse eines Nachbarn zu erfolgen habe[50]. Der Nachbarhinweis ist vielmehr nur äußerer Anlaß zum behördlichen Tätigwerden gewesen.

Eine *Ermessensüberschreitung* kommt hier allenfalls unter dem Gesichtspunkt des Übermaßverbots in Betracht. Ein unverhältnismäßiges Einschreiten könnte angenommen werden, wenn nur ein ganz geringfügiger Baurechtsverstoß vorläge[51]. Das ist hier aber nicht der Fall. Der Bebauungsplan sieht ausdrücklich nur eine offene Verbindung zwischen Gartenschrank und Gebäude durch Pergolen vor. Nunmehr wirkt der überdachte Freisitz von oben betrachtet wie ein geschlossener Anbau[52]. Dadurch ist die rückwärtige Gestaltung der Reihenhauszeile nicht unerheblich geändert. Zudem könnte eine Vorbildwirkung für sonstige Häuser entstehen. Es besteht somit ein öffentliches Interesse an der Aufrechterhaltung der den Festsetzungen des Bebauungsplans entsprechenden Gestaltung der Rückfront der Reihenhäuser[53]. Das Einschreiten der Bauaufsichtsbehörde ist demnach kein übermäßiges Verwaltungshandeln.

Daß die Bauaufsichtsbehörde eingeschritten ist, stellt somit keine fehlerhafte Ausübung des Entschließungsermessens dar.

---

[49] OVG Münster, NWVBL 1987, 19 (20) = NuR 1988, 255 (256); OVG Berlin, NVwZ 1990, 176 (178); *Finkelnburg/Ortloff*, Baurecht (Fn. 36), S. 139; *Simon*, BayBauO, Art. 82 Rdn. 9.

[50] Vgl. OVG Bremen, NVwZ 1986, 61 (insoweit in BauR 1985, 441 und BRS 44 Nr. 190 nicht abgedruckt).

[51] Vgl. OVG Münster, BRS 36 Nr. 217.

[52] Vgl. OVG Bremen, BauR 1985, 441 f. = BRS 44 Nr. 190 (insoweit in NVwZ 1986, 61 nicht abgedruckt).

[53] Vgl. OVG Bremen, BauR 1985, 441 (442) = BRS 44 Nr. 190 (insoweit in NVwZ 1986, 61 nicht abgedruckt).

(2) Auswahlermessen

Die Ausübung des *Auswahlermessens* müßte ebenfalls ermessensfehlerfrei erfolgt sein. Die Bauaufsichtsbehörde müßte sowohl bezüglich des ausgewählten *Mittels* als auch hinsichtlich der in Anspruch genommenen *Person* rechtmäßig gehandelt haben. Eine rechtsfehlerfreie Betätigung des Auswahlermessens läge vor, wenn weder ein Ermessensmangel noch ein Ermessensmißbrauch noch eine Ermessensüberschreitung gegeben wäre.

(a) Eingesetztes Mittel

Das von der Bauaufsichtsbehörde eingesetzte *Mittel* „Beseitigungsverfügung" unterliegt rechtlichen Bedenken allenfalls aufgrund des *Übermaßverbots*. Zur Herstellung eines rechtmäßigen Zustandes ist die Beseitigungsverfügung *geeignet*. Sie ist auch *erforderlich*; mildere Mittel stehen zur Zielerreichung nicht zur Verfügung. Die Abrißanordnung könnte jedoch *unverhältnismäßig* sein. Das wäre der Fall, wenn der Abriß der Kunststoffplatten hinsichtlich des angestrebten Ziels, nämlich der Beseitigung des baurechtswidrigen Zustandes, als unangemessen oder unzumutbar zu erachten wäre. Bei der Abwägung zur Bewertung dieser Mittel-Zweck-Relation ist einerseits zu berücksichtigen, daß die Folgen für M hart sind. Andererseits muß er sie allein als notwendige Konsequenz eigenen Verhaltens hinnehmen. Bei der Abwägung ist schließlich zu beachten, daß derjenige, der besonders massiv gegen das Recht verstößt, nicht bevorzugt werden darf[54]. M hat weder den Versuch unternommen, die bauliche Änderung legal herbeizuführen, noch hat er im nachhinein einen Legalisierungsversuch, z. B. über § 31 Abs. 2 BauGB, unternommen. Angesichts dieser Umstände stellt der Erlaß der Beseitigungsverfügung keine unverhältnismäßige Anordnung dar.

(b) Verantwortlicher („Störer")

Fraglich ist jedoch, ob die Bauaufsichtsbehörde bei der Betätigung des Auswahlermessens mit M auch rechtsfehlerfrei den *Verantwortlichen* in Anspruch genommen hat. Bedenken bestehen zum einen wegen des Miteigentums der F dahingehend, ob M überhaupt so, wie erfolgt, in Anspruch genommen werden durfte. Zum anderen ist zweifelhaft, ob gerade M nicht gleichheitswidrig aus einem Kreis mehrerer „Störer" herausgegriffen worden ist.

---

[54] OVG Münster, NWVBL 1987, 19 (21) = NuR 1988, 255 (256).

(aa) Übermaßverbot. Fraglich ist zunächst, wonach sich die mögliche Verantwortlichkeit von M beurteilt. Das Bauordnungsrecht regelt die Frage der Verantwortlichkeit für baurechtswidrige Verhaltensweisen und Zustände nur für die Bauzeit. Die Verantwortlichkeit von Bauherr, Entwurfsverfasser, Unternehmer und Bauleiter gem. §§ 53 ff. SchlH-BauO[55] besteht nur für diesen Zeitraum[56]. Nach dem Ende der Bauzeit bestimmt sich die Störereigenschaft, da das Bauordnungsrecht keine spezielle Regelung trifft, nach allgemeinem Ordnungsrecht. Die Bauaufsichtsbehörde hat den Adressaten der Beseitigungsverfügung nach allgemeinem (Polizei- und) Ordnungsrecht zu ermitteln[57].

M konnte grundsätzlich sowohl als Verhaltens- als auch als Zustandsverantwortlicher (§§ 185, 186 LVwG[58]) in Anspruch genommen werden. Seine *alleinige* Inanspruchnahme könnte aber wegen Verstoßes gegen das *Übermaßverbot* deshalb ermessensfehlerhaft und damit rechtswidrig sein, weil mit der Beseitigungsanordnung von M etwas *rechtlich Unmögliches* gefordert wird. Da das Hausgrundstück im Miteigentum von M und F steht, könnte M (privat)rechtlich gehindert sein, die Beseitigung vorzunehmen. Das Übermaßverbot läßt u. a. nur *geeignete* Maßnahmen zu. Kann der angestrebte Erfolg aber aus Rechtsgründen nicht erreicht werden, liegt keine zur Zielverwirklichung geeignete Maßnahme vor[59]. Hier könnte von einem Miteigentümer die Einwirkung auf eine Sache gefordert werden, zu der er dem anderen Miteigentümer gegenüber nicht berechtigt ist. Eine derartige Verfügung könnte wegen *rechtlicher Unmöglichkeit* als rechtswidrig zu erachten sein[60].

---

[55] Entsprechend: §§ 43 ff. BadWürttBauO; Art. 58 ff. BayBauO; §§ 52 f. BlnBauO; §§ 76 ff. BremBauO; §§ 53 ff. HbgBauO; §§ 76 ff. HessBauO; §§ 57 ff. NdsBauO; §§ 52 ff. NWBauO; §§ 52 ff. RhPfBauO; §§ 76 ff. SaarlBauO.

[56] *Gädtke/Böckenförde/Temme*, LBauO NW, 8. Aufl. 1989, § 52 Rdn. 3 f. und § 58 Rdn. 15.

[57] HessVGH, NVwZ-RR 1989, 137; *Finkelnburg/Ortloff*, Baurecht (Fn. 36), S. 143; *Battis*, Baurecht (Fn. 36), S. 261; *Dieckmann* (Fn. 3), S. 234; *Simon*, BayBauO, Art. 82 Rdn. 33.

[58] Entsprechend: §§ 6, 7 BadWürttPolG; Art. 9 BayLStVG und Art. 7, 8 BayPAG; §§ 10, 11 BlnASOG; §§ 5, 6 BremPolG; §§ 8, 9 HbgSOG; §§ 6, 7 HessSOG; §§ 6, 7 NdsSOG; §§ 17, 18 NWOBG; §§ 4, 5 RhPfPVG; §§ 19, 20 SaarlPVG.

[59] *Götz*, Allgemeines Polizei- und Ordnungsrecht, 10. Aufl. 1991, Rdn. 253.

[60] *Grosse-Suchsdorf/Schmaltz/Wiechert*, NdsBauO, § 89 Rdn. 24, 42; *Maurer*, Allgemeines Verwaltungsrecht, § 10 Rdn. 19; *Vogel*, in: Drews/Wacke/Vogel/Martens, Gefahrenabwehr, 9. Aufl. 1986, S. 418.

Es ist jedoch fraglich, ob hier ein Fall rechtlicher Unmöglichkeit vorliegt. Es könnte auch nur ein zeitweiliges, behebbares *Unvermögen* gegeben sein, das die Rechtmäßigkeit der Beseitigungsverfügung unberührt läßt. Die Behörde darf auch F als Störer in Anspruch nehmen. Der Abriß kann zwar rechtlich zulässig nur von sämtlichen Miteigentümern durchgeführt werden. Bei einer Einverständniserklärung des anderen Miteigentümers bestünden an der Rechtmäßigkeit der Beseitigungsverfügung jedoch keine Bedenken. Das Miteigentum eines anderen führt somit nicht zur Rechtswidrigkeit der an einen der Miteigentümer gerichteten Beseitigungsverfügung; es stellt lediglich ein Vollzugshindernis dar, das durch eine an den anderen Miteigentümer gerichtete Beseitigungsverfügung oder Duldungsverfügung ausgeräumt werden kann[61]. Die von M angegriffene Beseitigungsverfügung ist sonach nicht wegen rechtlicher Unmöglichkeit rechtswidrig.

(bb) Gleichheitssatz (Art. 3 Abs. 1 GG). Bei ihrer Ermessensbetätigung müßte die Bauaufsichtsbehörde schließlich den *allgemeinen Gleichheitssatz* (Art. 3 Abs. 1 GG) beachtet haben. Als Grenze zur Ermessensüberschreitung verpflichtet das Gleichbehandlungsgebot die Behörde zu einer gleichmäßigen Ermessensausübung[62]. Eine Gruppe von Normadressaten darf im Vergleich zu anderen Normadressaten nicht anders behandelt werden, wenn zwischen beiden Gruppen keine Unterschiede von solcher Art und solchem Gewicht bestehen, daß sie die ungleiche Behandlung rechtfertigen können[63]. Dagegen ist verstoßen, wenn die Behörde bei räumlich benachbarten, sachlich vergleichbaren Fällen die Beseitigung einzelner, willkürlich herausgegriffener rechtswidriger Bauwerke anordnet, die vergleichbaren Anlagen aber ohne sachlichen Grund duldet[64]. Derartiges ermessensfehlerhaftes Vor-

---

[61] BVerwGE 40, 101 (103) = DÖV 1972, 830 = BRS 25 Nr. 205; BayVGH, BRS 32 Nr. 196; OVG Münster, NWVBL 1987, 19 (21) = NuR 1988, 255 (256); OVG Lüneburg, Die Gemeinde (Schl.-H.) 1988, 241 (242); OVG Berlin, DÖV 1991, 557 (558); *Kühling*, BauR 1972, 264 ff.; *Götz*, Allgemeines Polizei- und Ordnungsrecht, Rdn. 263 a; *Simon*, BayBauO, Art. 82 Rdn. 55 f.; *Beckmann*, Verwaltungsrundschau 1988, 361 (364); *Jahn*, JuS 1990, 219 (221).

[62] *Ortloff*, NVwZ 1990, 525 (532); *Erichsen* (Fn. 47), § 10 Rdn. 20; *Maurer*, Allgemeines Verwaltungsrecht, § 7 Rdn. 15.

[63] BVerfGE 70, 230 (239 f.); 71, 146 (154 f.); 71, 364 (384); 72, 84 (89 f.); 72, 141 (150); 73, 301 (321); 74, 9 (24); 74, 129 (149); 74, 203 (217); 75, 284 (300); 75, 348 (357); 75, 382 (393); 76, 256 (329 f.); 79, 87 (98); 81, 1 (8); 81, 108 (118); 81, 156 (205); 81, 228 (236); 82, 126 (146).

[64] BVerwG, DVBl. 1973, 636; HessVGH, HSGZ 1982, 394 (395); OVG Münster, Die Gemeinde (Schl.-H.) 1984, 325; OVG Lüneburg, Die Gemeinde (Schl.-H.) 1988, 241 (242); VGH Bad.-Württ., NJW 1989, 603; *Dürr*, VBlBW 1989, 361 (367).

gehen der Bauaufsichtsbehörde könnte hier deshalb vorliegen, weil gegen bestimmte Objekte bisher noch nicht eingeschritten worden ist.

Die Anwendung des Gleichheitssatzes setzt zunächst eine rechtliche und tatsächliche *Vergleichbarkeit der Fälle* voraus[65]. Davon kann im vorliegenden Fall ausgegangen werden. Nach dem Sachverhalt bestehen mehr oder weniger vergleichbare Fälle einer ungenehmigten Überdachung des Freisitzes. Es kann auch angenommen werden, daß ein räumlicher Zusammenhang mit der Anlage von M besteht. Fraglich ist weiterhin, ob die Bauaufsichtsbehörde gegen jene Anlagen bisher *ohne sachlichen Grund* nicht eingeschritten ist. Dies hängt von den Anforderungen des Gleichheitssatzes an das behördliche Ermessen bei einer Vielzahl baurechtswidriger Zustände ab. Aufgrund des Gleichbehandlungsgebots ist die Behörde bei mehreren rechtswidrig errichteten baulichen Anlagen in einem bestimmten Gebiet nicht verpflichtet, schlagartig gegen alle „Schwarzbauten" in einem Zuge vorzugehen[66]. Sie kann vielmehr auch abschnittsweise einschreiten[67]. Entscheidend ist, daß kein systemloses oder widersprüchliches behördliches Vorgehen vorliegt[68]. Vielmehr muß das behördliche Eingreifen als gleichartige, systematisch eingeleitete und planvolle, folgerichtig fortzuführende Vorgehensweise angesehen werden können[69].

Hier hat die Bauaufsichtsbehörde aufgrund der Angaben von M bereits eine Überprüfung vorgenommen. Die erst später entdeckten Fälle werden noch untersucht. Zudem arbeitet die Behörde an einem Plan für das weitere Vorgehen. Gegenüber diesem behördlichen Verhalten bestehen keine Bedenken aufgrund des Gleichheitssatzes.

Ein Verstoß gegen Art. 3 Abs. 1 GG könnte jedoch gegeben sein, wenn die Behörde alle in ihrem Zuständigkeitsbereich liegenden Wohngrundstücke regelmäßig und gezielt daraufhin überprüfen müßte, ob ungenehmigte bauliche Anlagen errichtet oder an genehmigten Anlagen ungenehmigte bauliche Änderungen vorgenommen worden sind. Das

---

[65] OVG Saarlouis, NVwZ 1986, 61 (62); *Wegmann*, NVwZ 1984, 777; *Ortloff*, NVwZ 1988, 399 (405); *Simon*, BayBauO, Art. 82 Rdn. 10.

[66] BayVGH, BayVBl. 1983, 243 f.

[67] VGH Bad.-Württ., VBlBW 1982, 295 (297 f.); *Simon*, BayBauO, Art. 82 Rdn. 10.

[68] BVerwG, UPR 1987, 383 (385) = NuR 1987, 318 (320) = StT 1988, 151 (152) = NVwZ 1988, 144 (146); *Finkelnburg/Ortloff*, Baurecht (Fn. 36), S. 141; *Dürr*, VBlBW 1989, 361 (367).

[69] BVerwG, DVBl. 1973, 636; HessVGH, HSGZ 1982, 391 (393); NJW 1984, 318 (319); VGH Bad.-Württ., VBlBW 1982, 295 (298); VBlBW 1982, 402 (403) = NJW 1984, 319 (320).

ist jedoch nicht der Fall[70]. Der Gleichheitssatz verlangt von der Verwaltung nichts Unmögliches. Den Bauaufsichtsbehörden ist es schon im Hinblick auf ihre personelle Ausstattung nicht möglich, alle baurechtswidrigen Zustände in ihrem Bereich sogleich festzustellen und unverzüglich gegen sie einzuschreiten[71]. Den Anforderungen des Gleichheitssatzes ist entsprochen, wenn die Bauaufsichtsbehörde „Schwarzbauten" bei Bekanntwerden überprüft[72]. Dies hat die zuständige Behörde im vorliegenden Falle getan.

Aus dem allgemeinen Gleichheitssatz (Art. 3 Abs. 1 GG) ergibt sich somit keine Ermessensfehlerhaftigkeit. Damit ist die Ermessensbetätigung insgesamt rechtsfehlerfrei erfolgt. Die Beseitigungsverfügung ist demzufolge nicht rechtswidrig.

III. Zweckmäßigkeit des Eingriffs

Gem. § 68 Abs. 1 S. 1 VwGO sind Rechtmäßigkeit und *Zweckmäßigkeit* des angefochtenen Verwaltungsakts nachzuprüfen. Auch ein rechtmäßiger, aber unzweckmäßiger Verwaltungsakt kann den Widerspruchsführer beschweren[73]. Eine Überprüfung auch der Zweckmäßigkeit kommt aber nur in Betracht, wenn die behördliche Entscheidung auch auf Zweckmäßigkeitserwägungen beruht[74]. Das ist bei Vorschriften, die Ermessen eröffnen, grundsätzlich der Fall. Bei § 76 Abs. 1 S. 1 SchlHBauO[75] handelt es sich um eine Ermessensvorschrift. Hier könnte jedoch das behördliche Ermessen *auf Null reduziert* gewesen sein.

Der Verstoß gegen den Bebauungsplan konnte, wie dargestellt, auf andere Art und Weise als durch Erlaß der Abrißverfügung nicht beseitigt werden. Es handelte sich zudem nicht um einen unerheblichen Verstoß. Das öffentliche Interesse an der Aufrechterhaltung der den Festsetzungen des Bebauungsplanes entsprechenden Gestaltung der Rückfront der Reihenhäuser überwiegt hier dermaßen, daß die Bauaufsichtsbehörde bei pflichtgemäßer Ermessensausübung keine andere Wahl hatte, als in der praktizierten Weise zu handeln. Ihr Ermessen

---

[70] OVG Berlin, NVwZ 1990, 176 (179); *Battis*, Baurecht (Fn. 36), S. 259; *Simon*, BayBauO, Art. 82 Rdn. 10; *Finkelnburg/Ortloff*, Baurecht (Fn. 36), S. 141.

[71] OVG Lüneburg, Die Gemeinde (Schl.-H.) 1988, 241 (242).

[72] OVG Bremen, BauR 1985, 441 (442) = NVwZ 1986, 61 = BRS 44 Nr. 190.

[73] *Pietzner/Ronellenfitsch*, Assessorexamen (Fn. 2), § 35 Rdn. 3 i.V.m. § 38 Rdn. 2.

[74] *Weides*, Verwaltungsverfahren (Fn. 2), S. 245.

[75] Vgl. Nachw. Fn. 3.

war auf Null geschrumpft. Für Zweckmäßigkeitserwägungen war mithin kein Raum. Folglich kommt eine Überprüfung der Zweckmäßigkeit der Beseitigungsverfügung nicht in Betracht.

Ergebnis: Der Widerspruch ist zwar zulässig, aber unbegründet.

Hinweise zur methodischen und sachlichen Vertiefung

1. *Aufbau*

Der Fall ist gebildet zu der in Ausbildung und Prüfung eher seltenen Konstellation der Erfolgsaussichten eines Widerspruchs (vgl. aber die Hinweise unten 3 e). Besonderheiten im Aufbau bestehen indes kaum. Als förmlicher, außergerichtlicher Rechtsbehelf folgt der Widerspruch bei der Prüfung seiner Erfolgsaussicht der bekannten Zweiteilung in Zulässigkeit und Begründetheit. Die Zulässigkeitsvoraussetzungen werden in einer der (Anfechtungs-)Klage vergleichbaren Reihenfolge geprüft (prinzipieller Zugang zur VwGO = „Verwaltungsrechtsweg", ordnungsgemäße Rechtsbehelfseinlegung, Statthaftigkeit des Rechtsbehelfs, Rechtsbehelfsbefugnis, Rechtsbehelfsfrist). Wie bei der Klage sind auch beim Widerspruch nur solche Zulässigkeitsvoraussetzungen zu erörtern, die nach dem Sachverhalt zweifelhaft sein könnten („Rechtsweg" und „Statthaftigkeit des Rechtsbehelfs" müssen immer dargestellt werden). Die Begründetheitsprüfung folgt vollständig der von der Anfechtungsklage her bekannten Systematik. Zusätzlich ist (im Unterschied zu § 113 Abs. 1 S. 1 VwGO) wegen § 68 Abs. 1 S. 1 VwGO neben der Rechtmäßigkeit auch die Zweckmäßigkeit des Verwaltungsakts zu prüfen.

2. *Inhalt*

a) Zulässigkeit des Widerspruchs

Die Erörterung der *Zulässigkeit des Verwaltungsrechtswegs* (§ 40 Abs. 1 S. 1 VwGO) ist nicht etwa deshalb überflüssig, weil der Rechtsbehelf „Widerspruch" gem. § 68 Abs. 1 S. 1 VwGO nur gegenüber solchen Verwaltungsmaßnahmen statthaft ist, die als „Verwaltungsakt" zu qualifizieren sind und im Rahmen des Verwaltungsakt-Begriffs das Vorliegen einer öffentlich-rechtlichen Regelung zu erörtern ist. Denn nicht in allen öffentlich-rechtlichen Streitigkeiten um den Erlaß eines Verwaltungsakts steht dem Rechtsschutzsuchenden das Arsenal der Rechtsbehelfsmöglichkeiten nach der VwGO zur Verfügung, wie die zahlreichen sog. abdrängenden Sonderzuweisungen belegen (zur Behandlung der Rechtswegfrage wie hier vgl. Nachweise Fn. 2, insbesondere die aus den Ausbildungszeitschriften nachgewiesenen Fallösungen).

An die *ordnungsgemäße Widerspruchserhebung* werden nur geringe Anforderungen gestellt. Der Fall bildet hierzu ebenso ein Beispiel wie zur rechtlichen Deutung des Vorbringens eines Rechtsunkundigen i.S. eines bestimmten Rechtsbehelfs.

Die *Statthaftigkeit des Widerspruchs* ist, da die Beseitigungsverfügung ersichtlich einen Verwaltungsakt darstellt, unproblematisch, so daß eine knappe Feststellung genügt.

Die *Widerspruchsbefugnis* reicht inhaltlich weiter als die (engere) Klagebefugnis gem. § 42 Abs. 2 VwGO (nicht überzeugend daher *Wind*, Verwaltungsrundschau 1984, 128 [130]; *Gailus/Verleger*, JuS 1989, 395 [397]; *Jahn*, JuS 1990, 219 [220]; zutreffend dagegen *Pieroth*, Jura 1981, 425 [430 f.]). Selbstverständlich ist der i.S.d. § 42 Abs. 2 VwGO Klagebefugte auch widerspruchsbefugt. §§ 70 Abs. 1 S. 1, 68 Abs. 1 S. 1 VwGO gehen allerdings insoweit über die Begrenzung der möglichen Verletzung in subjektiven öffentlichen Rechten hinaus, als der (lediglich) „Beschwerte" grundsätzlich auch die Überprüfung der „Zweckmäßigkeit" des Verwaltungsakts begehren kann.

Die Notwendigkeit einer Erörterung der *Widerspruchsfrist* drängt sich nach dem Sachverhalt geradezu auf (vgl. die Angabe von Wochentagen nebst dazugehörendem Datum). Die Fristberechnung läßt sich ohne weiteres anhand des Gesetzes (§§ 187 ff. BGB) vornehmen. Der Streit um die Verweisungskette, die zu diesen Vorschriften hinführt, ist nicht zu entscheiden, da die verschiedenen Auffassungen zu demselben Ergebnis gelangen.

b) Begründetheit des Widerspruchs

Die erste, in der Begründetheitsprüfung etwas intensiver zu untersuchende Frage betrifft das (Standard-)Problem der rechtswidrig unterlassenen *Anhörung* eines Beteiligten im Verwaltungsverfahren vor der Ausgangsbehörde. Auch ohne Spezialkenntnisse sollte es möglich sein, durch sorgfältige Arbeit mit dem Gesetz den Verstoß gegen § 87 Abs. 1 LVwG (§ 28 Abs. 1 VwVfG) sowie die anschließende Heilung des Verfahrensfehlers gem. § 114 Abs. 1 Nr. 3, Abs. 2 LVwG (§ 45 Abs. 1 Nr. 3, Abs. 2 VwVfG) herauszuarbeiten.

Zur materiellen Rechtmäßigkeit der Beseitigungsverfügung bereiten die *tatbestandlichen Voraussetzungen* keine Schwierigkeiten. Formelle und materielle Baurechtswidrigkeit sind ohne weiteres festzustellen. Zur Frage der anderweitigen Legalisierung muß man für die Länder, deren Bauordnungen diese Möglichkeiten nicht im Tatbestand der Befugnisnorm aufgenommen haben, wissen, daß das Merkmal der Sache nach im Rahmen der Ermessensausübung Berücksichtigung findet (vgl. den Hinweis in Fn. 40).

Der Schwerpunkt der Begründetheitsprüfung betrifft die *Rechtsfolgenseite* der Ermächtigungsgrundlage, also die verwaltungsbehördliche Ermessensausübung. Die Grundsätze der allgemeinen Ermessensfehlerlehre finden Anwendung. So ist rechtskategorial zwischen dem *Entschließungsermessen* und dem *Auswahlermessen* zu unterscheiden. Schon im Rahmen jener Kategorie sind die bekannten Ermessensfehler zu untersuchen: Ermessensmangel (= Ermessensnichtgebrauch, Ermessensunterschreitung), Ermessensmißbrauch (= Ermessensfehlgebrauch) und Ermessensüberschreitung. Beim Auswahlermessen ist zwischen dem eingesetzten Mittel und der in Anspruch genommenen Person zu differenzieren. Zum *Mittel* „Beseitigungsverfügung" ist die (äußere) Ermessensgrenze des Übermaßverbots zu untersuchen. Die Frage nach dem *Verantwortlichen* („Störer") zielt auf zwei bekannte Rechtsprobleme. Zunächst geht es um die vielfach erörterte rechtliche Unmöglichkeit bzw. das bloße subjektive Unvermögen, wenn gegen einen privatrechtlich gebundenen (Mit-)Eigentümer mittels einer Ordnungsverfügung vorgegangen wird. Die Lösung folgt der unterdessen ganz h. M., derzufolge die privatrechtliche Mitberechtigung eines anderen nicht schon den Verwaltungsakt rechtswidrig macht (sondern nur – vorläufig – die Vollstreckung hindert). Systematisch ist mit dieser Lösung der Vorschlag verbunden, das Problem nicht, wie dies häufig geschieht, „frei schwebend" irgendwo zu prüfen, sondern im Rahmen des Übermaßverbots unter dem Aspekt der Geeignetheit der Verwaltungsmaßnahme zur Zielverwirklichung. Zur „Störer"-Problematik schließlich drängt sich nach dem Sachverhalt die Prüfung des allgemeinen Gleichheitssatzes auf. Der Lösungsvorschlag folgt auf der Grundlage der neueren Rechtsprechung des BVerfG zu Art. 3 Abs. 1 GG in der Sache der aktuellen Verwaltungsrechtsprechung. Systematisch ist zu beiden Problemkreisen zu beachten, daß das Bauordnungsrecht die „Störer"-Frage bei der Beseitigungsverfügung keiner eigenständigen Regelung unterzieht, so daß auf das allgemeine (Polizei- und) Ordnungsrecht zurückzugreifen ist.

§ 68 Abs. 1 S. 1 VwGO verlangt neben der Rechtmäßigkeit auch die Prüfung der *Zweckmäßigkeit* des Verwaltungsakts. Behördliche Zweckmäßigkeitsüberlegungen finden jedoch nur statt, soweit das materielle Verwaltungsrecht dafür Raum läßt. Das ist bei verwaltungsgesetzlichen Ermessensvorschriften grundsätzlich der Fall. Eine Ausnahme, die im vorliegenden Fall greift, besteht jedoch bei der Ermessensreduzierung auf Null. Eine Überprüfung (auch) der Zweckmäßigkeit der Beseitigungsverfügung scheidet daher aus.

3. *Rechtsprechungs- und Literaturhinweise*

a) Ausgangsfall

Der Fall ist in seinem materiellrechtlichen Teil gebildet nach OVG Bremen, Urt. v. 26. 2. 1985 – 1 BA 56/84 – BauR 1985, 441 = NVwZ 1986, 61 = BRS 44 Nr. 190. Eine in weiten Teilen der rechtlichen Problemstellung vergleichbare Konstellation bieten OVG Münster, Urt. v. 13. 2. 1987 – 10 A 29/87 – NWVBL 1987, 19 = NuR 1988, 255 sowie OVG Lüneburg, Urt. v. 26. 2. 1988 – 1 A 149/86 – Die Gemeinde (Schl.-H.) 1988, 241.

b) Zum Rechtsbehelf des Widerspruchs

Allgemein dazu sowie zur Bedeutung des Widerspruchs in der gutachtlichen Fallösung *von Mutius*, in: Jura Extra – Studium und Examen, 2. Aufl. 1983, S. 154 ff.; *Pietzner/Ronellenfitsch*, Das Assessorexamen im Öffentlichen Recht, 7. Aufl. 1991, S. 285 ff.

c) Zu den bauordnungsrechtlichen Eingriffsbefugnissen

Anschaulich dazu *Heckner*, Die bauaufsichtlichen Eingriffsbefugnisse, APF 1985, 1 ff.; einen kompletten Überblick dazu anhand der aktuellen Judikatur und Literatur bieten die jährlichen Berichte von *Ortloff*, Zur Entwicklung des Bauordnungsrechts, zuletzt NVwZ 1988, 399 (404 ff.); NVwZ 1989, 615 (622 f.); NVwZ 1990, 525 (532 f.); NVwZ 1991, 627 (634 f.).

d) Zum verwaltungsbehördlichen Ermessen

Allgemein dazu *Seewald*, Die Gestaltungsfreiheit der Verwaltung – Ermessen und unbestimmter Rechtsbegriff, Jura 1980, 175 ff.; *Meyn*, Aspekte zur Problematik von Beurteilungsspielraum und Ermessen, JA 1980, 327 ff.; *Bullinger*, Das Ermessen der öffentlichen Verwaltung, JZ 1984, 1001 ff.; *Alexy*, Ermessensfehler, JZ 1986, 107 ff.; *von Mutius*, Unbestimmter Rechtsbegriff und Ermessen im Verwaltungsrecht, Jura 1987, 92 (96 ff.); *Gern*, Die Ermessensreduzierung auf Null, DVBl. 1987, 1194 ff.

Speziell zum allgemeinen Gleichheitssatz als Ermessensgrenze (neben den in den Nachweisen angeführten Entscheidungen insbesondere) *Wegmann*, Zur Ermessensausübung bei Abbruchverfügungen, insbesondere zur Berücksichtigung des Gleichheitssatzes, NVwZ 1984, 777 f.

e) Fallbearbeitungen

Fallbearbeitungen zu den Erfolgsaussichten eines Widerspruchs gegen eine bauaufsichtsbehördliche Beseitigungsanordnung: *Beckmann*, Verwaltungsrundschau 1988, 361; *Jahn*, JuS 1990, 219.

Fallbearbeitungen zum Rechtsbehelf „Anfechtungswiderspruch" mit verschiedenartigen materiellrechtlichen Themen bieten *Würtenberger/Görs*, JuS 1981, 596 (Polizei- und Ordnungsrecht: Widerspruch gegen Bescheid über Abschleppkosten); *Wind*, Verwaltungsrundschau 1984, 128 (Beamtenrecht: Widerspruch gegen Umsetzung); *Ehlers*, Jura 1984, 427 (Ausländerrecht: Widersprüche gegen Ausweisungsverfügungen, Nichtverlängerung der Aufenthaltserlaubnis, Abschiebungsandrohung und Nichtverlängerung der Arbeitserlaubnis); Aufgabe 6 der Ersten Juristischen Staatsprüfung 1982/I in Bayern, BayVBl. 1984, 542, 573 (Polizei- und Ordnungsrecht: Widerspruch gegen Einweisung von Obdachlosen); *Beckmann*, Verwaltungsrundschau 1988, 213 (Kommunalrecht und Verwaltungsvollstreckungsrecht: Widerspruch gegen Anschluß- und Benutzungszwang sowie gegen Zwangsgeldandrohung); *Kämper*, Verwaltungsrundschau 1988, 287 (Polizei- und Ordnungsrecht: Widerspruch gegen Kostenfestsetzungsbescheid nach Ersatzvornahme); *Gailus/Verleger*, JuS 1989, 395 (Straßenrecht: Widerspruch gegen Teileinziehungsverfügung); *Melchinger*, VBlBW 1991, 199, 235 (Polizei- und Ordnungsrecht: Widerspruch gegen Kostenbescheid).

Vgl. ferner die Fallbearbeitungen zum „Verpflichtungswiderspruch" von *Büchner*, VBlBW 1987, 276, 316, 355 (Baurecht: Widerspruch einer Gemeinde und eines Bürgers gegen Versagung einer Bebauungsplangenehmigung); Aufgabe 8 – Wahlfachgruppe 4 – der Ersten Juristischen Staatsprüfung 1985/I in Bayern, BayVBl. 1987, 543, 572 (Baurecht: Widerspruch gegen Versagung einer Baugenehmigung).

Einen „Fortsetzungsfeststellungswiderspruch" (entgegen der h. M.) in der Fallbearbeitung bietet *Pieroth*, Jura 1981, 425 (Kommunalrecht: Widerspruch gegen die durch Zeitablauf überholte Versagung der Zulassung zu einer gemeindlichen öffentlichen Einrichtung).

Fall 7: Vorläufiger Rechtsschutz im Baunachbarrecht

Sachverhalt

D betreibt auf seinem im Außenbereich der Gemeinde G gelegenen Aussiedlerhof eine Schweinemast mit einem Bestand von 500 Mastschweinen. A will auf seinem am Ortsrand von G gelegenen Grundstück, das zum unbeplanten Innenbereich rechnet, ein Einfamilienhaus errichten. In der näheren Umgebung befinden sich nur Wohnhäuser. Das Grundstück des A liegt etwa 300 m vom Hofgrundstück des D entfernt. Als D von dem Vorhaben des A erfährt, wendet er sich mit einem Schreiben an die zuständige Bauaufsichtsbehörde gegen das Heranrücken der Bebauung an seinen landwirtschaftlichen Betrieb. D befürchtet, durch das Bauvorhaben des A an der – ausweislich der Planungsunterlagen – beabsichtigten Erweiterung seines Betriebes um 100 Zuchtsauen gehindert zu werden.

Trotz der Einwände des D erteilt die Bauaufsichtsbehörde im Mai 1990 A die beantragte Baugenehmigung. D legt postwendend Widerspruch ein. Als A später auf seinem Grundstück mit Bauarbeiten beginnt, bittet D bei der Bauaufsichtsbehörde um Auskunft darüber, ob man seinem Widerspruch keine Beachtung schenken wolle. Behördlicherseits vertritt man die Auffassung, der Widerspruch gehe schon deshalb ins Leere, weil D gar nicht befugt sei, die an A erteilte Baugenehmigung mit etwaigen Rechtsbehelfen zu beseitigen. Folglich brauche sich – außerhalb des Widerspruchsverfahrens – um den Widerspruch des D niemand zu kümmern. A erachtet den Widerspruch des D als für sein Vorhaben belanglos und meint, als Grundstückseigentümer müsse er die erkennbar rechtmäßige Baugenehmigung ja wohl ausnutzen dürfen. D meint, A verhalte sich mit dem Bauvorhaben ihm gegenüber rücksichtslos. A ist hingegen der Ansicht, gerade gegenüber D keine besondere Rücksicht nehmen zu müssen, zumal der Betrieb des D nicht im Ort selbst liege.

1. D fragt, ob er mit Aussicht auf Erfolg beim zuständigen Verwaltungsgericht die Anordnung bzw. Wiederherstellung der aufschiebenden Wirkung seines Widerspruchs beantragen oder wenigstens
2. Feststellung begehren kann, daß der Widerspruch aufschiebende Wirkung hat.
3. D möchte ferner wissen, ob er, wenn nötig, im Wege vorläufigen Rechtsschutzes die Verpflichtung der zuständigen Bauaufsichtsbehörde erreichen kann, die Baustelle des A stillzulegen.
4. A seinerseits bittet um Auskunft darüber, wie er gerichtlich die von der Behörde als überflüssig abgelehnte Anordnung der sofortigen Vollziehung seiner Baugenehmigung erreichen kann.

Vermerk: Alle Rechtsprobleme, die der Sachverhalt bietet, sind gutachtlich zu erörtern. In materiellrechtlicher Hinsicht sind nur bauplanungsrechtliche Fragen zu untersuchen.

Lösung

1. Frage

Der Antrag von D auf Anordnung bzw. Wiederherstellung der aufschiebenden Wirkung seines Widerspruchs hat Aussicht auf Erfolg, wenn er zulässig und begründet ist.

A. Zulässigkeit des Antrags

I. Allgemeine Sachentscheidungsvoraussetzungen

D wendet sich mit seinem Rechtsschutzantrag an das Verwaltungsgericht. Folglich müßte zunächst der *Verwaltungsrechtsweg* eröffnet sein[1].

Eine Sonderzuweisung ist hier nicht ersichtlich. Der Verwaltungsrechtsweg könnte gem. § 40 Abs. 1 S. 1 VwGO gegeben sein. Dann müßte eine *öffentlich-rechtliche* Streitigkeit vorliegen. Das ist der Fall, wenn der Rechtsstreit nach Maßgabe öffentlichen Rechts zu entscheiden ist[2]. Die Anordnung oder Wiederherstellung der aufschiebenden Wirkung eines Widerspruchs richtet sich nach § 80 Abs. 5 S. 1 VwGO. Soweit materielles Recht für die Streitentscheidung maßgeblich sein sollte, kommt eine Beurteilung des Bauvorhabens nach §§ 29, 34 Abs. 1, 35 Abs. 1 BauGB i.V.m. den Genehmigungsvorschriften der einschlägigen Landesbauordnung in Betracht. Zuordnungssubjekte dieser Rechtssätze sind als Entscheidungsberechtigte mit Gerichten bzw. Verwaltungsbehörden ausschließlich Untergliederungen des Staates. Folglich handelt es sich um Vorschriften des öffentlichen Rechts.

Die Streitigkeit ist auch nichtverfassungsrechtlicher Art, so daß der Verwaltungsrechtsweg eröffnet ist.

Am Vorliegen der sonstigen allgemeinen Sachentscheidungsvoraussetzungen bestehen keine Bedenken.

II. Rechtsschutzform

D begehrt mit seinem Antrag die Gewährung vorläufigen Rechtsschutzes. Als Rechtsschutzformen hierfür kommen grundsätzlich der

---

[1] *Erichsen*, Jura 1984, 478 (479); *May/Wüterich*, JuS 1990, 485; *Huba*, JuS 1990, 805; *Finkelnburg/Jank*, Vorläufiger Rechtsschutz im Verwaltungsstreitverfahren, 3. Aufl. 1986, Rdn. 50, 640.

[2] *Erichsen*, in: Jura Extra – Grundfragen und Grundlagen des Zivilrechts, Strafrechts und Öffentlichen Rechts, 1990, S. 79 (80); *Kopp*, VwGO, 8. Aufl. 1989, § 40 Rdn. 6.

sog. Aussetzungsantrag gem. § 80 Abs. 5 S. 1 VwGO oder ein Antrag auf Erlaß einer einstweiligen Anordnung gem. § 123 Abs. 1 VwGO in Betracht.

1. *Antrag des D*

Vorläufiger Rechtsschutz nach § 123 Abs. 1 VwGO wäre von vornherein ausgeschlossen, wenn das Verwaltungsgericht an den von D formulierten Antrag gebunden wäre. Das ist jedoch analog § 88 VwGO nicht der Fall. Ein unzutreffend formulierter Eilantrag ist unschädlich[3]. Ein auf die Gewährung vorläufigen Rechtsschutzes gerichtetes Begehren ist vielmehr nach seinem erkennbaren Zweck auszulegen und ein unter Bezugnahme auf § 80 Abs. 5 S. 1 VwGO formulierter Antrag unter Umständen in einen solchen nach § 123 Abs. 1 VwGO umzudeuten[4].

2. *Abgrenzung der Rechtsschutzformen*

Kommt es somit auf das wahre Begehren des Rechtsschutzsuchenden an, ist die sachliche Abgrenzung zwischen den beiden Formen des verwaltungsgerichtlichen vorläufigen Rechtsschutzes entscheidend. Diese bestimmt sich nach § 123 Abs. 5 VwGO. Danach kommt im Anwendungsbereich des als lex specialis fungierenden § 80 VwGO eine einstweilige Anordnung nicht in Betracht[5].

Im vorliegenden Falle könnte die Gewährung vorläufigen Rechtsschutzes im Wege der einstweiligen Anordnung gem. § 123 Abs. 5 VwGO ausgeschlossen sein. Danach gilt § 123 Abs. 1 VwGO nicht für die Fälle der §§ 80 und 80a VwGO. Demnach ist eine einstweilige Anordnung nicht statthaft, soweit vorläufiger Rechtsschutz aufgrund der aufschiebenden Wirkung eines Rechtsbehelfs gewährt werden kann. §§ 80 Abs. 1 S. 2, 80a Abs. 1 VwGO stellen klar, daß für einstwei-

---

[3] VGH Bad.-Württ., NVwZ-RR 1990, 513 = VBlBW 1990, 315; HessVGH, NVwZ 1989, 779 (780); *Erichsen*, Verwaltungsrecht und Verwaltungsgerichtsbarkeit I, 2. Aufl. 1984, S. 54; *Finkelnburg/Jank*, Vorläufiger Rechtsschutz (Fn. 1), Rdn. 736.

[4] HessVGH, ESVGH 27, 159 (161); OVG Saarlouis, AS 14, 176 (186) und AS 18, 145 (147); OVG Koblenz, AS 18, 81 (86); OVG Münster, DÖV 1983, 685; DVBl. 1989, 1013; BayVGH, BayVBl. 1988, 658 (659); VGH Bad.-Württ., VBlBW 1991, 219 (220); *von Mutius*, VerwArch. 66 (1975), 405 (408); *Huba*, JuS 1990, 805 (807); *Kopp*, VwGO, § 80 Rdn. 11; *Redeker/von Oertzen*, VwGO, 10. Aufl. 1991, § 123 Rdn. 2.

[5] *Schoch*, Vorläufiger Rechtsschutz und Risikoverteilung im Verwaltungsrecht, 1988, S. 1096; *Pagenkopf*, DVBl. 1991, 285 (292); *Redeker*, NVwZ 1991, 526 (529).

lige Anordnungen bei der Anfechtung von Verwaltungsakten mit Doppelwirkung kein Raum ist. Bei der Baugenehmigung des A handelt es sich um einen solchen Verwaltungsakt mit Doppelwirkung. Die Genehmigung begünstigt A und belastet zugleich D als Dritten. D kann als „Dritter" vorläufigen Rechtsschutz nicht über § 123 Abs. 1 VwGO, sondern ausschließlich über §§ 80, 80a VwGO erreichen.

3. *Rechtsschutzformvoraussetzungen*

Ist somit verwaltungsgerichtlicher vorläufiger Rechtsschutz gegen einen Verwaltungsakt mit Doppelwirkung gem. §§ 80, 80a VwGO zu gewähren, müßten im vorliegenden Falle hinsichtlich des Begehrens von D die *Rechtsschutzformvoraussetzungen* gem. § 80 Abs. 5 S. 1 VwGO, entsprechend anwendbar nach § 80a Abs. 3 S. 2 VwGO, erfüllt sein. Es könnte sich hier i.S.d. ersten Alternative des § 80 Abs. 5 S. 1 VwGO um einen Fall der *Anordnung* der aufschiebenden Wirkung handeln. Voraussetzung dafür ist, daß die aufschiebende Wirkung gem. § 80 Abs. 2 Nr. 1 bis 3 VwGO entfällt. Im vorliegenden Falle kommt der gesetzliche Ausschluß der aufschiebenden Wirkung nach § 80 Abs. 2 Nr. 3 VwGO in Betracht. Das einschlägige „Bundesgesetz", das den Suspensiveffekt entfallen läßt, könnte § 10 Abs. 2 BauGBMaßnG sein. Danach haben Widerspruch und Anfechtungsklage eines Dritten gegen die bauaufsichtliche Genehmigung eines Vorhabens, das ausschließlich Wohnzwecken dient, keine aufschiebende Wirkung. Das von der Bauaufsichtsbehörde genehmigte Einfamilienhaus des A stellt ein derartiges Vorhaben dar, so daß die sachlichen Voraussetzungen des § 10 Abs. 2 BauGBMaßnG erfüllt sind. Die Vorschrift müßte jedoch auch von ihrem zeitlichen Geltungsbereich her anwendbar sein. Das ist jedoch nicht der Fall. Die Bestimmung ist gem. § 18 Abs. 2 BauGBMaßnG auf den Widerspruch oder die Anfechtungsklage eines Dritten nur gegen eine solche bauaufsichtliche Genehmigung anzuwenden, die nach dem 31. Mai 1990 erteilt worden ist. Diese Voraussetzung ist hier nicht erfüllt. A war die Baugenehmigung im Mai 1990 erteilt worden. Die aufschiebende Wirkung seines Widerspruchs ist demnach nicht gem. § 80 Abs. 2 Nr. 3 VwGO i.V.m. § 10 Abs. 2 BauGBMaßnG ausgeschlossen. Folglich liegen die Rechtsschutzformvoraussetzungen der ersten Alternative des § 80 Abs. 5 S. 1 VwGO nicht vor.

Es könnte allerdings ein auf *Wiederherstellung* der aufschiebenden Wirkung gerichtetes Rechtsschutzbegehren (§ 80 Abs. 5 S. 1 2. Alt. VwGO) in Betracht kommen. Voraussetzung dafür ist, daß ein Fall des § 80 Abs. 2 Nr. 4 VwGO vorliegt. Ausdrücklich hat die Bauaufsichtsbehörde die sofortige Vollziehung der an A gerichteten Baugenehmigung nicht angeordnet. Die Aushändigung einer Baugenehmigung an den

Bauherrn könnte jedoch der Anordnung der sofortigen Vollziehung gleichstehen[6]. § 80 VwGO könnte aufgrund der Rechtsschutzautomatik des Abs. 1 S. 1 wegen untragbarer Konsequenzen für den Bauherrn auf Baugenehmigungen nicht zugeschnitten sein[7].

Dagegen spricht allerdings, daß die Drittbeteiligung in §§ 80 Abs. 2 Nr. 4, 80 a VwGO durchaus eine gesetzliche Anerkennung gefunden hat[8]. Ferner sind die gesetzlichen Voraussetzungen des § 80 Abs. 2 Nr. 4 VwGO nicht mit stillschweigendem Verhalten zu erfüllen[9]; vielmehr muß die sofortige Vollziehung besonders angeordnet sein. Schließlich spricht gegen die Bejahung einer konkludenten Vollziehungsanordnung § 80 Abs. 3 S. 1 VwGO[10], wonach das besondere Interesse an der sofortigen Vollziehung des Verwaltungsakts schriftlich zu begründen ist.

Somit liegt ein Fall des § 80 Abs. 2 Nr. 4 VwGO nicht vor. Der Rechtsbehelf des Nachbarn gegen die dem Bauherrn erteilte Baugenehmigung hat aufschiebende Wirkung[11]. Rechtsschutzformvoraussetzung gem. § 80 Abs. 5 S. 1 VwGO ist jedoch, daß ein noch nicht unanfechtbar gewordener Verwaltungsakt vorliegt, dessen sofortige Vollziehung gem. § 80 Abs. 2 VwGO droht[12]. Hier droht jedoch keine sofortige Vollzie-

---

[6] OVG Lüneburg, BRS 15 Nr. 112; BRS 16 Nr. 102; OVGE 21, 450 = DVBl. 1966, 275; NJW 1970, 963; DVBl. 1977, 733; NJW 1980, 253 = BauR 1980, 145; DVBl. 1983, 184 = ZfBR 1983, 37.

[7] OVG Lüneburg, DVBl. 1977, 733 ff.

[8] *Erichsen*, VerwArch. 62 (1971), 88 f.; *Schoch*, Vorläufiger Rechtsschutz (Fn. 5), S. 366.

[9] *Pietzner/Ronellenfitsch*, Das Assessorexamen im Öffentlichen Recht, 7. Aufl. 1991, § 55 Rdn. 35; *Kopp*, VwGO, § 80 Rdn. 62.

[10] OVG Münster, NJW 1966, 2181 (2182); *Gelzer*, NJW 1970, 1352 (1353); *Finkelnburg*, DVBl. 1977, 677 (679).

[11] BVerwG, NJW 1969, 202 (203); BVerwGE 49, 244 (250); BayVGH, BayVBl. 1985, 245 (246) = BauR 1985, 280 (281); BayVGH, BayVBl. 1991, 275 = BauR 1991, 182 (183); HessVGH, NVwZ 1991, 592 = BauR 1991, 185 f.; NVwZ 1991, 897; OVG Schleswig, NVwZ 1991, 898; *Papier*, JA 1979, 561 (567); *Erichsen*, Jura 1984, 414 (418); *Pechstein*, JuS 1989, 194; *Huba*, JuS 1990, 382 (386); *Stelkens*, NVwZ 1991, 209 (218); *Pagenkopf*, DVBl. 1991, 285 (291); *Wahrendorf*, NWVBL 1991, 109 (113); *Heberlein*, BayVBl. 1991, 396; *Redeker*, NVwZ 1991, 526 (527); *Ortloff*, NVwZ 1991, 627 (632, 633); *Finkelnburg/Ortloff*, Öffentliches Baurecht, Band II, Bauordnungsrecht, Nachbarschutz, Rechtsschutz, 2. Aufl. 1990, S. 221; *Schmitt Glaeser*, Verwaltungsprozeßrecht, 10. Aufl. 1990, Rdn. 355.

[12] *Papier*, JA 1979, 561 (565); *Finkelnburg/Jank*, Vorläufiger Rechtsschutz (Fn. 1), Rdn. 639.

hung kraft gesetzlicher oder behördlicher Anordnung, vielmehr verrichtet A als Privatmann auf seinem Grundstück Bauarbeiten unter Mißachtung der aufschiebenden Wirkung des von D eingelegten Widerspruchs. Rechtsschutz im Wege der Wiederherstellung der aufschiebenden Wirkung käme allenfalls in Betracht, wenn derartiger Rechtsschutz bei Mißachtung der aufschiebenden Wirkung zulässig wäre[13]. Das ist jedoch nach den Rechtsschutzformvoraussetzungen des § 80 Abs. 5 S. 1 VwGO nicht der Fall. Für eine Wiederherstellung der aufschiebenden Wirkung ist kein Raum, wenn sie bereits kraft Gesetzes (§ 80 Abs. 1 VwGO) besteht[14].

B. Ergebnis

D ist durch die aufschiebende Wirkung seines Widerspruchs gem. § 80 Abs. 1 VwGO rechtlich geschützt. Ein Antrag auf gerichtliche Anordnung bzw. Wiederherstellung der aufschiebenden Wirkung wäre nicht statthaft, damit unzulässig und deshalb ohne Erfolgsaussicht.

2. Frage

Ein Antrag des D auf Feststellung der aufschiebenden Wirkung seines Widerspruchs hat Aussicht auf Erfolg, wenn er zulässig und begründet ist.

A. Zulässigkeit des Antrags

I. Allgemeine Sachentscheidungsvoraussetzungen

Bezüglich der allgemeinen Sachentscheidungsvoraussetzungen gilt das zur ersten Frage Gesagte sinnentsprechend. Insoweit bestehen also keine Bedenken.

---

[13] OVG Münster, OVGE 31, 193 (194); OVGE 38, 191 (195 f.) = NVwZ 1987, 334 (335).

[14] VGH Bad.-Württ., ESVGH 11, 18 (21) = DVBl. 1961, 519 (520); OVG Schleswig, NVwZ 1991, 898; *Papier*, JA 1979, 561 (563); *Horn*, JuS 1984, 496; *Schenke*, DVBl. 1986, 9 (11); *Bosch/Schmidt*, Praktische Einführung in das verwaltungsgerichtliche Verfahren, 4. Aufl. 1988, S. 256.

II. Rechtsschutzform

Fraglich ist indes die statthafte *Rechtsschutzform*. Verwaltungsgerichtlicher vorläufiger Rechtsschutz gegen einen Verwaltungsakt mit Doppelwirkung erfolgt, wie oben herausgearbeitet, nach § 80 Abs. 5 VwGO und nicht im Wege der einstweiligen Anordnung gem. § 123 Abs. 1 VwGO. Zweifel an der Geltung dieses Grundsatzes bestehen hier aber deshalb, weil ein *Feststellungsbegehren* in § 80 Abs. 5 VwGO nicht vorgesehen ist. Ausgehend von der grundsätzlichen Maßgeblichkeit der Klageart im Hauptsacheprozeß für die Art des vorläufigen Rechtsschutzes[15] könnte im vorliegenden Falle die einstweilige Anordnung gem. § 123 Abs. 1 VwGO die richtige Rechtsschutzform sein. In entsprechender Anwendung des § 80 Abs. 5 S. 1 VwGO könne aber auch ein Begehren, das auf die gerichtliche Feststellung des Bestehens der mißachteten aufschiebenden Wirkung gerichtet ist, statthaft sein.

Eine Analogie kommt nur in Betracht, wenn eine *Regelungslücke* vorliegt, die eine *planwidrige* Unvollständigkeit des Gesetzes darstellt[16]. Diese Voraussetzung wäre zu verneinen, wenn die Gewährung vorläufigen Rechtsschutzes im Wege der einstweiligen Anordnung zu erfolgen hätte. Dies bestimmt sich ausschließlich nach § 123 Abs. 5 VwGO[17]; die Orientierung an den Klagearten bietet nur eine im Regelfall zutreffende Faustformel[18], aber kein gesetzliches Abgrenzungskriterium. Im vorliegenden Falle geht es, wie bei der ersten Frage festgestellt, um vorläufigen Rechtsschutz gegen einen Verwaltungsakt mit Doppelwirkung. Gem. § 123 Abs. 5 VwGO sind die Regelungen zur einstweiligen Anordnung daher nicht anwendbar. Scheidet aber verwaltungsgerichtlicher vorläufiger Rechtsschutz nach § 123 Abs. 1 VwGO aus, kommt § 80 Abs. 5 VwGO für die Rechtsschutzgewährung in Betracht. Diese Vor-

---

15 BVerfGE 51, 268 (279 f.); OVG Hamburg, NJW 1987, 1215 (1216); *Kopp*, JuS 1983, 673 (676); *Finkelnburg/Jank*, Vorläufiger Rechtsschutz (Fn. 1), Rdn. 24; *Pietzner/Ronellenfitsch*, Assessorexamen (Fn. 9), § 52 Rdn. 1; *Bosch/Schmidt*, Praktische Einführung (Fn. 14), S. 252; *Schmitt Glaeser*, Verwaltungsprozeßrecht, Rdn. 336 f.

16 *Larenz*, Methodenlehre der Rechtswissenschaft, 6. Aufl. 1991, S. 370, 376, 381.

17 VGH Bad.-Württ., NVwZ-RR 1991, 176; *Erichsen*, Jura 1984, 414 (415); *Finkelnburg/Jank*, Vorläufiger Rechtsschutz (Fn. 1), Rdn. 24; *Stern*, Verwaltungsprozessuale Probleme in der öffentlich-rechtlichen Arbeit, 6. Aufl. 1987, S. 102; *Schoch*, Vorläufiger Rechtsschutz (Fn. 5), S. 1096.

18 *Meissner*, JA 1979, 24 (29); *Uechtritz*, JuS 1984, 130 (131); *Pietzner/Ronellenfitsch*, Assessorexamen (Fn. 9), § 52 Rdn. 2; *Schoch*, Vorläufiger Rechtsschutz (Fn. 5), S. 1099.

schrift sieht, wie erwähnt, eine gerichtliche Feststellung nicht vor, weist also eine Regelungslücke auf. Angesichts der Rechtsschutzgarantie des Art. 19 Abs. 4 S. 1 GG ist diese auch als planwidrig zu erachten.

Eine Analogie setzt ferner eine *vergleichbare Interessenlage* zwischen dem gesetzlich geregelten und dem nicht geregelten Fall voraus. In § 80 Abs. 5 S. 1 VwGO sind diejenigen Konstellationen normiert, in denen wegen des Ausschlusses der aufschiebenden Wirkung gem. § 80 Abs. 2 VwGO deren Anordnung bzw. Wiederherstellung begehrt wird. Hier ist die aufschiebende Wirkung schon aufgrund des § 80 Abs. 1 VwGO gegeben. Sie wird indes unter Verstoß gegen diese Vorschrift mißachtet. Hätte die Verwaltung gesetzeskonform die sofortige Vollziehung der Baugenehmigung zugelassen, also eine Anordnung gem. § 80 Abs. 2 Nr. 4 VwGO getroffen, hätte D Rechtsschutz gem. § 80 Abs. 5 S. 1 VwGO begehren können. Der Rechtsschutzsuchende darf jedoch nicht schlechter gestellt werden, wenn sein gesetzlich durch die aufschiebende Wirkung angeordneter Schutz (§ 80 Abs. 1 VwGO) mißachtet wird[19]. Eine vergleichbare Interessenlage i.S.d. Analogie liegt demnach vor, so daß jedenfalls bei der behördlichen Mißachtung der aufschiebenden Wirkung vorläufiger Rechtsschutz nach § 80 Abs. 5 VwGO (und nicht nach § 123 Abs. 1 VwGO) zu gewähren ist[20].

Fraglich ist allerdings, ob eine gerichtliche Feststellung des Eintritts der aufschiebenden Wirkung analog § 80 Abs. 5 S. 1 VwGO auch dann in Betracht kommt, wenn nicht (allein) die Behörde, sondern (auch) ein Dritter die gesetzlich eingetretene aufschiebende Wirkung mißachtet. Dagegen könnte sprechen, daß eine gerichtliche Feststellung nicht vollstreckbar ist, so daß zu befürchten sei, daß ein wirksamer Rechtsschutz nicht stattfinde, weil sich der Genehmigungsbegünstigte nicht an die gerichtliche Eilentscheidung halte[21]. Geht es jedoch, wie hier, allein darum, daß sich der Genehmigungsbegünstigte deshalb über die aufschiebende Wirkung hinwegsetzt, weil seiner Auffassung nach der Nachbarrechtsbehelf sein Bauvorhaben nicht berührt, dann ist lediglich

---

19 *Schoch*, Vorläufiger Rechtsschutz (Fn. 5), S. 407 f., 1497.

20 OVG Koblenz, AS 11, 264 (268); AS 14, 252 (253); AS 14, 266 (273) = NJW 1977, 595 (597); OVG Lüneburg, DÖV 1981, 30; DVBl. 1990, 882; BayVGH, DVBl. 1982, 1012 (1013) = DÖV 1983, 38 (39) = NJW 1983, 835 (836) = BayVBl. 1983, 399 (400); HessVGH, NVwZ-RR 1988, 124; VGH Bad.-Württ., NVwZ-RR 1991, 176; *Finkelnburg/Jank*, Vorläufiger Rechtsschutz (Fn. 1), Rdn. 698; *Kopp*, VwGO, § 80 Rdn. 10.

21 BayVGH, BayVBl. 1975, 562 (563); VGH Bad.-Württ., VBlBW 1991, 219; *Schenke*, DVBl. 1986, 9 (11); *Finkelnburg/Ortloff*, Baurecht II (Fn. 11), S. 221 f.

die Rechtsfrage nach der Reichweite des Suspensiveffekts autoritativ zu klären. Bei einem Streit um das Bestehen der aufschiebenden Wirkung ist kein Grund ersichtlich, einen Feststellungsantrag analog § 80 Abs. 5 S. 1 VwGO für nicht statthaft zu erachten, wenn die Streitbeilegung durch die gerichtliche Feststellung über das Bestehen oder Nichtbestehen des Suspensiveffekts erreicht werden kann[22].

Ein Antrag des D auf Feststellung der aufschiebenden Wirkung seines Widerspruchs wäre somit analog § 80 Abs. 5 S. 1 VwGO statthaft.

III. Besondere Sachentscheidungsvoraussetzungen

1. *Einlegung eines Rechtsbehelfs*

Für einen Antrag nach § 80 Abs. 5 S. 1 VwGO könnte die vorherige Einlegung von Widerspruch bzw. Anfechtungsklage besondere Sachentscheidungsvoraussetzung sein. Ausdrücklich schreibt das Gesetz dies nicht vor. Das könnte ebenso gegen eine derartige Sachentscheidungsvoraussetzung sprechen wie Art. 19 Abs. 4 GG, weil andernfalls die Rechtsbehelfsfrist (§ 70 Abs. 1 S. 1 bzw. § 74 Abs. 1 VwGO), die auch eine dem Bürger zugute kommende Überlegungsfrist darstellt, unzumutbar verkürzt werden könnte[23].

Dagegen spricht allerdings, daß die Wiederherstellung oder Feststellung der aufschiebenden Wirkung begriffsnotwendig einen den Suspensiveffekt bewirkenden Rechtsbehelf voraussetzt[24]. Bestätigt wird dies durch einen Gegenschluß aus § 80 Abs. 5 S. 2 VwGO. Danach ist der Rechtsschutzantrag lediglich bereits vor Erhebung der Anfechtungsklage zulässig, nicht also auch vor der Einlegung des Widerspruchs[25]. Schließlich dürfen prozessuale Zulässigkeitsvoraussetzungen für einen Rechtsbehelf vom Gesetzgeber aufgestellt werden, ohne daß damit zugleich gegen Art. 19 Abs. 4 GG verstoßen wäre.

---

[22] VGH Bad.-Württ., VBlBW 1988, 20 f.; OVG Schleswig, NVwZ 1991, 898; *Lüke*, NJW 1978, 81 (84); *Pechstein*, JuS 1989, 194 (195); *Redeker*, NVwZ 1991, 526 (529); *Pietzner/Ronellenfitsch*, Assessorexamen (Fn. 9), § 57 Rdn. 46.

[23] *G. Scholz*, in: Festschrift für Menger, 1985, S. 641 (651); *Kopp*, VwGO, § 80 Rdn. 96.

[24] OVG Münster, NJW 1975, 794; VGH Bad.-Württ., VBlBW 1988, 146; *Erichsen*, Jura 1984, 478 (482, 483); *Jahn*, JuS 1990, 219 (222); *Bosch/Schmidt*, Praktische Einführung (Fn. 14), S. 256.

[25] *Redeker/von Oertzen*, VwGO, § 80 Rdn. 55; *Eyermann/Fröhler/Kormann*, VwGO, 9. Aufl. 1988, § 80 Rdn. 41.

Einer Entscheidung bedarf die Streitfrage letztlich nicht. D hat zwar noch keine Klage gegen die dem A erteilte Baugenehmigung erhoben. Darauf kommt es jedoch auch nach der strengeren Auffassung nicht an. Es genügt vielmehr, wenn wenigstens Widerspruch eingelegt ist. Das ist hier geschehen, so daß im Falle des D ein Rechtsbehelf vorhanden ist, dessen aufschiebende Wirkung festgestellt werden kann.

2. *Zuständiges Verwaltungsgericht*

D müßte seinen Eilantrag an das zuständige Verwaltungsgericht adressieren. Gem. § 80 Abs. 5 S. 1 VwGO ist dies das *Gericht der Hauptsache*. Wenn, wie hier, noch keine Anfechtungsklage erhoben ist, ist dasjenige das Gericht der Hauptsache, das örtlich und sachlich für die zu erhebende Anfechtungsklage zuständig wäre[26]. Dies muß D bei seiner Antragstellung beachten.

3. *Antragsbefugnis*

Ferner müßte D antragsbefugt sein. Diese Voraussetzung ist in § 80 Abs. 5 VwGO ausdrücklich nicht normiert. Angesichts der Bezogenheit des vorläufigen Rechtsschutzes auf den Hauptsacherechtsschutz kann jener Rechtsschutz nicht weiter reichen als dieser. Folglich muß entsprechend § 42 Abs. 2 VwGO im Verfahren nach § 80 Abs. 5 VwGO die *Antragsbefugnis* gegeben sein[27].

Antragsbefugt ist danach zunächst jeder, der durch die Anordnung der sofortigen Vollziehung eines Verwaltungsakts rechtlich betroffen ist[28]. Eine solche Konstellation liegt hier jedoch nicht vor; die dem A erteilte Baugenehmigung ist nicht für sofort vollziehbar erklärt worden. Entsprechend § 42 Abs. 2 VwGO ist ferner antragsbefugt, wer klagebefugt wäre[29]. D hat gegen die Baugenehmigung des A Widerspruch eingelegt. Die Bauaufsichtsbehörde spricht D die Widerspruchsbefugnis

---

[26] *Papier*, JA 1979, 561 (565); *Huba*, JuS 1990, 805 (807); *Bosch/Schmidt*, Praktische Einführung (Fn. 14), S. 259; *Schmitt Glaeser*, Verwaltungsprozeßrecht, Rdn. 396.

[27] BayVGH, BayVBl. 1976, 239 (240); BayVGH, NVwZ 1989, 685 = BayVBl. 1989, 598; VGH Bad.-Württ., ESVGH 35, 278 (279); OVG Münster, NVwZ 1984, 804; DVBl. 1989, 1013; OVG Lüneburg, NVwZ 1987, 341; HessVGH, NVwZ 1989, 779; *Erichsen*, Jura 1984, 478 (482); *Puhl*, JuS 1989, 126 (127); *Jahn*, JuS 1990, 219 (222); *May/Wüterich*, JuS 1990, 485 (487); *Huba*, JuS 1990, 805 (807).

[28] *Redeker/von Oertzen*, VwGO, § 80 Rdn. 55.

[29] OVG Koblenz, AS 14, 279 (284); *Schmitt Glaeser*, Verwaltungsprozeßrecht, Rdn. 397; *Schoch*, Vorläufiger Rechtsschutz (Fn. 5), S. 1539.

und damit die Klagebefugnis ab; folglich könnte auch die Antragsbefugnis zweifelhaft sein. D kann jedoch i.S.d. § 42 Abs. 2 VwGO geltend machen, durch die dem A gewährte Baugenehmigung in seinen Rechten verletzt zu sein, wenn er sich auf eine ihn schützende Rechtsvorschrift berufen kann und die Baugenehmigung möglicherweise rechtswidrig ist.

D ist Inhaber eines sog. privilegierten Vorhabens i.S.d. § 35 Abs. 1 Nr. 1 BauGB. Diese Vorschrift dient nicht nur dem öffentlichen Interesse, sondern sie wirkt auch drittschützend zugunsten des Privilegierten[30]. Durch die dem A erteilte Baugenehmigung könnte D wegen Mißachtung der ihm durch § 35 Abs. 1 Nr. 1 BauGB eingeräumten Privilegierung in seinem subjektiven öffentlichen Recht verletzt sein, da die Rechtswidrigkeit der Baugenehmigung nicht von vornherein ausgeschlossen werden kann.

Die Voraussetzungen des § 42 Abs. 2 VwGO sind somit erfüllt. D ist antragsbefugt.

4. *Passive Verfahrensbefugnis*

Fraglich könnte sein, gegen wen D seinen Eilantrag als *Antragsgegner* zu richten hat. In den Fällen der unmittelbaren Anwendung des § 80 Abs. 5 S. 1 VwGO ist Antragsgegner entsprechend § 78 Abs. 1 VwGO der Rechtsträger der Behörde (Nr. 1) bzw. die Behörde selbst (Nr. 2), die den Verwaltungsakt unter Anordnung der sofortigen Vollziehung erlassen hat[31].

Da eine solche Konstellation hier nicht gegeben ist, vielmehr A sich über die bestehende aufschiebende Wirkung hinwegsetzt, könnte der Eilantrag auch gegen den rechtswidrig vorgehenden Begünstigten zu richten sein[32]. Das öffentlich-rechtliche Rechtsverhältnis besteht indes nur zwischen D und der Verwaltung. Antragsgegner, gegenüber dem eine verwaltungsgerichtliche Eilentscheidung ergeht, ist demnach – sofern das Landesrecht dies bestimmt – die den Verwaltungsakt erlassende Behörde (analog § 78 Abs. 1 Nr. 2 VwGO), andernfalls ihr

---

[30] *Puhl*, JuS 1989, 126 (128); *Finkelnburg/Ortloff*, Baurecht II (Fn. 11), S. 181; *Krautzberger*, in: Battis/Krautzberger/Löhr, BauGB, 3. Aufl. 1991, § 35 Rdn. 110.

[31] HessVGH, DVBl. 1989, 412 = NVwZ 1990, 677; OVG Lüneburg, NJW 1989, 2147 f.; *Erichsen*, Jura 1984, 478 (482); *Finkelnburg/Jank*, Vorläufiger Rechtsschutz (Fn. 1), Rdn. 760.

[32] *Peters*, DÖV 1965, 744 (751); *Korbmacher*, VBlBW 1981, 97 (99).

Rechtsträger (analog § 78 Abs. 1 Nr. 1 VwGO)[33]. D muß also seinen Antrag gegen die Bauaufsichtsbehörde bzw. die Körperschaft, der diese Behörde angehört, richten.

IV. Allgemeines Rechtsschutzbedürfnis

Für das Begehren des D müßte schließlich das *allgemeine Rechtsschutzbedürfnis* gegeben sein. Auch bei Anträgen auf Gewährung vorläufigen Rechtsschutzes setzt deren Zulässigkeit ein schutzwürdiges Interesse des Antragstellers voraus[34]. Das Rechtsschutzbedürfnis könnte zu verneinen sein, wenn ein Antragsteller sich zunächst erfolglos mit einem Aussetzungsantrag gem. §§ 80 Abs. 4, 80a Abs. 1 Nr. 2 VwGO an die Ausgangs- oder Widerspruchsbehörde gewendet haben müßte[35]. Dies könnte der einfachere, billigere und schnellere Weg sein, das Rechtsschutzziel zu erreichen. Demgegenüber spricht jedoch schon die Eilbedürftigkeit des Verfahrens für die Zulässigkeit einer unmittelbaren Anrufung des Gerichts[36]. Zudem regelt § 80 Abs. 6 VwGO enumerativ und damit abschließend, in welchen Fällen vorläufiger Rechtsschutz zunächst bei der Verwaltung zu beantragen ist, bevor ein gerichtlicher Eilantrag zulässig ist. Jene Fälle beziehen sich nur auf Abgabenangelegenheiten, nicht jedoch auf baurechtliche Streitigkeiten. D muß somit nicht zunächst einen Antrag nach §§ 80 Abs. 4, 80a Abs. 1 Nr. 2 VwGO stellen.

Das allgemeine Rechtsschutzbedürfnis könnte somit allenfalls aufgrund konkreter Umstände des Einzelfalles zu verneinen sein, etwa wenn die zuständige Verwaltungsbehörde verbindlich erklärt, Vollzugshandlungen bis zur Entscheidung in der Hauptsache nicht vorzunehmen oder vornehmen zu lassen[37]. Ein solcher Fall liegt hier jedoch

---

[33] HessVGH, NVwZ 1991, 592f. = BauR 1991, 185 (186); *Lüke*, NJW 1978, 81 (83f.); *Kopp*, JuS 1983, 673 (678); *Schenke*, DVBl. 1986, 9 (17); *Finkelnburg/Jank*, Vorläufiger Rechtsschutz (Fn. 1), Rdn. 896.

[34] VGH Bad.-Württ., VBlBW 1988, 146 (147); *Puhl*, JuS 1989, 126 (128).

[35] *Karow*, NJW 1960, 2086f.; *Jäde*, UPR 1991, 295 (296); *Stern*, Verwaltungsprozessuale Probleme (Fn. 17), S. 146f.; *Redeker/von Oertzen*, VwGO, § 80a Rdn. 5.

[36] *Erichsen*, Jura 1984, 478 (483); *Huba*, JuS 1990, 805 (807); *Pietzner/Ronellenfitsch*, Assessorexamen (Fn. 9), § 57 Rdn. 17; *Kopp*, VwGO, § 80 Rdn. 95; *Eyermann/Fröhler/Kormann*, VwGO, § 80 Rdn. 41.

[37] OVG Koblenz, AS 8, 166 (169); *Huba*, JuS 1990, 805 (808); *Finkelnburg/Jank*, Vorläufiger Rechtsschutz (Fn. 1), Rdn. 757.

gerade nicht vor. Die Bauaufsichtsbehörde billigt es ausdrücklich, daß A von der ihm erteilten Baugenehmigung Gebrauch macht.

Das allgemeine Rechtsschutzbedürfnis könnte hier schließlich deshalb nicht gegeben sein, weil D nur einen Feststellungsantrag stellen möchte. Demgegenüber ist jedoch zu beachten, daß die Bauaufsichtsbehörde, ausgehend von ihrer Gesetzesgebundenheit (Art. 20 Abs. 3 GG) und ihrer Gesetzestreue, bei einem begründeten Eilantrag des D gegenüber A einschreiten würde, falls dieser weiter baute. Die behördliche Untätigkeit beruht allein darauf, daß sie dem Widerspruch des D die aufschiebende Wirkung abspricht und deshalb keinen Anlaß sieht, A an der Verwirklichung seines Vorhabens einstweilen zu hindern. Eine verwaltungsgerichtliche Entscheidung mit Feststellungstenor würde Klarheit über die Rechtslage schaffen und so den Streit endgültig beilegen. Das allgemeine Rechtsschutzbedürfnis ist somit zu bejahen.

B. Begründetheit des Antrags

Ein Feststellungsantrag des D analog § 80 Abs. 5 S. 1 VwGO wäre begründet, wenn seinem Widerspruch tatsächlich aufschiebende Wirkung zukommt. Dies ist nach den Ausführungen zur Rechtsschutzform der Fall. Auch beim Verwaltungsakt mit drittbelastender Doppelwirkung führt der Widerspruch des Dritten zum Suspensiveffekt. Der angefochtene Verwaltungsakt ist weder kraft Gesetzes noch infolge einer behördlichen Anordnung sofort vollziehbar, so daß die aufschiebende Wirkung nach wie vor besteht. In einem solchen Fall ist der Antrag des Dritten an das Gericht allein aus prozeßrechtlichen Gründen (§ 80 Abs. 1 VwGO) und ohne materielle Prüfung begründet[38]. Etwas anderes könnte allenfalls in Betracht kommen, wenn der eingelegte Rechtsbehelf unzulässig wäre und unzulässigen Rechtsbehelfen keine aufschiebende Wirkung zukäme[39]. Für die Unzulässigkeit des Widerspruchs von D liegen nach dem Sachverhalt aber keine Anhaltspunkte vor.

Ein auf die Feststellung, daß sein Widerspruch aufschiebende Wirkung hat, gerichtetes Begehren des D hätte somit Aussicht auf Erfolg.

---

[38] *Huba*, JuS 1990, 805 (810); *Finkelnburg/Jank*, Vorläufiger Rechtsschutz (Fn. 1), Rdn. 702.

[39] *Schoch*, BayVBl. 1983, 358 ff.; *ders.*, Vorläufiger Rechtsschutz (Fn. 5), S. 1150 ff.

3. Frage

D kann im Wege vorläufigen Rechtsschutzes die Verpflichtung der zuständigen Bauaufsichtsbehörde, die Baustelle des A stillzulegen, erreichen, wenn ein entsprechender Antrag an das Verwaltungsgericht zulässig und begründet wäre.

A. Zulässigkeit des Antrags

I. Allgemeine Sachentscheidungsvoraussetzungen

Bezüglich der allgemeinen Sachentscheidungsvoraussetzungen gilt das zur 1. Frage Gesagte sinnentsprechend. Diese Zulässigkeitsvoraussetzungen sind also gegeben.

II. Rechtsschutzform

Fraglich könnte indessen die statthafte *Rechtsschutzform* sein. Zwar ist auch beim Verwaltungsakt mit drittbelastender Doppelwirkung der vorläufige Rechtsschutz des Dritten grundsätzlich nach §§ 80, 80a VwGO und nicht nach § 123 VwGO zu gewähren. Dieser Grundsatz könnte jedoch in denjenigen Fällen eine Ausnahme erfahren, in denen der begünstigte Bauherr die kraft Gesetzes eingetretene und gerichtlich festgestellte aufschiebende Wirkung eines Nachbarrechtsbehelfs mißachtet und die zuständige Verwaltungsbehörde untätig bleibt.

1. *Einstweilige Anordnung*

Macht beim Verwaltungsakt mit drittbelastender Doppelwirkung der von der Baugenehmigung begünstigte Bauherr trotz der aufschiebenden Wirkung eines Nachbarrechtsbehelfs mit Duldung der Behörde von der Genehmigung Gebrauch, könnte allein die *einstweilige Anordnung* gem. § 123 Abs. 1 VwGO statthaften verwaltungsgerichtlichen vorläufigen Rechtsschutz darstellen[40]. Dafür könnte zunächst die Systematik

---

[40] BVerwG, VBlBW 1981, 114; BayVGH, BayVBl. 1975, 561 (562) und 562 (563); BayVBl. 1977, 566 (567); BayVBl. 1988, 276; OVG Bremen, BauR 1985, 300 (303) = NVwZ 1986, 59 (60); *Korbmacher*, VBlBW 1981, 97 (99); *Kopp*, JuS 1983, 673 (675 ff.); *Uechtritz*, JuS 1984, 130 (131 f.); *Stern*, Verwaltungsprozessuale Probleme (Fn. 17), S. 112; *Schmitt Glaeser*, Verwaltungsprozeßrecht, Rdn. 356; *Finkelnburg/Ortloff*, Baurecht II (Fn. 11), S. 222.

des vorläufigen Rechtsschutzes nach der VwGO sprechen. Der vom Nachbarn geltend gemachte Anspruch auf behördliches Einschreiten gegenüber dem Bauherrn müßte im Hauptsacheverfahren mit der *Verpflichtungsklage* verfolgt werden[41]. Konsequenterweise könnte die einstweilige Anordnung die statthafte Rechtsschutzform sein[42].

Dieses Ergebnis könnte durch eine Parallele zum Vorgehen gegen sog. *„Schwarzbauten"* erhärtet werden. Beim Bauen ohne Genehmigung muß der betroffene Dritte im Verfahren des Hauptsacherechtsschutzes eine Verpflichtungsklage erheben, der vorläufige Rechtsschutz erfolgt mittels einstweiliger Anordnung[43]. Damit vergleichbar könnte diejenige Fallkonstellation sein, in der zwar eine Baugenehmigung vorliegt, diese jedoch suspendiert ist und der Bauherr dennoch von ihr Gebrauch macht[44].

Schließlich könnten Gründe der *Rechtsschutzeffektivität* (Art. 19 Abs. 4 S. 1 GG) für die Statthaftigkeit der einstweiligen Anordnung sprechen. Angesichts der fehlenden Gesetzestreue von Bauherr und Behörde könnte eine gerichtliche Eilentscheidung notwendig sein, die auch vollstreckbar ist. Dies könnte lediglich bei der einstweiligen Anordnung gem. §§ 168 Abs. 1 Nr. 2, 172 VwGO der Fall sein[45].

2. *Analoge Anwendung des § 80a Abs. 3 S. 1 VwGO*

Die Anwendbarkeit des § 123 Abs. 1 VwGO könnte jedoch in Fällen der vorliegenden Art durch die ausdrückliche gesetzliche Anordnung des § 123 Abs. 5 VwGO ausgeschlossen sein. Dem steht nicht der Hinweis auf eine im Hauptsacheverfahren zu erhebende Verpflichtungsklage auf behördliches Einschreiten entgegen. Die Orientierung an der Hauptsacheklageart bietet, wie bereits festgestellt, lediglich eine grobe Faustformel[46]; die rechtlich exakte Abgrenzung zwischen den

---

[41] *Kopp*, JuS 1983, 673 (676); *Finkelnburg/Jank*, Vorläufiger Rechtsschutz (Fn. 1), Rdn. 892.

[42] *Stern*, Verwaltungsprozessuale Probleme (Fn. 17), S. 112; *Finkelnburg/Ortloff*, Baurecht II (Fn. 11), S. 222; *Kopp*, VwGO, § 80 Rdn. 23 f.

[43] OVG Münster, NJW 1966, 2181 (2183); *Kopp*, JuS 1983, 673 (677); *Uechtritz*, JuS 1984, 130 (131 f.); *Stelkens*, NVwZ 1991, 209 (218); *Heberlein*, BayVBl. 1991, 396; *Ernst/Hoppe*, Das öffentliche Bau- und Bodenrecht, Raumplanungsrecht, 2. Aufl. 1981, Rdn. 462.

[44] *Kopp*, JuS 1983, 673 (677).

[45] OVG Bremen, BauR 1985, 300 (303) = NVwZ 1986, 59 (60); *Finkelnburg/Jank*, Vorläufiger Rechtsschutz (Fn. 1), Rdn. 892 mit Fn. 36 b.

[46] Nachw. o. Fn. 18.

Formen des vorläufigen Rechtsschutzes hat indes nach § 123 Abs. 5 VwGO zu erfolgen[47].

Der positivrechtliche Ausschluß der einstweiligen Anordnung könnte zu einer Rechtsschutzlücke führen, die über §§ 80, 80 a VwGO zu schließen ist. § 80 a Abs. 1 Nr. 2 VwGO (hier i.V.m. § 80 a Abs. 3 S. 1 VwGO) sieht unmittelbar Sicherungsmaßnahmen zugunsten des Rechtsschutzsuchenden nur in den Fällen einer vorangegangenen Aussetzung der Vollziehung vor. Eine solche Konstellation ist vorliegend nicht gegeben. In Betracht kommt eine analoge Anwendung des § 80 a Abs. 3 S. 1 VwGO. Dann müßten die Voraussetzungen der Analogie gegeben sein.

a) Gesetzeslücke

Zunächst müßte eine *gesetzliche Regelungslücke* vorliegen[48]. § 123 Abs. 5 VwGO nimmt eine gezielte und abschließende Abgrenzung der Formen des vorläufigen Rechtsschutzes vor. Der vorläufige Rechtsschutz eines Dritten, der sich gegen den einen anderen begünstigenden Verwaltungsakt wendet, soll ausschließlich im Wege der aufschiebenden Wirkung gewährt werden[49]. Damit ist § 123 Abs. 1 VwGO nicht anwendbar. §§ 80, 80 a VwGO sehen allerdings für diejenigen Fälle, in denen sich ein Genehmigungsbegünstigter und die zuständige Behörde über die eingetretene und gerichtlich festgestellte aufschiebende Wirkung eines Nachbarrechtsbehelfs hinwegsetzen, eine Rechtsschutzform nicht vor. Somit besteht für derartige Konstellationen im System des verwaltungsprozessualen vorläufigen Rechtsschutzes eine gesetzliche Regelungslücke.

b) Planwidrigkeit der Gesetzeslücke

Diese Regelungslücke dürfte allerdings nicht bewußt vorhanden sein, sondern es müßte sich um eine *planwidrige Unvollständigkeit* des Gesetzes handeln[50]. Zur Feststellung der Planwidrigkeit ist vom gesetzlichen Regelungskonzept auszugehen. Die Nachbarklage gegen einen Verwaltungsakt mit drittbelastender Doppelwirkung ist der Rechtsschutzform nach eine Anfechtungsklage, so daß der anfechtende Dritte durch die aufschiebende Wirkung gem. § 80 Abs. 1 VwGO rechtsnor-

---

[47] Nachw. o. Fn. 17.

[48] *Roellecke*, JZ 1990, 813.

[49] *Pagenkopf*, DVBl. 1991, 285 (292); *Redeker*, NVwZ 1991, 526 (529); BR-Drucks. 135/90, S. 74.

[50] Nachw. o. Fn. 16.

mativ geschützt ist. Durch die Untätigkeit der Behörde gegenüber dem sich über den Suspensiveffekt hinwegsetzenden Begünstigten stellt sich für den belasteten Dritten dieselbe tatsächliche Situation ein wie im Falle der Anordnung der sofortigen Vollziehung. Für diesen Fall ist vorläufiger Rechtsschutz gem. § 80 Abs. 5 S. 1 VwGO eröffnet.

Für die Situation der Drittanfechtung sieht das Gesetz eine weitere Möglichkeit des vorläufigen Rechtsschutzes vor. Auf den Nachbarrechtsbehelf hin kann das Gericht gem. § 80 a Abs. 3 S. 1 i.V.m. Abs. 1 Nr. 2 VwGO bei einem entsprechenden Eilantrag des Dritten die Vollziehung des angefochtenen Verwaltungsakts aussetzen und einstweilige Maßnahmen zur Sicherung der Rechte des Dritten treffen. Auch diese Regelung macht deutlich, daß §§ 80, 80 a VwGO in den Fällen der Nachbarklage einen umfassenden vorläufigen Rechtsschutz über das Rechtsinstitut der aufschiebenden Wirkung und seiner verwaltungsgerichtlichen Durchsetzung vermitteln wollen. Indem nun aber in Konstellationen der vorliegenden Art die Anwendbarkeit des § 123 Abs. 1 VwGO durch § 123 Abs. 5 VwGO ausgeschlossen ist, §§ 80, 80 a VwGO jedoch im Vertrauen auf die gesetzestreue Verwaltung Rechtsschutzformen nicht zur Verfügung stellen, die angesichts des Gesetzesverstoßes der Exekutive notwendig sind, ist von einer planwidrigen Unvollständigkeit des Gesetzes auszugehen.

c) **Vergleichbare Interessenlage**

Die analoge Anwendung des § 80 a Abs. 3 S. 1 VwGO setzt schließlich eine vergleichbare Interessenlage zwischen dem gesetzlich geregelten und dem nicht geregelten Fall voraus. Diese Vergleichbarkeit ist aufgrund einer wertenden Betrachtung des einschlägigen Gesetzesrechts zu ermitteln[51].

Zugunsten des gesetzeskonformen sofortigen Gebrauchmachens von der Baugenehmigung durch A hätte behördlicherseits die sofortige Vollziehung angeordnet werden müssen. D hätte daraufhin die Möglichkeit gehabt, beim Verwaltungsgericht gem. § 80 a Abs. 3 S. 1 i.V.m. Abs. 1 Nr. 2 VwGO die Aussetzung der Vollziehung sowie den Erlaß einstweiliger Maßnahmen zur Sicherung seiner Rechte zu beantragen. Der Unterschied zu diesem gesetzlich geregelten Fall liegt hier lediglich darin, daß der Sofortvollzug nicht erst über eine gerichtliche Entscheidung ausgesetzt ist, sondern daß die sofortige Vollziehbarkeit des den A begünstigenden Verwaltungsakts schon unmittelbar kraft Gesetzes

[51] BVerfGE 82, 6 (13) = JZ 1990, 811 = DVBl. 1990, 690 = NJW 1990, 1593.

(§ 80 Abs. 1 VwGO) suspendiert ist. In einem solchen Falle der Mißachtung der aufschiebenden Wirkung kann der Dritte bezüglich möglicher Sicherungsmaßnahmen (gem. § 80a Abs. 3 S. 1 i.V.m. Abs. 1 Nr. 2 VwGO) sogar als besonders schutzwürdig erachtet werden[52]. Von daher ist die zu ermittelnde Vergleichbarkeit der Interessenlagen zu bejahen.

Fraglich ist allerdings, ob nicht eine Parallele zu der Konstellation des „Schwarzbaues" eine andere Interessenwertung gebietet. Das ist nicht der Fall. Eine solche Parallele besteht nämlich rechtlich nicht. Während der gegen einen „Schwarzbauer" vorgehende Nachbar sein Veränderungsinteresse über eine erstmalig begehrte Verwaltungsmaßnahme verwirklichen will, geht es dem um Durchsetzung der aufschiebenden Wirkung seines Rechtsbehelfs bemühten Nachbar um die Aufrechterhaltung des status quo[53]. Die unterschiedliche Behandlung beider Fallgestaltungen rechtfertigt sich auch daraus, daß der Durchsetzung der aufschiebenden Wirkung ein Verwaltungsunrecht zugrunde liegt, das beim „Schwarzbau" fehlt[54].

Damit ist nur noch fraglich, ob sich die vorgenommene Interessenbewertung aus Gründen eines wirksamen vorläufigen Rechtsschutzes wegen Art. 19 Abs. 4 S. 1 GG verbietet. Dies könnte bei einer fehlenden Vollstreckbarkeit der Eilentscheidung der Fall sein. Ebenso jedoch wie sich § 80 Abs. 5 S. 3 VwGO rechtsdogmatisch als spezielle Regelung eines Leistungsbegehrens im Rahmen des Rechtsinstituts der aufschiebenden Wirkung darstellt[55], so daß eine entsprechende gerichtliche Eilentscheidung der Vollstreckung fähig ist[56], handelt es sich bei der verwaltungsgerichtlichen Anordnung von Sicherungsmaßnahmen gem. § 80a Abs. 3 S. 1 i.V.m. Abs. 1 Nr. 2 VwGO um eine vollstreckbare Eilentscheidung. Gründe der Rechtsschutzeffektivität stehen der vorgenommenen Interessenbewertung somit nicht entgegen.

Demnach sind alle Voraussetzungen einer Analogie erfüllt. D kann gegen die Mißachtung der aufschiebenden Wirkung seines Widerspruchs durch A und die Bauaufsichtsbehörde analog § 80a Abs. 3 S. 1 i.V.m. Abs. 1 Nr. 2 VwGO beim Verwaltungsgericht die Verpflichtung der Behörde zur Baustillegung beantragen.

---

[52] *Schoch*, Vorläufiger Rechtsschutz (Fn. 5), S. 407 f.

[53] *Papier*, BauR 1981, 151 (154 f.); *Pechstein*, JuS 1989, 194 (197); *Schoch*, Vorläufiger Rechtsschutz (Fn. 5), S. 412.

[54] *Schenke*, DVBl. 1986, 9 (16); *Schoch*, Vorläufiger Rechtsschutz (Fn. 5), S. 412.

[55] *Schoch*, Vorläufiger Rechtsschutz (Fn. 5), S. 408 f.

[56] *Papier*, VerwArch. 64 (1973), 399 (404 f.); *Schenke*, DVBl. 1986, 9 (13 f.); *Pechstein*, JuS 1989, 194 (197); *Redeker/von Oertzen*, VwGO, § 80 Rdn. 63.

III. Besondere Sachentscheidungsvoraussetzungen und Rechtsschutzinteresse

Zu den besonderen Sachentscheidungsvoraussetzungen und zum allgemeinen Rechtsschutzbedürfnis gelten die Ausführungen zur 2. Frage sinnentsprechend. Zweifelhaft könnte infolge der Verweisung von § 80a Abs. 3 S. 2 VwGO auf § 80 Abs. 6 VwGO allenfalls sein, ob D vor einem gerichtlichen Eilantrag bei der Verwaltung erfolglos um vorläufigen Rechtsschutz (§ 80a Abs. 1 Nr. 2 VwGO) nachgesucht haben muß. Die nicht ganz eindeutige Verweisung könnte so zu verstehen sein, daß vorgängiger behördlicher Rechtsschutz nur in Abgabenangelegenheiten zu beantragen ist. Da insoweit allerdings Verwaltungsakte mit drittbelastender Doppelwirkung eher selten sind, könnte § 80 a Abs. 3 S. 2 VwGO nur Sinn machen, wenn die vorherige Anrufung der Behörde im gesamten Anwendungsbereich von § 80 a Abs. 1 und Abs. 2 VwGO gesetzlich vorausgesetzt ist.

Einer Entscheidung der Frage bedarf es indes aufgrund der konkreten Umstände des Falles nicht. D möchte gerichtlichen vorläufigen Rechtsschutz nur beantragen, falls dies nötig sein sollte. D will sich also zunächst an die Verwaltung wenden, falls die gerichtlich festgestellte aufschiebende Wirkung seines Widerspruchs weiterhin mißachtet würde. Damit hätte D auch nach der strengeren Auslegung die Voraussetzungen des § 80a Abs. 3 S. 2 VwGO erfüllt. An der Zulässigkeit des Eilantrags bestehen keine Bedenken.

B. Begründetheit des Antrags

I. Prüfungsmaßstab

Der Antrag des D wäre begründet, wenn das Begehren auf gerichtliche Verpflichtung der Bauaufsichtsbehörde zur Stillegung der Baustelle des A eine einstweilige Maßnahme zur Sicherung der Rechte des D i.S.d. § 80a Abs. 3 S. 1 i.V.m. Abs. 1 Nr. 2 VwGO darstellte. Fraglich ist, ob diese prozeßrechtliche Regelung einen entsprechenden *materiellrechtlichen Anspruch* des Rechtsschutzsuchenden voraussetzt. Sollte dies der Fall sein, so könnte ein Folgenbeseitigungsanspruch in Betracht kommen[57]. Dagegen spricht allerdings, daß D nicht die Rückgängigmachung der Bauarbeiten des A begehrt. Mit der Stillegung der Baustelle

---

[57] *Schenke*, DVBl. 1986, 9 (15).

geht es D lediglich um die Einstellung der Bauarbeiten, so daß fortan die aufschiebende Wirkung seines Widerspruchs beachtet wird.

Eine Rechtsgrundlage für ein entsprechendes Einschreiten der Bauaufsichtsbehörde enthält das Bauordnungsrecht[58]. Es ist jedoch zweifelhaft, ob die sachlichen Voraussetzungen dieser Eingriffsermächtigung sowie das behördliche Ermessen hier zu prüfen sind. Die verwaltungsgerichtliche Verpflichtung der Bauaufsichtsbehörde zur Stillegung der Baustelle des A könnte vielmehr schon deshalb ausgesprochen werden müssen, weil A sich über die bestehende aufschiebende Wirkung hinwegsetzt. Wegen der Suspension der ihn begünstigenden Wirkung des Verwaltungsakts handelt ein Bauherr formell illegal, also rechtswidrig, der von der ihm erteilten Baugenehmigung Gebrauch macht[59]. Bei gesetzestreuem Verhalten müßte der Bauherr seine Bauarbeiten einstellen[60]. Im vorliegenden dreiseitigen Verwaltungsrechtsverhältnis geht es um die *Durchsetzung* der kraft Gesetzes bestehenden *aufschiebenden Wirkung*. Dem rechtsnormativ gem. § 80 Abs. 1 VwGO bereits bestehenden Schutz des Antragstellers muß durch eine gerichtliche Anordnung gem. § 80 a Abs. 3 S. 1 i.V.m. Abs. 1 Nr. 2 VwGO die tatsächliche Wirksamkeit verliehen werden. In einem solchen Fall der Durchsetzung des § 80 Abs. 1 VwGO bedarf es keiner Prüfung der materiellen Rechtslage, weil auch die aufschiebende Wirkung, um deren faktische Geltung es geht, unbesehen der materiellen Rechtslage eintritt[61].

II. Entscheidungsinhalt

Damit *kann* das Gericht gem. § 80 a Abs. 3 S. 1 i.V.m. Abs. 1 Nr. 2 VwGO einstweilige Maßnahmen zur Sicherung der Rechte des D aussprechen. „Maßnahme" in diesem Sinne ist insbesondere die Stilllegungsverfügung[62]. Fraglich könnte allenfalls noch sein, ob das Gericht dem vorläufigen Rechtsschutzbegehren auch entsprechen *muß*. Dagegen scheint der Wortlaut des § 80 a Abs. 3 S. 1 VwGO („kann") zu sprechen. Durch eine derartige Formulierung könnte eine gerichtliche

---

58 *Finkelnburg/Ortloff*, Baurecht II (Fn. 11), S. 115.

59 *Lüke*, NJW 1978, 81 (83); *Korbmacher*, VBlBW 1981, 97 (98); *Erichsen*, Jura 1984, 414 (418); *von Mutius*, Jura 1989, 297 (304); *Finkelnburg/Ortloff*, Baurecht II (Fn. 11), S. 221.

60 *Battis*, Öffentliches Baurecht und Raumordnungsrecht, 2. Aufl. 1987, S. 291.

61 VGH Bad.-Württ., NVwZ-RR 1991, 176 (177); *Huba*, JuS 1990, 805 (810); *Schoch*, Vorläufiger Rechtsschutz (Fn. 5), S. 417 f.

62 BR-Drucks. 135/90, S. 75.

Ermessensentscheidung eröffnet sein[63]. Indessen stellt ein solches prozeßrechtliches „kann" lediglich die Einräumung einer verfahrensrechtlichen Entscheidungsbefugnis für das Gericht dar[64].

Als rechtliches Bedenken bleibt somit nur noch ein Aspekt der Funktionentrennung (Gewaltenteilung). Nach der bauordnungsrechtlichen Ermächtigungsgrundlage steht der Erlaß der Stillegungsverfügung im behördlichen Ermessen. Deshalb könnte das Verwaltungsgericht aus funktionellrechtlichen Gründen gehindert sein, eine entsprechende Verpflichtung der Behörde auszusprechen[65]. Im Falle der mißachteten aufschiebenden Wirkung ist jedoch nur eine Entscheidung als rechtmäßig denkbar, nämlich einzuschreiten[66]. Ansonsten würde entgegen der unzweideutigen gesetzlichen Regelung (§ 80 Abs. 1 VwGO) der rechtswidrige Zustand erweitert. Baut demnach der Bauherr trotz bestehender aufschiebender Wirkung des Nachbarrechtsbehelfs weiter, ist die zuständige Bauaufsichtsbehörde zur Stillegung des Baues verpflichtet[67]. Dies sichert die verwaltungsgerichtliche Anordnung gem. § 80 a Abs. 3 S. 1 i.V.m. Abs. 1 Nr. 2 VwGO. Auf den Streit um die Frage, ob das Gericht sogar selbst Sicherungsmaßnahmen (z. B. Stillegungsverfügung) anordnen dürfte[68], kommt es hier nicht an. D möchte einen solchen Eilantrag nach dem Sachverhalt nicht stellen. Die verwaltungsgerichtliche Verpflichtung der Bauaufsichtsbehörde zur Stillegung der Baustelle des A könnte D im Wege vorläufigen Rechtsschutzes jedenfalls erreichen.

4. Frage

A kann die begehrte gerichtliche Anordnung der sofortigen Vollziehung seiner Baugenehmigung im Wege vorläufigen Rechtsschutzes erreichen, wenn ein entsprechender Antrag zulässig und begründet ist.

---

[63] *Papier*, VerwArch. 64 (1973), 399 (401); *Schenke*, DVBl. 1986, 9 (13).

[64] *Erichsen*, Jura 1984, 478 (485, 488); *Schoch*, Vorläufiger Rechtsschutz (Fn. 5), S. 1394.

[65] BayVGH, BayVBl. 1975, 562 (563); *Kopp*, JuS 1983, 673 (677, 678); *Uechtritz*, JuS 1984, 130 (132).

[66] *Bender*, NJW 1966, 1989 (1991); *J. Martens*, NJW 1985, 2302 (2308).

[67] *Battis*, Baurecht (Fn. 60), S. 291; *Redeker/von Oertzen*, VwGO, § 80 a Rdn. 4; *Schoch*, Vorläufiger Rechtsschutz (Fn. 5), S. 419.

[68] VGH Bad.-Württ., VBlBW 1991, 219 (220); *Heberlein*, BayVBl. 1991, 396 (398).

A. Zulässigkeit des Antrags

I. Allgemeine Sachentscheidungsvoraussetzungen

Zunächst müßte der *Verwaltungsrechtsweg* eröffnet sein. Eine Sonderzuweisung ist nicht ersichtlich. Folglich müßte gem. § 40 Abs. 1 S. 1 VwGO eine öffentlich-rechtliche Streitigkeit nichtverfassungsrechtlicher Art vorliegen. Öffentlich-rechtlich sind solche Streitigkeiten, die nach Maßgabe des öffentlichen Rechts entschieden werden. A begehrt die Anordnung der sofortigen Vollziehung eines Verwaltungsakts. Dieses Begehren ist nach §§ 80 Abs. 2 Nr. 4, 80 a Abs. 1 Nr. 1, Abs. 3 S. 1 VwGO zu entscheiden. Zuordnungssubjekte dieser Rechtssätze sind als Berechtigte ausschließlich Untergliederungen des Staates; folglich handelt es sich bei den Vorschriften um solche des öffentlichen Rechts.

Eine öffentlich-rechtliche Streitigkeit liegt demgemäß vor. Diese ist auch nichtverfassungsrechtlicher Art. Der Verwaltungsrechtsweg ist somit eröffnet.

Am Vorliegen der sonstigen allgemeinen Sachentscheidungsvoraussetzungen bestehen keine Bedenken.

II. Rechtsschutzform

Die Bestimmung der statthaften *Rechtsschutzform* hängt vom Begehren des Antragstellers ab. A möchte die gerichtliche Anordnung der sofortigen Vollziehung seiner Baugenehmigung beantragen. Dieses Begehren könnte die Rechtsschutzformvoraussetzungen gem. § 80 a Abs. 3 S. 1 i.V.m. Abs. 1 Nr. 1 VwGO erfüllen. Danach kann das Gericht bei einem Verwaltungsakt mit drittbelastender Doppelwirkung, der von dem Dritten angefochten ist, auf Antrag des Begünstigten unter den Voraussetzungen des § 80 Abs. 2 Nr. 4 VwGO die sofortige Vollziehung anordnen.

Bei der dem A erteilten Baugenehmigung handelt es sich um einen Verwaltungsakt mit Doppelwirkung. Die Genehmigung belastet D als Dritten und begünstigt A als Genehmigungsempfänger. D hat mit seinem Widerspruch auch einen Rechtsbehelf gegen die Baugenehmigung eingelegt. Das an das Gericht adressierte Begehren des A auf Anordnung der sofortigen Vollziehung erfüllt demnach sämtliche Rechtsschutzformvoraussetzungen gem. § 80 a Abs. 3 S. 1 i.V.m. Abs. 1 Nr. 1 VwGO. Der gerichtliche Antrag auf Vollziehungsanordnung ist somit die richtige Rechtsschutzform.

III. Besondere Sachentscheidungsvoraussetzungen

An der Einhaltung der *besonderen Sachentscheidungsvoraussetzungen* bestehen keine Bedenken. Insbesondere ist A als Inhaber der Baugenehmigung antragsbefugt und die Bauaufsichtsbehörde bzw. ihr Rechtsträger passiv verfahrensbefugt.

IV. Allgemeines Rechtsschutzbedürfnis

Für den Antrag des A müßte schließlich das *allgemeine Rechtsschutzbedürfnis* gegeben sein. Gem. §§ 80 a Abs. 1 Nr. 1, 80 Abs. 2 Nr. 4 VwGO ist die Anordnung der sofortigen Vollziehung auch beim Verwaltungsakt mit Doppelwirkung primär eine Befugnis der Verwaltung. Ein entsprechender, an die zuständige Behörde gerichteter Antrag bietet gegenüber dem gerichtlichen Eilverfahren den einfacheren, schnelleren und billigeren Weg zur Erlangung der Vollziehungsanordnung. Für einen verwaltungsgerichtlichen Antrag auf Anordnung der sofortigen Vollziehung ist das allgemeine Rechtsschutzbedürfnis deshalb grundsätzlich nur gegeben, wenn der Antragsteller zuvor die Vollziehungsanordnung vergeblich bei der Behörde beantragt hat[69].

Hier hat die Bauaufsichtsbehörde den Antrag von A auf Anordnung der sofortigen Vollziehung als „überflüssig" abgelehnt. Damit ist das Rechtsschutzinteresse des A zu bejahen. Sein gerichtlicher Eilantrag wäre somit insgesamt zulässig.

B. Begründetheit des Antrags

I. Prüfungsmaßstab

Der Eilantrag ist gem. § 80 a Abs. 3 S. 1 i.V.m. Abs. 1 Nr. 1 VwGO begründet, wenn die Voraussetzungen nach § 80 Abs. 2 Nr. 4 VwGO für die Anordnung der sofortigen Vollziehung vorliegen. Bezüglich

[69] HessVGH, DVBl. 1972, 585 (586); BayVGH, BayVBl. 1974, 14 (15); BayVBl. 1990, 755 (756); VGH Bad.-Württ., ESVGH 25, 110 (115); NVwZ 1991, 687; *Lüke*, NJW 1978, 81 (84); *Jäde*, NVwZ 1986, 101 (103); *ders.*, UPR 1991, 295 (296); *Heberlein*, BayVBl. 1991, 396 (397); *Hörtnagl/Stratz*, VBlBW 1991, 326 (331); *Redeker*, NVwZ 1991, 526 (530); *Schoch*, Vorläufiger Rechtsschutz (Fn. 5), S. 1546.

der Vollziehungsanordnung entsprechen sich also gerichtlicher und behördlicher Maßstab[70].

Die Anordnung der sofortigen Vollziehung setzt voraus (§ 80 Abs. 2 Nr. 4, Abs. 3 S. 1 VwGO), daß ein besonderes öffentliches Interesse oder ein überwiegendes Interesse eines Beteiligten am Sofortvollzug des angefochtenen Verwaltungsakts besteht. Das *öffentliche Interesse* i.S.d. Regelung ist grundsätzlich nicht mit demjenigen identisch, das dem Erlaß eines jeden Verwaltungsakts zugrunde liegt; es muß vielmehr am Sofortvollzug bestehen, also durch eine besondere Dringlichkeit der Verwirklichung der Verwaltungsmaßnahme begründet sein[71]. Ein derartiges öffentliches Interesse ist bei der dem A erteilten Baugenehmigung nicht ersichtlich.

In Betracht kommt jedoch die Anordnung der sofortigen Vollziehung im *überwiegenden Interesse eines Beteiligten*. „Beteiligter" i.S.d. § 80 Abs. 2 Nr. 4 VwGO ist der durch die Genehmigung Begünstigte und durch die aufschiebende Wirkung des Nachbarrechtsbehelfs Betroffene[72]. Fraglich ist jedoch, unter welchen Voraussetzungen von einem „überwiegenden Interesse" des Genehmigungsbegünstigten gesprochen werden kann. Es stehen sich hier das Interesse des D an der Aufrechterhaltung der aufschiebenden Wirkung seines Rechtsbehelfs und das Interesse des A an der Anordnung der sofortigen Vollziehung seiner Genehmigung gegenüber. Dem Merkmal „überwiegendes Interesse" könnte zu entnehmen sein, daß die Entscheidungsfindung anhand einer Interessenabwägung zu erfolgen hat[73].

Der Gedanke der Interessenabwägung bietet indes keine materiellen Kriterien zur Entscheidungsfindung. Rechtlich sind Aufschubinteresse und sofortiges Verwirklichungsinteresse durch Art. 14 Abs. 1 S. 1, 19 Abs. 4 S. 1 GG gleichermaßen und gleichrangig geschützt[74]. Das „über-

---

[70] VGH Bad.-Württ., ESVGH 25, 110 (115); BayVGH, BayVBl. 1980, 595 (596); OVG Saarlouis, AS 18, 233 (234); *Huba*, JuS 1990, 805 (810).

[71] HessVGH, ESVGH 22, 101 (102); NVwZ 1986, 668 (671); NVwZ-RR 1989, 357; BayVGH, NJW 1977, 166; *Schoch*, Vorläufiger Rechtsschutz (Fn. 5), S. 1255 f.

[72] *Finkelnburg/Jank*, Vorläufiger Rechtsschutz (Fn. 1), Rdn. 624; *Kopp*, VwGO, § 80 Rdn. 61.

[73] VGH Bad.-Württ., ESVGH 25, 110 (115); ESVGH 35, 278 (281 ff.); HessVGH, NVwZ-RR 1989, 627; NVwZ 1990, 583; *Schmitt Glaeser*, Verwaltungsprozeßrecht, Rdn. 384; *Pietzner/Ronellenfitsch*, Assessorexamen (Fn. 9), § 55 Rdn. 29.

[74] *Jäde*, NVwZ 1986, 101 (103); *Huba*, JuS 1990, 382 (386); *Redeker*, NVwZ 1991, 526 (530); *Schoch*, Vorläufiger Rechtsschutz (Fn. 5), S. 1268.

wiegende Interesse" kann im Rechtssinne nur durch eine Prüfung der *materiellen Rechtslage* ermittelt werden. Es ist dann zu bejahen, wenn der eingelegte Rechtsbehelf mit erheblicher Wahrscheinlichkeit erfolglos bleiben wird. Ein überwiegendes Interesse des Anfechtenden, daß einem Bauwilligen die Nutzung seines Eigentums durch eine erfolglose Anfechtungsklage verwehrt wird, wird durch die Rechtsordnung nämlich nicht anerkannt[75]. Demgegenüber überwiegt im Falle der Rechtswidrigkeit des angefochtenen Verwaltungsakts und einer voraussichtlich erfolgreichen Anfechtungsklage das Interesse des belasteten Dritten am Fortbestand der aufschiebenden Wirkung[76].

II. Rechtmäßigkeit der Baugenehmigung

Der Widerspruch des D (und eine eventuelle spätere Anfechtungsklage) könnte(n) mit hoher Wahrscheinlichkeit begründet sein. Ein Rechtsbehelf des Nachbarn gegen die dem Bauherrn erteilte Genehmigung ist begründet, wenn diese rechtswidrig ist und den Nachbar dadurch in seinen Rechten verletzt, daß diese Genehmigung gegen Rechtsvorschriften verstößt, die auch seinem Schutz zu dienen bestimmt sind[77].

Im vorliegenden Falle ist zweifelhaft, ob die Baugenehmigung unter Beachtung der §§ 34 Abs. 1, 35 Abs. 1 Nr. 1 BauGB erteilt worden ist. Für eine Anwendbarkeit von § 34 Abs. 2, Abs. 4 BauGB bestehen nach dem Sachverhalt keine Anhaltspunkte; dasselbe gilt für § 34 Abs. 3 BauGB i.V.m. § 4 Abs. 2 BauGBMaßnG.

1. *Anwendbarkeit des § 34 Abs. 1 BauGB*

Zunächst müßte § 34 Abs. 1 BauGB anwendbar sein. Die Vorschrift bezieht sich auf Vorhaben, die innerhalb der im Zusammenhang bebauten Ortsteile anzusiedeln sind. Damit ist der sog. *„Innenbereich"* umschrieben[78]. Laut Sachverhalt ist das am Ortsrand von G gelegene

---

[75] BVerwG, DVBl. 1966, 273 (274) = BayVBl. 1966, 279; VGH Bad.-Württ., ESVGH 25, 110 (115); BayVGH, GewArch. 1974, 55 (56); BayVBl. 1977, 566; BayVBl. 1988, 369 (370); BayVBl. 1990, 211 (213); *von Mutius*, Jura 1989, 297 (304); *Finkelnburg/Jank*, Vorläufiger Rechtsschutz (Fn. 1), Rdn. 886; *Pietzner/Ronellenfitsch*, Assessorexamen (Fn. 9), § 55 Rdn. 30.

[76] *Schoch*, Vorläufiger Rechtsschutz (Fn. 5), S. 1269.

[77] BVerwGE 82, 343 (344); *Weyreuther*, DÖV 1983, 575 (587); *Schlichter*, NVwZ 1983, 641; *von Mutius*, Jura 1989, 297 (300).

[78] *Oldiges*, in: Steiner (Hrsg.), Besonderes Verwaltungsrecht, 3. Aufl. 1988, S. 520; *Finkelnburg/Ortloff*, Öffentliches Baurecht, Band I, Bauplanungsrecht, 1990, S. 247.

Grundstück des A dem unbeplanten Innenbereich zuzuordnen. Damit ist § 34 Abs. 1 BauGB für die Beurteilung der Zulässigkeit des Bauvorhabens von A anwendbar.

2. *Voraussetzungen des § 34 Abs. 1 BauGB*

Weiterhin müßten die Voraussetzungen des § 34 Abs. 1 BauGB erfüllt sein. An der Sicherung der Erschließung sowie der Beachtung öffentlicher Belange (§ 34 Abs. 1 S. 2 BauGB) bestehen nach dem Sachverhalt keine Bedenken. Fraglich ist jedoch, ob sich das Bauvorhaben des A in die Eigenart der näheren Umgebung einfügt (§ 34 Abs. 1 S. 1 BauGB). Bedenken könnten sich aufgrund des aus der Umgebung hervorgehenden Rahmens sowie daraus ergeben, daß A es an der rechtlich gebotenen Rücksichtnahme gegenüber D vermissen läßt.

a) Nähere Umgebung

Gem. § 34 Abs. 1 S. 1 BauGB prägt die Eigenart der näheren Umgebung einen Rahmen, der von einem Bauvorhaben im Innenbereich einzuhalten ist[79]. Ein Vorhaben fügt sich i.S.d. § 34 Abs. 1 S. 1 BauGB in der Regel in die Umgebung ein, wenn es diesen Rahmen beachtet[80]. Das ist insbesondere der Fall, wenn das Vorhaben nach Art und Maß der beabsichtigten Nutzung, nach der Bauweise und nach der zu überbauenden Grundstücksfläche der Eigenart der unmittelbaren Nachbarschaft entspricht[81].

Hier handelt es sich um ein Vorhaben in einer Gemeinde, also wohl um ein dörfliches Gebiet. In der Umgebung des Grundstücks des A befinden sich nur Wohnhäuser. A möchte ein Einfamilienhaus, d. h. ebenfalls ein Wohnhaus errichten. Der Sachverhalt enthält im übrigen keine Angaben, die auf eine Mißachtung der gem. § 34 Abs. 1 S. 1 BauGB verbindlichen Maßstäbe hindeuten. Der vorgegebene Rahmen ist demnach nicht verlassen.

---

[79] BVerwGE 55, 369 (380); BVerwG, ZfBR 1990, 293 (294); BVerwG, JZ 1991, 138; OVG Bremen, UPR 1982, 25 (26); *Ernst/Hoppe*, Baurecht (Fn. 43), Rdn. 388; *Gelzer/Birk*, Bauplanungsrecht, 5. Aufl. 1991, Rdn. 1157.

[80] BVerwGE 55, 369 (385); *Schmidt-Aßmann*, JuS 1981, 731 (733); *Ernst/Hoppe*, Baurecht (Fn. 43), Rdn. 388; *Finkelnburg/Ortloff*, Baurecht I (Fn. 78), S. 252; *Dyong*, in: Ernst/Zinkahn/Bielenberg, BauGB (Stand: Mai 1990), § 34 Rdn. 12.

[81] BVerwGE 84, 322 (325); *Oldiges*, Besonderes Verwaltungsrecht (Fn. 78), S. 521; *Erbguth*, Bauplanungsrecht, 1989, Rdn. 289; *Gelzer/Birk*, Bauplanungsrecht, Rdn. 1162 ff.

b) Gebot der Rücksichtnahme

Trotz der Einhaltung des bestehenden Rahmens könnte sich ein Vorhaben ausnahmsweise dennoch nicht in die Eigenart der näheren Umgebung einfügen, wenn es die gebotene Rücksichtnahme auf die in seiner unmittelbaren Nähe vorhandene Bebauung vermissen läßt[82]. Im vorliegenden Falle könnte sich A gegenüber D im Rechtssinne „rücksichtslos" verhalten.

aa) Rücksichtnahme als Bestandteil des § 34 Abs. 1 BauGB

Voraussetzung dafür ist allerdings, daß ein derartiges *Gebot der Rücksichtnahme* im Tatbestand des § 34 Abs. 1 BauGB enthalten ist. Das könnte deshalb zweifelhaft sein, weil die Vorschrift ein solches Tatbestandselement ausdrücklich nicht erwähnt[83]. Andererseits könnte das gesamte Baurecht von dem Gebot der Rücksichtnahme durchzogen und geprägt sein, so daß es auf eine spezielle Verankerung in § 34 Abs. 1 BauGB nicht ankäme[84].

Demgegenüber ist jedoch zu beachten, daß bezüglich der detaillierten Normierungen der §§ 29 ff. BauGB ein außergesetzliches Rücksichtnahmegebot nicht anzuerkennen ist. Andererseits bedarf das sachliche Gebot der Rücksichtnahme keiner ausdrücklichen Benennung in einer Gesetzesbestimmung. Es genügt vielmehr, wenn sich das Gebot der Sache nach durch Auslegung der einschlägigen Vorschrift ermitteln läßt[85]. In § 34 Abs. 1 BauGB könnte schon vom Wortlaut her im Erfordernis „einfügen" die Pflicht zur Rücksichtnahme enthalten sein[86]. Das Merkmal „sich einfügen" verfolgt den Zweck, bei der Bebauung von Grundstücken ein unverträgliches Nebeneinander zu verhindern[87]. Dieses Ziel kann oftmals nur bei Beachtung der gegenseitigen Rücksichtnahme erreicht werden. Das Gebot der Rücksichtnahme ist somit inhaltlicher Bestandteil des § 34 Abs. 1 BauGB und geht in dem Merkmal des „Einfügens" auf[88].

---

[82] BVerwGE 55, 369 (386); OVG Münster, NVwZ 1988, 376 = UPR 1988, 314; *Geiger*, JA 1986, 76 (81); *von Mutius*, Jura 1989, 245 (251); *Finkelnburg/Ortloff*, Baurecht I (Fn. 78), S. 252; *Krautzberger* (Fn. 30), § 34 Rdn. 16.

[83] *Breuer*, DVBl. 1982, 1065 (1070 ff.); *ders.*, DVBl. 1983, 431 (432).

[84] *Weyreuther*, BauR 1975, 1 ff.; *Wahl*, JuS 1984, 577 (584).

[85] BVerwG, NVwZ 1987, 409 (410) = DVBl. 1987, 476 (477) = DÖV 1987, 296 (298) = JZ 1988, 404 (405).

[86] BayVGH, NVwZ-RR 1990, 529 (530); *Weyreuther*, DÖV 1983, 575 (584).

[87] *Schlichter*, NVwZ 1983, 641 (643).

[88] BVerwGE 55, 369 (386); 67, 334 (337); BVerwG, NJW 1983, 2460 = BauR 1983, 140 = ZfBR 1983, 95 (96); *Schmidt-Aßmann*, JuS 1981, 731 (736 f.); *Dyong* (Fn. 80), § 34 Rdn. 13.

bb) Drittschützende Wirkung des Rücksichtnahmegebots

Dem Vorhaben des A kann jedoch gegenüber D die gebotene Rücksichtnahme nur fehlen, wenn dieses Gebot nicht nur objektivrechtlich wirkt, sondern gerade auch D schützt. Die im Rahmen des § 80 a Abs. 3 S. 1 i.V.m. Abs. 1 Nr. 1 VwGO festzustellende Erfolgsaussicht des Nachbarrechtsbehelfs ist nämlich nur gegeben, wenn die angefochtene Baugenehmigung außer der objektiven Rechtswidrigkeit zugleich eine darin liegende subjektive Rechtsbeeinträchtigung aufweist[89].

Das Gebot der Rücksichtnahme kommt zwar den Interessen einzelner zugute; damit hat es jedoch nicht automatisch eine drittschützende Wirkung. Das Gebot erfüllt sogar in erster Linie eine objektivrechtliche Funktion, indem es für die Baugenehmigungsbehörde ein Instrument darstellt, die Genehmigung eines Bauvorhabens zu versagen, wenn unzumutbare Auswirkungen zu befürchten sind[90]. Fraglich ist somit, unter welchen Voraussetzungen ausnahmsweise vom Rücksichtnahmegebot Drittschutz ausgeht. Im Baurecht könnte eine Regelung nur dann drittschützende Wirkung haben, wenn sie einen bestimmten und abgrenzbaren, mithin individualisierbaren und nicht übermäßig weiten Kreis der hierdurch Begünstigten erkennen läßt[91]. Daran fehlt es im Anwendungsbereich des § 34 Abs. 1 BauGB in der Regel, so daß dem Gebot der Rücksichtnahme grundsätzlich die drittschützende Wirkung abzusprechen wäre[92].

Indessen kann die rechtsnormative Frage nach der drittschützenden Funktion einer baurechtlichen Vorschrift nicht in erster Linie durch Realfaktoren beantwortet werden. Vielmehr muß aus der Norm selbst durch Auslegung ermittelt werden, ob sie auch dem Schutz der Interessen Dritter zu dienen bestimmt ist[93]. Es kommt demnach nicht darauf an, ob die Norm einen fest abgrenzbaren Kreis der Betroffenen benennt und ob sie ihrem vollen rechtlichen Gehalt nach Drittschutz vermitteln soll. Entscheidend ist, daß sich aus individualisierenden Tatbestands-

---

[89] HessVGH, NVwZ 1991, 88 (89) = GewArch. 1991, 151 (152); *Schoch*, Vorläufiger Rechtsschutz (Fn. 5), S. 394 ff., 1610 ff.

[90] *Schlichter*, DVBl. 1984, 875.

[91] BVerwGE 27, 29 (33); 28, 268 (275 f.); 32, 173 (175); 41, 58 (63); 52, 122 (129); OVG Münster, NVwZ 1988, 376 (377) = UPR 1988, 314 (315); *Finkelnburg/Ortloff*, Baurecht I (Fn. 78), S. 255; *Dyong* (Fn. 80), § 34 Rdn. 128.

[92] *Weyreuther*, BauR 1975, 1 (7); *Schlichter*, ZfBR 1978, 12 (15); *Krautzberger* (Fn. 30), § 34 Rdn. 90; *Oldiges*, Besonderes Verwaltungsrecht (Fn. 78), S. 543.

[93] BVerwG, NVwZ 1987, 409 = DVBl. 1987, 476 f. = DÖV 1987, 296 (297) = JZ 1988, 404; *Finkelnburg/Ortloff*, Baurecht II (Fn. 11), S. 171.

merkmalen der einschlägigen Vorschrift ein Personenkreis ermitteln läßt, der sich von der Allgemeinheit unterscheidet[94]. Das ist bei § 34 Abs. 1 BauGB der Fall. Das Gebot des „Einfügens in die Eigenart der näheren Umgebung" besteht nicht nur aus Gründen der objektiven städtebaulichen Ordnung, sondern auch des nachbarlichen Interessenausgleichs, also der Rücksichtnahme auf individuelle Belange[95]. Demgemäß kann dem Gebot der Rücksichtnahme drittschützende Wirkung zukommen.

cc) Rücksichtnahmegebot bei grenzüberschreitenden Vorhaben

Zweifelhaft ist allerdings, ob gerade D zu dem geschützten Personenkreis zählt. Das wäre dann nicht der Fall, wenn zu der „näheren Umgebung" i.S.d. § 34 Abs. 1 BauGB nur Bestandteile des Innenbereichs rechneten[96]. Dann könnte die Rücksichtnahme des Innenbereichs auf den Außenbereich nicht im Merkmal des „Einfügens" enthalten sein.

Der Wortlaut des § 34 Abs. 1 BauGB zwingt jedoch nicht zu dieser engen Auslegung. „Nähere Umgebung" kann auch als derjenige räumliche Bereich aufgefaßt werden, auf den sich das verwirklichte Vorhaben auswirken kann und der seinerseits das Baugrundstück in seiner Eigenart mitprägt[97]. Auch ein benachbartes Außenbereichsgrundstück kann auf den Innenbereich prägend einwirken. Es kann daher in die „nähere Umgebung" i.S.d. § 34 Abs. 1 BauGB einzubeziehen sein. Nur so kann auch der Zweck des Rücksichtnahmegebots, Immissionskonflikte zu vermeiden, erreicht werden[98]. Von daher macht es keinen Unterschied, wenn eines der Grundstücke im Außenbereich gelegen ist[99]. Das Gebot der Rücksichtnahme ist allgemein auf die Verhinderung von Nutzungskonflikten zwischen verschiedenen Arten der Bebauung angelegt und daher im vorliegenden Falle anwendbar.

D gehört zu dem geschützten Personenkreis. In qualifizierter und zugleich individualisierter Weise kommt ihm im Rahmen des § 35

---

[94] BVerwG, NVwZ 1987, 409 = DVBl. 1987, 476 (477) = DÖV 1987, 296 (297) = JZ 1988, 404; *Oldiges*, Besonderes Verwaltungsrecht (Fn. 78), S. 537.

[95] BVerwG, wie Fn. 94; *Dürr*, NVwZ 1985, 719 (721).

[96] BVerwG, NJW 1983, 2460 (2461) = BauR 1983, 140 (141) = ZfBR 1983, 95 (96); *Geiger*, JA 1986, 76 (81); *Finkelnburg/Ortloff*, Baurecht I (Fn. 78), S. 251.

[97] BVerwGE 55, 369 (380); *von Mutius*, Jura 1989, 245 (252).

[98] *Weyreuther*, BauR 1975, 1 ff.

[99] OVG Bremen, UPR 1982, 25 ff.; BayVGH, NVwZ-RR 1990, 529 (531); *Weyreuther*, BauR 1975, 1 (11).

Abs. 1 BauGB eine Rechtsposition zu, die ihn von der Allgemeinheit abhebt. Mit einem nur 300 m entfernt gelegenen Betrieb gehört er zur „näheren Umgebung". Rechtlich kann sich D auf die gesetzliche Privilegierung gem. § 35 Abs. 1 Nr. 1 BauGB berufen. Diese Vorschrift wirkt ihrerseits drittschützend[100] und vermittelt ggf. Abwehransprüche[101]. Die privilegierte Position des D prägt somit ihrerseits in rechtlich zulässiger Weise das Baugrundstück des A mit. Zudem kommt hier nur D als Rücksichtnahmeberechtigter in Betracht. Bei einem so deutlich abgegrenzten schutzwürdigen Interesse begegnet die subjektive Berechtigung aus dem Gebot der Rücksichtnahme keinen Bedenken[102].

dd) Inhaltliche Anforderungen des Rücksichtnahmegebots

Damit stellt sich nur noch die Frage, ob das Vorhaben des A gegen das Rücksichtnahmegebot verstößt. Dies hängt von den inhaltlichen Anforderungen an die Rücksichtnahme ab. Als Mittel zur Steuerung und Vermeidung von Nutzungskonflikten besteht eine *gegenseitige* Pflicht zur Rücksichtnahme[103]. Daraus ergibt sich, daß um so mehr an Rücksichtnahme verlangt werden kann, je empfindlicher und schutzwürdiger die Stellung desjenigen ist, dem die Rücksichtnahme zugute kommt; umgekehrt braucht derjenige, der das Vorhaben verwirklichen will, um so weniger Rücksicht zu nehmen, je verständlicher und unabweisbarer die mit dem Vorhaben verfolgten Interessen sind[104]. Entscheidend kommt es demnach auf die Umstände des Einzelfalles an[105]. Es ist eine Abwägung der miteinander widerstreitenden Interessen vorzunehmen, um zu ermitteln, was einerseits dem Rücksichtnahmebegünstigten und andererseits dem Rücksichtnahmepflichtigen nach Lage der Dinge zuzumuten ist[106].

Der im Außenbereich gelegene Betrieb des D ist, wie erwähnt, gem. § 35 Abs. 1 Nr. 1 BauGB privilegiert. Ein solcher Betrieb, der gerade wegen seiner Emissionsträchtigkeit im Außenbereich anzusiedeln ist,

---

100 *Dyong* (Fn. 80), § 35 Rdn. 225; *Krautzberger* (Fn. 30), § 35 Rdn. 110.

101 OVG Koblenz, NVwZ 1983, 683 = BauR 1983, 145 = BRS 39 Nr. 200.

102 BVerwG, NJW 1983, 2460 (2461) = BauR 1983, 140 (142) = ZfBR 1983, 95 (97).

103 BVerwG, ZfBR 1986, 46; *Schwarzer*, UPR 1989, 201 (204).

104 BVerwGE 52, 122 (126); OVG Münster, NVwZ 1988, 377 (378) = UPR 1988, 311 (312); VGH Bad.-Württ., NVwZ-RR 1990, 233 = NuR 1990, 414.

105 BVerwG, ZfBR 1986, 46.

106 OVG Münster, NVwZ 1988, 376 = UPR 1988, 314; VGH Bad.-Württ., NVwZ-RR 1990, 233 = NuR 1990, 414; *Schlichter*, NVwZ 1983, 641 (644 f.); *Geiger*, JA 1986, 76 (78).

genießt aufgrund der besonderen Schutzwürdigkeit gem. § 35 Abs. 1 Nr. 1 BauGB grundsätzlich Vorrang gegenüber einer heranrückenden weiteren Wohnbebauung[107]. Das Baugrundstück ist im übrigen situationsbelastet. Gem. § 35 Abs. 1 Nr. 1 BauGB privilegierte landwirtschaftliche Betriebe des Außenbereichs sind daher grundsätzlich berechtigt, eine heranrückende Bebauung abzuwehren, die sich auf die weitere Ausnutzung ihrer Privilegierung störend auswirken würde[108]. Andererseits haben Grundstücke im unbeplanten Innenbereich grundsätzlich Baulandqualität[109], so daß deren Bebauung durch im Außenbereich privilegiert Ansässige nicht generell verhindert werden kann[110]. Und indem das Gebot der Rücksichtnahme nach beiden Seiten gilt, kann es sich sowohl zugunsten des störenden Emittenten als auch zugunsten des die emissionsempfindliche Nutzung begehrenden Bauherrn auswirken[111].

Somit ist in erster Linie ein schonender Ausgleich der widerstreitenden Interessen zu suchen. Die Rücksichtnahme auf eine vorhandene emissionsträchtige Nutzung schließt danach die Bebauung des Innenbereichsgrundstücks nicht prinzipiell aus, kann aber gerade verlangen, eine andere als die beabsichtigte Wohnnutzung zu wählen[112]. Voraussetzung ist allerdings, daß diese andere Nutzung zulässig ist. Davon kann nach dem Sachverhalt nicht ausgegangen werden, da sich in der näheren Umgebung des Innenbereichs nur Wohnhäuser befinden. Ist sonach der Innenbereichsrahmen ausschließlich von Wohnbebauung geprägt, ist nach dem Rücksichtnahmegebot zu prüfen, ob durch Lage und Stellung des Gebäudes oder auf sonstige Weise immissionsverbessernde Ergebnisse erzielt werden können[113]. Davon kann, da der Sachverhalt insoweit keine Angaben macht, offenbar nicht ausgegangen werden.

Ein schonender Ausgleich kommt nach alledem nicht in Betracht. Damit stellt sich die Frage, ob ein Betrieb im Außenbereich, gestützt

---

[107] BVerwG, NJW 1983, 2460 = BauR 1983, 140 (141) = ZfBR 1983, 95 (96); OVG Koblenz, BauR 1983, 145 (146) = BRS 39 Nr. 200.

[108] OVG Münster, NVwZ 1988, 377 = UPR 1988, 311 (312); *Schwarzer*, UPR 1989, 201 (204).

[109] BayVGH, NVwZ-RR 1990, 529 (530).

[110] BVerwG, NJW 1983, 2460 (2461) = BauR 1983, 140 (142) = ZfBR 1983, 95 (96); *Krautzberger* (Fn. 30), § 34 Rdn. 38.

[111] OVG Bremen, UPR 1982, 25 (28); *Hoppe*, Jura 1979, 133 (141 f.).

[112] BVerwG, UPR 1985, 340 = ZfBR 1985, 192; *Schwarzer*, UPR 1989, 201 (204).

[113] BVerwG, wie Fn. 112; *Krautzberger* (Fn. 30), § 34 Rdn. 38.

auf das Rücksichtnahmegebot, eine Wohnbebauung auf einem Innenbereichsgrundstück verhindern kann, wenn die Innenbereichsbebauung nach der Art der Nutzung ausschließlich durch Wohnbebauung geprägt ist. Dies muß letztlich verneint werden. Zu beachten ist, daß der Gesetzgeber von der Zulässigkeit der Bebauung der im Innenbereich gelegenen Grundstücke ausgeht[114]. Danach wiegt der durch § 34 Abs. 1 BauGB grundsätzlich gegebene Bebauungsanspruch so schwer, daß die Rücksichtnahme auf eine Außenbereichsbebauung nicht hindernd entgegensteht[115]. Der Bebauungsanspruch würde sonst gänzlich zunichte gemacht. Derjenige, der sein eigenes Grundstück in einer sonst zulässigen Weise bebauen will, muß indes berechtigte Interessen nicht deshalb zurückstellen, um gleichwertige fremde Interessen zu schonen, so daß ihm im Konfliktfall ein Vorrang zugestanden werden muß[116]. D seinerseits, der von der Grundstücksnutzung bereits Gebrauch gemacht hat, kann dies nun nicht A vorenthalten wollen, sondern muß bei der geplanten Erweiterung seines Betriebes Rücksicht auf die bestehende Innenbereichsbebauung nehmen und ggf. Schutzvorkehrungen gegenüber einem Ansteigen seiner Emissionen treffen. Seine Nachbarklage gegen die Baugenehmigung des A wird daher voraussichtlich erfolglos bleiben.

III. Entscheidungsinhalt

Damit überwiegen i.S.d. § 80 Abs. 2 Nr. 4 VwGO die Interessen des Bauherrn A. Das zuständige Verwaltungsgericht könnte auf einen entsprechenden Antrag des A die sofortige Vollziehung der Baugenehmigung anordnen, wenn es zu einer derartigen Entscheidung berechtigt wäre. Zweifelhaft könnte allenfalls sein, ob das Gericht darauf beschränkt ist, die zuständige Verwaltungsbehörde zur Anordnung der sofortigen Vollziehung zu verpflichten[117]. Das ist jedoch nicht der Fall. Der in § 80a Abs. 3 S. 1 i.V.m. Abs. 1 Nr. 1 VwGO getroffenen Regelung läßt sich vielmehr entnehmen, daß das Gericht selbst die Vollziehungsanordnung vornehmen darf[118]. Ein entsprechender Eilantrag des A hätte also Erfolg.

---

114 BVerwGE 55, 272 (276); BVerwG, UPR 1985, 340 f. = ZfBR 1985, 192 (193).

115 BVerwG, UPR 1985, 340 (341) = ZfBR 1985, 192 (193); *Krautzberger* (Fn. 30), § 34 Rdn. 38; *Dyong* (Fn. 80), § 34 Rdn. 14.

116 OVG Münster, NVwZ 1988, 377 (378) = UPR 1988, 311 (312 f.); *Oldiges*, Besonderes Verwaltungrecht (Fn. 78), S. 543.

117 BayVGH, BayVBl. 1990, 755 (756).

118 *Stelkens*, NVwZ 1991, 209 (218); *Heberlein*, BayVBl. 1991, 396 (398); *Redeker*, NVwZ 1991, 526 (529); *Hörtnagl/Stratz*, VBlBW 1991, 326 (330).

Hinweise zur methodischen und sachlichen Vertiefung

1. Aufbau

Der Aufbau der Lösung ist zunächst durch die vier Fallfragen vorgegeben. Im übrigen handelt es sich bei den Anträgen auf Gewährung verwaltungsgerichtlichen vorläufigen Rechtsschutzes um förmliche Rechtsbehelfe, so daß in der Grundstruktur des Aufbaus zwischen *Zulässigkeit* und *Begründetheit* des jeweiligen sog. Eilantrags zu unterscheiden ist. In der Zulässigkeitsprüfung bewährt sich die Heranziehung des für Klagen empfohlenen Aufbauschemas: Die allgemeinen Sachentscheidungsvoraussetzungen gelten uneingeschränkt bei jedwedem verwaltungsprozessualen Rechtsbehelf; die Bestimmung der statthaften Rechtsschutzform weist deutliche Parallelen zur Ermittlung der richtigen Klageart im Klageverfahren auf; die besonderen Sachentscheidungsvoraussetzungen sind auch hier rechtsschutzformabhängig; und das allgemeine Rechtsschutzbedürfnis muß wiederum bei jedwedem verwaltungsgerichtlichen Rechtsbehelf beachtet werden. – Der Aufbau der Begründetheitsprüfung folgt den Gesetzmäßigkeiten des vorläufigen Rechtsschutzes.

Vor diesem Hintergrund gestaltet sich der Aufbau zur 1. Frage problemlos. Dasselbe gilt im Grunde für die 2. Frage, wobei im Rahmen der Ermittlung der statthaften Rechtsschutzform der Aufbau mit dem Sachproblem dergestalt verwoben ist, daß die Ausführungen zur Analogie systemgerecht in den Argumentationsduktus einzupassen sind. Ähnliches gilt für die 3. Frage. Bei der 4. Frage schließlich liegt der Schwerpunkt der Überlegungen auch zum Aufbau in der Begründetheit des Eilantrags. Da das Gesetz (im Unterschied z. B. zu § 113 Abs. 1 S. 1 oder Abs. 5 VwGO) einen klaren Maßstab nicht vorgibt, muß zunächst der Prüfungsmaßstab herausgearbeitet werden. Den inhaltlichen Erkenntnissen gemäß ist aufbaumäßig sodann die Rechtmäßigkeit der Baugenehmigung zu untersuchen. Dabei steht die Anwendbarkeit des § 34 Abs. 1 BauGB vor der Prüfung der Voraussetzungen der Vorschrift. Insoweit ist die Prüfungsabfolge dann durch die Bestimmung vorgegeben. Aufbaumäßig wäre es allerdings ohne weiteres vertretbar, die Beachtung des (an sich objektivrechtlichen) Rücksichtnahmegebots vor seiner drittschützenden Wirkung zu ermitteln. Doch aufgrund des gefundenen Ergebnisses stellt es sich im Lichte des Sachverhaltsvermerks im Gutachten als zweckmäßig dar, in der gewählten Abfolge zu verfahren, um hilfsgutachtliche Erwägungen zu vermeiden.

2. Inhalt

Inhaltlich befaßt sich der Fall im wesentlichen mit dem vorläufigen Rechtsschutz im dreiseitigen Verwaltungsrechtsverhältnis in der Situation der sog. Nachbarklage sowie mit bauplanungsrechtlichen Fragen des sog. Innenbereichs. Dem prozessualen Teil liegt die seit dem 1. 1. 1991 geltende neue Gesetzeslage (Neufassung der §§ 80 Abs. 1 S. 2, 123 Abs. 5 VwGO, Schaffung eines § 80 a VwGO) zugrunde, die einen Großteil von Rechtsprechung und Schrifttum hat zur Makulatur werden lassen. Der materiellrechtliche Teil befaßt sich insbesondere mit dem baurechtlichen Rücksichtnahmegebot, das zu den Grundlagen des Bauplanungsrechts gehört. Im übrigen ist die Aufgabenstellung bewußt so gewählt, daß auf Rechtsfragen zum Maßnahmengesetz zum Baugesetzbuch – BauGBMaßnG (abgedruckt in Sartorius I Nr. 301) – vertieft nicht einzugehen ist (vgl. zu diesem Gesetz z. B. *Jäde*, UPR 1991, 50 ff.).

a) Zulässigkeit der Eilanträge

Bei der *Rechtswegfrage* bestehen keine inhaltlichen Schwierigkeiten. Die zentralen Probleme liegen bei allen Fragestellungen in der Bestimmung der statthaften *Rechtsschutzform*. Ausgangspunkt ist jeweils – wie bei einer Klage – das Begehren des Rechtsschutzsuchenden. Sodann muß man die Maßgeblichkeit des § 88 VwGO (analog) erkennen, um anschließend jeweils die Kollisionsnorm des § 123 Abs. 5 VwGO heranzuziehen. Danach ist § 123 Abs. 1 VwGO in allen Varianten von der Anwendung ausgeschlossen. Folglich ist vorläufiger Rechtsschutz nur gem. § 80 Abs. 5 bzw. § 80 a VwGO statthaft. Bei der ersten Frage sind jedoch die Rechtsschutzformvoraussetzungen des § 80 Abs. 5 S. 1 VwGO (entgegen dem OVG Münster, Fn. 13) nicht erfüllt, so daß der Antrag unzulässig ist. Bei der 2. Frage führt die durch § 123 Abs. 5 VwGO getroffene Grundentscheidung dazu, daß dem Feststellungsbegehren (zur Sicherung der aufschiebenden Wirkung) über eine analoge Anwendung des § 80 Abs. 5 S. 1 VwGO Rechnung zu tragen ist. Zu dem auf eine Baustillegung gerichteten Begehren in Frage 3 dürfte der bislang schon nicht unumstrittenen und rechtsdogmatisch höchst anfechtbaren h. M., die vorläufigen Rechtsschutz im Wege der einstweiligen Anordnung favorisierte (vgl. zur Kritik *Schoch*, Vorläufiger Rechtsschutz und Risikoverteilung im Verwaltungsrecht, 1988, S. 400 ff.), durch die Schaffung des § 80 a VwGO der Boden endgültig entzogen sein. Die vorgeschlagene Lösung orientiert sich strikt an der neuen Gesetzeslage und kann auf einen Großteil des früheren Argumentationsaufwands verzichten. Genauso verhält es sich schließlich bei der 4. Frage. Durch § 80 a VwGO ist geklärt, daß beim Verwaltungsgericht der Antrag auf Anordnung der sofortigen Vollziehung gestellt werden kann.

Die wesentlichen rechtsschutzformabhängigen, also die *besonderen Sachentscheidungsvoraussetzungen* sind bei der 2. Frage angesprochen. Inhaltliche Schwierigkeiten ergeben sich dabei nicht.

Eine gewisse Rolle spielt im vorläufigen Rechtsschutz nach §§ 80, 80 a VwGO das *allgemeine Rechtsschutzbedürfnis*. Es kommt mit dem bekannten Inhalt zur Anwendung. Das bedeutet speziell mit Blick auf die Eilanträge, daß jeweils zu untersuchen ist, ob der Antragsteller vor Anrufung des Gerichts bei der zuständigen Verwaltungsbehörde um vorläufigen Rechtsschutz nachgesucht haben muß. Die Lösung folgt den bekannten Argumentationslinien. Nicht zu übersehen ist insoweit allerdings, daß die Verweisung von § 80 a Abs. 3 S. 2 VwGO auf § 80 Abs. 6 VwGO nicht nur Klarheit gebracht hat.

b) Begründetheit der Eilanträge

Bei der 2. Frage ist der Antrag schon deshalb begründet, weil die aufschiebende Wirkung des Nachbarwiderspruchs tatsächlich besteht und mißachtet wird. Einer Prüfung der materiellen Rechtslage bedarf es bei dem Feststellungsbegehren nicht.

Ebenso verhält es sich – richtiger Auffassung nach – bei der 3. Frage. Es geht um die Durchsetzung der bestehenden aufschiebenden Wirkung (und nicht etwa eines davon unabhängigen materiellrechtlichen Anspruchs). Dabei ist auch der gerichtliche Entscheidungsinhalt strikt vorgegeben, irgendwelche Ermessensspielräume bestehen nicht.

Bei der Begründetheit des 4. Eilantrags ist zunächst der *Prüfungsmaßstab* herauszuarbeiten. Es zeigt sich, daß im dreiseitigen Verwaltungsrechtsverhältnis mit den prinzipiell gleichwertigen Rechtspositionen der beiden Privaten eine „Pattsituation" vorgezeichnet ist, die im Rahmen des § 80 Abs. 2 Nr. 4 VwGO nur durch Rückgriff auf die materielle Rechtslage aufgelöst werden kann. Die Prüfung der *Rechtmäßigkeit* der Baugenehmigung führt im Rahmen des § 34 Abs 1 BauGB zum Rücksichtnahmegebot. Im Ausgangspunkt folgt die Lösung der ganz h. M., nimmt zur drittschützenden Wirkung die (vielfach in Aufsätzen und Lehrbüchern noch gar nicht zur Kenntnis genommene) neuere Rechtsprechung des BVerwG (vgl. Nachw. Fn. 93) auf, weicht indes in der Begründung zum grenzüberschreitenden Rücksichtnahmegebot von der h. M. ab. Zu den inhaltlichen Anforderungen des Rücksichtnahmegebots bewegt sich die Lösung auf der Linie des BVerwG.

3. *Rechtsprechungs- und Literaturhinweise*

a) Ausgangsfall

Der Fall ist in seinem materiellrechtlichen Teil gebildet nach BVerwG, Urt. v. 10. 12. 1982 – 4 C 28/81 – NJW 1983, 2460 = BauR 1983, 140 = ZfBR 1983, 95, sowie BVerwG, Beschl. v. 25. 4. 1985 – 4 B 48/85 – UPR 1985, 340 = ZfBR 1985, 192. – In prozessualer Hinsicht ist der Sachverhalt mit Blick auf die neue Gesetzeslage gem. §§ 80 Abs. 1, 80 a, 123 Abs. 5 VwGO geformt.

b) Zum vorläufigen Rechtsschutz nach § 80 VwGO

Erichsen, Vorläufiger Rechtsschutz nach § 80 Abs. 1–4 VwGO, Jura 1984, 414 ff.; *ders.*, Vorläufiger Rechtsschutz nach § 80 Abs. 5 VwGO, Jura 1984, 478 ff.; *Huba*, Grundfälle zum vorläufigen Rechtsschutz nach der VwGO, JuS 1990, 382 ff. und 805 ff. – Zu den seit dem 1. 1. 1991 in Kraft befindlichen Änderungen *Heberlein*, Der Verwaltungsakt mit Doppelwirkung im Sofortverfahren, BayVBl. 1991, 396 ff.; *Redeker*, Die Neugestaltung des vorläufigen Rechtsschutzes in der Verwaltungsgerichtsordnung, NVwZ 1991, 526 ff.

c) Zum Nachbarschutz im Baurecht

Schlichter, Baurechtlicher Nachbarschutz, NVwZ 1983, 641 ff.; *Wahl*, Der Nachbarschutz im Baurecht, JuS 1984, 577 ff.; *von Mutius*, Rechtsschutz im Baurecht, Jura 1989, 297 ff.; *Schwarzer*, Nachbarschutz im öffentlichen Baurecht, UPR 1989, 201 ff. – Speziell zum vorläufigen Rechtsschutz *Pechstein*, Der einstweilige Rechtsschutz des Nachbarn im Baurechtsstreit, JuS 1989, 194 ff. (aufgrund der neuen Gesetzeslage aber nur noch bedingt verwertbar).

d) **Zur bauplanungsrechtlichen Zulässigkeit von Vorhaben**

Schmidt-Aßmann, Bauen im unbeplanten Innenbereich, JuS 1981, 731 ff.; *von Mutius*, Zulässigkeit von Vorhaben nach dem BauGB, Jura 1989, 245 ff.; *Hager*, Grundfälle zur Zulässigkeit von Bauvorhaben, JuS 1989, 382 ff. und 460 ff.

e) **Speziell zum bauplanungsrechtlichen Rücksichtnahmegebot**

Schlichter, Das baurechtliche Gebot der Rücksichtnahme, DVBl. 1984, 875 ff.; *Geiger*, Die Bedeutung des Gebots der Rücksichtnahme für den Nachbarschutz, JA 1986, 76 ff.

f) **Fallbearbeitungen**

Puhl, Der praktische Fall – Öffentliches Recht: Schweinemästerei contra Ferienhaus, JuS 1989, 126 ff.; Aufgabe 12 (Wahlfachgruppe 2) der Juristischen Schlußprüfung 1986 in Bayern, BayVBl. 1989, 350 f. und 379 ff.; Aufgabe 7 der Ersten Juristischen Staatsprüfung 1988/1 in Bayern, BayVBl. 1990, 159 f. und 189 ff.; Aufgabe 6 der Ersten Juristischen Staatsprüfung 1988/2 in Bayern, BayVBl. 1990, 414 f. und 444 ff.; *May/Wüterich*, Der praktische Fall – Öffentliches Recht: Ärger um einen Beitragsbescheid, JuS 1990, 485 ff.

Fall 8: Parteitag von Extremisten in der Kongreßhalle

Sachverhalt

Die extremistische P-Partei, die nach Feststellungen der Verfassungsschutzberichte der letzten Jahre verfassungsfeindliche Ziele verfolgt, möchte am letzten Oktoberwochenende in der niedersächsischen kreisfreien Stadt S ihren Landesparteitag durchführen. Ort der Veranstaltung soll die Kongreßhalle sein. Diese wird – vor zehn Jahren von der Stadt S für kulturelle, sportliche und politische Veranstaltungen errichtet – seit einiger Zeit von der S-GmbH, deren Alleingesellschafterin die Stadt S ist, betrieben. In der Kongreßhalle haben von Beginn an Parteitage verschiedener Parteien stattgefunden. Anfang September war zwischen der S-GmbH und dem Ortsverband der P-Partei, der mit der Organisation des Parteitags betraut ist, ein Mietvertrag bezüglich Kongreßhalle und Veranstaltung geschlossen worden. Mitte Oktober wird von verschiedenen Organisationen zu Demonstrationen gegen die P-Partei anläßlich des Parteitags aufgerufen. Die Verantwortlichen der Stadt S befürchten nunmehr, daß es zu Ausschreitungen kommen könnte. Eine Woche vor Veranstaltungsbeginn kündigt die S-GmbH auf Drängen der Stadt S den mit dem Ortsverband geschlossenen Mietvertrag „aus wichtigem Grund“ fristlos.

Der Ortsverbandsvorsitzende V ist empört. Er meint, die Kongreßhalle müsse schon deshalb zur Verfügung gestellt werden, weil die P-Partei einen parteiengesetzlichen und einen kommunalrechtlichen Anspruch habe. V beantragt noch an demselben Tag bei dem Oberstadtdirektor O, dafür zu sorgen, daß die S-GmbH die Kongreßhalle, wie vereinbart, zur Verfügung stellt. O lehnt ab. In der Vergangenheit habe man anläßlich vergleichbarer Veranstaltungen anderer Parteien niemals mit gewalttätigen Auseinandersetzungen rechnen müssen. Auch sei bei der P-Partei zu befürchten, daß auf dem Parteitag strafbare Hetzparolen geäußert würden. Ferner könne der Ortsverband die Benutzung der Kongreßhalle für einen Landesparteitag ohnehin nicht beanspruchen. Außerdem sei der dem Schutz der freiheitlich-demokratischen Grundordnung verpflichteten Stadt S schon aus Verfassungsgründen nicht zuzumuten, die Kongreßhalle ihrer S-GmbH einer verfassungsfeindlichen Partei zur Verfügung zu stellen. Und schließlich bezweifelt O, daß ihn die mietrechtlichen Beziehungen zwischen der S-GmbH und dem Ortsverband der P-Partei überhaupt etwas angehen.

V fragt, ob der geplante Parteitag in der Kongreßhalle durch ein vom Ortsverband der P-Partei gegen die Stadt S angestrengtes verwaltungsgerichtliches Eilverfahren noch „gerettet“ werden kann.

*Lösung**

Durch ein verwaltungsgerichtliches Eilverfahren kann die Durchführung des geplanten Parteitags in der Kongreßhalle von S gesichert werden, wenn ein entsprechender Antrag Aussicht auf Erfolg hat. Das ist der Fall, wenn ein sog. Eilantrag zulässig und begründet ist[1].

A. Zulässigkeit eines Eilantrags

I. Allgemeine Sachentscheidungsvoraussetzungen

1. *Verwaltungsrechtsweg*

Für die Zulässigkeit des verwaltungsgerichtlichen Eilverfahrens müßte zunächst der *Verwaltungsrechtsweg* eröffnet sein. Eine abdrängende

---

* Die Lösung folgt, soweit Gemeinderecht einschlägig ist, der NdsGO. Auf die Parallelvorschriften in den anderen Gemeindeordnungen ist jeweils hingewiesen.

1 BayVGH, BayVBl. 1976, 239 (240); HessVGH, NVwZ 1987, 919; *Erichsen*, Jura 1984, 478 und 644; *Finkelnburg/Jank*, Vorläufiger Rechtsschutz im Verwaltungsstreitverfahren, 3. Aufl. 1986, Rdn. 47; *Schoch*, Vorläufiger Rechtsschutz und Risikoverteilung im Verwaltungsrecht, 1988, S. 1535; *Schmitt Glaeser*, Verwaltungsprozeßrecht, 10. Aufl. 1990, Rdn. 450.

oder aufdrängende Sonderzuweisung ist nicht ersichtlich. Die Rechtswegeröffnung kann sich demnach nur aus der Generalklausel gem. § 40 Abs. 1 S. 1 VwGO ergeben. Fraglich ist allein, ob eine *öffentlich-rechtliche* Streitigkeit vorliegt. Das ist der Fall, wenn die Beteiligten um Rechtsfolgen aus der Anwendung öffentlich-rechtlicher Vorschriften streiten[2]. Dabei kommt es – ausgehend von dem erkennbaren Ziel des Rechtsschutzbegehrens und den vom Rechtsbehelfsführer vorgetragenen tatsächlichen Umständen – auf den wirklichen Rechtscharakter des Streits an. Maßgebend ist die wahre Natur des behaupteten Rechtsverhältnisses[3]. Auf die rechtliche Würdigung des geltend gemachten Anspruchs durch den Rechtsschutzsuchenden kommt es nicht an[4]. Die Beurteilung der Rechtswegfrage bestimmt sich somit nach dem als richtig unterstellten Sachvortrag des Rechtsbehelfsführers. Demnach erfolgt die rechtliche Qualifizierung der Streitigkeit nach der Natur des Rechtsverhältnisses, aus dem der prozessuale Anspruch hergeleitet wird[5].

a) Zweistufenlehre

Der Ortsverband der P-Partei möchte letztlich, wie V gegenüber O deutlich gemacht hat, am letzten Oktoberwochenende die Kongreßhalle von S für den Landesparteitag benutzen und dafür erneut mit der S-GmbH zu den früheren Bedingungen einen Mietvertrag schließen. Es könnte daher eine privatrechtliche Streitigkeit um § 535 BGB vorliegen. Zu berücksichtigen ist jedoch, daß dem Ortsverband der P-Partei nicht erst die Erfüllung oder der Abschluß eines bürgerlich-rechtlichen Nutzungsvertrages versagt wird. Die Stadt S will vielmehr der P-Partei schon den Zugang zur Kongreßhalle nicht ermöglichen. Bei dieser zweistufigen Betrachtungsweise könnte demnach zu unterscheiden sein,

---

[2] *Erichsen*, in: Jura Extra – Studium und Examen, 2. Aufl. 1983, S. 175 f.; *Kopp*, VwGO, 8. Aufl. 1989, Rdn. 6.

[3] BVerwGE 41, 127 (129); BayVGH, NJW 1988, 2754 = BayVBl. 1988, 432; BayVBl. 1989, 600 (601); *von Mutius*, JuS 1978, 400.

[4] BVerfGE 62, 295 (313); BVerwG, NVwZ 1983, 220; *Schmitt Glaeser*, Verwaltungsprozeßrecht, Rdn. 39; *Stern*, Verwaltungsprozessuale Probleme in der öffentlich-rechtlichen Arbeit, 6. Aufl. 1987, S. 10; *Bosch/Schmidt*, Praktische Einführung in das verwaltungsgerichtliche Verfahren, 4. Aufl. 1988, S. 20.

[5] GmS-OBG, BVerwGE 74, 368 (370); GmS-OBG, BGHZ 102, 280 (283); GmS-OBG, NJW 1988, 2297; BVerwGE 71, 183 (186); OVG Koblenz, NVwZ 1987, 519; OLG Hamm, NVwZ 1989, 502; BayVGH, BayVBl. 1989, 600 (601); OVG Münster, NJW 1989, 2209; *Redeker/von Oertzen*, VwGO, 10. Aufl. 1991, § 40 Rdn. 6.

ob der Streit um die Zulassung (als solche) zur Benutzung der Einrichtung geht oder ob um Fragen der Ausgestaltung des Benutzungsverhältnisses gestritten wird[6].

Im vorliegenden Fall streiten der Ortsverband der P-Partei und der für die Stadt S handelnde O um die Zulassung als solche. Es geht darum, ob der Ortsverband überhaupt die Benutzung der Kongreßhalle beanspruchen kann oder ob das nicht der Fall ist. Diese Frage ist nach Maßgabe der §§ 22 Abs. 1 NdsGO[7], 5 Abs. 1 S. 1 PartG (u. U. auch Art. 21 und 3 Abs. 1 GG) zu entscheiden. Dabei handelt es sich um Vorschriften des Öffentlichen Rechts. Die privatrechtliche Ausgestaltung des Benutzungsverhältnisses durch einen Mietvertrag ändert nichts daran, daß der – tatsächliche oder vermeintliche – Benutzungsanspruch als solcher dem Öffentlichen Recht angehört[8].

Hier könnte allerdings etwas anderes gelten, weil nicht die Stadt S selbst, sondern die S-GmbH, also ein Privatrechtssubjekt, Betreiber der Kongreßhalle ist. Es ist aber zweifelhaft, ob sich eine Gemeinde durch die Wahl einer bestimmten Rechtsform für ihre Einrichtungen dem gemeinderechtlichen Zulassungsanspruch zu entziehen vermag.

---

6 BVerwGE 32, 333 f.; BVerwG, NJW 1990, 134 f. = DVBl. 1990, 154; OVG Münster, NJW 1976, 820 (821) = DVBl. 1976, 398 (399); OVG Lüneburg, NJW 1985, 2347; BayVGH, BayVBl. 1987, 403; NVwZ-RR 1988, 71 = GewArch. 1988, 245 = BayVBl. 1989, 148 (149); *Püttner/Lingemann*, JA 1984, 274 f.; *Herdegen*, DÖV 1986, 906 (907); *Gries/Willebrand*, JuS 1990, 103 (108); *Zundel*, JuS 1991, 472 (474); *Frotscher*, in: HkWP, Bd. 3, 2. Aufl. 1983, S. 135 (149); *Papier*, Recht der öffentlichen Sachen, 2. Aufl. 1984, S. 28; *Stober*, Kommunalrecht, 1987, S. 116 f.; *Mohl*, Die kommunalen öffentlichen Einrichtungen – Begriff und Zulassungsanspruch, Diss. Gießen 1988, S. 133 ff.

7 Parallelvorschriften in den Gemeindeordnungen der anderen Länder: § 10 Abs. 2 S. 2 BadWürttGO; Art. 21 Abs. 1 S. 1 BayGO; § 20 Abs. 1 HessGO; § 18 Abs. 2 NWGO; § 14 Abs. 2 RhPfGO; § 19 Abs. 1 SaarlKSVG; § 18 Abs. 1 S. 1 SchlHGO.

8 BayVGH, NVwZ-RR 1988, 71 (72) = GewArch. 1988, 245 (246) = BayVBl. 1989, 148 (149); BayVBl. 1988, 726; NVwZ 1991, 906 (907); VGH Bad.-Württ., NVwZ-RR 1989, 135; *Ehlers*, Verwaltung in Privatrechtsform, 1984, S. 179; *Fischedick*, Die Wahl der Benutzungsform kommunaler Einrichtungen, 1986, S. 104; *Stern*, Verwaltungsprozessuale Probleme (Fn. 4), S. 16; *Knemeyer*, Bayerisches Kommunalrecht, 7. Aufl. 1991, Rdn. 243; *Seeger/Wunsch*, Kommunalrecht in Baden-Württemberg, 5. Aufl. 1987, S. 103; *Maurer*, in: Maurer/Hendler (Hrsg.), Baden-Württembergisches Staats- und Verwaltungsrecht, 1990, S. 173 (238); *Pappermann/Löhr/Andriske*, Recht der öffentlichen Sachen, 1987, S. 138; *Mohl*, Diss. (Fn. 6), S. 124 f.

Die Existenz einer gemeindlichen öffentlichen Einrichtung und ein entsprechender Benutzungsanspruch hängen nicht von der Rechts- und Organisationsform ab[9], sondern können auch dann vorliegen, wenn Träger der Einrichtung eine privatrechtlich organisierte gemeindliche Eigengesellschaft ist[10]. Die Entscheidung der Gemeinde zugunsten der privatrechtlichen Organisationsform bedeutet nicht, daß die Benutzung der Einrichtung insgesamt dem Privatrecht unterfällt[11]. Die Unterscheidung zwischen dem „Ob" und dem „Wie" der Benutzung betrifft Einrichtungen der gemeindlichen Daseinsvorsorge jeder Art, also auch solche, die die Gemeinde nicht selbst betreibt, sondern von einer von ihr gegründeten oder beherrschten juristischen Person des Privatrechts betreiben läßt. In einem solchen Fall könnte die zweistufige Betrachtungsweise sogar als besonders augenfällig erachtet werden[12].

Auch eine von einer juristischen Person des Privatrechts betriebene Einrichtung kann demnach eine kommunale öffentliche Einrichtung i.S.d. Gemeindeordnung sein. Fraglich ist indes, ob bereits im Rahmen der Rechtswegfrage – unabhängig vom Vortrag des Rechtsbehelfsführers anhand objektiver Umstände – zu untersuchen ist, ob das Rechtsverhältnis, aus dem der Anspruch hergeleitet wird, öffentlich-rechtlicher Natur ist. Dann müßte schon zum Verwaltungsrechtsweg ermittelt werden, ob eine „öffentliche Einrichtung" tatsächlich vorliegt[13]. Demgegenüber ist jedoch zu beachten, daß es im Rahmen der Rechtswegprüfung nur darauf ankommt, ob um die *Rechtsfolgen* aus der Anwendung öffentlich-rechtlicher Vorschriften gestritten wird. Auseinandersetzungen um den gemeinderechtlichen Benutzungsanspruch stellen stets öffentlich-rechtliche Streitigkeiten dar[14]. Ob die *tatbestandlichen Voraussetzungen* der einschlägigen Vorschrift (§ 22 Abs. 1 NdsGO[15]) gegeben sind, ist eine Frage der Begründetheit des Rechts-

---

[9] *Frotscher*, HkWP (Fn. 6), S. 137; *Schmidt-Aßmann*, in: von Münch (Hrsg.), Besonderes Verwaltungsrecht, 8. Aufl. 1988, S. 97 (169 f.); *Erichsen*, Jura 1986, 148 (150); *ders.*, Kommunalrecht des Landes Nordrhein-Westfalen, 1988, S. 212 f.

[10] BayVGH, NVwZ-RR 1988, 71 (72) = GewArch. 1988, 245 (246) = BayVBl. 1989, 148 (149); *Ossenbühl*, DVBl. 1973, 289 f.; *Herdegen*, DÖV 1986, 906.

[11] BVerwG, NJW 1990, 134 = DVBl. 1990, 154.

[12] BVerwG, NJW 1990, 134 (135) = DVBl. 1990, 154; BVerwG, DÖV 1990, 977 (978) = NVwZ 1991, 59 = BayVBl. 1991, 600 (601).

[13] OVG Münster, NJW 1976, 820 (821) = DVBl. 1976, 398 (399); OVG Lüneburg, NJW 1985, 2347; BayVGH, NVwZ-RR 1988, 71 = GewArch. 1988, 245 = BayVBl. 1989, 148 (149).

[14] *von Mutius*, JuS 1978, 400.

[15] Vgl. o. Fn. 7.

schutzantrags. Sollte eine „öffentliche Einrichtung" nicht bestehen, ist der geltend gemachte Benutzungsanspruch unbegründet, nicht aber der darauf gestützte Rechtsbehelf unzulässig[16].

Nach der zweistufigen Betrachtungsweise liegt somit eine öffentlich-rechtliche Streitigkeit i.S.d. § 40 Abs. 1 S. 1 VwGO vor.

b) Einheitsmodell

Die rechtliche Konstruktion einer Zweistufigkeit der Nutzungsbeziehung, differenzierend zwischen dem „Ob" und dem „Wie", könnte indes abzulehnen sein, weil sie angesichts der Verwaltungsrealität vielfach auf eine Fiktion hinausläuft[17]. § 22 Abs. 1 NdsGO[18] könnte einen unmittelbaren gesetzlichen Benutzungsanspruch statuieren, so daß es keines konstitutiv wirkenden Zulassungsaktes bedürfte. „Zulassung" zu der Einrichtung und Ausgestaltung des Nutzungsverhältnisses erfolgten in einem einheitlichen Nutzungsverhältnis[19].

Fraglich ist allerdings, ob eine solche einstufige Leistungsabwicklung ausnahmslos öffentlich-rechtlicher Natur ist[20] oder auch ein privatrechtliches Rechtsverhältnis darstellen kann[21]. Nach dem öffentlich-rechtlichen Einheitsmodell müßte in denjenigen Fällen, in denen ein Privatrechtssubjekt Träger der Einrichtung ist, ein Anspruch des Berechtigten auf Abschluß eines verwaltungsrechtlichen Benutzungsvertrags mit dem Ergebnis konstruiert werden, daß ein öffentlich-rechtlicher Vertrag zwischen zwei nicht beliehenen Privatrechtssubjekten besteht[22]. Nach dieser Ansicht läge im vorliegenden Fall eine öffentlich-rechtliche Streitigkeit vor, doch begegnet diese Auffassung rechtlichen Bedenken[23]. Die privatrechtliche Regelung der Nutzung im „Einheits-

---

[16] *von Mutius*, JuS 1978, 400; *Hölzl/Hien*, BayGO, Art. 21 Anm. 3 b.

[17] *Ossenbühl*, DVBl. 1973, 289 (292 ff.); *ders.*, in: HkWP, Bd. 1, 2. Aufl. 1981, S. 379 (387 f.); *Erichsen*, Jura 1986, 196 (199); *ders.*, Kommunalrecht NW, S. 222 f.; *Schwerdtfeger*, Öffentliches Recht in der Fallbearbeitung, 8. Aufl. 1986, Rdn. 443, 453.

[18] Vgl. o. Fn. 7.

[19] *Ossenbühl*, DVBl. 1973, 289 (292 f.); *ders.*, HkWP (Fn. 17), S. 388; *Ehlers*, Verwaltung in Privatrechtsform, S. 178; *Erichsen*, Kommunalrecht NW, S. 222 f.

[20] *Ossenbühl*, DVBl. 1973, 289 (293 f.); *ders.*, HkWP (Fn. 17), S. 388.

[21] *Ehlers*, Verwaltung in Privatrechtsform, S. 178; *Erichsen*, Jura 1986, 196 (198 f.); *ders.*, Kommunalrecht NW, S. 222 f.; *Schwerdtfeger*, Öffentliches Recht (Fn. 17), Rdn. 453.

[22] *Ossenbühl*, DVBl. 1973, 289 (294); *ders.*, HkWP (Fn. 17), S. 388.

[23] *Frotscher*, HkWP (Fn. 6), S. 151; *Pappermann/Löhr/Andriske*, Recht der öffentlichen Sachen, S. 138; *Schmidt-Aßmann* (Fn. 9), S. 172; *Mohl*, Diss. (Fn. 6), S. 138 ff.

modell" könnte bedeuten, daß von einer einheitlichen, privatrechtlichen Natur der Nutzungsbeziehung auszugehen ist[24]. Indessen wird in den Fällen, in denen die Benutzung (als solche) der Einrichtung abgelehnt wird, der geltend gemachte Kontrahierungsanspruch aus dem Gemeinderecht (§ 22 Abs. 1 NdsGO[25]) hergeleitet. Für seine gerichtliche Durchsetzung ist der Verwaltungsrechtsweg gem. § 40 Abs. 1 S. 1 VwGO zu beschreiten[26].

Trotz abweichender und unterschiedlicher konstruktiver Wege ist hier auch nach der Theorie der Einheit des Rechtsverhältnisses eine öffentlich-rechtliche Streitigkeit i.S.d. § 40 Abs. 1 S. 1 VwGO gegeben.

c) **Verhältnis zu einem mietrechtlichen Zulassungsanspruch**

Zweifel an der Eröffnung des Verwaltungsrechtswegs könnten aufgrund der besonderen Umstände des Falles bestehen. Zwischen der S-GmbH und dem Ortsverein der P-Partei war zunächst ein Mietvertrag abgeschlossen, später jedoch wegen befürchteter Demonstrationen mit Ausschreitungen gekündigt worden. Fraglich könnte sein, ob sich der öffentlich-rechtliche Benutzungsanspruch nicht erschöpft und im Abschluß des Mietvertrages verbraucht, so daß die Vertragserfüllung notfalls mit zivilprozessualen Mitteln zu erzwingen wäre[27].

Es ist jedoch zu berücksichtigen, daß die Vertragskündigung durch die S-GmbH auf Drängen der Stadt S erfolgt ist. Darin sowie in dem späteren Verhalten des O wird sichtbar, daß dem Anspruchsteller die Benutzung der Kongreßhalle als öffentliche Einrichtung versagt werden soll[28]. Der geltend gemachte öffentlich-rechtliche Anspruch ist aber nicht erschöpft („verbraucht"), solange er tatsächlich nicht erfüllt ist. Zudem könnte ein ggf. geltend zu machender privatrechtlicher Anspruch aus Mietrecht den öffentlich-rechtlichen, gemeinderechtlichen Benutzungsanspruch nicht verdrängen[29].

Fazit: Auf der Grundlage sämtlicher Rechtsauffassungen ist eine öffentlich-rechtliche Streitigkeit i.S.d. § 40 Abs. 1 S. 1 VwGO zu bejahen. Der Verwaltungsrechtsweg ist eröffnet.

---

24 OVG Koblenz, NVwZ 1982, 379 (380f.); *Erichsen*, Jura 1986, 196 (199); *ders.*, Kommunalrecht NW, S. 223.

25 Vgl. o. Fn. 7.

26 *Ehlers*, Verwaltung in Privatrechtsform, S. 178f.; *Erichsen*, Jura 1986, 196 (199); *ders.*, Kommunalrecht NW, S. 224; *Schwerdtfeger*, Öffentliches Recht (Fn. 17), Rdn. 454.

27 *Schöndorf*, BayVBl. 1984, 234.

28 Vgl. BayVGH, BayVBl. 1987, 403.

29 *Frotscher*, HkWP (Fn. 6), S. 150; *Schöndorf*, BayVBl. 1984, 234.

2. *Beteiligungs- und Prozeßfähigkeit*

Beteiligt sind an dem Rechtsstreit der Ortsverband der P-Partei als Antragsteller und die Stadt S als Antragsgegnerin. Die *Beteiligungsfähigkeit* des Ortsverbandes könnte sich aus § 61 Nr. 2 VwGO ergeben. Danach sind Vereinigungen beteiligungsfähig, soweit ihnen ein Recht zustehen kann. „Vereinigungen" i.S.d. § 61 Nr. 2 VwGO sind solche Personenmehrheiten, die selbst nicht rechtsfähig (oder juristischen Personen gleichgestellt) sind[30]. Eine politische Partei erfüllt als nicht eingetragener Verein diese Voraussetzungen[31].

Ob dieser Vereinigung „ein Recht zustehen kann", ist nach materiellem Recht zu beurteilen[32]. Die Teilrechtsfähigkeit politischer Parteien könnte sich aus § 3 PartG ergeben. Nach S. 1 dieser Bestimmung kann eine Partei unter ihrem Namen klagen und verklagt werden. Das gleiche gilt gem. § 3 S. 2 PartG für ihre Gebietsverbände der jeweils höchsten Stufe, sofern die Satzung der Partei nichts anderes bestimmt. Satzungsrechtliche Sonderregelungen sind hier nicht ersichtlich. § 3 PartG schließt im übrigen die Teilrechtsfähigkeit niederer Gebietsverbände nicht aus; vielmehr sind – vorbehaltlich abweichender Satzungsregelungen des Landes- oder Bundesverbandes – (Kreis- und) Ortsverbände rechtlich befähigt, die ihnen zustehenden Rechte geltend zu machen und notfalls gerichtlich durchzusetzen[33].

Die Beteiligungsfähigkeit besteht gem. § 61 Nr. 2 VwGO jedoch nur, „soweit" der Vereinigung ein Recht zustehen kann. Die materielle Teilrechtsfähigkeit begründet demnach keine umfassende Beteiligungsfähigkeit[34]. Es genügt nicht, Zuordnungssubjekt irgendeines Rechtssatzes sein zu können. Vielmehr muß das im konkreten Verfahren geltend gemachte Recht der Vereinigung zustehen können[35]. Die materielle Teilrechtsfähigkeit bedingt somit lediglich eine prozessuale Teilbeteiligungsfähigkeit[36].

---

[30] *von Mutius*, Jura 1988, 469 (471); *Schmitt Glaeser*, Verwaltungsprozeßrecht, Rdn. 124; *Kopp*, VwGO, § 61 Rdn. 12.

[31] *J. Stettner*, JA 1982, 394 (395); *von Mutius*, Jura 1988, 469 (472); *Dolde*, in: Festschrift für Menger, 1985, S. 423 (430).

[32] *Dolde*, Festschrift (Fn. 31), S 429.

[33] BVerwGE 32, 333 (334); VG Frankfurt, HSGZ 1987, 265 (266).

[34] *Dolde*, Festschrift (Fn. 31), S. 431.

[35] *von Mutius*, Jura 1988, 469 (472); *Bosch/Schmidt*, Praktische Einführung (Fn. 4), S. 58; *Redeker/von Oertzen*, VwGO, § 61 Rdn. 4; *Kopp*, VwGO, § 61 Rdn. 12.

[36] OVG Koblenz, AS 19, 245 (246); *Dolde*, Festschrift (Fn. 31), S. 432; *Schmitt Glaeser*, Verwaltungsprozeßrecht, Rdn. 125.

Hier kann der geltend gemachte Anspruch (§ 22 Abs. 1 NdsGO[37]) dem Ortsverband der P-Partei zustehen; der gemeinderechtliche Benutzungsanspruch kommt gem. § 22 Abs. 3 NdsGO[38] auch Personenvereinigungen zu. Aus der Formulierung „zustehen kann" in § 61 Nr. 2 VwGO ergibt sich, daß die Möglichkeit der Rechtsinhaberschaft genügt. Ob das geltend gemachte Recht der Vereinigung tatsächlich zusteht, ist eine Frage der Begründetheit des Rechtsbehelfs[39]. Die Beteiligungsfähigkeit des Ortsverbandes der P-Partei ergibt sich demnach aus § 61 Nr. 2 VwGO i.V.m. § 3 PartG.

Das niedersächsische Landesrecht hat von der Ermächtigung des § 61 Nr. 3 VwGO nur für *Landes*behörden Gebrauch gemacht[40]. Beteiligt und beteiligungsfähig ist die Stadt S, gem. § 1 Abs. 2 NdsGO[41] eine Gebietskörperschaft, als juristische Person (§ 61 Nr. 1 VwGO).

Die *Prozeßfähigkeit* ergibt sich für beide Beteiligte aus § 62 Abs. 3 VwGO. Für den Ortsverband der P-Partei handelt der Vorsitzende V; die Stadt wird gem. § 63 Abs. 1 NdsGO[42] durch ihren Hauptverwaltungsbeamten, den Oberstadtdirektor[43], vertreten.

---

[37] Vgl. o. Fn. 7.

[38] Parallelvorschriften in den Gemeindeordnungen der anderen Länder: § 10 Abs. 4 BadWürttGO; Art. 21 Abs. 4 BayGO; § 20 Abs. 3 HessGO; § 18 Abs. 4 NWGO; § 14 Abs. 4 RhPfGO; § 19 Abs. 3 SaarlKSVG; § 18 Abs. 3 SchlHGO.

[39] *Dolde*, Festschrift (Fn. 31), S. 432; *Stern*, Verwaltungsprozessuale Probleme (Fn. 4), S. 123; *Bosch/Schmidt*, Praktische Einführung (Fn. 4), S. 58.

[40] § 10 Abs. 1 NdsAGVwGO. – Ebenso § 6 S. 1 SchlHAGVwGO. Hingegen Beteiligungsfähigkeit für alle Behörden statuierend § 5 Abs. 1 NWAGVwGO und § 17 Abs. 1 SaarlAGVwGO. Nur die Bezirksregierung ist beteiligungsfähig gem. § 17 Abs. 2 RhPfAGVwGO. In den anderen Ländern ist von der Ermächtigung des § 61 Nr. 3 VwGO nicht Gebrauch gemacht.

[41] Parallelbestimmungen in den Gemeindeordnungen der anderen Länder: § 1 Abs. 4 BadWürttGO; Art. 1 S. 1 BayGO; § 1 Abs. 2 HessGO; § 1 Abs. 2 NWGO; § 1 Abs. 2 S. 1 RhPfGO; § 1 Abs. 2 SaarlKSVG; § 1 Abs. 2 SchlHGO.

[42] Parallelbestimmungen in den Gemeindeordnungen der anderen Länder: § 42 Abs. 1 S. 2 BadWürttGO; Art. 38 Abs. 1 BayGO; § 71 Abs. 1 S. 1 HessGO; § 55 Abs. 1 S. 1 NWGO; § 47 Abs. 1 S. 1 RhPfGO; § 59 Abs. 1 SaarlKSVG; § 61 Abs. 1 SchlHGO.

[43] *Hinweis*: Der „Oberstadtdirektor" ist ebenfalls Hauptverwaltungsbeamter (und zur gesetzlichen Außenvertretung einer Gemeinde/Stadt befugt, vgl. Nachw. Fn. 42) in Nordrhein-Westfalen. In Baden-Württemberg, Bayern, Rheinland-Pfalz und im Saarland ist dies der Oberbürgermeister, in Hessen und Schleswig-Holstein der Magistrat.

II. Rechtsschutzform

Die statthafte Rechtsschutzform bestimmt sich nach dem Begehren des Antragstellers[44]. Der vom Ortsverband der P-Partei erstrebte tatsächliche Erfolg ist die Zulassung zur Kongreßhalle am letzten Oktoberwochenende. Die *Rechtsschutzformen* der VwGO zur Erzielung gerichtlichen vorläufigen Rechtsschutzes sind der sog. Aussetzungsantrag gem. § 80 Abs. 5 S. 1 VwGO und der Antrag auf Erlaß einer einstweiligen Anordnung gem. § 123 Abs. 1 VwGO. Welche der gesetzlich vorgesehenen Formen vorläufigen Rechtsschutzes zur Verwirklichung des Rechtsschutzziels in Betracht kommt, ist nach der Kollisionsvorschrift des § 123 Abs. 5 VwGO zu entscheiden[45]. Danach kommt dem Aussetzungsverfahren gem. § 80 Abs. 5 VwGO ein Anwendungsvorrang zu. Eine Konstellation i.S.d. § 80 Abs. 5 S. 1 VwGO scheidet hier jedoch aus.

In Betracht kommt ein Antrag auf Erlaß einer einstweiligen Anordnung. Dieser Rechtsbehelf ist statthaft, wenn das Begehren gerichtet ist entweder auf die Sicherung eines Rechts des Antragstellers vor einer drohenden Zustandsveränderung (§ 123 Abs. 1 S. 1 VwGO) oder auf die Regelung eines vorläufigen Zustandes in bezug auf ein streitiges Rechtsverhältnis (§ 123 Abs. 1 S. 2 VwGO). Aufgrund der unterschiedlich formulierten *Rechtsschutzformvoraussetzungen* stellt sich die Frage, welche Art der einstweiligen Anordnung vom Ortsverband der P-Partei zu beantragen ist.

Die sog. *Sicherungsanordnung* gem. § 123 Abs. 1 S. 1 VwGO dient der Aufrechterhaltung des status quo[46]. Ein gegenwärtig bestehender Zustand soll vorläufig gesichert werden. Das Rechtsschutzbegehren des Ortsverbandes der P-Partei ist aber nicht auf die Erhaltung, sondern auf die Veränderung des bestehenden Zustandes gerichtet. In Betracht kommt demnach nur der Antrag auf Erlaß einer sog. *Regelungsanordnung* gem. § 123 Abs. 1 S. 2 VwGO. Mit der Regelungsanordnung kann die Änderung des status quo herbeigeführt werden[47]. Rechtsschutz-

---

[44] *Erichsen*, Jura 1984, 644 (645).

[45] *Erichsen*, Jura 1984, 414 (415); *Finkelnburg/Jank*, Vorläufiger Rechtsschutz (Fn. 1), Rdn. 24; *Schoch*, Vorläufiger Rechtsschutz (Fn. 1), S. 1096, 1099; *Stern*, Verwaltungsprozessuale Probleme (Fn. 4), S. 102, 112; *Schmitt Glaeser*, Verwaltungsprozeßrecht, Rdn. 452.

[46] *B. Bender*, in: Festschrift für Menger, 1985, S. 657 (660) = VBlBW 1986, 321 (322); *Schoch*, Vorläufiger Rechtsschutz (Fn. 1), S. 1474; *Bosch/Schmidt*, Praktische Einführung (Fn. 4), S. 268.

[47] *Erichsen*, Jura 1984, 644 (647); *Huba*, JuS 1990, 983; *Schoch*, Vorläufiger Rechtsschutz (Fn. 1), S. 1475 f.

formvoraussetzung des § 123 Abs. 1 S. 2 VwGO ist, daß ein Rechtsverhältnis im Streit ist[48]. „Rechtsverhältnis" i.S.d. Vorschrift ist – ebenso wie gem. § 43 Abs. 1 VwGO – die aufgrund der Anwendung einer rechtlichen Regelung auf einen (konkreten) Sachverhalt zwischen zwei Rechtssubjekten entstandene Rechts- bzw. Pflichtenbeziehung[49]. Eine solche rechtliche Beziehung besteht hier aufgrund der Anwendung von §§ 22 NdsGO[50], 5 Abs. 1 PartG (u. U. auch Art. 3 Abs. 1, 21 GG) auf den Sachverhalt; der Ortsverband der P-Partei macht aufgrund des Rechtsverhältnisses einen Anspruch geltend. Dieses Rechtsverhältnis ist auch „streitig"; die Stadt S bestreitet den aus dem Rechtsverhältnis vom Ortsverband der P-Partei hergeleiteten Anspruch auf Zulassung zur Kongreßhalle. Richtige Rechtsschutzform ist demnach der Eilantrag gem. § 123 Abs. 1 S. 2 VwGO[51].

III. Besondere Sachentscheidungsvoraussetzungen

1. *Antragsbefugnis*

Hinsichtlich des Antrags auf Erlaß einer Regelungsanordnung zwecks Zulassung zur Kongreßhalle müßte dem Ortsverband der P-Partei die *Antragsbefugnis* zustehen. Das ist der Fall, wenn der Antragsteller – analog § 42 Abs. 2 VwGO[52] oder unter dem Aspekt der allgemeinen Prozeßführungsbefugnis[53] – ein eigenes Recht geltend macht. Die Antragsbefugnis fehlt dem Rechtsschutzsuchenden hingegen, wenn ihm das beanspruchte Recht offensichtlich nicht zustehen kann[54].

In dem zwischen ihm und der Stadt S streitigen Rechtsverhältnis hat der Ortsverband der P-Partei aufgrund der individualschützenden Vorschriften der §§ 22 Abs. 1 NdsGO[55], 5 Abs. 1 S. 1 PartG (u. U. Art. 3 Abs. 1, 21 GG) möglicherweise einen Anspruch auf Zulassung zur und Benutzung der Kongreßhalle in S. Die Antragsbefugnis ist also gegeben.

---

[48] *Erichsen*, Jura 1984, 644 (647).

[49] *B. Bender*, Festschrift (Fn. 46), S. 662 = VBlBW 1986, 321 (323); *Schmitt Glaeser*, Verwaltungsprozeßrecht, Rdn. 454, 470; *Redeker/von Oertzen*, VwGO, § 123 Rdn. 6; *Kopp*, VwGO, § 123 Rdn. 8.

[50] Vgl. o. Fn. 7.

[51] Vgl. OVG Lüneburg, NJW 1985, 2347 (2348); VG Frankfurt, HSGZ 1987, 265 (266).

[52] BayVGH, BayVBl. 1986, 25 = DÖV 1986, 209; OVG Berlin, JZ 1981, 392; HessVGH, ESVGH 21, 97 (99).

[53] *Erichsen*, Jura 1984, 644 (648 f.).

[54] *Erichsen*, Jura 1984, 644 (649).

[55] Vgl. o. Fn. 7.

2. *Passive Verfahrensbefugnis*

Die *passive Verfahrensbefugnis* ist in § 123 VwGO nicht geregelt. Demzufolge gilt als Grundsatz das Rechtsträgerprinzip[56]. Das niedersächsische Landesrecht hat zudem von der Ermächtigung des § 78 Abs. 1 Nr. 2 VwGO für Kommunalbehörden nicht Gebrauch gemacht, sondern nur für Landesbehörden[57]. Ungeachtet der statthaften Rechtsschutzform in einem Hauptsacheverfahren[58] bleibt es demnach für die Antragsgegnerbefugnis beim Rechtsträgerprinzip. Die in Anspruch genommene Stadt S ist folglich passiv verfahrensbefugt.

3. *Sonstige besondere Sachentscheidungsvoraussetzungen*

Die sonstigen besonderen Sachentscheidungsvoraussetzungen sind nicht zweifelhaft. Der Ortsverband der P-Partei muß den Eilantrag beim *zuständigen* Verwaltungsgericht stellen. Dies ist das für die Hauptsache zuständige Gericht (§ 123 Abs. 2 S. 1 VwGO). Zum *Zeitpunkt* der Antragstellung bestimmt § 123 Abs. 1 S. 2 i.V.m. S. 1 VwGO, daß der Eilantrag auch schon vor Klageerhebung zulässig ist.

IV. Allgemeines Rechtsschutzbedürfnis

Die Zulässigkeit eines Antrags auf Erlaß einer einstweiligen Anordnung verlangt schließlich, daß das allgemeine Rechtsschutzbedürfnis für den Rechtsbehelf gegeben ist[59]. Das Rechtsschutzinteresse ist zu verneinen, wenn der Antragsteller sein Ziel auf andere Weise einfacher und schneller erreichen kann[60]. Als ein derartiger Weg kommt die Möglich-

---

[56] *Erichsen*, Jura 1984, 644 (649); *Schoch*, Vorläufiger Rechtsschutz (Fn. 1), S. 1539.

[57] § 10 Abs. 2 NdsAGVwGO. – Ebenso § 6 S. 2 SchlHAGVwGO. Hingegen passive Verfahrensbefugnis für alle Behörden statuierend § 5 Abs. 2 NWAGVwGO und § 17 Abs. 2 SaarlAGVwGO. In den anderen Ländern ist von der Ermächtigung des § 78 Abs. 1 Nr. 2 VwGO nicht Gebrauch gemacht.

[58] *Hinweis*: Erachtet man in der Hauptsache die Verpflichtungsklage gem. § 42 Abs. 1 VwGO (gerichtet auf Zulassung = Verwaltungsakt) als statthafte Klageart, muß in Nordrhein-Westfalen und im Saarland wegen der gesetzlich normierten (vgl. Nachw. Fn. 57) Prozeßstandschaft der Eilantrag analog § 78 Abs. 1 Nr. 2 VwGO gegen die Behörde der Stadt S (Oberstadtdirektor bzw. Oberbürgermeister, vgl. o. Fn. 43) gerichtet werden.

[59] *Erichsen*, Jura 1984, 644 (649); *Finkelnburg/Jank*, Vorläufiger Rechtsschutz (Fn. 1), Rdn. 120; *Schoch*, Vorläufiger Rechtsschutz (Fn. 1), S. 1544; *Eyermann/Fröhler/Kormann*, VwGO, 9. Aufl. 1988, § 123 Rdn. 18.

[60] *Finkelnburg/Jank*, Vorläufiger Rechtsschutz (Fn. 1), Rdn. 121.

keit, im Verwaltungsweg vorzugehen, in Betracht. Der Antragsteller muß danach, bevor er das Gericht um vorläufigen Rechtsschutz anruft, sein Begehren der Verwaltungsbehörde gegenüber erfolglos geltend gemacht haben[61]. Der Ortsverband der P-Partei hat diese Voraussetzung erfüllt. Sein Vorsitzender V hat sich erfolglos bei O bemüht, Zugang zu der Kongreßhalle von S zu erhalten. Ein sonstiger Weg, der schneller und einfacher zum Ziel führt, steht nicht zur Verfügung. Das allgemeine Rechtsschutzbedürfnis für den Eilantrag ist gegeben.

B. Begründetheit des Antrags auf Erlaß einer einstweiligen Anordnung

Der Antrag auf Erlaß einer einstweiligen Anordnung (Regelungsanordnung) ist begründet, wenn die in § 123 Abs. 1 S. 2 VwGO normierten Voraussetzungen vorliegen und das Gericht inhaltlich die begehrte Anordnungsentscheidung zu treffen hat.

I. Anordnungsvoraussetzungen

Zunächst müßten – auf der Grundlage des (zumindest glaubhaft gemachten, hier) feststehenden Sachverhalts – die *Anordnungsvoraussetzungen* gem. § 123 Abs. 1 S. 2 VwGO gegeben sein. Das ist der Fall, wenn das streitige Rechtsverhältnis tatsächlich besteht und die einstweilige Anordnung nötig ist. Hier wird aus dem streitigen Rechtsverhältnis ein Anspruch hergeleitet. Für das geltend gemachte Begehren müßten ein *Anordnungsanspruch* und ein *Anordnungsgrund* vorliegen[62].

1. *Anordnungsanspruch*

Ein *Anordnungsanspruch* liegt vor, wenn das behauptete, streitige Rechtsverhältnis (§ 123 Abs. 1 S. 2 VwGO) wirklich besteht. Bei einem Leistungsbegehren muß der aus dem Rechtsverhältnis hergeleitete An-

---

[61] *Finkelnburg/Jank*, Vorläufiger Rechtsschutz (Fn. 1), Rdn. 124; *Kopp*, VwGO, § 123 Rdn. 25.

[62] VGH Bad.-Württ., ESVGH 37, 40 (41); OVG Berlin, AS 17, 134; HessVGH, NVwZ 1986, 766 (767) = DVBl. 1987, 425; OVG Lüneburg, DVBl. 1983, 814; OVG Münster, OVGE 38, 101 (102) = NVwZ 1985, 590; NVwZ 1986, 773; *Bosch/Schmidt*, Praktische Einführung (Fn. 4), S. 268; *Kopp*, VwGO, § 123 Rdn. 29; *Pappermann/Löhr/Andriske*, Recht der öffentlichen Sachen, S. 139.

spruch gegeben sein[63]. Gefragt ist somit nach dem materiellrechtlichen Anspruch auf die begehrte Verwaltungsmaßnahme[64]. Voraussetzung ist eine entsprechende *Anspruchsgrundlage.*

a) § 5 Abs. 1 S. 1 PartG

Der Anspruch auf Zulassung zu einer gemeindlichen öffentlichen Einrichtung für die Durchführung eines Parteitages könnte sich aus § 5 Abs. 1 S. 1 PartG ergeben[65]. Es könnte sich dabei um eine gegenüber § 22 Abs. 1 NdsGO[66] spezielle, da nur für politische Parteien geltende, Anspruchsgrundlage handeln. Nach jener Vorschrift sollen alle Parteien gleichbehandelt werden, wenn ein Träger öffentlicher Gewalt den Parteien Einrichtungen zur Verfügung stellt. Diese Bestimmung begründet jedoch nicht die Verpflichtung einer Gemeinde zur Vergabe von Einrichtungen, sondern regelt nur spezialgesetzlich einen Anwendungsfall des allgemeinen Gleichheitssatzes, *wenn* sich eine solche Verpflichtung aus anderen Vorschriften (oder Umständen wie z. B. der Selbstbindung der Verwaltung) ergibt[67]. § 5 Abs. 1 S. 1 PartG enthält demnach keine selbständige Anspruchsgrundlage des Inhalts, *daß* eine Gemeinde einer politischen Partei eine Einrichtung überlassen muß[68]. Die Vorschrift scheidet somit als Anspruchsgrundlage aus.

b) Gemeinderechtlicher Anpruch

Als Anspruchsgrundlage kommt § 22 Abs. 1 NdsGO[69] in Betracht. Danach sind die Einwohner einer Gemeinde im Rahmen der bestehenden Vorschriften berechtigt, die öffentlichen Einrichtungen der Gemeinde zu benutzen.

---

[63] *Erichsen*, Jura 1984, 644 (651); *B. Bender*, Festschrift (Fn. 46), S. 662 = VBlBW 1986, 321 (323).

[64] OVG Münster, NJW 1982, 2517 = DÖV 1983, 38; OVG Koblenz, NVwZ 1987, 76 (77); *Schoch*, Vorläufiger Rechtsschutz (Fn. 1), S. 1564.

[65] OVG Münster, DVBl. 1986, 842 (844 f.); *Seeger/Wunsch*, Kommunalrecht BW (Fn. 8), S. 103.

[66] Vgl. o. Fn. 7.

[67] BVerwGE 32, 333 (336); VGH Bad.-Württ., NJW 1987, 2697 = VBlBW 1987, 466; NVwZ-RR 1988, 43 (44) = DÖV 1989, 30 (31) = VBlBW 1989, 26 (27); *Ossenbühl*, DVBl. 1973, 289 (295); *Zundel*, JuS 1991, 472.

[68] OVG Münster, EildStNW 1988, 546 (547); *Vollmer*, DVBl. 1989, 1087 (1089); *Mohl*, Diss. (Fn. 6), S. 165 f.

[69] Vgl. o. Fn. 7.

aa) Anspruchsvoraussetzungen

(1) Anspruchsberechtigter

Anspruchsberechtigt sind alle „Einwohner" der Gemeinde. Bei den politischen Parteien und ihren Ortsverbänden handelt es sich jedoch in der Regel um nichtrechtsfähige Personenvereinigungen[70]. § 22 Abs. 3 NdsGO[71] erweitert die *Anspruchsberechtigung* indes auf solche Vereinigungen, so daß der Ortsverband der P-Partei Anspruchsinhaber sein könnte.

Die Vorschrift über den gemeinderechtlichen Anspruch der Einwohner auf Benutzung der öffentlichen Einrichtungen findet auf Personenvereinigungen allerdings nur „entsprechende" Anwendung. Fraglich ist, unter welchen Voraussetzungen eine Gleichstellung zwischen den Gemeindeeinwohnern und den Personenvereinigungen hinsichtlich der Nutzungsberechtigung in Betracht kommt. Grundlage für das sog. Einwohnerprivileg ist die Erwägung, daß die Einwohner, die gem. § 22 Abs. 1 NdsGO[72] die Gemeindelasten zu tragen haben, auch den Nutzen von den gemeindlichen Einrichtungen haben sollen[73]. Für die Gleichstellung zwischen Gemeindeeinwohnern und Personenvereinigungen könnte demnach erforderlich sein, daß die Parteigliederung ihren Sitz in der Gemeinde hat, so daß der räumliche Schwerpunkt der Tätigkeit im Gemeindegebiet liegt[74]. Diese Voraussetzungen sind mit Blick auf den Ortsverband der P-Partei in S erfüllt.

Zweifelhaft ist allerdings, ob die Anspruchsberechtigung auch dann gegeben ist, wenn der Ortsverband die Zulassung zu einer Halle für einen Landesparteitag begehrt. Dann nämlich benutzen überwiegend Nichtortsansässige die Einrichtung. Aus dem funktionalen Zusammenhang mit § 2 Abs. 1 S. 2 NdsGO[75], wonach die Gemeinde die Einrichtungen für *ihre* Einwohner bereitstellt, könnte für die „entsprechende" (§ 22 Abs. 3 NdsGO[76]) Anwendung des § 22 Abs. 1 NdsGO[77] zu folgern

---

[70] *Püttner/Lingemann*, JA 1984, 121 (124).

[71] Vgl. o. Fn. 38.

[72] Vgl. o. Fn. 7.

[73] *Zundel*, JuS 1991, 472; *Seeger/Wunsch*, Kommunalrecht BW (Fn. 8), S. 102; *Pappermann/Löhr/Andriske*, Recht der öffentlichen Sachen, S. 143.

[74] VGH Bad.-Württ., BWVPr. 1982, 157 = VBlBW 1983, 35; ESVGH 37, 218 (219) = VBlBW 1987, 422; NJW 1987, 2697 = VBlBW 1987, 466; NVwZ-RR 1989, 135 f.; *von Mutius*, JuS 1978, 401; *Zundel*, JuS 1991, 472.

[75] Parallelbestimmungen in den Gemeindeordnungen der anderen Länder: § 10 Abs. 2 S. 1 BadWürttGO; Art. 57 Abs. 1 S. 1 BayGO; § 19 Abs. 1 HessGO; § 18 Abs. 1 NWGO; § 5 Abs. 2 SaarlKSVG; § 17 Abs. 1 SchlHGO.

[76] Vgl. o. Fn. 38.

[77] Vgl. o. Fn. 7.

sein, daß Personenvereinigungen einen Anspruch bei Eigenveranstaltungen nur insoweit haben, als sich diese an die örtliche Gemeinschaft richten[78]. Für Veranstaltungen überörtlichen Charakters müßte ein kommunalrechtlicher Zulassungs- und Benutzungsanspruch der den Einwohnern gleichgestellten Personenvereinigungen danach verneint werden.

Es ist indessen fraglich, ob eine derart restriktive Auslegung der landesgesetzlichen Regelungen mit bundesrechtlichen Vorgaben (Art. 21 Abs. 1 GG, § 5 Abs. 1 PartG) vereinbar ist. Nach dem Bundesrecht sollen (Bundes- oder) Landesparteitage relativ frei durchgeführt werden können[79]. Die verfassungsrechtliche und parteiengesetzliche Vorgabe, die Parteien bei ihrer Beteiligung an der politischen Willensbildung gleich zu behandeln, gebietet die Anspruchsberechtigung sogar unabhängig davon, ob eine Parteigliederung ihren Sitz zufällig in der Gemeinde hat[80]. Selbst wenn die (Bundes- oder) Landespartei Anspruchsteller wäre, würde die gemeinderechtliche Einwohnerklausel durch Art. 21 Abs. 1 S. 1 GG überlagert, so daß ein weites Verständnis des Merkmals „entsprechend" in § 22 Abs. 3 NdsGO[81] geboten wäre[82].

Auf der Grundlage dieser verfassungskonformen Interpretation ist die Anspruchsberechtigung des Ortsverbandes der P-Partei somit zu bejahen. Erhärtend kommt hinzu, daß – dem Wortlaut der gemeinderechtlichen Regelungen verpflichtet – die Derogation der Einwohnerklausel und ihrer Funktion auf das notwendige, d. h. verfassungsrechtlich gebotene Maß beschränkt bleiben sollte. Wenn eine politische Partei sich – wie hier – über die in einer Gemeinde vorhandene örtliche Untergliederung Zugang zu kommunalen Einrichtungen verschaffen kann, könnte die Partei sogar auf diesen Weg verpflichtet und damit die Anspruchsberechtigung der (Bundes- oder) Landespartei ausgeschlossen sein, weil zur Zielverwirklichung nicht notwendig[83].

Der Ortsverband einer politischen Partei ist somit für den Zugang zu einer gemeindlichen Einrichtung zwecks Veranstaltung eines über-

---

[78] VGH Bad.-Württ., NVwZ-RR 1988, 43 (44) = DÖV 1989, 30 = VBlBW 1989, 26; *Vollmer*, DVBl. 1989, 1087 (1089).

[79] *Püttner/Lingemann*, JA 1984, 121 (124).

[80] *Pappermann/Löhr/Andriske*, Recht der öffentlichen Sachen, S. 144; *Evertz*, Die Bedeutung der Grundrechte im Zusammenhang mit der Benutzung gemeindlicher öffentlicher Einrichtungen, 1987, S. 111 f.

[81] Vgl. o. Fn. 38.

[82] OVG Koblenz, DÖV 1986, 153; *Ossenbühl*, DVBl. 1973, 289 (296); *ders.*, HkWP (Fn. 17), S. 383.

[83] OVG Münster, EildStNW 1988, 546.

örtlichen Parteitags anspruchsberechtigt, wenn der Sitz der Parteigliederung in der Gemeinde ist[84]. Die Anspruchsberechtigung kann sich überdies aus einer entsprechenden Zulassungspraxis der Gemeinde in der Vergangenheit über eine Ermessensbindung auf der Grundlage von Art. 3 Abs. 1 GG, § 5 Abs. 1 S. 1 PartG i.V.m. Art. 21 Abs. 1 S. 1 GG ergeben[85]. Eine entsprechende Verwaltungspraxis ist im vorliegenden Fall zu bejahen.

Der Ortsverband der P-Partei in S ist somit bezüglich des Landesparteitags Ende Oktober Inhaber eines Zulassungs- und Benutzungsanspruchs gem. § 22 Abs. 1, Abs. 3 NdsGO[86].

(2) Gemeindliche öffentliche Einrichtung

Gem. § 22 Abs. 1 NdsGO[87] müßte es sich bei der Kongreßhalle um eine *gemeindliche öffentliche Einrichtung* handeln. Eine gesetzliche Definition hat der Begriff „öffentliche Einrichtung" im Gemeinderecht nicht erfahren. Unter Anknüpfung an § 1 Abs. 1 S. 2 NdsGO[88] ist ein weites, funktionales Begriffsverständnis angezeigt[89]. „Öffentliche Einrichtung" i.S.d. Kommunalrechts ist danach jede Anlage oder Veranstaltung der Gemeinde, die – unabhängig von ihrer Rechts- oder Organisationsform – unmittelbar einem öffentlichen Zweck (Daseinsvor- und Daseinsfürsorge) dient und zu deren Benutzung die Einwohner (bzw. Personenvereinigungen) berechtigt sind[90]. Zur „öffentlichen" Einrichtung wird die Anlage oder Veranstaltung durch *Widmung*, also

---

[84] *Pieroth*, Jura 1981, 425 (434); *Frotscher*, HkWP (Fn. 6), S. 151; *Pappermann/Löhr/Andriske*, Recht der Öffentlichen Sachen, S. 144; *Evertz* (Fn. 80), S. 111; ferner Nachw. Fn. 74.

[85] OVG Lüneburg, NJW 1985, 2347 (2348); VGH Bad.-Württ., NJW 1987, 2697 = VBlBW 1987, 466; DVBl. 1990, 828 = DÖV 1990, 792.

[86] Vgl. o. Fn. 7 und 38.

[87] Vgl. o. Fn. 7.

[88] Vgl. o. Fn. 75.

[89] *Ossenbühl*, DVBl. 1973, 289; *Püttner/Lingemann*, JA 1984, 121 (122); *Frotscher*, HkWP (Fn. 6), S. 136; *Maurer* (Fn. 8), S. 235.

[90] OVG Münster, NJW 1976, 820 (821) = DVBl. 1976, 398 f.; *Erichsen*, Jura 1986, 148 (149); *Fischedick* (Fn. 8), S. 3; *Evertz* (Fn. 80), S. 5; *Chr. Schäfer*, Benutzungsregelung gemeindlicher öffentlicher Einrichtungen auf der Grundlage des § 35 Satz 2 3. Alternative VwVfG, 1986, S. 33; *Hauser*, Die Wahl der Organisationsform kommunaler Einrichtungen, 1987, S. 2; *Knemeyer*, Bayerisches Kommunalrecht, Rdn. 236, 254; *Seeger/Wunsch*, Kommunalrecht BW (Fn. 8), S. 98; *Schmidt-Aßmann* (Fn. 9), S. 169; *Stober*, Kommunalrecht, S. 109; *Pappermann/Löhr/Andriske*, Recht der öffentlichen Sachen, S. 136.

durch eine öffentlich-rechtliche Willenserklärung der Gemeinde, die den Zweck der Einrichtung festlegt, ihre Freigabe zur Benutzung durch die Einwohner etc. statuiert und sie so einem öffentlich-rechtlichen Status unterwirft[91]. Eines ausdrücklichen Widmungsaktes (z. B. durch Satzung oder sonstigen Ratsbeschluß) bedarf es nicht. Die Widmung kann auch konkludent erfolgen. Die von einem Widmungswillen getragene faktische Indienststellung reicht für die Bejahung einer konkludenten Widmung aus[92]. Selbst wenn derartige Anknüpfungspunkte fehlen, spricht, wenn die Gemeinde die Einrichtung in ihrem Aufgabenbereich geschaffen hat, eine Vermutung dafür, daß sie eine öffentliche Einrichtung darstellt, also gewidmet ist[93].

Die Kongreßhalle ist von der Stadt S für kulturelle, sportliche und politische Veranstaltungen errichtet worden. Es handelt sich also um eine „Einrichtung" i.S.d. Gemeinderechts. Eine ausdrückliche Widmung hat augenscheinlich nicht stattgefunden. Aus der bisherigen Überlassungspraxis (u. a. Durchführung von Parteiveranstaltungen) kann jedoch auf eine konkludente Widmung geschlossen werden[94]. Eine „öffentliche Einrichtung" könnte somit gegeben sein.

Zweifel hieran bestehen aber deshalb, weil nicht (mehr) die Stadt S, sondern mit der S-GmbH ein Privatrechtssubjekt Träger der Einrichtung ist. Zwar ist die rechtliche Befugnis einer Gemeinde zur Schaffung und Unterhaltung von Einrichtungen, die dem wirtschaftlichen, sozialen oder kulturellen Wohl ihrer Einwohner dienen, in der Weise, daß sie eine juristische Person des Privatrechts (z. B. GmbH) gründet, der sie den Betrieb der Einrichtung überträgt, aufgrund der kommunalen Organisationshoheit anzuerkennen[95]. Fraglich ist aber, ob in einem

---

91 *von Mutius*, JuS 1978, 401; *Chr. Schäfer* (Fn. 90), S. 32; *Erichsen*, Kommunalrecht NW, S. 211; *Maurer* (Fn. 8), S. 235; *Pappermann/Löhr/Andriske*, Recht der öffentlichen Sachen, S. 136.

92 VGH Bad.-Württ., NVwZ-RR 1989, 135; OVG Münster, NWVBL 1991, 238 (239); *Knemeyer*, Bayerisches Kommunalrecht, Rdn. 238; *Schmidt-Aßmann* (Fn. 9), S. 170; *Stober*, Kommunalrecht, S. 109.

93 OVG Münster, NJW 1976, 820 (821) = DVBl. 1976, 398 (399); BayVGH, NVwZ-RR 1988, 71 = GewArch. 1988, 245; *von Mutius*, JuS 1978, 401; *Zundel*, JuS 1991, 472 (473); *Frotscher*, HkWP (Fn. 6), S. 137.

94 Vgl. OVG Lüneburg, NJW 1985, 2347; BayVGH, BayVBl. 1988, 497 (498) = NJW 1989, 2491.

95 BVerwG, NJW 1990, 134 = DVBl. 1990, 154; *Ossenbühl*, DVBl. 1973, 289; *Erichsen*, Jura 1986, 148 (150); *Frotscher*, HkWP (Fn. 6), S. 142, 146; *Ehlers*, Verwaltung in Privatrechtsform, S. 64 ff.; *Fischedick* (Fn. 8), S. 5; *Hauser* (Fn. 90), S. 4 f.; *Maurer* (Fn. 8), S. 236; *Stober*, Kommunalrecht, S. 109.

solchen Fall von einer „öffentlichen" Einrichtung der „Gemeinde" gesprochen werden kann.

Diese Bedenken schlagen indes nicht durch. Entscheidend ist, wie ausgeführt, allein die Widmung. Diese erfolgt bei einer Einrichtung, die sich in privater Trägerschaft befindet, mit Zustimmung des privaten Unternehmers[96]. Die privatrechtliche Organisations- und Rechtsform berührt den öffentlichen Charakter der Einrichtung nicht[97]. „Öffentliche Einrichtungen der Gemeinde" im kommunalrechtlichen Sinne sind folglich nicht nur die von der Gemeinde selbst unterhaltenen, sondern auch die von rechtlich verselbständigten Trägern betriebenen Einrichtungen, sofern diese gewidmet sind und insbesondere wenn die Gemeinde jene Rechtssubjekte tatsächlich kontrolliert und deren Entscheidungen bestimmt[98].

Diese Voraussetzungen sind erfüllt. Die S-GmbH ist eine städtische Eigengesellschaft, die von der Stadt S beherrscht wird. Die Einrichtung ist, wie oben erwähnt, einer konkludenten Widmung zugeführt worden. Die Kongreßhalle stellt damit i.S.d. § 22 Abs. 1 NdsGO[99] eine öffentliche Einrichtung der Stadt S dar.

(3) Anspruchsverpflichteter

Der Ortsverband der P-Partei beansprucht die Zulassung zur Kongreßhalle gegenüber der Stadt S. *Anspruchsverpflichteter* könnte jedoch, da der Anspruch letztlich durch Abschluß eines Mietvertrages zu erfüllen sein könnte, der Träger der Einrichtung sein. Passivlegitimiert wäre danach lediglich das rechtlich verselbständigte Privatrechtssubjekt (GmbH) als Einrichtungsträger[100]; zumindest könnte der Anspruch auch gegen den rechtlich verselbständigten Träger der öffentlichen Einrichtung bestehen, sofern die Gemeinde diesen tatsächlich kontrolliert und dessen Entscheidungen bestimmt[101].

Eine solche Betrachtungsweise läßt jedoch unberücksichtigt, daß die öffentlich-rechtliche Vorschrift des § 22 Abs. 1 NdsGO[102] eine

---

[96] *Ossenbühl*, DVBl. 1973, 289 (290); *Seeger/Wunsch*, Kommunalrecht BW (Fn. 8), S. 101.

[97] *Püttner/Lingemann*, JA 1984, 121 (122); *Zundel*, JuS 1991, 472 (473); *Evertz* (Fn. 80), S. 13; *Schmidt-Aßmann* (Fn. 9), S. 169 f.

[98] BVerwG, NJW 1990, 134 (135) = DVBl. 1990, 154; OVG Koblenz, DÖV 1986, 153; BayVGH, NVwZ-RR 1988, 71 (72) = GewArch. 1988, 245 (246).

[99] Vgl. o. Fn. 7.

[100] *Ossenbühl*, DVBl. 1973, 289 (293 f.); *ders.*, HkWP (Fn. 17), S. 388; *Schwerdtfeger*, Öffentliches Recht (Fn. 17), Rdn. 443.

[101] OVG Koblenz, DÖV 1986, 153.

[102] Vgl. o. Fn. 7.

rechtsnormative Regelung nur für das Rechtsverhältnis zwischen der Gemeinde und ihren Einwohnern (etc.) trifft. Die Entscheidung über die Zulassung zu einer gemeindlichen öffentlichen Einrichtung ist öffentlich-rechtlicher Natur. Privatrechtssubjekte sind indes – abgesehen von dem hier nicht gegebenen Fall der Beleihung – nicht Träger verwaltungsrechtlicher Rechte und Pflichten und können daher nicht öffentlich-rechtlich handeln[103]. Richtiger Anspruchs- und Klage- bzw. Antragsgegner ist somit ausschließlich, mithin auch bei privatrechtlicher Organisationsform, die kommunale Gebietskörperschaft[104]. Zugleich ist damit sichergestellt, daß sich die Gemeinde Zulassungsstreitigkeiten nicht dadurch entziehen kann, indem sie die Einrichtung von einer GmbH betreiben läßt, die der gemeindlichen Widmung (partiell) nicht zustimmt. Vielmehr bleibt die Gemeinde in ihrer primären Verantwortlichkeit, und dem Einwohner werden keine unangemessenen Risiken überbürdet[105].

Fraglich kann allenfalls sein, wie eine Gemeinde in den Fällen externer Trägerschaft der Einrichtung den Zulassungs- und Benutzungsanspruch erfüllt. Dies ist aber keine Frage der Passivlegitimation, sondern des Anspruchsinhalts. Der Ortsverband der P-Partei hat folglich zu Recht die Stadt S in Anspruch genommen.

bb) Rechtsfolge

Anspruchsinhalt ist nach der gesetzlichen Rechtsfolgeregelung das Recht zur Benutzung der öffentlichen Einrichtung. Hier lehnt die Stadt S die Benutzung der Kongreßhalle durch die P-Partei prinzipiell ab; die Stadt S möchte die P-Partei zur Halle erst gar nicht zulassen. In einem solchen Fall muß über die Zulassung zur Benutzung gesondert entschieden werden[106].

Fraglich ist allerdings, wie die Stadt S als Anspruchsverpflichtete den gesetzlichen Anspruch des Antragstellers gem. § 22 Abs. 1 NdsGO[107]

---

103 *Ehlers*, Verwaltung in Privatrechtsform, S. 247; *Evertz* (Fn. 80), S. 93; *Herdegen*, DÖV 1986, 906 (908).

104 Nachw. Fn. 103 und 105; ferner *Erichsen*, Jura 1986, 196; *ders.*, Kommunalrecht NW, S. 218 f.; *Frotscher*, HkWP (Fn. 6), S. 150; *Knemeyer*, Bayerisches Kommunalrecht, Rdn. 242; *Schmidt-Aßmann* (Fn. 9), S. 171 f.; *Maurer* (Fn. 8), S. 238; *J. Ipsen*, Niedersächsisches Kommunalrecht, 1989, S. 211; *Mohl*, Diss. (Fn. 6), S. 148 f.

105 *Püttner/Lingemann*, JA 1984, 274 (275 f.); *Pappermann/Löhr/Andriske*, Recht der öffentlichen Sachen, S. 142; *Mohl*, Diss. (Fn. 6), S. 146 f.

106 *Ehlers*, Verwaltung in Privatrechtsform, S. 247; *Mohl*, Diss. (Fn. 6), S. 130 ff.

107 Vgl. o. Fn. 7.

erfüllt. Indem die Stadt S die der Daseinsfürsorge dienende öffentliche Einrichtung „Kongreßhalle“ von ihrer Eigengesellschaft S-GmbH betreiben läßt, kann S den gesetzlichen Anspruch nicht unmittelbar erfüllen. Andererseits ist eine Gemeinde, da die Anspruchsvoraussetzungen vorliegen, auch in einer solchen Konstellation verpflichtet, dem Berechtigten die Benutzung der öffentlichen Einrichtung zu ermöglichen[108]. Dies kann dadurch erfolgen, daß die Gemeinde entsprechend auf ihre Eigengesellschaft einwirkt. Nach Sinn und Zweck des § 22 Abs. 1 NdsGO[109] richtet sich der Anspruch auf Zulassung als *Verschaffungsanspruch* gegen die Gemeinde[110]. Dem Anspruchsinhalt nach ist die Gemeinde verpflichtet, dem Berechtigten den Zugang zu der Einrichtung zu verschaffen[111]. Dieser Einwirkungspflicht nachzukommen, ist der Gemeinde ohne weiteres möglich. Infolge der Zustimmung des Einrichtungsträgers zur Widmung und kraft der vertraglichen Ingerenzmöglichkeiten als Alleingesellschafter des privatrechtlich organisierten Trägers vermag die öffentlich-rechtlich verpflichtete Gemeinde den Zulassungsanspruch zu erfüllen[112].

Der Ortsverband der P-Partei hat somit gegenüber der Stadt S einen Anspruch darauf, durch Einwirkung auf die S-GmbH die Benutzung der Kongreßhalle am letzten Oktoberwochenende für den Landesparteitag der P-Partei sicherzustellen.

cc) Anspruchsgrenzen

Der Zulassungsanspruch zwecks Benutzung der gemeindlichen öffentlichen Einrichtung ist nicht unbegrenzt. Der Anspruch kann vielmehr faktisch und rechtlich eingeschränkt sein[113]. In *faktischer* Hinsicht ist der Rechtsanspruch durch die Kapazität der Einrichtung begrenzt[114].

---

108 *Pappermann/Löhr/Andriske*, Recht der öffentlichen Sachen, S. 142.

109 Vgl. o. Fn. 7.

110 BVerwG, DÖV 1990, 977 (978) = NVwZ 1991, 59 = BayVBl. 1991, 600 (601); OVG Koblenz, DVBl. 1985, 176 (177); *Erichsen*, Jura 1986, 196; *ders.*, Kommunalrecht NW, S. 219; *Knemeyer*, Bayerisches Kommunalrecht, Rdn. 242; *J. Ipsen*, Niedersächsisches Kommunalrecht, S. 211.

111 BVerwG, NJW 1990, 134 (135) = DVBl. 1990, 154; *Herdegen*, DÖV 1986, 906 (908); *Evertz* (Fn. 80), S. 93 f.; *Schmidt-Aßmann* (Fn. 9), S. 172; *Maurer* (Fn. 8), S. 238; *Mohl*, Diss. (Fn. 6), S. 156.

112 *Frotscher*, HkWP (Fn. 6), S. 151; *Papier*, Recht der öffentlichen Sachen, S. 28; *Pappermann/Löhr/Andriske*, Recht der öffentlichen Sachen, S. 142.

113 VGH Bad.-Württ., NVwZ-RR 1989, 135 (136).

114 *Püttner/Lingemann*, JA 1984, 121 (127); *Erichsen*, Jura 1986, 196 (197); *Zundel*, JuS 1991, 472; *Schwerdtfeger*, Öffentliches Recht (Fn. 17), Rdn. 452;

Der Sachverhalt liefert allerdings keine Anhaltspunkte dafür, daß die Kongreßhalle am letzten Oktoberwochenende schon belegt ist. Im übrigen ist der Anspruch gem. § 22 Abs. 1 NdsGO nur „im Rahmen der bestehenden Vorschriften" gegeben[115]. Fraglich ist danach, ob er im vorliegenden Falle aus *rechtlichen* Gründen ausgeschlossen oder eingeschränkt ist.

(1) Widmungszweck

Eine gemeindliche öffentliche Einrichtung darf nur im Rahmen der ihr von der Gemeinde beigegebenen Zweckbestimmung benutzt werden[116]. Der Zweck der öffentlichen Einrichtung wird durch die Widmung festgelegt[117].

Die Kongreßhalle von S steht seit jeher allen Parteien für Parteiveranstaltungen zur Verfügung. Schon bisher haben Parteitage verschiedener politischer Parteien stattgefunden. Demnach hält sich die vom Ortsverband der P-Partei zu organisierende Veranstaltung im Rahmen der Zweckbestimmung. Die angestrebte Nutzung der Kongreßhalle ist vom Widmungszweck umfaßt.

(2) Ordnungsrechtliche Grenzen

Der Oberstadtdirektor[118] von S hat das an ihn gerichtete Zulassungsbegehren unter anderem mit der Erwägung abgelehnt, infolge der angekündigten (Gegen-)Demonstration müsse mit gewalttätigen Auseinandersetzungen gerechnet werden. Damit könnte auf (sicherheits- und) ordnungsrechtliche Grenzen des Zulassungsanspruchs hingewiesen

---

Ossenbühl, HkWP (Fn. 17), S. 384; *Schmidt-Aßmann* (Fn. 9), S. 171; *J. Ipsen*, Niedersächsisches Kommunalrecht, S. 211; *Pappermann/Löhr/Andriske*, Recht der öffentlichen Sachen, S. 140.

115 *Hinweis*: Der Sache nach ist diese Anspruchsgrenze ebenso oder mit nur geringfügig abweichenden Formulierungen in den Gemeindeordnungen der anderen Länder statuiert. Die sprachliche Ausdrucksweise lautet (vgl. Nachw. Fn. 7) „im Rahmen des geltenden Rechts" oder „nach den bestehenden allgemeinen Vorschriften".

116 OVG Münster, NJW 1976, 820 (822) = DVBl. 1976, 398 (401); NVwZ 1987, 518 = GewArch. 1987, 36; VGH Bad.-Württ., NVwZ-RR 1988, 43 (44) = DÖV 1989, 30 = VBlBW 1989, 26; *Vollmer*, DVBl. 1989, 1087 (1090); *Zundel*, JuS 1991, 472 (473); *Schwerdtfeger*, Öffentliches Recht (Fn. 17), Rdn. 445; *Schmidt-Aßmann* (Fn. 9), S. 171.

117 BayVGH, NVwZ 1988, 71 (72) = GewArch. 1988, 245 (246); *Ossenbühl*, HkWP (Fn. 17), S. 384.

118 Vgl. o. Fn. 43.

sein. Der Begriff „im Rahmen der bestehenden Vorschriften“[119] bezieht sich auf die gesamte Rechtsordnung[120], also auch auf das Polizei- und Ordnungsrecht.

(a) Externe Störungen

Fraglich ist jedoch, unter welchen polizei- und ordnungsrechtlichen Voraussetzungen dem an sich gegebenen Zulassungsanspruch Grenzen gesetzt sind. Die allgemeine Befürchtung, daß es anläßlich der geplanten Veranstaltung zu (Gegen-)Demonstrationen kommen wird, führt noch nicht dazu, den Zugang zu einer öffentlichen Einrichtung zu versagen[121]. Zum einen müßten vielmehr konkrete Anhaltspunkte für die Annahme einer „Gefahr“ im polizei- und ordnungsrechtlichen Sinne (verursacht durch die Gegendemonstranten) vorliegen, und zum anderen müßten die Voraussetzungen gegeben sein, unter denen der i.S.d. § 22 Abs. 1 NdsGO[122] Anspruchsberechtigte nach Polizei- und Ordnungsrecht als sog. Nichtstörer[123] in Anspruch genommen werden darf[124].

Zweifelhaft ist bereits, ob die angekündigten Protestaktionen zu Gewalttätigkeiten führen und mit einiger Wahrscheinlichkeit Schäden verursachen werden. Konkrete Anhaltspunkte sind insoweit nicht ersichtlich und von O auch nicht benannt. Zudem müßten die zu befürchtenden *externen Störungen* der Veranstaltung unter Wahrung des Übermaßverbotes nicht auf andere Weise als durch Versagung des Zulassungsanspruchs verhindert werden können[125]. Hier ist aber nicht ersichtlich, daß die Polizei- und Ordnungsbehörden ihre Aufgabe, Störungen der öffentlichen Sicherheit zu unterbinden und zu beseitigen, nicht erfüllen können. Nicht zu verhindernde geringfügige Übergriffe

---

119 Vgl. o. Fn. 115.

120 HessVGH, HSGZ 1987, 263; *Pieroth*, Jura 1981, 425 (434).

121 BayVGH, BayVBl. 1988, 497 (498) = NJW 1989, 2491 (2492).

122 Vgl. o. Fn. 7.

123 § 9 BadWürttPolG; Art. 10 BayPAG, Art. 9 Abs. 3 BayLStVG; § 13 BlnASOG; § 7 BremPolG; § 10 HbgSOG; § 9 HessSOG; § 8 NdsSOG; § 6 NWPolG, § 19 NWOBG; § 7 RhPfPVG; § 6 SPolG; § 187 SchlHLVwG.

124 OVG Lüneburg, NJW 1985, 2347 (2348); VGH Bad.-Württ., NJW 1987, 2697 = VBlBW 1987, 466; *Vollmer*, DVBl. 1989, 1087 (1092); *Zundel*, JuS 1991, 472 (473 f.).

125 BVerwGE 32, 333 (337); OVG Lüneburg, NJW 1985, 2347 (2348); VGH Bad.-Württ., NJW 1987, 2697 = VBlBW 1987, 466; DVBl. 1990, 828 = DÖV 1990, 792; BayVGH, BayVBl. 1988, 497 (498) = NJW 1989, 2491 (2492); *Ossenbühl*, DVBl. 1973, 289 (297); *Vollmer*, DVBl. 1989, 1087 (1092).

rechtfertigen es noch nicht, den Zulassungsanspruch insgesamt zu verneinen[126]. Ordnungsrechtliche Grenzen gegenüber dem Anspruch des Ortsverbandes der P-Partei bestehen von daher nicht.

(b) Ordnungswidrigkeit der Veranstaltung

Der nur „im Rahmen der bestehenden Vorschriften"[127] bestehende Zulassungsanspruch könnte aber deshalb ausgeschlossen sein, weil mit der Ende Oktober geplanten *Veranstaltung selbst* gegen die Rechtsordnung verstoßen wird. Bei der P-Partei handelt es sich um eine extremistische Organisation. Daher könnte zu befürchten sein, daß es anläßlich der Benutzung der Kongreßhalle zu Rechtsbrüchen in Form beispielsweise der Begehung von Straftaten (§§ 86 a, 130 StGB) kommt. Dem an Gesetz und Recht gebundenen (Art. 20 Abs. 3 GG) Träger öffentlicher Gewalt könnte es nicht erlaubt sein, durch die (Verschaffung der) Bereitstellung öffentlicher Einrichtungen der Begehung von Rechtsverstößen Vorschub zu leisten[128].

Auch insoweit müßten allerdings konkrete Anhaltspunkte für die voraussichtliche Begehung von Straftaten durch die Organisatoren, Teilnehmer oder geladenen Gäste der Veranstaltung vorliegen[129]. Dafür enthält der Sachverhalt aber keine Hinweise. Die pauschalen Überlegungen von O genügen nicht den rechtlichen Anforderungen, um die Ordnungswidrigkeit der Veranstaltung selbst bejahen zu können.

(3) Verfassungsfeindlichkeit der P-Partei

Der Zulassungsanspruch könnte schließlich deshalb ausgeschlossen sein, weil es sich um das Begehren einer Vereinigung handelt, die verfassungswidrige Ziele verfolgt. Antragsteller ist eine „extremistische" Partei, und die „Verfassungsfeindlichkeit" findet sich durch Verfassungsschutzberichte belegt. Zum Schutz der verfassungsrechtlichen Ordnung könnte die Stadt S dem Zulassungsbegehren daher zu Recht nicht stattgegeben haben.

Es ist jedoch zweifelhaft, ob die Ansiedlung von Parteien am Rande des politischen Spektrums durch Kommunalbehörden einen „im Rahmen der bestehenden Vorschriften" liegenden Ausschlußgrund darstellt. Dagegen spricht das Entscheidungsmonopol des BVerfG hinsicht-

---

[126] OVG Lüneburg, NJW 1985, 2347 (2348).

[127] Vgl. o. Fn. 115.

[128] VGH Bad.-Württ., ESVGH 37, 218 (219) = VBlBW 1987, 422; BayVGH, BayVBl. 1987, 403; BayVBl. 1988, 497 (498) = NJW 1989, 2491 (2492).

[129] BayVGH, BayVBl. 1988, 497 (499) = NJW 1989, 2491 (2492).

lich der Verfassungswidrigkeit politischer Parteien[130]. Gem. Art. 21 Abs. 2 GG entscheidet über die Verfassungswidrigkeit einer Partei allein das BVerfG, und zwar in dem dafür gesetzlich vorgesehenen Verfahren (§§ 43 ff. BVerfGG). Solange eine solche Entscheidung nicht getroffen ist, besteht zugunsten auch einer sog. „extremistischen" Partei das Parteienprivileg[131]. Jede politische Partei hat demgemäß nach Art. 21 Abs. 1, 3 Abs. 1 und Abs. 3 GG, § 5 Abs. 1 S. 1 PartG das Recht auf Gleichbehandlung vor der öffentlichen Gewalt[132]. Auch bei ihrem Antrag auf Überlassung einer gemeindlichen Einrichtung kann sich eine Partei auf das Parteienprivileg des Art. 21 Abs. 2 GG berufen[133]. Dem entspricht, daß auf der anderen Seite die Gemeinde bei der Vergabe öffentlicher Einrichtungen zur politischen Neutralität verpflichtet ist[134]. Die Zulassung zu einer öffentlichen Einrichtung darf nicht von einem bestimmten Inhalt politischer Meinungsäußerungen abhängig gemacht werden[135].

Eine andere Beurteilung könnte sich aber daraus ergeben, daß sich die Stadt S auf Erklärungen des Innenministers stützen kann. Dann müßte die Behandlung einer politischen Partei in den Verfassungsschutzberichten des Bundes oder des Landes als „extremistisch" oder als „verfassungsfeindlich" einen rechtlich zulässigen Ausschlußgrund darstellen. Das ist aber nicht der Fall. Weder nach dem Willen der Verfasser noch gemäß den rechtlichen Grundlagen kommt Verfassungsschutzberichten eine dahingehende Aussagekraft und Bedeutung zu[136]. Behördliche Äußerungen über die Verfassungsfeindlichkeit einer Partei können und sollen den verfassungsrechtlich fundierten Anspruch der nicht verbotenen politischen Partei auf Gleichbehandlung nicht einschränken.

Damit ist eine von der Exekutive als extremistisch eingestufte, vom BVerfG aber nicht verbotene Partei an der Wahrnehmung ihrer Rechte nicht gehindert. Folglich darf ihr nicht – im Unterschied zu anderen

---

130 BayVGH, BayVBl. 1984, 246 (247); BayVBl. 1988, 497 (498) = NJW 1989, 2491 (2492); OVG Münster, NWVBL 1991, 238 (239).

131 BVerfGE 40, 287 (293); 47, 198 (228); 57, 1 (6).

132 VGH Bad.-Württ., NJW 1990, 136.

133 BVerwGE 31, 368 (369); BVerwG, NJW 1990, 134 (135) = DVBl. 1990, 154 (155); OVG Münster, NVwZ-RR 1991, 508 (509).

134 HessVGH, HSGZ 1987, 263; *Ossenbühl*, DVBl. 1973, 289 (298); *Vollmer*, DVBl. 1989, 1087 (1090).

135 VGH Bad.-Württ., NVwZ 1990, 93 (94); *Pieroth*, Jura 1981, 425 (435).

136 BVerfGE 57, 1 (6); BayVGH, BayVBl. 1988, 497 (498) = NJW 1989, 2491 (2492).

Parteien – die Zulassung zu öffentlichen Einrichtungen unter Hinweis auf ihren politischen Standort verweigert werden[137]. Eine Gemeinde ist vielmehr rechtlich gehindert, aus eigener Zuständigkeit eine Partei als verfassungswidrig anzusehen und sie aus diesem Grunde bei der Benutzung der öffentlichen Einrichtungen zu benachteiligen[138].

Fazit: Der Zulassungsanspruch hält sich insgesamt „im Rahmen der bestehenden Vorschriften"[139]. Ein Anordnungsanspruch ist gegeben.

2. *Anordnungsgrund*

Desweiteren müßte für den Erlaß einer einstweiligen Anordnung ein *Anordnungsgrund* vorliegen. Das ist gem. § 123 Abs. 1 S. 2 VwGO der Fall, wenn die Regelungsanordnung zur Abwehr wesentlicher Nachteile oder zur Verhinderung drohender Gewalt oder aus anderen Gründen nötig erscheint. Entscheidend ist danach die besondere Eilbedürftigkeit der Rechtsschutzgewährung[140]. Die begehrte Regelung muß aufgrund der Umstände des konkreten Falles für den Antragsteller dringlich sein[141]. Ein Anordnungsgrund liegt demgemäß vor, wenn ohne die einstweilige Anordnung das Recht des Antragstellers, also der materielle Anspruch, gefährdet würde[142]. In diesem Sinne ist ein „wesentlicher Nachteil" abzuwenden, wenn bei eindeutiger Erfolgsaussicht in der Hauptsache verhindert werden soll, daß der geltend gemachte Anspruch allein durch Zeitablauf vereitelt wird und der mit der Vorbereitung der Veranstaltung verbundene Aufwand nutzlos vertan ist[143].

Ein Rechtsbehelf des Ortsverbandes der P-Partei in der Hauptsache wäre offensichtlich begründet; wie dargelegt, besteht der Anspruch auf Zulassung zu der Kongreßhalle von S am letzten Oktoberwochenende. Angesichts der kurzen Zeitspanne bis zum Veranstaltungstermin käme

---

137 BayVGH, BayVBl. 1984, 246; VGH Bad.-Württ., NJW 1990, 136 (137).

138 BVerwG, NJW 1990, 134 (135) = DVBl. 1990, 154 (155); BayVGH, BayVBl. 1984, 246 (247); VGH Bad.-Württ., DVBl. 1990, 828 = DÖV 1990, 792; OVG Münster, NWVBL 1991, 238 (239).

139 Vgl. o. Fn. 115.

140 OVG Saarlouis, AS 19, 393 (394); HessVGH, NVwZ 1988, 88 (90); *Schoch*, Vorläufiger Rechtsschutz (Fn. 1), S. 1569.

141 *Huba*, JuS 1990, 983 (989); *B. Bender*, Festschrift (Fn. 46), S. 663 = VBlBW 1986, 321 (324); *Finkelnburg/Jank*, Vorläufiger Rechtsschutz (Fn. 1), Rdn. 175, 178.

142 *Pappermann/Löhr/Andriske*, Recht der öffentlichen Sachen, S. 139; *Schoch*, Vorläufiger Rechtsschutz (Fn. 1), S. 1569.

143 OVG Lüneburg, NJW 1985, 2347 (2348).

jeglicher Hauptsacherechtsschutz zu spät; der Anspruch könnte allein infolge Zeitablaufs nicht verwirklicht werden. Ohne Erlaß einer einstweiligen Anordnung wäre der materielle Anspruch also gefährdet. Allein eine Regelungsanordnung vermag den Anspruch zu sichern. Ein Anordnungsgrund ist somit gegeben.

II. Anordnungsentscheidung

1. *Erlaß einer Regelungsanordnung*

Die Voraussetzungen des § 123 Abs. 1 S. 2 VwGO liegen vor. Dennoch könnte der Erlaß einer einstweiligen Anordnung fraglich sein, weil das Gericht gem. § 123 Abs. 3 VwGO i.V.m. § 938 Abs. 1 ZPO darüber eine Ermessensentscheidung trifft[144].

Dagegen spricht jedoch Art. 19 Abs. 4 S. 1 GG. Sind alle Voraussetzungen für den Erlaß einer einstweiligen Anordnung erfüllt, besteht die Gefahr, daß Rechte des Antragstellers vereitelt werden. Ist der Erlaß einer einstweiligen Anordnung aber notwendig, widerspräche es dem Gebot wirksamen Rechtsschutzes (Art. 19 Abs. 4 S. 1 GG), wenn das Gericht die einstweilige Anordnung gleichwohl ablehnte[145]. Sind Anordnungsanspruch und Anordnungsgrund gegeben, ist kein rechtlicher Aspekt denkbar, der den Erlaß der einstweiligen Anordnung, also das „Ob", in Frage stellen könnte[146]. Der Verweis des § 123 Abs. 3 VwGO auf § 938 Abs. 1 ZPO bezieht sich nur auf das „Wie" und eröffnet dem Verwaltungsgericht einen gewissen – durch Art. 20 Abs. 3 GG begrenzten – Gestaltungsspielraum bezüglich des Anordnungsinhalts[147]. Das Gericht hat demnach eine *Rechtsentscheidung* zu treffen[148]. Es muß, da die Voraussetzungen des § 123 Abs. 1 S. 2 VwGO vorliegen, eine Regelungsanordnung erlassen.

---

144 BVerfGE 51, 268 (280); *Kopp*, VwGO, § 123 Rdn. 30; *Stern*, Verwaltungsprozessuale Probleme (Fn. 4), S. 115.

145 *B. Bender*, Festschrift (Fn. 46), S. 665 = VBlBW 1986, 321 (324); *Schmitt Glaeser*, Verwaltungsprozeßrecht, Rdn. 458; *Schoch*, Vorläufiger Rechtsschutz (Fn. 1), S. 1392.

146 *Erichsen*, Jura 1984, 644 (652).

147 *Erichsen*, Jura 1984, 644 (652); *Schoch*, Vorläufiger Rechtsschutz (Fn. 1), S. 1392, 1393, 1669.

148 Nachw. Fn. 145, 147; ferner *Redeker*, ZRP 1983, 149 (150); *Huba*, JuS 1990, 983 (989); *Redeker/von Oertzen*, VwGO, § 123 Rdn. 17; *Finkelnburg/Jank*, Vorläufiger Rechtsschutz (Fn. 1), Rdn. 207.

2. *Anordnungsinhalt*

Zweifelhaft ist der rechtlich zulässige *Inhalt* der Regelungsanordnung. Bezüglich des „Wie" ist dem Verwaltungsgericht gem. § 123 Abs. 3 VwGO i.V.m. § 938 Abs. 1 ZPO ein Gestaltungsermessen eingeräumt. Dieses könnte die vom Ortsverband der P-Partei begehrte Zulassungsentscheidung mit umfassen. Der nur „entsprechend" anwendbare § 938 Abs. 1 ZPO eröffnet im Verwaltungs(prozeß)recht aber kein „freies", ungebundenes Ermessen. Schon wegen Art. 20 Abs. 3 GG ist die verwaltungsgerichtliche Gestaltungsfreiheit Grenzen unterworfen[149].

Gem. § 123 Abs. 1 S. 2 VwGO darf das Gericht nur eine *einstweilige* Anordnung treffen, gesetzlich vorgesehen ist nur die Regelung eines *vorläufigen* Zustandes. Eine Grenze der richterlichen Gestaltungsfreiheit könnte das sog. Verbot der Vorwegnahme der Hauptsacheentscheidung darstellen[150]. Nach diesem Grundsatz dürfen nur vorläufige Regelungen getroffen und es darf nicht bereits gewährt werden, was der Antragsteller nur im Hauptsacheverfahren erreichen kann[151]. Wegen Art. 19 Abs. 4 S. 1 GG sind jedoch Ausnahmen von diesem Grundsatz zuzulassen. Danach darf zur Sicherung eines wirksamen Rechtsschutzes die Hauptsache ausnahmsweise vorweggenommen werden, wenn der Antragsteller andernfalls Nachteile erlitte, die bei einem hinreichend wahrscheinlichen Obsiegen in der Hauptsache nicht mehr ausgeglichen werden könnten und die für ihn unzumutbar wären[152].

Ein derartiger Ausnahmefall liegt hier vor. Der Antrag, im Wege der einstweiligen Anordnung für die Benutzung der Kongreßhalle zugelassen zu werden, zielt auf eine Vorwegnahme der Hauptsacheentscheidung. Indes wäre ein Obsiegen des Ortsverbandes der P-Partei im Klageverfahren nach den obigen Ausführungen zum materiellen Rechtsanspruch gewiß. Auf das Hauptsacheverfahren kann der Antragsteller jedoch ohne unwiederbringlichen Rechtsverlust nicht verwiesen

---

149 *Schoch*, Vorläufiger Rechtsschutz (Fn. 1), S. 1670.

150 HessVGH, NVwZ 1988, 88 (89); OVG Koblenz, NVwZ-RR 1988, 19 = GewArch. 1988, 21; *Erichsen*, Jura 1984, 644 (653); *Kopp*, VwGO, § 123 Rdn. 13; *Finkelnburg/Jank*, Vorläufiger Rechtsschutz (Fn. 1), Rdn. 222, 231.

151 BayVGH, BayVBl. 1989, 50 (51); *Bosch/Schmidt*, Praktische Einführung (Fn. 4), S. 270.

152 OVG Lüneburg, NJW 1985, 2347 (2348); HessVGH, NVwZ 1985, 604; NVwZ 1988, 88 (89); VGH Bad.-Württ., NVwZ 1987, 1101 = VBlBW 1987, 423 (424); VBlBW 1987, 466; BayVGH, BayVBl. 1989, 50 (51); OVG Koblenz, DÖV 1991, 215 (216); *Schmitt Glaeser*, Verwaltungsprozeßrecht, Rdn. 461; *B. Bender*, Festschrift (Fn. 46), S. 665 f. = VBlBW 1986, 321 (324 f.); *Finkelnburg/Jank*, Vorläufiger Rechtsschutz (Fn. 1), Rdn. 238.

werden. Ein (vollstreckbares) Urteil ist bis zu dem vorgesehenen Veranstaltungstermin nicht zu erreichen. Nach dem letzten Oktoberwochenende ist eine Hauptsacheentscheidung für die P-Partei nicht mehr von Interesse. Bei dem Landesparteitag handelt es sich nämlich aus organisatorischen, rechtlichen (§ 9 PartG) und sonstigen Gründen um eine termingebundene Veranstaltung. Bei Nichterfüllung des bestehenden Rechtsanspruchs drohen dem Antragsteller also schwere, unzumutbare und anders als mittels Regelungsanordnung nicht abwendbare Nachteile. Es bestehen somit keine durchgreifenden Bedenken gegen einen Anordnungsinhalt, der die Zulassung der P-Partei zur Benutzung der Kongreßhalle in S verfügt.

Ergebnis: Ein Antrag auf Erlaß einer einstweiligen Anordnung durch den Ortsverband der P-Partei wäre zulässig und begründet. Durch Einleitung eines entsprechenden verwaltungsgerichtlichen Eilverfahrens könnte der Landesparteitag, wie vorgesehen, am letzten Oktoberwochenende durchgeführt werden.

Hinweise zur methodischen und sachlichen Vertiefung

1. *Aufbau*

Der Fall bietet keine gravierenden, in der Sache begründeten Aufbauprobleme. Die im Studien- und Examensalltag zu beobachtenden Aufbauschwierigkeiten bei der Prüfung von Rechtsbehelfen des verwaltungsgerichtlichen vorläufigen Rechtsschutzes sind in erster Linie durch nicht hinreichende Kenntnisse der Studierenden und Examenskandidaten bedingt. Dieser Befund dürfte seinen Grund nicht zuletzt darin finden, daß der vorläufige Rechtsschutz in der Ausbildungsliteratur trotz seiner immensen praktischen Bedeutung eher stiefmütterlich und nicht gerade systematisch dargeboten wird. Das durch die Rechtsprechung vermittelte Bild ist für den dogmatisch-systematisch denkenden Juristen geradezu trostlos, weil die Judikatur – gerade zum vorläufigen Rechtsschutz durch einstweilige Anordnung – strukturelle Klarheit und Differenzierungsvermögen weithin vermissen läßt.

Auf der Grundlage des zur verwaltungsgerichtlichen Klage gebräuchlichen Aufbauschemas läßt sich die Prüfung eines Eilantrags in eine klare Struktur bringen. Wie bei den anderen förmlichen Rechtsbehelfen ist prinzipiell zwischen *Zulässigkeit* und *Begründetheit* des Rechtsschutzantrags zu unterscheiden. Die Zulässigkeitsprüfung folgt im Aufbau der bekannten Vierteilung: Zunächst sind die *allgemeinen* (= rechtsschutzformunabhängigen) *Sachentscheidungsvoraussetzungen* zu erörtern (Verwaltungsrechtsweg, Beteiligungsfähigkeit). Wie im Klageverfahren ist anschließend die statthafte *Rechtsschutzform* zu ermitteln. Mit Blick auf das Begehren des Antragstellers und auf die gesetzlichen Rechtsschutzformvoraussetzungen sind aufbaumäßig zunächst § 80 Abs. 5 VwGO und § 123 Abs. 1 VwGO aufgrund der Kollisionsregel des § 123 Abs. 5 VwGO abzugrenzen. Nachdem das speziellere Aussetzungsverfahren als nicht statthaft erkannt worden ist, stellt sich innerhalb des § 123 Abs. 1 VwGO die Frage nach der Statthaftigkeit eines Antrags auf Erlaß einer Sicherungsanordnung (S. 1) oder einer Regelungsanordnung (S. 2). Steht die statthafte Rechtsschutzform fest, sind – erneut wie bei einer Klage – die *besonderen* (= rechtsschutzformabhängigen) *Sachentscheidungsvoraussetzungen* zu untersuchen. Am Ende der Zulässigkeitsprüfung steht – ebenfalls wie sonst üblich – das *allgemeine Rechtsschutzbedürfnis*.

Die Begründetheitsprüfung des Antrags auf Erlaß einer einstweiligen Anordnung weist (im Vergleich z. B. zur Verpflichtungsklage) einige Besonderheiten auf. Zunächst ist kategorial zwischen den *Anordnungsvoraussetzungen* und – quasi als Rechtsfolge – der *Anordnungsentscheidung* zu untergliedern. Denn auch wenn die Anordnungsvoraussetzungen vorliegen, ist die Pflicht zum Erlaß einer einstweiligen Anordnung umstritten, und da es lediglich um *vorläufigen* Rechtsschutz geht, ist – in Abgrenzung zum Hauptsacherechtsschutz – der Anordnungsinhalt grundsätzlich offen. Innerhalb der Anordnungsvoraussetzungen ist zwischen dem sog. *Anordnungsanspruch* und dem *Anordnungsgrund* zu trennen. Erstgenannte Voraussetzung nimmt Bezug auf den geltend gemachten materiellen Rechtsanspruch. Hinsichtlich der in Betracht kommenden Anspruchsgrundlagen wird die speziellere Rechtsnorm vor der allgemeinen geprüft. Zur einschlägigen gemeinderechtlichen *Anspruchsgrundlage* ist zwecks Gewinnung einer strukturierten Prüfung zwischen den Anspruchsvoraussetzungen, der Rechtsfolge und den Anspruchsgrenzen zu unterscheiden; letztere könnten – aufbaumäßig durchaus vertretbar – schon im Tatbestand als „negative Anspruchsvoraussetzungen" geprüft werden. Nach der Bejahung der Anordnungsvoraussetzungen muß die rechtlich zulässige Anordnungsentscheidung erörtert werden. Aufbaumäßig kann insoweit – in Anlehnung an die verwaltungsrechtlichen Kategorien des Entschließungsermessens und des Auswahlermessens – unterschieden werden zwischen der verwaltungsgerichtlichen Pflicht zum Erlaß einer einstweiligen Anordnung und dem Anordnungsinhalt.

2. *Inhalt*

Inhaltlich bietet der Fall bekannte und als „klassisch" zu bezeichnende Rechtsprobleme, wie sie immer wieder in der Übung im Öffentlichen Recht für Fortgeschrittene (Vorgerückte) und im juristischen Staatsexamen (vgl. die Hinweise zu Fallbearbeitungen, nachfolgend 3 d) zu lösen sind.

a) Zulässigkeit des Antrags

Der Sachverhalt gibt deutlich zu verstehen, daß in dem Fall zum *Rechtsweg* ein Problem angelegt ist. Den allgemeinen methodischen Vorgaben entsprechend ist zunächst präzise herauszuarbeiten, worum gestritten wird. Sodann ist zu untersuchen, anhand welcher rechtsnormativen Vorgaben der Streit zu entscheiden ist. Als besonders schwieriges Problem erweist sich dabei die Frage, wie die rechtlichen Beziehungen zwischen dem Träger einer gemeindlichen öffentlichen Einrichtung und den Einwohnern (etc.) rechtsdogmatisch und damit konstruktiv zu deuten sind. Erschwerend kommt hinzu, daß innerhalb der einander gegenüberstehenden Rechtsauffassungen weitere Meinungsunterschiede bestehen. Im Rahmen der herrschenden „Zweistufenlehre" stellt sich die kontrovers beantwortete Frage, ob bereits bei der Rechtswegprüfung abschließend zu klären ist, ob eine „gemeindliche öffentliche Einrichtung" gegeben ist. Die Antwort hat zugleich Konsequenzen für den Aufbau. Der im Lösungsvorschlag eingenommene Weg ist nicht nur rechtlich abgesichert, sondern er vermeidet zugleich eine gewisse „Kopflastigkeit" der Prüfung. Unter den Vertretern des „Einheitsmodells" wird das Rechtsverhältnis zwischen Einrichtungsträger und Anspruchsteller unterschiedlich als ausnahmslos öffentlich-rechtlich oder als auch privatrechtlich denkbar gedeutet. Die verschiedenen Auffassungen gelangen letztlich einhellig zur Zulässigkeit des Verwaltungsrechtswegs, weil in Fallkonstellationen der vorliegenden Art die gemeinderechtliche Anspruchsgrundlage als streitentscheidende Rechtsnorm fungiert.

Einen gewissen Erörterungsbedarf löst auch die *Beteiligungsfähigkeit* des Antragstellers aus. Der Fall bietet Gelegenheit, die Beteiligungsfähigkeit einer nicht rechtsfähigen Personenvereinigung präzise am Maßstab des § 61 Nr. 2 VwGO herauszuarbeiten.

Die Bestimmung der statthaften *Rechtsschutzform* bereitet im ersten Schritt, der Ausgrenzung des § 80 Abs. 5 VwGO auf der Grundlage des § 123 Abs. 5 VwGO, keine Schwierigkeiten. Die in Praxis und Wissenschaft nicht selten unterlassene (oder gar negierte) Unterscheidung(smöglichkeit) zwischen dem Antrag auf Erlaß einer Sicherungsanordnung oder einer Regelungsanordnung kann sodann ohne weiteres geleistet werden, wenn die gesetzlichen Rechtsschutzformvoraussetzungen zur Kenntnis genommen werden.

Im Rahmen der besonderen Sachentscheidungsvoraussetzungen sind die *Antragsbefugnis* und die *passive Verfahrensbefugnis* gesondert anzusprechen. In der Sache bestehen zu beiden Zulässigkeitsvoraussetzungen keine Probleme.

b) Begründetheit des Antrags

Im Unterschied zur verwaltungsgerichtlichen Praxis ist hier von einem feststehenden Sachverhalt auszugehen. Fragen der Glaubhaftmachung der Tatsachengrundlage spielen daher keine Rolle; gefordert ist eine rein rechtliche Prüfung.

Im Zentrum der Begründetheitsprüfung steht der gemeinderechtliche Anspruch auf Zulassung zur Benutzung der öffentlichen Einrichtung. Hinsichtlich der *Anspruchsvoraussetzungen* ist zunächst die *Anspruchsberechtigung* (Aktivlegitimation) in Fällen der vorliegenden Art außerordentlich kontrovers. Das Meinungsspektrum reicht von sehr restriktiven Rechtsauffassungen bis hin zu extensiven Rechtspositionen, die das sog. Einwohnerprivileg ignorieren wollen. Der hier vorgeschlagene „mittlere" Lösungsweg nimmt einerseits die einfachgesetzlichen Determinanten ernst, ohne andererseits die verfassungsrechtlichen Vorgaben zu ignorieren. Die sodann zu erörternde Frage, ob es sich bei der Kongreßhalle in der Trägerschaft der S-GmbH um eine *gemeindliche öffentliche Einrichtung* handelt, ist in ihrer Beantwortung nicht zweifelhaft, bedarf allerdings einer sorgfältigen Begründung. Unterschiedlich wiederum sind in Fällen der vorliegenden Art die Meinungen in Rechtsprechung und Schrifttum zum

Anspruchsverpflichteten (Passivlegitimation). Der Lösungsvorschlag folgt der überwiegenden Auffassung.

Letzteres hat in der *Rechtsfolge* Konsequenzen für den *Anspruchsinhalt*. Der unfruchtbare Streit darüber, ob die gemeinderechtliche Anspruchsgrundlage ein Recht unmittelbar auf Benutzung der öffentlichen Einrichtung gibt oder zunächst nur einen (durch Verwaltungsakt zu bescheidenden) Anspruch auf Zulassung, ist hier erstmals anzusprechen. Die Frage stellt sich in dieser „entweder-oder-Alternative" ohnehin nicht. Jedenfalls wenn der Zugang des Anspruchsberechtigten zu der Einrichtung von der Gemeinde prinzipiell versagt wird, ist über die Zulassung zur Benutzung gesondert zu entscheiden. Inhaltlich mutiert der Zulassungsanspruch zu einem *Verschaffungsanspruch*, falls die Gemeinde nicht selbst Träger der Einrichtung ist. Im übrigen bestehen vielfältige *Anspruchsgrenzen*. Einige von ihnen sind aufgrund der Sachverhaltsvorgaben zu erörtern. Größere rechtliche Probleme werfen sie nicht auf.

Zum *Anordnungsgrund* handelt es sich hier um einen typischen Fall von Eilbedürftigkeit der Rechtsschutzmaßnahme.

Die nach der Bejahung der Anordnungsvoraussetzungen abschließend knapp zu skizzierende *Anordnungsentscheidung* steht richtiger Auffassung nach nicht im verwaltungsgerichtlichen Ermessen. Das Gericht hat vielmehr eine *Rechtsentscheidung* zu treffen. Zum *Anordnungsinhalt* ist im Ergebnis eine der typischen Konstellationen anzunehmen, in denen das von der h. M. propagierte Verbot einer Vorwegnahme der Hauptsacheentscheidung ausnahmsweise durchbrochen werden darf.

3. *Rechtsprechungs- und Literaturhinweise*

a) Ausgangsfälle

Der Fall ist nach folgenden Entscheidungen gebildet: BVerwG, Beschl. v. 21. 7. 1989 – 7 B 184/88 – NJW 1990, 134 = DVBl. 1990, 154 = *Erichsen*, JK 90, PartG § 5/1; VGH Bad.-Württ., Beschl. v. 9. 4. 1987 – 1 S 851/87 – NJW 1987, 2697 = VBlBW 1987, 466 = JuS 1988, 318 (*Brodersen*); Beschl. v. 20. 5. 1987 – 1 S 1278/78 – ESVGH 37, 218 = NJW 1987, 2698 = VBlBW 1987, 422; Urt. v. 9. 5. 1988 – 1 S 355/87 – NVwZ-RR 1989, 135; BayVGH, Beschl. v. 20. 3. 1987 – 4 CE 87.00861 – BayVBl. 1987, 403; Beschl. v. 21. 1. 1988 – 4 CE 87.03883 – BayVBl. 1988, 497 = NJW 1989, 2491; HessVGH, Beschl. v. 26. 3. 1987 – 2 TG 820/87 – HSGZ 1987, 263; OVG Koblenz, Beschl. v. 12. 9. 1985 – 7 B 69/85 – DÖV 1986, 153; OVG Lüneburg, Beschl. v. 7. 6. 1985 – 2 B 36/85 – NJW 1985, 2347; OVG Münster, Beschl. v. 27. 5. 1988 – 15 D 33/88 – EildStNW 1988, 546.

b) Zur einstweiligen Anordnung

Erichsen, Die einstweilige Anordnung nach § 123 VwGO, Jura 1984, 644 ff.; *B. Bender*, Die einstweilige Anordnung (§ 123 VwGO), in: Festschrift für Menger, 1985, S. 657 ff. = VBlBW 1986, 321 ff.; *Huba*, Grundfälle zum vorläufigen Rechtsschutz nach der VwGO, JuS 1990, 983 ff.

c) **Zum Anspruch auf Benutzung gemeindlicher öffentlicher Einrichtungen**

Püttner/Lingemann, Aktuelle Probleme der Zulassung zu öffentlichen Einrichtungen, JA 1984, 121 ff. und 274 ff.; *Erichsen*, Die kommunalen öffentlichen Einrichtungen, Jura 1986, 148 ff. und 196 ff. – Zur weiteren Vertiefung *Ossenbühl*, Rechtliche Probleme der Zulassung zu öffentlichen Stadthallen, DVBl. 1973, 289 ff.; *ders.*, Die Rechtsstellung von Bürgern und Einwohnern, in: Handbuch der kommunalen Wissenschaft und Praxis (HkWP), Bd. 1, 2. Aufl. 1981, S. 379 ff.; *Frotscher*, Die öffentlichen Einrichtungen der Kommunen – Begriff, Rechtsformen und Status öffentlicher Einrichtungen, in: HkWP, Bd. 3, 2. Aufl. 1983, S. 135 ff.; *Herdegen*, Die Zulassung zu kommunalen Einrichtungen in privatrechtlich ausgestalteter Regie, DÖV 1986, 906 ff.; *Vollmer*, Inhalt und Umfang des Zulassungsanspruchs politischer Parteien zu den kommunalen öffentlichen Einrichtungen, DVBl. 1989, 1087 ff.; *Zundel*, Die Zulassung politischer Parteien zu kommunalen öffentlichen Einrichtungen, JuS 1991, 472 ff.

d) **Fallbearbeitungen**

Pieroth, Übungshausarbeit Öffentliches Recht – Fall aus dem Verwaltungsverfahrens- und gemeindlichen Anstaltsrecht, Jura 1981, 425 ff.; *Losch*, Die öffentlich-rechtliche Aufsichtsarbeit in der Ersten Juristischen Staatsprüfung, VBlBW 1985, 470 f., 1986, 36 ff.; Aufgabe 6 der Ersten Juristischen Staatsprüfung 1983/I in Bayern, BayVBl. 1985, 286, 317 ff.; Aufgabe 7 der Ersten Juristischen Staatsprüfung 1984/II in Bayern, BayVBl. 1986, 670, 702 ff.; *Gerke*, Der praktische Fall: Das gemeindliche Bürgerzentrum, VR 1987, 54 ff.; *Rottnauer*, Übung im öffentlichen Recht für Vorgerückte, VBlBW 1989, 115 f., 152 ff.; Aufgabe 7 der Ersten Juristischen Staatsprüfung 1988/I in Bayern, BayVBl. 1990, 159 f., 189 ff.; *Pieroth*, Examensklausur Öffentliches Recht – Die gemeindliche Informationsveranstaltung über eine Weltanschauung, Jura 1990, 203 ff.; *Weismann*, Die öffentlich-rechtliche Aufsichtsarbeit in der Ersten Juristischen Staatsprüfung – Die Wahlwerbung, NWVBL 1990, 213 ff.; vgl. auch *von Mutius*, Recht auf Benutzung kommunaler Einrichtungen (Fall 31), JuS 1978, 400 f.

Sachregister

FSC
www.fsc.org
MIX
Papier | Fördert
gute Waldnutzung
FSC® C083411

Kolibri 360 GmbH
Ferdinand-Jühlke-Straße 7
99095 Erfurt, Deutschland
produktsicherheit@kolibri360.de